Interculturele gespreksvoering

Edwin Hoffman

INTERCULTURELE GESPREKSVOERING

Theorie en praktijk van het TOPOI-model

Bohn Stafleu van Loghum
Houten 2009

Eerste druk, eerste oplage 2002
Eerste druk, tweede oplage 2007
Tweede druk, eerste oplage 2009

ISBN 978 90 313 6182 3
NUR 747,810

Vormgeving omslag en binnenwerk:
Bottenheft, Marijenkampen/Arnhem

Bohn Stafleu van Loghum
Het Spoor 2
Postbus 246
3990 GA Houten

www.bsl.nl

Op een dag zei een man uit het volk tot Zen-meester Ikkyu:
'Meester, wilt u alstublieft enige stelregels van de hoogste wijsheid voor me opschrijven?'
Ikkyu nam onmiddellijk zijn penseel en schreef het woord 'Aandacht'.
'Is dat alles?' vroeg de man. 'Wilt u er niets aan toevoegen?'
Ikkyu schreef toen twee keer achter elkaar: 'Aandacht. Aandacht.'
'Nu', merkte de man nogal geërgerd op, 'ik zie echt niet veel diepte of subtiliteit in wat u zojuist hebt opgeschreven.'
Toen schreef Ikkyu hetzelfde woord drie keer achter elkaar: 'Aandacht. Aandacht. Aandacht.'
Half boos vroeg de man: 'Wat betekent dat woord Aandacht eigenlijk?'
En Ikkyu antwoordde vriendelijk: 'Aandacht betekent aandacht.'

R. ORNSTEIN

Er is geen methode, alleen Aandacht.

JIDDU KRISHNAMURTI

Ich habe keine Lehre, ich führe ein Gespräch.

MARTIN BUBER

Voor Elisabeth, Fabian en Hannah

Inhoud

Voorwoord 9

Inleiding 11

DEEL 1 HET THEORETISCH KADER 19

1 Een inclusieve, systeemtheoretische benadering van interculturele communicatie 21
2 Cultuur 55
3 Sociale identiteiten 87
4 Botsende waarden 123
5 Het TOPOI-model 159

DEEL 2 DE PRAKTIJK VAN DE INTERCULTURELE GESPREKSVOERING 175

6 Het TOPOI-model: Taal 177
7 Het TOPOI-model: Ordening 229
8 Het TOPOI-model: Personen 261
9 Het TOPOI-model: Organisatie 285
10 Het TOPOI-model: Inzet 309
11 Toepassing van het TOPOI-model op praktijksituaties 331

Zakenregister 361

Personenregister 369

Literatuur 371

Over de auteur 387

Voorwoord

Dit boek is een herziene versie van de uitgave uit 2002. De herziening betreft vooral de opname van recente voorbeelden en de toevoeging van actuele inzichten op het gebied van interculturele communicatie. Verder zijn de toegankelijkheid en de leesbaarheid van het boek verbeterd.[1]

De kern van het boek – de algemene communicatie- en systeemtheorie, het pluralisme en het TOPOI-model – is onveranderd gebleven, want deze inclusieve benadering van interculturele gespreksvoering blijft onverminderd van belang, onder andere gezien twee historische gebeurtenissen die ten tijde van het schrijven van dit voorwoord plaatsvinden. De ene is de winst bij de Europese verkiezingen van een rechts-populistische partij die het wij/zij-denken propageert en de tweede politieke partij van Nederland wordt. Gelukkig vindt er dezelfde dag een andere historische gebeurtenis plaats: Barack Obama reikt in een toespraak aan de universiteit van Caïro de hand aan de islamitische wereld en benadrukt het 'wij samen'. Hij zegt onder andere:

> *Zolang onze betrekkingen door onze verschillen gestalte krijgen, zullen wij macht geven aan hen die eerder haat zaaien dan vrede, aan hen die het conflict promoten in plaats van samenwerking die al onze mensen kan helpen rechtvaardigheid en welvaart te bereiken. Deze cyclus van achterdocht en tweedracht moet stoppen.*
> *Ik ben hier gekomen om een nieuw begin te zoeken tussen de Verenigde Staten en moslims in de wereld; gebaseerd op wederzijds belang en wederzijds respect, en op de waarheid dat Amerika en de islam elkaar niet uitsluiten en elkaar niet hoeven beconcurreren. In plaats daarvan hebben zij overeenkomsten en delen zij dezelfde principes – principes van rechtvaardigheid en vooruitgang; van tolerantie en waardigheid van alle mensen.*[2]

1 Hartelijke dank hierbij aan alle lezers en gebruikers van het boek die mij feedback hebben gegeven; met name Elisabeth Jaksche en Gabor Martens die dat uitgebreid hebben gedaan.

2 'So long as our relationship is defined by our differences, we will empower those who sow hatred rather than peace, and who promote conflict rather than the cooperation that can help all of our people achieve justice and prosperity. This cycle of suspicion and discord must end.
I have come here to seek a new beginning between the United States and Muslims around the world; one based upon mutual interest and mutual respect; and one based upon the truth that America and Islam are not exclusive, and need not be in competition. Instead, they overlap, and share common principles –principles of justice and progress; tolerance and the dignity of all human beings'. Vertaling van de auteur. Bron: http://static.tijd.be/upload/toespraakobamacairo-155832.pdf

Het perspectief van inclusief denken dat Barack Obama verwoordt, wil ik met dit boek ook overbrengen. Het is mijn geloof in de kracht van de ontmoeting die mensen tot elkaar kan brengen. Rob Hof, antropoloog en documentairemaker, laat de kracht van de ontmoeting zien in de documentaire *Sporen uit het Oosten*. Hij reisde daarvoor per trein door 23 Aziatische landen en sprak met zijn medereizigers over het geluk en de pijn in hun leven, de rol van godsdienst en de veranderende cultuur. Zijn conclusie:

> *Ik ben niet van het wij/zij-denken, zoals dat nu in Nederland heerst. Door een werkelijke ontmoeting zie je in dat een mens veel breder is dan het plaatje dat van hem bestaat. Moslim, fundamentalist, hindoe, het zijn op zich allemaal nietszeggende etiketten.*
>
> Sporen uit het Oosten 1 augustus 2007 – VPRO Gids 30, 2007.

Van harte hoop ik dat de lezers van dit boek tot dezelfde conclusie komen en zich gesteund voelen anderen werkelijk te ontmoeten voorbij de grenzen van cultuur, etniciteit, nationaliteit of geloof.

EDWIN HOFFMAN

Eindhoven, juni 2009

Inleiding

Ieder mens maakt deel uit van verschillende sociale systemen ofwel sociale groepen. Deze sociale eenheden worden in de systeemtheorie *sociale systemen* genoemd. Voorbeelden van sociale systemen zijn partnerrelaties, gezinnen, families, vriendengroepen, buurten, steden, geloofsgemeenschappen, klassen, scholen, afdelingen, bedrijven en landen.

Elk van deze sociale systemen kenmerkt zich door een zekere cultuur. Je kunt hierbij denken aan gezins- en familieculturen, jongerenculturen, buurtculturen, organisatieculturen, professionele culturen, religieuze culturen, culturen van actievoerders en chatculturen.

De culturen van de verschillende sociale systemen waarin mensen leven, hebben invloed op de communicatie: op hun verbale en non-verbale taal, op hun zienswijzen en op hun beelden en verwachtingen in de ontmoetingen met anderen. Vanwege deze culturele bepaaldheid van ieders communicatie, kunnen culturele verschillen en misverstanden in *elke* ontmoeting tussen mensen naar voren komen; ze zijn niet alleen kenmerkend voor de interetnische communicatie. Veel mensen denken namelijk dat culturele verschillen en misverstanden zich uitsluitend voordoen in de gespreksvoering met migranten[3]. De gedachte hierachter is dat het culturele verschil met migranten per definitie groot is. Inderdaad kunnen de culturele verschillen tussen sommige sociale systemen groter zijn dan tussen andere sociale systemen. De omgangscultuur in Vlaanderen verschilt in het algemeen sterk van de omgangscultuur in Nederland. Er zijn echter net zo goed grote verschillen tussen de omgangscultuur in Amsterdam en die in een Brabants dorpje. De cultuur van een politieorganisatie is heel anders dan die van een verzorgingstehuis en tussen mannen en vrouwen blijken eveneens wat betreft hun communicatie aanzienlijke culturele verschillen te bestaan. (1) Grote culturele verschillen kun je dus altijd in de communicatie tegenkomen. Daarnaast mag je niet vergeten dat mensen met een verschillende etnische achtergrond niet alleen van elkaar verschillen, maar ook *overeenkomsten* met elkaar delen. Zo kunnen een Vlaamse en een Nederlandse vrouw méér met elkaar gemeenschappelijk hebben dan met hun eigen Vlaamse en Nederlandse buren; bijvoorbeeld het thuis de oudste dochter zijn, het vrouw zijn, het alléén-ouder zijn, de leeftijd, de muziekvoorkeur, hun studie en hun kijk op het leven.

Je kunt dus zeggen dat *elke communicatie intercultureel* van karakter is en dat in dat opzicht de *gespreksvoering met migranten* ook *'gewoon' communicatie* is. Dit is een belangrijke vaststelling, want de misvatting dat interculturele communicatie alleen de gespreksvoe-

3 In dit boek wordt bedoeld met migrant: mensen met een andere dan Nederlandse etnische herkomst.

ring met migranten betreft, leidt ertoe dat mensen in hun contacten met migranten het gevoel hebben ineens anders te moeten communiceren. Ze zijn dan bang om fouten te maken, verliezen op slag hun onbevangenheid en vergeten al hun kwaliteiten communicatieve vaardigheden.

Een zeer ervaren en kundig arbeidsbemiddelaar vroeg in een training interculturele communicatie hoe hij achter de motivatie van een Somalische werkzoekende kon komen. Op de vraag of hij het al met 'vragen' had geprobeerd, reageerde hij verbaasd. De arbeidsbemiddelaar dacht dat hij migranten niet zomaar kon vragen wat ze precies voor werk willen en wat hen daarin motiveert. Hij had gehoord over de indirecte communicatie van mensen uit niet-westerse collectieve culturen en was dus bang dat zulke directe vragen hen zouden afschrikken.

Interculturele communicatie

Als een gesprek met iemand uit de eigen groep eveneens intercultureel is en als de communicatie met een migrant ook gewoon communicatie is, dan is het de vraag of je nog wel kunt spreken van *interculturele* gespreksvoering en van *interculturele* communicatie. Is de toevoeging *interculturele* niet overbodig en zou je niet alleen van communicatie respectievelijk gespreksvoering moeten spreken? Culturele factoren spelen immers altijd een rol in *elke* communicatie.

Voor de alledaagse praktijk van de gespreksvoering is het inderdaad van belang het gewoon over communicatie te hebben en géén onderscheid te maken tussen 'gewone' communicatie en interculturele communicatie. Het gaat dan altijd en uitsluitend om communicatie.

Wel kun je in een studie, zoals dit boek, expliciet aandacht hebben voor culturele factoren die van invloed zijn op de communicatie. Daarbij is het van belang steeds voor ogen te houden dat deze culturele factoren samenhangen met vele soorten sociale systemen en dat er dus evenzovele culturen zijn als er sociale systemen zijn.

Interculturele communicatie is de studie naar de werking en invloed van cultuur en culturele verschillen op de communicatie. Daarbij hangen de culturele verschillen samen met vele soorten culturen.

Etniciteit als vertrekpunt voor interculturele gespreksvoering

Voor de studie interculturele gespreksvoering is het mogelijk één sociale identiteit of één culturele dimensie als vertrekpunt te nemen: denk bijvoorbeeld aan de communicatie tussen mannen en vrouwen en binnen bepaalde jongeren- en organisatieculturen. In dit boek is het vertrekpunt etniciteit. Dit vertrekpunt is genomen, omdat nog steeds de contacten tussen autochtonen en migranten een grote maatschappelijke zorg zijn. Zo constateerde de Raad voor Maatschappelijke Ontwikkeling (RMO) in 2005 dat het aantal interetnische contacten afneemt en dat de wederzijdse beeldvorming tussen migranten en autochtonen verslechtert. (2)

Ook de in 2007 verschenen Integratienota 2007-2011, *Zorg dat je erbij hoort!* van de voormalige minister van Integratie Ella Vogelaar, meldt dat het kabinet van mening is dat de werelden van autochtonen en migranten te veel van elkaar gescheiden zijn. Dat leidt tot een groeiend gevoel van onbehagen.

Vandaar dat in dit boek gekozen is voor de etnische invalshoek van interculturele gespreksvoering, waarbij steeds wel is getracht aan te knopen bij andere mogelijke culturen en sociale identiteiten. Diversiteit is immers het basisthema voor etniciteitsvraagstukken. (3)

Ruimte om 'de vreemdeling' toe te laten

Aan elk van de sociale systemen en bijbehorende culturen waarvan een persoon deel uitmaakt, kan hij[4] een sociale identiteit ontlenen. Zodoende heeft iedereen een meervoudige, multiculturele identiteit. Iemand is bijvoorbeeld tegelijkertijd Belg, Vlaming, Arubaan, Antwerpenaar, man, vader, consulent, veertiger, christen en echtgenoot.

Het meervoudige, multiculturele karakter van ieders identiteit betekent dat je iemand nooit alleen maar kan en mag benaderen in één bepaalde sociale identiteit.

Het gaat er in de ontmoeting om dat mensen zich – ondanks hun duidelijke groepskenmerken als bijvoorbeeld bejaarde, moslim, 'zwarte', woonwagenbewoner, asielzoeker, jehovagetuige of drugsverslaafde – mogen laten zien zoals ze dat *zelf* wensen. (4)

In alle gevallen luidt de vraag: kun je het vreemde toelaten, mag het werkelijk bestaan? Dat is de vraag waar het om draait in de ontmoeting met iemand die vreemd voor je is. Die vraag is confronterend, want ze vervangt het vooraf aanleren van groepskenmerken en de bijbehorende gebruiksaanwijzingen door een avontuur dat je ter plekke met de ander moet aangaan en waarvan de uitkomsten onzeker zijn.

Het welslagen van dit avontuur is van tenminste drie factoren afhankelijk. (5) Ten eerste het kennen van je eigen angsten voor het vreemde. Mensen zijn namelijk geneigd om met een vreemdeling om te gaan zoals ze omgaan met 'het vreemde' dat zich in henzelf aandient als ongekende passies en driften, als redeloos verdriet en ongericht verlangen, als angsten en als dromen. Elke mens treft in zichzelf 'een vreemdeling' aan. De ontmoeting met 'de vreemdeling' in jezelf, herken je wellicht in gedachten en uitspraken als 'Ik schrik van mezelf dat ik zulke verlangens heb', 'Ik wist niet dat ik zoiets kan denken', 'Ik ken mezelf zo niet' en 'Dat ik zulke gevoelens kan hebben?!'.

Daarnaast draagt ieder mens als gevolg van maatschappelijke in- en uitsluitingsprocessen ook 'anderen' in zich mee. (6) Internalisatie-, identificatie- en socialisatieprocessen die een persoon doorloopt, hebben hun weerslag in de psyche. Het resultaat is dat ieder mens in zichzelf ook 'anderen' meedraagt, in de zin van buitengesloten of afgesplitste delen van

4 Voor de leesbaarheid is gekozen voor de mannelijk vorm.

zichzelf ('de vreemdeling in zichzelf'). Om daarmee om te gaan, moet een persoon strategieën ontwikkelen. Wie zich bijvoorbeeld als man ingedeeld weet, heeft zich te verhouden tot mannelijkheidscoderingen en moet 'vrouwelijke' gedragingen of gevoelens onderdrukken als hij sociaal respect wil oogsten en zijn zelfrespect niet in gevaar wil brengen. Wie als vrouw toch het mannelijke in zichzelf toelaat, zal tegelijkertijd ook moeten voldoen aan de belangrijkste vrouwelijkheidscoderingen. Anders betaalt ze daarvoor al gauw het gelag – enerzijds door gevoelens van schuld en schaamte; anderzijds door het uitblijven van het respect dat mannen voor hetzelfde gedrag deelachtig wordt. Zo is een man die van aanpakken weet een goede leider en een vrouw die hetzelfde doet een *bitch.* (7)

Evenzo moeten mensen leren omgaan met de oudere of de jongere en met de hetero- of de homokant in zichzelf. De Nederlandse nationale kampioen dressuur Edward Gal vertelde in een interview:

> *'Ik had veel problemen met het feit dat ik op mannen val; liever had ik een doorsnee bestaan met vrouw en kinderen geleid. Die afwijzing van mezelf was een veel groter probleem dan de reacties vanuit mijn omgeving. Zo bleek er totaal geen grond voor mijn angst dat sponsors en investeerders massaal zouden weglopen na mijn coming out. (8)*

De wijze waarop je omgaat met de eigen vreemdheid zegt dus iets over de wijze waarop je in een ontmoeting met het anders zijn van de ander omgaat. Dit inzicht leidt tot de slotsom dat een werkelijke ontmoeting veronderstelt dat je open en onbevangen het avontuur aangaat met het anders zijn van de ander; dat je diens vreemdheid als vreemdheid respecteert. Daarbij ben je *zelf* als persoon eveneens in het geding. (9) Dit betekent dat je onder ogen durft te zien hoe je zelf met je eigen vreemdheid omgaat, met je eigen anders zijn, je eigen innerlijk verschil – dat nooit helemaal samenvalt met je zelfbeeld, met hoe je jezelf ziet.

Voor de professionele gespreksvoering betekent dit dat je niet slechts verschijnt als een afstandelijke professional, maar ook als *persoon*, als *mens*. Als je zou menen dat – professioneel gesproken – je persoon er niet toe doet en ook niet gethematiseerd mag (laat staan: moet) worden, ondermijn je de grondslag van een echte ontmoeting met de ander. Je mist dan als professional een uitdaging en daarmee een kans op een leerproces over omgang, weerstand en openheid voor het vreemde.

Een straathoekwerkster vertelde over een (Surinaamse) cliënt die in het dagelijks leven veel met winti bezig was. Aanvankelijk had ze daar veel moeite mee, omdat ze winti vanouds associeerde met geesten en met duistere en angstige zaken. Vanuit haar betrokkenheid bij de jongen onderkende ze allereerst haar angsten en twijfels en vervolgens deed ze haar best deze te overwinnen, omdat ze zag hoe belangrijk winti voor hem was. Ze vroeg de jongen haar meer te vertellen over winti en de betekenis ervan voor hem. Ook vertelde ze hem eerlijk over haar aanvankelijke aarzelingen. De straathoekwerkster ging zich steeds meer in winti verdiepen, wat de vertrouwensrelatie met de jongen versterkte. Samen hebben ze winti een plaats kunnen geven in de verdere aanpak van zijn probleemsituatie.

De tweede voorwaarde voor de omgang met het vreemde, het kunnen begrijpen, het mogen wennen en het geleidelijk kunnen toelaten van het vreemde, is *ruimte* voor verkenning. Dat is dus allereerst ruimte in jezelf, maar het gaat zeker ook om ruimte in de methodiek, in de agenda, in het beleid, in de instelling en op de locatie. Eigenlijk gaat het om ruimte voor *aandachtigheid*. (10) Als dat allemaal niet mag omdat er productie gedraaid moet worden, omdat het allang vaststaat wat er moet gebeuren, omdat de methodiek een verplicht maar knellend harnas is en omdat professionaliteit min of meer gelijkstaat aan het toepassen van probate interventiekennis, omdat – kortom – de professional geen noemenswaardige ruimte geniet, dan kan er geen sprake zijn van werkelijke ontmoeting.

De derde voorwaarde om de ander de ruimte te geven zichzelf te presenteren zoals hij dat zelf wil, is het *meervoudig kijken*. Meervoudig kijken staat tegenover enkelvoudig kijken, waarin slechts één duidelijk groepskenmerk van betrokkene wordt waargenomen. Dit enkelvoudig kijken betekent een reductie van de persoon tot slechts één van zijn vele mogelijke sociale identiteiten. Het volgende voorval is een voorbeeld van enkelvoudig kijken naar alléén de etniciteit of de 'kleur' van een persoon.

Een 'zwarte' onderzoekster vertelde tijdens een studiebijeenkomst dat zij in New York een opleiding voor de kunsten had bezocht. De studenten van deze opleiding waren voor een groot gedeelte 'gekleurd'. Het docententeam van de school was echter in overgrote meerderheid 'wit'. Op een gegeven moment had de directrice van de school een 'zwarte' gastdocent uitgenodigd. Zijn gastles was een enorm succes bij de studenten. Na de les waren ze bijna niet bij hem weg te slaan. De onderzoekster vertelde dat de directrice naar aanleiding van deze ervaring voor het eerst inzag hoe belangrijk 'zwarte' docenten zijn voor de 'gekleurde' studenten.
Een deelnemer aan de studiebijeenkomst vroeg aan de onderzoekster of het ook kon zijn dat de gastles zo succesvol was niet zozeer omdat de docent 'zwart' was, maar omdat het een goede docent was of een boeiende man?

Zo'n vraag is de methode van het *meervoudig kijken* ofwel *de andere vraag stellen*. (11) Wanneer het om een ogenschijnlijk etnisch verschil gaat, kijk je steeds meervoudig en stel je de vraag: wat heeft het man of vrouw zijn hiermee te maken, of de leeftijd of de functie van betrokkenen? Wanneer het om een ogenschijnlijk man/vrouwverschil gaat, kun je de vraag stellen: wat heeft etniciteit, leeftijd, functie of klasse hiermee te maken?

Deze *andere vraag* stellen is enorm belangrijk voor de gespreksvoering met mensen met een andere etnische achtergrond. De neiging bestaat namelijk – zoals in het voorbeeld hiervoor – de verschillende culturen van een persoon en daarmee zijn verschillende sociale identiteiten, los van elkaar te denken: óf alléén etniciteit, óf alléén het vrouw/man zijn óf alléén klasse...

Een persoon in communicatie bevindt zich altijd op een knooppunt van verschillende culturen en daarmee verbonden sociale identiteiten en posities.

Doel en doelgroep van het boek

Dit boek is bedoeld voor iedere geïnteresseerde die zich wil verdiepen in de werking en invloed van culturele verschillen op de communicatie met mensen met een andere etnische achtergrond. Het boek is vooral geschreven voor professionals die in instellingen en bedrijven werkzaam zijn in een diverse context van collega's en cliënten.

De vele praktijkvoorbeelden, de verwerkingsopdrachten na elk hoofdstuk en de toepassingen van het TOPOI-model op praktijksituaties in hoofdstuk 11 maken dit boek uitermate geschikt voor hbo-opleidingen.

Opzet van het boek

Het boek bestaat uit twee delen: deel I 'Het theoretisch kader' en deel II 'De praktijk van de interculturele gespreksvoering'.

Deel I 'Het theoretisch kader' reikt denkkaders aan van waaruit de verschillende aspecten van de interculturele gespreksvoering kunnen worden begrepen.

Hoofdstuk 1 begint met een uitleg van de risico's van een culturaliserende benadering van culturele verschillen in de communicatie. Als alternatief wordt een systeemtheoretische benadering gepresenteerd.

In hoofdstuk 2 staat een uitwerking van het concept cultuur en van de verschillende culturele aspecten die van invloed kunnen zijn op de communicatie.

In hoofdstuk 3 komt het begrip sociale identiteit aan de orde, aangezien sociale identiteiten – en dan vooral de etnische identiteit – een belangrijke rol spelen in de gespreksvoering tussen mensen met verschillende etnische achtergronden.

Hoofdstuk 4 gaat in op botsende waarden, met als centrale vraag: hoe ga je om met grenzen in de toelaatbaarheid van culturele praktijken?

Hoofdstuk 5 beschrijft het TOPOI-model: een systeemtheoretisch analyse- en interventiekader voor het opsporen en aanpakken van culturele misverstanden in de communicatie.

In deel 2 'De praktijk van de interculturele gespreksvoering' staat de uitleg centraal van de vijf gebieden van het TOPOI-model en de toepassing ervan in de praktijk.

In de hoofdstukken 6 tot en met 10 komen achtereenvolgens de vijf gebieden van het TOPOI-model uitgebreid aan bod: in hoofdstuk 6 *T*aal, in hoofdstuk 7 *O*rdening; in hoofdstuk 8 *P*ersonen, in hoofdstuk 9 *O*rganisatie en in hoofdstuk 10 *I*nzet.

Hoofdstuk 11 ten slotte, geeft een praktische toepassing van het TOPOI-model in een aantal praktijksituaties.

Ont-moeten en er-zijn-voor de ander

Bij deze korte introductie van de hoofdstukken van dit boek passen alvast de lessen van Zenmeester Ikkyu over aandacht als de hoogste wijsheid en de woorden van Krishnamurti

'Er is geen methode, alleen aandacht'. Deze aandachtigheid dient in elke ontmoeting met de ander aanwezig te zijn en te blijven. Dat kan alleen als je elke ontmoeting begint met *ont*-moeten: het ontdoen van de ontmoeting met de ander van het 'moeten'. *Ont*-moeten is het loslaten van methodieken en theorieën om de ander onbevangen en ontvankelijk tegemoet te kunnen treden. Pas dan kun je *er-zijn-voor* de ander. Dit er-zijn-voor de ander is de grondhouding van *Presentie*. (12)

Het *ont*-moeten en de presentie zijn essentiële voorwaarden voor de inzet van het TOPOI-model. Het inzetten van het TOPOI-model in de gespreksvoering mag slechts gebeuren vanuit een grondhouding van er-zijn-voor de ander.

Dit er-zijn-voor de ander vraagt lef om het avontuur van de ontmoeting aan te gaan. Het vraagt durf om de ander toe te laten in jouw wereld en aan de andere kant vraagt het moed jezelf te bewegen in de richting van de ander. Wat zo'n ontmoeting kan opleveren, laat de volgende ervaring van de Turkse schrijver Halil Gür zien.

Halil Gür was als student in Istanbul altijd al erg geïnteresseerd in andere culturen. Tijdens zijn vakanties fungeerde hij in Istanbul met plezier als gids voor buitenlandse toeristen. Halil vertelde dan vol enthousiasme over de bezienswaardigheden in Istanbul en over de Turkse cultuur. Vaak nodigde hij de mensen ook bij hem thuis uit en informeerde hij naar de culturele achtergrond van zijn gasten. Op een gegeven moment besloot Halil Europa in te trekken en kennis te maken met de verschillende landen waaruit de toeristen kwamen die hij in Istanbul had ontmoet. Halil ging van de veronderstelling uit dat hij in al deze landen zeker gastvrij zou worden ontvangen, want de mensen die hij had leren kennen, waren immers zo rijk dat ze naar zijn land op vakantie konden komen.

Op een gegeven moment bevond Halil zich in Nederland en wandelde hij op een mooie dag in een rustieke buitenwijk langs mooie huizen. Opeens hoorde hij prachtige pianomuziek uit een statige witte villa. Nieuwsgierig naar wie die schitterende muziek speelde, belde Halil bij de villa aan. Een jonge vrouw deed open en zij bleek degene die zo mooi piano speelde. Halil vertelde haar van zijn reis en vroeg haar of hij mocht binnenkomen om met haar en haar familie kennis te maken. De jonge vrouw reageerde verwonderd en zei dat ze dat aan haar vader moest vragen. Deze kwam aan de deur en vroeg Halil om een nadere toelichting. Opnieuw vertelde hij zijn verhaal en over zijn grote interesse in andere culturen. Ook de vader reageerde verbaasd en zei dat hij het aan zijn vrouw moest vragen of Halil mocht binnenkomen. De vrouw des huizes verscheen en zei tegen Halil dat ze er niet aan konden beginnen wildvreemden binnen te laten. Ze kenden hem immers niet. Daarop zei Halil dat dat juist de reden was om hem binnen te vragen. 'Dieren', zo zei hij, 'ruiken eerst aan elkaar om met elkaar vertrouwd te raken. Mensen moeten met elkaar praten om elkaar te leren kennen. Laat me binnen, praat met me en als het tussen ons niet klikt dan kunt u me altijd nog zeggen weg te gaan.' Na enige aarzeling mocht Halil binnenkomen. Hij is twee dagen bij dit gezin gebleven en ze hebben met elkaar honderduit gepraat. Bij het afscheid zei de vrouw tegen Halil dat ze hem ontzettend dankbaar was. Hij was de eerste vreemdeling die hun besloten kringetje had verbroken. De ontmoeting met Halil had hun gezichtsveld vergroot en hun hart verruimd.

Literatuurverwijzingen

1 Tannen, 1992a en b.
2 RMO-advies 37, 2005.
3 Siebers, Verweel en de Ruijter, 2002 p. 136.
4 Baart, 2000a.
5 Baart, 2000a.
6 Van Mens-Verhulst & Radtke, in press.
7 Volkskrant 06/03/2009.
8 NRC Handelsblad, 16/06/2009.
9 Baart, 2000a.
10 Baart, 2001.
11 Wekker, 2001, p. 32.
12 Baart, 2000.

DEEL 1

HET THEORETISCH KADER

1 Een inclusieve, systeemtheoretische benadering van interculturele communicatie

2 Cultuur

3 Sociale identiteiten

4 Botsende waarden

5 Het TOPOI-model

1

EEN INCLUSIEVE, SYSTEEMTHEORETISCHE BENADERING VAN INTERCULTURELE COMMUNICATIE

1.1 Een culturaliserende benadering en haar risico's

1.2 Inclusief denken en handelen

1.2.1 Inclusief denken en handelen in de praktijk

1.3 De algemene systeem- en communicatietheorie

1.3.1 Sociale systemen

1.4 Wat is communicatie?

1.5 Circulaire beïnvloeding

1.6 Sociale representaties

1.6.1 Het alledaagse en vanzelfsprekende karakter van sociale representaties

1.6.2 Effecten van sociale representaties

1.6.3 Sociale representaties: een kwestie van macht

1.7 Sociale perspectieven

1.7.1 Sociale perspectieven als sociale druk

1

INLEIDING

Veel professionals vinden de communicatie met mensen met een andere etnische achtergrond extra lastig vanwege de culturele misverstanden die zich kunnen voordoen. Aan de ene kant zijn er professionals met een houding van 'je bent nu in Nederland/België, dus pas je aan', wat vaak leidt tot weerstand of aanpassend sociaal wenselijk gedrag bij de tegenpartij. Aan de andere kant zijn er professionals die bang zijn om fouten te maken en daardoor te discrimineren. Ze verliezen hierdoor hun onbevangenheid en handelen extra voorzichtig. Vanuit een behoefte aan houvast en zekerheid gaan ze op zoek naar allerlei weetjes over de cultuur van de migranten om erachter te komen wat ze wel en niet mogen doen. Dit alles leidt tot generalisering, categorisering en stereotypering van migranten: Iraniërs doen zus en zo; in de communicatie met Iraniërs mag je dit wel en dat niet doen. Bij de professionals zelf levert dit een verkrampte houding op van *passieve* tolerantie. Ze durven migranten niet meer aan te spreken op bepaald gedrag of op bepaalde opvattingen, waarmee ze het eigenlijk oneens zijn. Veel professionals vergeten de eigen professionele waarden en opvattingen en menen dat ze alleen maar tolerantie en respect mogen opbrengen voor 'de cultuur' van de migrant. Deze verkrampte voorzichtigheid wordt nog eens versterkt door de op zichzelf terecht heersende normen in een multi-etnische samenleving: 'respecteer de cultuur van een ander' en 'discrimineer niet!'

Een opvallend voorbeeld van deze verkrampte voorzichtigheid is het onderscheid dat sommige professionals proberen te maken tussen 'de cultuur' en 'de persoon', om te kunnen vaststellen wat de gewenste interventie is. Ze vragen zich dan af of het 'de persoon' is die handelt of 'zijn cultuur'. In het laatste geval hebben professionals de neiging voorzichtiger (= toleranter, respectvoller) te handelen dan wanneer het de persoon, zijn karakter en mentaliteit, is.

Een andere versterkende factor van de voorzichtige houding van professionals is het aanbod van een *culturaliserende* deskundigheidsbevordering. In zo'n culturaliserende benadering[5] (I) staan de culturele achtergronden van etnische groeperingen centraal bij het oplossen van communicatieproblemen. In Nederland zijn in dit verband de interculturele

5 Ook de termen culturalistisch (van culturalisme) of culturistisch (van culturisme) worden hiervoor gebezigd. Culturisme is een term van de socioloog Willem Schinkel (www.waterlandstichting.nl). Kern van al deze begrippen is dat de cultuur of de religie (veelal de islam) tot verklaring wordt uitgeroepen voor allerlei zaken.

communicatietheorieën van David Pinto (2), Frans Trompenaars (3) en vooral van de internationaal erkende Geert Hofstede (4) populair. Pinto gaat uit van structuren van culturen, Trompenaars van verschillende soorten van culturen en Hofstede van dimensies van nationale culturen (zie paragraaf 7.2.1).

Kennis van andere etnische of nationale culturen is bij hen een noodzakelijke voorwaarde voor effectieve interculturele communicatie. Hofstede bijvoorbeeld geeft als commentaar op een casus waarin een Indonesiër gekwetst reageert, nadat zijn Nederlandse collega (Frans geheten) hem vriendelijk beledigt om hartelijkheid uit te drukken: 'In Indonesië, waar status heilig is, wordt een belediging altijd letterlijk opgevat. Frans had dit moeten weten'. (5)

In dit hoofdstuk worden de risico's van een culturaliserende benadering besproken, waarna als alternatief een systeemtheoretische benadering van de gespreksvoering tussen mensen met verschillende etnische achtergronden wordt gepresenteerd. Het TOPOI-model is hierbij een praktisch handvat om misverstanden vanwege culturele verschillen op te sporen en aan te pakken. Dit gaat vergezeld van een belangrijke waarschuwing dat het gebruik van het TOPOI-model niet tot een instrumentele aanpak mag leiden; het mag niet als een scherm gaan fungeren tussen de gesprekspartners. Vandaar de aandacht voor *Presentie* als de grondhouding van aandachtige betrokkenheid bij de ander. Slechts vanuit deze grondhouding mag en kan het TOPOI-model tijdens een gesprek ingezet worden.

1.1 Een culturaliserende benadering en haar risico's

Eerst duidelijk vooropgesteld: het is zeker noodzakelijk en van groot belang in grote lijnen geïnformeerd te zijn over het geloof, de cultuur, de sociaaleconomische positie en de migratiegeschiedenis van de etnische groeperingen waarmee je als professional werkt. Het is goed te weten waar mensen vandaan komen en waarom, wat de hoofdpunten van hun religie, bijvoorbeeld van de islam, zijn: haar verschillende stromingen, de koran, de Ramadan en de grote feestdagen. Zodoende kun je adequaat tegemoetkomen aan de doelgroep waarvoor of waarmee je werkt. Kennis van culturele achtergronden helpt ook om het eigen referentiekader te decentreren (6): om het minder centraal te stellen en oog te krijgen voor andere culturele betekenissystemen. Door kennis te hebben van andere culturele betekenissystemen ben je je meer bewust van de relativiteit van je eigen culturele referentiekader. Het op deze wijze relativeren van en vraagtekens zetten bij de eigen culturele vanzelfsprekendheden, kan etnocentrisme – het oordelen over andere culturen vanuit eigen culturele normen – voorkómen.

De culturaliserende benadering is echter riskant omdat culturele kennis als voorschrift wordt gepresenteerd of als zodanig wordt opgevat om effectief te kunnen communiceren. De risico's van een culturaliserende benadering zijn:

- cultuur verklaart niets;
- oneigenlijke legitimatie van handelen;
- reductie van een persoon tot alleen zijn etnische, religieuze of nationale identiteit;
- culturele exotisering (het buitengewoon anders maken) van het gedrag van een persoon;

- eenzijdige vastlegging van betekenissen;
- generalisatie en stereotypering;
- wij/zij-denken;
- bevoogding;
- haalt je uit je kracht.

Hieronder een toelichting met voorbeelden:

Cultuur verklaart niets

De socioloog Willem Schinkel formuleert scherp en helder wat zijn kritiek is op wat hij noemt het 'alledaagse culturisme': het veelvuldig nemen van de cultuur of religie als verklaring voor allerlei zaken. (7)

Willem Schinkel: 'Afwisselend kan zo bijvoorbeeld "de cultuur van Marokkanen" of "de Islam" tot verklaring uitgeroepen worden voor allerhande zaken, waaronder criminaliteit. Maar dat leidt tot schijnverklaringen. Onderdeel van het breder culturistisch discours is een criminalisering van diegenen die een "andere cultuur" (of een religie, gecodeerd als "cultuur") hebben. Die "verklaring" verklaart echter niets. Maar de verklaring van criminaliteit uit "cultuur" is een tautologische[6] vorm die stelt dat mensen bepaalde gedragingen vertonen omdat ze normen volgen die waarden ondersteunen die behelzen dat het goed is dat dergelijke gedragingen vertoond worden. Of met andere woorden, de "verklaring" geeft als antwoord op de vraag "waarom doet Mohammed X?" het antwoord "omdat alle Mohammeds X doen". Of, in afgezwakte variant: "omdat alle Mohammeds geneigd zijn tot X". Daarmee leren we nog niets en vinden we precies het gezochte niet – een *verklaring*.
Zo laat ook de politie zich bij de aanpak van criminaliteit van Marokkaanse jongeren in Nederland informeren door een culturistisch denkkader. Nederlandse politieagenten zijn op reis geweest naar Marokko om daar "de cultuur" van Marokkaanse jongeren in Nederland te leren kennen en zo hun gedrag beter te begrijpen. Hierbij gebeuren in feite twee dubieuze dingen: 1) criminaliteit wordt een reden een "cultuur" te bestuderen; 2) "de cultuur van Marokkaanse jongens in Nederland" wordt gelijkgesteld aan "de cultuur van Marokko". Aldus wordt in de "Marokkaanse cultuur", die in "primitieve staat" in Marokko zelf te bestuderen is, de reden gezocht van de criminaliteit van bepaalde jongeren. De culturistische koppeling tussen "cultuur" en "criminaliteit" gaat bovendien voorbij aan het feit dat de "eerste generatie" Marokkaanse Nederlanders veel minder in criminaliteitsstatistieken voorkomt dan de "tweede generatie". Er is, kortom, alle reden voor een kritiek van het hedendaagse, alledaagse culturisme.'

Het betoog van Willem Schinkel wordt bevestigd door de criminoloog Jan Dirk de Jong die onderzoek deed *naar opvallend delinquent groepsgedrag van 'Marokkaanse' jongens*. Marokkaans tussen aanhalingstekens, want de hoofdrolspelers hebben Marokkaanse ouders, maar zijn opgegroeid in Nederland. Dat deze 'Mokro's' zich in groepsverband uitdagend

6 Een tautologie noemt het begrip of denkbeeld tweemaal of meerdere malen; voorbeelden: *enkel en alleen, blij en verheugd, pais en vree.*

en agressief gedragen, schrijft De Jong, ligt niet aan hun Marokkaanse afkomst, maar aan de groepsdynamiek die hoort bij straatcultuur. En die werkt hetzelfde in alle stedelijke getto's waar jongeren hun heil zoeken op straat en zijn aangewezen op elkaar. (8)

Oneigenlijke legitimatie van handelen

Het komt bij migranten en autochtonen voor dat ze een culturaliserend verklaringsmodel hanteren als legitimatie of verontschuldiging (excuus) om eigen gedrag te rechtvaardigen of te vergoelijken. Enkele voorbeelden om dit te illustreren:

> Een schoolmaatschappelijk werker heeft een gesprek met een moeder die gewend is om haar dochter te straffen door middel van slaan. Het kind maakt een angstige indruk op school. In het verleden is moeder zelf geslagen door haar ouders. Zij heeft hier goed door leren luisteren. De schoolmaatschappelijk werker heeft een goed contact met de moeder, maar geeft aan dat slaan niet een methode is om een kind te doen luisteren. De moeder is het hier niet mee eens. Het kind luistert nu eenmaal goed naar haar. Ze zegt: 'Wij Surinamers doen dat nu eenmaal zo; dat is onze cultuur; jullie Nederlanders zijn veel te soft; daarom is er zoveel brutaliteit en criminaliteit.'
>
> Een trainer vertelt: één van mijn trainingen is de video-interactiebegeleiding. Hulpverleners leren hierbij op een zodanige manier de basiscommunicatie dat zij deze weer aan ouders kunnen overbrengen. Een (Turkse) medewerkster heeft het deel van de training prima doorlopen, vooral wat haar manier van communiceren betrof. Het tweede deel van de training, waarbij ze een ouder moet begeleiden en de basiscommunicatie op een toegankelijke manier moet overdragen, verloopt stroef. Ze geeft aan het heel moeilijk te vinden om met een Turkse ouder te praten over het gevoel van het kind en de ouder te laten oefenen in het benoemen hiervan. Ze vindt dit 'onecht', want ze weet zeker dat de ouder dit alleen voor haar zou doen, omdat ze haar ter wille zou zijn, maar het nooit echt zou toepassen omdat dit nu eenmaal binnen haar cultuur niet de manier van doen is.
>
> Een leerplichtambtenaar zei dat het thuishouden van Marokkaanse en Turkse meisjes vanaf een bepaalde leeftijd deel uitmaakt van hun cultuur en het dus geen zin heeft tijd te investeren in het verplicht doen nakomen van de leerplicht van deze meisjes.
>
> Een agente vertelde dat ze buitenlandse jongens een klap in het gezicht geeft als ze geen respect tonen voor haar als vrouw. 'Dat is de enige taal die ze in hun cultuur verstaan', was haar verklaring.
>
> Een Nederlandse leerkracht zei: 'Je moet met Turkse en Marokkaanse leerlingen niet onderhandelen want ze hebben altijd een verhaal. Ik sluit gewoon aan bij de situatie thuis, bij wat ze thuis gewend zijn. Dus grof gezegd, 'bekken dicht en werken'. (9)

De eerste twee voorbeelden zullen uitgebreid behandeld worden in hoofdstuk 11 over de toepassing van het TOPOI-model. Vooral ook hoe je zo'n gesprek kunt aanpakken.

Wat betreft de laatste drie voorbeelden: de opstelling van de leerplichtambtenaar en van de agente is natuurlijk onprofessioneel, onzorgvuldig en onwettig. Behalve dat de leerplichtambtenaar de leerplichtwet niet consequent toepast, onthoudt hij op deze wijze de meisjes een verdere onderwijsontwikkeling. Van de agente is het begrijpelijk dat ze zich zo gekwetst kan voelen dat ze de jongens wel een draai om de oren zou willen geven; maar het ook doen met als legitimatie dat ze zodoende aansluit bij de cultuur van de jongens, is ongepast. Als professional dient ze te beschikken over andere competenties om jongens die zich niet respectvol gedragen, tot de orde te roepen. Hetzelfde geldt voor de docent die zijn kennis van 'hun' cultuur gebruikt om het eigen autoritaire gedrag jegens Turkse en Marokkaanse leerlingen te rechtvaardigen.

Het effect van een culturaliserende benadering is dat mensen opgesloten worden in hun cultuur: jij bent Turkse, de Turkse cultuur is zo, dus daarom behandel ik je op deze wijze.

Reductie van een persoon tot alleen zijn etnische, religieuze of nationale identiteit

Een bericht uit NRC Handelsblad:

Politie *In Paramaribo geboren Martin Sitalsing eerste 'allochtone' korpschef*

Altijd beter je best doen

Rotterdam, 29 juni. Martin Sitalsing (47, geboren in Paramaribo) komt nooit te laat. *'Als een hoofdcommissaris te laat komt, denkt het gezelschap dat hij het druk heeft. Als ik te laat kom, zie je ze denken: zie je wel, een Surinamer.'* Dat zei Sitalsing in 2006 in een interview met de Volkskrant toen hij plaatsvervangend korpschef werd in Friesland. Hij was de eerste allochtone plaatsvervangende korpschef. (10)

Een culturaliserende benadering wekt de suggestie dat het communicatief gedrag van een persoon eenvoudig te verklaren is vanuit diens etnische, nationale of religieuze achtergrond.

David Pinto geeft in zijn boek (11) het voorbeeld van Musa, een Turkse leerling die woedend wordt op de leraar omdat hij voor de klas wordt terechtgewezen vanwege zijn gedrag. Pinto legt dan heel eenvoudig uit dat Musa zo kwaad wordt vanwege zijn Turkse culturele achtergrond: een fijnmazige (F) cultuur waarin eer en prestige zeer belangrijk zijn. Zijn advies is dus jongeren uit een F-cultuur nooit in een groep terecht te wijzen.

Pinto gaat er met zijn culturaliserende benadering aan voorbij dat Musa in de eerste plaats als leerling wordt aangesproken door de leraar. Dat verder Musa misschien als een puber reageert die grenzen opzoekt, of als een vriend die niet af wil gaan voor zijn vrienden of voor zijn vriendinnetje in de klas; dat hij afkomstig is uit een bepaalde gezinssituatie en ook nog een eigen persoonlijk karakter heeft, tellen allemaal niet mee als mogelijke verklaringen waarom Musa zo reageert; neen, zijn etnische achtergrond is de enige verklaring. Het advies van Pinto werkt zo in de hand dat docenten handelingsverlegen worden, dat ze niet weten wat te doen tegenover lastige leerlingen met een andere etnische achtergrond.

Culturele exotisering van het gedrag van een persoon en het eenzijdig vastleggen van betekenissen
Een culturaliserende benadering maakt bepaald gedrag van personen tot iets buitengewoon anders, iets cultureel exotisch en legt de betekenis van dat gedrag eenduidig vast. Een andere mogelijke betekenisgeving van dat gedrag is daarmee uitgesloten. Twee voorbeelden van deze benadering:

Tijdens een training interculturele communicatie voor scheidsrechters werd hun gezegd dat allochtone spelers uit een collectieve ofwel een 'wij'-cultuur komen waarin eer en status belangrijk zijn. Vandaar dat een nederlaag bij deze spelers harder aankomt en dat de emoties bij hen zo hoog oplopen, wanneer het wat minder gaat in de wedstrijd. Verder kregen de scheidsrechters te horen dat wanneer ze een allochtone speler bij zich roepen voor een waarschuwing en de betreffende speler kijkt hen niet aan, dat dit dan respectvol is bedoeld. Allochtonen, zo wordt hun gezegd, komen namelijk uit een cultuur waarin het onbeleefd is iemand aan te kijken en waarin het juist van respect getuigt als je wegkijkt.

Bij de inventarisatie van leervragen tijdens een communicatietraining voor arbeidsconsulenten, vroeg een consulente om informatie over de islam om haar klanten beter te begrijpen. De consulente had deze informatiebehoefte naar aanleiding van het volgende voorval. Ze had een intakegesprek gehad met een buitenlandse werkzoekende. Gedurende het hele gesprek was de man erg onrustig en voordat het gesprek goed en wel was afgesloten, stond de man al op en rende weg. De consulente had dit uitermate vervelend gevonden en was bij een collega te rade gegaan. Deze collega legde haar uit dat de man moslim is en dat hij vanuit zijn geloof niet langer dan tien minuten met een vrouw mag praten. Vandaar zijn onrustig gedrag en zijn voortijdig vertrek. De consulente wilde nu dus meer over de islam weten om het gedrag van moslims beter te begrijpen.
Een andere deelneemster in de groep reageerde echter prompt en zei dat het grote onzin was wat de collega had verteld over islamitische mannen. Zij had hetzelfde meegemaakt tijdens een intakegesprek met een migrant, en wat bleek? De man stond gewoon met zijn auto fout geparkeerd en wilde daarom zo snel mogelijk terug naar zijn auto.

In het eerste voorbeeld worden de oplopende emoties van spelers van buitenlandse afkomst buitengewoon anders gemaakt; alsof autochtone spelers, eer en status niet net zo belangrijk kunnen vinden en daardoor geëmotioneerd reageren wanneer het slecht gaat in een wedstrijd. Verder treedt er in beide voorbeelden een reductie in betekenisgeving op. Het niet-aankijken ofwel wegkijken krijgt alleen de betekenis van respect betonen en – in het tweede voorbeeld – het niet-rustig een gesprek met een vrouw kunnen voeren zou een geloofsgebod zijn van de islam ten aanzien van de man-vrouwverhouding. Nu komt het inderdaad voor dat mensen tijdens een gesprek uit respect wegkijken en dat een man zich vanuit zijn geloofsovertuiging niet lang met een vrouw onderhoudt. Alle andere gangbare betekenissen zijn echter net zo goed op dit soort situaties van toepassing. De speler die de scheidsrechter niet aankijkt kan dit inderdaad doen vanuit respect, maar ook omdat hij zich beschaamd of schuldig voelt, omdat hij verlegen is of omdat hij lak heeft aan wat de scheidsrechter hem te vertellen heeft. In het voorbeeld van de arbeidsconsulent maakt de reactie van haar collega-deelneemster meteen helder wat het risico is van een eenzijdige betekenisverlening.

Generalisatie en stereotypering

Een culturaliserende benadering neigt ertoe individuele personen als representanten van een cultuur te zien, waarbij cultuur als statisch en eenvormig wordt opgevat. Dit brengt het risico van generalisatie en stereotypering met zich mee en daarmee de ontkenning dat ieder persoon op eigen unieke wijze inhoud en betekenis geeft aan zijn culturele achtergronden.

De organisatie had tijdens de studiedag rekening gehouden met haar islamitische medewerkers en voor de lunch ook voor hapjes zonder varkensvlees gezorgd. Een (Surinaamse) medewerker keek op de buffettafel eens rond wat er allemaal voor lekkers was, toen hij door een collega behulpzaam werd aangesproken met de woorden: 'Jouw hapjes staan daar.' De man keek verrast en zei dat hij in die hapjes 'daar' helemaal geen trek had, maar veel andere lekkerder dingen zag.

'Wilt u koffie?', vroeg een functionaris aan zijn klant. 'Neen, dank u wel', antwoordde de man. 'Ah ja', bedacht de functionaris, 'het is Ramadan hè, de vastentijd?' 'Neen', zei de man, 'ik heb last van mijn maag'.

'Wij/zij'-denken

Een andere valkuil van de culturaliserende benadering is het schematisch denken in de tegenstelling *wij* en *zij*. In deze benadering is de aandacht vooral gericht op het cultureel anders zijn van migranten. De culturele diversiteit binnen de eigen groep én die binnen de groep migranten wordt hierbij buiten beschouwing gelaten. Dit bevordert een *exclusief* denken in termen van *wij* en *zij*: wij-autochtonen versus zij-migranten of omgekeerd.

Het schematisch 'wij/zij'-denken is ook terug te vinden in het veelvoorkomend onderscheid tussen de westerse *ik-culturen* en de niet-westerse *wij-culturen* en daaraan gerelateerd die tussen schuld- en schaamteculturen. De diversiteit binnen de westerse groep wordt hierbij over het hoofd gezien, de verschillen met de migranten worden uitvergroot en de overeenkomsten miskend.

In een training 'multicultureel vakmanschap' voor de politie vraagt een agent hoe hij ouders kan laten meewerken: 'Zelfs bij de simpelste vraag, een foto van hun dochter als ze is weggelopen, krijgen we geen medewerking'. De (Marokkaanse) cursusleider antwoordt dat veel migranten een schaamtecultuur hebben en agenten het gezag van ouders dus niet moeten ondermijnen.

(Citaat) 'Hij praat langzaam en duidelijk: 'Ik zie in onze computer dat u al jaren in Nederland bent. Ik begrijp dat u misschien niet op de hoogte bent van wat uw zoon heeft gedaan. Ik zet het in de computer, hè: u bent goed; uw zoon is niet goed. Ik ben ook vader. Het leven is zwaar. Dat werkt.'(12)

In plaats van te verwijzen naar de schaamtecultuur van migranten, had de cursusleider kunnen zeggen dat iedere ouder het moeilijk vindt wanneer de indruk wordt gewekt dat hij of zij geen goede ouder is. De agenten die zelf vader of moeder zijn zullen dit kunnen beamen. Het is dus belangrijk ouders allereerst – oprecht – de erkenning te geven dat ze goede ouders zijn. Het praten over gave gebieden – dat wat goed gaat met de kinderen – kan daarbij helpen. Vervolgens kan dan over de lastige kwestie met betrekking tot hun kinderen worden gesproken. Zonder dus over migranten en schaamtecultuur te spreken kan de cursusleider hetzelfde bereiken vanuit een inclusieve benadering (zie paragraaf 1.2) en het 'gewoon' hebben over ouders, hun inzet om goede ouders te zijn en hun behoefte aan erkenning hiervan.

In de praktijk sturen de verklaringsschema's met het 'wij/zij'-denken, en daaraan gekoppeld de cultuurkloof, voor een groot deel het denken en handelen van professionals. Dit speelt vooral wanneer professionals in de vorm van een verslag of een dossier (13) een verhaal moeten vertellen of schrijven over de ontmoeting met hun klant. De eenmalige en volstrekt individuele belevenis en betekenisgeving van de klant wordt dan omgezet in gegeneraliseerde, herkenbare en behandelbare categorieën van 'gevallen'. Professionals zeggen dan bijvoorbeeld: dit is *een geval van* uithuwelijking, van een tweedegeneratieconflict of van een cultuurbotsing tussen de eigen cultuur en de Vlaamse of de Nederlandse. Denken over de klant vanuit deze culturaliserende 'gevallen' staat een echte ontmoeting met de klant in de weg. Het belemmert de professional in het horen en zien van de *eigen* ervaringen, de *eigen* betekenisgeving en de *eigen* woorden van de klant.

Bevoogding

Het getuigt van een zekere bevoogding wanneer – vanuit een culturaliserende benadering – je denkt te kunnen leren hoe 'zij', de migranten, zich gedragen. Soms menen mensen zelfs een certificaat van 'echtheid' te kunnen afgeven, gezien een uitspraak als 'Jij bent geen echte Turk meer; jij bent zo Nederlands als wat.'

Het culturaliserende leren over de ander vertrekt vanuit een statische opvatting van cultuur en houdt geen rekening met de heterogeniteit en dynamiek van een cultuur. Elke cultuur is aan verandering onderhevig, onder meer omdat mensen in steeds weer nieuwe situaties hun cultureel instrumentarium (moeten) aanpassen en bijstellen.

Een nt2-docente vertelde over een lesgroep Aziatische vrouwen die op de dag van haar verjaardag met een gezamenlijk cadeautje kwam aanzetten. Het was een Chinees telraam, maar het duurde even voor ze daarachter kwam. Ter voorbereiding op deze groep had de docente zich namelijk goed verdiept in de gebruiken en gewoonten elders. Er zijn culturen waar het ter plekke uitpakken van geschenken als heel ongepast wordt gezien, als bijna hebberig, had ze geleerd.

Om niemand voor het hoofd te stoten legde de jarige docente het pakketje ongeopend terzijde. In de koffiepauze kwam een cursiste schuchter naar haar toe met de vraag waarom ze het pakje niet openmaakte. De vrouwen vroegen zich af of ze misschien beledigd was? In Nederland hoorde je toch meteen uit te pakken en er iets over te zeggen...?. (14)

Haalt je uit je kracht

Het belangrijkste kritiekpunt is dat een culturaliserende benadering mensen, vooral professionals, uit hun kracht haalt: ze voelen zich machteloos omdat ze het idee hebben dat ze een cultuur toch niet kunnen veranderen.

Een vrijwilligster van een afdeling van de kindertelefoon vertelde dat ze een buitenlands jongetje aan de lijn had gehad die haar zei dat hij geslagen werd door zijn vader. Toen de jongen had aangegeven dat dat bij hun cultuur hoorde, had de vrijwilligster het gesprek afgebroken. Ze kon immers, zo zei ze, de cultuur toch niet veranderen.

Behalve door migranten zetten interculturele-communicatie-'experts' professionals op het verkeerde been. Deze culturaliserende experts wekken de suggestie dat vooral niet-westerse migranten een andere aanpak vragen dan wat professionals in huis hebben aan talenten en competenties.

Herman Blom baseert zich in zijn boek *Interculturele samenwerking in organisaties* (15) op de driestappenmethode van David Pinto. Blom ziet het als een effectieve manier om met verschillen om te gaan wanneer deze tot 'strubbelingen' leiden. Bij de tweede stap van het model: het leren kennen van de (cultuurgebonden) normen, waarden en gedragscodes van de ander, schrijft hij als belangrijk aandachtspunt: 'Je gaat op zoek naar informatie over de cultuur van de ander door bijvoorbeeld erover te lezen of bij anderen na te vragen. *Om misverstanden in de communicatie te voorkomen zoek je hierbij nog niet het directe gesprek met de ander.*' (cursivering EH)

De laatste zin zet professionals aan tot het buitengewoon anders maken van de omgang met migranten en zodoende tot het vergeten van het eigen professionele kapitaal. Waarom zou je tijdens een gesprek met een migrant wanneer zich 'strubbelingen' voordoen, niet, net zoals in elk ander gesprek met iemand, direct kunnen vragen en bespreken wat er aan de hand is? Niet doen, zegt Blom, stop het gesprek, ga elders op zoek naar waarom die persoon zo handelt en pas als je het weet, kun je weer in gesprek gaan met betrokkene.

De culturaliserende benadering veronderstelt dat kennis van de culturele of religieuze achtergrond van de ander een voorwaarde is om effectief te kunnen communiceren met betrokkene. Ook deze veronderstelling haalt professionals uit hun kracht, zoals blijkt uit het volgende voorbeeld:

Een ervaren jeugdhulpverlener vertelde dat een (Nederlands) meisje haar om advies vroeg, omdat ze een relatie heeft met een jongen die moslim is. Het meisje voelt zich onzeker vanwege alle negatieve verhalen die ze gehoord heeft over de islam in relatie tot vrouwen. De jeugdhulpverlener vertelde dat zij het meisje meteen heeft doorverwezen naar haar (Marokkaanse) collega met de uitleg dat zij te weinig van de islam weet en dat haar collega het meisje zeker veel kan vertellen over de islam.

Door kennis van de religie als voorwaarde te zien om goed te kunnen hulpverlenen, laat de hulpverlener de kans liggen om coachend met het meisje te verkennen wat haar precies onzeker maakt, welke beelden ze heeft van de islam, of zij met haar vriend hierover goed kan praten enzovoorts. Zonder enige kennis van de islam had de hulpverlener zo zèlf – zonder tussenkomst van de Marokkaanse collega – het meisje evengoed kunnen ondersteunen. In plaats van dat het meisje door de Marokkaanse collega in zijn expertrol verteld werd hoe het zit met de islam in relatie tot vrouwen, had ze door de hulpverlener toegerust kunnen worden ('empowerment') hoe ze met haar vriend in gesprek kan komen en van hemzelf had kunnen vernemen wat de islam voor hem en voor hun relatie betekent.

Een laatste voorbeeld komt van een trainer van het Inter-lokaal in Nijmegen: zij vertelde dat ze een workshop interculturele communicatie van een halve dag voor bewoners had georganiseerd, naar aanleiding van de vraag van een bewoonster hoe ze haar (Marokkaanse) buurman erop kon aanspreken om zijn vuilniszakken op de juiste plaats te deponeren. Aan het einde van de workshop kwamen de deelnemers er op uit dat de bewoonster de betreffende buurman 'gewoon' kon vragen: 'Buurman, wilt u de vuilniszakken op de juiste plaats neerzetten?'.

De culturaliserende benadering vindt haar oorsprong in antropologisch onderzoek waarin kenmerken van etnische of nationale culturen centraal staan. Zoals aangegeven leidt zo'n benadering tot *exclusief denken en handelen*: de ander wordt opgesloten in zijn cultuur ('zo is hij') en tot vreemde gemaakt (buitengewoon anders) met als gevolg dat het 'wij' van de eigen groep komt te staan tegenover het 'zij' van de andere groep.

Vandaar de keuze in dit boek voor een *inclusieve* en *communicatietheoretische* benadering van interetnische ontmoetingen. *Inclusief* omdat het in werkelijke ontmoetingen altijd in de eerste plaats gaat om mensen die elkaar willen insluiten, om mensen die zich met elkaar willen *verbinden* en *niet* om 'autochtonen' en 'allochtonen' die elkaar uitsluiten. *Communicatietheoretisch* omdat het in de eerste plaats om *communicatie* gaat en niet om cultuuronderzoek.

Een internationaal seminar over interculturele communicatie in Koblenz, Duitsland, droeg de mooie titel: *Cultures don't meet, people do.* Het zijn niet culturen maar mensen die elkaar ontmoeten.

1.2 Inclusief denken en handelen

Al in 1966 zette Feitse Boerwinkel in een publicatie van de Stichting Werkgroep 2000 het in die tijd nieuwe begrip *inclusief denken* tegenover het 'oude' exclusief denken. (16) Het exclusief denken is een denken in tegenstellingen: het denken in termen van of-of:

> *'Of mijn groep wint óf de zijne. Daarbij is de mens er steeds op uit geweest om zich met andere mensen te verbinden tegen andere mensen – groepen'. (17)*

Exclusief denken leidt zodoende tot uitsluiting van personen en groepen. Inclusief denken daarentegen is:

> *'(...) een denken, dat er principieel van uitgaat dat mijn heil (geluk, leven, welvaart) niet verkregen wordt ten koste van of zonder de ander, maar dat het alleen verkregen kan worden als ik tegelijk het heil van de ander beoog en 'bevorder'. (18)*

Boerwinkel benadrukt hierbij dat deze uitspraak niet in de eerste plaats idealistisch, maar realistisch bedoeld is, omdat de bedoeling niet edeler of mooier is om het heil van de ander te bevorderen, maar omdat het verstandiger is.

Boerwinkels concept van inclusief denken en handelen is in het kader van de huidige multiculturele samenleving opnieuw van groot belang. Het helpt om het wij/zij-denken te doorbreken door je met de ander te verbinden en door voor iedereen 'het goede' te beogen. Dit kan door gelijktijdig de principes van *de erkende gelijkheid* en *de erkende diversiteit* toe te passen.

Het principe van de erkende gelijkheid

Het principe van de erkende gelijkheid verwijst naar datgene wat mensen in de eerste plaats *verbindt* binnen een bepaalde context: zo zijn mensen in een straat in de eerste plaats: bewoners, buren, huurders of huizenbezitters; binnen een school: ouders, kinderen, leerlingen of studenten; in een organisatie: medewerkers, collega's, cliënten of klanten enzovoorts.

Dit principe is van belang, omdat de neiging bestaat alleen de andere cultuur van een persoon te zien en niet datgene wat gemeenschappelijk is binnen die context (zie de voorbeelden in paragraaf 1.1).

Het komt overigens voor dat iemand zichzelf uitsluit door de eigen etnische of religieuze identiteit op de voorgrond te plaatsen en het gemeenschappelijke buiten beschouwing te laten. Zo weigerde aanvankelijk een medewerker mee te gaan naar een personeelsfeest, omdat ze als moslima geen alcohol mocht drinken. Het hielp haar in een gesprek zich ervan bewust te worden dat ze binnen haar werksituatie in de eerste plaats medewerker, collega en teamlid is en in die hoedanigheid besloot ze toch naar het personeelsfeest te komen zonder alcohol te hoeven drinken.

Bij het principe van de erkende gelijkheid gaat het *niet* om de schijnbaar eerlijke benadering van gelijke monniken, gelijke kappen. Het is niet de bedoeling iedereen op dezelfde wijze te behandelen zonder acht te slaan op onderlinge individuele of groepsverschillen als gevolg van etniciteit, religie, sociaaleconomische status, sekse en dergelijke. Deze benadering van migranten 'Iedereen is voor mij gelijk, ik maak geen onderscheid, ik behandel iedereen hetzelfde' wordt *kleurenblindheid* genoemd. Mensen hetzelfde behandelen zou de menselijke waardigheid tekortdoen. De menselijke waardigheid bestaat immers hierin dat elke mens uniek, dus verschillend is. Vandaar het tweede belangrijke principe van de erkende diversiteit.

Het principe van de erkende diversiteit

Het principe van de erkende diversiteit betekent het erkennen van verschillen. Het erkent de verscheidenheid van groepen en die van individuele personen: ieder persoon en iedere groep is anders. De verschillen hebben betrekking op eigenschappen, talenten, competenties, emoties, motieven, behoeften, belangen en verlangens.

1.2.1 INCLUSIEF DENKEN EN HANDELEN IN DE PRAKTIJK

De twee uitgangspunten van de erkende gelijkheid en de erkende diversiteit zijn *onlosmakelijk* met elkaar verbonden. Erkenning van de gelijkheid kan niet zonder de erkenning van de diversiteit en omgekeerd. De beide uitgangspunten veronderstellen en corrigeren elkaar en dienen altijd gelijktijdig gehanteerd te worden. Het hanteren van alléén het gelijkheidsbeginsel zou de ontkenning betekenen van verschillen en daarmee leiden tot de uitsluiting van degene die 'anders' is. Het hanteren van uitsluitend het diversiteitsbeginsel leidt tot generalisering en stigmatisering van het anders zijn van mensen. Voor migranten zou dit bijvoorbeeld als consequentie hebben: het hanteren van een aparte methodiek louter op grond van hun migrant zijn.

Het gelijktijdig hanteren van de uitgangspunten van erkende gelijkheid en diversiteit leidt tot inclusief denken en handelen en vormt zo een effectieve leidraad om mensen met verschillende etnische achtergronden tegemoet te treden. Als eerste benader je dus iemand als degene die hij binnen die context is (erkende gelijkheid) en vervolgens ontvang je wat deze persoon naar voren brengt (erkende diversiteit). Nu alvast een paar voorbeelden van het inclusief denken en handelen uit de praktijk:

- In de context van arbeidsvoorziening: een consulent meent dat een Somaliër vanuit zijn statuscultuur teleurgesteld en boos reageert op het aanbod van werk dat beneden zijn niveau ligt; in plaats daarvan kan deze consulent de Somaliër benaderen als een werkzoekende (*erkende gelijkheid*) die teleurgesteld en boos reageert op het aanbod van werk en met hem bespreken wat maakt dat hij zo reageert (*erkende diversiteit*).
- In de context van een arbeidsorganisatie: een leidinggevende ziet een moslim tegenover zich die vraagt of hij op vrijdag vrij kan krijgen om naar de moskee te gaan en reageert daarop dat dit niet kan, omdat je in Nederland op zondag naar de kerk gaat; in plaats daarvan kan deze leidinggevende een medewerker (*erkende gelijkheid*) zien die graag op vrijdag vrij wil hebben – om wat voor reden dan ook – en beziet hij of daartoe mogelijkheden zijn (*erkende diversiteit*).
- In de context van een school: een mentor tracht een Islamitische Marokkaan te overtuigen

dat zijn dochter wel degelijk moet meegaan met het schoolkamp en moet blijven slapen; in plaats daarvan kan deze mentor een vader (*erkende gelijkheid*) voor zich zien die het beste wil voor zijn dochter en zich blijkbaar ergens zorgen over maakt. Daarover gaat de mentor met de vader in gesprek en krijgt deze de ruimte zijn onderliggende motieven naar voren te brengen (*erkende diversiteit*).

In hoofdstuk 9 over het TOPOI-gebied *Organisatie* zal de betekenis van het inclusief denken en handelen voor beleid en organisaties uitgewerkt worden.

1.3 De algemene systeem- en communicatietheorie

De algemene systeem- en communicatietheorie van Paul Watzlawick (19) volgens een bewerking van de Interactie-Academie te Antwerpen (20) gaat ervan uit dat een persoon in zijn communicatie slechts te begrijpen is door al de sociale systemen in ogenschouw te nemen waartoe deze persoon behoort of heeft behoord. Ieder persoon maakt deel uit van verschillende sociale systemen en aan elk van deze sociale systemen kan iemand een sociale identiteit ontlenen. Etniciteit, religie en nationaliteit zijn daarbij slechts drie van de mogelijke sociale identiteiten naast vele andere. Deze gedachtegang maakt de systeem- en communicatietheorie zo van belang voor de interculturele gespreksvoering, omdat etniciteit, religie en nationaliteit altijd zijn ingebed in een brede diversiteit van meerdere sociale identiteiten.

1.3.1 SOCIALE SYSTEMEN

Het denken in systemen is al te vinden in de Griekse oudheid. Aristoteles' beroemde uitspraak 'Het geheel is meer dan de som van de delen' wijst al op het belang niet alleen de afzonderlijke elementen van het geheel te kennen, maar ook hun onderlinge betrekkingen en interactie. Een eenvoudig voorbeeld is dat de zintuiglijke sensatie, de emotionele vervoering en de betekenissen die een muziekstuk kan oproepen, meer zijn dan de optelsom van elke noot, toon of vocaal.

Aanvankelijk was de systeemtheorie alleen een theorie voor biologische, economische of technische systemen. Ludwig von Bertalanffy was een van de pioniers die een algemene systeemtheorie ontwikkelde.

De systeemtheorie neemt uit de biologie het beeld over van een *organisme* als een geheel. Een organisme waarvan de delen in een onderlinge betrekking en wisselwerking tot elkaar staan. Daarnaast is kenmerkend voor het beeld van een organisme dat alle delen ten opzichte van elkaar een functionele betekenis hebben. Dit houdt in dat elk deel zonder de ander(e) niet denkbaar is. Verandert een deel of valt het weg, dan verandert het hele organisme, ofwel het hele systeem. Binnen het sociale systeem vindt zodoende voortdurend onderlinge beïnvloeding plaats. Dit circulaire denken over beïnvloeding komt in de plaats van het mechanistische, lineaire denken, waarin een probleem alleen het resultaat is van een oorzaak en een gevolg.

Het circulaire denken van voortdurende wederzijdse beïnvloeding kun je vergelijken met een mobile: één waarvan je de draadjes niet kunt zien. Als één element van een mobile zich beweegt of niet beweegt, dan heeft dit effect op alle andere elementen. Met andere woorden, alle andere elementen worden erdoor beïnvloed en dat ene element wordt tegelijkertijd ook beïnvloed. Geen enkel element kan zich bewegen zonder dat het invloed heeft op de andere.

Paul Watzlawick en anderen (samen de Palo-Altogroep) passen deze algemene systeemtheorie toe op de communicatie tussen mensen. Zij beschouwen de menselijke interactie als een *sociaal systeem* van 'personen-communicerend-met-andere-personen'.

Dit betekent dat de elementen van een sociaal systeem *niet* de individuele personen zijn die deelnemen, maar hun handelingen, hun onderlinge interacties. Een sociaal systeem is dus in feite een *interactie*systeem.

Een sociaal systeem is hiervoor al vergeleken met een organisme uit de biologie. Het heeft dan ook de volgende vier kenmerken.

1 Een sociaal systeem is *open, onbegrensd* en *heterogeen* van karakter. Een sociaal systeem maakt deel uit van andere grotere sociale systemen. Een kamer met medewerkers bijvoorbeeld, maakt deel uit van een afdeling, die onderdeel is van een organisatie, die gesitueerd is in een bepaalde stad en regio, die beide weer deel uitmaken van een bepaalde nationale samenleving en zo verder. Elk sociaal systeem is zo in zekere zin een subsysteem van een groter sociaal systeem.
   De openheid, onbegrensdheid en heterogeniteit van sociale systemen hangen verder samen met het gegeven dat ieder mens tegelijkertijd deel uitmaakt van verschillende sociale systemen. Iedereen neemt andere sociale systemen mee in de sociale systemen waarin hij verkeert. Vergelijk het met de culturele bagage die iedere persoon meedraagt.
2 Binnen elk sociaal systeem en tussen sociale systemen vindt voortdurend *onderlinge beïnvloeding* plaats. Deze onderlinge beïnvloeding heeft een *circulair* karakter. Er is sprake van voortdurende wederzijdse beïnvloeding, waarin iedere betrokkene een aandeel heeft. Zie verder paragraaf 1.5 over circulaire communicatie.
3 Elk sociaal systeem streeft naar een zeker *evenwicht*. Elk sociaal systeem kent, zoals Watzlawick dat noemt, een *meegroeiend* evenwicht. Meegroeiend in die zin dat een gezond sociaal systeem meegroeit, mee verandert met de veranderingen binnen en buiten het sociaal systeem, zonder daardoor zijn evenwicht te verliezen. Dit proces is te vergelijken met de levensgeschiedenis van iemand, die op zichzelf ook een interactie*systeem* is. In zijn leven maakt een persoon allerlei kritieke veranderingen mee, zoals geboorte, opleidingen, volwassen worden, werk vinden, verliefd worden, relaties aangaan en verbreken, kinderen krijgen, verhuizingen, migratie, ziekte en verlies. Een gezond persoon verlegt met stukjes en beetjes zijn persoonlijke grenzen en hij hervindt, als het goed gaat, na elke 'crisis' zijn evenwicht. Het vinden van een evenwicht is voor ieder mens, voor elk sociaal systeem van vitaal belang. Dit streven naar evenwicht is dan ook een kenmerk van elk sociaal systeem: van een klein sociaal systeem van mensen-met-elkaar-in-communicatie tot grotere sociale systemen van organisaties en samenlevingen.
4 Een laatste kenmerk van sociale systemen is equifinaliteit ofwel 'gelijkeindigheid'. (21)

Dit is een begrip om aan te geven dat dezelfde uitkomst kan voortkomen uit verschillende beginsituaties of verschillende strategieën en dat gelijke beginsituaties en strategieën verschillende uitkomsten kunnen opleveren. Equifinaliteit is als uitgangspunt van belang bij het analyseren van knelpunten of problemen en bij het in gang zetten van veranderingen. Voor de gespreksvoering betekent equifinaliteit bijvoorbeeld dat verschillende benaderingen tot hetzelfde resultaat kunnen leiden. Dit uitgangspunt kan helpen om in een gesprek niet te blijven vasthouden aan een eenmaal uitgezet spoor. Nog steeds geldt dat er vele wegen naar Rome leiden.

1.4 Wat is communicatie?

Er zijn talloze definities van communicatie. De systeemtheorie ziet communicatie als méér dan louter het mededelen van informatie. Elke mededeling is meer dan alleen een constatering van een feit en meer dan een mededeling van die constatering. Communicatie heeft invloed op mensen, treft mensen persoonlijk.

Een simpele opmerking als 'Gisteren lagen mijn autopapieren nog op deze tafel' kan de partner van betrokken persoon al verontwaardigd doen uitroepen: 'Je hoeft mij niet de schuld te geven.'

Voordat een definitie van communicatie vanuit een systeemtheoretische optiek wordt gegeven, volgt eerst een uitgebreide analyse van een gesprekssituatie om de complexe gelaagdheid van de communicatie te verhelderen. Het betreft een gesprek tussen Frits, een docent, en de Antilliaanse studente Charyn. Frits merkt tijdens het gesprek op: 'Je spreekt al goed Nederlands.' Charyn reageert lichtelijk geïrriteerd met: 'Nou, dat vind ik ook van jou.'

De uitwerking van dit voorbeeld, waarbij van de lezer enig doorzettingsvermogen wordt gevraagd, maakt duidelijk dat communicatie een complex gelaagd proces is. Het speelt zich gelijktijdig af op vele niveaus. Om de verscheidenheid van zienswijzen of visies die uitgewisseld worden te kunnen verkennen, vindt de analyse plaats op drie niveaus. Voor de analyse is gebruikgemaakt van een model van de Interactie-Academie te Antwerpen. (22)

Op het *eerste niveau* is een uitspraak van Frits te horen over het Nederlands van Charyn: 'Je spreekt al goed Nederlands'. Deze uitspraak van Frits is niet alléén een constatering van een feit en de mededeling daarvan aan haar. Het gaat om meer dan een zakelijk informatieve of inhoudelijke mededeling. Het is méér dan alleen bits van informatie, zoals een computer die geeft. Frits geeft met zijn opmerking – weliswaar onbewust – ook een visie op Charyns zienswijze: op hoe Charyn zelf kijkt naar haar beheersing van de Nederlandse taal. Nu gaat het in een gesprek om een interpersoonlijk gebeuren. Dat betekent dat een visie over een visie van een ander, de drager van de visie persoonlijk raakt. In het voorbeeld: door zijn visie te geven, presenteert Frits tevens tegelijkertijd (al dan niet bedoeld) een visie op Charyn persoonlijk. Charyn kan in de visie van Frits bijvoorbeeld de uitspraken horen: 'Ik zie jou als een migrant', 'Jij bent een intelligente vrouw' of 'Jij hebt je al goed aangepast aan de Nederlandse samenleving'.

Wanneer Frits zijn visie presenteert, solliciteert hij tegelijkertijd bij Charyn naar een visie op zijn visie. De term 'solliciteren' is hier gebruikt in de betekenis van iets al dan niet bedoeld vragen. Charyns antwoord: 'Nou, dat vind ik ook van jou' is een niet-rechtstreekse visie op de visie van Frits. Ook Charyn doet dus wanneer zij haar visie presenteert tegelijkertijd een uitspraak over de persoon Frits. Deze visie kan zijn: 'Sufferd, weet je niet dat ik op de Antillen al vanaf de lagere school Nederlands heb moeten leren?' of 'Ik heb geen beoordeling van jou nodig of ik me voldoende heb aangepast aan de Nederlandse samenleving.'

Tegelijk met haar antwoord solliciteert ook Charyn bij Frits naar een visie op haar visie. Dit solliciteren gebeurt, omdat Frits het effect van Charyns antwoord ondergaat. Hij zal bijvoorbeeld iets denken in de trant van: 'Ik geloof dat ze het geen leuk compliment vindt.'

Samenvattend kun je zeggen dat communicatie een visie presenteert op een visie én solliciteert naar een visie op de gepresenteerde visie'. (23) Daarbij betreft elke visie de *inhoud* (de kwestie) en – meestal impliciet – de *persoon*: dat vind ik van jou. Communicatie vindt dus gelijktijdig plaats op inhoudsniveau (de kwestie) en op betrekkingsniveau (persoonlijk en relationeel).

Er komt nog een vervolg, want de eerste analyse is nog niet klaar. Het is nog onbekend welke betekenis de uitspraak van Frits heeft. Anders gezegd, het is nog onduidelijk hoe Charyn de uitspraak van Frits begrijpt. Zij lijkt het niet helemaal eens te zijn met de feitelijke vaststelling door Frits, dat ze al goed Nederlands spreekt. Vraag is hoe de betekenis van de uitspraak van Frits ontstaat. Het antwoord ligt op een *tweede niveau*, waarop het volgende vermoedelijk speelt. Allereerst is het opmerkelijk, maar niet verwonderlijk, dat Frits zo'n uitspraak over het goed spreken van Nederlands, zeer waarschijnlijk alleen tegenover migranten zal doen. Een tweede vermoeden is dat de uitspraak van Frits een visie bevat, waarin aan het goed spreken van Nederlands een bepaalde betekenis kleeft. Deze betekenis wordt door Frits niet rechtstreeks onder woorden gebracht. Het gaat hier ook niet om een louter door Frits als individu gecreëerde betekenis. De betekenissen die aan 'het goed spreken van Nederlands door migranten' worden toegekend, ontstaan in een brede sociale dialoog binnen verschillende groepen in de samenleving. Deze sociaal gecreëerde betekenissen zijn de sociale representaties die binnen de samenleving leven. De brede sociale dialoog is onder andere herkenbaar in de dagelijkse gesprekken van mensen, in de berichtgeving in de media en in de verdere publieke opinievorming.

Frits en Charyn zijn dagelijks zelf betrokken bij deze permanente brede sociale dialoog. En ze zijn via allerlei wegen (bijvoorbeeld vrienden, collega's, kennissen, familie, media, gesprekken 'op straat') op de hoogte van mogelijke betekenissen van een uitspraak zoals 'Je spreekt al goed Nederlands'.

De mogelijke betekenissen van deze opmerking hangen in deze context grotendeels samen met het migrant zijn in de Nederlandse samenleving. De sociale representaties die rond het goed spreken van Nederlands door migranten kunnen leven, zijn: 'Buitenlanders die goed Nederlands spreken, hebben zich al goed aangepast aan de Nederlandse samenleving'; 'Het is knap dat buitenlanders zo'n moeilijke taal als het Nederlands beheersen';

'Als alle buitenlanders zo goed Nederlands spraken, waren er niet zoveel problemen' en 'Een buitenlander die goed Nederlands spreekt, is geen echte buitenlander meer en is er een van ons'.

Deze betekenissen hebben zij niet (noch de auteur) in hun eentje uitgevonden. Ze zijn ontstaan in de eerdergenoemde brede sociale dialoog. Terwijl Frits en Charyn met elkaar praten, heeft ieder van hen tevens te maken met wat het geconstateerde feit 'goed Nederlands spreken' in de samenleving kan betekenen. Terwijl ze met elkaar in gesprek zijn, nemen ze deel aan de brede gemeenschapsdialoog over de betekenis van het spreken van Nederlands door migranten. Op hetzelfde moment (be)vestigen ze zelf de betekenis ervan. Gezien het antwoord van Charyn is ze het niet helemaal eens met de opmerking van Frits. Dit kan erop wijzen dat beiden deelnemen aan een voor hen verschillende sociale dialoog rond betekenisverlening.

Charyn is bijvoorbeeld op de hoogte van een sociale dialoog over mogelijke betekenissen die vooral migranten raken. Enkele van de hiervoor genoemde betekenissen kan ze persoonlijk opvatten, zoals 'Je hebt je al goed aangepast aan de Nederlandse samenleving'; 'Je bent wel 'zwart', maar je spreekt goed Nederlands'; 'Als alle buitenlanders zo goed Nederlands spraken als jij, waren er niet zoveel problemen'; 'Jij bent er al één van ons' en 'Je bent geen echte buitenlander meer'.

Frits kan van deze sociale dialoog niet of minder nadrukkelijk op de hoogte zijn. Mogelijk dat voor Frits vooral de sociale dialoog bekend is: 'Wat knap dat buitenlanders zo'n moeilijke taal als het Nederlands zo goed kunnen beheersen.'

Het is uiteraard ook mogelijk dat beide gesprekspartners deelhebben aan een voor hen gemeenschappelijke sociale dialoog over betekenisgeving.

Deze uitgebreide uitwerking van het gesprek van Frits en Charyn laat zien dat gesprekspartners niet alleen visies uitwisselen, maar tevens impliciet onderhandelen over de mogelijke zinvolheid en betekenis van elkaars visie.

Ten slotte is er nog een *derde niveau* in de communicatie aan te wijzen. Dit is vooral relevant in de communicatie met migranten. De uitspraak van Frits en het antwoord van Charyn kunnen eveneens bekeken worden als een dialoog over Charyns identiteit: namelijk als 'onderhandelingen' over waar ze bij hoort en waar ze niet bij hoort. Dit heeft ermee te maken dat een mens zijn identiteit niet alleen bepaalt. Het besef van iemand ergens bij te horen en ergens niet bij te horen, is het resultaat van een op grote schaal sociaal gecreeerde consensus (zie ook hoofdstuk 3). Gezien de minderheidspositie van de migranten in de Nederlandse samenleving speelt dit soort onderhandelingen over waar je wel en niet bij hoort, zeker voor migranten in nagenoeg al hun communicatie een belangrijke rol.

Toegepast op het voorbeeld van Frits en Charyn kan hun gesprek ook gezien worden als een onderhandelingsproces over erbij horen en apart zijn. Hun (impliciete) onderhandelingsproces hierover wordt weer beïnvloed door in de samenleving geconstrueerde betekenissen. De opmerking van Frits: 'Je spreekt al goed Nederlands' kan Charyn op velerlei manieren oppakken, zoals horen bij de Nederlandse samenleving; horen bij de Nederlanders en niet meer bij de buitenlanders; horen bij de aangepaste buitenlanders; horen bij de geëmancipeerde buitenlanders, die trots zijn op de eigen etnische identiteit; horen bij de 'blanken'; horen bij de intellectuele buitenlanders.

Bovenstaande aspecten van uitwisseling van visies en de onderhandeling erover spelen alle tegelijk in elke communicatie. Het is onmogelijk ze in een gesprek allemaal te beseffen, zeker wanneer de emoties hoog zijn opgelopen. In veel gevallen voel je wel aan dat ze spelen en kunnen ze achteraf, wanneer de emoties wat geluwd zijn, benoemd worden. Ook Charyn kon in een gesprek hierover haarfijn aangeven waarom zo'n opmerking over haar Nederlands haar zo kwetst.

Dit uitgewerkte voorbeeld maakt zichtbaar hoe complex de communicatieve beïnvloeding verloopt en hoe gelaagd elke communicatie is. Op grond van het voorgaande volgt nu een systeemtheoretische omschrijving van wat communicatie is. Zoals gezegd is communicatie méér dan alleen maar mededelingen van informatie. Communicatie is het uitwisselen van visies over visies. Aangezien het een interpersoonlijk gebeuren is, heeft het invloed op personen: het raakt mensen. Verder is communicatie impliciete 'onderhandeling' over mogelijke betekenisgeving, waarbij betekenissen (opnieuw) bevestigd worden of zich wijzigen. Deze onderhandeling is overigens geen losstaand individueel gebeuren, maar voltrekt zich onder invloed van de lopende sociale dialoog in de samenleving.

Samengevat is interpersoonlijke communicatie vanuit een systeemtheoretische visie:

> Uitwisseling van visies van en omtrent personen en onderhandeling over de zinvolheid of de mogelijke betekenis van deze visies. Deze uitwisseling is een interpersoonlijk gebeuren ingebed in een ruimere gemeenschapsdialoog binnen de samenleving. (24)

Communicatie, zoals hiervoor opgevat vanuit de systeemtheorie, is een beïnvloedingsproces. Volgens de systeemtheorie verlopen deze beïnvloedingsprocessen circulair.

1.5 Circulaire beïnvloeding

Er bestaan vele modellen om het communicatieproces weer te geven. Meestal wordt communicatie voorgesteld als een lineair proces, waarin communicerende personen afwisselend zender en ontvanger zijn. In zo'n lineair model codeert de zender zijn boodschap in een aantal taalsymbolen. De bron of zender stuurt deze boodschap door een kanaal naar de ontvanger. Deze ontvangt de boodschap en decodeert hem. Dat wil zeggen dat de ontvanger betekenis hecht aan de symbolen en zo een idee krijgt, waarna hij al of niet in actie komt. Dit is het effect van de communicatie. De bron ziet dit effect en gebruikt het geobserveerde effect om de boodschap te evalueren.

Het lineaire denken speelt zich in de communicatie af in termen van een zender en een ontvanger, van een begin en een einde, van oorzaak en gevolg en daarmee van schuld en onschuld: ik doe zo omdat de ander zo doet.

Het systeemdenken gaat uit van *circulaire* beïnvloeding. Circulaire beïnvloeding betekent dat er in communicatie sprake is van voortdurende feedbackkringen. Uitgaande van het axioma: je kunt niet niet-communiceren, is iedere communicerende persoon tegelijk zender en ontvanger. Elk gedrag in de uitwisseling is tegelijkertijd stimulus, respons en bekrachtiging. Er is geen begin en geen einde. Het circulaire denken schept een ander taalgebruik en daarmee een andere werkbare realiteit. Er is geen sprake meer van schuld, schuldige of dader (= oorzaak), en van onschuld, onschuldige of slachtoffer (= gevolg). Er is alleen maar *aandeel*. Ieder van de betrokkenen heeft aandeel aan hoe de dingen verlopen. Dit betekent onder andere dat het gedrag van iemand niet eenzijdig te verklaren is vanuit het schema van bijvoorbeeld machtige-zwakke; leider-volgeling; prater-zwijger en dader-slachtoffer. Dat is weer een vorm van lineair denken. Er wordt gemakkelijk over het hoofd gezien dat de zwakste partij op haar beurt het gedrag van de andere partij bepaalt. (Voor een verdere uitwerking hiervan zie paragraaf 8.7 over een symmetrische of complementaire relatie.)

In de volgende twee voorbeelden wordt duidelijk dat *alle* betrokken partijen altijd een *aandeel* hebben aan het gebeuren.

Wie een groepsdiscussie observeert, kan de indruk krijgen dat de mensen die het meest praten de anderen dwingen te luisteren. Vaak hebben de veelpraters ook meer invloed op de besluitvorming of meningsvorming. Met evenveel recht kan echter worden gesteld dat de groepsleden die niet of minder meepraten, de veelpraters tot spreken brengen. Hun afwachtende houding, hun aandacht voor de groepsleden die goede ideeën hebben of al eerder goede bijdragen leverden, hun aanmoedigende knikjes en andere non-verbale blijken van instemming, oefenen allemaal invloed uit op de veelpraters. Staan de veelpraters als dirigent voor hun orkest, of worden zij door hun orkest gedirigeerd? Geen van tweeën. Er is een voortdurende wederzijdse beïnvloeding, waardoor een patroon 'leiders'-'volgelingen' ontstaat.

In een gesprekstraining gebeurde iets wat diepe indruk op mij maakte. Een maatschappelijk werkster, A, een bedeesde, zichzelf wegcijferende vrouw, klaagde over een cliënte die op een nietsontziende manier over haar heen was gelopen. We besloten de situatie zo precies mogelijk na te spelen, om te zien hoe het zover had kunnen komen. A koos uit de aanwezigen een tegenspeelster, B, die haar enigszins aan haar cliënte deed denken. Ze vertelde haar wat ze zou moeten zeggen, hoe, en op welke momenten. B startte vanuit de gekregen tekst, maar had daarna geen enkele moeite om te improviseren. A ging namelijk zo snel en zo volledig in de verdediging, dat B verleid werd tot zeer grove en wrede opmerkingen. Sommige daarvan hoorden niet tot B's voorgeschreven tekst, maar A vertelt na afloop dat het gesprek precies zo gelopen was in werkelijkheid.
B was overstuur, omdat ze niet wist dat ze zo wreed kon zijn en er zelfs een grimmig genoegen in kon hebben. Ze zei dat ze de onweerstaanbare impuls had om A te mangelen.
Een 'vastberaden' slachtoffer kan altijd iemand vinden om hem of haar te mangelen. Wie wil kwellen zoekt een geschikt slachtoffer. (25)

De circulaire beïnvloeding vindt niet alleen plaats tussen de communicerende personen. Er vindt eveneens circulaire beïnvloeding plaats tussen enerzijds de communicerende personen en anderzijds hun ruimere omgeving. De gesprekspartners zijn tegelijkertijd betrokken in allerlei beïnvloedingsprocessen met derden, die zich in een ruimere omgeving bevinden. Deze ruimere omgeving zijn de sociale netwerken waarin de gesprekspartners zich bevinden. Hierna volgen een anekdote en een voorbeeld uit de praktijk om dit meervoudige karakter van het circulaire beïnvloedingsproces te illustreren.

De anekdote

Een blanke immigrant in Canada is hout aan het kappen. De winter nadert en hij wil een flinke voorraad brandhout aanleggen. Een indiaan komt langs en de immigrant vraagt aan de indiaan of het een strenge winter zal worden. 'Ja,' zegt de indiaan, 'het wordt een strenge winter.' De man spant zich nog meer in om zoveel mogelijk hout te kappen. Een tweede indiaan passeert en de blanke vraagt opnieuw of het een strenge winter zal worden. De indiaan knikt bevestigend en dan vraagt de immigrant: 'Vertel me eens, hoe weet u eigenlijk dat het een strenge winter zal worden?' 'Wel,' zegt de indiaan bedachtzaam, 'ik kom overal blanken tegen die flink hout aan het kappen zijn.'

Het praktijkvoorbeeld

Een (Surinaamse) student op een hogeschool overtrad het rookverbod. De conciërge sprak de student aan. De student sputterde wat tegen, waarop de conciërge tegen hem zei: 'Je moet je net als alle anderen aanpassen.' De student reageerde furieus en een handgemeen dreigde.

In het gesprek na het incident met de student en de conciërge bleek dat de student zich door de woorden van de conciërge – 'Je moet je net als alle anderen aanpassen' – ineens niet meer aangesproken voelde als student, maar als 'zwarte' buitenlander. Hij had het woord 'aanpassen' niet begrepen binnen de omgeving van de onderwijsinstelling, zoals de conciërge het zei te bedoelen. Met de woorden 'net als alle anderen' zei de conciërge te bedoelen 'net als alle andere studenten'. De student had de woorden van de conciërge geïnterpreteerd binnen de omgeving van de ruimere Nederlandse samenleving waarin 'men' het regelmatig heeft over 'buitenlanders die zich moeten aanpassen'. Dit maakte de student zo boos. De conciërge is gevraagd of hij dezelfde woorden gekozen zou hebben, wanneer hij een 'blanke' student voor zich had gehad. De conciërge zei in alle eerlijkheid hieraan te twijfelen. Dit maakt duidelijk dat de circulaire beïnvloeding tussen enerzijds de gesprekspartners en anderzijds hun sociale omgeving niet alleen merkbaar is in hoe betrokkenen de dingen verstaan en begrijpen, maar ook in hun spreken.

In figuur 1.1 staat een schematische voorstelling van het onderscheid tussen lineaire communicatie (het zender-ontvangermodel) en circulaire communicatie (gelijktijdige, wederzijdse beïnvloeding, ook vanuit de ruimere omgeving).

Miskennen van de circulariteit in communicatie leidt vroeg of laat tot problemen. In de alledaagse en professionele communicatie is het besef van de circulariteit van communicatie van groot belang. Rekening houden met de circulariteit van de communicatie betekent in de gespreksvoering met anderen zich de vragen stellen:

Figuur 1.1 Schematische voorstelling van het onderscheid tussen lineaire communicatie en circulaire communicatie.

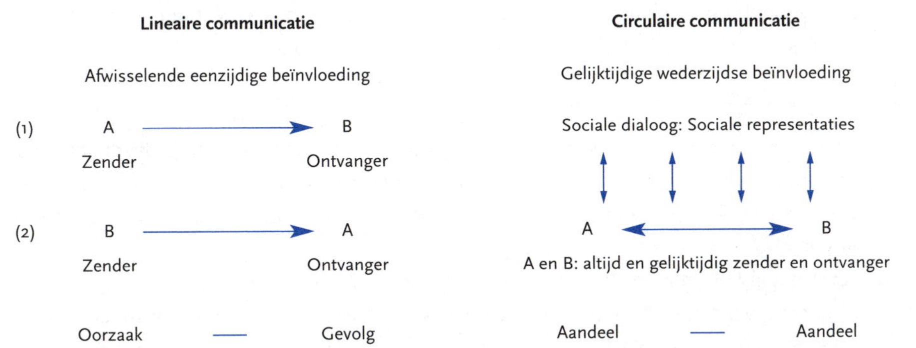

- Wat is *mijn aandeel* (mijn doen, denken, voelen, enzovoorts) dat de ander zo doet?
- Wat is *het aandeel van de ander* (haar of zijn doen, denken, voelen, enzovoorts) dat ik zo doe?
- Wat is de invloed vanuit *de ruime sociale omgeving* (de sociale representaties) die maakt dat ik en de ander zo doen?

1.6 Sociale representaties

De invloed vanuit de ruimere omgeving omvat de al vaker genoemde *sociale representaties.* Sociale representaties zijn de collectief gedeelde waarden, beelden, praktijken, ideeën en betekenissen ofwel de vanzelfsprekendheden die gedeeld en gecreëerd worden met andere mensen. (26) 'Collectief' betekent hier 'gevormd in gemeenschap'. Sociale representaties zijn opvattingen die niet individueel aanwijsbaar zijn. Ze bestaan onafhankelijk van het individu. Sociale representaties bestaan weliswaar los van individuen, maar iedereen neemt actief deel aan de gemeenschapsdialoog: de publieke menings- of opinievorming. Anders gezegd, in de alledaagse communicatie geven mensen hun mening over allerlei uiteenlopende onderwerpen en daarmee draagt eenieder bij aan de vorming, bevestiging en verandering van sociale representaties.

Sociale representaties zijn zodoende het resultaat van de voortdurende sociale conversatie die plaatsvindt binnen allerlei groepen in een samenleving. Het zijn de alledaagse interpretaties van mensen: de *gezond-verstand*-kennis ofwel de manier waarop mensen in hun alledaagse leven betekenis geven aan hun sociale omgeving. (27) Sociale representaties vormen datgene wat *men* denkt, wat *men* vindt en wat *ze* zeggen in bepaalde groepen.

Het volgende voorbeeld laat de twee kanten van sociale representaties zien: enerzijds de individuele bijdrage van personen aan het in stand houden en ontwikkelen van sociale representaties en anderzijds de anonimiteit en de collectiviteit van sociale representaties.

Het betreft in dit voorbeeld de sociale representaties rond hoogopgeleide vrouwen en hun omgang met werk en moederschap.

De individuele bijdrage is van de feminist, jurist en econoom Heleen Mees die het debat aanzwengelt en een aantal heersende sociale representaties scherp ter discussie stelt. Enkele uitspraken van Mees (28 en 29):

- 'De wetenschappelijke basis voor borstvoeding (blijkt) minder stevig dan gedacht. Jarenlang is vrouwen wijsgemaakt dat je door borstvoeding te geven slimmere kinderen krijgt. Maar recent Iers onderzoek toont aan dat de moeder, en niet de melk uit haar borsten, het kind slim maakt.'
- 'Borstvoeding belemmert de broodnodige binding tussen vader en kind.'
- 'Onderzoek wijst namelijk uit dat moederinstinct zich ontwikkelt naarmate de moeder langer én intensiever met de baby bezig is. Dat betekent dat moederinstinct niet primordiaal is.'[7]
- 'Mannen kunnen óók moederinstinct ontwikkelen, als ze maar de kans krijgen om voor hun kind te zorgen. Een pasgeboren kind de fles geven biedt daartoe een uitgelezen mogelijkheid.'
- 'Hoogopgeleide vrouwen moeten aan het werk, en de kinderen naar de opvang brengen, (...). Ik snap het niet, dat vrouwen werken niet leuk vinden.'
- 'Nederlandse vrouwen zijn zo schaapachtig. Ze zien zichzelf geen bank leiden, of minister zijn.'
- Over het moederinstinct van vrouwen: 'Dat krijg je vanzelf als je zoveel bij je kinderen bent. Als vaders meer zorgen, krijgen ze dat ook.'
- 'Ik vind dat je je talenten verkwanselt als je thuis blijft zitten met een academische opleiding. Met 1,2 kind kun je je leven niet vullen.'
- 'Ze zijn een betere moeder voor de kinderen als ze werken. Onderzoek wijst uit dat kinderen van hoogopgeleide, werkende moeders minder lijden aan chronische vermoeidheid en betere cijfers halen op school. Bovendien blijkt ook uit onderzoek dat vrouwen met een substantiële baan zelf gelukkiger zijn, en aantrekkelijker voor mannen.'
- 'Ik moet het hard brengen. Vrouwen in Nederland zitten in een winterslaap. Die krijg je niet wakker met een slaapliedje.' (...) Ja, de zweep erover. En het ís ook een j'accuse. Al die vrouwen die thuis zitten, daar heb ik last van. Door hen zeggen werkgevers dat ze geen vrouwen boven de 35 aannemen, omdat die het werk meteen uit hun handen laten vallen als ze een kind krijgen. En ik begrijp die werkgevers heel goed.'
- 'Als ik ooit nog kinderen krijg, beloof ik dat ik zal blijven werken. En zo niet, dan schrijf ik een groot pamflet om mijn excuses aan te bieden.'

De uitspraken van Mees en het interview met haar laten tevens zien hoe sociale representaties ten aanzien van eenzelfde thema – in dit geval de thema's borstvoeding en hoogopgeleide vrouwen en werk – kunnen verschillen.

7 Primordiaal (= oorspronkelijk, van oorsprong) betekent hier aangeboren.

Ieder mens is zo betrokken in een beïnvloedingsproces van uiteenlopende en ook tegenstrijdige betekenissen, omdat iedereen deel uitmaakt van vele sociale systemen. En elk sociaal systeem kent min of meer eigen sociale representaties. Ze weerspiegelen de cultuur van een sociaal verband: haar waarden, normen, opvattingen en maatschappelijke posities. In dit opzicht zijn sociale representaties, systeemtheoretisch gezien, de culturele modellen van een sociaal systeem.

Bij sociale representaties gaat het om heersende *opvattingen* en niet om de praktijk. Opvallend is bijvoorbeeld dat 'modern' Nederland zich laat voorstaan op de vrouwenemancipatie, maar dat de praktijk er anders uitziet. Minister van Onderwijs, Cultuur en Wetenschappen Ronald Plasterk benoemt deze discrepantie tussen heersende opvattingen en de praktijk met betrekking tot vrouwenemancipatie in Nederland.

Nederland is nogal dubbelhartig als het om vrouwenemancipatie gaat, stelt Plasterk. Vrijwel iedereen vindt dat mannen en vrouwen dezelfde rechten hebben, maar vrouwen verdienen nog steeds gemiddeld vier procent minder dan hun mannelijke collega's. En in leidinggevende posities kom je nog nauwelijks vrouwen tegen. Ook niet bij de overheid, die vrouwenemancipatie al decennia hoog in het vaandel heeft. Anno 2007 is er nog niet één vrouwelijke secretaris-generaal, en nog geen tien procent van de hoogleraren is vrouw. De vrouwenemancipatie is in het slop geraakt, concludeert Plasterk en hij wil maatregelen nemen. Werktijden moeten worden versoepeld en het moet ook financieel minder aantrekkelijk worden om thuis bij de kinderen te blijven. (30)

1.6.1 HET ALLEDAAGSE EN VANZELFSPREKENDE KARAKTER VAN SOCIALE REPRESENTATIES

Sociale representaties hebben een alledaags en vanzelfsprekend karakter. (31) Ze zijn zo vanzelfsprekend en vertrouwd dat je er niet meer bij stilstaat. Deze collectieve opvattingen en voorstellingen van zaken spreken zo voor zich, ze zijn zo evident, dat je ze niet meer als opvattingen en voorstellingen onderkent. Ze hebben het statuut van 'onbetwistbare werkelijkheid' gekregen. Het onbetwistbare karakter van deze sociale representaties is bijvoorbeeld merkbaar in elk gesprek over buitenlanders. Het lijkt in zo'n gesprek onmogelijk om *niet* te denken aan de bestaande sociale representaties rond buitenlanders. Wanneer iemand zegt dat er buitenlanders in de straat zijn komen wonen, dan denk je waarschijnlijk *niet* in eerste instantie aan Amerikanen of West-Europeanen.

Vanwege het vanzelfsprekende karakter van sociale representaties, ben je je er in alledaagse gesprekken meestal niet van bewust. Pas wanneer er verschil zit tussen sociale representaties, kun je gaan beseffen dat het om een sociale representatie gaat. Een voorbeeld uit een onderzoek naar contactadvertenties laat zien hoe een vrouw zich ervan bewust is dat ze (mogelijk) afwijkt van de sociale representaties omtrent de betekenis van werk voor mannen en voor vrouwen.

Een vrouw zet in 1987 de volgende advertentie.
'Ik hou van mijn werk, dat laat ik me *zelfs* door de leukste man van de wereld niet afnemen. Het leven bestaat echter niet alleen uit werken (...) Ik vrouw, zoek aardige man (...)'. (32)
De onderzoeker geeft als commentaar hierbij: 'Zelden zullen we het belang en de geringe vanzelfsprekendheid van werk (voor vrouwen) zo expliciet verwoord vinden als in bovenstaande advertentie. Bovenstaande tekst is evenwel ondenkbaar in het geval van een man'. (33)

Het voorbeeld illustreert tevens dat sociale representaties dynamisch zijn en voortdurend veranderen onder invloed van de lopende gemeenschapsdialoog. Anno 2009 is in Vlaanderen of Nederland zo'n uitspraak in een contactadvertentie van een vrouw over werk onvoorstelbaar. Geleidelijk aan is het werk van een vrouw net zo belangrijk aan het worden als dat van een man, hoewel Heleen Mees hiervoor aangaf dat de praktijk in dat opzicht achterloopt.

1.6.2 EFFECTEN VAN SOCIALE REPRESENTATIES

Mensen zijn op verschillende manieren gevoelig voor sociale representaties. Dit heeft vooral te maken met een gevoel van 'erbij (willen) horen'. Naarmate mensen die invloed minder beseffen, zijn ze er des te gevoeliger voor. Mensen met voldoende eigenwaarde en voldoende gevoel 'erbij te horen' kunnen afwijken van wat 'gewoon' is. Het is hierbij wel van belang dat ze beseffen dat ze van sociale representaties afwijken. Mensen dienen erop voorbereid te zijn dat hun 'afwijking' persoonlijk opgevat kan worden en commentaar kan krijgen. Verschillen kunnen dan niet als verschillen gezien en aanvaard worden, maar als oordeel, als persoonlijk commentaar.

Het vraagt vaardigheid en creativiteit om met dat commentaar om te gaan. Mensen kunnen uitleggen dat ze zien dat ze afwijken en hierover met de ander in gesprek gaan. Vooral migranten en andere minderheidsgroepen worden ermee geconfronteerd dat ze zich bewust moeten zijn van sociale representaties en moeten leren omgaan met commentaar op hun 'afwijkend' gedrag. Leden van de dominante meerderheid kunnen het gedrag van migranten bijvoorbeeld als afwijkend ervaren. Voor de migranten is het eigen gedrag 'normaal' en vanzelfsprekend (het wordt onder andere gedragen door de sociale representaties in de eigen etnische groep en in hun herkomstland). Gevestigden kunnen het afwijkende gedrag van nieuwkomers ofwel migranten als persoonlijke kritiek voelen, omdat het immers om een interpersoonlijk gebeuren gaat. In de gezondheidszorg zie je bijvoorbeeld dat sommige medici zich persoonlijk aangevallen voelen als patiënten hun voorkeur uitspreken voor een behandeling in eigen land of door een genezer uit eigen kring.

1.6.3 SOCIALE REPRESENTATIES: EEN KWESTIE VAN MACHT

De heersende sociale representaties in een samenleving zijn een weerspiegeling van de maatschappelijke machtsverhoudingen. De heersende sociale dialoog beïnvloedt en legitimeert binnen een samenleving bijvoorbeeld de omgang met migranten. Het macromaatschappelijke niveau weerspiegelt zich op het micro-interpersoonlijke niveau. De heersende sociale representaties bepalen de voorwaarden waaronder de communicatie kan en mag geschieden: voor wat zegbaar en te begrijpen is, bijvoorbeeld in verband met het al dan niet tewerkstellen van migranten. Een praktijkvoorbeeld ter illustratie.

Een personeelsfunctionaris van een bedrijf vroeg bij een uitzendbureau om 'drie Marietjes en twee Jantjes'. De pas aangestelde medewerker van het uitzendbureau zei dat ze niet op namen selecteerden. De personeelsfunctionaris zei toen tegen de medewerker dat hij maar bij 'zijn baas' moest informeren. Die wist wel wat hij bedoelde. De medewerker informeerde en kreeg te horen dat dat bedrijf 'Hollanders' wilde en geen buitenlandse uitzendkrachten. De medewerker reageerde hier geschokt en afwijzend op. De leiding zei echter dat ze ook wel wist dat het (= discriminatie) niet mocht, maar dat ze zijn verzoek toch inwilligde, omdat het bedrijf een goede klant was.

De sociale representatie dat je niet mag discrimineren heeft enige invloed op de personeelsfunctionaris. Dit blijkt uit de verpakking van zijn etnische voorkeur. In plaats van te zeggen dat hij geen buitenlanders wil of alleen maar 'Hollanders', vraagt hij om 'Marietjes en Jantjes'. Hij kan zodoende toch zijn voorkeur kenbaar maken; anders gezegd, hij kan zo toch discrimineren. De personeelsfunctionaris weet zich echter voldoende gedekt door de heersende sociale representatie dat buitenlanders een risico zijn voor een bedrijf en je dus als werkgever je etnische voorkeur mag uitspreken. De sociaaleconomische machtsverhoudingen in Nederland zijn blijkbaar zodanig dat én het bedrijf én het uitzendbureau zich voldoende gelegitimeerd voelen om te discrimineren.

1.7 Sociale perspectieven

De hiervoor geschetste sociale representaties bereiken de alledaagse communicatie via de sociale perspectieven. Annie Mattheeuws van de Interactie-Academie omschrijft sociale perspectieven als: 'de niet aflatende stroom (positieve en negatieve) zienswijzen omtrent in gemeenschap gecreëerde betekenissen'. (34) Sociale perspectieven zijn de sociale representaties die in communicatie zijn gebracht. Ze zijn de waarneembare kant van de sociale representaties. Waarneembaar in hoe mensen in hun dagelijks taalgebruik het 'men'-denken tegenover elkaar uiten in woord en gedrag. 'Men' staat voor de niet concreet aanwijsbare 'derden', voor 'ze', de anderen, de gemeenschap, de buurt, de samenleving.

Sociale perspectieven vind je in opmerkingen als:

- ik kan toch niet anders, of: ik moet wel...
- zoiets doe je/denk je toch niet
- elk verstandig mens vindt, weet of doet...
- een normaal mens...
- dat is niet gepast

- het is nu eenmaal zo...
- dat is toch niet normaal
- dat hoort zo
- zo behoor je toch te zijn
- doe eens normaal
- het kan me niet schelen, wat anderen/ze zeggen
- ze zullen wel denken, zeggen
- ik ga niet voor schut lopen
- ik wil niet discrimineren, maar...
- ik ben geen racist, maar...
- iedereen weet toch
- dat is toch logisch.

De meeste voorbeelden maken duidelijk dat de invloed van sociale perspectieven meestal niet bewust is, omdat ze zo vanzelfsprekend uitgesproken worden. De voorbeelden maken eveneens duidelijk hoe veelvuldig je zelf de vanzelfsprekendheid van sociale perspectieven bevestigt en versterkt door de genoemde veelgebruikte uitspraken als: 'Het is toch logisch dat...' of 'Elk normaal (denkend) mens vindt toch ook dat...'.

1.7.1 SOCIALE PERSPECTIEVEN ALS SOCIALE DRUK

Sociale perspectieven zeggen iets over wat hoort en wat niet hoort, wat passend is en wat niet. Sociale perspectieven werken als voorschriften, als richtlijnen en suggesties voor wat je in het dagelijkse leven het beste kunt doen. Ze hebben invloed op de communicatie met anderen. In de manier waarop iemand naar anderen kijkt en met anderen omgaat, spelen naast zijn privé-ideeën ook de ideeën op het niveau van de sociale groep een rol: de eerdergenoemde sociale representaties. Deze sociale representaties sturen door de sociale perspectieven het gedrag normatief. De sociale perspectieven vormen, zeker als je je de invloed ervan niet of onvoldoende bewust bent, een normatief kader. In de dagelijkse communicatie manifesteren sociale perspectieven zich als gevoelde steun, maar ook als druk, beperking of zelfs dwang. (35) De sociale druk van de sociale representatie 'Je mag niet discrimineren' is bijvoorbeeld voelbaar in opmerkingen die voorafgegaan worden door: 'Ik wil niet discrimineren, maar...'

In de volgende ingezonden brief uit 1995 benoemt een jonge vrouw expliciet de sociale druk waar ze last van heeft. Voor de duidelijkheid staan de sociale perspectieven in cursief. Als vervolg op de hiervoor geciteerde contactadvertentie uit 1987, laat de ingezonden brief tevens zien hoe de sociale representaties rond vrouw en carrière sindsdien veranderd zijn. De brief is ook – hoewel gedateerd – anno 2009 een interessant en actueel tegengeluid in het debat dat Heleen Mees heeft aangezwengeld. (zie paragraaf 1.6)

'Vervreemd'

Wat een openbaring, het interview met Adelheid Roosen over onder andere de verwarring die zij heeft ten aanzien van het westers feminisme. Ik ben een vrouw van 29 jaar, leef zeer zelfstandig

in de hoofdstad des lands en heb een baan met aanzien bij een reclamebureau. Kortom: *een vrouw zoals een vrouw anno 1995 behoort te zijn*.
Echter sinds november vorig jaar zit ik overspannen in de ziektewet. Dit jachtige, gematerialiseerde leven heb ik al die tijd goedgepraat en volgehouden, omdat ik wist dat *dit nu eenmaal het leven is voor een jonge, moderne vrouw*. Alleen begon ik mij steeds meer vervreemd te voelen van al het abstracte waar ik mee bezig was. Uiteindelijk heeft dit ertoe geleid dat ik nu (heel verward) thuiszit.
Als ik eerlijk ben, weet ik precies waar de schoen knelt: ik ben te lang met het 'on-wezenlijke' bezig geweest, ik zoek iets substantiëlers.
Ik wil 'zin' geven. Ik wil terug naar mijn bron zoals Roosen zo mooi stelt. Ik heb mijzelf verloren. Ik wil meer die zorgende kant op, voedend zijn en inhoud geven aan menselijke waarden en normen.
Deze kant van mij stop ik helaas meteen ook weer weg. *Het is in onze maatschappij immers totaal niet gepast en onfeministisch om zo te denken*. Ik veroordeel mijzelf dan ook en voel mij belachelijk dat deze verlangens in mij leven: *zo denk je toch niet als hoogopgeleide, moderne vrouw?*
Het interview met Adelheid Roosen trof mij echter in het hart. Ik vond iets van mijzelf terug. Nu heb ik daar nog het verhaal van een ander voor nodig, maar ik hoop dat ik op een dag zo sterk ben om zonder schroom over deze kant van mijzelf te spreken en mijn leven anders in te richten'. (36)

De voorgaande voorbeelden laten iets zien van de sociale druk die vrouwen kunnen ervaren met betrekking tot hun zorgende kant en carrière maken.

Voor migranten komt de sociale druk vanuit de samenleving als een niet-aflatende stroom sociale spiegels die hen worden voorgehouden over wat 'men' in de samenleving van hen denkt en verwacht.

Een indrukwekkend voorbeeld van de sociale druk die migranten voelen, vertelde een Marokkaanse studente na de vreselijke moord op Theo van Gogh in 2004. Ze vertelde dat haar moeder als eerste dacht – en later bleek met zeer velen – 'Laat de dader alsjeblieft geen buitenlander zijn'. Toen bekend werd dat het een Marokkaan was, vertelde de studente dat haar moeder, die als 'gewone huisvrouw' het huishouden deed, tegenover elk meubel dat ze afstofte zich verontschuldigde: dat ze de moord verafschuwde; dat ze niet hoorde bij deze Marokkanen die zoiets doen; dat de dader geen goede moslim is en zo verder...

SAMENVATTING

Kennis van de culturele achtergronden van de mensen met wie je werkt is zeker van belang, maar geen voorwaarde om effectief te kunnen communiceren. Deze voorwaarde stelt een culturaliserende benadering wél, want ze neemt de culturele achtergrond als vertrekpunt voor het oplossen van culturele misverstanden in de communicatie. Aan deze culturaliserende benadering kleven veel bezwaren en risico's, waaronder de bevordering van het 'wij/zij'-denken, ofwel het exclusief denken. Vandaar dat in dit boek gekozen is voor een inclusieve en algemene systeemtheoretische benadering van de gespreksvoering tussen mensen met een verschillende etnische achtergrond. Inclusief denken betekent het gelijktijdig inzetten van de principes van de erkende gelijkheid en de erkende diversiteit. Erkende gelijkheid staat voor datgene wat mensen in een bepaalde context in de eerste plaats met elkaar delen. Zo zijn mensen – afhankelijk van de situatie – als eerste: burgers, bewoners, ouders, medewerkers, studenten, collega's, cliënten, jongeren enzovoort. De erkende diversiteit is de erkenning van de verscheidenheid van groepen mensen en van individuele personen: hun specifieke eigenschappen, talenten, emoties, wensen, behoeften, problemen, belangen of verlangens. Inclusief denken betekent in de praktijk dat je datgene wat mensen gemeenschappelijk hebben binnen die context vooropzet (bijvoorbeeld *een medewerker* ...) en vervolgens het specifieke aanhoort of benoemt (een medewerker *die op vrijdag vrij vraagt*). En dus niet *'een moslim die op vrijdag naar de moskee wil en daarom vrij vraagt'* met als antwoord *'Neen dat kan niet want hier in Nederland gaan we op zondag naar de kerk.'* Dit is een vorm van exclusief denken.

De algemene systeem- en communicatietheorie van Paul Watzlawick volgens een bewerking van de Interactie-Academie te Antwerpen gaat ervan uit dat een persoon slechts te begrijpen is door alle sociale systemen waartoe een mens behoort in ogenschouw te nemen. Deze sociale systemen zijn interactiesystemen van personen-communicerend-met-andere-personen en kenmerken zich door: onbegrensdheid, heterogeniteit, interne onderlinge beïnvloeding, een meegroeiend evenwicht en gelijkeindigheid (equifinaliteit).

De systeemtheoretische benadering beziet communicatie als een gelaagd proces van wederzijdse beïnvloeding die circulair van karakter is en ingebed in een ruimere sociale dialoog. In deze sociale dialoog ontstaan de sociale representaties. Het zijn de in gemeenschap gedeelde en gecreëerde vanzelfsprekendheden. Deze worden door middel van sociale perspectieven in communicatie gebracht; met als voorbeelden uitspraken als 'dat is toch niet normaal', 'ik ben geen racist, maar..' of 'ze zullen wel denken'. Sociale perspectieven kunnen ondersteunend zijn ofwel aanvoelen als sociale druk. Migranten voelen de sterke sociale druk van de beelden en opvattingen die er binnen de dominante meerderheid leven ten aanzien van hen en hun integratieproces.

Verwerkingsopdrachten

Maak deze opdrachten samen met collega's. Vergelijk de uitwerking van elke opdracht met die van je collega's:

- Wat komt overeen?
- Wat verschilt?
- Wat valt op?

Opdracht 1 bij paragraaf 1.1 Een culturaliserende benadering en haar risico's

Schrijf je mening op over de volgende uitspraak:
'Als ik over een uur een gesprek heb met een Afghaan, is het niet noodzakelijk dat ik me vooraf informeer over zijn of haar wijze van communiceren, bijvoorbeeld wat betreft begroeten, aankijken, wel of geen directe vragen stellen, taboe-onderwerpen enzovoort.'

Opdracht 2 bij paragraaf 1.1 Een culturaliserende benadering en haar risico's

- Lees de eerste twee voorbeelden in deze paragraaf nog eens en geef je commentaar. Bespreek deze met collega's.
- Welke van de genoemde risico's van een culturaliserende benadering herken je vanuit eigen ervaringen of in verhalen die je hebt gehoord of gelezen?

Opdracht 3 bij paragraaf 1.2.1 Inclusief denken en handelen in de praktijk

Lees hierna het voorbeeld van exclusief denken en handelen en zet deze om in inclusief denken en handelen, waarbij je hetzelfde doel kunt bereiken zonder mensen uit te sluiten of te stigmatiseren.
Een hbo-opleiding vertelt dat een aantal allochtonen had gevraagd om extra taalondersteuning. Die mogelijkheid is er en de opleiding heeft nu taalhulp voor allochtonen georganiseerd.

Opdracht 4 bij paragraaf 1.3 De algemene systeem- en communicatietheorie

Mensen die met elkaar communiceren vormen een sociaal systeem.
Stel, je hebt op je werk een conflict met een collega over jullie verschillende manier van werken met klanten. Jij werkt meer zakelijk en resultaat/taakgericht; jouw collega meer procesgericht: hij neemt de tijd, zet klanten niet onder druk, geeft ze ruimte tot nadenken om tot beslissingen te komen. Op zich zijn jullie allebei succesvol in jullie werk.
In welke zin helpt het systeemdenken om naar jullie conflict te kijken? Betrek in je overwegingen ook de vier kenmerken van een sociaal systeem.

Opdracht 5 bij paragraaf 1.4 Wat is communicatie?

- Schrijf een voorbeeld op van een ervaring waarin jij eigenlijk alleen een mededeling deed of iets zakelijks/neutraals vroeg en de ander zich persoonlijk geraakt voelde.
- Geef ook het voorbeeld van het omgekeerde, dat iemand iets schijnbaar neutraals, zakelijks zei of vroeg en jij dat persoonlijk opvatte en je gekwetst of geïrriteerd voelde.

Opdracht 6 bij paragraaf 1.4 Wat is communicatie?

Samengevat is (interpersoonlijke) communicatie vanuit een systeemtheoretische visie: uitwisseling van visies van en omtrent personen en onderhandeling over de zinvolheid of de mogelijke betekenis van deze visies. Deze uitwisseling is een interpersoonlijk gebeuren, ingebed in een ruimere gemeenschapsdialoog binnen de samenleving.
Jij hebt met je partner een discussie over al dan niet trouwen. Jij vindt trouwen onnodig, burgerlijk, valse romantiek en achterhaald. Je partner wil graag romantisch trouwen met alles erop en eraan. Hij of zij vindt het een mooi en belangrijk ritueel om jullie verbondenheid vast te leggen.
Leg nu aan de hand van deze discussie uit dat jullie communicatie:

- uitwisseling is van visies van personen;
- uitwisseling is van visies op personen en dus een interpersoonlijk gebeuren is;
- ingebed is in een ruimere gemeenschapsdialoog binnen de samenleving.

Opdracht 7 bij paragraaf 1.5 Circulaire beïnvloeding

Haal een gebeurtenis terug waarin sprake is van een conflict en jij het gevoel hebt dat de schuld geheel bij de ander ligt.

- Probeer nu met behulp van circulair denken te beschrijven wat (mogelijk) jouw aandeel in het gebeuren is.
- Je kunt ook een gebeurtenis terughalen waarin de ander geheel de schuld bij jou legt. Beschrijf dan het aandeel van de ander.

Opdracht 8 bij paragraaf 1.6 Sociale representaties

Welke sociale representaties stelt Heleen Mees ter discussie?

Opdracht 9 bij paragraaf 1.6.1 Het alledaagse en vanzelfsprekende karakter van sociale representaties

Lees eens enkele contactadvertenties in een krant van zaterdag.

- Beschrijf de sociale representaties die je opvallen ten aanzien van wat tegenwoordig belangrijk is voor vrouwen, mannen en het type relatie dat ze zoeken.
- Als je naar de contactadvertentie van 1987 kijkt, wat is er dan veranderd in de sociale representaties ten aanzien van vrouwen, mannen, werk en het type relatie? Wat is hetzelfde gebleven?

Opdracht 10 bij paragraaf 1.6.2 Effecten van sociale representaties

- Welke heersende sociale representaties zijn er volgens jou over migranten? Geef daarbij aan in welke kringen, in welke bevolkingsgroepen 'men' deze sociale representaties met elkaar deelt.
- Welke van voorgaande sociale representaties circuleren in jouw kringen, in jouw omgeving en hoe ga jij daarmee om? Welke invloed hebben ze op jou?

Opdracht 11 bij paragraaf 1.6.3 Sociale representaties: een kwestie van macht, 1.7 Sociale perspectieven

Sociale perspectieven zitten in opmerkingen van mensen als: ik kan toch niet anders of ik moet wel...; zoiets doe je/denk je toch niet; elk verstandig mens vindt, weet of doet...; een normaal mens... (zie verder paragraaf 1.7)

- Herken je dit soort uitspraken?
- Schrijf enkele situaties op waarin mensen (en wellicht ook jij) dit soort uitspraken doen. Schrijf ook op waarop deze sociale perspectieven betrekking hebben: bijvoorbeeld kleding, gedrag, opvattingen.
- Voer een gesprek met iemand over een thema dat gemakkelijk discussie oproept, bijvoorbeeld: de voordelen van het single zijn, danceparty's, de ideale partner (de ideale relatie), wel of geen kinderen en toekomstdromen. Probeer tijdens het gesprek erop te letten welke sociale perspectieven je kunt horen.

Opdracht 12 bij paragraaf 1.6.3 Sociale representaties: een kwestie van macht, 1.7 Sociale perspectieven, 1.7.1 Sociale perspectieven als sociale druk

Lees de ingezonden brief van 1995.

a De sociale perspectieven zijn cursief gedrukt. Van welke sociale representaties zijn deze een uitdrukking?

b Schrijf in je eigen woorden op tegen welke heersende sociale representaties de vrouw in haar omgeving moet opboksen.

c Als je een vrouw bent: herken jij deze heersende sociale representaties en hoe sta jij daar tegenover?

d Als je een man bent: welke heersende sociale representaties ken jij rond het 'man' zijn tegenwoordig? Welke van deze sociale representaties ervaar jij als sociale druk, welke als steun?

Literatuurverwijzingen

1 Glastra, 1994, p. 116.
2 Pinto, 2004.
3 Trompenaars, 1993a en b.
4 Hofstede, 1991.
5 Hofstede, 1991, p. 265.
6 Meurs en Gailly, 1987.
7 Schinkel, 22/5/2009.
8 NRC Handelsblad 15/11/2007.
9 Verkuyten 1999, p. 33.
10 NRC handelsblad 29/6/2009.
11 Pinto, 2004, p. 142.
12 NRC Handelsblad 8/04/2009.
13 Bulcaen en Blomaert, 1999, p. 139 e.v.
14 Nieuws, Nederlands op de werkvloer, 2000.
15 Blom, 2008 p. 255.
16 Boerwinkel, 1966, p. 25-27.
17 Boerwinkel, 1996, p. 24.
18 Boerwinkel, 1996, p. 27.
19 Watzlawick e.a. 1974.
20 Steens, 1993.
21 Oomkes, 1986, p. 113.
22 Interactie-Academie Antwerpen, 1991.
23 Mattheeuws, 1990, p. 268.
24 Baert, 1991.
25 Oomkes, 1986, p. 114.
26 Zeegers, 1988; Hagendoorn, 1991; Schabracq, 1992; Verkuyten e.a., 1993; Van Dijk, 1993.
27 Zeegers, 1988, p. 18.

28 NRC, 2007.
29 http://www.leestafel.info/heleen-mees (29/04/2009).
30 Plasterk, 2009.
31 Baert, 1991, p.79.
32 Zeegers, 1988, p. 208.
33 Zeegers, 1988, p. 208.
34 Mattheeuws, 1990, p. 275.
35 Baert, 1993, p. 287.
36 de Volkskrant, 25/03/1994.

2

CULTUUR

2.1 Wat is cultuur?

2.2 Cultuur als kenmerk en product van een sociaal systeem

2.3 Heterogeniteit en onbegrensdheid van culturen

2.4 Inhoud en functie van een cultuur

2.5 Opbouw van een cultuur

2.6 Cultuur als model van en voor de werkelijkheid

2.6.1 Cultuur als model *van* de werkelijkheid

2.6.2 Cultuur als model *voor* de werkelijkheid

2.6.3 Cultuur als zingevend kader

2.7 Verwerving van cultuur

2.8 Dynamiek van cultuur

2.9 Duurzaamheid van cultuur

2.10 Persoon, cultuur en menselijke natuur

2.11 Culturele bepaaldheid en wilsvrijheid

2.12 Cultuur en macht

2

INLEIDING

Meestal ben je je niet bewust van de belangrijke rol die cultuur speelt in het handelen. Dat komt omdat veel van wat je doet, zegt, voelt en denkt zo vanzelfsprekend is. Je kunt je pas bewust worden van die culturele bepaaldheid als je iemand ontmoet die reageert vanuit een andere culturele achtergrond en er zich verschillen voordoen. Dan ineens kun je tot het besef komen dat de cultuur waarin je bent opgegroeid van grote invloed is op je doen en laten.

In dit hoofdstuk wordt stilgestaan bij wat cultuur is: Wat is de inhoud en de werking van cultuur en wat zijn haar kenmerken?

2.1 Wat is cultuur?

Cultuur is in de persoonlijke beleving van mensen een abstract begrip en bestaat als zodanig dus niet. Cultuur wordt zichtbaar in het dagelijks handelen van mensen: in hun communicatie, hun arbeid en in hun sociale activiteiten. Wanneer mensen iets willen zeggen over de invloed die 'cultuur' op hen heeft, vertellen ze over hun levensgeschiedenis, opvoeding, socialisatie, gewoonten, tradities en over hun referentiekader van opvattingen, waarden en normen.

Het begrip cultuur is een beschrijvende term. Het is te gebruiken om vanuit een waarnemersstandpunt sociale systemen te beschrijven. Waarneembaar is dat mensen geboren worden en opgroeien binnen allerlei sociale systemen als familie, straat, school, buurt, stad, streek en nationale samenleving. Binnen elk van die sociale systemen bestaat een voorgestructureerde sociale orde. Het samenleven en samenwerken binnen zo'n sociaal systeem is op een bepaalde wijze georganiseerd, verloopt op een bepaalde wijze. Om dit samenleven en samenwerken op die bepaalde wijze mogelijk te maken, bestaat binnen elk sociaal systeem een cultuur. In dit verband is sprake van cultuur als beschaving als synoniem voor cultuur verwijst naar het culturele instrumentarium waarover bevolkingsgroepen beschikken.

Cultuur is dan te omschrijven als *de gemeenschappelijke wereld van ervaringen, waarden, symbolen, praktijken en kennis die een bepaald sociaal systeem kenmerkt.* Deze gemeenschappelijke wereld van betekenissen hebben de mensen binnen een bepaald sociaal systeem in de loop van de tijd met elkaar opgebouwd.

2.2 Cultuur als kenmerk en product van een sociaal systeem

De talloze sociale systemen waarvan mensen deel uitmaken, zijn op drie manieren te ordenen (1):

1 van *macro*sociale systemen naar *meso-* en *micro*sociale systemen. Afhankelijk van waar je het onderscheid laat aanvangen, zijn respectievelijke voorbeelden: werelddelen, naties, transnationale sociale systemen, staten, regio's, organisaties, steden, dorpen, buurten, families, gemeenschappen, vriendenkringen en partnerrelaties;
2 in sociale *groepen*, waarin mensen met elkaar contact hebben en in *categorieën*, waarin mensen zonder noodzakelijk met elkaar contact te hebben, iets met elkaar gemeenschappelijk hebben; bijvoorbeeld professionals, sporters, treinreizigers, werkzoekenden, volwassenen en lezers van dit boek;
3 in *interpersoonlijke verbanden* en in *zakelijke betrekkingen*. In interpersoonlijke verbanden is sprake van relationele contacten met concrete mensen, zoals familie, kennissen, gemeenschappen en organisaties. Zakelijke betrekkingen betreffen de functionele contacten die mensen met allerlei instanties onderhouden, zoals de school, de belastingen, de gemeente, de bankinstelling, de rechtbank, het arbeidsbureau en het gezondheidscentrum.

Naast deze min of meer traditionele sociale systemen zijn er de laatste jaren door de toenemende globalisering, de mondiale migratiestromen en de mogelijkheden van internet, nieuwe vormen van vooral *transnationale* sociale systemen ontstaan. Voorbeelden hiervan zijn *transnationale netwerken* die migranten onderhouden met familie en vrienden in hun herkomstlanden en verspreid over de hele wereld; *transnationale velden* (2) van religies (de katholieke kerk, de islam), popmuziek, filmindustrie, voetbal, kunst, politiek en recht; *internationale sociale bewegingen* waaronder milieuactivisten en antiglobalisten; en *virtuele transnationale sociale systemen*, zoals internationaal samengestelde chatgroepen en websitebezoekers.

Binnen elk sociaal systeem ontwikkelt zich in de loop van de tijd een min of meer toonaangevende cultuur door de voortdurende communicatie tussen de mensen en hun sociale en natuurlijke omgeving. In de interactie met hun omgeving creëren mensen voortdurend allerlei betekenissen. Hierdoor ontwikkelen zij een gemeenschappelijke taal en gemeenschappelijke kennis, opvattingen en waardeoordelen over de hen omringende werkelijkheid.

2.3 Heterogeniteit en onbegrensdheid van culturen

Aangezien élk sociaal systeem min of meer een eigen cultuur kent, zijn er dus evenveel culturen als er sociale systemen zijn. Dit is een belangrijke constatering, omdat veel mensen cultuur alléén in verband brengen met nationaliteit (migranten) en met etniciteit, bijvoorbeeld Iraniërs, Sri Lankanen en Somaliërs. Daardoor gaan ze voorbij aan de culturele invloed van andere sociale systemen op grond van onder andere sekse, leeftijd, opleiding, beroep, religie en geografische herkomst. De culturen van deze sociale systemen kun je weliswaar subculturen noemen, maar de culturele invloed die ervan uitgaat blijft van belang. Denk bijvoorbeeld aan de invloed van religie.

Sociale systemen en daarmee hun culturen staan in open verbinding met elkaar. Daardoor beïnvloeden de verschillende sociale systemen elkaar. Deze beïnvloeding vindt plaats doordat ieder mens deel uitmaakt van een breed netwerk van sociale systemen. Door dit brede netwerk van sociale systemen staat ieder mens onder invloed van verschillende culturen. Zo kan een jonge Algerijnse vrouw in Nederland onder invloed staan van de cultuur van haar familie, haar vriendenclub en haar schoolgenoten, de cultuur van haar geloofsgemeenschap, van de stad waarin zij woont, de ruimere Nederlandse cultuur en de eigen Algerijnse cultuur. In dit opzicht leven migrantenjongeren niet tussen twee culturen, zoals vaak gezegd wordt, maar met of in verscheidene culturen. Daarbij overschrijden deze jongeren ook de nationale grenzen. Jonge moslims bijvoorbeeld consulteren voor geloofsvragen niet meer zo gauw de lokale imam, maar eerder internet. In 2001 was de cyber-imam Yussuf el Khadafi in Quatar populair. (3) Verder is al in de inleiding gezegd dat veel Molukkers, Surinamers, Marokkanen, Turken, Koerden, Irakezen, Iraniërs en andere migranten *transnationale burgers* zijn geworden: ze leven sterk mee met wat er in hun herkomstlanden gebeurt en onderhouden intensieve contacten met familie en bekenden van wie velen zijn uitgewaaierd over de hele wereld. Vaak ook pendelen migranten op en neer tussen herkomstland en gastland.

Een voorbeeld van transnationaal burgerschap is de Surinaams-Hindoestaanse gemeenschap in Nederland die van oudsher is georiënteerd op India. Dit leidt tot een toenemend aantal reizen naar India die het midden houden tussen pelgrimage en toerisme. Doordat veel 'Indiase cultuur' ook via Engeland beschikbaar is, raakt de Hindoestaans-Nederlandse gemeenschap ook georiënteerd op Engeland, met eveneens een toenemend aantal reizen naar vooral Londen en Birmingham. Wat zich hier ontwikkelt, is geen transnationale gemeenschap bestaande uit een migrantengemeenschap in Nederland en het thuisland, maar een *policentrische* gemeenschap die in het geval van Hindoestanen Nederland, Suriname, Engeland en India omvat. Soortgelijke ontwikkelingen vinden plaats bij de Turkse en Marokkaanse gemeenschappen, die noemenswaardige bevolkingscentra tellen in België, Duitsland, Frankrijk, Spanje en Italië.
Een andere interessante ontwikkeling is dat de autochtone bevolking van haar kant ook 'transnationaliseert'. Deels is dit het resultaat van een culturele mondialisering (frequenter op vakantie gaan naar steeds verder weg liggende oorden, kabeltelevisie, internet, de menging van muziek- en kunstuitingen). Anderzijds zijn er persoonlijke banden die deze transnationalisering vormgeven. Te denken valt aan gemengde vriendschappen en gemengde relaties en huwelijken. (4)

Van al zijn sociale systemen neemt een persoon de culturele verworvenheden met zich mee in elk van de sociale systemen, waarvan hij deel uitmaakt. Iedereen draagt zodoende een eigen zeer diverse culturele bagage met zich mee.

De diversiteit aan culturele bagage die ieder van de leden van een sociaal systeem inbrengt, maakt dat de cultuur van een sociaal systeem heterogeen van inhoud is. Vanwege deze interne differentiatie mag de interne samenhang van een cultuur niet overschat worden. Binnen één cultuur is ook sprake van ambivalenties en tegenstrijdigheden. Zeker in de hedendaagse pluriforme samenlevingen kunnen de mensen die deel uitmaken van dezelfde nationale cultuur met elkaar diepgaand van mening verschillen.

2.4 Inhoud en functie van een cultuur

Cultuur als de gemeenschappelijke wereld van betekenissen van een bepaald sociaal systeem, omvat de volgende vier elementen (5):

1 De *taal* die mensen hanteren binnen het sociaal systeem waarin ze verkeren. Elk sociaal systeem kent min of meer een eigen taal; bijvoorbeeld het vakjargon van beroepsgroepen of de bedrijfstaal van een onderneming, die zich kenmerkt door bepaalde vaktermen, een bepaalde omgangstaal. In de taal weerspiegelen zich de kennis, waarden en normen van een sociaal systeem.

2 De *kennis* die mensen van de hen omringende wereld hebben en vergaren. Allereerst is er de alledaagse kennis van 'hoe het eraan toegaat' binnen dat sociaal systeem. Voor een sociaal systeem als een samenleving gaat het hier bijvoorbeeld om vragen als: wanneer zijn de openingstijden van winkels en openbare instellingen, hoe zijn de verkeersregels, wat zijn de maatschappelijke spelregels, hoe werken de verschillende instellingen, hoe zit het politieke systeem in elkaar en wat zijn de rechten en plichten van haar burgers? Verder zijn er de wetenschappelijke kennis en de heersende algemene opvattingen en beelden (de sociale representaties) die er binnen dat sociaal systeem bestaan op allerlei levensterreinen als mannen- en vrouwenrollen, relaties, geloof, gezondheid, opvoeding, onderwijs en arbeid.

3 De *waarden* en *normen* die mensen hanteren. Waarden zijn aannamen van wat mensen belangrijk, goed, mooi, gezond, passend en juist vinden, bijvoorbeeld gerechtigheid, liefde, vrijheid, gelijkheid en zelfontplooiing. Wat is belangrijk in het bestaan van dit sociaal systeem, waar gaat het om in dit sociaal systeem? Waarden beïnvloeden in sterke mate het doen en laten van mensen. Mensen zeggen bijvoorbeeld dat het heel 'logisch' is dat jongeren voor zichzelf mogen beslissen hoe zij hun leven willen inrichten. Of dat het 'toch normaal' is dat ook kinderen zich kritisch opstellen tegenover volwassenen.
Normen zijn concrete richtlijnen voor het handelen; ze regelen het dagelijks sociaal verkeer. Normen vormen de verbinding tussen de algemene waarden (zoals vrijheid, rechtvaardigheid) en de concrete gedragingen; het zijn opvattingen over hoe je je wel of niet moet gedragen in concrete omstandigheden. In bijna alle samenlevingen komen normen voor als: je mag niet doden en je mag niet stelen. De belangrijkste normen zijn wetten en mores (zeden of morele normen). Joodse en christelijke normen zijn onder meer weergegeven in de tien geboden, islamitische normen zijn beschreven in de sharia. (6)

4 De *symbolen*, *rituelen* en *helden* van een sociaal systeem. *Symbolen* zijn woorden, gebaren, afbeeldingen of voorwerpen met een specifieke betekenis voor de leden van de cultuur, bijvoorbeeld vlaggen, afbeeldingen, haardracht, kleding en statussymbolen.
Rituelen zijn sociale activiteiten die technisch gesproken overbodig zijn om het gewenste doel te bereiken, maar die binnen een cultuur als sociaal essentieel worden

beschouwd. Hieronder vallen onder andere begroetingswijzen, feesten, ceremonieën of plechtigheden (diploma-uitreiking), religieuze activiteiten (bijvoorbeeld het christelijke dopen, de joodse bar mitswa) en andere sociale activiteiten zoals vergaderingen. *Helden* zijn personen, dood of levend, echt of fictief, met eigenschappen die in een cultuur hoog in aanzien staan en die daarom fungeren als gedragsmodellen binnen een bepaald sociaal systeem: leiders, 'martelaren', voorbeelden (persoonlijkheden), sterren en idolen uit de amusements-, fantasie- en stripwereld en de sport. Denk aan voorbeelden als Mohammed, Jezus, Ghandi, Mandela, Obama, prinses Diana, Bill Gates, de paus, Michael Jordan, Harry Potter, Sinterklaas, prinses Mathilde in België en prinses Máxima in Nederland.

Religie kan beter beschouwd worden als een voorbeeld van een cultuur dan als een cultuurelement. Een religie heeft bepaalde kennis van en opvattingen over de werkelijkheid, over het 'zijn' van de mens en de zin van het bestaan. Daarnaast heeft religie bepaalde waarden en normen – denk aan de koran en de tien geboden van het christendom – een eigen taalgebruik, eigen helden, symbolen en rituelen.

De genoemde vier culturele elementen heeft een mens nodig om binnen een sociaal systeem adequaat te kunnen functioneren. Het is de uitrusting van mensen die zij nodig hebben om hun leven te kunnen leven. Dieren beschikken over hun instinct als programma voor hun leven. De mens beschikt over cultuur als het aangereikte instrumentarium om te kunnen handelen in concrete situaties.

In het dagelijks leven gaan mensen met hun kennis, taal, waarden en normen, gewoonten en rituelen aan de slag. Zo blijkt of deze culturele instrumenten functioneel zijn; of ze bruikbare informatie geven over zowel de werkelijkheid waarin de mensen leven, als over de manier waarop ze binnen die werkelijkheid adequaat kunnen handelen.

2.5 Opbouw van een cultuur

Een cultuur is opgebouwd uit een waarneembare laag en een niet-waarneembare laag. De waarneembare laag van een cultuur zijn de cultuuruitingen: datgene wat je kunt ervaren en waarnemen van een cultuur, zoals de taal, symbolen, helden, rituelen, gewoonten, ceremonies en andere praktijken. De niet-waarneembare laag van een cultuur zijn de kernwaarden van een cultuur en haar mens- en wereldbeelden.

Het is van belang te beseffen dat deze twee lagen nauw met elkaar verbonden zijn en in werkelijkheid niet van elkaar te scheiden. Anders gezegd, de waarneembare laag van de cultuuruitingen is diep verbonden met de kern van een cultuur: de centrale waarden en de mens- en wereldbeelden. Deze diepe verbondenheid met de kernwaarden van een cultuur maakt het begrijpelijk waarom cultuurverschillen mensen zo diep kunnen raken. Voorbeelden zijn het wegkijken tijdens een gesprek of het als vrouw door een man anders begroet worden dan met een hand. Op zichzelf relatief kleine culturele verschillen, maar mensen voelen zich direct diep gekwetst wanneer het voorkomt, omdat ze verbonden zijn met kernwaarden als eerlijkheid en openheid (iemand recht in de ogen kunnen kijken) en met respect (begroet worden).

Hetzelfde geldt voor de moeite die het kost ogenschijnlijk oppervlakkige culturele praktijken te veranderen. Het volgende krantenbericht laat de diepe verwevenheid zien van de uiterlijkheden van een cultuur met haar kernwaarden. Tevens komt naar voren hoe ingewikkeld het soms is om met culturele verschillen om te gaan.

Wijn op tafel? Dan komt de Iraanse president niet

Het met veel belangstelling tegemoet geziene bezoek van de Iraanse president, Mohammad Khatami, aan Frankrijk, dat half april zou plaatshebben, gaat voorlopig niet door. Reden: de Fransen staan erop dat wijn wordt geschonken tijdens het officiële diner in het Elysée. En dat is voor de Iraniërs weer onoverkomelijk. Een botsing van culturen.

'De islamitische criteria zijn duidelijk en worden gewoonlijk geëerbiedigd tijdens de bezoeken van president Khatami in zijn hoedanigheid als Iraans staatshoofd en als fungerend voorzitter van de Organisatie van de Islamitische Conferentie (de beweging van islamitische landen)', aldus een bekendmaking van het Iraanse presidentschap. 'Dat is de Franse autoriteiten duidelijk gemaakt, en de reis kan dus niet op de afgesproken datum plaatshebben bij gebrek aan overeenstemming over dit onderwerp tussen de twee partijen.'

Een paar jaar geleden dwong de toenmalige Iraanse minister van Buitenlandse Zaken Velayati tijdens een bezoek aan Bonn zijn Duitse gastheren alle alcoholica van tafel te halen. Hij dreigde van tafel weg te lopen als hij zijn zin niet kreeg, en de gastheren zwichtten. De Italianen maakten er geen probleem van, begin deze maand bij Khatami's bezoek aan Rome: er stonden geen alcoholische dranken op tafel. Maar in Frankrijk ligt de wijn principieel. Volgens de Franse krant *Libération* wordt het diner in het Elysée beschouwd als de etalage van Frankrijk. 'Uitsluiting van de consumptie van wijn is hetzelfde als een heel vlak van de Franse cultuur met apartheid te slaan', zo schreef de krant vanmorgen.

De Fransen wijzen erop dat de Saoedische kroonprins Abdullah, nota bene uit het geboorteland van de islam, er vorig jaar geen moeite mee had dat zijn gastheren aan tafel een glas wijn dronken. Zelf dronk prins Abdullah natuurlijk sinaasappelsap. In Parijs vindt men dit normaal. 'Als zij geen wijn willen drinken, dwingen we ze natuurlijk niet dat wel te doen, maar als wij willen drinken, doen we dat', aldus functionarissen.

[...]

Toen het wijnprobleem zich aandiende, heeft Parijs nog geprobeerd een vergelijk te vinden – want niet alleen is Franse politieke en economische steun belangrijk voor Iran, het grote olieland Iran is dat ook voor het Franse bedrijfsleven. Een idee was de status van het bezoek te verlagen, en wel een gezamenlijke persconferentie van de twee presidenten te organiseren en misschien een theepartij, maar geen banket. Een andere suggestie was wel wijn te schenken, maar in ondoorzichtige glazen. Teheran heeft alle voorstellen tot dusverre afgewezen. Het ziet er voorlopig naar uit dat de Fransen zullen moeten toegeven, wil Khatami alsnog komen. (7)

2.6 Cultuur als model *van* en *voor* de werkelijkheid

Vanaf de geboorte krijgt de mens door zijn socialisatie een culturele 'bril' aangeboden om naar de werkelijkheid te kijken. Deze culturele bril fungeert als een model *van* en *voor* de werkelijkheid. (8) Als model *van* de werkelijkheid is de culturele bril *feitelijke kennis*: de wereld van betekenissen. Cultuur is zo een hulpbron om de sociale en natuurlijke werkelijkheid te leren kennen, ordenen en interpreteren. Het helpt te verklaren hoe de wereld in elkaar zit en welke betekenissen de dingen hebben.

2.6.1 CULTUUR ALS MODEL *VAN* DE WERKELIJKHEID

Cultuur als model *van* de werkelijkheid verschaft de mens dus een interpretatiekader om de concrete situaties waarin hij zich begeeft, te kennen, ordenen en interpreteren. Het is het geheel van *feitelijke kennis* dat een mens zich eigen moet maken om adequaat te kunnen functioneren in een situatie.

Wanneer je een aantal mensen druk pratend aan een tafel ziet zitten met papieren voor zich, dan weet je, als je van de cultuur op de hoogte bent, dat het hier zeer waarschijnlijk gaat om een overleg of een vergadering. Je zult dan ook weten wat begrippen betekenen als voorzitter, verslag, notulen, procedure, agenda, rondvraag, mededelingen, besluiten en hamerstuk.

Een voorbeeld van een beschrijving van iemand die niet de culturele bril van feitelijke kennis van een bepaalde cultuur heeft, is te lezen in de prachtige redevoeringen van het Zuidzeeopperhoofd Tuiavii uit Tiavea op Samoa. Tuiavii schreef deze redevoeringen voor zijn Polynesische landgenoten naar aanleiding van zijn bezoek aan Europa begin 1900. (9) In het volgende citaat beschrijft Tuiavii hoe de Europeanen wonen.

> De *Papalagi* (de blanke) woont als de zeemossel in een vast huis. Hij leeft tussen de stenen, als de duizendpoot tussen lavaspleten. Om hem heen, boven hem en onder hem zijn stenen. Zijn hut lijkt op een opstaande kist van steen. Een kist met gaten, die in vakjes is verdeeld.
> Er is maar één plek, waardoor men de stenen woning kan binnensluipen of verlaten. Die plek noemt de Papalagi de ingang wanneer hij de hut binnengaat, en de uitgang als hij erdoor naar buiten gaat; hoewel beide toch een en hetzelfde zijn. Op die plek is een grote houten vleugel aangebracht, die krachtig teruggestoten moet worden om de hut te kunnen betreden. Maar dat is nog maar het begin, vele houten vleugels moeten teruggestoten worden, voordat men werkelijk in de hut is.
> De meeste hutten worden door meer mensen bewoond dan er in een enkel Samoadorp leven, daarom moet men precies de naam weten van de *aiga* (familie), die men bezoeken wil. Want iedere aiga bewoont een eigen deel van de stenen kist, het bovenste of het onderste of het middelste, het linkse, het rechtse of daar tussenin. En de ene aiga weet vaak niets van de andere, helemaal niets, alsof niet alleen een stenen muur, maar Manono, Apolima en Savaii (drie Samoa-eilanden) en vele zeeën ertussen liggen. Vaak kennen zij nauwelijks elkanders namen en wanneer zij elkander bij het insluipgat ontmoeten, groeten zij met een onwillige hoofdbeweging

of beginnen te brommen als vijandige insecten. Alsof zij er boos over zijn, zo dicht bij elkander te moeten leven.
Wanneer een aiga geheel boven woont, vlak onder het dak van de hut, dan moet men vele takken beklimmen, die in een kring of in een zigzaglijn naar boven lopen, tot men bij de plek komt, waar de naam van de aiga op de muur geschreven staat. Dan ziet men een sierlijke nabootsing van een vrouwelijke borstklier voor zich die, wanneer erop gedrukt wordt, een schreeuw geeft waardoor de aiga geroepen wordt. Die kijkt dan door een klein rond getralied gat of het een vijand is. Dan doet zij hem niet open. Maar ziet zij echter een vriend, dan maakt zij meteen een grote houten vleugel, die zorgvuldig vastgebonden is, los en trekt hem naar zich toe, zodat de gast door de spleet de eigenlijke hut kan betreden.

Cultuur als model van de werkelijkheid bepaalt dus sterk hoe mensen de dingen waarnemen en interpreteren ofwel er betekenis aan toekennen. Anders gezegd, de menselijk waarneming is cultureel bepaald.

Frank Oomkes vertelde dat hij een keer bezoek kreeg van een student uit Afrika. Toen de student binnenkwam wilde de hond van Oomkes de man vriendelijk begroeten, maar het eerste wat de student deed was een schopbeweging maken naar de hond die ijlings afdroop. Frank ziet een geliefd huisdier; de Afrikaan ziet een beest dat je lastigvalt en de doorgang belemmert.

Het vooroplopen van een (buitenlandse) man met daar achteraan zijn vrouw, ziet menig autochtone Nederlander als onbeleefd tegenover de vrouw. Een migrant zei in verband hiermee eens dat hij juist de Nederlandse mannen zo onattent vond tegenover hun vrouw. 'Als een stel bij een vreemd gebouw aankomt, bijvoorbeeld een restaurant, dan houdt de man de deur open en duwt hij zijn vrouw naar binnen. Zoiets doe je toch niet?! Als man betreed je toch als eerste een vreemde ruimte en loop je daarom voorop?!'

2.6.2 CULTUUR ALS MODEL *VOOR* DE WERKELIJKHEID

Behalve als model *van* de werkelijkheid (de hiervoor genoemde *feitelijke* kennis) fungeert de culturele bril ook als model *voor* de werkelijkheid. Dit model *voor* de werkelijkheid is de *normatieve kennis* van normen en waarden. Deze normatieve kennis is een geheel van instructies en aanwijzingen – waarden en normen – voor juist, adequaat en effectief handelen. Het geeft aan wat mooi en goed is, wat normaal, gewoon, en gezond gedrag is, wat hoort en niet hoort. Het leert de mens wat belangrijk is om na te streven in het leven, wanneer je aanzien geniet en hoe je succes en respect kunt bereiken. Je leert over het rolgedrag van mannen en vrouwen, wat tafelmanieren zijn, hoe kinderen opgevoed worden, hoe seksualiteit beleefd mag worden, wat milieubeheer betekent en hoe de houding jegens ouders, ouderen en buitenstaanders dient te zijn.

In het eerdergenoemde voorbeeld van het cultuurverschijnsel 'vergadering' beschik je behalve over de feitelijke kennis over wat een vergadering is, ook over de normatieve kennis hoe je je dient te gedragen tijdens een vergadering: wat er is toegestaan en wat niet en welk gedrag effectief is.

Cultuur als model *voor* de werkelijkheid is zo een collectief actieprogramma. Het ordent en stuurt het samenleven binnen het sociaal systeem.

Cultuur als feitelijke en normatieve kennis van de werkelijkheid heeft een sterke invloed op het denken, voelen, doen en laten. Deze kennis is niet statisch maar voortdurend aan verandering onderhevig. Cultuur en daarmee kennis wordt namelijk steeds en opnieuw voortgebracht in en door het persoonlijk-unieke handelen van mensen in steeds weer nieuwe unieke situaties. Mensen reproduceren binnen een sociaal systeem de gegeven cultuur en tegelijkertijd draagt iedere mens op unieke wijze bij aan de verdere ontwikkeling en dynamiek van diezelfde cultuur. Cultuur is in dat opzicht niet zozeer een gesloten boek als wel een gesprek: het gaat niet zozeer om een tekst waarin betekenissen zijn vastgelegd, maar veeleer om een *conversatie* waarin over betekenissen wordt gediscussieerd en onderhandeld. (10) Denk in dit verband aan de in het vorige hoofdstuk (paragraaf 1.6 en 1.7) genoemde sociale representaties en sociale perspectieven met betrekking tot hoogopgeleide vrouwen.

2.6.3 CULTUUR ALS ZINGEVEND KADER

Dat cultuur zowel een model is *van* als *voor* de werkelijkheid, betekent dat cultuur – universeel – de functies vervult van betekenisverlening en zingeving. (11) Cultuur als model *van* de werkelijkheid betekent dat cultuur de mens een geheel van interpretatiekaders biedt, waarmee hij zich kan oriënteren in de situatie waarin hij zich bevindt. Als model *voor* de werkelijkheid verschaft cultuur de mens een geheel van instructies en aanwijzingen voor juist, adequaat en effectief handelen. Cultuur is zo ook voor migranten een zingevingsysteem: een dragend en betekenisgevend kader dat ‘ginds’ in hun herkomstland een bepaalde mate van onzekerheid onderving. Ze kenden grotendeels de betekenissen en wisten hoe ze moesten handelen. Dit van huis uit meegekregen culturele draagvlak van migranten wordt door de migratie ter discussie gesteld. Migranten beschikken daardoor niet meer over een adequaat dragend en betekenisgevend kader. De van ‘huis’ uit meegebrachte cultuur ondervangt ‘hier’ in het gastland de onzekerheid niet in dezelfde mate. Migranten staan dus voor de opdracht om een ‘nieuw’ voor hun situatie passend cultureel draagvlak te ontwikkelen. De hulpvraag van veel migranten is dan ook een verlangen naar het herstel van een passend cultureel draagvlak voor de migrantensituatie waarin ze zich bevinden. Erkenning van dit verlangen naar zo’n hersteld cultureel draagvlak is dan ook een basis om de hulpvraag op te lossen. Een voorbeeld van dit verlangen naar een hersteld cultureel draagvlak is het verhaal van de Marokkaanse Habiba en haar ouders.

Habiba is verlegen, maar geeft wel duidelijke antwoorden in correct Nederlands wanneer de hulpverlener vraagt waarom ze is weggelopen. Ze geeft onmiddellijk aan dat ze niet uitgehuwelijkt wil worden en dat ze in België wil blijven wonen. Ze vreest dat zijzelf en haar oudere zus tijdens een vakantie in Marokko uitgehuwelijkt zullen worden. Met dezelfde kordaatheid zegt ze ook geen hoofddoek te willen dragen. Haar ouders willen dat ze dit wel doet. Ze heeft haar hoofddoek steeds in haar boekentas bij zich. In de gesprekken met de ouders en met Habiba blijkt dat het gezin worstelt met verschillende uit Marokko meegebrachte en in België ontwikkelde opvattingen rond het vrouw en puber zijn. Als Marokkaanse vrouw wordend pubermeisje, schoolgaand in een stad in België, is Habiba op zoek naar wat de verschillende culturen van haar sociale netwerken (zoals thuis, buurt, school, kennissen- en vriendenkring, etnische gemeenschap en 'België' als land van haar toekomst) voor haar kunnen betekenen. Puttend uit deze verschillende culturele zingevingkaders is de hulpverlening aan Habiba erop gericht een hersteld en hernieuwd cultureel draagvlak te ontwikkelen. (12)

Dit voorbeeld laat zien hoe Habiba haar probleem zelf in eerste instantie etnisch-cultureel lijkt te formuleren. Professionals hebben in zo'n geval de culturaliserende neiging als reactie hierop het probleem uitsluitend en alleen als een etnisch-cultureel probleem te beschouwen, als een conflict tussen de Marokkaanse en de westerse cultuur. Een systeemtheoretische kijk op cultuur als een zingevend kader, biedt de mogelijkheid Habiba te zien als een persoon met verschillende sociale identiteiten (Marokkaanse, 'Vlaamse', dochter, vrouw wordend pubermeisje, scholiere) die op zoek is naar een nieuw dragend zingevingskader. Deze zienswijze biedt in tegenstelling tot een culturaliserende benadering, meer aanknopingspunten voor de hulpverlening aan Habiba en voor het vinden van openingen in de communicatie tussen haar en haar ouders. Met Habiba en haar ouders kan dan verkend worden welke betekenissen ieder vanuit de eigen cultuur meegebracht heeft, welke betekenissen ze willen behouden en welke ze willen wijzigen, welke nieuwe betekenissen ze in hun gastland aangereikt krijgen, welke hen aanspreken en welke minder of niet.

2.7 Verwerving van cultuur

In de loop van de geschiedenis die mensen binnen een sociaal systeem met elkaar hebben, produceren ze een cultuur: een gemeenschappelijke wereld van ervaringen, waarden en kennis. Iedereen die binnen een bepaald sociaal systeem geboren wordt, opgroeit, samenleeft en -werkt, verwerft die cultuur in meer of mindere mate. Dit proces van het aanleren van culturele kenmerken wordt enculturatie genoemd. Culturele modellen zijn dus *niet* overgeërfd of aangeboren, maar aangeleerd. De mens wordt in de kinderjaren het sterkst gevormd door de culturele modellen van zijn opvoedende omgeving. In zijn vroege kindertijd is de mens het meest ontvankelijk. Hij leert en past zich dan het gemakkelijkst aan.

Het verwerven van cultuur gebeurt impliciet en expliciet door allerlei vormen van leren. Onderwijs is een vorm van expliciete verwerving van cultuur. In het onderwijs worden verschillende cultuurelementen, zoals taal en kennis, expliciet onderwezen. Daarnaast vindt veel cultuurverwerving onbedoeld en impliciet plaats door het vertellen van verhalen, in spreekwoorden en gezegden, door ceremonieën, feesten, rituelen en allerlei kunstuitingen. Ook uitspraken en verboden van opvoeders zijn vaak algemeen en verwijzen impliciet naar waarden en normen: bijvoorbeeld *Dat hoort niet* of *Zoiets doen meisjes niet.*

De verwerving van cultuur geschiedt verder op impliciete wijze door non-verbaal gedrag – bijvoorbeeld het zogenaamde opvoeden met de ogen – en door voorbeeldgedrag (modeling) van opvoeders, vrienden en andere voor de persoon belangrijke mensen. Kinderen imiteren veel gedrag van volwassenen en onbewust internaliseren ze vele culturele betekenissen, die door volwassenen worden voorgeleefd. Deze impliciete en niet-bewuste verwerving van cultuur maakt dat mensen zich veelal niet bewust zijn van de invloed van de verworven culturele modellen op hun voelen, denken en handelen.

Wanneer in een samenleving verschillende culturele groepen langdurig in contact komen met elkaar, ontstaan er processen van beïnvloeding. Dit proces wordt in de psychologie aangeduid met de term acculturatie. (13) Acculturatie verwijst naar een proces van verandering in culturele oriëntatie als gevolg van migratie en daarmee samenhangend langdurig en voortdurend cultuurcontact tussen etnische groepen. Acculturatie is een interactief proces, waarbij vertegenwoordigers van alle betrokken etnische groepen een belangrijke rol spelen.

Veranderingen in culturele oriëntatie kunnen in principe bij alle betrokken etnische groepen plaatsvinden. De grootste veranderingen in cultuurpatronen treden meestal op bij de etnische groepen die in de minderheid zijn. Deze minderheidsgroepen zien zich geplaatst voor twee vragen in het acculturatieproces. De eerste betreft de mate waarin leden van deze etnische groepen hun eigen cultuur of kenmerken van hun cultuur wensen te behouden (cultuurbehoud), en de tweede de mate waarin ze de cultuur of kenmerken van de cultuur van de meerderheidsgroep willen overnemen (aanpassing). Recent onderzoek naar de acculturatie van migranten richt zich op de twee factoren afzonderlijk. De veronderstelling hierbij is dat de twee factoren onafhankelijk van elkaar kunnen zijn: hoe wenselijk of onwenselijk iemand het vindt om zijn of haar cultuur te behouden, staat in principe los van de vraag in hoeverre deze persoon zich wenst aan te passen aan de dominante cultuur. Cultuurbehoud en aanpassing worden niet als elkaar uitsluitende factoren beschouwd, maar als in principe onafhankelijke dimensies, waaraan migranten wel of geen waarde kunnen hechten.

Het meest gebruikte tweedimensionale model van acculturatie is dat van John Berry (14), waarbij de twee factoren van acculturatie gecombineerd worden tot vier acculturatiestrategieën, namelijk integratie, assimilatie, separatie en marginalisatie.

Tabel 2.1 Acculturatiestrategieën van Berry.

Acculturatiestrategieën		**Aanpassing aan de cultuur van de gevestigden?**	
		Ja	*Nee*
Behoud van de eigen cultuur?	*Ja*	Integratie	Separatie
	Nee	Assimilatie	Marginalisatie

Er is sprake van integratie indien migranten belang hechten aan zowel cultuurbehoud als aanpassing. Bij assimilatie is aanpassing gewenst en cultuurbehoud niet. Bij separatie staat cultuurbehoud voorop en aanpassing niet. Marginalisatie verwijst naar een proces waarin het individu noch belang hecht aan het overnemen van de cultuur van de dominante groep, noch aan het behouden van de eigen cultuur. De bevindingen geven aan dat integratie, het opbouwen van een combinatie van de eigen (minderheids-) en de meerderheids- (dominante) cultuur, als acculturatiestrategie de voorkeur heeft van de meeste migrantengroepen en wellicht tevens de gezondste keuze is gezien onderstaand onderzoek:

Onderzoek heeft uitgewezen dat assimilatie de kans vergroot op schizofrenie. Een gedeelte uit het interview met de onderzoeker, de psychiater Wim Veling die met honderden migranten sprak:

'Marokkanen, Surinamers of Turken zijn geen bevolkingsgroepen die van nature tot schizofrenie geneigd zijn. Maar eenmaal verhuisd naar Nederland wordt het risico van een psychose al naar gelang de afkomst twee tot vijf keer zo hoog als voor autochtone Nederlanders – en voor de tweede generatie is het risico nog groter. Dat is sinds een jaar of tien bekend. Het geldt overigens ook voor, zeg, mensen uit het Caraïbisch gebied die in Engeland wonen.'

'Uit (...) gesprekken werd duidelijk dat de schizofrenen al voordat ze ziek werden veel negatiever dachten over hun etnische afkomst dan anderen. Opvallend genoeg identificeerde een flink deel van die patiënten zich tegelijkertijd wél met Nederland. Ze bleken, vaker dan anderen, geassimileerd.

Het lijkt wel of zij met hun etnische identiteit iets verliezen.

'Minderheden hebben vaak een bedreigde identiteit. Dan zijn er twee strategieën om je zelfbeeld, je zelfvertrouwen te herstellen. Je verlaat die minderheid, en sluit je aan bij de meerderheid. Maar dat lukt niet gemakkelijk. De andere reactie is: ik ben blij dat ik bij die minderheid hoor. Zoals de *black is beautiful*-beweging in de VS. Blijkbaar hebben mensen die ziek geworden zijn, vooral geprobeerd aansluiting te vinden.'

Hoe leidt dat tot stress?

'In het dagelijks leven is het niet zo gemakkelijk om erbij te horen. Als je je etnische identiteit niet hebt vastgehouden, val je tussen wal en schip. Wat me opviel, was dat het de broers en zussen van patiënten beter lukte om in hun werk en opleiding tussen rollen te switchen, tussen hun eigen afkomst en de Nederlandse.'

Tegelijkertijd voelden de patiënten zich in uw studie niet vaker gediscrimineerd.

'Maar ik zal niet zeggen dat het geen rol speelt – andere onderzoekers vonden wel een verband. De etnische groep waarin schizofrenie het meest voorkomt, de Marokkanen, zijn ook degenen die zich als groep het vaakst gediscrimineerd voelen. En in mijn studie bleek dat juist de Marokkaanse patiënten vaak achtervolgingswanen hadden. Dat wijst er denk ik op dat ze wél vaker sociaal uitgesloten zijn. Die ervaringen zorgen ervoor dat je op je hoede bent. Dat kan uitgroeien tot zulke wanen als je daarvoor genetische aanleg hebt.' (15)

De scheiding tussen de acculturatiestrategieën blijkt in de praktijk niet zo strikt en eenduidig als het model van Berry mogelijk suggereert. De strategie die migranten volgen, is tot op zekere hoogte domein- en situatiespecifiek. Wanneer het gaat om publieke levensdomeinen, zoals taal, nieuws volgen en sociale contacten, dan blijken migranten er geen bezwaar tegen te hebben om zich aan te passen aan de Nederlandse of Belgische samenleving. Hetzelfde geldt in zekere zin voor gezondheid, onderwijs en arbeid. Echter, als het om meer persoonlijke levensdomeinen gaat, zoals opvoeding, gebruiken en viering van feesten, hebben nogal wat migranten een sterke voorkeur voor cultuurbehoud. Het model van Berry zou de suggestie kunnen wekken dat migranten zelf in vrijheid kiezen voor een bepaalde acculturatiestrategie op een bepaald levensdomein of in een bepaalde situatie. De keuze van een acculturatiestrategie door migranten wordt echter sterk beïnvloed door randvoorwaarden. Een belangrijke randvoorwaarde betreft de visie van de dominante groep van de gevestigden op het acculturatieproces: welke acculturatiestrategieën 'mogen' migranten vertonen volgens hen? Het kan bijvoorbeeld zo zijn dat migranten in eerste instantie de voorkeur geven aan integratie, maar door de 'assimilatiegerichte' houding van de dominante groep deze voorkeur niet tot uitvoering kunnen brengen. Een gevolg hiervan kan zijn dat migranten uiteindelijk assimileren (of juist separeren, indien de druk tot cultuurbehoud vanuit de eigen gelederen groot is). In een dergelijke situatie is de vertoonde acculturatiestrategie meer een gevolg van de opties die migranten krijgen dan van een vrije keuze.

Joseph O'Neill, de auteur van de internationale bestseller *Netherland* (Nederlandse vertaling *Laagland*), kan als geen ander een vergelijking maken tussen Amerika en Nederland omdat hij opgroeide in Den Haag en later emigreerde naar Amerika. Uit een interview met O'Neill:

'Dan spuwt hij zijn gal over het begrip allochtoon. 'Ik had het woord nog nooit gehoord totdat ik in Amsterdam "allochtoon" werd genoemd. Het lijkt een neutraal begrip, maar het heeft dezelfde bijklank als het woord "neger". Het is buitengewoon verwoestend om mensen op die manier te catalogiseren.'
Hij vertelt bij wijze van contrast hoe hij twee jaar geleden in New York tot Amerikaans staatsburger werd gepromoveerd: 'De man die de ceremonie leidde zei tegen de zaal: ik heb hier een lijst met al de namen van de landen waar u vandaan komt. Als ik de naam van uw land noem, zou ik het prettig vinden dat u opstaat. We willen dat u het paspoort van uw land behoudt. We denken dat het van belang is voor de VS dat u trots bent op uw eigen land en dat inbrengt in de cultuur van Amerika.' (16)

De andere partij in het acculturatieproces, de dominante groep van gevestigden in de ontvangende samenleving, mag dus niet buiten beschouwing blijven.

Wanneer een persoon zich bepaalde culturele patronen van denken, voelen en handelen eenmaal heeft eigengemaakt, moeten deze als primaire reactie in bepaalde situaties eerst in zekere zin kunnen worden losgelaten vóór hij iets anders kan leren. Het achterwege laten van eerder aangeleerde culturele modellen is moeilijker dan iets voor de eerste keer aanleren.

Een taaldocente vertelde dat enkele cursisten uit Sri Lanka, als begroeting en uit respect, steevast van hun stoel opsprongen en naast hun stoel gingen staan als zij binnenkwam. Ze had al

verschillende keren gezegd dat ze dit niet hoefden te doen, maar de cursisten zeiden dat 'het vanzelf ging'.
De onderwijscultuur in het herkomstland had hun gedrag zodanig 'geprogrammeerd' dat het lang duurde, voordat ze dit gedrag achterwege konden laten.
Sommige studenten zijn van thuis uit gewend docenten met 'u' aan te spreken. Hoewel langzamerhand gewend aan de meer informele omgangsstijl tussen docenten en studenten in het Nederlandse hoger beroepsonderwijs, spreken ze zo nu en dan – bijvoorbeeld tijdens tentamens of in mentorgesprekken – docenten toch weer met u aan. Hetzelfde geldt voor veel asielzoekers die Nederlandse werkers, ondanks de informele omgang van de Nederlanders met hen, met 'Sir' blijven aanspreken.

Het verwerven van culturele modellen eindigt niet met de kinderjaren. De vorming door cultuur gaat het hele leven door in allerlei socialisatieprocessen, zoals onderwijs, opleiding, vriendenkring, werk, vrijetijdsbesteding en migratie.

2.8 Dynamiek van cultuur

Het voortdurende proces van enculturatie en acculturatie maakt dat culturen veranderen in en door het menselijk handelen. De mens als drager van cultuur is niet alleen product maar ook producent van cultuur en draagt zo bij aan de dynamiek van een cultuur. Er is een drietal factoren dat de dynamiek van een cultuur bevordert. (17)

Allereerst de interne spanningen die er kunnen bestaan binnen de culturele modellen die een mens krijgt aangereikt. In zijn socialisatieproces krijgt een persoon gedurende zijn hele leven verschillende culturele modellen gecommuniceerd door de mensen in zijn directe en verdere omgeving. Deze modellen verstrekken niet alleen eensluidende samenhangende culturele betekenissen, maar ook betekenissen die elkaar bekritiseren of elkaar zelfs tegenspreken. Zo kun je verschillende opvattingen en waardeoordelen horen met betrekking tot de vele aspecten van de multi-etnische samenleving: betekenissen die elkaar ondersteunen, maar ook betekenissen die lijnrecht tegenover elkaar staan. Elk mens heeft zo de keuze uit verschillende interpretatiekaders om zijn handelen te bepalen.

Een tweede factor die de dynamiek bevordert, is het aanbod van verschillende alternatieve culturele modellen. De mens krijgt door allerlei maatschappelijke ontwikkelingen, onder andere de globalisering van de economie, de informatietechnologie en de mondiale migratiestromen, verscheidene 'nieuwe' culturele modellen aangereikt. Daardoor komen de vanzelfsprekendheid en het eenvoudige gemak van de 'eigen' culturele modellen op losse schroeven te staan. Het maakt je bewust van de culturele bepaaldheid en soms beperktheid van het eigen referentiekader. In gesprek met anderen ontkom je zo niet aan een onderhandeling, een discussie over de waarheid en toepasbaarheid van verschillende culturele modellen. Dit onderhandelingsproces houdt de dynamiek van een cultuur gaande.

De derde belangrijke impuls tot cultuurverandering is de ontoereikendheid in veel gevallen van de culturele modellen voor de gegeven werkelijkheid. Weliswaar is de mens cultureel geprogrammeerd, maar voortdurend ziet hij zich gesteld tegenover feiten en situaties waarop het aangereikte programma geen antwoorden heeft. Je kunt hierbij denken aan de multi-etnische situatie in wijken, op scholen en op het werk. In hun pogen samen te leven, te leren en te werken worden mensen in veel situaties scherp geconfronteerd met het tekortschieten van de culturele programma's die ze beschikbaar hebben. Ze zien zich min of meer genoodzaakt 'hun' culturele programma's bij te stellen en aan te vullen: ze moeten dan nieuwe inzichten en nieuw handelen ontwikkelen. De cultuur die mensen zodoende in en door hun handelen voortbrengen, is dus nooit slechts een reproductie van de reeds bestaande cultuur. Er komen voortdurend nieuwe dingen bij, terwijl bepaalde elementen van de bestaande cultuur meer naar de achtergrond verdwijnen omdat mensen er steeds minder gebruik van maken. (18)

2.9 Duurzaamheid van cultuur

De leden van een sociaal systeem houden de cultuur van het sociale systeem in stand. Ze gebruiken de verschillende culturele elementen, zoals taal, kennis en gewoonten, steeds opnieuw als min of meer vanzelfsprekende uitgangspunten van hun concrete gedrag. Hun dagelijks handelen wordt mede gestuurd door de culturele betekenissen, die door eerder gedrag van anderen zijn voortgebracht. Eerder verworven culturele modellen, zeker die uit de kinderjaren, zijn moeilijk los te laten als eerste spontane reactie in bepaalde situaties. Cultuur heeft in dit opzicht behalve dynamische ook duurzame kanten. Verworven culturele modellen zijn niet zomaar te veranderen, ook al zijn ze niet meer passend binnen de gegeven werkelijkheid.

Een extreem voorval om te illustreren hoe een eens verworven cultureel model niet meer past binnen een nieuwe situatie. Het voorbeeld is uitzonderlijk in de tragiek die het voorval tekent.
'Een vader had zijn zoon doodgeschoten. De zoon had geweigerd de zorg voor de familie over te nemen, wanneer de vader in de gevangenis terecht zou komen. De vader was van plan een andere man te doden, omdat deze zijn vrouw had lastiggevallen. De vader handelde volgens de gewoonten en met de motieven die hij in zijn herkomstland had verworven. De vader grijpt naar dit gedrag, omdat hij ergens en ooit in een sociaal systeem (in zijn herkomstland en/of in Nederland) voor dit gedrag steun vond of heeft gevonden. Zijn zoon deelt blijkbaar het culturele model van zijn vader niet (meer) en heeft waarschijnlijk een ander cultureel model verworven voor dit soort situaties'. (19)

Het voorbeeld toont iets van de diepte en de duurzaamheid waarmee culturele modellen zijn ingeslepen in het gedrag van mensen. Het laat tevens zien dat cultuur niet iets abstracts en afstandelijks is dat losstaat van de persoon en van buitenaf het gedrag stuurt en regelt. Cultuur is niet zozeer iets wat gedacht wordt, iets wat in de hoofden leeft. Het is niet iets wat beseft en verwoord wordt, maar veeleer wordt cultuur geleefd en fysiek gevoeld in '*de opwellingen, kloppingen en bewegingen van onze lever, hart, maag, huid en mind*'. (20)

Cultuur is voor een deel duurzaam vastgelegd in het lichaam en ze stuurt vaak het doen en laten zonder dat je het beseft. De aangeleerde culturele modellen reguleren spontaan, voornamelijk niet-bewust gedrag. Dit gedrag komt tot uiting in de herhaalde neiging dezelfde gedragspatronen in verscheidene omstandigheden steeds weer te vertonen. Deze vaste patronen betreffen onder andere:

- de wijze waarop je de werkelijkheid ziet en interpreteert;
- de dingen die je mooi, lekker of goed vindt en andere dingen lelijk, vies of slecht;
- de wijze waarop je bepaalde dingen doet in het leven. De toekomstplannen die je maakt voor jezelf en voor eventuele kinderen en welke strategieën je ontwikkelt om deze te realiseren.

Enkele voorbeelden laten zien hoe cultuur min of meer duurzaam is vastgelegd in het lichaam en in het doen en laten van mensen.

- Zonder dat de meeste Vlamingen en Nederlanders er ooit moeite voor hoeven doen, spreken zij klanken als een 'l' en een 'r' uit. Japanners bijvoorbeeld, horen in het algemeen geen verschil tussen deze klanken en hebben grote moeite deze te produceren. Taal, een wezenlijk aspect van een cultuur, is letterlijk vastgelegd in het strottenhoofd, waar de stembanden de taalklanken produceren. Interessant hierbij is te bedenken dat kinderen in aanleg nog alle taalklanken kunnen aanleren en dat ze dit later als (cultureel gevormde) volwassenen niet meer zo gemakkelijk kunnen.
- Veel mensen vinden het moeilijk etnische groepen van elkaar te onderscheiden. De waarneming, in dit geval het herkennen van gezichten en het interpreteren van nonverbaal gedrag, blijkt sterk cultureel gevormd. (zie ook paragraaf 2.6).

> Een medewerkster van een asielzoekerscentrum vertelde dat op een ochtend een Vietnamese bewoner zomaar een fles melk uit de koelkast had gepakt. Ze had niets durven zeggen of doen, omdat de bewoner iets zei en heftig gesticuleerde. Zij zag en interpreteerde dit als dreigend. Op de vraag of ze deze man later alsnog had aangesproken antwoordde ze dat ze niet meer wist wie het was. Er waren op dat moment vijf Vietnamese mannen in huis en volgens haar leken ze allemaal zo op elkaar.

- Wanneer mannen in Nederland of Vlaanderen gearmd op straat lopen, voelen veel mensen weerstand: ze ervaren dit als onnatuurlijk, als niet normaal. In het Midden-Oosten daarentegen is dit een alledaags verschijnsel en kunnen mensen een gevoel van weerzin krijgen, wanneer ze een man en een vrouw gearmd op straat zien lopen.
- Mensen kunnen een afkeer voelen van bepaalde muziek, kleding, eten, drank en geuren. Cultuur heeft de gevoelens van voorkeur en afkeur bepaald en is zo fysiek voelbaar.
- Sommige, veelal oudere Nederlandse migranten in het buitenland, bijvoorbeeld in Australië en Nieuw-Zeeland, houden er nog steeds een traditionele-jaren-vijftig-'Hollandse' stijl van leven op na. Dit komt onder andere door de in Nederland opgedane cultuurpatronen en het duurzame karakter ervan. (21)

De voorbeelden laten de mentaal-fysieke en niet-besefte werking van culturele modellen op de mens zien. Deze hardnekkige werking van culturele modellen verklaart waarom de ontmoeting tussen mensen met verschillende culturele achtergronden soms zo problematisch verloopt. Het in communicatie treden met mensen met een andere culturele achtergrond, vraagt bereidheid en het vermogen te reflecteren op de eigen culturele bagage en op het eigen referentiekader. Bovendien moeten mensen het eigen referentiekader van betekenisgeving kunnen relativeren en vraagt het flexibiliteit en sociale vaardigheid om de ander open en erkennend tegemoet te treden.

2.10 Persoon, cultuur en menselijke natuur

Sommige professionals vragen zich in hun contacten met mensen met een andere etnisch-culturele achtergrond af of het 'de persoon' is die handelt of 'zijn cultuur'; ze doen dit om te kunnen vaststellen welke interventie in een bepaalde situatie gewenst is. Zo vroeg eens een functionaris van de kinderbescherming naar aanleiding van de kindermishandeling door een (Iraakse) vader of het de cultuur is of de persoon die slaat. Op de vraag waarom het antwoord daarop voor hem belangrijk was, antwoordde de functionaris dat als het de persoon is hij duidelijk zou optreden, maar als het de cultuur is hij wat voorzichtiger zou zijn.

Het betreft hier vragen naar de verhouding tussen persoon, cultuur en natuur en naar de wilsvrijheid van de mens: in hoeverre is de mens cultureel bepaald en heeft hij vrijheid van handelen?

Als eerste de vraag naar de verhouding tussen persoon, cultuur en natuur. Figuur 2.1 stelt de ontmoeting voor tussen drie mensen uit totaal verschillende culturen: A is bijvoorbeeld een Indo, B iemand uit de Congo en C komt uit een eeuwenoud Vlaams geslacht.

Figuur 2.1 Interculturele gespreksvoering.

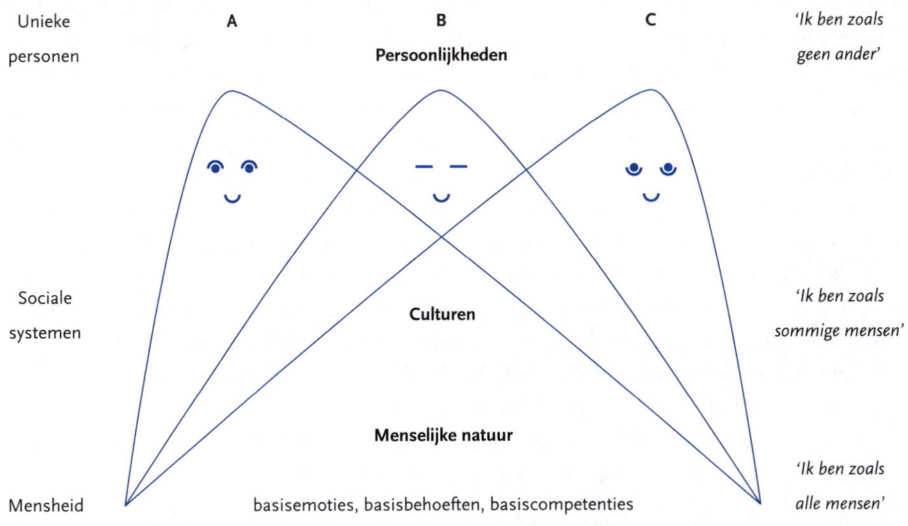

Wanneer deze drie personen elkaar ontmoeten dan is het – op de onderste laag van de figuur – allereerst van belang te beseffen dat ze alle drie mensen zijn met dezelfde universele basisbehoeften, zoals seksualiteit, voeding, onderdak, geborgenheid en erkenning, dezelfde basisemoties als blijdschap, verdriet en boosheid (22) en dezelfde universele basisvermogens als rationaliteit en communicatie. Dit klinkt als een vanzelfsprekendheid maar dat dit niet iedereen zo ziet, blijkt uit het volgende voorval:

> Na de lezing van David Pinto op een conferentie van het Nuffic over internationalisering van het hoger onderwijs, stelde een mevrouw uit de zaal nog een vraag. Ze vertelde van een ongeluk in Tilburg waarbij een Nederlandse jongen was betrokken en een Marokkaanse mevrouw, moeder van drie kinderen was omgekomen. De jongen die geen schuld had, wilde heel erg graag zijn deelneming betuigen aan de familie. De vrouw vroeg aan de spreker of de jongen dit kon doen. David Pinto die zelf Marokkaan, Berber en Jood is zei – vanuit zijn theorie van Fijnmazige en Grofmazige culturen, van in- en outgroep – dat de jongen dat niet moest doen, want dat kon leiden tot een geweldsuitbarsting. Daarop zei de vrouw dat ze dat al vermoedde, want iemand van de politie in Tilburg had hetzelfde gezegd.

Dit is een schokkend voorbeeld hoe een culturaliserende benadering kan uitwerken in de praktijk. David Pinto doceert interculturele communicatie en daarvan is het toch de bedoeling mensen met verschillende achtergronden met elkaar in contact te brengen? Door zijn antwoord bevestigt de spreker zekere vooroordelen en versterkt hij de 'wij/zij'-gevoelens. Waarschijnlijk wilde Pinto waarschuwen voor agressie en boosheid, maar zijn dat geen algemeen menselijke emoties die ieder persoon ongeacht culturele achtergrond kan hebben op het moment dat je een dierbare verliest: je partner, de moeder van je kinderen, je zuster of een goede vriendin? Zou dus niet een passender antwoord geweest zijn: 'Zeker kan de jongen zijn deelneming betuigen, maar kijk even hoe hij dat het beste kan doen. Want kunt u zich voorstellen dat er naast verdriet ook boosheid of zelfs agressie gevoeld kan worden, omdat iemand een dierbare heeft verloren?' Door deze *inclusieve benadering* wordt de familie niet als Marokkaanse buitengewoon anders gemaakt: zij zijn dan in de eerste plaats *een familie* die een groot verlies te verwerken heeft en hun eventuele emoties van boosheid en agressie vanwege het verlies van een dierbare, worden als algemeen menselijk geduid.

Wat betreft de universele basisvermogens, bijvoorbeeld die van de *rationaliteit* ofwel de redelijkheid van mensen, wordt vaak de cultuur als verklaring van gedrag genoemd in plaats van de redenen waarom mensen doen wat ze doen of waarom dingen zijn zoals ze zijn. Zo is het opmerkelijk dat in rapportages naar aanleiding van huisbezoeken bij migrantengezinnen vaak de cultuur aangehaald wordt als verklaring voor zaken, terwijl in een rapportage na een autochtoon Nederlands of Vlaams huisbezoek het woord cultuur niet valt maar allerlei redenen en motieven worden genoemd.

Ieder persoon, waar ook vandaan, is een redelijk subject en een competente actor. Redelijk betekent hier dat iemand goede redenen heeft om te doen (handelen, denken, voelen, zijn) zoals hij doet en dat diezelfde persoon daar desgevraagd ook een behoorlijk, uitleg verschaffend verhaal over kan vertellen. Mensen doen niet zomaar wat 'vanuit hun cultuur': er zit een logica in hun motieven, ze denken na over hun handelen, ze zijn voor rede vatbaar, responsief (reageren op) en aanspreekbaar.

Terug naar figuur 2.1: de tweede laag is die van de cultuur of beter gezegd culturen. Hoe mensen omgaan met en uiting geven aan deze basisbehoeften, basisemoties en basisvermogens is aangeleerd. Het wordt bepaald door de verschillende culturen van de vele sociale systemen waartoe mensen samen met anderen behoren of behoord hebben: '*Ik ben zoals sommige mensen*'. Hierbij nog eens de opmerking dat de verschillende culturen naast etniciteit en nationaliteit eveneens betrekking hebben op sekse, leeftijd, religie, seksuele voorkeur, opleiding, sociaaleconomische status, soort werk, geografische achtergrond en zo meer. Dit betekent dat bijvoorbeeld de Congolese persoon B ondanks een andere etnische, nationale en talige achtergrond veel gemeenschappelijks kan delen met Vlaming C, omdat ze dezelfde leeftijd, opleidingsachtergrond en muziekvoorkeur hebben.

Maar de communicatie tussen personen speelt zich uiteindelijk af op het derde bovenste niveau van unieke personen. De persoon of persoonlijkheid van iemand is de combinatie van unieke lichamelijke en psychologische eigenschappen die hij met niemand anders deelt: '*Ik ben zoals geen ander*'. Deze unieke eigenschappen zijn gedeeltelijk aangeboren en gedeeltelijk cultureel aangeleerd. Iemands persoonlijkheid en persoonlijke levensloop maken samen deze persoon *uniek*: uniek in de wijze waarop hij inhoud en betekenis geeft aan zijn mens zijn (= menselijke natuur) en aan de verscheidene sociale systemen en culturen waarvan hij deel uitmaakt of deel heeft uitgemaakt.

Voor de gespreksvoering met migranten is het schema uit tabel 2.1 van groot belang. Het laat zien dat communicatie zich altijd afspeelt op het interpersoonlijke niveau: in de ontmoeting tussen unieke personen. Het zijn dan ook niet culturen die elkaar ontmoeten, maar mensen!

2.11 Culturele bepaaldheid en wilsvrijheid

De tweede kwestie naar aanleiding van de vraag van de functionaris van de kinderbescherming of het de persoon of de cultuur is die handelt, betreft de vraag naar de wilsvrijheid en de culturele bepaaldheid van het persoonlijk handelen. Ook in de Nederlandse rechtszaal komt deze vraag regelmatig voor. Aanleiding hiervoor zijn rechtszaken over onder andere eerwraak, voodoo en winti. Hier is het de vraag in hoeverre de invloed van cultuur mag meewegen bij het vaststellen van het vonnis door de rechter. Dit mee laten wegen van de culturele achtergrond wordt ook wel cultureel verweer genoemd.

Een voorbeeld van cultureel verweer is te vinden in het proces in 2001 in Den Bosch, waar een Turkse jongen terechtstond die in zijn school vijf mensen verwondde met pistoolschoten. Doel

van de jongen was eigenlijk het doden van het ex-vriendje van zijn zus die haar eer en de eer van de familie had bezoedeld. De jonge verdachte wilde de waardigheid van de familie zuiveren overeenkomstig de Koerdische cultuur.
Sommige getuigen-deskundigen voerden de Turkse cultuur en haar eerwraak aan als cultureel verweer om de Turkse verdachte minder toerekeningsvatbaar te verklaren. Een hoogleraar multiculturele psychiatrie betoogde dat in de Turkse cultuur de psychische overmacht van de groep, de familie en de Turkse gemeenschap, veel groter is dan bij autochtone Nederlanders. De hoogleraar argumenteerde: *'Er stond een extreme druk op deze jongeman, waardoor hij tot deze daad is gekomen.' 'Er was wel degelijk sprake van innerlijke druk, vanuit de cultuur en de gezinssituatie.'* Deze culturele context is voor hem voldoende om de Turkse verdachte minder toerekeningsvatbaar te verklaren. '*Wilsvrijheid*' is in de Turkse context van de zaak '*een beetje een westers illusoir concept*', zei hij letterlijk. (23)

Door generaliserend het accent te leggen op de (Turkse) cultuur *culturaliseert* de hoogleraar het handelen van deze jongen. Hij suggereert dat het eerder de cultuur was die handelde dan de jongen zelf. Het handelen van de jongen wordt hierdoor exotisch ofwel *buiten*-gewoon anders gemaakt.

Veel jongeren die geen migrant zijn, komen eveneens tot crimineel gedrag onder invloed van het collectief, van de groep waarin ze op dat moment verkeren. Verder is het op het niveau van het concrete alledaagse denken, handelen en spreken altijd de *persoon* die denkt, handelt en spreekt en nooit 'de cultuur'. De mens staat weliswaar in meer of mindere mate onder invloed van 'zijn cultuur', maar zijn handelen wordt niet onontkoombaar en uitsluitend door cultuur geprogrammeerd. Cultuur is geen abstract, statisch massief gegeven dat mensen als robots volledig voorprogrammeert en stuurt in hun gedrag. De mens is niet slechts product van zijn cultuur, maar net zo goed producent. De mens brengt zelf met anderen de culturele ontwikkelingen voort die zijn denken, handelen en spreken bepalen. De mens is zodoende niet alleen object, maar ook *subject* van culturele dwang. Hij is immers zelf drager van de betrokken cultuur. Ook al bepaalt de culturele uitrusting van een persoon in sterke mate zijn speelruimte van handelen, ze sluit vrijheid en creativiteit niet uit bij het ontwikkelen van nieuwe gedrags- en levenswijzen.

Het gegeven dat de mens drager is van de betrokken cultuur, heeft als consequentie dat cultuur heel concreet aanwijsbaar is in het gedrag van mensen en in de invloed die personen als gevolg van dit gedrag uit hun omgeving voelen. Dus in de betreffende rechtszaak is het wel terecht te wijzen op de concrete personen en omstandigheden die op de jongen psychische druk hebben uitgeoefend, zoals de familie – met name de vader die uiteindelijk de hoogste straf kreeg – en personen uit de eigen etnische gemeenschap. Het is echter onterecht te verwijzen naar 'de' Turkse cultuur of 'de' Turkse context.

Het gaat hier in feite om de factor (over)macht die niet buiten beschouwing mag worden gelaten bij het vraagstuk van de wilsvrijheid van een persoon. Verschillen in macht, invloed en sociale positie bepalen in belangrijke mate de speelruimte, vrijheid en creativiteit van mensen. (24) Dit geldt voor alle mensen, dus niet alleen voor Turken of welke etnische groep dan ook. De verwijzing van de getuige-deskundige exclusief naar de Turkse cultuur als cultureel verweer, werkt dan ook exotiserend en is niet werkbaar.

Samengevat kan de culturele bepaaldheid van het doen en laten van een persoon gezien worden als de sociale druk die de persoon voelt vanuit zijn sociale omgeving en vanuit zijn socialisatie. Deze sociale druk is in principe voor iedereen hetzelfde: migrant of geen migrant en altijd aanwijsbaar in het gedrag van concrete personen en omstandigheden. De invloed van deze concrete personen en omstandigheden dient de straffeloosheid of de strafmaat te bepalen en niet de cultuur. Anders gezegd: terug naar figuur 2.1 is het vertrekpunt niet de cultuur maar de concrete persoon en ga je na hoe voor en door deze persoon invulling is gegeven aan diens culturele achtergrond. Vandaar de volgende overweging van de Bossche arrondissementsrechtbank:

In deze strafzaak zijn vijf getuigen-deskundigen gehoord waarvan er drie uitvoerig hebben gerapporteerd over – kort gezegd – de culturele achtergronden van verdachte. De rechtbank benadrukt nog eens dat het niet gaat om de vraag of in zijn algemeenheid in strafzaken culturele achtergronden tot straffeloosheid, strafverhoging of strafvermindering zouden moeten leiden, maar of en zo ja, op welke wijze dergelijke achtergronden in het concrete geval van een individuele strafzaak de verdachte hebben gevormd c.q. beïnvloed. Dat is onderdeel van het in elke strafzaak uit te voeren onderzoek naar de persoon van de verdachte. (25)

Delicten met een culturele achtergrond blijken niet alleen aanleiding te zijn voor een pleidooi voor strafverlichting maar ook voor strafverzwaring. Mirjam Siesling signaleert in haar onderzoek dat politici geneigd zijn culturele delicten in scherpe bewoordingen af te wijzen en te pleiten voor harde maatregelen. Dat was bijvoorbeeld het geval na de dood van een meisje van Turkse afkomst uit Almelo, dat door haar vader om het leven was gebracht vanwege haar te westerse levensstijl. De Tweede Kamer sprak vol afschuw van dergelijke feiten en pleitte voor keiharde maatregelen. Deze opvattingen hebben de rechtspraak beïnvloed. De laatste jaren staan rechters afkeurend tegenover culturele delicten. Wanneer een verdachte op basis van zijn cultuur handelde, wordt dit als een probleem ervaren, zo blijkt uit de motiveringen van de strafmaat. Een cultureel delict is volstrekt onacceptabel en een zware straf moet een signaal zijn naar iedereen die in de toekomst op basis van zijn culturele normen wil handelen. De verdachte heeft met zijn gedrag laten zien dat hij een overtuiging volgt die onverenigbaar is met de in Nederland gangbare opvattingen. Het gaat daarbij dus niet zozeer om het gedrag zelf, maar om de overtuiging (de cultuur dus) waarvan die gedraging een uitvloeisel is. Hij moet daarvoor streng worden bestraft. Op deze wijze wordt een persoon niet alleen gestraft vanwege zijn daad, maar ook nog voor zijn culturele achtergrond. Bijkomend probleem is dat zo'n optreden van een rechter gepaard gaat met een zeer negatieve visie op de multiculturele samenleving en op de integratie van immigranten. Delicten op culturele gronden worden beschouwd als een symptoom van gebrekkige integratie.

Het strafrecht is het minst geschikte instrument om integratie en emancipatie van gemarginaliseerde groepen te bewerkstellingen. Een strafzaak moet zich beperken tot een beoordeling over een concreet geval en een bepaald individu – de verdachte die in de eerste plaats burger is van de Nederlandse samenleving. Uit dien hoofde kan hij niet alleen verantwoordelijk worden gesteld voor zijn gedrag, maar moet hij bovenal serieus worden genomen. Een afgewogen beoordeling, ontdaan van stereotypering en vooroordelen, van zijn culturele achtergrond door de rechter is daarbij onontbeerlijk. (26)

2.12 Cultuur en macht

Cultuur is niet los te denken van verschillen in macht. Cultuur en macht veronderstellen elkaar. Nu is het van belang macht te zien als iets wat in principe *eenieder* heeft. Er is niet simpelweg sprake van machtigen en machtelozen. De socioloog Norbert Elias (27) analyseert macht in termen van onderlinge en wederzijdse afhankelijkheid en spreekt in dit verband van voortdurende verschuivende machtsbalansen. Elias gebruikt de metafoor van de samenleving als een speelveld en een spel, waarin elke deelnemer relatieve speelsterkte heeft. Inzet van het spel zijn al die dingen die de leden belangrijk vinden om na te streven, zoals bezit en aanzien, maar ook tolerantie, vrijheid en rechtvaardigheid. De spelregels worden bepaald door de gedragscodes van die samenleving. De speelsterkte van de deelnemers is afhankelijk van hun maatschappelijke positie (bevoegdheid, verantwoordelijkheid en daarmee zeggenschap), hun netwerk van relaties en hun kennis en vaardigheden. Ieder lid van de samenleving heeft als deelnemer in principe de macht het verloop van het maatschappelijke spel te beïnvloeden ook al wint de sterkste speler. (28)

Zoals regelmatig in de geschiedenis van verschillende samenlevingen te constateren is, kunnen de kansen in het maatschappelijk spel keren en daarmee ook de posities van de deelnemers.

Met macht kun je dus waardevolle dingen tot stand brengen, zoals orde scheppen in chaos, acties organiseren, tegenstructuren in het leven roepen en anderen met macht over hun eigen leven toerusten. Kortom, empowerment en emanciperen.

Het gegeven van macht werkt door in het sociaal-culturele leven van mensen. 'De' cultuur van een samenleving of een ander sociaal systeem bestaat dan ook niet. Steeds dient de vraag gesteld te worden: 'wiens cultuur?'. 'De' cultuur van een sociaal systeem is dan in feite die cultuur die binnen dat sociaal systeem een gezaghebbende status bezit. En die status is weer een product van de speelsterkte van bepaalde groepen op dat moment.

In de Vlaamse en Nederlandse samenleving heeft de van oorsprong Vlaamse en Nederlandse meerderheid 'vanzelfsprekend' de grootste invloed. Vanzelfsprekend in de zin dat mensen vanuit een meerderheidspositie hun invloed als zo evident ervaren, dat ze niet kunnen zien en beseffen welke invloed ze hebben. Het is dan ook niet gek dat bijvoorbeeld een professional niet beseft dat hij vanuit een dominante positie hulp of diensten verleent. Hij zal zichzelf geen vragen stellen over de vanzelfsprekendheid van zijn opvattingen, waarden en normen. Deze worden immers stilzwijgend gedragen en bevestigd door de meerderheid. Anders gezegd, zijn opvattingen, waarden en normen maken zeer waarschijnlijk deel uit van het dominante denken in de samenleving.

Een ander voorbeeld is een docent die Nederlands als tweede taal onderwijst aan migranten. Zo'n docent is zich er veelal niet van bewust dat taalonderwijs in zekere zin de reproductie van de heersende cultuur is. Met de taal leren de cursisten de waarden en normen van de meerderheid. Een voorbeeld is het leren van cultuurbeladen woorden als *emancipatie, mondigheid, roldoorbreking, individuele vrijheid, ontplooiing, samenwonen* en *keuzevrijheid*. Het gaat er hier niet om te oordelen over wat goed of slecht is; taalonderwijs heeft zeker een sterk emancipatorische functie. Waar het om gaat, is erbij stil te staan dat in veel situaties het dominante denken van de meerderheid vanzelfsprekend en zonder het te beseffen aan de orde is en overgedragen wordt. Hier kan terecht worden gesproken van de macht van het dominante denken van de meerderheid die letterlijk van-zelf-spreekt. Vandaar het belang van interculturalisatie, bijvoorbeeld in het onderwijs, waarbij het in eigen land opgedane culturele kapitaal van de migranten – hún culturele instrumenten – erkend, aangesproken en benut wordt.

De dominante opvattingen, de sociale representaties over wat en hoe je moet zijn, hebben ook een normaliserende werking: ze vormen de vanzelfsprekende en onbesproken criteria waaraan het gedrag van minderheidsgroeperingen wordt afgemeten. Zodoende staan in discussies de problemen van minderheden centraal, terwijl de impliciete en dominante opvattingen over wat en hoe je moet zijn, buiten beeld blijven. De Vlaamse pedagoog Michel Vandenbroeck zei het heel treffend tijdens een lezing (29): '*Erkenning van diversiteit is niet de tolerantie ten opzichte van wie van de norm afwijkt, maar het ter discussie stellen van de norm die de afwijking doet ontstaan.*' Hierop sluit de opmerking aan van de (Turkse) Bercan Günel, ondernemer en medeoprichter van Woman Capital, een executive searchbureau gespecialiseerd in vrouwen voor topfuncties:

> *Ik heb het woord tolerantie opgezocht in het Van Dale woordenboek en ik las onder andere de betekenis dat het de toegestane afwijking van een bepaalde norm is. Ik wil niet getolereerd worden; ik wil de afwijking niet zijn; ik wil in de norm zitten en gerespecteerd worden. (30)*

Wil een cultuur blijven bestaan, dan dienen haar cultuurpatronen steeds opnieuw verworven te worden door mensen in hun concrete denken en handelen. Wie – in de termen van Elias – de speelsterkte daartoe heeft, kan bepalen welke cultuur met overheidssteun mag worden overgedragen en welke cultuur niet. Zo stellen overheden door hen aangewezen etnische groepen al dan niet in de gelegenheid sociaal-culturele activiteiten te ontplooien en bijvoorbeeld onderwijs in de eigen taal en cultuur te verzorgen.

Het omgekeerde geval, waarin dominante groepen culturen ontkennen en soms zelfs vernietigen, is helaas te zien in de geschiedenis van het kolonialisme en het racisme. Wat dit laatste betreft is het van belang te beseffen dat voor veel mensen de machtsongelijkheid die hun ouders en voorouders hebben ervaren – onder andere kolonialisme, racisme, sociaaleconomische uitbuiting en andere vormen van onderdrukking of uitsluiting – nog steeds voelbaar aanwezig kan zijn in hun leven. De effecten van die machtsongelijkheid zijn dan van generatie op generatie doorgegeven en geïnternaliseerd. Zodoende werkt de ervaren machtsongelijkheid nog door in hun betrekkingen met andere mensen.

Een leidinggevende kreeg een groot conflict met een ambitieuze Surinaamse medewerker die graag hogerop wilde. Op een gegeven moment kreeg ze van de leidinggevende te horen dat ze niet moest denken dat ze zomaar van de kelder naar de zolder kon komen. De vrouw voelde zich onverwacht enorm gekwetst, omdat de woorden van de leidinggevende haar plotsklaps herinnerden aan de 'zwarten' die onder in het ruim van slavenschepen naar Suriname werden gebracht en niet bovendeks mochten komen.

Ook 'de kinderen' van degenen die verantwoordelijk waren voor de machtsongelijkheid kunnen de 'last' ervaren van de erfenis van het verleden, wat ook weer invloed heeft op hun communicatie. Denk bijvoorbeeld aan Duitse jongeren die in hun identiteitsvorming sterke invloed ondervinden van de geschiedenis van nazi-Duitsland.

SAMENVATTING

Het begrip cultuur is een abstract begrip en wordt gebruikt om sociale systemen te beschrijven. Cultuur is de gemeenschappelijke wereld van ervaringen, waarden, symbolen, praktijken en kennis die een bepaald sociaal systeem kenmerkt. Ze is het kenmerk en product van een sociaal systeem en net als het systeem zelf, heterogeen, open en onbegrensd van karakter.

De cultuur van een systeem kent een waarneembare laag van onder andere taal, symbolen, rituelen, gewoonten, ceremonies en andere praktijken en een niet-waarneembare laag van centrale waarden en mens- en wereldbeelden. De mens heeft cultuur nodig om te kunnen functioneren binnen een bepaald sociaal systeem, en cultuur fungeert voor de mens als een zingevend kader: als een model *van* de werkelijkheid (dit is het) en als een model *voor* de werkelijkheid (zo hoort het).

Cultuur verwerft een persoon door enculturatie – het aanleren van culturele kenmerken – en door acculturatie – beïnvloeding door het contact met mensen met een andere culturele achtergrond. Binnen het proces van acculturatie zien minderheidsgroepen zich geplaatst voor de twee kernvragen van cultuurbehoud en aanpassing. Het antwoord op deze twee vragen kan uitmonden in integratie, separatie, assimilatie of marginalisatie, afhankelijk van het levensdomein en van bepaalde randvoorwaarden waaronder de houding van de meerderheid.

De mens is niet alleen het product van een cultuur; hij is er ook de producent van. Dit betekent dat de persoon altijd een zekere wilsvrijheid van handelen kent en nooit volledig voorgeprogrammeerd en gestuurd wordt door cultuur. Naast dit onderscheid tussen persoon en cultuur, mag niet vergeten worden dat alle mensen het mens zijn met elkaar delen. Dus startend in de basis zijn mensen zoals alle anderen (de menselijke natuur), net als sommige mensen (cultuur) en zoals geen ander (een persoon in zijn uniekheid). (31)

Dat de mens – naast product – producent van cultuur is, houdt cultuur dynamisch. Tegelijk is cultuur deels duurzaam vastgelegd in de 'mind en body' van mensen.

Als laatste is cultuur niet los te denken van verschillen in macht: beide veronderstellen elkaar. Vandaar het belang steeds de vraag te stellen: 'wiens cultuur?'.

Verwerkingsopdrachten

Maak deze opdrachten samen met collega's. Vergelijk de uitwerking van elke opdracht met die van je collega's:
- Wat komt overeen?
- Wat verschilt?
- Wat valt op?

Opdracht 1 bij paragraaf 2.2 Cultuur als kenmerk en product van een sociaal systeem

Mensen maken deel uit van talloze sociale systemen. Deze sociale systemen kun je op drie manieren ordenen:

1 van *macro*sociale systemen naar *meso-* en *micro*sociale systemen;
2 in *groepen* en *categorieën*;
3 in *interpersoonlijke* verbanden en in *zakelijke* betrekkingen;
4 in *virtuele* (*transnationale*) sociale systemen.

Neem vier blaadjes.
Schrijf op het eerste blad de kop: Mijn sociale systemen van micro- tot macrosystemen.
Op het tweede blad: Mijn sociale systemen: groepen en categorieën waartoe ik behoor.
Op het derde blad: Mijn sociale systemen: mijn interpersoonlijke verbanden en mijn zakelijke betrekkingen.
Op het vierde blad: Mijn virtuele (transnationale) systemen.

Werk elk blad uit met een beschrijving en/of tekening van jouw sociale systemen.
Geef met behulp van kleuren of op een andere manier aan wat het karakter is van jouw deelname aan de verschillende sociale systemen. Bijvoorbeeld rood voor intensief, grijs voor zakelijk en zo verder.

Opdracht 2 bij paragraaf 2.3 Heterogeniteit en onbegrensdheid van culturen

Nationale culturen, zoals de Belgische en de Nederlandse cultuur, hebben elk een grote verscheidenheid van talloze (sub)culturen.
- Schrijf een vijftiental subculturen op van de Nederlandse of de Belgische cultuur.
- Leg uit waarom de Belgische en Nederlandse cultuur onbegrensd zijn.

Opdracht 3 bij paragraaf 2.4 Inhoud en functie van een cultuur

Je hebt de keuze uit twee opdrachten:
- Beschrijf de inhoud van de cultuur van twee sociale systemen waarvan jij deel uitmaakt (zie ook opdracht 4). Zorg dat die twee sociale systemen cultureel sterk van elkaar verschillen. Gebruik bij de beschrijving van de cultuur de cultuurelementen die genoemd worden in paragraaf 2.4 en 2.5. Beschrijf elke cultuur zo concreet mogelijk, bijvoorbeeld het taalgebruik, de kleding, de gewoonten, de omgangswijze, de helden (idolen, leiders, andere voorbeeldfiguren).
- Beschrijf de inhoud van de cultuur ofwel een aantal culturen van de doelgroep met wie je

werkt. Gebruik bij de beschrijving van de cultuur de cultuurelementen die genoemd worden in paragraaf 2.4 en 2.5. Beschrijf de cultuur/de culturen zo concreet mogelijk, bijvoorbeeld het taalgebruik, de kleding, de gewoonten, de omgangswijze.

Opdracht 4 bij paragraaf 2.5 Opbouw van een cultuur

- Wat zijn voor jou de kernwaarden van de Nederlandse cultuur of van de Vlaamse cultuur?
- Wat zijn voor jou de kernwaarden van de cultuur waarin je opgegroeid bent? Je kunt hiervoor de cultuur van jouw gezin/familie nemen, jouw etnische groep of de buurt of regio waar je vandaan komt.

Opdracht 5 bij paragraaf 2.5 Opbouw van een cultuur

Teken een ijsberg met een deel onder water en een deel boven water. Beschrijf nu de cultuur van jouw team, lesgroep of klas. Schrijf in het gedeelte van de ijsberg boven water wat je kunt waarnemen van de cultuur van jouw team, lesgroep of klas.
Schrijf in het gedeelte van de ijsberg onder water enkele culturele aspecten (waarden, normen, opvattingen, beelden) van jouw team, lesgroep of klas die je niet kunt waarnemen.

Opdracht 6 bij paragraaf 2.6.1 Cultuur als model van de werkelijkheid, paragraaf 2.6.2 Cultuur als model voor de werkelijkheid

Cultuur is tegelijkertijd een model *van* de werkelijkheid en een model *voor* de werkelijkheid.
Stel je de volgende situatie voor.
Je wilt bij het postkantoor geld opnemen van je rekening. Je gaat een postkantoor binnen, je loopt meteen naar het apparaat voor de volgnummers en trekt daar een nummer. Je kijkt op het bord met de volgnummerweergave en je ziet dat je nog even moet wachten. Je pakt een opnameformulier uit een bakje dat in het postkantoor bij een schrijftafeltje staat. Je vult het opnameformulier alvast in. Je wacht vervolgens tot jouw nummer verschijnt op het bord met de nummerweergave. Je gaat even zitten op een bankje dat in het postkantoor staat. Als er een oude vrouw binnenkomt die moeilijk ter been is, vraag je haar of ze wil zitten. Je nummer verschijnt op het bord met de nummerweergave en je loopt naar de balie waar je geholpen wordt. Je begroet de man achter de balie, zegt dat je geld wilt opnemen en overhandigt het ingevulde opnameformulier. Je haalt je pasje door het pinapparaat, toetst je code in en je ontvangt je geld. Je groet de man achter de balie en verlaat het postkantoor.
Leg uit hoe cultuur voor jou in deze situatie zowel een model *van* als *voor* de werkelijkheid is.

Opdracht 7 bij paragraaf 2.6.1 Cultuur als model van de werkelijkheid

Het Zuidzeeopperhoofd Tuiavii beschrijft in zijn redevoeringen voor zijn volk ook het interieur van de huizen: de slaapkamers, de keuken en de badkamer, verder de wegen met auto's en een stad.
Kies één van deze zaken en doe een poging deze te beschrijven voor het Polynesische volk dat toentertijd (begin twintigste eeuw) al deze zaken en de onderdelen ervan nog niet kende en er dus ook nog geen namen of woorden voor had.

Opdracht 8 bij paragraaf 2.7 Verwerving van cultuur

Een wapenschild (denk aan een familiewapen) laat iets zien van de identiteit van de betrokkene; wie die persoon is, waar de persoon vandaan komt en wat belangrijk is voor die persoon: waar hij of zij voor staat. Een wapenschild kan ook gebruikt worden om zaken af te weren waarmee je het niet eens bent of die irritatie oproepen. Maak de volgende opdracht eerst alleen en bespreek het resultaat dan met collega's.

Teken op een A4 jouw wapenschild en verdeel het in vier vakken. Schrijf in elk vak iets op in trefwoorden:

1 In het eerste vak: wat is jouw culturele achtergrond? Waar kom je vandaan? Uit wat voor 'nest'? Wat heeft jou gevormd?
2 In het tweede vak: wat is je culturele bagage: welke waarden, opvattingen (boodschappen of uitspraken) heb je meegekregen? Schrijf ook in trefwoorden iets op wat je hebt meegekregen met betrekking tot het omgaan met diversiteit, met culturele verschillen of met mensen die anders zijn.
3 In het derde vak:
   a op welke wijze is jouw culturele bagage (nog) van invloed op jouw manier van leven en werken: wat vind jij belangrijk in je leven en werk; waar sta je voor; maar ook waarvoor ben je allergisch; waar kun je niet tegen of wat roept jouw irritatie op?
   b wat van je meegekregen culturele bagage (zie vak 1 en 2) heb je losgelaten of doe je nu anders?
4 In het vierde vak: wat voor culturele invloed hebben contacten met mensen met een andere culturele achtergrond op jou gehad? Zijn er dingen die je hebt overgenomen, zoals gewoontes, eten, muziek, gebruiken, opvattingen, waarden enzovoort? Wat doe je nu anders of juist niet als gevolg van deze invloed?

Opdracht 9 bij paragraaf 2.10 Persoon, cultuur en menselijke natuur

Doe deze opdracht met z'n drieën.

Neem een grote flap, leg die plat neer, kijk naar figuur 2.1 en maak dezelfde tekening met drie figuurtjes. Zet bij de figuurtjes jullie namen:

	Naam 1	Naam 2	Naam 3
Unieke personen	(wat maakt ieder van jullie tot een uniek persoon?)		
Sociale systemen en hun culturen	(welke sociale systemen deel je met elkaar en welke niet?)		
Mensheid	(welke menselijke basisbehoeften, basisemoties en basiscompetenties delen jullie met elkaar?)		

- Schrijf achter 'Mensheid' wat jullie als mens met elkaar delen: welke basisbehoeften, basisemoties en basiscompetenties.
- Schrijf achter 'Sociale systemen en hun culturen' en onder jullie namen: de sociale groeperingen die jullie met z'n drieën delen (bijvoorbeeld studenten, muziekliefhebbers, jongeren enzovoorts), die jullie met z'n tweeën delen (bijvoorbeeld twee van jullie zijn Brabanders) en die je *met géén van de anderen* deelt (één van jullie komt uit Vlaanderen en de anderen niet). Geef met behulp van kleuren aan welke sociale groeperingen je met elkaar deelt en welke niet.
- Schrijf achter 'Unieke personen' wat ieder van jullie tot een uniek persoon maakt.

Opdracht 10 bij paragraaf 2.7 Verwerving van cultuur en 2.9 Duurzaamheid van cultuur

- Noem uit je eigen leven een voorbeeld van een cultureel patroon dat je vroeger ooit thuis, op school, in je vroegere buurt hebt verworven en dat je nu nog steeds hebt.
- Geef ook aan op *welke wijze* je dit culturele patroon hebt verworven.
- Geef aan hoe het komt dat dit cultuurpatroon nog steeds zo (sterk) aanwezig is in je voelen, denken en/of doen.
- Noem een cultureel patroon van jezelf dat je ooit in je leven verworven hebt en waar je vanaf wilt, maar dat je niet zo gemakkelijk kwijtraakt. Probeer aan te geven wat het zo lastig maakt dit culturele patroon los te laten.

Opdracht 11 bij paragraaf 2.11 Culturele bepaaldheid en wilsvrijheid

Maak twee groepjes van elk twee tot drie collega's. Ga nu met elkaar in debat waarbij het ene groepje de stelling verdedigt dat wilsvrijheid in sommige culturen niet bestaat (het is de cultuur die handelt) en het andere groepje de stelling verdedigt dat iedere persoon ongeacht zijn culturele achtergrond wilsvrijheid heeft (het is altijd de persoon die handelt).

Opdracht 12 bij paragraaf 2.12 Cultuur en macht

Kijk eens naar de *opleiding* die je volgt (de docenten, de leerstof, de organisatie, de studenten, de sfeer) of naar de *organisatie* waar je werkt. Welke cultuur is volgens jou dominant aanwezig als je denkt aan westerse en niet-westerse culturen, aan mannen-vrouwenculturen, aan klasse en aan religie? Geef voorbeelden om je antwoord te onderbouwen en te illustreren.

Literatuurverwijzingen

1 Hofstede, 1991; Peeters, 1989.
2 Vink, 2001, p. 146 e.v.
3 Vink, 2001, p. 119 en 192.
4 WRR, 2001, p. 196-197.
5 Hofstede 1991.
6 http://nl.wikipedia.org/wiki/Normen_en_waarden.
7 NRC Handelsblad 30/3/ 1999.
8 Tennekes, 1995, p. 20.
9 Tuiavii, 1990, p. 21-22.
10 Fay inVerkuyten, 1999, p. 47.
11 Meurs en Gailly, 1998.
12 Vliegen, 1998, p. 85-93.
13 Arends-Tóth &. van de Vijver 2000.
14 Arends-Tóth & van de Vijver 2000.
15 NRC Handelsblad 06/03/2009.
16 De Volkskrant 5/9/2009.
17 Tennekes, 1992, p. 88.
18 Tennekes, 1995, p. 30.
19 Welten, 1988, p. 4 en 6.

20 Welten, 1988, p. 20.
21 KRO, 1978.
22 Cornelis, 1995.
23 Oostveen, 2001; Heijmans, 2001.
24 Tennekes, 1992, p. 87.
25 Arrondissementsrechtbank 's-Hertogenbosch, 2001.
26 NRC Handelsblad 02/06/2007
27 Norbert Elias, 1981.
28 Tennekes, 1995.
29 Korein Congres 'Grenzen aan diversiteit?' Eindhoven, 28/04/2005.
30 Congres 'De kracht van het verschil' Gemeente Eindhoven, 04/06/2009.
31 Murray in Remmerswaal 1982 p. 63.

3

SOCIALE IDENTITEITEN

3.1 Sociale identiteit

3.2 Objectieve en subjectieve identiteit

3.3 Belang van een sociale identiteit

3.4 Etniciteit

3.5 Etniciteit en cultuur

3.6 Identiteitsvorming: sociale constructie of essentialisme

3.7 Etnische zelfwaardering

3.8 Meervoudige sociale identiteiten

3.9 Loyaliteit en binding

3.9.1 Dubbele nationaliteit en loyaliteit

3.9.2 Moslims en loyaliteit

3.10 Sociale identiteiten en context

3.11 Identiteitsconflicten

3.12 Identiteit en macht

3.12.1 Onderdukking in soorten

3.13 Intersectioneel, caleidoscopisch of kruispuntdenken

3.13.1 Intersectionaliteit als identiteitstheorie

3

INLEIDING

Sociale identiteiten zijn nauw verbonden met sociale systemen en hun culturen. De sociale identiteitstheorie van Henri Tajfel en John Turner (1) stelt dat iedereen in de samenleving deel uitmaakt van een aantal sociale groepen – ofwel sociale systemen – bijvoorbeeld op basis van geslacht, etniciteit of leeftijd. Tajfel en Turner definiëren een sociale groep als 'een verzameling individuen die zichzelf tot dezelfde sociale categorie rekenen, een emotionele betrokkenheid bij deze categorie delen en een bepaalde consensus bereiken over de evaluatie van de groep en hun lidmaatschap'. Het behoren tot een sociale groep helpt een persoon zich een plaats ofwel sociale rol te geven binnen de samenleving en het biedt hem de mogelijkheid zich te identificeren in sociaal opzicht. Zo kunnen individuen (een) sociale identiteit(en) ontlenen aan hun lidmaatschap van de sociale groepen waartoe ze behoren. Vandaar dat ieder mens verschillende sociale identiteiten bezit; de etnische identiteit is er daar één van.

In de gespreksvoering tussen mensen met een verschillende etnische achtergrond speelt de etnische sociale identiteit van de gesprekspartners vaak een overheersende rol. Zo worden migranten veelal – of ze het nu willen of niet – als lid van een etnische groepering benaderd. Dit gaat gepaard met allerlei beelden, verwachtingen en interpretaties. Migranten zelf zetten, afhankelijk van de context en hun biografie, de eigen etnische identiteit meer of minder op de voorgrond of leggen deze helemaal naast zich neer.

In dit hoofdstuk wordt eerst in het algemeen ingegaan op het begrip sociale identiteit en daarna op de verschillende aspecten van de etnische identiteit als een bijzondere vorm van een sociale identiteit. Hierbij is grotendeels gebruikgemaakt van de inzichten van de sociaalpsycholoog Maykel Verkuyten. (2)

3.1 Sociale identiteit

Het begrip identiteit zegt iets over de manier waarop mensen zichzelf en anderen plaatsen in hun sociale omgeving en over de persoonlijke betekenisgeving daaraan. In de beleving van identiteit zitten altijd de twee elementen verweven: 'een gevoel van *ergens bij te horen* en een gevoel van *apart te zijn*'. (3) Bij sociale identiteit gaat het vooral om het eerste element van 'ergens bij te horen'; van datgene wat met anderen wordt gedeeld.

Sociale identiteit is een relationeel begrip. Sociale identiteit heeft betrekking op de vraag hoe iemand zichzelf in relatie tot een sociale omgeving definieert en hoe de sociale omgeving deze persoon ziet. Het begrip sociale identiteit geeft aan wie iemand is, hoe anderen hem herkennen en beoordelen. Het gaat om de sociale lidmaatschapskenmerken van een persoon, zoals geslacht, leeftijd, etnische achtergrond, ouderschap en seksuele voorkeur.

Deze lidmaatschapskenmerken positioneren een mens in relatie tot anderen. Daarmee wordt iemand onderscheiden van mensen die dat kenmerk niet bezitten en samengevoegd met mensen die dat kenmerk delen. Een sociale identiteit geeft aan wat iemand wel is, bijvoorbeeld 'man', maar ook wat hij *niet* is: 'vrouw'.

Sociale identiteiten zijn zodoende per definitie differentiërend. Ze berusten op het maken van onderscheid en krijgen meestal pas relevantie in contact met anderen.

Een sociale identiteit kent drie componenten:

1 een *sociaalstructurele* component: de *indeling* of *classificatie* van mensen in categorieën of groepen op grond van diverse criteria (onder andere maatschappelijke positie, leeftijd, sekse en andere biologische kenmerken). Deze formele indeling wordt gemaakt door wetgeving, beleid (bijvoorbeeld doelgroepenbeleid) of instellingen (bijvoorbeeld onderwijs, arbeidsvoorziening, sociale verzekeringen).
2 een *culturele* component: het *gedrag* en de *verwachtingen van het gedrag* dat bij een bepaalde sociale identiteit hoort. Zodra iemand in een bepaalde categorie is ingedeeld, zijn er stereotiepe verwachtingen hoe die persoon, bijvoorbeeld een student, zich zal en behoort te gedragen. Die verwachtingen komen overigens zowel van buitenstaanders als van mensen behorend tot dezelfde categorie. Deze culturele verwachtingen worden ook wel *normbeelden* genoemd als ze als verplichtend gaan fungeren en uitsluiting tot gevolg kunnen hebben wanneer mensen niet aan deze norm voldoen. (4)
3 een *zijnsdefinitie*: de *beoordeling* of *waardering* van de aard van de mensen die een bepaalde sociale identiteit hebben. De sociale identiteit van iemand vertelt iets over hoe de sociale omgeving deze persoon ziet. De sociale omgeving beoordeelt en waardeert bijvoorbeeld het illegaal zijn van iemand in het algemeen niet als positief.

Elk van deze componenten van een sociale identiteit kan reacties oproepen. Bijvoorbeeld verzet tegen een sociaalstructurele indeling als '*zwarte*', omdat betrokkene zichzelf niet als zodanig definieert. Denk aan Barack Obama die zich in de aanloop tot zijn uiteindelijke presidentschap niet als 'zwarte' wilde definiëren, terwijl zijn omgeving dat wel deed.

Verzet kan er ook zijn tegen de stereotiepe culturele verwachting dat bijvoorbeeld 'zwarten' emotioneler reageren dan 'blanken' en verzet tegen een negatieve zijnsdefinitie van 'zwarten'. In de jaren zestig van de vorige eeuw was er in dit verband de *Black is beautiful*-beweging met de typische slogan van de soulzanger James Brown: '*Say it loud, I'm black and I'm proud*'.

Anno 2009 is er heel wat veranderd: met de verkiezing van Barack Obama als president van Amerika is zwart nu 'hot' in kringen van de machtselite in Amerika (5):

Zwarte vriend (m/v) gezocht VS

Sociale leven van officieel Washington verandert, nu dankzij president Barack Obama blank niet langer de kleur van succes is

Probleem voor de oude machtselites in Washington in Obama's eerste honderd dagen: Hebben wij wel genoeg zwarte vrienden?

De toon werd gezet op het eerste formele diner van de Obama's in het Witte Huis. Er lekten

een paar korte beelden van uit: conservatieve gouverneurs die onwennig rondkijken terwijl swingende bandleden van Earth Wind and Fire op een geïmproviseerd podium aan het spelen zijn. De statige East Room van het Witte Huis, met een levensgrote George Washington aan de muur, omgetoverd tot een danszaal uit de seventies.
De overgang met de Bush-jaren had niet groter kunnen zijn. Obama's voorganger trakteerde de gouverneurs van de vijftig staten, die elk jaar worden uitgenodigd, op twangy country uit Nashville of christelijke rock uit Texas.
De breuk met het verleden is voor een groot deel het werk van Desirée Rogers, de sociale secretaris van het Witte Huis. Net als de Obama's is zij zwart, afgestudeerd op Harvard, en afkomstig uit Chicago. Rogers was in haar vorig leven een geslaagde zakenvrouw en het modeblad Vogue noemde haar het bewijs dat management en stijl samen kunnen gaan.
Nu heeft zij de sociale agenda van het presidentiële echtpaar in handen. Ze is er de meest begeerde contactpersoon van de (blanke) gevestigde orde van Washington mee geworden. Lobbyisten, Congresleden, uitgevers, journalisten, mensen met geld: wie de Obama's over de vloer wil hebben (om aanzien te verwerven en fondsen in te zamelen) moet eerst toegang tot Desirée Rogers zien te krijgen...
En Washington, het Hollywood van de lelijke mensen, weet zich van geluk geen raad met Barack Obama. ... En de stad zwijmelt bij hem weg: bij zijn (internationale) aanzien, zijn intellect, zijn lichaam. *Our new neighbour is hot*, juicht het lifestyle tijdschrift The Washingtonian deze maand op de cover, naast een foto van de president in zwembroek en ontbloot bovenlijf...
Maar Desirée Rogers laat geen gelegenheid onbenut om de blanke machtselites op hun tekortkomingen te wijzen. Zij wil in beeld brengen waar het presidentschap van Obama om draait. Inclusiveness is haar stokpaardje – iedereen hoort erbij, alle kleuren, alle culturen. Daarom gaat in de wereld van Obama speciale aandacht naar mensen waar je anders nooit van zou hebben gehoord.
Rogers behandelt het thema ras zoals de Obama's dat doen. Zij spreekt er niet over – maar iedereen begrijpt wat ze bedoelt. Zo zorgde zij er ook voor dat Obama na zijn arriveren zijn eerste lunch in Washington had in Bens Chili Bowl, een bekende Afro-Amerikaans lunchroom op U Street. En nog voor de inauguratie hadden hij en Michelle hun eerste gezamenlijk etentje in Equinox, op loopafstand van het Witte Huis. Equinox heeft een pretentieloze Amerikaanse keuken (wel alles organisch) maar is vooral geliefd om de nagerechten van patissier Melanie Parker. Parker is zwart.
Het zijn niet te missen aanwijzingen voor officieel Washington. En dus zagen de organisatoren van besloten feesten, galadiners en fundraisers zich de afgelopen honderd dagen gedwongen hun gastenlijst aan te passen. Blank is niet langer de kleur van het succes, en zonder zwarte vrienden heb je als blanke power broker een probleem.
Het leidde ertoe dat een run op zwarte vrienden ontstond. Vooral de paar zwarte Amerikanen die al tot het establishment behoren kregen het zwaar te verduren: ze werden overstelpt met uitnodigingen.
Debra Lee, bestuursvoorzitter van Black Entertainment Television, verzuchtte onlangs in The Washington Post dat ze eindeloos uitnodigingen krijgt van mensen van wie ze nog nooit heeft gehoord. Mijn eerste reactie is: Wow. Is dat niet eigenaardig? Proberen ze me soms te gebruiken?
...

3.2 Objectieve en subjectieve identiteit

Objetieve identiteit is de hiervoor genoemde sociaalstructurele component van sociale identiteiten. Objectieve identiteit geeft aan dat sociale identiteiten in de leefomgeving worden vastgelegd, onafhankelijk van de persoon die ermee wordt aangeduid. De sociale omgeving deelt in, categoriseert en kent betekenis toe aan de betreffende sociale identiteit. In de definiëring van wie iemand is, is de sociale omgeving doorslaggevend. De persoon zelf heeft hierin nauwelijks zeggenschap en keuze.

In een interview antwoordde de socioloog Norbert Elias op de vraag of hij zich nog steeds een jood voelde, het volgende.
'Ja, ik ben een jood en wel – zoals ik al eerder zei – een Duitse jood, zo zie ik er uit, zo ben ik. Als jullie vragen of ik mezelf nog als een jood beschouw, dan lijkt het alsof dat een keuze is. Maar ik kan er alleen op antwoorden: ik heb geen keus, ik ben een jood – wat ik ook doe of zeg'. (6)

Norbert Elias maakt duidelijk dat de *objectieve* identiteit van het Jood zijn een sociaal gegeven is, onafhankelijk van de persoon. Je wordt gewoon ergens ingedeeld, of je nu wilt of niet. Daarnaast is er de *subjectieve* identiteit: hoe iemand zichzelf definieert en hoe hij deze identiteit beleeft. Identiteit als identiteitsbeleving betreft de persoonlijke verwerking en interpretatie, waarbij zich behalve sociale invloeden vooral persoonlijke gegevens doen gelden als eigen wensen, verlangens en ervaringen.

De objectieve identiteit van een persoon hoeft niet overeen te komen met zijn subjectieve identiteit. Wat iemand is volgens een sociaal-culturele indeling (objectieve identiteit) kan verschillen met hoe hij zich persoonlijk definieert (subjectieve identiteit).

Mensen kunnen proberen de sociale identiteiten en/of betekenisgeving die de sociale omgeving hun oplegt, naast zich neer te leggen en er nauwelijks belang aan te hechten. Het is echter onmogelijk de categorisering van de sociale omgeving te negeren. Psychologisch gezien kunnen mensen vele kanten uit, maar sociaal gezien is hun vrijheid beperkt.

Een Marokkaanse jongen deed op school en in zijn vriendenkring erg zijn best af te komen van zijn Marokkaanse identiteit. Hij noemde zichzelf Marco naar de Nederlandse voetballer Marco van Basten, maar voor zijn omgeving bleef hij echter 'de Marokkaan'.

3.3 Belang van een sociale identiteit

De vorming van een sociale identiteit is belangrijk voor mensen, omdat deze tegemoetkomt aan de behoefte van organisatie en ordening. Een sociale identiteit geeft houvast, doordat mensen weten wat van hen wordt verwacht en wat ze van anderen kunnen verwachten.

Opvattingen, ideeën, normen en waarden van een groepering worden een leidraad voor iemand vanaf het moment dat hij zich in de termen van die groepering definieert.

Verder komt een sociale identiteit tegemoet aan de behoefte aan sociale erkenning. Dit is de behoefte om sociaal gezien mee te tellen, om te worden gewaardeerd om wie en wat je bent. En dit is weer belangrijk voor een positieve identiteitsbeleving, voor het gevoel van eigenwaarde.

De behoefte aan sociale erkenning valt meestal samen met de behoefte zich positief te onderscheiden van anderen. Dit kan leiden tot tegenstellingen en conflicten.

Ten slotte is een sociale identiteit voor mensen belangrijk omdat ze zoeken naar affectieve bindingen met de sociale omgeving. Mensen willen zich aan iets of iemand in hun leefwereld hechten; ze willen zich met anderen verbonden voelen. Sociale identiteiten geven mensen naast de betekenis en gevoelens van eigenwaarde juist ook een gevoel van verbondenheid, geborgenheid en saamhorigheid. De eigen groepering kan daarmee gemakkelijk aanspraak maken op de loyaliteit van haar leden.

3.4 Etniciteit

Etnische identiteit onderscheidt zich van andere sociale identiteiten door de overtuiging met anderen, de etnische groep, een gemeenschappelijke afstamming, geschiedenis en culturele erfenis – bijvoorbeeld taal en religie – te delen. (7)

Een etnische groep betekent voor haar leden de mogelijkheid van onderlinge affectieve relaties en een etnische identiteit. Het gevoel van eenheid en verbondenheid dat leden van een etnische groep hebben op grond van een gemeenschappelijke afstamming, cultuur en geschiedenis, wordt *etniciteit* genoemd.

De mate waarin mensen zich verbonden voelen met 'hun' etnische groep, verschilt sterk. Hoe meer iemand zich verbonden voelt met zijn etnische groep, des te meer zal zijn etnische afkomst in verschillende situaties op de voorgrond treden. Zo iemand voelt zich snel aangesproken op zijn etnische afkomst of hij presenteert zich nadrukkelijk vanuit zijn etnische afkomst. Een maatschappelijk werker stelde zich bijvoorbeeld voor met de woorden: 'Ik ben Afghaan en ik ben personeelsfunctionaris'. Zo iemand hecht blijkbaar in die situatie grote waarde aan zijn etnische identiteit.

Wat een groepering etnisch maakt is de verwijzing naar een gemeenschappelijke afkomst en een gemeenschappelijke oorsprong. Deze gemeenschappelijke afstamming en gedeelde oorsprong vormen de kern van etniciteit. Deze afstamming hoeft niet feitelijk te zijn, maar moet wel aannemelijk worden gemaakt. Of de afstamming al dan niet gedeeltelijk is verzonnen, is van minder belang; wat telt is of mensen het geloven en zo ook ervaren.

De Rastafari-beweging met haar typische haardracht is een voorbeeld van recente etnische groepsvorming onder bepaalde groepen Creoolse jongeren in de jaren tachtig en negentig van de vorige eeuw. De Rastafari-beweging is aan het begin van de twintigste eeuw in Jamaica ontstaan op basis van historische mythevorming, die met de feitelijke werkelijkheid weinig overeenkomt. In deze mythevorming figureert de voormalige Ethiopische keizer Haile Selassi, die voor zijn kroning Ras Tafari heette, als een soort 'zwarte' messias. (8)

Etniciteit heeft dus te maken met een al dan niet vermeende gemeenschappelijke oorsprong, afstamming en geschiedenis. Daarbij worden die afstamming en geschiedenis voortdurend opnieuw ingevuld, geïnterpreteerd en aangepast, afhankelijk van de omstandigheden. Etniciteit is in die zin dynamisch, veranderlijk en onderhevig aan sociale betekenisgeving. Maar het idee zelf, het gevoel van continuïteit met het verleden vormt de kern van etniciteit.

Etniciteit betekent niet dat er sprake moet zijn van etnische groepsvorming. Etniciteit vormt wel een krachtige basis voor groepsvorming die afhankelijk van de omstandigheden kan optreden. Etniciteit wordt dan ook wel eens misbruikt voor een belangen- of machtsstrijd. De behoefte aan erkenning en waardering groeit dan uit tot het gevoel van meer en beter te zijn dan anderen met al het wij/zij-denken van dien. Mensen creëren dan een aannemelijk verhaal en vestigen daarmee (opnieuw) een etnische groep en een etnische identiteit tegenover 'de ander'.

Een voorbeeld van het ontwerpen van zo'n aannemelijk verhaal om mensen etnisch ofwel nationalistisch te organiseren tegen een andere etnische groepering, is te vinden in de Kosovokwestie. De Serviër Slobodan Miloševic buitte in 1987 de Servische onvrede uit en voerde een felnationalistische campagne die hem stevig in het zadel zette. Een belangrijk onderdeel van deze nationalistische campagne was het nationale epos van de Serviërs. Dit epos van heldendom en verraad ontstond uit een machtige emotie, die na de ondergang van het Servische koninkrijk in de veertiende eeuw gecultiveerd in mythen en legenden eeuwenlang mondeling werd overgeleverd. In deze mythen en legenden speelde de ondergang van de heroïsche tsaar Lazar en zijn Servische leger tijdens de Slag van Kosovo Polje, een hoofdrol.
Kosovo zou voor het Servische volk de wieg zijn van de Servische beschaving, van de Servische cultuur en van de Servische kerk. Kosovo is het 'hartland' van het enige Servië dat ooit meetelde en dat ooit iets voorstelde in Europa. Kosovo, zeggen veel Serviërs, is ons Jeruzalem.
Miloševic gebruikte dit epos om de Serviërs etnisch samen te smeden en te mobiliseren tegen de Albanezen die sinds de zeventiende eeuw een meerderheid vormden in Kosovo. In 1989 maakte Miloševic een einde aan de autonomie van Kosovo: het Albanese parlement werd naar huis gestuurd en honderdduizenden Albanezen raakten hun werk kwijt in het landsbestuur, het onderwijs, de gezondheidszorg en de industrie. Aanvankelijk boden de Albanezen vreedzaam verzet, maar later namen radicalen het geweer op tegen de onderdrukking door de Serviërs. (9)
Het klassieke epos dat voor de Serviërs Kosovo tot een emotioneel thema maakte, heeft echter weinig te maken met de historische werkelijkheid. Het werd onderweg in die eeuwenlange mondelinge overlevering gemythologiseerd, aangevuld en gezuiverd. De onaangename of twijfelachtige historische feiten verdwenen: bijvoorbeeld dat het zwaartepunt van het Servische rijk niet in Kosovo lag, dat de wieg van de Servisch-orthodoxe kerk evenmin in Kosovo stond maar

in centraal Servië; dat in het leger van Lazar ook Albanezen meevochten, dat Servië zelfs dankzij Albanese legers Griekenland kon veroveren. Dat wilden weinig Serviërs horen in de tijd van Miloševic.

Etnische groepen zijn in zekere zin bijzondere vormen van sociale systemen, omdat ze de bedding vormen waarin zich veel (sub)sociale systemen, zoals gezin, buurt, familie, werk en school bevinden. De etnische groep waarin iemand opgroeit, zorgt voor een sterke culturele inkleuring van zijn referentiekader: zijn ervaringen, opvattingen, waarden en normen. Een Arubaanse vrouw die op Aruba in Oranjestad opgroeit, naar school gaat en een maatschappelijke positie verwerft, ondergaat een andere etnisch-culturele invloed, dan een vrouw die in Vlaanderen of Nederland in vergelijkbare sociale systemen – stad, scholen, beroepsgroepen – opgroeit en leeft. Hierbij mag je uiteraard weer niet vergeten dat er waarschijnlijk tussen deze twee vrouwen ook sterke overeenkomsten bestaan.

3.5 Etniciteit en cultuur

Een etnische identiteit of etnische groep is *niet* hetzelfde als een culturele identiteit of culturele groep. Etniciteit en cultuur vallen niet samen. Anders zou elke identiteit of groep die zich cultureel onderscheidt – zoals jeugdculturen of sociale klassen – een etnische groepering zijn. Het specifieke van etniciteit verdwijnt dan uit het zicht. Het is juist de gemeenschappelijke oorsprong die een sociaal-culturele grens tot een etnische grens maakt. Een groepering die deze grens trekt door te verwijzen naar zijn gemeenschappelijke oorsprong, is een etnische groepering. En binnen een etnische groepering kunnen zich culturele verschillen voordoen, waardoor de etnische identiteit ook altijd divers van karakter is. In dat opzicht had Máxima gelijk toen ze zei: 'de Nederlander' bestaat niet:

In 2007 ontstond grote ophef over prinses Máxima's uitspraak dat er niet zoiets bestaat als 'de Nederlander'.
De prinses zei: 'Zo'n zeven jaar geleden begon mijn zoektocht naar de Nederlandse identiteit. Daarbij werd ik geholpen door tal van lieve en wijze deskundigen. Ik had het voorrecht met veel mensen kennis te maken. Heel veel te zien, te horen en te proeven van Nederland.
Het was een prachtige en rijke ervaring waarvoor ik enorm dankbaar ben. Maar 'de' Nederlandse identiteit? Nee, die heb ik niet gevonden. Nederland is: grote ramen zonder gordijnen, zodat iedereen goed naar binnen kan kijken. Maar ook: hechten aan privacy en gezelligheid. Nederland is: één koekje bij de thee. Maar ook: enorme gastvrijheid en warmte. Nederland is: nuchterheid en beheersing. Pragmatisme. Maar ook: samen intense emoties beleven.
Nederland is veel te veelzijdig om in één cliché te vatten. 'De' Nederlander bestaat niet. Als troost kan ik u zeggen dat 'de' Argentijn ook niet bestaat. Ik vind het daarom heel interessant dat de titel van het rapport van de WRR niet is 'De Nederlandse Identiteit'. Maar: 'Identificatie met Nederland'. Dat laat ruimte voor ontwikkeling. En voor diversiteit.

Bij het lezen van het rapport moest ik terugdenken aan 30 maart 2001. De dag dat de verloving van mijn man en mij werd aangekondigd op de Nederlandse televisie. U kunt zich dat misschien nog herinneren. Ik in ieder geval heel goed.
Mijn schoonvader, Prins Claus, zei toen het volgende: 'Eén vraag die heel moeilijk te beantwoorden is en die mij herhaaldelijk gesteld werd, is hoe het voelt Nederlander te zijn. Mijn antwoord is: ik weet niet hoe het is Nederlander te zijn. Ik heb verschillende loyaliteiten en ik ben wereldburger en Europeaan en Nederlander.' Woorden die ik nooit ben vergeten. Om de identiteit en loyaliteit van een mens zijn geen hekken te plaatsen. Ik denk dat veel mensen het zo voelen.
Twee jaar geleden waren mijn man en ik op bezoek in Marokko. We hadden een groepje jonge Nederlanders meegenomen. De helft van hen had een Marokkaanse achtergrond. Zij waren onze gidsen en onze tolken. Ik herinner me een bezoek aan een Koranschool in Marrakesh. Voor ons een onbekend terrein. Maar zij maakten ons wegwijs in de ideeën en gebruiken. Moeiteloos vertaalden ze heen en weer tussen Marokkaans en Nederlands. Wat geweldig, om thuis te zijn in twee culturen en moeiteloos van de een naar de ander te kunnen springen. Bruggenbouwer te kunnen zijn. Ik was enorm trots op hen.
Een ander voorbeeld. Vorig jaar was ik vanuit mijn interesse te gast bij een aantal gesprekken van Pauline Meurs met studenten. Het ging over de ontwikkeling van hun eigen identiteit en wat het voor hen betekent Nederlander te zijn. Een van de studenten was Semra, een studente Rechten. Zij vertelde dat ze bij het slagen voor haar eindexamen haar schooltas had gehangen aan een mast met twee vlaggen: een Turkse en een Nederlandse. Een mooi beeld. Een bungelende schooltas. Twee feestelijk wapperende vlaggen. Wel één mast'. (10)

Opvallend is dat het idee van een gezamenlijke oorsprong en afstamming kan blijven bestaan, terwijl er cultureel gezien veel verandert binnen een etnische groep. Mensen blijven vasthouden aan hun oorsprong, aan wat ze voelen als een continuïteit met het verleden, hoezeer hun cultuur ook vermengd raakt met die van anderen. Indische Nederlanders bijvoorbeeld hebben zich in cultureel opzicht grotendeels gemengd met de Nederlandse cultuur, maar velen zullen blijven verwijzen naar hun etnische oorsprong, hun gedeelde geschiedenis, verwantschap en afkomst. (11)

Voorgaande betekent dat etnische identiteit altijd gekoppeld is aan wat mensen 'de eigen cultuur' noemen. Dat gebeurt ook bij migranten. Bij nadere beschouwing blijkt die 'eigen cultuur' niet de cultuur te zijn van het land van herkomst. De 'eigen cultuur' van bijvoorbeeld migranten, verwijst dan naar die cultuurkenmerken waarmee mensen de eigen geschiedenis en oorsprong levend kunnen houden en waarmee ze zich vooral kunnen onderscheiden van anderen. Wie zijn identiteit wil uitdragen zoekt het contrast. De mensen kiezen zodoende vooral die cultuurkenmerken die hun etnische identiteit belichamen en er de kern van uitmaken. Het zijn de kenmerken die definiëren wat het bijvoorbeeld betekent om Indo te zijn. De 'eigen cultuur', de 'culturele eigenheid' en 'onze cultuur' zijn dan eigenlijk uitdrukkingen van het 'wij-gevoel' dat is gefundeerd op het idee van een gemeenschappelijke oorsprong en geschiedenis. De culturele grens die mensen dan trekken is feitelijk een etnische grens.

3.6 Identiteitsvorming: sociale constructie of essentialisme

Wat de vorming van identiteit betreft, wordt soms onderscheid gemaakt naar primaire en secundaire sociale identiteiten. (12) *Primaire* identiteiten komen tot stand in het vroege leven van individuen. Een voorbeeld van een primaire identiteit is sekse: het man of vrouw zijn. Ook etniciteit en geloof kunnen soms tot een primaire identiteit behoren, maar de mate waarin dat zo is, is afhankelijk van de omstandigheden. Voor de tweede en derde generatie Indische mensen die in Nederland geboren zijn, kan het Indisch zijn veel minder sterk een primaire identiteit zijn dan voor de eerste generatie die in het voormalig Nederlands-Indië is geboren. Primaire identiteiten zijn moeilijker veranderbaar: ze zijn robuuster en bieden meer weerstand tegen verandering. Dus hoewel verandering en aanpassing van identiteiten fundamenteel zijn voor het proces van identiteitsvorming, zijn sommige identiteiten gemakkelijker te veranderen dan andere. Dit komt vooral ook doordat een persoon niet alléén zijn identiteit bepaalt; ook anderen kunnen – soms tegen de wil van betrokken persoon – een deelidentiteit bevestigen en reproduceren en een andere ontkennen. *Secundaire* identiteiten betreffen de identiteitsontwikkeling die na de primaire socialisatie plaatsvindt. Te denken valt aan een beroepsidentiteit, de stad of het land waar men verkiest (of gedwongen wordt) te wonen en een religie waarvoor men kiest. Anders dan bij primaire socialisatie is hier in principe wel sprake van een exit-optie – een mogelijkheid om uit te stappen – en van keuzemogelijkheden.

Primair of secundair, de kern is dat mensen de ruimte krijgen zelf uit te maken tot welke groepen zij zichzelf rekenen, welke deelidentiteit ze daaraan willen ontlenen en dat ze uiteindelijk zichzelf mogen presenteren als wie ze zelf willen zijn. Niemand mag dus gedwongen worden een voor hem of haar belangrijke identiteit uit te wissen en evenmin een collectieve identiteit (die van een groep) opgedrongen krijgen, ook niet als de persoon als zodanig geboren is.

In de talkshow van Oprah Winfrey was de golfer Tiger Woods te gast. Er ontstond een felle discussie over 'wie hij is', bij wie hij hoort. Zwart Amerika eist hem voor zich op als 'zwarte', maar Woods wil zich niet laten indelen. Hij blijft wijzen op zijn gemengde afkomst: Afrikaans én Aziatisch. 'Een druppel zwart bloed maakt je al zwart', riep een woedende zwarte man. Maar Oprah nam het voor Woods op: 'Hij zegt dat hij zwart en Aziatisch bloed heeft, wat is daar op tegen?' Ze had aan Woods' vader gevraagd van welk ras zijn zoon is. De oude heer had gezegd: 'Van het menselijke ras'. (13)

De opmerking van de zwarte man dat één druppel zwart bloed iemand al zwart maakt, is een vorm van *essentialisme*: de aanname dat huidkleur een wezenlijk, natuurlijk, aangeboren en dus niet te veranderen gegeven is van een persoon en dus essentieel onderdeel is van zijn identiteit. Bij de vorming van identiteit is het echter niet zo dat tegelijk met iemands fysieke kenmerken bij de geboorte, zoals geslacht, huidkleur en lichamelijke validiteit, meteen ook zijn sociale identiteiten zijn vastgelegd. Een individu wordt alleen geboren als mens; zijn sociale identiteiten verwerft hij vervolgens in interactie met zijn omgeving. Een mens wordt dus ook niet als 'zwarte' geboren, maar ontwikkelt in meer of mindere mate een zwarte identiteit in de interactie met zijn sociale omgeving die hem al dan niet aanspreekt op zijn kleur en daar bepaalde betekenissen aan verbindt. En daarmee komt racisme in beeld dat mensen reduceert tot hun (zwarte) kleur als een natuurlijk gegeven met daaraan verbonden een negatieve betekenis. Vandaar dat het zo belangrijk is dat mensen de ruimte krijgen om zichzelf te presenteren zoals ze zelf willen zijn. Niemand mag een ander een sociale identiteit opdringen, ook al is dit goed bedoeld, zoals de zwarte man die graag de wereldberoemde golfer Tiger Woods al op grond van 'één druppel zwart bloed' als 'zwarte' wil claimen voor de trots van de 'zwarten'.

Kwame Anthony Appiah, hoogleraar Afro-Amerikaanse studies en filosofie, verzet zich tegen het keurslijf van zo'n collectieve identiteit, als hij zegt dat er een grens wordt overschreden '*(...) als iemand eist dat ik mijn leven rond mijn 'ras' of mijn seksualiteit organiseer*'. (14)

De sociale en psychologische betekenissen van identiteiten liggen dus niet voor eens en voor altijd vast. Integendeel, mensen blijven op actieve wijze met hun sociale identiteiten omgaan en komen in interacties en onderhandeling met elkaar tot nieuwe definities. In die zin zijn sociale identiteiten nooit af en veranderen voortdurend. *Communicatief* gezien gebruik je bij de vorming van je identiteit twee invalshoeken tegelijkertijd: je kijkt naar jezelf en je kijkt naar jezelf via wat je ziet van de kijk van de ander op jou. Je bent in je communicatie met anderen voortdurend bezig jouw kijk op hoe anderen naar je kijken, te bevestigen en te wijzigen. Sommige zaken van hoe mensen naar je kijken neem je serieus en verwerk je in wie je wilt zijn, andere zaken leg je naast je neer. Hierbij maakt het ook nog een verschil *wiens* oordeel ofwel *welke personen* voor jou belangrijk zijn voor jouw identiteitsvorming.

Je identiteit is zodoende een synthese van je eigen kijk op jezelf en van jouw kijk op de kijk van anderen op jou. Hoe iemand bijvoorbeeld zichzelf als Indo voelt en presenteert, is het voortdurend veranderende resultaat van hoe *die persoon* zichzelf ziet als Indo en hoe hij vindt dat anderen naar hem als Indo kijken. Hierbij moet je bedenken dat de manieren van kijken of visies niet alleen maar individuele visies zijn. Het zijn visies die ontstaan in een wisselwerking met de gemeenschapsdialoog ofwel de eerdergenoemde sociale representaties. In het voorbeeld hiervoor van de Indo heeft de gemeenschapsdialoog grote invloed op de identiteitsvorming als Indo. Zo levert de gemeenschapsdialoog voortdurend een aantal sociale representaties over het Indo zijn op. Deze sociale representaties zijn onder andere: 'Indo's hebben zich zo goed aangepast aan de Nederlandse samenleving.' 'Ze zijn een voorbeeld voor de andere buitenlanders.' 'Ze zijn zo beleefd, vriendelijk en bescheiden.' 'Indo's verloochenen hun Indonesische wortels.' 'Indo's zijn evengoed allochtonen.'[8] Het is voorstelbaar dat deze sociale representaties van invloed zijn op de identiteitsvorming van een opgroeiende Indo.

Je kunt dus zeggen dat een bepaalde sociale identiteit van een persoon steeds weer de *voorlopige* uitkomst is in een voortdurend proces van *sociale constructie*. Dit betekent dat een

8 Dit zijn tevens voorbeelden van de culturele component en zijnsdefinitie – paragraaf 2.1 – van de sociale identiteit Indo.

persoon een bepaalde sociale identiteit altijd ontwikkelt in interactie met anderen. Daarbij is de persoon nooit helemaal vrij in het zelf kiezen en bepalen van wie en wat hij is; de sociale omgeving kan zoals gezegd hem bevestigen of ontkennen in zijn zelfdefinitie.

Identiteitsvorming kan voor mensen ineens een actueel thema worden. Bijvoorbeeld voor leerlingen op scholen en voor wijkbewoners in oude stadswijken bij wie een etnische identiteitsvorming op gang komt door de komst van veel migranten. De etnische identiteit van het 'gewoon' Nederlander of Vlaming zijn van deze leerlingen en wijkbewoners, wordt met de komst van de migranten ter discussie gesteld. Daarvoor was hun etnische identiteit vanzelfsprekend, gekoppeld als die is aan hun dominante maatschappelijke positie.

3.7 Etnische zelfwaardering

Etnische minderheden vinden in het algemeen hun etnische identiteit belangrijk en waarderen die positief. Zij zijn er trots op en voelen zich persoonlijk aangesproken als iemand iets slechts zegt over hun etnische groepering of land van herkomst. Ze voelen zich emotioneel gebonden aan en verbonden met hun eigen etnische groepering en (vermeende) cultuur. Deze etnische zelfwaardering komt voort uit een eigen kenmerk van de etnische groepering en uit een minderheidspositie van de etnische groepering.

Etnische zelfwaardering als kenmerk van een etnische groepering hangt samen met de eigen rijke geschiedenis, cultuur en traditie als bron voor de ontwikkeling van gevoelens van trots en tevredenheid ofwel van een positieve etnische identiteit.

Verder kan de etnische zelfwaardering te maken hebben met de groepsgerichte oriëntatie van een etnische groepering of van individuen. De groepsleden vereenzelvigen zich sterk met de eigen groepering. Ze voelen zich emotioneel ermee verbonden en ze zien zichzelf als typische groepsleden. Bij een groepsgerichte oriëntatie ligt de nadruk op de eigen groepering die voor haar leden als standaard en referentiekader dient.

Etnische zelfwaardering vanuit een minderheidspositie vindt plaats wanneer leden van een etnische groepering (dit kunnen ook autochtonen zijn) zich bedreigd voelen in de ontwikkeling van een positieve sociale identiteit. Het gevoel van verbondenheid met een etnische groep geeft mensen een gevoel van veiligheid; een gevoel ergens bij te horen. Deze universele basisbehoefte ervaren mensen eens temeer wanneer ze zich in een minderheidspositie bevinden en de ervaring hebben dat ze onwelkom zijn en afgewezen worden. Als reactie op deze bedreiging worden positief gewaardeerde verschillen geaccentueerd. De zelfervaren positieve etnische identiteit is dan een reactie op discriminatie, negatieve stereotiepe oordelen en op maatschappelijke en sociale afwijzing. Het benadrukken van de eigen etnische identiteit is een stellingname, een positiebepaling ten opzichte van de meerderheidsgroepering. Een dergelijke *reactieve* identiteit kan leiden tot een vermindering of zelfs afwijzing van contacten met anderen. De persoon trekt zich terug in eigen kring en benadrukt de eigen identiteit. In dit verband wordt ook wel gesproken van een *oppositionele* identiteit: een identiteitsbeleving in oppositie met de samenleving. Waarden, opvattingen en idealen die tegengesteld zijn aan die van de dominante groepering, worden gebruikt ter markering en positieve invulling van de eigen etnische identiteit.

> Bulent: '... Kijk, wij leven heel anders dan Nederlanders en de relatie met de andere mensen, wat Hulya ook zei, dat is gewoon verschillend. En je mist toch wel een aantal dingen bij Nederlanders en daarnaast, ja, ze zijn gewoon anders, het is gewoon verschillend, het heeft gewoon ook met cultuur te maken. Kijk, Nederlanders... wij hebben meer een cultuurbesef, meer traditie en dat missen de Nederlanders, die zijn meer op zichzelf. Je voelt je ook niet op je gemak bij Nederlanders, het is toch een hele andere cultuur, daar pas jij gewoon niet tussen.'
> Hulya: 'Ik vind Nederlanders ook zo koud, met familie en zo. Wij zijn warmer tegenover elkaar, tegen je familieleden, tegen je vrienden. Wij zijn meer open en vooral ook, ja, zijn gastvrij. Maar als je bij een Nederlander thuis komt wordt er heus niet een bordje voor je neergezet, van eet mee. Maar als je bij ons komt is het gewoon de gewoonte om een bord neer te zetten, van eet mee'. (15)

De meerderheid kan eveneens een oppositionele identiteit ontwikkelen tegen die van de minderheden. Denk hierbij aan de anti-islamstemming bij veel rechts-conservatieve politieke partijen. In de communicatie tussen mensen met verschillende etnische en religieuze achtergronden speelt de etnische en culturele indeling een grote rol. Etnische en religieuze groepen maken er gebruik van om de anderen in te delen en om zichzelf te definiëren.

Het is uiteraard evenzeer mogelijk vanuit een open identiteit het denken in termen van etniciteit en cultuur zélf ter discussie te stellen. Bijvoorbeeld de jonge vrouw die zegt:

> 'De meeste mensen gaan uit van een, hoe zeg je dat, etnische identiteit. Ik ben Molukker, ik ben Turk, ik ben Marokkaan, blablabla. Maar ik heb zoiets van, ik heb er veel over nagedacht, maar eigenlijk is de kern van ieder mens juist het mens-zijn. En wat maakt eigenlijk de verschillen tussen mensen onderling? Dat zijn eigenlijk verschillende zeden en gewoontes. Maar ik heb niet zoveel zin meer om daar steeds bij stil te blijven staan, zo van, ik kan dit en dat nog niet goed, dus ben ik geen goeie Molukse. Want die Molukse cultuur... eigenlijk is er al van vroeger af contact met andere volkeren door vooral handeldrijven en hebben wij elementen overgenomen. Dus heb ik zoiets van, een zuivere Molukse cultuur bestaat eigenlijk niet'. (16)

In verschillende situaties kan dezelfde persoon de ene keer het belang benadrukken van etnisch onderscheid en de andere keer juist etnische indelingen bekritiseren.

Dezelfde jonge vrouw die in het voorbeeld hiervoor aan het woord was, gaf ook aan dat zij zich persoonlijk voelt aangesproken als anderen iets negatiefs over Molukkers zeggen.

3.8 Meervoudige sociale identiteiten

Op de vraag 'Wie ben je?' kan iemand vele verschillende antwoorden geven die allemaal verbonden zijn met zijn verscheidene sociale identiteiten. In dat opzicht is identiteit meervoudig van karakter. Deze meervoudigheid betekent dat identiteit een uitgebreid gamma van aspecten omvat die samenhangen met diverse maatschappelijke posities, met een verscheidenheid van contexten waarin mensen zich afwisselend bevinden en met een variatie van kennis, kunde en vaardigheid waarop ze aangesproken worden in de meest uiteenlopende situaties. (17)

De verscheidenheid aan sociale identiteiten is te zien aan de wijze waarop mensen zich aan anderen presenteren. Denk maar eens aan de verschillende zelfbeschrijvingen tijdens de bekende voorstellingsrondjes van beginnende groepen. De verschillende aspecten van de identiteit van iemand zijn het resultaat van zijn autobiografie: de beschrijving die iemand van zichzelf geeft op grond van zijn ervaringen (zijn communicatie) binnen alle sociale systemen, waarin hij heeft verkeerd en nog verkeert.

Welke sociale identiteiten de Nederlandse schrijfster Connie Palmen zichzelf toekent op grond van haar autobiografie, is te lezen in het volgende citaat.
'Niemands leven dat ik beter ken dan het mijne. Ik ben erbij en ik kijk ernaar. Ik kijk ernaar met een blik die door de filosofie en de literatuur gevormd is. Dan zie je andere dingen dan iemand die wiskunde of biologie studeerde, en je ziet ook andere dingen omdat je vrouw, katholiek, de zus van drie broers en een zuiderling van het platteland bent'. (18)

Sociale identiteiten blijven meestal niet onafhankelijk van elkaar, maar vloeien in elkaar over en zijn nauw met elkaar verweven. De sociale identiteit 'schrijfster' laat duidelijk de verwevenheid zien van de sociale identiteiten 'vrouw' en 'schrijver'.

Dat er altijd verschillende sociale identiteiten zijn, neemt niet weg dat in specifieke omstandigheden één bepaalde sociale identiteit centraal komt te staan die al het andere wat iemand is wegdrukt of inkleurt. In dat geval gaat de betreffende identiteit het denken en doen overheersen. Deze wordt niet alleen een richtsnoer bij het interpreteren en beoordelen van het gedrag van anderen ('Dat zeg jij alleen omdat ik zwart ben'), maar ook bij de beleving van andere aspecten van wat iemand is. De betreffende identiteit speelt voortdurend een rol, overschaduwt andere identiteiten en wordt in allerlei situaties uitgedragen.

Het centraal stellen van één sociale identiteit kan voortkomen uit persoonlijke ervaringen, verlangens en drijfveren, samenhangend met maatschappelijke omstandigheden en conflicten. Ook een actuele situatie kan reden zijn dat tijdelijk één bepaalde sociale identiteit volledig op de voorgrond staat: bijvoorbeeld een prille vader of moeder.

In het algemeen kan iemand heel goed leven met zijn verschillende sociale identiteiten. Iemand kan bijvoorbeeld én man én Marokkaan én Fries én Nederlander én homoseksueel zijn. Het wordt pas lastig als sociale identiteiten van iemand door hemzelf of door zijn omgeving niet met elkaar in overeenstemming zijn te brengen: bijvoorbeeld enerzijds gereformeerd protestant of moslim en anderzijds homoseksueel. De eisen en verwachtingen van de ene sociale identiteit kunnen dan botsen met die van de andere. Dit kan leiden tot verwarring, onzekerheid en loyaliteitsconflicten.

Vroeger was er meer traditionele eenduidigheid en overkoepeling van identiteiten. Het huidige postmoderne denken staat in het teken van meervoudigheid, verscheidenheid en openheid. Metaforisch wordt gesproken van het onderscheid tussen de traditionele (Nederlandse) *theemutscultuur* en het moderne *walkman-ego*. (19) In de theemutscultuur zijn identiteiten van mensen verbonden met een bepaalde traditie en met een duidelijke morele orde op grond van onder andere klasse en geloof. Het moderne walkman-ego is de vrijmaking van het individu uit de traditionele theemutscultuur van klasse-, politieke partij-, geloofs- en familiebindingen en van traditionele geslachts- en leeftijdspecifieke rollen. Door die vrijmaking construeert het individu met behulp van zelfreflectie zijn eigen biografie.

De omgeving waarbinnen vooral jongeren invulling moeten geven aan hun individualiteit is groter, pluriformer en dynamischer geworden. Gezin, onderwijs, werk, woonomgeving, vrijetijdsmogelijkheden en de mogelijkheden van mobiliteit en communicatie bieden een grote verscheidenheid aan (ook virtuele) omgevingen waartoe mensen zich moeten zien te verhouden en waarin ze de weg moeten leren vinden. Deze verschillende omgevingen geven een persoon niet zelden tegenstrijdige impulsen en stellen tegenstrijdige eisen aan hem.

Ieder mens staat zo voor de opgave zijn identiteit te vormen dwars door de veelheid en diversiteit van ervaringen die het huidige bestaan bepalen. Wie wil ik zijn, hoe wil ik de dingen zien, hoe wil ik gezien worden? Dat zijn de vragen waar mensen voor staan. Daarbij zijn veelal de vertrouwde traditionele verbanden en zingevingskaders – aangereikt door gezin, religie, onderwijs, klasse, politiek en arbeid – weggevallen als bron van oriëntatie en betekenisgeving. Daarvoor in de plaats neemt de pluriformiteit toe in levenswijzen, loopbanen, samenlevingsvormen en mens- en wereldbeelden.

Deze nadruk op meervoudigheid, wisseling en keuze sluit aan bij de huidige tijd. Daarin is een grote diversiteit aan betekenissen en informatie beschikbaar die mensen gebruiken om zichzelf en anderen sociaal te plaatsen. Bovendien wordt zodoende recht gedaan aan het individu als betekenisgevende actor. Niet iedere sociale identiteit is echter hetzelfde. Sommige sociale identiteiten zijn niet meer dan een oppervlakkige stijl of trend die mensen naar willekeur aannemen en weer afleggen. Identiteit kan niet gereduceerd worden tot een persoonlijke smaak en voorkeur. Tibetaans koken, mediteren en zichzelf Tibetaans kleden is iets anders dan Tibetaan zijn. Hier is eerder sprake van een sociaal-culturele oriëntatie op trends en stijlen. Die stijlen en trends worden dan richtinggevende bakens of voorbeelden voor het doen en laten van iemand, maar roepen niet dezelfde emotionele verbondenheid op als bijvoorbeeld een etnische identiteit.

Iemand definieert zich bijvoorbeeld als Turkse Nederlander of als Nederlandse Turk. Meestal heeft dan het van oorsprong Turk zijn een andere identiteitsbetekenis dan het Nederlander zijn. Het eerste verwijst naar eigen culturele tradities en afkomst, terwijl het tweede de praktische, juridische betekenis kan hebben van een Nederlands paspoort.

Hulya: 'Binnenkort krijgen we de Nederlandse nationaliteit, dan ben ik een Nederlander, maak ik het zelf uit.'
Ahmed: 'Nederlandse Turk of Turkse Nederlander?'
Hulya: 'Nee, gewoon een Nederlander.'
Ahmed: 'Gewoon een Nederlander.'

Bulent: 'En je komt uit Turkije.'
Hulya: 'Niet zo bijdehand doen Bulent.'
Bulent: 'Ja maar dat is toch ook zo, al heb je een Amerikaans paspoort, Hollands paspoort, je blijft een Turk.'
Hulya: 'Ik neem geen paspoort, omdat ik alleen Nederlander wil zijn hoor, het gaat gewoon makkelijker overal. Maar het is niet zo dat ik graag een Nederlander wil zijn, het maakt mij niets uit. Een mens is een mens en het maakt mij niet uit wat voor nationaliteit je hebt, maar je hebt wel meer mogelijkheden.'
Fatima: 'Ja, maar je kan van een Turkse persoon geen Nederlander maken en van een Nederlander kan je ook geen Turk maken. Dat kan gewoon niet, dat is heel moeilijk'. (20)

Voor Hulya betekent de Nederlandse nationaliteit een uitbreiding van haar rechten en mogelijkheden. Daarnaast lijkt het erop of Hulya door haar antwoord '*Gewoon een Nederlander*' de wisseling van nationaliteit ook als een mogelijkheid ziet om van nationale en misschien ook van etnische sociale identiteit te veranderen. Hierop krijgt ze echter kritiek van de anderen die Hulya's etniciteit benadrukken. De anderen zijn van mening dat je weliswaar wettelijk je nationaliteit kunt veranderen, maar je etniciteit is onveranderbaar. Vervolgens lijkt Hulya te reageren op de mogelijke beschuldiging dat ze haar etnische afkomst verloochent. Ze stelt dat ze alleen om praktische redenen een Nederlands paspoort wil en dat etniciteit onbelangrijk is, omdat iedereen mens is. In deze discussie gaat het om etnische zelfwaardering (zie vorige paragraaf) en over loyaliteiten: loyaliteit met je etnische groep en/of met je nationaliteit.

3.9 Loyaliteit en binding

Het gesprekje in het voorbeeld tussen Hulya, Bulent en Fatima raakt zoals gezegd aan de kwestie van loyaliteit: met wie ben je loyaal? In dit voorbeeld: met je 'eigen' (Turkse) etnische groep of met Nederland?

Loyaliteit heeft te maken met binding, met je verbonden voelen. De indruk bestaat dat leden van etnische minderheden vooral een binding hebben in *eigen* kring: de eigen etnische groep. Vraag is of dit klopt en zo ja wat deze binding in eigen kring betekent voor de loyaliteit aan het groter geheel van een straat, een buurt of de Nederlandse samenleving?

Discutabel is bijvoorbeeld de suggestie (21) dat Turken, Marokkanen en Kaapverdianen minder betrokken zijn bij de Nederlandse samenleving en daarmee ook minder loyaal, omdat zij op de vraag of ze zich primair Nederlander dan wel lid van de eigen etnische gemeenschap voelen, in grotere getale het laatste noemen. De beantwoording van zo'n vraag naar wat je primair voelt is erg afhankelijk van hoe de ondervraagde dit opvat, in welke context en met welke betekenisgeving. Een antwoord dat de ondervraagde bijvoorbeeld geeft dat hij zich in de eerste plaats Indo voelt, sluit grote betrokkenheid bij en loyaliteit met de Nederlandse samenleving *niet* uit. Het is dan ook een kwestie van *en-en* en niet van of het een, of het ander.

> Het Europees kampioenschap in Zwitserland en Oostenrijk in 2008 laat als geen ander evenement zien hoezeer de grenzen op de voetbalkaart vervaagd zijn. Hakan Yakin, een Zwitser met Turks bloed in de aderen, bezorgt La Suisse in Bazel met twee doelpunten tegen Portugal de eerste overwinning op het EK. De 31-jarige aanvaller rent na zijn treffers juichend over het veld. Het contrast met een paar dagen eerder is groot. Als Hakan Yakin tegen Turkije in het St. Jakob Stadion van Bazel zijn eerste EK-doelpunt maakt, viert hij dat op zeer ingetogen wijze, uit respect voor zijn tweede vaderland Turkije. In mijn hoofd juichte ik mee voor heel Zwitserland, maar ook Turkije draag ik in mijn hart, is de uitleg van de aanvaller. (22)

3.9.1 DUBBELE NATIONALITEIT EN LOYALITEIT

Het hebben van de Nederlandse nationaliteit wordt eveneens genoemd als een indicator of burgers het gevoel hebben dat ze onderdeel zijn van de Nederlandse samenleving en geschiedenis: dat blijkt relatief vaak voor Antillianen en Chinezen op te gaan. (23) Voor dit criterium geldt eveneens dat het hebben van de Nederlandse nationaliteit nog niets zegt over betrokkenheid en loyaliteit. Het hebben van de Nederlandse nationaliteit kan een strategische keus zijn: het biedt gemak bij het reizen en het biedt sociale en juridische zekerheid. Tevens kan het zijn dat het hebben van de Nederlandse nationaliteit geen vrije keuze is, maar opgelegd vanuit een koloniale geschiedenis, zoals bij de Antillianen, de Arubanen of de Chinezen uit het voormalige Nederlands-Indië.

Ook een dubbele nationaliteit is niet altijd een eigen keuze en sluit vergaande loyaliteit met Nederland niet uit. De Marokkaanse overheid bijvoorbeeld staat Marokkanen niet toe hun nationaliteit op te geven. Wat betreft de vergaande loyaliteit met Nederland zijn Nederlandse beroepsmilitairen, politieagenten, politici met een dubbel paspoort en de eerste Marokkaanse burgemeester van Rotterdam Ahmed Aboutaleb, hierin voorbeeldig. En om bij Rotterdam te blijven: recent onderzoek van het Nicis gebaseerd op vraaggesprekken met 225 Rotterdammers van Turkse, Marokkaanse en Surinaamse komaf behorend tot de middenklasse, wijst het volgende uit. Vrijwel alle geïnterviewden hebben de dubbele nationaliteit. Dat staat hun participatie niet in de weg, constateren de onderzoekers: 'Ze doen volop mee.' De sterkste verbondenheid hebben de ondervraagden met de leden van hun eigen etnische groep. Vaak combineren ze dat met een sterke binding met Rotterdam. Zij die zich het sterkst verbonden voelen met Rotterdam hebben ook de sterkste identificatie met het land van herkomst. 'Dit wijst erop dat mensen meerdere identiteiten kunnen hebben die met elkaar samengaan en elkaar lijken te versterken', aldus de onderzoekers. (24)

Interessant is overigens de vraag of autochtone Nederlanders – afhankelijk van hoe je 'eigen kring' definieert – niet dezelfde binding in eigen (autochtoon 'Hollandse[9]') kring de voorkeur zullen geven boven de binding met 'Nederland' opgevat als *multiculturele* samenleving.

9 Vaak maken autochtone Nederlanders in dit verband onderscheid tussen 'Holland' (autochtoon Nederland) en 'Nederland' (multicultureel Nederland).

Of anders gezegd: zouden autochtonen eenzelfde betrokkenheid bij Nederland uitspreken wanneer in plaats van naar betrokkenheid bij Nederland gevraagd wordt naar betrokkenheid bij Nederland als multiculturele samenleving?

Het is dus goed erbij stil te staan wat burgers bedoelen wanneer ze zich uitspreken over de mate van hun betrokkenheid bij '*Nederland*' of het zich '*Nederlander*' voelen. Waar staan deze begrippen dan voor?

Opvallend is ook dat uit onderzoek (25) blijkt dat de Nederlandse identiteit niet bindt. Nadruk op nationaal burgerschap functioneert eerder als splijtzwam dan als bindmiddel, omdat de Nederlandse identiteit toch vooral iets is van autochtonen en veel minder van migranten. Het lijkt erop dat de Nederlandse identiteit nog een erg autochtoon ('Hollands') karakter heeft en conflictstof lijkt op te werpen als je dat multicultureel verruimt. In een discussie bijvoorbeeld (26) om het islamitisch Suikerfeest als een nationale feestdag in te stellen ten koste van een andere nationale feestdag (bijvoorbeeld tweede pinksterdag) komen bezwaren van zowel autochtonen als van de kant van de migranten. Autochtonen werpen tegen dat ook al weten velen niet meer wat de betekenis van pinksteren is, het een stuk Nederlandse cultuur is waar je niet aankomt. Om deze reden willen Islamitische migranten er geen punt van maken het Suikerfeest als nationale feestdag in te stellen: het levert alleen maar conflicten op met de autochtone bevolking en nu lukt het ook al vrij te krijgen op die dag.

Dit uit de weg gaan van conflicten speelt eveneens mee bij de vraag waar je je thuis voelt en waarmee je je verbonden voelt. Voor autochtone Nederlanders is dat Nederland; voor migranten de stad, buurt of straat (zie hiervoor het voorbeeld van de Rotterdammers van verschillende etnische herkomst). Ook hier weer is een van de redenen dat migranten lokaal burgerschap boven nationaal burgerschap stellen, dat ze geen conflicten willen. Lokaal burgerschap concurreert minder met hun wortels elders: '*je kunt gemakkelijker Arnhemmer en Turk zijn dan Nederlander en Turk*'. (27)

Dat de Nederlandse identiteit als bindmiddel inderdaad conflictstof is, blijkt onder andere uit de discussie in Nederland die Geert Wilders in 2007 aanzwengelde of mensen, en dan vooral bewindslieden en Kamerleden als Nebahat Albayrak en Ahmed Aboutaleb (toentertijd staatssecretaris Sociale zaken en Werkgelegenheid), met een dubbele nationaliteit wel loyaal kunnen zijn aan één land: in dit geval Nederland. Ook de krijgsmacht en de politie raakten ongewild betrokken in deze discussie, want er werden vraagtekens gezet bij de loyaliteit van militairen en politieagenten met een dubbele nationaliteit. Toenmalig staatssecretaris Cees van der Knaap (defensie) maakte korte metten met wat hij noemde 'de 'non-discussie' over de loyaliteit van militairen met een dubbele nationaliteit'.

Dubbele nationaliteit/Mensen met twee nationaliteiten zijn juist de hoop voor het leger

...

Volgens staatssecretaris Van der Knaap laten Turkse en Marokkaanse Nederlanders in de krijgsmacht hun 'ultieme loyaliteit jegens de Nederlandse samenleving' zien. Ze worden uitgezonden naar crisisgebieden om er 'stabiliteit en veiligheid' te brengen. 'Dubbele nationaliteit is bij ons geen discussie. Het zijn prima collega's die ik kei- en keihard nodig heb. Defensie heeft jaarlijks duizenden nieuwe mensen nodig. Migranten zijn voor een belangrijk deel mijn toekomst.' Bij de

Raad van Hoofdcommissarissen zijn soortgelijke geluiden te horen. De politiebazen zijn er al ongelukkig mee dat er sowieso over de dubbele nationaliteit wordt gesproken.
De discussie over dubbele nationaliteit en loyaliteit doet pijn bij moslimmilitairen, aldus voorzitter Jan Kleian van de militairenbond Acom. 'Ze tonen in Uruzgan meer ballen en loyaliteit dan meneer Wilders ooit aan de dag zal leggen. Vierentwintig uur per dag zijn ze doelwit. En dan start Nederland een debat over loyaliteit. Walgelijk.' ... . (28)

In een documentaire in 2007 van *Tegenlicht* van de VPRO komen militairen met twee paspoorten zelf aan het woord. Hieronder enkele uitspraken van hen (29):

'Door het dragen van mijn uniform voel ik mij geaccepteerd. Mijn uniform bepaalt mijn identiteit', zegt Ergün Cetin, afkomstig uit Turkije in de documentaire. 'Buiten de poort ben ik "de buitenlander", binnen de poort voel ik me meer Nederlander, meer geaccepteerd.'
Luchtmachtluitenant Claire Soulages uit Suriname ... staat op de lijst om binnenkort te worden uitgezonden naar Uruzgan. Soulages: 'Ik ga er voor Nederland naar toe. Eenmaal op missie ben ik van de klompen en de kaas.'
Het gevoel voor de Nederlandse driekleur is 'verrassend' sterker aanwezig bij allochtone militairen, in vergelijking met hun autochtone collega's, zegt Van der Haak (de documentairemaakster). De jonge militairen hebben daarvoor opmerkelijke argumenten. Nyabusore uit Rwanda ziet het bijna als zijn plicht Nederland te dienen, uit een soort dankbaarheid. In 2005 werd hij genaturaliseerd. 'Nederland is het enige land dat dat heeft gedaan voor ons.' Voor wat hoort wat, stelt Ergün Cetin. 'Nederland heeft de afgelopen vijftien jaar voor mij gezorgd, dat er voor mij brood op de plank kwam (...). Ik ben bereid daar wat tegenover te stellen.'

3.9.2 MOSLIMS EN LOYALITEIT

Niet alleen een dubbele nationaliteit roept loyaliteitsvragen op, ook het moslim zijn is reden om te twijfelen aan iemands loyaliteit. Vooral sinds de terreuraanslagen van 11 september 2001 is deze vraag wereldwijd een actueel thema. Het gerenommeerde Amerikaanse instituut Gallup is sindsdien met een grootscheeps opinieonderzoek bezig in de moslimwereld. Februari 2009 presenteerde Gallup eerste onderzoeksresultaten van een opinieonderzoek, waarbij in de loop van zes jaar ongeveer 50.000 moslims in vooral islamitische landen zijn ondervraagd over hun hoop, hun angsten en hun meningen. De uitkomsten van dit onderzoek staan diametraal tegenover de beeldvorming die er in het westen heerst. Zo veroordeelt een overgrote meerderheid, 93%, aanslagen van islamitische extremisten als fout en onmenselijk en geven de meesten aan waarden als de gelijkberechtiging van man en vrouw zeer hoog te achten. (30)

In mei 2009 kwam Gallup met uitkomsten van een representatieve studie onder moslims in Frankrijk, Engeland en Duitsland. Ook in dit onderzoek waren de uitkomsten verrassend. (31)

In Duitsland voelt 40% van de moslims zich *eng* verbonden met de Bondsrepubliek; daarentegen 32% van de gehele bevolking. Het vertrouwen van moslims in belangrijke Duitse instituties is erg groot. De rechtspraak, de regering, de verkiezingen en banken genieten veel aanzien onder de Duitse moslims. 73% van de moslims zegt veel vertrouwen te hebben in de rechtspraak; bij de gehele bevolking is dat maar voor de helft. Hetzelfde geldt voor het beeld van de regering, die het vertrouwen geniet van 61% van de moslims tegen maar 36% van de gehele bevolking. Ook ten aanzien van het vraagstuk van de loyaliteit bestaat een groot misverstand: zo is 45% van de (autochtone) Duitsers er zeker van dat hun islamitische medeburgers niet loyaal tegenover Duitsland staan. Wat echter blijkt is dat 71% van de ondervraagde moslims achter hun nieuwe vaderland staat.

Het onderzoek laat zien, zegt het hoofd van het Gallup centrum voor islamitische studies, dat veel aannames over moslims en hun integratie niet kloppen. Moslims willen een deel van een grotere gemeenschap zijn en meer bijdragen aan de samenleving. (32)

3.10 Sociale identiteiten en context

Welke sociale identiteit een persoon toegekend krijgt en hoe hij zelf zijn identiteit beleeft, is in het algemeen sterk afhankelijk van de context. De context van het moment bepaalt op welke sociale identiteit iemand aangesproken wordt en welke sociale identiteit iemand zelf op een bepaald moment naar voren haalt (wát iemand zich voelt). Iedereen kent een eigen hiërarchie van rangschikking van sociale identiteiten. De hiërarchie van sociale identiteiten verschilt per persoon. Deze hiërarchie staat niet vast en bepaalt een individu niet in zijn eentje. De hiërarchie van sociale identiteiten kan voor een persoon zelfs van moment tot moment wisselen.

Een voorbeeld is een studente in een lesgroep. Een docente vroeg haar naar aanleiding van een bepaald thema met betrekking tot religie: 'En hoe denken ze daar bij jullie over?' De studente voelde zich ineens aangesproken als 'buitenlandse', Marokkaanse, islamitische vrouw. Met name de aanspreking 'jullie', voelde voor de studente aan als uitsluiting: het niet bij de autochtonen horen; het anders zijn; een gevoel van 'wij' (autochtonen) tegenover 'zij' (migranten). Daar kwam nog bij dat de studente het gevoel kreeg dat ze in haar antwoord moest opboksen tegen de stereotiepe beelden over Marokkaanse, islamitische vrouwen.

De studente voelt zich dus niet alleen aangesproken op bepaalde sociale identiteiten ('buitenlandse', Marokkaanse, islamitische vrouw), ze voelde zich tegelijkertijd geconfronteerd met een visie van de ander(en) op haar als persoon in die verschillende sociale identiteiten.

3.11 Identiteitsconflicten

De hiërarchische volgorde in sociale identiteiten die iemand zichzelf toedicht en de hiërarchie die zijn omgeving hem toedicht kunnen verschillen. Daarbij nog kan een discrepantie bestaan tussen de persoonlijke *betekenisgeving* aan een bepaald identiteitsaspect en de betekenisgeving die de omgeving aan datzelfde identiteitsaspect toekent. Een (Irakese) medewerker in een organisatie kan zich allereerst medewerker en collega voelen. In zijn omgang – lees communicatie – met sommige collega's kan hij echter het gevoel krijgen in de eerste plaats een asielzoeker te zijn, vervolgens moslim en pas in de laatste plaats medewerker en collega. Daarbij kunnen deze collega's een andere waarde en status toekennen aan het asielzoeker, Irakees en moslim zijn dan hijzelf (de zijnsdefinitie van sociale identiteiten). Dit laatste illustreert de discrepantie en wrijving die er kunnen bestaan tussen hoe iemand zichzelf ervaart en hoe zijn omgeving hem ziet. De wrijving wordt scherp waarneembaar wanneer de betekenisgeving door de omgeving gepaard gaat met een negatieve of lage waardering. De eerdergenoemde medewerker zal trots zijn op zijn Irakese etnische identiteit en op zijn religieuze identiteit. Het is dan voorstelbaar dat hij zich in zijn eigenwaarde gekwetst voelt, wanneer hij het gevoel heeft dat zijn collega's hem niet in de eerste plaats als collega zien, maar als een gevluchte islamitische Irakees met daaraan ook nog gekoppeld een lage waardering en status.

Jongeren groeien op in verschillende sociale systemen met verschillende culturen. Dit kan identiteitsconflicten opleveren wanneer ze bijvoorbeeld vanuit de eigen etnische groep en vanuit de ontvangende samenleving negatieve terugkoppeling ontvangen over belangrijke aspecten van hun identiteit.

Hamit Karakus, de in Turkije geboren kandidaat-lijsttrekker van de PvdA Rotterdam, is zeer verontrust over het negatieve effect dat buitensluiting oproept bij de groeiende groep migrantenkinderen die zich in hun geboorteland Nederland in toenemende mate onwelkom voelen.
'Mijn kinderen snappen er niets meer van', zegt hij in een interview met *de Volkskrant*. 'Je kunt ze niet verwijten dat ze de Nederlandse taal niet spreken, dat ze de gewoonten en de cultuur niet begrijpen, dat ze niet goed opgeleid zijn. En je kunt ze al helemaal niet verwijten dat ze zich niet gedragen. Toch hebben ook zij het gevoel dat ze nog steeds niet geaccepteerd worden. Ook zij vragen zich af of ze in dit land nog wel een toekomst hebben.' (33)

Vanuit de eigen etnische en religieuze gemeenschap kan er kritiek zijn op aspecten van de identiteit van jongeren die ingaan tegen de heersende *normbeelden* (zó dien je te zijn en je te gedragen). Het kan gaan om zaken als geloof, relaties, opleiding en uitgaan. Voorbeelden van de werking van deze normbeelden zijn conflicten tussen leerlingen op school of tussen medewerkers in organisaties over hoe je je dient te gedragen als een 'goede' moslim: moet je dan een hoofddoek dragen en niet 'uitdagend' gekleed gaan? Mag je roken en niet deelnemen aan de Ramadan?

Zelfs binnen de groep Indo's, wiens etnische geschiedenis begonnen is in het voormalige Nederlands-Indië, het huidige Indonesië, en die intussen een derde en vierde generatie in Nederland kent, leven nog soms conflicten rond normbeelden van wat nu Indisch is. Een derde generatie Indo, ene Rob schrijft hier treffend over op Hyves.nl:

> 'Ik ben moe van de grote aanspraken op een eigen cultuur in Indische kring. Het is allemaal zo geforceerd... Het is opvallend dat op de vraag wat Indische cultuur dan inhoudt nooit een duidelijk antwoord komt. Dit is natuurlijk omdat er geen duidelijk antwoord is.
> Hoe vaak hoor je niet dat Indo's 'op zoek' zijn? Nu, als je op zoek bent, dan heb je iets verloren, vergeten of nooit gehad. Je gaat op zoek in je herinneringen, je bevraagt je familie (vooral dit laatste, want je familie draagt de herinneringen, de verhalen en eigenaardigheden). Je vraagt je af waarom je dingen anders doet dan je buurman of collega. Je leest en luistert. Je laat je horen op internet. Van diverse bronnen krijg je zo informatie. Die informatie is gebroken, het vult elkaar soms aan, maar is een andere keer tegenstrijdig. Je bent bewust met je Indische erfenis bezig en geeft het een plaats in je leven. Het is voor alles een persoonlijke zoektocht en invulling, ook al put je uit een gezamenlijk gedragen erfenis. Een eigen persoonlijke 'Indische identiteit' heeft overeenkomsten, maar valt niet samen met die van andere Indo's.
> De Indo's die ik ken, beleven het Indische elk op een eigen manier. Het Indische vormt een schatkamer waar iedereen naar believen uit kan nemen. Stel, je houdt niet van Indo-rock of Maleise woorden door het Nederlands en stroop susu of batikhemden kunnen je gestolen worden. Ben je dan minder Indisch? Natuurlijk niet. Waarom zouden Indo's elkaar de maat moeten nemen?
> Maar dat is juist wat gebeurt door de Indocultuurfundamentalisten. Hun cultuuridee veronderstelt een gemeenschappelijkheid die anderen uitsluit. Het opent de weg naar vervelende discussies over wie nu echt Indisch is, of wat echt Indisch behoort te zijn. Het is een exclusief concept. (34)

Migrantenjongeren die in Vlaanderen en in Nederland geboren en getogen zijn, ervaren ook identiteitsconflicten als ze nog steeds vragen krijgen als 'Waar ze zo goed Nederlands hebben geleerd', 'Waar ze "eigenlijk" vandaan komen' en 'Of, en wanneer ze teruggaan naar hun eigen land'. Verder is de beeldvorming ten aanzien van bepaalde groepen migrantenjongeren sterk negatief gekleurd. Onder invloed van deze sociale representaties worden migrantenjongens geassocieerd met geen tot weinig opleiding, met drugsverslaving, criminaliteit en werkloosheid. Het mag duidelijk zijn dat de identiteitsvorming van migrantenjongens zwaar 'onder druk' staat van deze sociale representaties. Dit leidt ertoe dat deze jongens weinig positieve terugkoppeling ontvangen over een fundamenteel aspect van hun identiteit: hun etnische identiteit. Hoe minder positieve terugkoppeling, hoe groter de kans dat deze jongeren het af laten weten en marginaliseren (zie ook paragraaf 2.7).

Om een identiteit te kunnen ontwikkelen én om identiteit te kunnen beseffen, heb je voldoende overeenstemming nodig tussen jezelf en anderen. Er moeten voldoende momenten zijn waarop je samen met anderen overeenstemming ervaart ten aanzien van (aspecten) van je identiteit. Het is voor ieder mens van fundamenteel belang in zijn communicatie voldoende positieve terugkoppeling te ontvangen omtrent wie hij voor zichzelf is. Alleen op deze wijze kan iemand een constructieve identiteit ontwikkelen. (35) Een constructieve identiteit betekent vrede hebben met wie je voor jezelf bent; dat je een evenwicht ervaart tussen de goede kanten van jezelf en de beperkingen die je ook hebt. Dat je niet perfect hoeft te zijn én dat je waarin je verschilt van anderen, kunt zien *als verschil* en *niet* als beoordeling.

Voor dit laatste is het nodig dat verschillen geaccepteerd en erkend kunnen worden. En dit is weer afhankelijk van de marges, de mogelijkheden voor afwijking van de normbeelden, omschreven door de sociale omgeving. Er zijn dus verschillen die vanuit de sociale omgeving een zodanige betekenis krijgen dat ze de identiteitsontwikkeling van iemand ondermijnen. In het voorbeeld hiervoor van de (Irakese) medewerker, kan zijn islamitische achtergrond in de sociale gemeenschap als afwijkend worden beschouwd en de betekenis krijgen van vrouwvijandig en intolerant. Wanneer collega's deze beeldvorming in de omgang met hem naar voren brengen, betekent dit voor de (Irakese) medewerker negatieve terugkoppeling op zijn identiteitsontwikkeling.

Ontvangt iemand onvoldoende positieve communicatieve terugkoppeling, dan blijft hij worstelen met de vraag wie hij nu eigenlijk is en in het slechtste geval met de vraag óf hij wel iemand is.

Dit voorbeeld maakt duidelijk dat communicatie met anderen ook onderhandeling is over je identiteit, over vragen als: wie ben ik voor mezelf, wie ben ik voor de ander, waar hoor ik bij en waar hoor ik niet bij? Hiermee komt tevens het vraagstuk van macht aan de orde.

3.12 Identiteit en macht

Sociale identiteiten zijn van groot belang in het leven van alledag. Mensen ontlenen status, prestige, aanzien en maatschappelijke invloed aan hun sociale identiteiten, ook al hechten ze nog zo weinig belang aan een bepaalde identiteit. Daarom is het niet vreemd dat verschillende groeperingen – zoals homoseksuelen, vrouwen, etnische minderheden en moslims – zich sterk maken om zelf invulling te geven aan hun identiteit. Dit wordt ook wel de politisering van identiteit genoemd. (36) Hierbij gaat het er niet alleen om een eigen geluid te laten horen, maar vooral ook om de vooronderstellingen, de voorwaarden en de regels van het maatschappelijke spel ter discussie te stellen.

De dominante en impliciete standaarden in een samenleving geven immers aan wat vanzelfsprekend en normaal is. Vanuit een machtspositie slagen leden van de dominante groep erin zichzelf af te schilderen als 'regel', 'neutraal', 'onzichtbaar' en 'gewoon'. Zodoende gaat er een grote normaliserende en idealiserende werking uit van de dominante groepering. Zij zijn de norm die niet ter discussie staat.

Tegen deze achtergrond van normaliteit wordt 'de ander' gecreëerd: zichtbaar, als uitzondering en als afwijkend. In het dominante denken is er dan ook voortdurend sprake van hiërarchisch denken in tegengestelde categorieën van 'wij' en 'zij' of 'wij' en 'de ander'. Daarbij wordt bijvoorbeeld etniciteit alleen van toepassing verklaard op 'hen', op 'de migranten'. Zo zijn er mensen die deel uitmaken van de dominante 'witte' groepering en zichzelf *niet* zien als lid van een etnische groepering. (37) Dit is eenvoudig te toetsen door mensen te vragen welke de grootste etnische groepering is in Nederland of Vlaanderen. Grote kans dat je niet aan de autochtone Nederlanders of de autochtone Vlamingen denkt.

3.12.1 ONDERDRUKKING IN SOORTEN

Onderdrukking, het lijden onder macht, is geen kwestie van alles of niets, maar kent variatie en gradaties. (38) Vrouwen kunnen niet alleen lijden onder direct fysiek en psychisch geweld, maar ook onder culturele uitsluiting, sociale marginalisering, economische uitbuiting en gebrek aan respect ten gevolge van taaldominantie. En dat allemaal in meer of mindere mate. Ook kun je als vrouw minder rechten hebben, maar wel tot de hoogste klasse behoren, met de daarbij behorende privileges. Je kunt als man, ook als witte man, wel vanzelfsprekend toegang krijgen tot de disco of door de douane komen, maar toch gemarginaliseerd zijn in je vriendenkring – bijvoorbeeld door werkloosheid. Kortom: macht is alomtegenwoordig, maar niet overal op dezelfde wijze. En onderdrukking in het ene domein kan samengaan met privilegiering of dominantie elders. Moslims ontvangen maatschappelijk weinig erkenning, maar het komt voor dat islamitische medewerkers in een organisatie andere islamitische collega's uitsluiten omdat ze niet zouden voldoen aan het normbeeld van wat een goede moslim is. Bijvoorbeeld een islamitische medewerkster die er voor haar islamitische collega's niet voor uit durfde te komen dat ze niet aan de ramadan doet.

Professionals die met mensen werken, dienen te doen aan kritische zelfreflectie (39) op de eigen impliciete aannames van wat 'normaal' en 'afwijkend' is en op de eigen positionering naar gender, etniciteit, klasse en seksuele voorkeur. Verder dienen ze zicht te krijgen op de werking van de maatschappelijke betekenisgeving aan biologische verschillen tussen mannen en vrouwen, aan etniciteit, klasse en seksuele voorkeur. Zo hebben sommige combinaties van sociale identiteiten – bijvoorbeeld jong, autochtoon, Nederlander, man en heteroseksueel – meer macht dan andere. Om daarbij recht te doen aan de complexiteit en dynamiek van maatschappelijke verschillen en om inclusief te kunnen handelen is een intersectionele benadering van diversiteit van belang.

3.13 Intersectioneel, caleidoscopisch of kruispuntdenken

De term *intersectionaliteit* is bedacht om te attenderen op de interactie tussen twee soorten discriminatie: die van vrouwen en die van etnische minderheden. Door deze interactie profiteerden zwarte vrouwen onvoldoende van positieve actiemaatregelen om vrouwen en etnische minderheden gelijke kansen te geven op de arbeidsmarkt. Deze positieve actiemaatregelen hielden onder andere in dat instellingen en bedrijven aan bepaalde quota (zoveel vrouwen, zoveel etnische minderheden) moesten voldoen met betrekking tot hun personeelsbeleid. Uit het oogpunt van genderdiscriminatie[10] konden organisaties aan de quota voldoen door witte vrouwen in dienst te nemen. Uit het oogpunt van rassendiscriminatie volstond het aannemen van zwarte mannen. Gevolg was de uitsluiting van

10 Het Engelse begrip 'gender' verwijst naar de sociale en culturele verschillen tussen mannen en vrouwen. Het gaat hierbij onder andere om de verschillen in de sociaaleconomische en maatschappelijke rollen die mannen en vrouwen vervullen, en de beeldvorming die daarmee gepaard gaat.

zwarte vrouwen, omdat zij onzichtbaar waren voor een beleid dat zich baseerde op de twee genoemde onafhankelijke soorten discriminatiebestrijding. Door de *kruising*, het samenkomen van de gender- en rassenonderdrukking te benoemen, komt er ruimte om van rechtswege op te komen voor de positie van zwarte vrouwen.

In Nederland zijn respectievelijk de begrippen *kruispuntdenken* en *caleidoscopisch* denken in omloop. (40) Janneke Van Mens-Verhulst ontwikkelde een intersectionele opvatting van diversiteit als kritiek op wat ze noemt 'het vals plat van het diversiteitsdenken'[II]. (41) Dit gangbare 'platte' diversiteitsdenken over maatschappelijk relevante verschillen als sekse, etniciteit, leeftijd, klasse, seksuele voorkeur en validiteit, is gebaseerd op de volgende veronderstellingen:

- Verschilcategorieën zijn *dichotoom* en sluiten elkaar uit. Een kwestie van of-of: je bent man óf vrouw, autochtoon óf allochtoon, rijk óf arm, hetero óf homo, jong óf oud, gezond óf ziek.
- Verschilcategorieën zijn *eendimensionaal* bepaald: cultureel (symbolisch), sociaal, interpersoonlijk, psychisch of biologisch.
- Verschilcategorieën zijn *machtsneutraal*: het maakt niet uit bij welke groep binnen de verschilcategorie je hoort.
- Verschilcategorieën zijn *onveranderlijk* ofwel statisch: man blijft man, vrouw blijft vrouw en een 'allochtoon' wordt nooit een autochtoon.
- Verschilcategorieën zijn *onafhankelijk* van elkaar.

In het intersectionele denken zijn deze veronderstellingen verlaten. Het uitgangspunt is nu niet één verschilcategorie, maar een kruispunt van verschillen die *gelijktijdig* werkzaam zijn. Dat wil zeggen dat bijvoorbeeld gender altijd gepaard gaat met een etnische situering en etniciteit altijd is gegendered. Maatschappelijke verschillen kunnen dus continu en gecombineerd voorkomen (én-én) – wat *hybride* (gemengde) vormen mogelijk maakt. Iedere maatschappelijke verschilcategorie kent bovendien meerdere lagen of dimensies: naast een *sociale* (posities en netwerken) ook een *culturele* (normen, waarden, beelden en symbolen), een *interpersoonlijke* (omgangsvormen en taalspel), een *psychische* (cognities, emoties en gedragingen) en een *biologische* (anatomie, hormonen en fysiologie en genen).

Een derde uitgangspunt is dat elke sociale categorie sociale ongelijkheid en machtsdynamiek inhoudt. Hierdoor bevinden mensen zich altijd in posities die in meer of mindere mate geprivilegieerd en/of geminoriseerd zijn wat betreft het al dan niet kunnen beschikken over economisch, sociaal, cultureel en moreel kapitaal.

II Van Mens-Verhulst: 'Vals plat' is een term uit de wielersport. Letterlijk betekent het 'ogenschijnlijk horizontaal' en is het een beschrijving van de weg die wel vlak – dus gemakkelijk – lijkt, maar in de praktijk toch een gemeen stijgingspercentage vertoont. Ook het 'vals plat' in het diversiteitsdenken verwijst naar die dubbele betekenis. Aan de ene kant de reductie van de complexiteit waar diversiteit in werkelijkheid voor staat. Veel beleidsdragers, managers en agogen plegen zich daarin te vergissen. Aan de andere kant is er de schade en teleurstelling die onterechte verplatting van de complexiteit teweegbrengt.

Ten vierde kunnen zich mettertijd per en tussen categorieën veranderingen voordoen, zowel binnen als tussen de lagen en in uiteenlopende tempi: de beelden van vrouwen veranderen bijvoorbeeld langzamer dan hun maatschappelijke positie en dat kan weer variëren voor oudere, allochtone en/of lesbische vrouwen.

Het voornaamste inzicht – waaraan de intersectionele denkstijl haar naam ontleent – is ten slotte dat de verschilcategorieën elkaar betekenis verlenen en beïnvloeden. Het feit dat bijvoorbeeld een vrouw migrant is heeft invloed op en geeft betekenis aan haar vrouw zijn en omgekeerd heeft het vrouw zijn invloed op haar migrant zijn. In jargon wordt ook gesproken van kruispunten of 'assen' van verschil die 'verweven' of 'gelijktijdig werkzaam' zijn.

Met intersectionaliteit kunnen drie soorten onzichtbaarheid worden bestreden. Ten eerste de *onterechte uitsluiting* als een probleem(interventie) voorbijgaat aan belangrijke verschillen; bijvoorbeeld de opheffing van het bordeelverbod dat prostituees meer rechten geeft, maar tegelijk vrouwen van buiten Europa in de kou laat staan.

Ze waren vaak al jarenlang in Nederland. Vrouwen uit bijvoorbeeld Latijns-Amerika of West-Afrika die hier de kost verdienden in de prostitutie. Ze mochten hier officieel niet zijn, maar werden naar 'goed Nederlands gebruik' gedoogd. Zij maakten het merendeel uit van de werkende vrouwen achter de ramen en in de seksclubs.
Dat veranderde na de opheffing van het bordeelverbod. Sindsdien zijn zij hier niet meer gewenst: vrouwen van buiten de Europese Unie zijn namelijk uitdrukkelijk uitgesloten uit de nieuwe, gelegaliseerde bordelen. De wetgever heeft met de opheffing van het bordeelverbod bepaald dat niet-EU-bewoners niet in Nederland in de prostitutie mogen werken.
Voor zo'n beetje alle beroepsgroepen geldt de *Wet Arbeid Vreemdelingen*. Als een werkgever kan aantonen binnen de EU geen gegadigden te kunnen vinden voor een baan, dan kan hij toestemming krijgen mensen van buiten de Europese Unie aan te stellen. *Behalve* als het om de sector prostitutie gaat. (42)

Ten tweede kan de *onterechte opsluiting* worden bestreden als een probleem(interventie) één verschil (bijvoorbeeld etniciteit) centraal stelt en niet op andere verschilcategorieën daarbinnen let. Bijvoorbeeld duidingen die eerwraak zien als horende bij de cultuur van een bepaalde etnische groep, daarmee de getroffene voortijdig opsluiten in een etnisch kader en zodoende haar of hem beletten de eigen betekenisgeving naar voren te brengen. Ten derde kan de *'onzichtbare hand'*[12] worden bestreden, waardoor een ongunstige positie normaal en natuurlijk lijkt, bijvoorbeeld als migrant zijn samengaat met vrouw zijn, een afhankelijke verblijfstitel en een lage opleiding.

In tabel 3.1 is een samenvattend overzicht weergegeven.

12 Met *'onzichtbare hand'* wordt hier bedoeld: niet-zichtbare mechanismen die maken dat de dingen zijn, gebeuren zoals ze zijn.

Tabel 3.1 Het 'platte' diversiteitsdenken en het intersectioneel of kruispuntdenken.

Het 'platte' diversiteitsdenken	**Het intersectioneel of kruispuntdenken**
Dichotoom: de verschilcategorieën sluiten elkaar uit: óf-óf (óf man óf vrouw; óf allochtoon óf autochtoon, enzovoort).	*Kruispunt* van verschillen die *gelijktijdig* werkzaam zijn: gender gaat altijd gepaard met een etnische situering en etniciteit is altijd gegendered. Dus *gecombineerde* en *hybride* (gemengde) verschilcategorieën (én-én).
Eendimensionaal: cultureel (symbolisch), óf sociaal, óf interpersoonlijk, óf psychisch óf biologisch.	*Meerdere dimensies:* sociaal, cultureel, interpersoonlijk, biologisch en psychisch.
Machtsneutraal: wat macht betreft, maakt het niet uit in welke verschilcategorie iemand zit.	*Machtsbewust:* er is sprake van sociale ongelijkheid en machtsdynamiek.
Onveranderlijk: statisch (bijvoorbeeld allochtoon blijft allochtoon).	*Dynamisch:* veranderingen kunnen zich mettertijd per en tussen categorieën voordoen, zowel binnen als tussen de lagen en in uiteenlopende tempi.
Onafhankelijk: de verschillende verschilcategorieën staan los van elkaar.	*Intersectioneel:* verschilcategorieën betekenen en beïnvloeden elkaar. Ze zijn gelijktijdig werkzaam.

3.13.1 INTERSECTIONALITEIT ALS IDENTITEITSTHEORIE

Intersectionaliteit is een identiteitstheorie die de sociale positionering van mensen helpt analyseren. (43) Binnen en tussen de lagen van een sociale categorie zijn wordingsprocessen gaande die in hun onderlinge samenspel identiteitsconstructies voortbrengen. Een persoon verwerkt door socialisatie- en internaliseringsprocessen positieve en negatieve ervaringen met betrekking tot zijn identiteit(svorming) en ontwikkelt daarmee bepaalde gevoelens en overtuigingen. Deze gevoelens en overtuigingen manifesteren zich weer in de sociale representaties waaraan de persoon deelneemt en deze worden ook overgedragen aan volgende generaties. Zo kunnen zich verschilspiralen ontwikkelen die bestaande sociale categorisering en maatschappelijke ordeningen nog eens versterken. Maar ook het omgekeerde – demping van verschillen – is mogelijk. Een illustratie van de demping van verschillen aan de hand van de verschilcategorie gender. Geleidelijk is het inzicht ontstaan dat sekseverschillen er niet eenvoudig zijn, maar worden 'gedaan' (*doing gender*). Denk aan de stelling die Simone de Beauvoir poneerde dat *'je niet als vrouw wordt geboren, maar tot vrouw wordt gemaakt'*. Cultureel gezien is er namelijk de zogenoemde articulatie van sekseverschillen: mensen worden ingedeeld in mannen en vrouwen op grond van overeenkomsten en verschillen – waarbij anatomische kenmerken een sleutelrol vervullen. Aan die lichamen worden verschillende betekenissen toegekend, zoals kracht en gespierdheid aan mannen, zachtheid en vruchtbaarheid aan vrouwen. Tevens worden lichamen beschouwd als dragers van bijvoorbeeld de eer van het vaderland of van de familie. Op basis van dergelijke categorisering en betekenisverlening vindt er een toewijzing van maatschappelijke posities plaats. Traditioneel lagen die in Nederland voor mannen in de openbare sfeer en voor vrouwen in de privésfeer (met reproductieve en zorgtaken), waarbij 'mannenposities' qua status en beloning een hogere waardering genoten – en genieten – dan het klassieke vrouwenwerk. In socialisatieprocessen maken jongens en meisjes zich zowel de waarden en normen als de vaardigheden en gedragspatronen eigen die noodzakelijk en wenselijk zijn om te participeren in de bestaande sociale man/vrouwstructuren. Die overdracht gebeurt zowel bewust als onbewust, door ouders, '*peer groups*', scholen, kerken, sportverenigingen, massamedia, enzovoorts. Daarbij gaat het om allerlei leerprocessen: imitatie van en identificatie met belangrijke anderen, naast internalisatie van heersende denkbeelden. Deze monden onder andere uit in kennis en overtuigingen over wat de eigen waarde, vermogens en mogelijkheden zouden zijn ofwel een zelfbeeld.

Het in elkaar grijpen van al die wordingsprocessen levert een *verschilspiraal* op. Dergelijke verschilspiralen laten zich ook voor andere verschilcategorieën als etniciteit, leeftijd, validiteit en dergelijke reconstrueren. Maar in het gewone leven worden de verschilspiralen dikwijls afgedempt, omdat mensen niet in een monocultuur leven – en er dus ook andere invloeden binnenkomen. Denk alleen al aan meisjes die aan de wereld van hun broers deelnemen en vice versa; en aan homo's die meestal te midden van hetero's opgroeien, waardoor ze ook over het gedragsrepertoire van de 'andere' groep beschikken.

Een voorbeeld van demping binnen de verschilcategorie 'seksuele voorkeur' vertelde Gloria Wekker tijdens een lezing: 'Onlangs sprak ik met de moeder van Joppe – die is tien jaar – en hij zegt tegenwoordig tegen zijn twee moeders dat hij later echt geen homo wil worden en dat ze ermee op moeten houden te zeggen 'later als je een vriend of vriendin hebt ...'. Hij heeft nu in de gaten gekregen dat homo- en heteroseksualiteit nou eenmaal niet in dezelfde mate gewaardeerd worden en hij wil gewoon een vriendin. En gelijk heeft hij als het voornaamste scheldwoord dat zijn vriendjes onder elkaar gebruiken 'homo' is'. (44)

Wie kijkt met een intersectionele bril, zal meer oog hebben voor mensen en groepen met hybride identiteiten en in posities die ongebruikelijke, tegenstrijdige of inconsistente combinaties vertegenwoordigen: bijvoorbeeld homoseksuele moslims, mannelijke slachtoffers van huiselijk geweld en invalide topsporters.

Voorbeelden van ongebruikelijke posities op sportgebied zijn voetballende moslima's (45), boksende Marokkaanse meisjes (46) en de 'zwarte' Afro-Amerikaanse schaatser *Shani Davis* met wereldrecords op de 1000 en 1500 meter in 2009 en een wereldkampioenschap allround in 2005 en 2006. Toen Davis in 2004 op de WK in Hamar tweede werd, bewees hij dat 'negers kunnen schaatsen', zoals een Amerikaans tijdschrift kopte. (47)

Zo'n laatste opmerking zullen intersectionele denkers niet (kunnen) maken. Zij zullen minder snel mensen 'opsluiten' in de stereotiepe en monolitische categorie waar zij op het eerste gezicht bij lijken te horen: zoals ondergeschikte moslima's, non-assertieve Marokkaanse meisjes en zwarte hardlopers.

Intersectionele denkers zullen beter dan mensen met een 'platte' oriëntatie op diversiteit in staat zijn om onder de verschillen tussen mensen de overeenkomsten te ontdekken en omgekeerd – onder de overeenkomsten de verschillen. Daarmee zijn zij toegerust om in routineuze processen van uit- en opsluiting de kansen te zoeken voor nieuwe verbindingen.

SAMENVATTING

Aan de verschillende sociale systemen waartoe mensen behoren, ontlenen mensen een sociale identiteit. Een sociale identiteit is het sociale element van iemands beleving van zijn identiteit ergens bij te horen. Het andere element is het gevoel apart te zijn. Een sociale identiteit kenmerkt zich door drie componenten: de indeling of classificatie, de culturele component en de zijnsdefinitie. Ten aanzien van deze componenten kan er een discrepantie zijn tussen hoe de persoon zelf zich ziet en definieert (subjectieve identiteit) en hoe hij door beleid, instellingen en dergelijke wordt gecategoriseerd (objectieve identiteit). Verschil kan er verder zijn in hoe de sociale omgeving een persoon identificeert en betekenis daaraan geeft en de identiteit die een persoon zichzelf toekent en hoe hij die beleeft.

Een sociale identiteit is van belang voor een persoon, omdat ieder mens als sociaal wezen op zoek is naar affectieve bindingen met de sociale omgeving. Verder geeft een sociale identiteit een zeker houvast en sociale erkenning. Etniciteit is een bijzondere vorm van een sociale identiteit. Het is een gevoel van eenheid en verbondenheid dat leden van een etnische groep hebben op grond van een gemeenschappelijke afstamming, cultuur en geschiedenis. Etnische identiteit is niet hetzelfde als een culturele identiteit. Een etnische groep is divers van karakter en kan verschillende culturen – en daarmee identiteiten - omvatten.

De vorming van identiteit is een sociale constructie en niet vastgelegd bij de geboorte van een mens (essentialisme). Een persoon ontwikkelt in interactie met zijn sociale omgeving zijn identiteit; waarbij hij nooit helemaal vrij is te kiezen en te bepalen wie en wat hij is. Hoe iemand de eigen etnische identiteit waardeert kan sterk verschillen en is mede afhankelijk van de sociale omgeving. Iemands beleving van identiteit kan open, reactief of oppositioneel zijn. De beide laatstgenoemden zijn vanuit een minderheidspositie gericht tegen de dominante groepering. Reactief is dan de houding waarbij positief gewaardeerde verschillen geaccentueerd worden en oppositioneel, wanneer de eigen waarden, opvattingen en idealen die tegengesteld zijn aan die van de dominante groepering worden gebruikt ter markering en positieve invulling van de eigen etnische identiteit.

Aangezien een persoon deel uitmaakt van verschillende sociale systemen is diens identiteit altijd meervoudig van karakter. Afhankelijk van de omstandigheden kan een bepaalde sociale identiteit meer op de voorgrond treden. Daarbij speelt de sociale omgeving een belangrijke rol. Deze kan een sociale identiteit van een persoon naar voren halen die anders is dan de zelfdefinitie van die persoon. Zo'n verschil tussen enerzijds de toekenning en betekenisgeving van identiteit door de sociale omgeving en anderzijds de zelfdefinitie door de betrokken persoon kan leiden tot identiteitsconflicten. Deze conflicten treden eveneens op wanneer vanuit de eigen etnische en religieuze gemeenschap kritiek is op aspecten van de identiteit van bijvoorbeeld jongeren die ingaan tegen de heersende normbeelden (zo dien je je te gedragen).

Meervoudige identiteit betekent ook meervoudige loyaliteit. Er is de (vooral politieke) discussie of het geoorloofd is dat bewindslieden, Kamerleden, beroepsmilitairen en politieagenten een dubbele nationaliteit kunnen hebben. De vraag is of deze mensen wel voldoende loyaal aan Nederland zijn. Die twijfel aan voldoende loyaliteit geldt evenzeer de moslims. Er zijn genoeg geluiden, ervaringen in de praktijk en onderzoek die laten zien dat moslims en genoemde functionarissen met een dubbele nationaliteit, buitengewoon loyaal zijn aan Nederland.

Wie je mag zijn in de samenleving en op welke wijze is een machtsvraagstuk. Politisering van identiteit treedt op wanneer mensen niet alleen zich sterk maken om zelf invulling te geven aan hun identiteit, maar ook de vooronderstellingen, voorwaarden en regels van het maatschappelijke spel ter discussie stellen. Want het is de dominante meerderheid die zelf onzichtbaar blijft, en de norm is die niet ter discussie staat. Tegen deze achtergrond wordt 'de ander' gecreëerd: zichtbaar, als uitzondering en als afwijking.

Maar het lijden onder macht kent variatie en gradatie: uitsluiting op een terrein kan samengaan met privilegiering en dominantie op een ander terrein.

Het intersectioneel, caleidoscopisch of kruispuntdenken helpt om deze menging, gelaagdheid en gelijktijdigheid van diversiteit te doordenken. Het intersectioneel denken is een alternatief voor het 'platte' diversiteitsdenken en kent als vernieuwende uitgangspunten: verschilcategorieën komen altijd gecombineerd voor; ze zijn gelijktijdig werkzaam; omvatten meerdere dimensies; zijn machtsbeladen en dynamisch, en betekenen en beïnvloeden elkaar.

Verwerkingsopdrachten

Maak deze opdrachten samen met collega's. Vergelijk de uitwerking van elke opdracht met die van je collega's:

- Wat komt overeen?
- Wat verschilt?
- Wat valt op?

Opdracht 1 bij paragraaf 3.1 Sociale identiteit

Een sociale identiteit kent drie componenten:

1. een *sociaalstructurele* component: een indeling op grond van een bepaald criterium;
2. een *culturele* component: de verwachtingen van hoe iemand met die sociale identiteit zich gedraagt;
3. een *zijnsdefinitie*: hoe anderen, de sociale omgeving, iemand met die sociale identiteit beoordelen.
   - Neem drie sociale identiteiten van jezelf. Beschrijf voor elke sociale identiteit de drie componenten.
   - Bij de eerste component beschrijf je het criterium op grond waarvan je jezelf hebt ingedeeld of op grond waarvan anderen jou hebben ingedeeld.

Opdracht 2 bij paragraaf 3.2 Objectieve en subjectieve identiteit

- Heb je weleens de ervaring (gehad) dat jouw omgeving heel anders naar een sociale identiteit van jou kijkt dan jijzelf doet? Deel deze ervaring met een collega.
- Heb jij wel eens zelf meegemaakt of bij een ander dat een bepaalde sociale identiteit ineens door een bepaalde gebeurtenis of in een bepaalde situatie heel belangrijk werd voor jou of voor die ander? Deel deze ervaring met een collega.

Opdracht 3 bij paragraaf 3.3 Belang van een sociale identiteit

Welke sociale identiteit van jezelf is de belangrijkste? Leg uit waarom deze de belangrijkste is voor jou aan de hand van wat in paragraaf 3.3 wordt gesteld.

Opdracht 4 bij paragraaf 3.4 Etniciteit

Etnische identiteit onderscheidt zich van andere sociale identiteiten door de overtuiging met anderen, de etnische groep, 'een gemeenschappelijke afstamming, geschiedenis en culturele erfenis – bijvoorbeeld taal en religie –' te hebben.

- Tot welke etnische groep(en) reken jij jezelf? Leg uit waarom deze groep(en) voor jou een etnische groep is (zijn).
- Welke betekenis heeft deze etnische identiteit voor jou?

Opdracht 5 bij paragraaf 3.5 Etniciteit en cultuur

Maak twee groepjes van elk twee tot drie collega's en ga vervolgens met elkaar in debat of 'de Nederlander', 'de Nederlandse identiteit' wel of niet bestaat. Een groepje vindt van niet, het andere van wel. Zoek op internet naar argumenten die jouw stelling kunnen onderbouwen.

Opdracht 6 bij paragraaf 3.6 Identiteitsvorming: sociale constructie of essentialisme

- Een docent vraagt aan een student die uit Bosnië komt of hij een Nederlandse Bosniër of een Bosnische Nederlander is. De student zegt dat hij zich vooral Bosnische Nederlander voelt, waarop een medestudent zegt: 'Dat kan helemaal niet. 'je bent toch in Bosnië geboren, dan blijf je toch de rest van je leven Bosniër?' Verwijst de uitspraak van de medestudent naar identiteitsvorming als sociale constructie of als essentialisme? Licht je antwoord toe.
- Je identiteit is een synthese van jouw eigen kijk op jezelf en van jouw kijk op de kijk van anderen op jou. Sta eens stil bij een sociale identiteit van jezelf. Probeer te beschrijven hoe deze sociale identiteit van jezelf een synthese is van jouw kijk op jezelf en van jouw kijk op de kijk van anderen op jou.

Opdracht 7 bij paragraaf 3.7 Etnische zelfwaardering

Lees hieronder de drie uitspraken. Schrijf op welk type identiteit bij welke uitspraak hoort. Je kunt kiezen uit een open identiteit, een reactieve identiteit of een oppositionele identiteit.

1. 'Wij West-Europeanen zijn met Amerika dé verdedigers van de democratie en van de Rechten van de Mens.'
2. 'Als Nederlander vind ik de Vlaamse taal mooier dan het Nederlands.'
3. 'Als moslim vind ik katholieken met hun paus, bisschoppen en priesters veel minder democratisch dan moslims.'

Opdracht 8 bij paragraaf 3.8 Meervoudige sociale identiteiten

De identiteit van iemand wordt wel eens voorgesteld als een kleurrijk bewegend mozaïek van verschillende sociale identiteiten. Welke sociale identiteit van een persoon op de voorgrond staat, hangt af van de context, van de situatie. Daarom beweegt het mozaïek, is het aan verandering onderhevig.

- Sta eens stil bij jouw sociale identiteiten.

- Teken nu jouw identiteit als een mozaïek opgebouwd uit verschillende stukjes sociale identiteiten. Geef met behulp van kleuren en de grootte van de mozaïekstukjes aan wat het belang is van iedere sociale identiteit. Als bijvoorbeeld de sociale identiteit 'student' voor jou erg belangrijk is, teken je deze als een groot rood stuk in het mozaïek.
- Denk ook na over de context waarbinnen dit mozaïek van jouw identiteit geldt. In het weekend bijvoorbeeld zal dit mozaïek er wellicht heel anders uitzien.

Vroeger was er meer traditionele eenduidigheid en overkoepeling van identiteiten. Het huidige postmoderne denken staat in het teken van meervoudigheid, verscheidenheid en openheid. Vergelijk jezelf en je generatiegenoten met je ouders of grootouders.

- Is er dan sprake van een onderscheid tussen een 'traditionele' identiteit en een 'moderne' identiteit tussen jouw (groot)ouders en jou?
- Zo nee, schrijf op waarom niet.
- Zo ja, beschrijf dan dit onderscheid tussen 'traditionele' identiteit en 'moderne' identiteit tussen jouw (groot)ouders en jou en je generatiegenoten.

Opdracht 9 bij paragraaf 3.9 Loyaliteit en binding

Maak twee groepjes van elk twee tot drie collega's en ga vervolgens met elkaar in debat of bewindslieden, kamerleden, politie en beroepsmilitairen een dubbele nationaliteit mogen hebben of niet. Een groepje vindt van niet, het andere groepje van wel. Zoek op internet naar argumenten die jouw stelling kunnen onderbouwen.

Opdracht 10 bij paragraaf 3.10 Sociale identiteiten en context

Kun je aan de hand van eigen ervaringen uitleggen hoe verandering van context een andere sociale identiteit oplevert?

Opdracht 11 bij paragraaf 3.11 Identiteitsconflicten

Een identiteitsconflict kan optreden als de hiërarchische volgorde in sociale identiteiten die jij jezelf toedicht, verschilt van wat jouw omgeving jou toedicht. Of wanneer jouw omgeving een andere betekenis dan jij toekent aan een bepaalde sociale identiteit van jou.

- Beschrijf een identiteitsconflict van jezelf dat jij wel eens ervaren hebt of nog ervaart.

Opdracht 12 bij paragraaf 3.12 Identiteit en macht

Beschrijf een ervaring waarin jij in de minderheid was en waarbij je het gevoel had dat wie je was 'anders', 'niet normaal' of 'ongewoon' was in de ogen van de anderen die de meerderheid vormden.

Wat was het effect hiervan op jou?

Opdracht 13 bij paragraaf 3.13 Intersectioneel, caleidoscopisch of kruispuntdenken

Al in 1989 heeft Peggy McIntosh (48) een lijst opgesteld met zestig uitspraken om witte mensen bewust te maken van hun bevoorrechte positie. Hieronder volgt er een achttal, in verkorte vorm. Lees deze vragen door vanuit je eigen etnische achtergrond. Ga na in hoeverre elke uitspraak voor jou opgaat:

- Desgewenst kan ik het zo regelen dat ik het grootste deel van mijn tijd in gezelschap van mensen met mijn eigen etniciteit vertoef.

- Als ik moet verhuizen, heb ik vrije toegang tot de wijk die ik me financieel kan veroorloven en waar ik zou willen wonen.
- Ik kan de televisie aanzetten of de krant opslaan en zien dat de mensen van mijn etniciteit volop vertegenwoordigd zijn – op positieve wijze.
- Ik kan er van op aan dat mijn kinderen leermateriaal krijgen waaruit blijkt dat hun etniciteit bestaat.
- Ik kan met volle mond praten – of me anderszins 'onbeschaafd' gedragen zonder dat anderen dat aan mijn etnische herkomst toeschrijven.
- Ik kan de regering bekritiseren – en vertellen wat me daarin beangstigt – zonder meteen als een culturele buitenstaander te worden gezien.
- Ik kan pleisters, gehoorapparaten, panty's enzovoorts kopen in een kleur die redelijk bij mijn huid past.
- Ik voel me welkom en 'normaal' in het openbare leven (institutioneel en sociaal).

Lees deze uitspraken nu vanuit je man of vrouw zijn, je seksuele oriëntatie, leeftijd of een andere verschilcategorie. Welke verschillen vallen je op?

Opdracht 14 bij paragraaf 3.13.1 Intersectionaliteit als identiteitstheorie

Kun en wil jij vanuit je eigen leven een voorbeeld van demping van een verschilcategorie geven? Hoe ben je hiermee omgegaan? Welk effect heeft dit op jouw identiteit gehad?

Literatuurverwijzingen

1 Havekes en Uunk, 2008.
2 Verkuyten, 1999.
3 Minuchin in Baert, 1991, p. 89.
4 Gowricharn 2001.
5 NRC Handelsblad 29/04/2009.
6 Verkuyten, 1999: p. 37.
7 Vermeulen, 1984, p. 15.
8 Vermeulen, 1984.
9 Michielsen, 1999.
10 http://www.koninklijkhuis.nl/content.jsp?objectid=20871.
11 Aartsma, Hoffman en Reynaert, 2008.
12 Jenkins in WRR, 2008, p.46.
13 Abrahams, 1997.
14 Appiah, 1995, p. 186.
15 Verkuyten, 1999, p. 134.
16 Verkuyten, 1999, p. 130.
17 Baert, 1993.
18 Palmen, 1999, p. 100.
19 Verkuyten, 1999, p. 62; Kunneman, 1996.
20 Verkuyten, 1999, p. 140.
21 Van den Brink en De Ruijter, 2003.

22 NRC Handelsblad 16/6/08.
23 Van den Brink en De Ruijter, 2003.
24 de Volkskrant 15/06/2009.
25 Hurenkamp en Tonkens, 2008, p. 36.
26 Hurenkamp en Tonkens, 2008, p. 36.
27 Hurenkamp en Tonkens, 2008, p. 36.
28 Trouw 12/03/2007.
29 NRC Handelsblad 24/09/2007.
30 http://www.tagesspiegel.de/berlin/Muslime-Staatstreue;art270,2792776.
31 http://www.tagesspiegel.de/berlin/Muslime-Staatstreue;art270,2792776.
32 Tagesspiegel 08/05/2009.
33 de Volkskrant 28/06/2009.
34 http://masrob.hyves.nl/blog/9781424/Indische_cultuur/QK1r/ 12/09/2008.
35 Baert, 1993, p. 283.
36 Verkuyten, 1999, p. 32 e.v.
37 Wekker, 2001, p. 30.
38 Van Mens-Verhulst & Radtke, in press.
39 Van Mens-Verhulst & Radtke, in press.
40 Van Mens-Verhulst & Radtke, in press.
41 Van Mens-Verhulst, 2007.
42 http://www.emancipatie.nl/home/Focus/Prostitutie/Dossier_Prostitutie/ 30/05/2009.
43 Van Mens-Verhulst & Radtke, in press.
44 Wekker, 2009.
45 NRC Handelsblad 29/04/2007.
46 NRC Handelsblad 19/05/2009.
47 de Volkskrant 13/02/2004.
48 Van Mens-Verhulst, 2007.

4

BOTSENDE WAARDEN

4.1 Cultuurverschillen en communicatie

4.2 Grenzen aan de toelaatbaarheid van culturele praktijken

4.3 Monisme

4.4 Relativisme

4.5 Pluralisme

4.6 Niet-onderhandelbare waarden: niet-uitsluiting en bevordering van interactie

4.7 De Rechten van de Mens

4.8 Wat is typisch menselijk en wat bevordert een goed mensenleven?

4.9 Gelijkwaardigheid van culturen?

4.10 Ontmoeting en confrontatie

4.11 Wederzijdse verantwoording en communicatief handelen

4.11.1 Dialogische gespreksvoering

4.11.2 De tien kernvaardigheden van de dialoog

4

INLEIDING

Het omgaan met culturele en religieuze verschillen is ingewikkeld wanneer de verschillen raken aan bepaalde waarden. Een bekend voorbeeld is het al dan niet handen geven als teken van begroeting. Het geen hand krijgen als vrouw op grond van religieuze motieven raakt veel betrokkenen zeer, omdat ze zich als vrouw niet gerespecteerd voelen.

Geen uitkering voor man die hand weigert

Een islamitische man krijgt een maand geen uitkering, omdat hij weigert de vrouwelijke ambtenaren van de sociale dienst in Den Haag de hand te schudden. Voor de uitkeringsinstantie was de maat vol.

In eerste instantie werd de uitkering van de man alleen gekort. De eerste maand leverde de man tien procent in van zijn uitkering en de maand daarop twintig procent. Maar toen de moslim zijn gedrag niet aanpaste, besloot de Haagse Dienst Sociale Zaken en Werkgelegenheidsprojecten (SZW) de uitkering voor een maand stop te zetten.

De sociale dienst besloot eind vorig jaar om sancties op te leggen aan uitkeringsgerechtigden die weigerden een hand te geven. De instantie ging tot de maatregel over, nadat medewerkers hadden aangegeven het erg belangrijk te vinden om respectvol te worden begroet. (1)

Dit voorbeeld raakt het vraagstuk van de toelaatbaarheid en de sanctionering van bepaalde culturele praktijken. Het gaat dan vooral om ernstige praktijken als vrouwenbesnijdenis, gedwongen uithuwelijking, eerwraak, weigering kinderen te laten vaccineren, de uitsluiting van homoseksuelen, de praktijken van sekten zoals de Scientology-beweging en sommige ontgroeningsrituelen bij studentenverenigingen. (2) Bij dit soort praktijken gaat het om de onderliggende conflicterende morele waarden en de grenzen van de tolerantie. Wanneer mag je een grens stellen en op grond waarvan doe je dat? Hoe legitimeer je zo'n grens of zelfs het actief tegengaan van een bepaalde praktijk?

Vanwege de conflicterende waarden en conflicterende zienswijzen komt tevens de vraag op: of en hoe culturele verschillen te overbruggen zijn in de gespreksvoering. Is communicatie tussen mensen met verschillende culturele achtergronden wel mogelijk? Op deze vraag zal als eerste ingegaan worden, waarna de vraag aan de orde komt hoe om te gaan met de verscheidenheid aan waarden in een multi-etnische samenleving. Dit gebeurt aan de hand van drie visies die hierop een antwoord proberen te geven: het monisme, het relativisme en het pluralisme van de filosoof Henk Procee. (3) Een belangrijk discussiepunt ten aanzien van de pluriformiteit van waarden is de vraag of culturen gelijkwaardig zijn aan elkaar. Vandaar dat het hoofdstuk eindigt met aandachtspunten voor het debat over de gelijkwaardigheid van culturen.

4.1 Cultuurverschillen en communicatie

Er bestaan culturele verschillen tussen groeperingen in het beschrijven en interpreteren van de sociale en natuurlijke werkelijkheid. Deze grote verscheidenheid in kennis roept de vraag op of communicatie tussen mensen met een uiteenlopende culturele achtergrond mogelijk is. En zo ja, hoe?

Als antwoord op deze vraag noemt Procee (4) drie pijlers om een brug te kunnen slaan tussen mensen met verschillende culturele achtergronden.

1 De eerste pijler is de aanname dat ondanks alle verschillen, in iedere samenleving gelijksoortige problemen van menselijk leven en samenleven moeten worden opgelost. Elke samenleving staat fundamenteel voor dezelfde opgaven en kent daardoor in een of andere vorm algemeen menselijke praktijken, zoals voedselverwerving, arbeid, sociale organisatievormen, rituelen, opvoeding, zorg voor de gezondheid en zingeving. Deze basale overeenkomsten tussen samenlevingen komen voort uit het gegeven dat mensen overal ter wereld fundamenteel op dezelfde wijze hun mens zijn beleven. Zo kent ieder mens dezelfde basisbehoeften als voeding, huisvesting, zorg, opvoeding en relaties. Verder kent ieder mens dezelfde basiservaringen van geboorte, groei, geluk, verdriet, pijn, gezondheid en dood.

2 De tweede pijler is de aanname dat mensen in hun omgeving zo rationeel en zinvol mogelijk handelen. Tot op zekere hoogte kun je anderen de eigen beginselen van rationaliteit toeschrijven. Een voorbeeld is dat het formele schema van 'als... dan'-redeneringen overal voorkomt. In elke cultuur gaat iedere boerin ervan uit dat zij moet zaaien, als zij wil oogsten. Je mag van de veronderstelling uitgaan dat mensen in het algemeen, ongeacht de etnische achtergrond, redelijke, competente mensen zijn. Zij bezitten het vermogen taal te gebruiken, te communiceren en ze zijn in staat gericht bepaalde doeleinden na te streven. De betekenisgeving en het daarop gebaseerde gedrag van een persoon ontstaat of is ontstaan in de interactie met de omgeving. Op grond van deze interactie met zijn omgeving mag je aannemen dat iedere persoon rationele en gegronde redenen heeft om te doen zoals hij doet. Anders gezegd: het gedrag van iemand is voor de persoon zélf altijd logisch en zinvol. Door zo naar iemands gedrag te kijken kun je de logica van zijn gedrag achterhalen en begrijpen. Dit inzicht is belangrijk, omdat mensen nogal eens de neiging hebben het gedrag van iemand te verklaren vanuit zijn cultuur of traditie (= *culturalisme*). Er wordt dan bijvoorbeeld gezegd dat iemand te laat komt, omdat hij dat vanuit zijn cultuur zo gewend is. Cultuur op zichzelf is echter 'een verklaring die niet verklaart'. (5) Het gedrag van iemand verklaren door te verwijzen naar zijn cultuur is een irrationele verklaring. Het geeft alleen aan dat het gedrag typisch is voor de mensen van de desbetreffende groep. Het als irrationeel gezien gedrag van de ander ('*het is zijn cultuur*') wordt gezet tegenover het eigen rationele gedrag als een 'logische' reactie op een bepaalde situatie. Een dergelijke scheiding in verklaringsgrond tussen de eigen rationaliteit en de cultuur van de ander, biedt geen uitzicht. Het maakt het gedrag van iemand met een andere culturele achtergrond tot iets irrationeels.

3 De derde pijler om culturele verschillen te overbruggen is de veronderstelling dat mensen ingeleid kunnen worden in nieuwe denk- en handelingskaders. Het is mogelijk

iets van een andere cultuur te begrijpen zonder er deel van uit te maken. Bepaalde 'vreemde' gewoonten en gebruiken van een cultuur zijn voor een buitenstaander te begrijpen, zoals de gewoonte veel op afspraak te doen, het katholieke gebruik het lichaam van Jezus, de Zoon van God, in de Heilige Communie te ontvangen en de islamitische Ramadan waarin moslims tussen zonsopgang en zonsondergang geen voedsel tot zich nemen. Het is mogelijk de overwegingen op te sporen die aan deze gewoonten en gebruiken ten grondslag liggen. Hierbij is het van belang het 'vreemde', de nieuwe noties, de begrippen en perspectieven in de eigen waarde te laten en niet in te pakken in het eigen begrippenstelsel. (6)

Op grond van deze drie uitgangspunten is communicatie tussen mensen met verschillende culturele achtergronden mogelijk. Iemand kan zodoende verder ingewijd worden in de schijnbaar ingewikkelde betekenissen die een 'vreemde' geeft aan de eigen culturele achtergrond. Eenvoudig gezegd: het is mogelijk iemand anders in de manier waarop hij zijn leven inricht, te leren begrijpen. De volgende aandachtspunten zijn belangrijk bij het interpreteren van de betekenisgeving van mensen met een andere culturele achtergrond:

- Interpreteren vindt niet alleen plaats op grond van taal, maar ook op basis van universele menselijke praktijken die aan taal voorafgaan. Deze *universalia* komen in elke nationale of etnische gemeenschap voor en zijn daarom voor ieder mens herkenbaar. Voorbeelden van deze universele menselijke praktijken zijn arbeid, opvoeden, zorgen, sociale organisatievormen en rituelen.
- Interpreteren veronderstelt dat de ander ook rationeel ofwel logisch handelt.
- Interpreteren is niet neutraal. Wie een ander probeert te begrijpen, brengt zijn eigen socialisatie, begrippen en ervaringen mee. De mogelijkheid bestaat altijd dat de interpretatie niet overeenkomt met wat de ander bedoelt. Toetsing bij de ander of je de ander werkelijk goed begrepen hebt, is daarom noodzakelijk.

Nu geschetst is onder welke voorwaarden de communicatie tussen mensen met verschillende culturele achtergronden kan lukken, komt het vraagstuk van de acceptatie aan bod, de toelaatbaarheid van bepaalde culturele verschillen. De uitwerking van de grenzen van de toelaatbaarheid van bepaalde culturele praktijken, gebeurt aan de hand van etnisch-culturele verschillen.

4.2 Grenzen aan de toelaatbaarheid van culturele praktijken

Januari 2009 kwam de Nederlandse staatssecretaris Jet Bussemaker met een nieuw plan tegen vrouwenbesnijdenis. Ze wil dat ouders van meisjes die het risico lopen besneden te worden, in een contract vastleggen dat ze dit niet laten gebeuren bij hun dochter. De ouders moeten het contract tekenen als hun dochter naar een land reist waar besnijdenis vaak voorkomt, zoals Sudan, Eritrea of Ethiopië.

Na terugkomst in Nederland wordt het meisje door een arts onderzocht, om te controleren of de ouders zich aan de afspraak hebben gehouden. Als dan blijkt dat ouders zich niet aan het contract hebben gehouden, kunnen ze in de cel belanden.

Het contract moet de ouders helpen nee te zeggen tegen de besnijdenis van hun dochter in het land van herkomst. Ze kunnen daarmee aan hun familieleden in het risicoland bewijzen dat ze strafbaar zijn als ze hun kind laten besnijden. Het zijn vaak de familieleden die de ouders onder druk zetten hun dochter te laten besnijden. Bussemaker gaat het plan met haar collega's van Justitie bespreken.
Volgens Bussemaker zijn in Frankrijk al goede ervaringen opgedaan met zo'n contractsysteem. (7)

Vrouwenbesnijdenis is een voorbeeld van een moreel dilemma, van botsende waarden: ouders die vanuit hun normen en waarden vrouwenbesnijdenis als een essentieel onderdeel van hun cultuur zien, staan tegenover de Nederlandse overheid die vrouwenbesnijdenis in strijd acht met de liberale morele principes van gelijkwaardigheid van vrouwen en mannen en van de integriteit van het eigen lichaam.

Door het contract zijn voorstanders van besnijdenis wettelijk gebonden aan de fundamentele regels en principes die in Nederland gelden. Hiermee worden de machtsverhoudingen en de dominante moraal in Nederland zichtbaar. Dit betekent echter nog niet dat de overtuiging van de Nederlandse overheid in moreel opzicht beter is dan die van de voorstanders van besnijdenis. Het gaat hier om de discussie op welke wijze en met welke redelijke argumenten het morele gelijk van de eigen moraal is aan te tonen zonder te vervallen in etnocentrisme.

Etnocentrisme is te omschrijven als de houding of visie waarin waarden die afgeleid zijn uit de eigen etnisch-culturele achtergrond toegepast worden op etnisch-culturele contexten waar andere waarden heersen. (8) Bij etnocentrisme speelt de gedachte mee dat de kenmerken van de eigen etnische groep superieur zijn ten opzichte van andere etnische groepen.

Een voorbeeld van etnocentrisme zijn de uitspraken van de toenmalige Italiaanse premier Berlusconi, die naar aanleiding van de terroristische aanslagen van 11 september 2001 op New York en Washington zei: 'We moeten ons bewust zijn van de superioriteit van onze beschaving, een systeem dat berust op welzijn, respect voor Rechten van de Mens en respect voor religieuze rechten – iets wat je niet hebt in islamitische landen – en politieke rechten, een systeem dat als zijn waarden begrip voor diversiteit en tolerantie kent'. (9)

De meest gehanteerde ideeënstelsels die trachten een antwoord te geven op de genoemde morele dilemma's zijn het universalisme en relativisme.

4.3 Monisme

Monisme (Grieks *monos* = alleen) is een andere benaming van het *universalisme* en is de idee van de *eenheid* in of achter de verscheidenheid van de waarneembare verschijnselen. Het monisme kent vele varianten.

De variant van het *sociaal-politiek monisme* plaatst de samenleving onder één verbindend idee, die alle individuele belangen overstijgt en alle burgers verbindt in één natie met één God, één taal, één koning en één nationale identiteit.

Een voorbeeld van dit sociaal-politiek monistische denken is de uitspraak die koningin Wilhelmina gedaan zou hebben aan het einde van de Tweede Wereldoorlog. Na de bevrijding in 1945 zou er volgens koningin Wilhelmina één nationale landelijke krant kunnen komen in Nederland, omdat alle Nederlanders er eensgezind genoeg voor waren. (10)

Vandaag de dag vind je sociaal-politiek monisme bij monoculturalisten. Deze verzetten zich tegen een multiculturele samenleving en pleiten voor een eenvormige Nederlands-culturele samenleving.

Een andere variant, het *moreel monisme* gaat uit van één algemeen waarden- en normenstelsel, dat *zonder meer* van toepassing is op iedereen, ongeacht de culturele achtergrond. Sommige strafrechters in Nederland huldigen de moreel-monistische opvatting dat het Nederlandse strafrecht niet anders is dan de toepassing van waarden die universeel en absoluut geldig zijn voor alle mensen van waar ook ter wereld. (11)

Ook in de alledaagse omgang zijn varianten van het monisme te horen in uitspraken als: '*... achterlijke cultuur*'; '*Hier in Nederland wordt niet geslagen*'; '*U bent nu in Nederland. U moet zich dus aanpassen*' of subtieler '*Vroeger* droegen ze bij ons ook hoofddoekjes.' De laatste uitspraak suggereert dat de hoofddoek een premoderne, achterlijke cultuuruiting is, die zich nog moet ontwikkelen tot de hoogmoderne Vlaamse of Nederlandse westerse cultuur.

Het cultureel monisme ordent zo culturen verticaal hiërarchisch met bovenaan de 'blanke' westerse christelijke cultuur als norm en als eindstation voor alle andere culturen die nog in ontwikkeling zijn. Deze denkwijze is onder andere terug te vinden in termen als 'ontwikkelingshulp', 'ontwikkelingslanden', 'traditionele' en 'primitieve' culturen.

De Britse ontdekkingsreiziger Redmond O'Hanlon beschrijft een voorval tijdens zijn reis naar de Congo, waarin Marcellin Agnagna van het Congolese ministerie van Flora- en Faunabeheer, de vermeende superieure rationaliteit van de 'westerse' cultuur scherp ter discussie stelt. De beschrijving begint met het bezoek van O'Hanlon (de ik-persoon) en Agnagna aan de oude man Bobé in het dorpje Boha, een dorp in de Volksrepubliek Congo.

'En waar komen we allemaal vandaan? Zei ik, heel tevreden over mezelf. Dat zou ik graag willen weten. Wat is de oorsprong van het leven? Dat is heel eenvoudig, zei hij (Bobé). Hij leunde voorover om onze makreelblikjes bij te vullen en ontspande toen weer in zijn stoel. Ik kan je geruststellen, de oorsprong van het leven berust in een symbool dat Bolo heet. Bolo is de incarnatie van alle scheppingskracht. Het is een uniek symbool. Dat symbool belichaamt alle geesten, goed en kwaad. De oorsprong van de toverkunst ligt bij het symbool Bolo. Dat symbool schenkt bepaalde mensen macht die meestal wordt doorgegeven door middel van dromen.

Wat denk je daar nou van? Vroeg ik toen we terugliepen naar onze hut. Ik geloof dat je moet weten, zei Marcellin, dat Bolo in het Lingala 'vagina' betekent. Ik lachte. Wat is daar zo grappig aan? zei hij, en hij draaide zich woedend naar me om. Neem me niet kwalijk, zei ik geschrokken van de giftigheid van zijn stem. Het tevreden tempo van mijn wandelen veranderde onwillekeurig in geslof. Ik dacht dat je bedoelde dat de oude Bobé me voor de gek had gehouden. Dat dacht je helemáál niet, beet Marcellin me toe. Hij begon langzamer te lopen om bij mij in de buurt te blijven, dat is niet de reden waarom je lachte. Waarom zou de oude Bobé je in vredesnaam voor de gek houden? Zag je dan niet hoe moe hij er van werd? Het is gevaarlijk voor hem om over zulke dingen te praten. Zag je dan niet hoe bang hij was? En dan begin jij te lachen. Hoe dúrf je te lachen om de oude Bobé?
En trouwens, schreeuwde hij, en hij trapte een brok modder weg van het pad, het is allemaal net zo zinnig als dat bijgeloof van jullie blanken! Hoe zit het met die fetisj die jullie allemaal om je hals dragen? Die kruisjes van jullie? En die kralen die jullie allemaal in je zak bevoelen en waarbij jullie toverspreuken mompelen? Hè? En hoe zit het met die weerzinwekkende rituelen van jullie? En die kannibalistische symbolen? Vertel me eens is het waar dat jullie eens in de zeven dagen het lichaam en bloed van het grote blanke hoofd van jullie stam eten en drinken, alsof dat iets fatsoenlijks en redelijks is? O nee, je hebt geen recht om te lachen om ons, om de oude Bobé, om Afrikanen. Geen enkel recht.
Neem me niet kwalijk. En trouwens, ik heb je al verteld dat ik geen christen ben. Ik geloof er niet in. Ik loop niet rond met een crucifix en ik heb nooit van mijn leven een rozenkrans gebeden. Een rozenkrans gebeden! Bauwde Marcellin me na, en hij lachte schel. Jullie hebben je eigen woordjes om dat allemaal te verdoezelen, hè? Bij ons zeggen jullie dat het een fetisj is of een ju-ju of een gris-gris, maar bij jullie, o ja, daar is het allemaal heel waardig, heel anders. Het is een rozenkrans hè? Het is een crucifix. Dus dan is het dus in orde? Dan is alles oké? Ik heb het je al gezegd: ik geloof er niet in. Of je het gelooft of niet, beste vriend, het zit in je hoofd. Ik heb erover nagedacht, ik heb erover nagedacht sinds die avond met Dokou. Jij zegt dat het normaal is. Je noemt het een onderdeel van jouw beschaving en je denkt dat je volmaakt rationeel bent. Jij denkt dat jullie een volk van de rede zijn, van de wetenschap, dat het daglicht aan de blanke toebehoort, en de nacht aan de Afrikaan. En ik geef toe, jullie maken auto's en buitenboordmotoren en vliegtuigen, en wij niet. Maar hoe zit het met jullie drie goden in één, jullie grote heilige geest die overal heen kan gaan, jullie duizenden geesten met vleugels, bij wie het licht zó uit hun hoofd schijnt? En met jullie slechte beest, met poten als een geit en een lange staart die aan het uiteinde in tweeën gesplitst is? Vertel me eens: waarom moet er gespot worden met de Afrikanen? Waarom is dat alles méér waard dan Bolo? ...'. (12)

Het mag duidelijk zijn dat de moreel- en cultureel-monistische variant van het universalisme geen recht doet aan de waardestelsels van andere culturele gemeenschappen. Culturele monisten nemen in de benadering van andere culturen een superieure positie in en daarom is de monistische visie eigenlijk onhoudbaar: het leidt tot etnocentrisme en culturele dominantie: het (vaak negatief) beoordelen van andere cultuuruitingen vanuit de eigen cultuur en het overheersen van minderheidsculturen.

Verder staat de monistische visie op gespannen voet met het democratische liberale denken dat aan de Nederlandse samenleving ten grondslag ligt. Degenen die een monistische visie huldigen, verklaren hun waarden, normen en opvattingen absoluut en universeel geldig. Zodoende onttrekken monisten zich aan het debat en de argumentatie, die beide wezenskenmerken zijn van een liberale democratie.

4.4 Relativisme

De reactie op het cultureel monisme is het *cultuurrelativisme*. Cultuurrelativisme is een variant van het relativisme – ook wel *particularisme* genoemd. Het relativisme is het ideeenstelsel van de verscheidenheid, van de diversiteit: de erkenning van het specifieke van een persoon, groep of traditie. De werkelijkheid is niet eenvormig maar veelvormig.

Het cultuurrelativisme kent verscheidene vormen. Een extreme vorm van het cultuurrelativisme ziet verschillende lokale culturen met elk een eigen kennis, een eigen ethiek en eigen werkelijkheidsinterpretaties. Deze lokale culturen zijn unieke fenomenen met een eigen waarde en niet te herleiden tot een gemeenschappelijke grondslag. Er zijn geen absolute maatstaven, alleen de lokaal geldende. Culturen zijn als door lokale omstandigheden ontstane antwoorden op biologische en sociale behoeften van de mens. Iedere lokale cultuur is een geslaagde reactie op de natuurlijke, materiële, sociale en emotionele eisen die een specifieke context stelt. Met het nieuwe verklaringsprincipe van het cultuurrelativisme zijn culturen niet meer verticaal geordend, maar horizontaal gelijkwaardig naast elkaar.

Ter vergelijking is een en ander schematisch voorgesteld in figuur 4.1.

Figuur 4.1 Extreem monisme tegenover extreem cultuurrelativisme.

Universalisme: extreem monisme	**Extreem cultuurrelativisme**
Cultuur A	Cultuur A | Cultuur B | Cultuur C | Cultuur D
Cultuur B	
Cultuur C	
Cultuur D	

Binnen de extreme variant van het cultuurrelativisme is communicatie tussen personen uit die verschillende lokale werkelijkheden nauwelijks mogelijk. Mensen zouden elkaar misverstaan, omdat ze elkaars woorden en verhalen alleen maar kunnen interpreteren en begrijpen vanuit de eigen betekeniskaders.

Op basis van het cultureel relativisme is het *moreel* relativisme ontwikkeld. Vanuit het moreel relativisme wordt gesteld (13) dat verschillende samenlevingen verschillende morele codes hebben. Geen van deze morele codes heeft een bijzondere status. Iedere morele code is er slechts één te midden van vele. Er is geen universele cultuuronafhankelijke ofwel cultuuroverstijgende morele waarheid waarmee je andere morele codes kunt beoordelen. Hieruit volgt dat *tolerantie* en *respect* voor andere culturen de toonaangevende waarden zijn in het moreel relativisme.

Het cultuur- en moreel relativisme klinken heel mooi. Het voorkomt immers etnocentrisme. Cultuurrelativisme is dan ook herkenbaar in de attitude van veel goedwillende professionals en beleidsmakers. Vooral tegenover andersdenkenden willen ze respectvol optreden om geen fouten te maken en zodoende niet te discrimineren.

Cultuurrelativisme leidt echter gemakkelijk tot onverschilligheid en afzijdigheid. De mensen van 'daar' zijn zo anders dan de mensen van 'hier', dat je je niets van elkaar kunt, laat staan hoeft aan te trekken. Of je kunt een reactie krijgen als 'Ik heb recht op mijn overtuiging en jij op de jouwe, waarom zouden we erover discussiëren.'

Verder dreigt opportunisme: het hanteren van de etnische cultuur als excuus, als rechtvaardiging of als cultureel verweer. Zowel vanuit een meerderheidspositie als vanuit een minderheidspositie kan de etnische cultuur als argument misbruikt worden. Vandaar dat argumenten in de sfeer van 'Zo is onze cultuur', 'Dit moet van mijn cultuur', 'Bij ons is het zo...' maar ook 'In hun cultuur is het zo...' of 'dat is de cultuur' nooit het laatste woord mogen hebben. Zie ook de voorbeelden van culturalisme in paragraaf 1.1 *Oneigenlijke legitimatie van handelen*. Hier nog een voorbeeld waar moreel relativisme toe kan leiden:

Rechter: tuchtigen mag van Koran

Duitse kantonrechter weigert Marokkaanse vrouw scheiding.

'Vonnis vernietigend signaal voor islamitische vrouwen.'

BERLIJN Een kantonrechter in Frankfurt heeft onder verwijzing naar de Koran geweigerd het huwelijk van een Marokkaans echtpaar versneld te ontbinden. De mishandeling waarvan de vrouw het slachtoffer is, rechtvaardigt volgens de (vrouwelijke) rechter geen echtscheiding, omdat het in de 'cultuurkring' van de betrokkenen 'niet ongebruikelijk is dat de man tegenover de vrouw het recht op tuchtiging uitoefent'. ...

Ook in een aantal recente gevallen van 'eerwraak' heeft de rechter de culturele achtergrond van de daders als een verzachtende omstandigheid aangemerkt.

Reinhard Singer, hoogleraar Familierecht aan de Berlijnse Humboldt Universiteit, heeft het Frankfurtse vonnis als volgt geïnterpreteerd: 'Een Marokkaanse vrouw die in haar eigen culturele kring trouwt, geeft daarmee te kennen ermee in te stemmen dat zij wordt mishandeld.' Hij noemt dit 'absurd'.

'Het vonnis is een vernietigend signaal voor islamitische vrouwen', oordeelt Bondsdaglid Kristina Köhler (CDU). Het is 'onverdraaglijk en weerzinwekkend' dat een Duitse rechter zich door niet-westerse rechtsopvattingen laat leiden. 'Voor de Duitse rechtspraak zou noch de Bijbel noch de Koran ter zake moeten doen', meent Josef Winkler van De Groenen.

Verschillende politici hebben aangedrongen op disciplinaire maatregelen tegen de kantonrechter. Inmiddels heeft zij de omstreden echtscheidingszaak aan een collega moeten overdragen, maar daarmee kan volgens de justitiewoordvoerders van CDU en SPD in de Bondsdag de kous niet af zijn.

De eis tot 'versnelde echtscheiding' werd vorig jaar ingediend door een 26-jarige vrouw van Marokkaanse afkomst. De gangbare praktijk in Duitsland is dat een huwelijk pas een jaar na de feitelijke breuk formeel wordt ontbonden. De sinds 2000 getrouwde vrouw, moeder van twee kinderen, wilde echter niet zo lang wachten, uit beduchtheid voor aanhoudend geweld van haar echtgenoot. (14)

Het zal duidelijk zijn dat op deze wijze respect en tolerantie voor een cultuur geen werkbare norm is. In zijn beste vorm is tolerantie een strategie om bepaalde samenlevingsvraagstukken aan te pakken. Daarbij is tolerantie een eenzijdig instrument van de dominante meerderheid. Een dominante groep of een persoon uit die groep laat praktijken en opvattingen toe die ze afkeurt of minderwaardig vindt. Getolereerd worden is het lot van de zwakkere. Denk hierbij nog eens aan de eerder aangehaalde opmerking van de (Turkse) Bercan Günel, ondernemer en medeoprichter van Woman Capital, een executive searchbureau gespecialiseerd in vrouwen voor topfuncties, die zei: *'Ik heb het woord tolerantie opgezocht in het van Dale woordenboek en ik las onder andere de betekenis dat het de toegestane afwijking van een bepaalde norm is. Ik wil niet getolereerd worden; ik wil de afwijking niet zijn; ik wil in de norm zitten en gerespecteerd worden.'*

Tolerantie heeft dus een beperkte waarde als het erom gaat een werkelijk rechtvaardige samenleving te realiseren. De beperkte waarde van tolerantie blijkt uit een andere grote valkuil van het moreel relativisme: de tolerantie van inhumane praktijken. Aan de hand van de opbouw van de argumentatie voor tolerantie van vrouwenbesnijdenis(15) is dit duidelijk te maken:

a Volgens de morele code van de Nederlandse cultuur is vrouwenbesnijdenis verwerpelijk. Volgens de morele code van een minderheidscultuur niet.
b Er is geen bovenculturele maatstaf om uit te maken welke van deze morele codes juist is.
c Dus de Nederlandse cultuur moet tolereren dat vrouwenbesnijdenis plaatsvindt.

Zo'n moreelrelativistisch standpunt is extreem, onhoudbaar en politiek naïef. Het keert zich tegen de doelstelling van het relativisme van gelijkwaardigheid en tolerantie. Aansluitend op het voorgaande krantenbericht zou een uiterste consequentie van het cultuurrelativisme zelfs kunnen zijn dat een politiek vluchteling als zodanig niet erkend en niet toegelaten wordt. Dit op grond van het argument dat het inhumane regime in zijn land deel uitmaakt van zijn cultuur en dat je dit slechts kunt tolereren en respecteren.

Vanwege voorgaande risico's is er veel kritiek op het relativisme. Maar voor ogen moet worden gehouden dat *het goede* van het relativisme is zoals Sjoerd de Jong zegt: 'een open oog houden voor menselijke diversiteit, in de overtuiging dat daarachter een gedeelde menselijkheid schuilt, die zich niet laat reduceren tot een cultureel absolutisme waarin op elke vraag maar één goed antwoord bestaat of waarin een Favoritvolk alle vragen al heeft beantwoord'. (16)

4.5 Pluralisme

Als uitweg voor het universalisme en het relativisme, die beide op grenzen stuiten, ontwikkelde Procee het pluralisme. (17)

Het pluralisme is een mix van universalisme en relativisme en past het beste bij de democratische rechtsstaat.

- Het pluralisme verzet zich tegen de extreme variant van het monisme, die de werkelijkheid ziet als een volledig te kennen afgesloten geheel. Volgens het pluralisme is de werkelijkheid niet afgesloten en volledig te kennen. Elke interpretatie van de werkelijkheid is principieel beperkt. Het is onmogelijk te komen tot definitieve en universele waarheden, maatstaven en conclusies; vandaar *verscheidenheid*.

- Het pluralisme verzet zich tegen het extreme cultuurrelativisme dat uitgaat van de idee van gesloten afzonderlijke culturen die naast elkaar bestaan zonder contactmogelijkheid. *Interactie* en communicatie tussen mensen uit verschillende culturen is mogelijk en zelfs noodzakelijk, zegt het pluralisme.
- Het pluralisme is zodoende de combinatie van twee elementen: *interactie* en *verscheidenheid*. Pluralisme is het ideeënstelsel van de interactieve verscheidenheid.
- Verder stelt het pluralisme niet de cultuur centraal, maar de menselijke persoon die in een veelheid van verbanden (sociale systemen) opereert.
- Het pluralisme ziet mensen als wezens die in een bepaalde periode van de geschiedenis gesocialiseerd zijn. Daarom hebben mensen altijd een relatieve, beperkte kijk op de werkelijkheid. Een andere generatie mensen kijkt alweer heel anders naar de werkelijkheid.
- Het pluralisme vindt het streven naar interactie van groot belang om te komen tot het overstijgen van bestaande denkkaders. Uit de interacties met mensen met verschillende culturele achtergronden moet iets beters voortkomen. Iets beters in de betekenis van ruimere, adequatere interpretatieschema's en een uitbreiding van de horizon van de betrokken deelnemers.

Op grond van het voorgaande is het pluralisme een pleidooi voor *interactieve verscheidenheid*: het aangaan van interacties met andersdenkenden. In plaats van het opleggen van universele en absolute kennis en maatstaven en in plaats van passieve tolerantie dienen het debat, de argumentatie, de dialoog en de wederzijdse verantwoording bevorderd te worden.

Door zo het interactieperspectief centraal te stellen kunnen mensen elkaar aanspreken op de persoonlijke betekenisgeving van hun culturele achtergrond. Mensen kunnen elkaar vragen naar de redenen van hun gedrag en ze kunnen er met elkaar over in gesprek gaan. Gebeurt dit in een open en respectvolle dialoog, dan kunnen de betrokken gesprekspartners hun culturele bagage van kennis, waarden, normen, omgangsvormen en opvattingen – uitbreiden of aanpassen. Zodoende leren mensen voortdurend adequaat om te gaan met de veranderende werkelijkheid. Interactieve verscheidenheid houdt op deze wijze tevens de dynamiek van culturen aan de gang.

Het principe van de interactieve verscheidenheid betekent *niet* dat alle waarden ter discussie staan en pas vastgesteld worden na onderhandeling en overeenstemming met elkaar. Er zijn namelijk universele kernwaarden en daarom dient volgens de Nederlandse socioloog Abram de Swaan één vraag centraal te staan in de interactieve verscheidenheid. De Swaan formuleerde deze vraag in 1993 ten tijde van de etnische conflicten in het voormalige Joegoslavië.

'De juiste vraag is hoe je rekening met elkaar kunt houden zonder dat je afbreuk doet aan je eigen waarden. Dat is de centrale vraag, daar gaat het allemaal om in de discussie tussen universalisme en relativisme: hoe kun je rekening met andere mensen houden en tegelijkertijd wat voor jou van belang is in stand houden. Daarom moet je aan etnische of nationalistische bewegingen nooit vragen wat zij willen vertellen, hoe mooi hun rode hoedje is, hoe mooi hun liedjes zijn, hoe bijzonder hun geschiedenis. Je moet ze één vraag stellen: hoe wil je met anderen omgaan? Want in al dat nationalisme en al die etniciteit zit vaak iets aardigs, iets beschermends en lieflijks. Het Fries in stand houden, Surinaamse cultuurvormen bewaren. Maar in Oost-Europa zijn ze moorddadig, diezelfde etniciteitsopvattingen. Er moet dus een verschil zijn, en dat verschil zit in een vraag: je kunt etnisch zijn, je kunt nationalistisch zijn, je kunt god weet wat allemaal zijn, maar je moet op één vraag antwoorden, namelijk hoe je met andere mensen wilt omgaan.' (18)

De kernvraag die De Swaan stelt, roept vervolgens het morele vraagstuk van goed en kwaad op. Want hoe beoordeel je de verschillende antwoorden op de vraag van De Swaan? Het antwoord op zijn vraag wordt namelijk gegeven door mensen en groepen die uiteenlopende waarden en normen aanhangen, tegengestelde belangen hebben en verschillende machtsposities innemen. Is er in ethisch, moreel opzicht een brug te slaan tussen verschillende tradities en culturen? Zijn er inderdaad *core values*, kernwaarden die onaantastbaar zijn en waarmee je de antwoorden op De Swaans vraag kunt beoordelen zonder je schuldig te maken aan etnocentrisme en machtsmisbruik? Zijn er niet-onderhandelbare waarden op grond waarvan je bijvoorbeeld vrouwenbesnijdenis kunt afwijzen?

4.6 Niet-onderhandelbare waarden: niet-uitsluiting en bevordering van interactie

De eerdergenoemde filosoof Procee is op zoek gegaan naar niet-onderhandelbare waarden, naar transculturele morele normen die uitstijgen boven elke cultuur en die zijn toe te passen op elke cultuur. In zijn zoektocht komt Procee uit bij de filosoof Immanuel Kant. Deze heeft de basis gelegd voor een cultuuroverstijgende ethiek. Kant formuleerde de ethiek van de *waardigheid van ieder mens*. Ieder mens, ongeacht etniciteit, geslacht, cultuur en economische positie heeft in principe evenveel recht om zijn leven vorm te geven. Ieder mens is doel in zichzelf en zijn bestaan heeft absolute waarde. Ieder mens bezit de universele menselijke vermogens zoals rationaliteit, 'vrijheid' en autonomie (19) en ieder mens heeft daarom het recht zijn menselijke waardigheid te realiseren. Geen enkel mens kan eigendom zijn van een ander. De mens dient als persoon met respect te worden benaderd. Procee formuleert hierop het criterium van *niet-uitsluiting*: mensen mogen niet tegengewerkt worden in hun mogelijkheden hun leven vorm te geven.

Procee breidt de cultuuroverstijgende norm van de waardigheid van de mens uit met een ethische norm van de filosofe Carol Gilligan. (20) Zij is een vroegere studente en medewerkster van de psycholoog Lawrence Kohlberg. (21)

Kohlberg, een volgeling van Kant, deed crosscultureel en langdurig onderzoek naar de ontwikkeling van het morele redeneren. Volgens Kohlberg maken kinderen een morele ontwikkeling door van het *preconventionele* stadium (straf, beloning, eigen voordeel), via het *conventionele* stadium (voldoen aan de algemene verwachtingen en aan 'recht en orde') naar het *postconventionele* stadium (sociaal contract en uiteindelijk de universele ethiek, eigen gewetensbeslissingen).

Kohlberg kwam tot de bevinding dat vooral jonge westerse mannen het hoogste stadium van morele ontwikkeling bereiken. Vrouwen en personen uit 'niet-westerse' landen staan lager op de morele ladder van Kohlberg. Gilligan bestrijdt deze conclusie en zegt dat er twee morele talen zijn. Ten eerste de filosofisch-dominante taal van rechten met de nadruk op onafhankelijkheid en autonomie en ten tweede de taal van de verantwoordelijkheid met het accent op het onderhouden van relaties en het dragen van zorg. De tweede 'taal' heeft Gilligan meer bij vrouwen gevonden dan bij mannen. Gilligan vindt dat Kant in zijn – mannelijke – norm van rechtvaardigheid te veel nadruk legt op onafhankelijkheid en autonomie. Zij pleit voor een definitie van moraal in termen van rechtvaardigheid, rechten en plichten. Zij doet dit vanuit een opvatting over zorg waarin de persoon onderdeel is van relaties: de mens is een persoon-in-verbondenheid. Dezelfde opvatting is gevonden in 'niet-westerse' samenlevingen waar gemeenschapszin en groepsbelang in waarde boven onafhankelijk individualisme staan.

Gilligan wil zorg en verantwoordelijkheid toevoegen en een moraal ontwikkelen waarin *betrokkenheid* en *autonomie* samengevoegd worden. Procee volgt Gilligan in haar kritiek en formuleert een tweede criterium: '*het principe van de bevordering van interactie*'. Dit tweede criterium betekent dat menselijk handelen, sociale instituties en culturele tradities worden beoordeeld op de kwaliteit van hun bijdrage aan de interacties tussen mensen met dezelfde en met uiteenlopende achtergronden.

Deze tweede morele maatstaf van de bevordering van interactie kan volgens Procee ook rechtstreeks en logisch afgeleid worden uit de waarde 'gelijkwaardigheid van culturen'. Gelijkwaardigheid van culturen drukt dus zelf de maatstaf uit dat culturen zich dienen open te stellen voor andere inzichten, levensovertuigingen, waarden, normen en omgangsvormen dan de eigen. Anders gezegd de waarde 'gelijkwaardigheid van culturen' blijft een nietszeggende passieve opmerking, wanneer mensen niet geactiveerd worden kennis te nemen van de waarde van andere culturen. Wil dus het principe van de gelijkwaardigheid van culturen werkelijk enige waarde hebben, dan dienen mensen actief kennis te nemen van andere culturen en weloverwogen tot het oordeel te komen dat culturen gelijkwaardig zijn.

4.7 De Rechten van de Mens

Het recht heeft de belangrijke taak de voorwaarden te realiseren waaronder de morele maatstaf van de menselijke waardigheid vorm kan krijgen. De Universele Verklaring van de Rechten van de Mens geeft uitdrukking aan deze rechtsbeginselen. De zogeheten vrijheidsrechten, zoals recht op lichamelijke integriteit, vrije meningsuiting en de zogeheten sociale grondrechten, zoals recht op huisvesting, werk en onderwijs maken deel uit van deze Rechten.

Op dit cultuuroverstijgende criterium kunnen culturen getoetst worden. In hoeverre geeft een cultuur ruimte aan, heeft ze respect voor de menselijke waardigheid zowel van de eigen mensen als van de mensen daarbuiten. Op grond van deze norm en de Universele Rechten van de Mens kun je 'nee' zeggen tegen samenlevingen, sociale instituties en personen die de Rechten van de Mens geweld aandoen.

Een veelvoorkomend discussiepunt is of de Universele Verklaring van de Rechten van de Mens als 'westers' product overal ter wereld geldig en aanvaardbaar is. Allereerst iets over de Rechten van de Mens als 'westers' product. De opstelling van de Universele Verklaring was niet zo'n westerse aangelegenheid als mensen soms denken. In de voorbereidingscommissie zaten naast Europeanen en Amerikanen, een Confuciaan uit China, een Libanese heterodox-christelijke filosoof, en een feministisch gezinde Indiase politica. (22)

Verder is het belangrijk onderscheid te maken tussen *aanvaarding* en *naleving* ofwel tussen enerzijds de universele *geldigheid* als norm van de Rechten van de Mens en anderzijds de *praktijk* van de uitvoering van de Rechten van de Mens. (23) Wat betreft de praktijk van de naleving van de Rechten van de Mens is de conclusie helaas snel getrokken. De jaarverslagen van Amnesty International en andere Rechten van de Mensorganisaties en van de Verenigde Naties laten zien dat er geen sprake is van universele naleving van de rechten van de mens.

Het feit dat over de hele wereld rechten van de mens geschonden worden, vormt echter géén argument tegen de gedachte dat de Rechten van de Mens universeel zijn. Het zegt 'alleen' iets over effectieve toezichtsmechanismen. In alle nationale samenlevingen zijn moord en diefstal bij de wet verboden. Het feit dat ze toch voorkomen, is geen argument om aan de waarde van de gestelde normen te twijfelen, laat staan om ze te schrappen uit de nationale wetgeving.

Er is een aantal argumenten om de haalbaarheid aan te tonen van een universele aanvaarding van de Rechten van de Mens. (24)

- Op de Wereldconferentie over de Rechten van de Mens in 1993 in Wenen hebben 138 nationale regeringen het Internationale Verdrag inzake Burgerrechten en Politieke Rechten (een uitwerking van de Universele Verklaring van de Rechten van de Mens) getekend.
- Hieruit mag je concluderen dat een grote meerderheid van alle nationale regeringen over de hele wereld het belangrijk vindt het universele karakter van de rechten van de mens op zijn minst met de mond te belijden.
- Het is wellicht weinigen bekend dat er een *Afrikaans Handvest van de Rechten van Mensen en Volken* en twee Islamitische *Verklaringen inzake de Rechten van de Mens* zijn opgesteld. (25)
- Op het niveau van de wereldwijde non-gouvernementele organisaties (NGO's) zoals Rechten van de Mensorganisaties, is de universaliteit van de rechten van de mens onomstreden. Zij verzetten zich zelfs tegen cultureel waarderelativisme door te stellen dat waar de culturele praktijk van of binnen een land afwijkt van universeel aanvaarde rechten van de mens, deze laatste voorrang moeten krijgen.

De columnist Anil Ramdas schrijft bijvoorbeeld over de Rechten van de Mensorganisaties in India, die bij het Indiase hooggerechtshof talloze klachten hebben neergelegd tegen religieuze praktijken die de Rechten van de Mens schenden. Wreedheid, discriminatie op grond van kaste, uithuwelijking van kinderen en geestelijk of lichamelijk geweld zijn weliswaar volgens de Indiase grondwet strafbaar. Dit is echter slechts een papieren zaak, onder andere omdat dezelfde Indiase grondwet vrijheid van godsdienst garandeert. (26)

- Als de rechten van de mens uitsluitend een westers idee zouden zijn, bedacht door westerse mensen voor westerse samenlevingen, zou je mogen verwachten dat niet alleen de niet-westerse onderdrukkende regeringen, maar ook hun slachtoffers deze gedachten zouden verwerpen. Het tegendeel is echter het geval, want Rechten van de Mensorganisaties zijn in talloze Aziatische, Afrikaanse en Latijns-Amerikaanse landen actief.
- Mede in verband met het laatste argument getuigt het van een zekere arrogantie en westers etnocentrisme om te denken dat de eerbiediging van fundamentele rechten van de mens een exclusief westerse uitvinding en aangelegenheid zou zijn: alsof de 'niet-westerse' culturen inhumaan en immoreel zijn en geen moreel gevoel hebben voor de eerbiediging van rechten van de mens.
- Het 'westen' heeft zich hoogstens eerder gedwongen gevoeld een verklaring op te stellen over de rechten van mensen: de gruwelijke ervaring in Europa tussen 1933 en 1945 van het martelen en vermoorden door de nazi's van meer dan zes miljoen joden, zigeuners, homoseksuelen en politieke tegenstanders. Deze grootste schending van fundamentele rechten van de mens in de moderne tijd is de aanleiding geweest om in 1948 de Universele Rechten van de Mens juridisch vast te leggen en als document van de Verenigde Naties op te nemen.

Voorgaande argumenten wijzen erop dat de Rechten van de Mens géén exclusief westerse aangelegenheid zijn en dat er een kans is dat de consensus groeit over de universaliteit van de Rechten van de Mens.

4.8 Wat is typisch menselijk en wat bevordert een goed mensenleven?

De filosofe Martha Nussbaum (27) biedt nog een andere interessante invalshoek om de niet-onderhandelbare universele waarden van niet-uitsluiting en interactie te bevestigen. Nussbaum ontwikkelde twee morele maatstaven die een concretere uitwerking zijn van de eerdergenoemde norm van de menselijke waardigheid. Ten eerste stelt Nussbaum vast dat de mens bepaalde wezenskenmerken heeft die essentieel zijn voor het menselijk leven. Typisch voor menselijk leven noemt Nussbaum karakteristieken als sterfelijkheid, het menselijk lichaam, het vermogen plezier en pijn te ervaren, seksueel verlangen, de capaciteit van het waarnemen, verbeelden en denken, genegenheid jegens andere mensen, humor en spel.

Daarnaast heeft zij onderzocht wat bevorderend is voor een goed mensenleven. Hierbij staat *goed* voor zaken die van belang zijn om te overleven, maar ook voor het welzijn – het *floreren* zoals Nussbaum het graag noemt – van de menselijke levensvorm. Vermogens die een mensenleven doen floreren zijn, naar Nussbaums oordeel, onder andere in staat zijn een eigen leven te leiden, onnodige en onplezierige pijn te vermijden en prettige ervaringen te ondergaan, in goede gezondheid te leven, voor en met anderen te leven, seksuele bevrediging te vinden en als laatste te lachen, te spelen en te ontspannen.

Terug naar het voorbeeld van vrouwenbesnijdenis. Het tegenargument dat met behulp van Nussbaums aanpak geformuleerd kan worden heeft twee pijlers. Ten eerste is seksueel verlangen essentieel voor typisch menselijk leven. Aangezien veel vormen van besnijdenis het verlangen van een vrouw naar seks aanzienlijk verminderen, zo niet tenietdoen, wordt een vrouw door deze ingreep in zekere zin ontmenselijkt. Ten tweede zijn deze vormen van vrouwenbesnijdenis in strijd met een aantal zaken die van belang zijn voor een goed leven. Een besneden vrouw kan geen eigen leven leiden aangezien voor haar een zeer ingrijpende beslissing genomen is. Besnijdenis ontneemt een vrouw kansen op seksuele bevrediging. Ook is het een zeer pijnlijke behandeling. Ten slotte kan vrouwenbesnijdenis als er infecties bijkomen, de gezondheid ernstig aantasten. (28)

Het aantrekkelijke van Nussbaums criteria is dat ze niet een abstracte morele werkelijkheid zijn. Daarnaast vormen ze een *vage* theorie – zoals ze zelf zegt. Ze geven op algemene wijze een aantal componenten aan die nadere historisch, cultureel en individueel bepaalde uitwerkingen toelaten. Dit heeft als voordeel dat ze niet moralistisch, paternalistisch of imperialistisch zijn. Zij gaat uit van een kern van morele universalia betreffende het *typisch menselijke* en het *essentieel goede* dat een mensenleven doet floreren.

In gesprek met andersdenkenden kun je net als Nussbaum onderzoeken wat voor ieder de betekenis is van het typisch menselijke en het essentieel goede. Hierbij kun je in het geval van migranten mogelijk aansluiten bij de redenen waarom ze gemigreerd zijn: wat is het menselijke en 'het goede leven' dat ze misten in eigen land, dat in eigen land in de verdrukking kwam of zelfs geschonden werd? Wat is 'het goede' dat ze hebben moeten achterlaten in eigen land en dat ze hier in hun nieuwe land zoeken?

Op deze wijze kun je een morele basis vinden om bepaalde normen, waarden en praktijken af te wijzen zonder het recht van de sterkste te doen gelden. Tegelijkertijd dienen op grond van de niet-onderhandelbare waarden praktijken gestopt te worden van instituties of personen die de integriteit, de waardigheid van mensen aantasten of mensen verhinderen een goed leven te leiden.

De niet-onderhandelbare waarden van niet-uitsluiting, de Rechten van de Mens en interactie lijken eenduidig en niet vatbaar voor discussie, maar de praktijk ziet er anders uit. Soms botsen bepaalde grondwaarden met elkaar; bijvoorbeeld godsdienstvrijheid, vrijheid van onderwijs en gelijke behandeling van homo's. De kwestie is dan bijvoorbeeld of een Christelijke school op religieuze gronden een homoseksuele leerkracht mag weigeren aan te nemen. Ook kan het voorkomen dat een algemeen belang zwaarder weegt dan een grondrecht van een individu. Het is dan aan de rechter hier een uitspraak over te doen. Een voorbeeld van zo'n uitspraak betreft de eerdergenoemde kwestie van het handen geven: een school ontslaat een docente, omdat ze geen hand wil geven. (29)

De uitspraak over

Mag een openbare school van docenten eisen dat ze bij een begroeting altijd een hand geven?

De zaak

Een openbare middelbare school schorst en ontslaat in 2006 een jonge islamitische docente die na de zomervakantie haar collega's e-mailt dat ze vanwege haar geloof mannen geen hand meer wil geven. De school legt de zaak voor aan de Commissie Gelijke Behandeling. De docente tekent tegen het ontslag bezwaar aan bij de rechter, waar ze tevens 30.000 euro schadevergoeding vraagt. Daarna is er nog een hoger beroep bij de Centrale Raad van Beroep. Die deed vorige week uitspraak.

Waar draait het om? Mocht de school haar wegsturen? En: mag een school als functie-eis een uniforme begroetingsregel verplicht stellen, namelijk het handen schudden. Of is er dan sprake van indirect onderscheid maken naar geloofsovertuiging, hetgeen wettelijk verboden is?
Wat waren de argumenten? De docente vindt dat de schoolregel haar godsdienstvrijheid beperkt. Ze meent dat er ook op andere manieren respectvol kan worden gegroet, zonder lichaamscontact. Handen schudden beschouwt zij als seksuele intimidatie. De school vindt dat zij met haar principiële opstelling de confrontatie zoekt en met haar e-mail iedereen overviel. Maar vooral vindt de school dat ze handen geven verplicht mag stellen omdat 90% van de leerlingen allochtoon en kansarm is. Op zo'n school moeten in Nederland geldende en gangbare respectvolle omgangsvormen uitgedragen worden. Argument: deze leerlingen moeten op de (Nederlandse) arbeidsmarkt worden voorbereid. Uniformiteit is op zo'n school belangrijker dan diversiteit.
Wat is de juridische maatstaf? Indirect onderscheid maken is wettelijk wel toegestaan mits het doel legitiem is. Daarvoor moet het voldoende zwaar wegen of beantwoorden aan een werkelijke behoefte. En er mag ook geen sprake zijn van een discriminerend oogmerk. Het middel (schudplicht) moet ook passend (geschikt) en noodzakelijk (evenredig) zijn.
Wat vond de lagere instantie? De Commissie Gelijke behandeling (CGB) wees de schoolregel af. Weliswaar is het doel in orde en is er geen sprake van opzettelijke discriminatie. Alleen is het middel niet geschikt. Handen geven vinden sommige moslims immers niet respectvol, terwijl de school dat respect juist wil bevorderen. De school schond dus de wet door verboden indirect onderscheid te maken op grond van godsdienst.
Wat vindt de hoogste bestuursrechter in arbeidszaken? Die vindt het doel ook legitiem: de arbeidsmarkt, pedagogische duidelijkheid, aansluiten bij gebruikelijke omgangsvormen, integratie, enzovoort. Maar is het ook passend en noodzakelijk? Daar wordt de CGB tegengesproken. De rechter weegt de belangen van school en docente tegen elkaar af. De docente moet tegen discriminatie worden beschermd. Haar opstelling is echter confronterend en onaangenaam en zet de onderlinge relaties onder druk. Zij heeft een voorbeeldfunctie, binnen de school en erbuiten. Bovendien vertegenwoordigt ze de school als ambtenaar. Er komt dus een veel groter gewicht toe aan het belang van de school (uniformiteit) dan aan de docente (diversiteit). Dan is een begroetingsregel passend en noodzakelijk.
Conclusie: het ontslag was gepast en gebaseerd op de juiste gronden.

Ondanks de veelvuldige *jurisprudentie* (uitspraken van rechters) met betrekking tot botsende waarden en grondrechten bieden niet-onderhandelbare waarden een ijkpunt om in de praktijk vast te stellen waar grenzen van acceptatie en tolerantie liggen ten aanzien van cultureel of religieus gefundeerde praktijken.

4.9 Gelijkwaardigheid van culturen?

Het voorkomen van praktijken als vrouwenbesnijdenis, racisme, uitsluiting van homoseksuelen roept de vraag op of culturen gelijkwaardig zijn. Na de terroristische aanslagen op New York en Washington op 11 september 2001, is het debat over de gelijkwaardigheid van culturen nog meer in alle hevigheid opgelaaid. Aanvankelijk was er in sommige commentaren sterk de neiging de westerse cultuur als superieur voor te stellen. Zie het eerdere voorbeeld met de uitspraken van Berlusconi over de superioriteit van de westerse beschaving tegenover de islamitische landen: de westerse cultuur zou superieur zijn vanwege de waarden van democratie, vrijheid en tolerantie.

In het debat over de gelijkwaardigheid van culturen is een aantal aandachtspunten van belang (38):

- Om te beginnen is geen enkele cultuur een eenheid. Elke cultuur is heterogeen van karakter. Neem alleen al de West-Europese cultuur met haar heterogene erfenis van klassieke oudheid, jodendom, christendom, invloeden van buiten-Europese beschavingen, Oosterse mystiek, Arabische reken- en sterrenkunde, en dat alles weer gebroken door het bonte spectrum van vele nationaliteiten en etnische groepen. De West-Europese cultuur is bij uitstek een cultuur met een geschiedenis van verandering en dynamiek. (30)
- Alle culturen zijn alléén in die zin aan elkaar gelijkwaardig, dat elke cultuur een gelijkwaardige poging is om – binnen de beperkingen en mogelijkheden van een gegeven context – het menselijk bestaan in te richten en de werkelijkheid te kennen en te ervaren.
- De gelijkwaardigheid van culturen is gebaseerd op de fundamentele gelijkwaardigheid van mensen die de dragers zijn van de culturen. Gezien zijn universele potentiële menselijke vermogens om zijn leven in te richten en de werkelijkheid te ervaren en te kennen, is ieder mens gelijkwaardig aan een ander.
- De gelijkwaardigheid van culturen is de basis voor het respect waarop andere culturen dan de eigen cultuur recht hebben. Dat respect kan slechts gebaseerd zijn op een waardeoordeel over die culturen. In zo'n oordeel dienen zowel de positieve als de negatieve kanten van een cultuur meegenomen te worden. Als zo'n waardeoordeel vanwege zijn cultuurbepaalde karakter wordt gediskwalificeerd als etnocentrisch vooroordeel, kan van respect ook geen sprake zijn.
- Iedere cultuur heeft naast positieve ook negatieve kanten, omdat de verschillende culturele pogingen niet altijd even succesvol zijn. Integendeel, elke cultuur is in een bepaald opzicht beter geslaagd en in een ander opzicht minder geslaagd. Een cultuur kan bijvoorbeeld goed geslaagd zijn in het scheppen van mogelijkheden voor het individu om zichzelf te ontwikkelen, maar minder geslaagd zijn in het ontwikkelen van zorg voor elkaar en onderlinge solidariteit. Zo kent de West-Europese cultuur enerzijds haar democratische waarden, maar anderzijds ook een uiterst besmettelijke corruptie, toenemend geweld, kinderporno, vandalisme en daklozen. (31)
- Culturen zijn dus *niet in alle opzichten* aan elkaar gelijkwaardig. Met behulp van de eerdergenoemde universele bovenculturele criteria van de Rechten van de Mens, de menselijke waardigheid, het typisch menselijke en de vermogens om een goed mensenleven te bevorderen, kan een cultuur op een bepaald element (bijvoorbeeld vrouwenrechten) beoordeeld worden als minder waard dan hetzelfde element in een andere cultuur. Het dient zelfs zo te zijn dat je op grond van de genoemde universele criteria, bepaalde culturele praktijken tegengaat.
- Een negatief oordeel over een bepaald element van een cultuur, mag niet gegeneraliseerd en uitvergroot worden tot het afkeuren van de gehele cultuur. Wanneer je bij-

voorbeeld het element vrouwenbesnijdenis in een cultuur verwerpt, kun je vervolgens *niet* de gehele cultuur verderfelijk noemen. (32)

- Bij het oordelen over een andere cultuur is het van belang dezelfde maat ook toe te passen op de eigen cultuur.

Vaak wordt een ideologische tegenstelling verondersteld tussen de minderheidsculturen en de nationale Nederlandse gemeenschap. De minderheidsculturen en dan vooral de islam zijn in de ogen van veel liberalen of linkse progressieven: premodern, traditioneel, fanatiek en achtergebleven in beschaving. De scheiding tussen kerk en staat wordt niet gerespecteerd, evenmin als de gelijkwaardigheid tussen man en vrouw. Verder zouden moslims ouderwetse pedagogische ideeën hebben, zouden ze vatbaar zijn voor fundamentalistische invloeden en is er het vooroordeel dat migranten de vrouw als niet gelijkwaardig aan de man zouden zien.
Daarentegen wordt de eigen Nederlandse natie onder andere door de voormalige Europarlementariër Frits Bolkestein voorgesteld als geworteld in de Verlichting en in het humanisme. Ze is daardoor modern, seculier, tolerant, emancipatoir en progressief.
Siep Stuurman, hoogleraar Europese geschiedenis, verwijt Bolkestein met twee maten te meten. Hij zegt: 'Als de Europeaan Bolkestein de islam toetst aan de meetlat van de Verlichting dan heeft iedere islamiet het recht de Europese geschiedenis met dezelfde maatstaf te beoordelen. (...) Europa heeft de halve wereld veroverd en heeft zijn imperia (nog maar kort geleden) weer verloren, maar de culturele en intellectuele gevolgen van die onderneming kunnen niet ongedaan worden gemaakt. (33)

Universele waarden als democratie, vrijheid en de Rechten van de Mens kunnen door geen enkele culturele gemeenschap geclaimd worden als haar exclusief eigendom. Geen enkele culturele gemeenschap kan zich opwerpen als de exclusieve bron of de exclusieve verdediger van deze universele waarden. Het exclusief opeisen van deze waarden is in tegenspraak met het universele karakter van deze waarden. Met andere woorden, juist omdat deze waarden universeel zijn, vind je binnen elke culturele gemeenschap minimaal een voedingsbodem voor deze waarden, als deze waarden al niet een politiek feit en een maatschappelijke praktijk zijn.

De Libanees-Franse schrijver Amin Maalouf zegt (34) naar aanleiding van de gebeurtenissen op 11 september dat 'Rechten van de Mens, democratie en vrijheid verworvenheden zijn die met recht universeel worden genoemd. Ook andere culturen dan de westerse zijn daar gevoelig voor. Hoe groot hun (soms terechte) kritiek ook mag zijn, keer op keer doen zij een beroep op de waarden en symbolen daarvan, variërend van Rechten van de Mens tot spijkerbroeken van Levi Strauss. Maar hoe is het mogelijk dat een cultuur als de islamitische, die van oudsher bepaald niet bekrompen was en een grote openheid voor de wereld, wetenschap en vooruitgang heeft gekend, zich nu hier en daar afwendt van de redelijkheid en luciditeit die ook hun erfgoed zijn? Kennelijk herkennen moslims hun eigen identiteit niet meer in de verworvenheden van de moderne cultuur. Het westen is daaraan niet geheel onschuldig, trots – misschien wat te trots – als het is op wat het als zijn eigen verdiensten beschouwt. Want wanneer het zichzelf als de vrijwel enige bron van vrijheid, individualiteit en democratie naar voren schuift, gaat de geloofwaardigheid daarvan onherroepelijk teloor. De algemene gelding die daaraan wordt toegeschreven krijgt dan al snel het vervelende karakter van een dictaat dat vanuit de machtscentra van de wereld wordt opgelegd aan de onmachtigen. Dat die laatsten zich daarin niet meer kunnen of willen erkennen, is niet zo verwonderlijk meer. Gewelddadig ressentiment ligt dan gemakkelijk op de loer. Het is voor de universele kracht van menselijke waarden van levensbelang dat zij werkelijk als universeel verschijnen en niet als het eigendom van een beperkte cultuurkring die hen vervolgens schenkt – of opdringt. Zo niet, dan zullen de goedbedoelde pretenties ervan alleen maar averechts werken.'

De woorden van Amin Maalouf worden bevestigd door de eerdergenoemde uitkomsten van het onderzoek dat Gallup uitvoert in de islamitische wereld (zie daarvoor paragraaf 3.9.2).

Voor het omgaan met botsende waarden in de communicatie betekent de universele kracht van menselijke waarden dat je het gesprek met een andersdenkende aangaat vanuit het uitgangspunt dat hij dezelfde grondwaarden deelt als jij: dus nadrukkelijk niet vanuit een houding dat jij de beschermheer of de beschermvrouw bent van de universele waarden.

Een voorbeeld van zo'n positief vertrekpunt is de vraag aan een vader die zijn dochter gedwongen wil uithuwelijken, wat hij graag voor zijn dochter wil bereiken. Een antwoord dat hij graag zijn dochter gelukkig ziet, biedt een goed aanknopingspunt voor een gesprek of gedwongen uithuwelijking dan de goede weg is. Hetzelfde geldt voor de waarde die een moeder aangeeft in haar motief waarom ze haar zoon slaat: hij dient respect te hebben.

4.10 Ontmoeting en confrontatie

In de voorgaande paragrafen is vanuit drie invalshoeken naar voren gebracht dat het noodzakelijk is met elkaar de interactie aan te gaan als het gaat om discutabele culturele verschillen. Deze invalshoeken waren:

1 de menselijke waardigheid met de normen van niet-uitsluiting en de bevordering van interactie;
2 de Universele Rechten van de Mens;
3 het typisch menselijke en de vermogens die een mensenleven doen floreren.

De noodzaak tot interactie wordt nog eens onderstreept door de Wetenschappelijke Raad voor het Regeringsbeleid (WRR). In haar rapport (35) aan de Nederlandse regering noemt de WRR *het beginsel van ontmoeting en confrontatie* een van de belangrijkste leidende beginselen in een immigratiesamenleving zoals Nederland. De Raad is van mening dat de passieve tolerantie van het cultuurrelativisme van 'het leven en laten leven' plaats dient te maken voor de ontmoeting en de confrontatie.

De Raad schrijft onder andere het volgende.
'De keerzijde van toenemende diversiteit en individualisering wordt gevormd door onverschilligheid, eenzaamheid, segregatie en verminderde solidariteit. Onverschilligheid wordt in stand gehouden en gelegitimeerd door eenzijdig opgevatte tolerantie. In Nederland, met zijn poldermodel en compromis- en gedoogcultuur, worden conflicten, ook tussen culturen, bij voorkeur niet uitgevochten maar gepacificeerd. Voor principiële verschillen worden liefst pragmatische oplossingen aangedragen. Deze mentale lenigheid heeft zeker grote voordelen. Hiernaast bestaat echter het risico dat verschillen worden onderschat zolang zij maar 'onzichtbaar' zijn en geen overlast veroorzaken. In een multiculturele samenleving moeten verschillen echter niet onder het tapijt worden geveegd. Conflicten zijn tot op zekere hoogte onvermijdelijk en soms wenselijk, juist om de werking van instituties transparant te maken. Zo gezien kan het ontbreken van grote conflicten en spanningen in Nederland ook een teken van onverschilligheid zijn. (36)
Een geïntegreerde samenleving is een samenleving die de ontmoeting én confrontatie tussen verschillende groepen mogelijk maakt. Ruimte voor ontmoeting 'vooronderstelt zowel het voorkomen van uitsluiting als het bevorderen van interactie'. (37) In het eerste geval gaat het om de mogelijkheden tot participatie in het maatschappelijk leven, in het tweede geval om de mate waarin een samenleving andere tradities respecteert en bereid is van anderen te leren.
In een samenleving waar sprake is van toenemende diversiteit, dient derhalve niet zozeer het 'leven en laten leven' de nadruk te krijgen, als wel het interactieve karakter van de omgang van mensen met een verschillende achtergrond, cultuur, leefstijl. Hiervoor is een beleid nodig dat bijdraagt aan interactie en dat het publieke debat hoog in het vaandel voert.'
'Dat bij die gewenste interactie ook confrontaties en conflicten zullen optreden, past bij een immigratiesamenleving die de eigen principes als sociale rechtsstaat hoog in het vaandel heeft en op basis van die principes ook oor en oog heeft voor degenen die daar anders over denken'. (38)

Deze uitspraken van de WRR sluiten aan bij de visie van de filosoof Jürgen Habermas. Hij zegt dat gelijke rechten voor vrouwen of voor etnische en culturele minderheden pas dan goed worden begrepen, wanneer de leden van deze groepen 'in openbare discussies verwoorden en motiveren wat voor de gelijke of ongelijke behandeling van specifieke gevallen relevant is'. Democratische discussies geven burgers ook de gelegenheid duidelijk te maken 'welke tradities zij willen voortzetten of afschaffen, hoe zij met hun historisch lot, met elkaar en met de natuur willen omgaan, enzovoort'. De democratie kan aan kwaliteit winnen bij het conflict dat door zulke discussies ontstaat. En zij kan heel goed leven met de hieruit voortvloeiende besluiten, suggereert Habermas, zo lang de burgers het eens zijn over wederzijdse eerbiediging van elkaars rechten. (39)

4.11 Wederzijdse verantwoording en communicatief handelen

Van de politieke naar de alledaagse professionele praktijk betekenen ontmoeting en confrontatie een oproep tot wederzijdse verantwoording. (40) Oproepen tot wederzijdse verantwoording is de ruimte nemen en geven om de eigen opvattingen en die van de ander op tafel te krijgen, deze uit te wisselen en een weg te vinden om daar zo passend mogelijk recht aan te doen.

Wat betreft het zichzelf *ter ver-antwoording* laten roepen dienen professionals bij zichzelf te rade te gaan én zich te laten aanspreken door de ander waarom ze bepaalde dingen juist zó vinden en juist zó doen. In die zin ver-*antwoorden* professionals zich tegenover de ander. Het gaat erom de eigen persoonlijke of institutionele vanzelfsprekendheden te doorzien en ter discussie te stellen en zo onbevangen mogelijk de nieuwe situatie tegemoet te treden.

Jürgen Habermas' *theorie van het communicatief handelen* (41) biedt een handreiking voor de inhoud van zo'n wederzijdse verantwoording. Kort samengevat betekent communicatief handelen het volgende. Wanneer mensen met elkaar in gesprek gaan, doet ieder van hen bewust of onbewust een viertal *geldigheidsaanspraken*. De gespreksdeelnemers maken aanspraak op de geldigheid van:

1 de *verstaanbaarheid* van wat ze zeggen; dat de taal waarin ze spreken – de woorden en de zinnen waarmee ze zich uitdrukken – zodanig is dat deze voor de ander verstaanbaar ofwel begrijpbaar is;
2 'de' *waarheid* van hun uitspraken ofwel 'de waarheid' van de objectieve feiten van de kwesties of de situatie die ze noemen. Dit betekent dat ieder van de gesprekspartners over iets spreekt, waarvan hij van mening is dat het reële bestaan niet slechts door hemzelf, maar ook door de ander aangenomen kan worden;
3 de *juistheid* van hun verwachtingen en verplichtingen; de juistheid van de normen en waarden hoe ze met elkaar en met andere mensen omgaan;
4 de *waarachtigheid* van de (gevoelsmatige) uitingen van hun intenties, behoeften, wensen en gevoelens ofwel de waarachtigheid van wie ze als persoon zijn in die situatie (hun identiteit). Dit betekent dat ieder van hen zich waarachtig en oprecht uit, zodat ze elkaars uitingen kunnen geloven en elkaar kunnen vertrouwen.

In hun communicatie geven gesprekspartners elkaar impliciet of expliciet een oordeel over ieders geldigheidsaanspraken. Doorgaans wordt dat oordeel onbewust, snel en routinematig gevormd op basis van gemeenschappelijke culturele interpretatiekaders. De gespreksdeelnemers verstaan, begrijpen en geloven elkaar en ze kunnen al snel met elkaar overweg.

Het kan echter ook zijn dat de gesprekspartners geen gemeenschappelijke basis delen en er niet in slagen onmiddellijk tot overeenstemming te komen. Als ze dan het gesprek niet afbreken, ontstaat er een discussie over vooral de waarheid, de juistheid en de waarachtigheid van ieders cultureel gegeven interpretatiekader. De gesprekspartners hebben en geven elkaar dan *goede redenen* voor hun keuzes en handelingen. Ze handelen dan communicatief wanneer ze gericht zijn op onderling begrip, op het bereiken van onderlinge overeenstemming. Dit veronderstelt dat de gesprekspartners elkaar serieus nemen en met elkaar op voet van gelijkheid willen verkeren.

De volgende situatie dient ter verduidelijking hoe de vier geldigheidsaanspraken in de praktijk kunnen werken.

Een vader vraagt het hoofd van de school van zijn dochter om vanwege zijn geloofsovertuiging zijn dochter vrij te stellen van het verplicht gemengd zwemmen met jongens op school.
De vader en het schoolhoofd doen dan bewust of onbewust de volgende vier geldigheidsaanspraken:

1 De aanspraak op de verstaanbaarheid: de vader en het schoolhoofd drukken zich met behulp van taal op zo'n wijze uit dat ieder van mening is dat de een de ander kan verstaan en begrijpen.
2 De aanspraak op 'de waarheid' van de feiten die ze naar elkaar toe inbrengen. Dit wil zeggen dat zowel de vader als het schoolhoofd er aanspraak op maken dat wat ze elkaar zeggen, zodanig klopt met de werkelijkheid dat het voor de ander aannemelijk is. De vader zegt bijvoorbeeld tegen het schoolhoofd dat volgens het geloof dat hij aanhangt, zijn dochter gezien haar leeftijd niet gemengd mag zwemmen. En het schoolhoofd vertelt de vader wat het belang ervan is dat het meisje leert zwemmen, op welke gronden de school het meisje al dan niet ontheffing kan geven van het zwemmen en welke mogelijkheden de school heeft om gescheiden zwemlessen voor jongens en meisjes te organiseren.
3 De aanspraak op de juistheid van de omgangswijze met elkaar. De vader doet aanspraak op de juistheid hoe hij met zijn dochter omgaat. Verder doet de vader aanspraak op de juistheid dat hij als ouder van zijn kind zich tot het schoolhoofd kan richten met het verzoek zijn dochter ontheffing te verlenen van de gemengde zwemlessen en dat hij als vader daarbij zekere verwachtingen heeft ten aanzien (van de plichten) van het hoofd van de school van zijn kind. Het schoolhoofd doet aanspraak op de juiste wijze van haar omgang met de vader en op de juistheid van haar verwachtingen ten aanzien (van de plichten) van de vader als ouder van een kind op haar school. Ook doet het schoolhoofd aanspraak op de juistheid hoe zij vindt dat de vader met zijn dochter zou moeten omgaan en op de juistheid hoe de school met de dochter als leerling omgaat.
4 De aanspraak op de waarachtigheid van de uitingen tegenover elkaar. De vader en het schoolhoofd maken er aanspraak op dat ze hun bedoelingen, wensen, behoeften en gevoelens waarachtig uiten naar elkaar toe. Dat ze zichzelf – wie ze op dat moment zijn voor elkaar: een gelovige vader en een schoolhoofd – oprecht tot uitdrukking brengen naar elkaar toe, zodat de een de ander kan vertrouwen.

Het schoolhoofd en de vader handelen nu communicatief, wanneer beiden bereid zijn hun geldigheidsaanspraken ter discussie te stellen en te trachten het met elkaar eens te worden. Het mag duidelijk zijn dat het schoolhoofd gezien haar functie en haar machtspositie zich professioneel extra dient in te spannen communicatief te handelen.
Het TOPOI-model (hoofdstuk 5 tot 11) biedt verder concrete handvatten om dit communicatief handelen handen en voeten te geven.

Wezenlijk voor het communicatief handelen is de *principiële bereidheid* van de gesprekspartners hun geldigheidsaanspraken ter discussie te laten stellen. Het gaat dus *niet* om het permanent ter discussie stellen van alles wat zich in de actualiteit afspeelt, het gaat om de bereidheid daartoe. (42) Dit is vooral van belang in interetnische gesprekssituaties. In zulke situaties putten de deelnemers veelal uit verschillende etnisch-culturele achtergronden voor hun taalgebruik, hun feitelijke interpretatie van de werkelijkheid, hun normatieve omgang met elkaar en voor de waarachtige uiting van hun bedoelingen, gevoelens, wensen en verwachtingen. Door deze verschillen in taalachtergrond en in culturele referentiekaders treden misverstanden in de communicatie gemakkelijk op.

Een kanttekening bij de geldigheidsaanspraken is dat hulpverleners en zeker ook cliënten niet altijd in staat zijn aan te geven waarop ze precies aanspraak maken. (43) De verklaring voor hun gedrag luidt dan bijvoorbeeld 'dat doen we altijd zo', 'zo is dat gewoon bij ons', 'ik weet niet waarom, maar toch is het zo' en 'volgens mijn gevoel is het nu eenmaal zo'. Het kan dan helpen te vragen er meer over te vertellen, andere concrete situaties te noemen waarin 'dat' en 'het' ook gelden, wie nog meer zo denken, wat deze personen zeggen, doen of vinden; of bepaalde opvattingen en waarden met eerdere persoonlijke ervaringen te maken hebben en of betrokkene personen kent die er anders over denken.

Het is goed voor ogen te houden dat in de wederzijdse verantwoording aan géén van beide partijen *bij voorbaat* wordt gevraagd de eigen opvattingen op te geven, ook niet aan de professional. Deze zal zijn opvattingen moeten inbrengen en moeten durven het gesprek erover aan te gaan. Dat betekent dat de professional enigszins uitgekristalliseerde opvattingen (een visie) heeft, dat hij deze kan verwoorden en ervoor durft te staan. Verder beschikt hij over de communicatieve competentie deze opvattingen ook ter discussie te stellen en waar nodig geheel of gedeeltelijk te laten varen.

Ten aanzien van het tweede aspect van de wederzijdse verantwoording: *de ander* oproepen zich te ver-antwoorden, durft de professional de ander aan te spreken op zijn gedrag of op zijn overtuigingen. Echt respect voor andermans culturele achtergrond betekent erover in gesprek durven gaan met de ander en ook de ander durven aanspreken, wanneer regels of grenzen van respect worden overtreden. Hierbij mogen argumenten op grond van 'cultuur', 'religie', 'discriminatie', 'racisme' maar ook uitspraken als 'je moet je aanpassen' of 'zo is het, gaat het hier in Nederland of België' nooit het laatste woord zijn. Verder is de professional ook in staat volstrekt duidelijk grenzen te stellen wanneer niet-onderhandelbare waarden geschonden worden. Dit doe je – als professional – op een dialogische wijze zodat de werkrelatie met de ander open blijft.

Twee praktijkvoorbeelden hoe enerzijds duidelijk een grens getrokken kan/moet worden en anderzijds ook de werkrelatie behouden kan blijven:

Een man komt bij de balie burgerzaken van een gemeente en vraagt de vrouwelijke ambtenaar of zij haar mannelijke collega wil roepen, omdat hij niet door een vrouw geholpen wil worden. Aangezien het hier niet gaat om persoonlijke, seksespecifieke zaken (bijvoorbeeld een vrouw die graag een vrouwelijke gynaecoloog wil) kan de ambtenaar rustig, vriendelijk, maar ook beslist (congruent in taal en houding) zeggen dat ze daar als ambtenaar staat, ze de persoon evengoed kan helpen als haar mannelijke collega en hij graag zijn vraag aan haar kan stellen.
Het kan dan gebeuren dat de man nog niet geholpen wil worden door haar, waarop de ambtenaar de man kan voorstellen een nieuw volgnummer te trekken in de hoop dat hij een volgende keer een mannelijke ambtenaar treft. Het meegaan in het verzoek van de mannelijke klant en een mannelijke collega vragen het over te nemen om een conflict te vermijden – wat helaas nogal

eens gebeurt in de praktijk – doet afbreuk aan de niet-onderhandelbare waarde van de gelijkheid van man en vrouw.

Een autochtone Nederlandse vader belt op naar een hulpverleningsinstelling en verlangt dat zijn zoon een andere 'Hollandse' hulpverlener krijgt. De vader zag in de brief van de instelling dat de persoon naar wie zijn zoon is verwezen, een buitenlandse naam heeft. Een van de argumenten van de vader is dat zijn zoon racistisch is en het gesprek 'met zo'n buitenlander' dan toch niets wordt. De betreffende hulpverleningsinstelling is zonder discussie meegegaan in het verzoek van de vader en schendt daardoor de niet-onderhandelbare waarde dat een persoon louter op grond van zijn etnische achtergrond niet uitgesloten mag worden. De hulpverleningsinstelling had met de vader in gesprek kunnen gaan, wat precies zijn zorgen zijn, duidelijk kunnen maken dat de betreffende hulpverlener goed in staat is tegemoet te komen aan de zorgen van de vader en dat het zelfs een meerwaarde kan hebben dat de hulpverlener van buitenlandse afkomst is. Uitgangspunt van zo'n gesprek is dat de betreffende hulpverlener net als zijn collega's prima gekwalificeerd is en dat in dit geval de etnische achtergrond nooit de reden kan zijn om een hulpverlener te weigeren.

In het dagelijks samenleven met elkaar komt het voor dat vooral (autochtone) Nederlanders en Vlamingen migranten niet durven aan te spreken op zaken die volgens hen niet toelaatbaar zijn, vragen oproepen of kwetsend overkomen. Opvallend is dat ze tegenover autochtonen wel zouden optreden, maar op het moment dat ze tegenover migranten staan, overvalt hen een zekere onzekerheid, twijfel of angst en gaan ze het directe gesprek niet aan. Vervolgens mopperen en klagen ze dan wel tegenover anderen over de betrokken migranten of over migranten in het algemeen. Zo ontstaat een vorm van schijntolerantie waarin mensen steeds meer zaken toelaten, steeds meer opkroppen, over hun grenzen heen gaan en dan op een gegeven moment doorslaan. Op dat moment verliezen ze zich in ongenuanceerde uitlatingen en acties jegens migranten. Door zo'n schijntolerante opstelling doen mensen niet alleen zichzelf enorm tekort, maar onthouden ze migranten én zichzelf ook een kans op *echte* ontmoeting en daardoor een mogelijkheid tot groei en ontwikkeling.

4.II.I DIALOGISCHE GESPREKSVOERING

Het elkaar wederzijds ter verantwoording roepen dient op een dialogische wijze te gebeuren. Het kunnen voeren van een dialoog blijkt echter in het huidige politieke en maatschappelijke klimaat rond etnische minderheden, integratie en islam erg lastig te zijn en mensen zijn eerder bezig met een discussie of debat, dan met een dialoog. (44) Jos Kessels heeft hierover een stuk geschreven waarin hij tevens aangeeft wat we onder een dialoog dienen te verstaan en wat het onderscheid is met een debat of discussie (45):

'Dialoog is de oplossing.' Dat hebben we sinds de moord op Theo van Gogh voortdurend te horen gekregen. De krant stond er vol mee. In demonstraties werd het op spandoeken meege-

dragen. Maar op tv zagen we het onvermogen om een dialoog te voeren steeds weer met pijnlijke scherpte voorbijkomen. Laat staan een interculturele dialoog. Kennelijk hebben de meeste mensen het idee dat een dialoog bestaat uit het tegen elkaar opbieden van meningen, al dan niet op hoge toon. Of je daarmee een ander bereikt lijkt er niet toe te doen.
Het gaat er vooral om het eigen standpunt uit te dragen. En iedereen wil gehoord worden. Maar niemand wil luisteren. Niet voor niets hebben wij het steeds over het publieke debat en nooit over de publieke dialoog. Maar met poneren en opponeren, de karakteristieke manieren van spreken in een debat, valt de boel niet bij elkaar te houden. Daarvoor is een heel ander gesprek nodig, een dat gekarakteriseerd wordt door luisteren en vragen stellen, door ruimte geven en herkenning zoeken. Een dialoog is een poging gezamenlijk na te denken. Het is een reflectief gesprek, een onderzoeksgesprek. Inderdaad, de oplossing voor de problemen die de afgelopen tijd tot uitbarsting zijn gekomen, moet gezocht worden in het vermogen een dialoog te voeren over heikele, beladen kwesties. Maar juist dat vermogen is in onze samenleving onderontwikkeld. En het dreigt steeds verder te verdwijnen. ...
Wij leven in een cabaretcultuur: kwetsen is leuk, beledigen moet kunnen. Wij hebben een zwembadmentaliteit: iedereen roept om het hardst, dwars door elkaar. Maar om de problemen die de afgelopen tijd zichtbaar zijn geworden aan te kunnen, hebben wij iets nodig van een heel andere orde, een vorm van spreken die verbindt, waarin geluisterd wordt, waarin gezamenlijk nagedacht kan worden. Een taal waarin poëtische argumenten kunnen ontstaan, waarin je kunt onderzoeken wat je werkelijk aan het hart gaat, wat goed leven eigenlijk is en wat dat vergt...'

Een dialoog is het gezamenlijk onderzoeken van betekenissen met als doel te komen tot een gedeelde visie op wat 'goed' is in de kwestie die de deelnemers met elkaar onderzoeken. Het gaat in de dialoog om het onderzoeken van de onderliggende richtinggevende waarden en principes die ten grondslag liggen aan de kwestie. Een dialoog vraagt om wat Jos Kessels noemt een *'vrije ruimte'*. (46) Dit is een ruimte waarin eenieder vrij is van verplichtingen en van eigen en andermans belangen. Je kunt er 'oorspronkelijk' denken in de letterlijke betekenis van het woord: een vorm van nadenken en spreken waarin je de kleine verhalen ofwel de alledaagse kwesties beschouwt vanuit de oorsprong, vanuit ieders oorspronkelijke uitgangspunten, vanuit het grotere verhaal dat eronder ligt, datgene waar het eenieder eigenlijk om begonnen is.

Uitgangspunt in de dialoog is dat je daadwerkelijk iets met elkaar te maken wilt hebben, dat je echt het contact met de ander aangaat in plaats van je te verschuilen. Het betekent dat je ingaat op wat iemand zegt en probeert te begrijpen waarom hij dat zegt; dat je niet alleen luistert naar de woorden die iemand zegt, maar ook naar zijn onderliggende intenties en drijfveren.

Een discussie of debat daarentegen is verbonden met belangen, is niet vrij maar gericht op doelen, acties of resultaten. Een discussie of debat draait simpel gezegd om het zoeken van de beste middelen om een gegeven doel te bereiken. Het gesprek gaat over het oplossen van problemen, over het zodanig interpreteren van een situatie of het zoeken van zodanige gedragsregels dat je de situatie in de greep krijgt.

In een discussie of debat is vaak ook geen sprake van echt contact, van betrokkenheid op elkaar. Je handelt meer strategisch; het behartigen van belangen staat voorop. Je probeert de ander te overtuigen van je standpunt, zoekt zwakke plekken in de argumentatie van de ander en je bent snel met het oordelen over de ander. Discussie of debat is uitvoerend denken met een afgebakende speelruimte, de kaders zijn vastgesteld en de vrijheid is beperkt.

Een goed debat heeft zeker ook zijn functie: het zorgt voor heldere discussies en leidt tot betere besluiten. Maar als het gaat om het onderzoeken van wat 'goed' is, zoals in het geval van botsende waarden, om het overbruggen van verschillen en om het verbinden van mensen dan is dialoog de geëigende vorm: het creëert ruimte voor nieuwe inzichten, verbreedt horizonten en kweekt begrip.

Het onderscheid tussen een dialoog en een discussie of debat, is hieronder samengevat:

Dialoog	**Discussie en debat**
– kernvraag is: wat is 'goed', wat is van belang?	– kernvraag is: wat houdt stand, is de beste mening, de beste oplossing of aanpak?
– betrokkenheid op elkaar als persoon (relatiegericht)	– vooral aandacht voor de eigen mening en strategische aandacht voor de argumenten van de ander (inhoudsgericht)
– houding is gericht op onderzoeken, navragen en begrijpen	– houding is gericht op vertellen en overtuigen: gelijk krijgen
– navragen bij de ander wat achterliggende logica, motieven, waarden, zorgen, behoeften of belangen zijn	– zoeken naar zwakke plekken in het betoog van de ander en die benutten
– voorwerp van gesprek: waarden en principes	– voorwerp van gesprek: argumenten en standpunten
– communicatief handelen: iets nieuws met anderen beginnen: open einde van nieuwe betekenissen	– strategisch handelen: hoe mijn doelen, mijn gelijk te krijgen
– het blootleggen en onderzoeken van aannames	– rechtvaardigen en verdedigen van aannames
– gedeelde meningen ontdekken	– overeenstemming bereiken over één mening
verschillende invalshoeken integreren	– beoordelen en kiezen van de beste mening
– elke zienswijze is een mogelijkheid, niet dé waarheid	– waarheidsgevechten
– resultaat is een hiërarchie van principes, waarden en normen; wat moet het zwaarste wegen; ruimer inzicht, nieuwe betekenissen, nieuwe kennis	– resultaat is verheldering waar het probleem precies zit; hoofd- en bijzaken gescheiden; drogredenen uitgefilterd; een besluit

4.11.2 DE TIEN KERNVAARDIGHEDEN VAN DE DIALOOG

Om een goede dialoog te kunnen voeren zijn volgens Martina en Johannes Hartkemeyer de volgende tien kernvaardigheden een voorwaarde (47):

1 De *houding van een lerende aannemen*: professionals zijn het erg gewend zich op te stellen als degene die het weet. De houding van een lerende daarentegen vraagt om openheid, om de nieuwsgierige geest van een beginneling, de houding van een niet-wetende en daarmee de bereidheid zichzelf toe te geven dat je eigenlijk niets echt (ten volle) weet. Zo kan er ruimte ontstaan om de eigen denk- en gedragspatronen ter dis-

cussie te stellen. De Zen-meester Shubrya Susuki formuleerde het zo: '*De geest van de beginneling kent vele mogelijkheden. De geest van de expert slechts weinige.*'

2 *Radicaal respect betonen*: de radicaliteit betreft hier respect dat verder gaat dan alleen tolerantie. Het bevat een belangrijk empathisch element: 'Ik accepteer niet alleen wie je bent. Ik probeer ook de wereld vanuit jouw perspectief te bezien.'

3 *Open staan*: de dialoog heeft openheid nodig. Het nieuwe – begrip, inzichten, betekenissen en ook een nieuw gevoel van nabijheid van de anderen – heeft een open ruimte nodig. Openheid ontstaat wanneer twee of meer mensen bereid zijn zich voor elkaar te ontdoen van hun overtuigingen, bereid zijn elkaar hun denkwijze mede te delen en deze te laten beïnvloeden door de ander. Om deze openheid te kunnen realiseren is vertrouwen en veiligheid nodig dat je niet gekwetst wordt.

4 '*Spreken vanuit je hart*': deze oproep is ontleend aan de oude traditie van de indianen die zegt: ' Spreek vanuit je hart en houd het kort, want lange intellectuele woordspelingen kunnen eerlijke gevoelens en gedachten die vanuit het hart komen, verhullen of wegstoppen.' Spreken vanuit je hart betekent dan dat je alleen over die dingen praat die je werkelijk aan het hart gaan, die werkelijk belangrijk zijn voor je. Je praat niet om op te vallen of om verbaal te schitteren. Je probeert de moed te hebben, je werkelijk te laten zien aan de ander.

5 *Luisteren*: is actief, meevoelend waarnemen wat de ander zegt, niet alleen verbaal maar ook non-verbaal. Het tussen de regels en woorden kunnen waarnemen van de diepere betekenissen die er voor de gesprekspartner zijn. Echt luisteren brengt de ander tot een spreken met een onverwachte creativiteit, frisheid, diepgang en met onverwachte inzichten. Net zo belangrijk als het luisteren is het gehoord worden. Je gehoord voelen betekent aandacht en erkenning krijgen en deze twee zaken maken dat de dialoog helend werkt voor mensen. Hierdoor groeit het (zelf)respect en de openheid van de deelnemers.

6 *Vertragen*: de dialoog biedt de mogelijkheid van een tegenbeweging van rust en verlangzaming in een cultuur waarin snelheid en efficiency maatgevend zijn. Het ligt al in de natuur van de dialoog dat het communicatieproces vertraagd wordt, doordat mensen een voor een praten (niet door elkaar) en zich rustig kunnen uitspreken (elkaar niet in de rede vallen). Elke deelnemer kan zichzelf alle ruimte en rust gunnen om te zeggen wat hij wil, om na te denken over wat gezegd is en om verheldering te vragen. Het gebruik in de dialoog van een spreekstok ('*talking-stick*'), praatsteen of een klankschaal om de beurtwisseling van spreken te regelen en daardoor te vertragen, kan hierbij behulpzaam zijn. Een belangrijk doel van de dialoog is onafhankelijk te worden van de dominante programmering in je denken: de eerste gedachten of impulsen die bij je opkomen in een bepaalde context. Het gaat in de dialoog erom je te kunnen openen voor creatieve nieuwe aspecten van de wereld.

7 *Opschorten van je vooronderstellingen, aannames en beoordelingen*: al van jongs af aan krijgen we vanzelfsprekende interpretaties van de werkelijkheid mee: *zo* zit de werkelijkheid in elkaar, *zo* zijn mensen, dat is *normaal* en dat niet, *dit* moet je dan doen... Deze generalisaties en vanzelfsprekendheden zijn nodig en nuttig om te kunnen handelen en om dit af te stemmen op anderen. Maar we moeten ons ervan bewust blijven dat onze aannames en vanzelfsprekendheden subjectief zijn en niet voor anderen hoeven

te gelden. In de dialoog is het dan van belang onze aannames, vooronderstellingen en beoordelingen open te leggen en op te schorten. Dat kan door te verlangzamen en door aandacht voor je vooronderstellingen te hebben. Zodoende komt dan ruimte voor nieuwe inzichten en betekenisgeving.

8 *Constructief redeneren*: dit betekent dat je niet alleen je standpunten, je mening naar voren brengt maar ook aangeeft waar deze vandaan komen, waarop ze gebaseerd zijn. Constructief redeneren is de ander deelgenoot maken van je denkproces vanuit een houding dat jouw zienswijze ' slechts' een mogelijkheid is en niet de waarheid. Samen kun je dan een voorstelling en begrip van de zaken ontwikkelen die rijker en vollediger zijn dan die waartoe je in je eentje in staat bent.

9 *Een vragende houding hebben*: vanuit de houding van een lerende, geef je de rol van de wetende op en kun je 'onschuldige' vragen stellen vanuit de oprechte behoefte iets werkelijk te willen begrijpen.

10 *Jezelf als observator observeren*: hier gaat het er om bij jezelf te registreren *hoe* jij waarneemt: wat er in je opkomt aan gedachten, beelden en gevoelens als iemand iets zegt of als je iets hoort. Het betreft hier vooral het waarnemen van de reflexen van je denken en voelen; reflexen die kunnen samenhangen met oudere aangename of onaangename ervaringen van jezelf in eerdere situaties en met andere mensen dan met wie je nu in dialoog bent. Om dit te kunnen is nogmaals verlangzaming een onontbeerlijke voorwaarde. Het geeft een enorme diepgang aan de dialoog en verruimt, verfrist de eigen inzichten.

SAMENVATTING

Het is lastig om te gaan met verschillen in de communicatie die raken aan bepaalde waarden. Deze botsende waarden leveren morele dilemma's op: moet je bepaalde culturele praktijken toelaten of verbieden, bijvoorbeeld de kwestie van vrouwenbesnijdenis?

In verband hiermee is een andere vraag of communicatie wel mogelijk is tussen mensen met zo verschillende culturele achtergronden. Om te beginnen met de laatste vraag: er zijn drie pijlers om een brug te slaan tussen mensen met verschillende culturele achtergronden: mensen moeten ondanks alle verschillen gelijksoortige problemen van menselijk leven en samenleven oplossen; mensen waar ook vandaan handelen zo rationeel en zinvol mogelijk; mensen kunnen ingeleid worden in nieuwe, andere denk- en handelingskaders. Deze drie pijlers maken het mogelijk met elkaar het gesprek aan te gaan ook al lopen ieders culturele achtergronden heel erg uiteen.

Wat betreft de eerste vraag zijn er drie ideeënstelsels die trachten een antwoord te geven op het omgaan met morele dilemma's: het monisme, het relativisme en het pluralisme. Het moreel monisme als een variant van het universalisme gaat ervan uit dat er één algemeen waarden- en normenstelsel is dat voor iedereen geldt. Het moreel relativisme stelt dat er geen universele cultuuronafhankelijke morele waarheid is; dus tolerantie en respect dienen de toonaangevende waarden te zijn.

Zowel het monisme als het relativisme staat onder grote kritiek. In het geval van een monistische opstelling dreigen etnocentrisme en culturele dominantie ten aanzien van andersdenkenden met als gevolg dat deze zich miskend voelen in de waarde van hun culturele bagage. Een relativistische houding kan leiden tot het relativeren en daarmee legitimeren van praktijken die schade doen aan het mens zijn, zoals de besnijdenis van meisjes.

Een uitweg is het door Henk Procee ontwikkelde pluralisme: een niet-onderhandelbaar kader van niet-uitsluiting en bevordering van interactie. Het niet-onderhandelbare kader omvat de morele maatstaf van de menselijke waardigheid: datgene wat een goed mensenleven doet floreren. De juridische voorwaarde waaronder de menselijke waardigheid vorm kan krijgen is de Universele Verklaring van de Rechten van de Mens. Het niet-onderhandelbare kader van menselijke waardigheid en interactie is tevens een maatstaf om de gelijkwaardigheid van culturen ter discussie te stellen.

De maatstaf van de interactie kan gerealiseerd worden door de oproep tot wederzijdse verantwoording en door communicatief handelen: de bereidheid en de uitnodiging altijd het gesprek aan te gaan met de ander en zich te ver-antwoorden. De dialogische gespreksvoering met haar tien kernvaardigheden is daarbij een concreet handvat hoe dit gesprek gevoerd kan worden.

Verwerkingsopdrachten

Maak deze opdrachten samen met collega's. Vergelijk de uitwerking van elke opdracht met die van je collega's:
- Wat komt overeen?
- Wat verschilt?
- Wat valt op?

Opdracht 1 bij paragraaf 4.1 Cultuurverschillen en communicatie

Een collega uit het maatschappelijk werk zegt tegen je: 'Ik krijg dadelijk een Congolese asielzoeker op bezoek. We spreken weliswaar allebei Engels maar dat is zo'n andere cultuur; hoe kan ik ooit iets van die persoon begrijpen?'

Schrijf op hoe je in je eigen woorden aan deze collega uitlegt dat hij heel goed met deze cliënt kan communiceren.

Opdracht 2 bij paragraaf 4.2 Grenzen aan de toelaatbaarheid van culturele praktijken, 4.3 Monisme, 4.4 Relativisme en 4.5 Pluralisme

Geef een voorbeeld van een cultuurverschil waar je het niet mee eens bent. Het voorbeeld kan komen uit je eigen praktijk of van iemand (een collega) uit je omgeving. Beschrijf een reactie hierop:
- vanuit een moreelmonistisch standpunt;
- vanuit een moreelrelativistisch standpunt;
- vanuit een pluralistisch standpunt.

Een christelijke school weigert een homoseksuele leerkracht aan te nemen. Beschrijf een reactie hierop:
- vanuit een moreelmonistisch standpunt;
- vanuit een moreelrelativistisch standpunt;
- vanuit een pluralistisch standpunt.

Een vader zegt dat op grond van zijn geloof zijn dochter van twaalf jaar niet samen met jongens mee mag naar een vakantiekamp. Beschrijf een reactie hierop:

- vanuit een moreelmonistisch standpunt;
- vanuit een moreelrelativistisch standpunt;
- vanuit een pluralistisch standpunt.

Opdracht 3 bij paragraaf 4.6 Niet-onderhandelbare waarden: niet-uitsluiting en bevordering van interactie

In het onderzoek van Kohlberg naar de morele ontwikkeling van mensen werd onder andere de volgende situatie voorgelegd: 'In Europa lag een vrouw op sterven als gevolg van een zeer ernstige ziekte: een bijzondere vorm van kanker. Er was slechts één medicijn waarvan de doktoren dachten dat het haar leven zou kunnen redden. De apotheker vroeg echter voor dit medicijn tien keer zoveel als het hem gekost had om het medicijn te ontwikkelen. Heinz, de man van de ernstig zieke vrouw, ging naar iedereen die hij kende om geld te lenen, maar hij kreeg maar de helft bij elkaar van wat het medicijn kostte. Heinz vertelde de apotheker dat zijn vrouw stervende was en vroeg hem het medicijn goedkoper te verkopen dan wel het op een later tijdstip te mogen betalen. Maar de apotheker zei, "Neen, ik heb het medicijn ontdekt en ik ga er geld mee verdienen." Zodoende werd Heinz wanhopig en brak in bij de apotheker om het medicijn voor zijn vrouw te stelen.'

- Zou de man dit zo hebben moeten doen? Waarom? Beargumenteer je antwoord.
- Als de man gepakt wordt, moet de rechter hem dan straffen? Beargumenteer je antwoord.

In een Taiwanees dorp antwoordden twee kinderen: 'Ja, Heinz moet het medicijn stelen voor zijn vrouw, omdat als ze sterft Heinz voor haar begrafenis moet betalen en dat kost veel geld.'
Een tweede kind antwoordde: 'Ja, Heinz moet het medicijn stelen, omdat hij zijn vrouw nodig heeft om voor hem te koken'. (48)
In welk stadium van morele ontwikkeling (zie hierna) verkeren deze kinderen volgens de theorie van Kohlberg?

Kohlbergs schema van de morele ontwikkeling in zes fasen

0 *Premoraliteit*
Goed is, wat plezierig is. Wat pijn doet, of angst inboezemt, is slecht. Er is bij het kind in de eerste levensjaren nog geen ethisch besef. Het kan zelf nog geen onderscheid maken tussen 'goed' en 'slecht'.

1 *Preconventioneel niveau*

1 Het kind is geheel en al op de externe autoriteit gericht. Iets is vanzelfsprekend goed, omdat een autoriteit (moeder, vader) dat zegt. Alles waar straf op staat, is slecht: 'Ik zorg dat ze niet boos op mij worden.' Zekerheidshalve wordt het gedrag van de autoriteit geïmiteerd, althans, zolang de autoriteit in de buurt is.

2 Ten opzichte van anderen wordt een weegschaalmodel gehanteerd. 'Ik doe iets voor een ander, omdat die ander (dan) iets voor mij doet. Als jij niet lief bent voor mij, dan ben ik niet lief voor jou.' Wat het eigenbelang van het kind niet direct dient, zal het ook niet doen. Het eigenbelang gaat voor.

2 *Conventioneel niveau*

3 Goed is, wat de anderen goed vinden. 'Wat men van mij verwacht, dat wil ik doen. Ik kijk eerst naar de anderen, voor ik zelf een besluit neem.' Met eventuele negatieve gevolgen wordt weinig of geen rekening gehouden: 'Iedereen doet het immers? Ik wil niet anders zijn dan de anderen.'

4 Goed is, wat de eigen groep normaal vindt. 'Ik laat mijn doen en laten bepalen door de meerderheid. De gangbare groepsnorm wens ik niet te overtreden, anders wordt het leven verwarrend en moeilijk. Ik sluit mij aan bij de mening van mijn groep'.

3 *Postconventioneel niveau*

5 Goed is, wat in overleg is overeengekomen. 'Afspraken moeten gerespecteerd worden. Iets is goed, als in principe iedereen op die manier zou handelen. Het doel heiligt niet alle middelen. Respect voor anderen is belangrijk. Ik ga voor de rechten van de mens. Mensen mogen elkaar niet misbruiken. Wat 'men' normaal vindt, hoef ik nog niet normaal te vinden! Ik heb eventueel het recht om zélf te bepalen hoe ik in deze situatie handel.'

6 Iets is goed, omdat het niet tegen de eigen principes ingaat. 'Mijn persoonlijke geweten weegt het zwaarst en geeft de doorslag. Ik ga voor de rechten van het individu. Voor de wereld waarin ik leef draag ik een directe verantwoordelijkheid. Ik zal wat slecht is openlijk afkeuren. Zelfs al is niemand het met mij eens. Hier sta ik, ik kan niet anders.'

- Wat zou jij antwoorden op de twee vragen naar aanleiding van Heinz' situatie? In welk stadium van Kohlberg zitten jouw uitspraken?
- Leg deze situatie aan verschillende mensen voor en kijk of je de uitspraken in verband kunt brengen met een bepaald stadium van morele ontwikkeling van Kohlberg.

Opdracht 4 bij paragraaf 4.6 Niet-onderhandelbare waarden: niet-uitsluiting en bevordering van interactie

Iemand zegt: 'De hoogste moraal is dat ieder mens het recht heeft zichzelf te ontplooien en te ontwikkelen, maar dit mag niet ten koste gaan van anderen.'

- Geef in je eigen woorden weer welke kritiek Gilligan heeft op deze uitspraak.

Opdracht 5 bij paragraaf 4.7 De Rechten van de Mens

- Geef in je eigen woorden weer wat de belangrijkste kritiek is van niet-westerse landen op de Verklaring van de Rechten van de Mens.
- Er wordt in deze paragraaf een aantal argumenten genoemd om de haalbaarheid aan te tonen van een universele aanvaarding van de Rechten van de Mens. Welk argument spreekt jou het meeste aan en waarom?

Opdracht 6 bij paragraaf 4.8 Wat is typisch menselijk en wat bevordert een goed mensenleven?

Deze opdracht doe je met twee collega's. Speel een gesprek na waarin je als professional (bijvoorbeeld een schooldirecteur) Nussbaums criteria en aanpak gebruikt om met een vader te praten die zijn dochter van zestien jaar van school wil halen. De dochter zelf wil graag verder studeren. De derde collega observeert, geeft feedback en doet eventueel suggesties.
Bespreek na het rollenspel je ervaringen.

Opdracht 7 bij paragraaf 4.9 Gelijkwaardigheid van culturen?

Lees nog eens wat Amin Maalouf zegt over democratie, vrijheid en de Universele Rechten van de Mens.

- Waarop moeten Europeanen en Amerikanen volgens hem letten wanneer ze hierover in gesprek gaan met mensen uit Afrika, Azië en Latijns-Amerika?
- Leg uit wat jij vindt van de aandachtspunten die Maalouf geeft.

Opdracht 8 bij paragraaf 4.9 Gelijkwaardigheid van culturen?

Tijdens een discussie over de gelijkwaardigheid van culturen zegt iemand: 'Ik vind de Nederlandse cultuur een minderwaardige cultuur. Kijk alleen maar naar de manier waarop in Nederland met bejaarde mensen wordt omgegaan; dat is schandalig. Bejaarden worden weggestopt in bejaardenhuizen en kinderen bekommeren zich niet meer om hun bejaarde ouders.'

Lees nog eens de aandachtspunten die voor het debat over de gelijkwaardigheid van culturen van belang zijn.

- Welk commentaar kun je dan hebben op deze uitspraak? Ofwel welke aandachtspunten 'overtreedt' de persoon met zo'n uitspraak?
- Op welke wijze, met welke woorden, kan deze persoon de kritiek die hij heeft op de Nederlandse cultuur zorgvuldiger onder woorden brengen?

Opdracht 9 bij paragraaf 4.10 Ontmoeting en confrontatie

Sta er eens bij stil hoe jij omgaat met culturele verschillen die je tegenkomt. Sta ook stil bij wat je van anderen in jouw omgeving ziet, hoe zij met culturele verschillen omgaan die ze tegenkomen.

- In hoeverre herken je bij jezelf en/of anderen het uit de weg gaan van conflicten en de onverschilligheid die de WRR noemt bij het omgaan met culturele verschillen?
- Wat vind je van de oproep van de WRR aan autochtonen en migranten om meer de ontmoeting en de confrontatie met elkaar aan te gaan?

Opdracht 10 bij paragraaf 4.11 Wederzijdse verantwoording en communicatief handelen en 4.11.1 Dialogische gespreksvoering

Een onderwijsbaliemedewerkster klaagde in een training over het onbeschofte gedrag van allochtone leerlingen. Dit 'onbeschofte' gedrag bestond volgens haar uit gebiedend tikken op de balie, het aanspreken met 'jij' en 'jou', een gebiedende toon, het 'moeten' en het praten in de eigen taal wanneer ze in een groepje aan de balie stonden. Op de vraag wat ze in zo'n situatie deed, vertelde de medewerkster dat ze dan deze leerlingen met opzet extra liet wachten door eerst iets anders te doen. Ze beaamde dat dit weinig effect op de jongeren had, dat ze dan 'nog brutaler' werden en haar irritatie nog meer toenam. Ze zei ook dat ze zich onzeker en wat angstig voelde om vooral de jongens op hun gedrag aan te spreken. Ze had het gevoel dat ze haar als vrouw niet serieus namen.

Stel je voor dat de onderwijsbaliemedewerkster uit het voorbeeld een gesprek aangaat met een paar jongeren aan wie ze zich geërgerd heeft vanwege hun gedrag. In dat gesprek praat ze met de jongeren over hun gedrag.

- Leg uit hoe in dit gesprek tussen de medewerkster en de jongeren sprake kan zijn van wederzijdse verantwoording en communicatief handelen.
- Zeg in je uitleg ook iets over elk van de geldigheidsaanspraken van het communicatief handelen.

Literatuurverwijzingen

1 http://www.elsevier.nl/web/1022732/Nieuws/Nederland/Geen-uitkering-voor-man-die-hand-weigert.htm 18/05/2009.
2 Galenkamp, 1998.
3 Procee, 1991
4 Procee, 1991, p. 143.
5 Tennekes, 1986.
6 Plessner in Procee, 1991; Pinxten, 1994.
7 http://headlines.nos.nl/forum.php/list_messages/13969 18/05/2009.
8 Pinxten, 1994, p. 59.
9 Cliteur, 2001.
10 de Volkskrant 11/05/1998.
11 Galenkamp, 2000.
12 O'Hanlon, 1996, p. 403-8.
13 De Haan, 2000.
14 de Volkskrant 23/03/2007
15 De Haan, 2000.
16 De Jong 2008: 244.
17 Procee, 1991.
18 De Swaan, 1993.
19 De Wit, 1999.
20 Gilligan, 1982.
21 Kohlberg, 1971.
22 NRC Handelsblad 28/03/2008
23 Baehr, 1998, p. 30.
24 Baehr, 1998, p, 30-39.
25 Baehr, 1998, p. 38.
26 Ramdas, 2001.
27 Nussbaum, 2000; De Haan, 2000.
28 De Haan, 2000.
29 NRC Handelsblad 19/05/2009
30 Van der Dunk, 2001.
31 Van der Dunk, 2001.

32 Cliteur, 2001; De Jong, 2001.
33 NRC Handelsblad 27/05/2000.
34 NRC Handelsblad 15/09/2001.
35 WRR, 2001.
36 De Beus, 1998.
37 Procee, 1991.
38 WRR, 2001, p. 27.
39 Habermas, 1995.
40 Wildemeersch, 1995
41 Van der Laan, 1999, p. 50 e.v.; Koningsveld en Mertens, 1986, p. 81-5; Burkart, 1983, p. 210-3; Tennekes, 1992, p. 242-3; Struijs en Brinkman, 1999, p. 54.
42 Van der Laan, 1999, p. 253.
43 Struijs en Brinkman, 1996, p. 56.
44 Dries en Hoffman, 2008.
45 Kessels 2006, p. 213-5
46 Kessels 2002, p. 25 e.v.
47 Hartkemeyer J & M 2005, p. 38-55; Hartkemeyer en Freeman Dhority 1998, p. 78 e.v.
48 Kohlberg, 1971, p. 165.

5

HET TOPOI-MODEL

5.1 Het TOPOI-model

5.1.1 De essentie van het TOPOI-model

5.2 Het TOPOI-model ingebed in Presentie

5.3 Het TOPOI-model: het analyse- en interventiekader

5.4 Toepassing van het TOPOI-model

5

In de afgelopen hoofdstukken is gesproken over de gelaagdheid en de circulariteit van de communicatie en over de invloed van sociale representaties op de communicatie. Dit alles maakt dat communicatie een zeer complex proces is en misverstanden daarom eerder regel dan uitzondering zijn. In dat opzicht verschilt de communicatie met iemand met een andere etnische achtergrond – behalve de taal – niet wezenlijk van die van iemand met eenzelfde etnische achtergrond.

Gezien de complexiteit van communicatie en de onvermijdelijkheid van misverstanden, is vooral een *onbevangen*, open houding van belang in de communicatie, óók met iemand met een andere etnische achtergrond. Daarbij dien je voorbereid te zijn op mogelijke verschillen en deze niet meteen negatief te interpreteren. Uitgangspunt is dat elk gedrag, hoe vreemd ook, een positieve inzet heeft (zie ook hoofdstuk 10 over Inzet). Mensen hebben altijd goede redenen waarom ze doen wat ze doen.

In de communicatie mag je, kun je soms zelfs niet anders dan, 'fouten' maken. Je kunt nooit volledig op de hoogte zijn van alle communicatiestijlen die passen binnen het referentiekader van de ander.

Tijdens een workshop vertelde de trainer over verschillende manieren van iemand verwelkomen bij een huisbezoek, onder andere over de gewoonte om bij aankomst van de gasten reukwater te sprenkelen over hun handen. De mensen doen dat bij jou als gast of ze geven jou een flesje reukwater, zodat je het zelf over je handen kunt doen. Daarop reageerde een deelneemster aan de workshop geschrokken. 'Wat', riep ze verbaasd uit, 'is dat daarvoor bedoeld? Ik heb ook zoiets meegemaakt bij een huisbezoek; dat ik een flesje kreeg aangereikt, maar ik dacht dat het een cadeautje was; dus ik heb het meteen in mijn tas gestopt... Achteraf realiseerde ik me wel dat de mensen wat vreemd hadden opgekeken, maar ik heb verder een heel prettig, goed gesprek gehad met de mensen.'

Wat dit voorbeeld duidelijk maakt is dat de betrokkenheid, de inzet en het respect die je toont in de communicatie met de ander, doorslaggevend zijn. Deze grondhouding van inzet, respect en betrokkenheid uit je vooral in je lichaamstaal: je uitstraling, gezichtsuitdrukking, stem, enzovoort. Onderzoek (1) heeft uitgewezen dat deze non-verbale taal vijfmaal zo krachtig is als de verbale taal. Vanuit deze betrokken en open houding ben je alert op de effecten van je communicatie op de ander. Wanneer zich storingen in de communicatie voordoen, stel je je communicatie bij of maak je deze storingen bespreekbaar. Daarbij werk je met de effecten van je communicatie en niet met je bedoelingen. Dit betekent dat je de betekenis die de ander aan jouw communicatie geeft (zijn reactie) als vertrekpunt neemt voor je verdere communicatie. Als bijvoorbeeld de ander zich gekwetst voelt door jouw communicatie, dan is dat kennelijk de betekenis van jouw communicatie. Blijf dan niet hangen in het uitleggen van je goede bedoelingen in de trant van 'Ja, maar zo bedoelde ik het niet...'. Erken de betekenisgeving van de ander en tracht zo het gesprek weer met de ander op te pakken.

In veel gevallen ben je je er niet van bewust dat er in de communicatie sprake is van verschillen en misverstanden. Het risico van niet-besefte misverstanden is dat je de ander of jezelf verwijten gaat maken als het misgaat in de communicatie. Voorbereid zijn op verschillen en misverstanden voorkomt dat irritaties optreden en dat de communicatie vastloopt. Het TOPOI-model biedt een handvat om (culturele) verschillen en misverstanden in de communicatie op te sporen en aan te pakken.

5.1 Het TOPOI-model

De in hoofdstuk 1 al genoemde Paul Watzlawick (2) ontwikkelde vanuit de *algemene systeem- en communicatietheorie* een aantal grammaticaregels voor de communicatie. Wanneer je je bewust bent van deze grammaticale regels en je ze kunt hanteren in de communicatie, komt dit de gespreksvoering ten goede. De grammatica van de communicatie is door Watzlawick en anderen uiteengezet in vijf fundamentele axioma's ofwel vooronderstellingen. De vijf axioma's luiden:

1 Communicatie verloopt zowel digitaal als analoog.
2 Het karakter van een betrekking is afhankelijk van de interpunctie van de loop der gebeurtenissen.
3 Elke communicatie heeft een inhouds- en een betrekkingsaspect.
4 Elke communicatie verloopt ofwel symmetrisch (gelijk) ofwel complementair (elkaar aanvullend), al naar gelang ze gebaseerd is op gelijkheid of verschil.
5 Men kan niet niet-communiceren.

Op basis van een bewerking van deze vijf axioma's door de Interactie-Academie te Antwerpen is het TOPOI-model ontwikkeld. *TOPOI* staat voor *T*aal, *O*rdening, *P*ersonen, *O*rganisatie en *I*nzet. Deze volgorde is gekozen omdat TOPOI in het Grieks 'plaatsen' betekent, het meervoud van 'topos' (= plaats; denk aan *topografie*). Analoog aan deze betekenis zijn Taal, Ordening, Personen, Organisatie en Inzet de plaatsen of gebieden in de communicatie waar je culturele misverstanden kunt achterhalen en aanpakken.

Vier van de vijf gebieden van TOPOI zijn ontleend aan de axioma's van Watzlawick.

- Taal omvat de *verbale* en *non-verbale taal* van de deelnemers aan het gesprek. Taal is een uitwerking van het axioma: communicatie verloopt zowel digitaal als analoog. Digitale taal is de taal van de afgesproken betekenissen; bijvoorbeeld de verbale taal waarvan de betekenis is afgesproken en vastgelegd in woordenboeken. De analoge taal is vooral de non-verbale taal die niet is afgesproken en zodoende verschillende betekenissen kan hebben. Denk bijvoorbeeld aan een glimlach die spot, vriendelijkheid en tevredenheid kan uitdrukken. Voor het gebied Taal worden in plaats van de begrippen analoge en digitale taal, de begrippen non-verbale en verbale taal gebruikt.
- Ordening is de *kijk* ofwel de *zienswijze* van de deelnemers op de kwesties die spe-

len in hun gesprek. Ordening vindt zijn grondslag in het axioma: het karakter van de betrekking is afhankelijk van de interpunctie van de loop der gebeurtenissen. Met interpunctie wordt hier bedoeld 'de lezing' van mensen, ofwel hoe mensen naar de werkelijkheid, een gebeurtenis of kwestie kijken. Ordening betreft dus de kijk van de gespreksdeelnemers op de kwesties en zaken die aan de orde zijn. Zij is het inhoudsaspect van de communicatie.

- *Personen* verwijst naar de personen die deelnemen aan het gesprek en naar hun onderlinge betrekking. Het gebied Personen is een combinatie van de twee axioma's: elke communicatie heeft een inhouds- en betrekkingsaspect en elke communicatie verloopt ofwel symmetrisch ofwel complementair. Het gebied Personen is dan het *betrekkingsaspect* in de communicatie: wie zijn de gespreksdeelnemers voor elkaar, welke beelden hebben ze van elkaar en hoe ervaren ze hun onderlinge betrekking? Deze betrekking tussen de gesprekspartners kan berusten op gelijkheid of op verschil. Bij een betrekking gebaseerd op gelijkheid zal het gedrag van de gespreksdeelnemers *symmetrisch* (= overeenstemmend) zijn. Het zal tevens gericht zijn op een zo gering mogelijk verschil, bijvoorbeeld concurrerend gedrag van twee personen die allebei willen leiden of het gedrag van een aantal personen die allemaal uit zijn op samenwerking. Bij een betrekking gebaseerd op verschil gedragen de gesprekspartners zich *complementair* (= aanvullend) en streven ze in gedrag naar een zo groot mogelijk verschil, iemand stelt zich bijvoorbeeld leidend op en de ander volgend.
- *Organisatie* is niet ontleend aan een axioma van Watzlawick, maar toegevoegd vanwege de maatschappelijke en professionele *organisatorische* omgeving waarbinnen communicatie plaatsvindt. In de praktijk blijkt dat in veel misverstanden tussen mensen organisatorische onduidelijkheden een grote rol spelen.
- *Inzet* zijn de onderliggende motieven, behoeften, verlangens en drijfveren van de gespreksdeelnemers. Inzet is afgeleid van het axioma: je kunt niet *niet*-communiceren. Mensen oefenen voortdurend invloed uit, alleen al door er te zijn. De voortdurende invloed die mensen uitoefenen, is het waarneembare resultaat van hun inzet: hun nietzichtbare motieven, verlangens, behoeften en motieven.

Vier gebieden van het TOPOI-model komen overeen met de eerdergenoemde vier geldigheidsaanspraken van Jürgen Habermas' communicatief handelen (zie paragraaf 4.11). Taal sluit aan bij de geldigheidsaanspraak van de *verstaanbaarheid*; Ordening bij de aanspraak van de *waarheid*; Personen bij de aanspraak van de *juistheid* en Inzet bij de aanspraak van de *waarachtigheid*. Wanneer er zich ten aanzien van één van deze geldigheidsaanspraken problemen voordoen, kan het TOPOI-model helpen de ontstane misverstanden te verhelderen en de communicatie te herstellen.

5.1.1 DE ESSENTIE VAN HET TOPOI-MODEL

De vijf gebieden van het TOPOI-model zijn een concrete uitwerking van de abstracte begrippen cultuur en cultuurverschillen. Anders gezegd, de werking van cultuur en cultuurverschillen in de communicatie is operationeel, werkbaar gemaakt door ze te onderscheiden en te benoemen als de vijf TOPOI-gebieden Taal, Ordening, Personen, Organisatie

Tabel 5.1 Een schematisch overzicht van de aannames van Watzlawick, de geldigheidsaanspraken van Habermas en het TOPOI-model.

De algemene systeem- en communicatietheorie: de axioma's van Paul Watzlawick	**Communicatief handelen: de geldigheidsaanspraken van Jürgen Habermas**	**Het TOPOI-model**
Communicatie verloopt zowel digitaal als analoog	Verstaanbaarheid	**T**aal
Het karakter van de betrekking is afhankelijk van de interpunctie van de loop der gebeurtenissen	Waarheid	**O**rdening
Elke communicatie heeft een inhouds- en betrekkingsaspect en	Juistheid	**P**ersonen
Elke communicatie verloopt ofwel symmetrisch ofwel complementair		**O**rganisatie (toegevoegd)
Men kan niet niet-communiceren	Waarachtigheid	**I**nzet

en Inzet. Elk gebied omvat een overzicht van de culturele verschillen zoals die zich op dat gebied in de communicatie kunnen manifesteren. Het TOPOI-model helpt je zo om in de gespreksvoering de concrete uitingen van cultuur en culturele verschillen op te merken en te bewerken.

De vijf gebieden van TOPOI zijn onlosmakelijk met elkaar verbonden. In de praktijk van de alledaagse communicatie zul je alle vijf gebieden tegelijkertijd tegenkomen. Ze zijn uit elkaar gehaald en van elkaar onderscheiden om zo goed en volledig mogelijk te laten zien op welke aspecten communicatie allemaal mis kan gaan. En zodoende biedt TOPOI ook meer openingen om de communicatie weer vlot te trekken, wanneer deze dreigt vast te lopen of al is vastgelopen. Verder is het *niet* noodzakelijk dat steeds alle vijf gebieden aan bod komen. Een verandering op één gebied kan al een hele verbetering opleveren en zodoende ook een positieve uitwerking hebben op de andere vier gebieden. Dit betekent dat je een analyse en een interventie op elk gebied kunt beginnen; je hoeft niet te werken van boven (Taal) naar beneden (Inzet).

Het TOPOI-model vormt een reflectiekader dat je voorbereid laat zijn op (culturele) verschillen zonder dat je vooraf per se op de hoogte hoeft te zijn van de culturele kenmerken van bijvoorbeeld etnische groepen. In een ontmoeting krijgt de ander zodoende de ruimte zichzelf te presenteren zoals zij of hij dat zelf wenst en met de eigen unieke betekenisgeving. Hiermee onderscheidt het TOPOI-model zich van de culturaliserende benaderingen.

Het volgende voorbeeld geeft het onderscheid aan tussen een culturaliserende benadering en de werking van het TOPOI-model.

In een culturaliserende benadering wordt bijvoorbeeld gezegd dat islamitische mannen andere vrouwen dan hun eigen vrouw niet mogen aanraken. Daarom geven zij bij begroeting vrouwen geen hand. Houd daarmee rekening en geef als vrouw dus geen hand aan islamitische mannen. In het TOPOI-model wordt bij het gebied (non-verbale) Taal gezegd dat mensen elkaar op verschillende manieren kunnen begroeten: bijvoorbeeld een knikje, een hand op het hart, een buiginkje, een glimlach, zoenen of handen geven. Als handen geven jouw manier van begroeten is, doe dit dan gerust (behoud je onbevangenheid). Houd er alleen rekening mee dat de ander jou op een andere wijze kan begroeten dan met een handdruk.

Omdat het TOPOI-model gebaseerd is op de algemene communicatie- en systeemtheorie, is het een algemeen model dat je in elke communicatie kunt inzetten; dus niet alleen in de gespreksvoering met iemand met een andere etnische achtergrond.

De meerwaarde van het TOPOI-model voor interetnische ontmoetingen is dat je in de communicatie niet meteen de cultuur, discriminatie of racisme als verklaring neemt voor de storingen die optreden en dat je niet jezelf of de ander verwijten gaat maken, maar dat je je afvraagt of het misschien te maken heeft met de *Taal* die eenieder hanteert en begrijpt van elkaar; de *Ordening*: de zienswijze van eenieder; de *Personen*: hoe eenieder zichzelf en de ander ziet; de *Organisatie*: mogelijke verschillen in of onbekendheid met regels, procedures en andere organisatorische aspecten of met de *Inzet*: het (kunnen) zien en erkennen van ieders onderliggende motieven en gevoelens waarom betrokkenen doen wat ze doen. Vervolgens zet je algemene gespreksvaardigheden in om te pogen de misverstanden uit de weg te ruimen.

In de volgende hoofdstukken zal het TOPOI-model vergaand worden uitgewerkt, maar het voorgaande is de *essentie* van de toepassing van het TOPOI-model.

5.2 Het TOPOI-model ingebed in Presentie

Het TOPOI-model kan slechts adequaat ingezet worden vanuit de grondhouding van *presentie*. Het begrip Presentie is ontwikkeld door Andries Baart. (3) Baart wijst erop dat de huidige organisatie van de gezondheidszorg en van de dienst- en hulpverlening een echt zorgzame relatie van de professional met de klant in de weg kan staan. De veranderingen zijn weliswaar gericht op een hogere kwaliteit en betere aansluiting bij de klant, maar ze bewerkstelligen het omgekeerde.

> *'Als betrokkenheid de lust van je leven is, als je er echt wilt zijn voor een ander, dan heb je het nu in elk geval moeilijker dan, pakweg, vijftig jaar geleden. Betrokkenheid bij mensen in de put, in de marge en in de problemen is inmiddels real business. Goede bedoelingen en hartelijke nabijheid volstaan niet. De trefwoorden zijn thans professionaliteit, bedrijfsmatigheid en tempo'. (4)*

Het moderne agogische handelen dreigt volgens Baart steeds meer een gestandaardiseerde, sociale techniek te worden, planmatig, beheerst, resultaatgericht en onder controle. De klant moet zich voegen naar de logica en rationaliteit van interventies met vastgelegde procedures, contracten, hulpverleningsfasen, afspraken, gelimiteerd aantal gesprekken, protocollen, technieken en methoden. Dergelijk methodisch handelen biedt geen ruimte voor het aangaan van *echte* zorgzame betrekkingen. Hoewel klanten tegenover de functionarissen zitten, zijn ze voor sommige functionarissen niet werkelijk present. Veel klanten voelen zich niet gehoord door de functionarissen met wie ze van doen hebben. Cliënten zeggen dat ze weliswaar veel hulpverleners hebben, maar dat ze zich desondanks niet gezien en gehoord voelen. Functionarissen vertellen van klanten dat ze wel informatie maar geen contact krijgen. Hier is sprake – in de woorden van Baart (5) – van '*afwezige aanwezigheid*'.

Volgens Baart is het intens betrokken zijn bij de ander een kunst apart, die in elke samenleving onontbeerlijk is, maar niettemin ernstig in de verdrukking is geraakt. Vandaar zijn pleidooi voor *presentie*. De kern van de presentiebenadering, aldus Baart, is *aandacht*: je aandacht is waar de ander zit en niet bij een methodiek, theorie of beleidsplan.

Een mooi voorbeeld van de presentiebenadering geeft Guus van der Veer, wanneer hij vertelt wat het belangrijkste is in zijn gesprekken met Joe, een minderjarige asielzoeker.

> 'Ik probeer mijn eigen programma opzij te zetten. Ik wil goed kijken en luisteren. Ik wil proberen aan te voelen wat hij op het moment dat hij in mijn kamer zit nodig heeft, en me niet te veel laten leiden door psychologische theorie. Geen duwen en trekken, geen slimme therapeutentrucs, maar hem ruimte geven om te uiten wat hij kwijt wil, ik heb geen protocol, geen therapeutische procedure, in die zin heb ik geen methodiek. Nieuwsgierigheid en mijn boerenverstand, daar moet ik het van hebben. Geduld, dat komt ook van pas: de ontwikkeling van mensen verloopt nu eenmaal vaak via heel kleine, nauwelijks zichtbare stapjes. Maar het belangrijkste is, ik durf het bijna niet te zeggen, liefde'. (6)

Ook het TOPOI-model mag in de ontmoeting met de ander *nooit* als een instrumenteel scherm fungeren tussen jou en de klant. Je zou dan als professional al bij voorbaat de uitingen en de betekenisgevingen van de ander waarnemen en interpreteren vanuit het TOPOI-model (figuur 5.1).

Figuur 5.1 Het TOPOI-model mag géén instrumenteel scherm zijn.

Agogisch handelen gebeurt vanuit een grondhouding van *presentie*: van *er-zijn-voor-de-ander* (figuur 5.2). In de communicatie met de ander treed je de ander steeds in de eerste plaats als *mens* tegemoet en ben je werkelijk *aandachtig betrokken* bij haar of hem. In dit verband past het Bahasa Indonesia *perhatian* voor aandacht. Letterlijk betekent perhatian: *aandacht geven vanuit het hart.*

Pas wanneer er zich in de gespreksvoering storingen voordoen, grijp je als professional in je methodische gereedschapskist en kun je het TOPOI-model inzetten.

Figuur 5.2 Presentie als grondhouding en het TOPOI-model als hulpmiddel.

TOPOI | Professional als persoon ← **Presentie** → Persoon als klant

5.3 Het TOPOI-model: het analyse- en interventiekader

Het TOPOI-model omvat een analyse- en een interventiekader. Het analysekader helpt je bewust te worden van de verschillen die er kunnen spelen in de communicatie ofwel wat de storing in de communicatie veroorzaakt. Het TOPOI-*interventiekader* biedt je suggesties om te interveniëren in het ontstane misverstand. De belangrijkste interventies zijn: bespreekbaar maken, luisteren, doorvragen, uitleg vragen en geven, feedback geven, kaders/grenzen aangeven, besef van de invloed van sociale representaties en erkenning geven.

Uitgangspunt voor de ontwikkeling van het TOPOI-*analysekader* zijn drie kernvragen, die gezien het circulaire karakter van de communicatie, van essentieel belang zijn voor het aanpakken van communicatieve stoornissen.

De drie kernvragen zijn:

1. Wat is *mijn aandeel?*
2. Wat is het *aandeel van de ander?*
3. Wat is de invloed vanuit de ruime sociale omgeving: de *heersende sociale representaties van beelden, waarden, normen, opvattingen en betekenissen* op de communicatie?

Een vertaling van deze kernvragen naar de vijf gebieden van het TOPOI-model levert per gebied een aantal kernvragen op. Deze kernvragen helpen om hypotheses te vormen over de mogelijke bron van het misverstand. Vervolgens kun je dan met gerichte interventies deze hypothesen toetsen bij de ander en de communicatie herstellen.

Taal

1. Wat is mijn aandeel:
   - Wat zeg ik en wat doe ik non-verbaal?
   - Wat is mijn interpretatie van wat de ander zegt en non-verbaal doet?
2. Wat is het aandeel van de ander:
   - Wat zegt de ander en wat doet de ander non-verbaal?
   - Wat is de interpretatie van de ander van wat ik zeg en non-verbaal doe?
3. Wat is de invloed van de ruime sociale omgeving:
   - Wat is de invloed van de heersende sociale representaties – beelden, waarden, normen, opvattingen en betekenissen – op wat ieder zegt en non-verbaal doet?
   - Wat is de invloed van de heersende sociale representaties – beelden, waarden, normen, opvattingen en betekenissen – op de betekenis die eenieder geeft aan wat de ander zegt en non-verbaal doet?

Ordening

1 Wat is mijn aandeel: wat is mijn zienswijze of logica ten aanzien van de kwesties die aan de orde zijn?
2 Wat is het aandeel van de ander: wat is de zienswijze of logica van de ander ten aanzien van de kwesties die aan de orde zijn?
3 Wat is de invloed van de ruime sociale omgeving: wat is de invloed van de heersende sociale representaties – beelden, waarden, normen, opvattingen en betekenissen – op ieders kijk en logica én op ieders interpretatie van de zienswijze van de ander?

Personen

1 Wat is mijn aandeel:
   - Als wie (in welke rol/sociale identiteit) presenteer ik mij aan de ander?
   - Welk beeld van mezelf, van de ander en van onze relatie communiceer ik naar de ander?
   - Wat is mijn interactiewijze in de betrekking?
   - Hoe stel ik me op in de betrekking: complementair of symmetrisch?
2 Wat is het aandeel van de ander?
   - Als wie (in welke rol/sociale identiteit) presenteert de ander zichzelf?
   - Welk beeld van zichzelf, van mij en de relatie communiceert de ander?
   - Wat is de interactiewijze van de ander in de betrekking?
   - Hoe stelt de ander zich op in de betrekking: complementair of symmetrisch?
3 Wat is de invloed van de ruime sociale omgeving:
   - Wat is de invloed van de heersende sociale representaties – de beelden, waarden, normen, opvattingen en betekenissen – op hoe eenieder zichzelf, de ander en de onderlinge relatie ziet en ervaart?
   - Wat is de invloed van de heersende sociale representaties – de beelden, waarden, normen, opvattingen en betekenissen – op ieders interactiewijze en opstelling in de betrekking?

Organisatie

1 Wat is mijn aandeel: wat zijn van mijn kant de organisatorische factoren die de communicatie belemmeren?
2 Wat is het aandeel van de ander: wat zijn van de kant van de ander de organisatorische factoren die de communicatie belemmeren?
3 Wat is de invloed van organisatorische zaken in de ruimere sociale context op ieders communicatie?

Inzet

1 Wat is mijn aandeel:
   - Wat is mijn inzet?
   - Wat zie en erken ik aan inzet bij de ander?
2 Wat is het aandeel van de ander:
   - Wat is de inzet van de ander?
   - Wat ziet en erkent de ander aan inzet bij mij?

3 Wat is de invloed van de ruime sociale omgeving:
- Wat is de invloed van de heersende sociale representaties – beelden, waarden, normen, opvattingen en betekenissen – op de inzet van mij en van de ander?
- Wat is de invloed van deze sociale representaties op wat eenieder van de ander als inzet ziet en kan erkennen?

5.4 Toepassing van het TOPOI-model

Hieronder een illustratie van de toepassing van het TOPOI-model op een praktijksituatie die aangereikt is door Jan Verhoeven van het Instituut voor Inter-Etnisch Management (IEM).

Surinaams bezoek

Tijdens het bezoekuur in een ziekenhuis worden maximaal vier bezoekers per bed toegestaan. Een Surinaams-Creoolse vrouw krijgt er regelmatig meer dan vier. Het verplegend personeel laat dit aanvankelijk oogluikend toe. Eigenlijk weten ze niet goed raad met de situatie: 'Zo doen ze nu eenmaal,' zeggen ze, 'het hoort kennelijk bij hun cultuur.' Op een dag zijn er echter maar liefst negen bezoekers: dat is meer dan het dubbele van het toegestane aantal. De hoofdverpleegkundige besluit nu dat dit niet kan. Ze gaat de kamer binnen en zegt: 'Zo kan het niet! Er zijn veel te veel bezoekers bij mevrouw! Er mogen maar vier mensen bij het bed! Er moeten vijf mensen mee naar buiten, dan kunnen jullie straks wisselen.' Als hier niet onmiddellijk op gereageerd wordt, oefent zij enige verbale aandrang uit. Ze zegt onder andere: 'Jullie moeten je net als alle anderen aan de regels houden!' Dit is reden voor een van de jongste bezoekers om nijdig op te merken: 'Zeker omdat we zwart zijn hè, altijd worden we gediscrimineerd!' De hoofdverpleegkundige is verbouwereerd en geïrriteerd tegelijkertijd. Maar in de gegeven situatie weet ze zich geen houding te geven. Het was absoluut niet haar bedoeling om discriminerend over te komen, maar ze vond wel dat de regels nageleefd moesten worden. De patiënte, die een goede verstandhouding met het verplegend personeel heeft, redt vervolgens de situatie door de jongen die de opmerking maakte, tot de orde te roepen en een aantal bezoekers zelf de gang op te sturen. De jongen die de opmerking maakte, blijkt haar kleinzoon te zijn. Aan het eind van het bezoekuur loopt hij naar de balie waar de hoofdverpleegkundige zit en biedt hij haar zijn excuses aan.

De analyse verloopt voor de duidelijkheid in de volgorde van de TOPOI-gebieden, maar zoals gezegd kun je op elk gebied insteken en ook niet alle gebieden van TOPOI hoeven aan bod te komen.

TOPOI: Taal

Hypothese: op het gebied Taal ligt mogelijk het misverstand dat de woorden van de hoofdverpleegkundige 'Jullie moeten je net als alle anderen aan de regels houden' door de patiente en haar bezoek opgepakt worden als 'Jullie *Surinamers* moeten zich net als alle andere *buitenlanders* aan de regels houden'. Deze betekenisgeving ontstaat onder invloed van de sociale dialoog (sociale representaties) in de samenleving waarin je regelmatig kunt horen en lezen dat migranten zich moeten aanpassen; zich aan de regels moeten houden. Dat de hoofdverpleegkundige deze woorden – *jullie, moeten, net als alle anderen* – kiest, kan eveneens onder invloed zijn van de genoemde sociale representaties. Mogelijk had ze tegenover autochtone bezoekers zoiets gezegd als 'U dient zich aan de bezoekregels te houden'.

Let wel: het gaat hier niet om goed of fout, maar om het besef dat je niet zo vrij bent in wat je zegt en in wat je begrijpt van elkaar; dat je rekening dient te houden met de invloed van sociale representaties en de vaak negatieve invloed op het interpersoonlijke vlak zoals in deze praktijksituatie.

De invloed van heersende sociale representaties – 'witte' Nederlanders discrimineren – is eveneens merkbaar in het verwijt van discriminatie. Waar autochtonen andere woorden kiezen, grijpen migranten al snel naar het woord discriminatie om aan te geven dat ze zich onheus bejegend voelen. Dat de hoofdverpleegkundige zich door dit verwijt zo geraakt voelt, komt waarschijnlijk mede door de sterk heersende norm (is weer een sociale representatie) dat je niet mag discrimineren.

Interventie: Als interventie kan de hoofdverpleegkundige zich bewust worden van deze sociale representaties en de invloed die ervan uitgaat. Ze kan rustig en duidelijk aangeven dat op haar afdeling niet wordt gediscrimineerd, dat ze wel begrijpt dat de kleinzoon zich door iets gekwetst voelt en graag wil weten wat maakt dat hij zich gediscrimineerd voelt. Wanneer de emoties wat gezakt zijn en zaken verhelderd, kan ze duidelijk aangeven dat ze altijd open staat voor eventuele klachten maar dat ze het verwijt van discriminatie niet wil horen.

TOPOI: Ordening

Hypothese: Op het gebied ordening kun je lezen dat de verpleging het overschrijden van het maximaal toegestane aantal bezoekers ordent als een cultureel probleem: 'het hoort kennelijk bij hun cultuur'. Door deze ordening zet de verpleging zichzelf vast, mogelijk onder invloed van de sociale representatie 'je dient respect te hebben voor de cultuur van de migrant'. De verpleging weet zich daardoor geen raad met de situatie.

Interventies: In plaats van een culturele interpretatie kan de verpleging de kwestie – zoals te doen gewoonlijk – ordenen als een probleem met het naleven van de bezoekregels. Zo'n ordening maakt de kwestie beter bespreekbaar. De verpleging kan dan navraag doen bij de patiënte waarom er steeds meer bezoekers komen dan toegestaan. In een gesprek met de patiënte en de bezoekers kan de verpleging het gemeenschappelijke benoemen. Verpleging en bezoekers willen beide het beste voor de patiënte en voor haar medepatiënten op de kamer. Dit gemeenschappelijke belang is het vertrekpunt voor verdere actie met betrekking tot de bezoekregeling.

Een andere belangrijke interventie is dat de verpleegkundigen met elkaar bespreken in hoeverre ze last hebben van de genoemde sociale representaties in de zin van het denken te moeten voldoen aan deze sociale normen en hoe ze hiermee anders kunnen omgaan. Ze kunnen bijvoorbeeld tot de conclusie komen dat respect hebben en non-discriminatie juist bereikt wordt door – net als bij autochtone bezoekers die een regel overschrijden – óók migranten *als bezoekers* te benaderen en zaken bespreekbaar te maken.

TOPOI: Personen

Hypothese: Wat het gebied personen betreft lijkt de verpleging de patiënte en haar bezoek in de eerste plaats te zien als Surinamers en durft de verpleging hen niet aan te spreken omdat men meent dat hun gedrag cultureel bepaald is en men daarom daarvoor respect moet opbrengen.

Interventie: Als de verpleegkundige vanuit een *inclusieve* benadering het patiënt en bezoeker zijn vooropzet – want dat is wat ze binnen de context van het ziekenhuis in de eerste plaats zijn – wordt het gemakkelijker de mensen aan te spreken zoals ze dat anders ook zou doen.

TOPOI: Organisatie

Hypothese: Vanuit het oogpunt van organisatie schept de verpleging onduidelijkheid door soms meer bezoekers oogluikend toe te laten. Verder zijn de bezoekers wellicht niet bekend met het bezoekreglement.

Interventie: Na navraag van redenen waarom patiënten (migranten én autochtonen) meer bezoek dan toegestaan ontvangen, kan de verpleging opnieuw de regels vaststellen. Eventueel kan ook een ruimte ingericht worden waar patiënten wiens gezondheid het toelaat meerdere bezoekers kunnen ontvangen. Deze ruimte is er dan vanuit een *inclusieve* benadering voor *alle* patiënten en hun bezoekers (en niet alleen voor migranten).

TOPOI: Inzet

Hypothese: Zowel verpleging als patiënte en haar bezoekers tonen veel inzet. De verpleging stelt zich begripvol, tolerant en beschermend (niet te veel bezoekers) op. De bedoelingen zijn goed, maar de effecten zijn onduidelijk en resulteren in misverstanden over het toegestane aantal bezoekers. De bezoekers hebben ook veel inzet: ze komen met z'n allen op bezoek. Echter, ook hier komen de effecten niet overeen met de bedoelingen.

Interventie: Oprechte erkenning van de inzet van de bezoekers. Dit kan door waardering uit te spreken dat ze zoveel belangstelling voor de patiënte tonen. Na deze erkenning kan de verpleging zoals eerder aangegeven bij het gebied Ordening en Organisatie, de kwestie van de hoeveelheid bezoekers aan de orde stellen

SAMENVATTING

De gelaagdheid en circulariteit maken dat communicatie een complex proces is. Vandaar dat misverstanden eigen zijn aan de communicatie. In dat opzicht verschilt de communicatie met iemand met een andere etnische achtergrond – behalve mogelijk de taal – niet wezenlijk van die met iemand met dezelfde etnische achtergrond.

Doorslaggevend in de communicatie zijn de inzet, respect en betrokkenheid bij de ander die zich vooral uiten in de lichaamstaal. Vanuit zo'n positieve grondhouding mogen 'fouten' gemaakt worden. Soms kun je ook niet anders, omdat je nooit helemaal op de hoogte kunt zijn van alle mogelijke verschillen die zich voordoen in de communicatie. Verder blijft de kans altijd bestaan dat het effect van je communicatie anders uitpakt dan je bedoeling.

Voor een effectieve communicatie zijn daarom – naast genoemde positieve grondhouding – van belang: het voorbereid zijn op verschillen; deze verschillen niet meteen negatief interpreteren maar uitgaan van een positieve inzet; het werken met de effecten van je communicatie en het bespreekbaar maken van mogelijke verschillen en misverstanden. Om deze te achterhalen kan het TOPOI-model een hulpmiddel zijn. TOPOI staat voor de vijf gebieden in de communicatie waar zich culturele misverstanden kunnen voordoen: Taal, Ordening, Personen, Organisatie en Inzet. Het model vindt zijn grondslag in de axioma's van Paul Watzlawick en is in die zin ook een algemeen model dat inzetbaar is in *elke* communicatie. Het TOPOI-model komt tevens overeen met de geldigheidsaanspraken van het communicatief handelen van Jürgen Habermas.

Naast een analysekader om je bewust te worden welke verschillen er spelen, omvat het TOPOI-model een interventiekader met handelingssuggesties om ontstane misverstanden aan te pakken.

Een waarschuwing is dat het TOPOI-model altijd ingezet dient te worden vanuit een grondhouding van aandachtige betrokkenheid (presentie). Het mag nooit fungeren als een instrumenteel scherm tegenover de ander. De essentie van het TOPOI-model is om in geval van misverstanden of conflicten bij een drietal vragen stil te staan: wat is mijn aandeel, wat is het aandeel van de ander en wat is de invloed vanuit de ruime sociale omgeving. En dit dan te doen aan de hand van de vijf gebieden.

Anders gezegd, de meerwaarde van het TOPOI-model voor interetnische ontmoetingen is dat je niet meteen de cultuur, discriminatie of racisme als verklaring neemt voor de storingen die optreden in de communicatie, dat je ook niet meteen jezelf of de ander verwijten gaat maken, maar dat je je afvraagt of het misschien te maken heeft met de *Taal* die eenieder hanteert en begrijpt van elkaar; de *Ordening*: de zienswijze van eenieder; de *Personen*: hoe eenieder zichzelf en de ander ziet; de *Organisatie*: mogelijke verschillen in of onbekendheid met regels, procedures en andere organisatorische aspecten of met de *Inzet*: het (kunnen) zien en erkennen van ieders onderliggende gevoelens waarom betrokkenen doen wat ze doen. Vervolgens zet je algemene gespreksvaardigheden in om de misverstanden te pogen uit de weg te ruimen.

In deel 2 wordt elk van de vijf TOPOI-gebieden uitgebreid behandeld. De mogelijke culturele verschillen komen aan bod die zich op elk gebied kunnen voordoen. Aan deze mogelijke verschillen kun je denken bij de hulpvragen in het analysekader van elk TOPOI-gebied. Gekoppeld aan de culturele verschillen op elk TOPOI-gebied worden concrete suggesties gegeven hoe je kunt omgaan met communicatiestoringen vanwege deze culturele verschillen. Op het eind van elk hoofdstuk wordt als samenvatting het analyse- en interventiekader van elk gebied weergegeven.

Verwerkingsopdrachten

Maak deze opdrachten samen met collega's. Vergelijk de uitwerking van elke opdracht met die van je collega's:

- Wat komt overeen?
- Wat verschilt?
- Wat valt op?

Opdracht 1 bij hoofdstuk 5 Inleiding

Heb jij zelf ook een ervaring waarin je in de communicatie een grove fout maakte, maar het jou 'vergeven' werd omdat je positieve grondhouding van betrokkenheid, inzet en respect doorslaggevend was?

Opdracht 2 bij paragraaf 5.1 Het TOPOI-model

Zet de volgende culturaliserende benadering om naar het TOPOI-model:

- Personen uit een niet-westerse cultuur betonen je juist respect door weg te kijken in plaats van je aan te kijken.

Opdracht 3 bij paragraaf 5.2 Het TOPOI-model ingebed in presentie

Haal eerst voor jezelf een situatie terug waarin jij een probleem had (het niet goed met je ging) en iemand er echt voor je was.

Wissel daarna met een collega uit wat jou in zo'n situatie het gevoel geeft, dat die ander *er echt* voor je is:

- Hoe is die ander dan?
- Wat straalt zij of hij dan uit?
- Welk gevoel geeft die ander jou?
- Hoe reageert die ander dan op jou? (wat doet, zegt die ander?)

Om antwoord te krijgen op deze vraag, kan het ook helpen jezelf af te vragen: wanneer heb ik het gevoel dat die ander er *niet* echt voor me is?

Opdracht 4 bij paragraaf 5.3 Het TOPOI-model: analyse- en interventiekader, 5.4 Toepassing van het TOPOI-model

Neem een situatie uit de praktijk en probeer deze met behulp van het TOPOI-model te analyseren. Beperk je hierbij tot de essentie van het TOPOI-model: ga voor elk gebied van TOPOI na: wat jouw aandeel is, wat het aandeel is van de ander en wat de invloed is vanuit de ruime sociale omgeving. Het is dus mogelijk dat niet elk gebied van TOPOI aan de orde is.

Literatuurverwijzingen

1 Argyle, 1972.
2 Watzlawick, 1974.
3 Baart, 1997.
4 Baart, 2000b, p. 3.
5 Baart, 2000b, p. 13.
6 Van der Veer, 1997, p. 10.

DEEL 2

DE PRAKTIJK VAN DE INTERCULTURELE GESPREKSVOERING

6 Het TOPOI-model: Taal

7 Het TOPOI-model: Ordening

8 Het TOPOI-model: Personen

9 Het TOPOI-model: Organisatie

10 Het TOPOI-model: Inzet

11 Toepassing van het TOPOI-model op praktijksituaties

6

HET TOPOI-MODEL: TAAL

6.1 Verbale taal en non-verbale taal

6.2 Verbale taal

6.2.1 Betekenis van de eigen taal

6.2.2 Praten in de eigen taal

6.2.3 Woordenschat: taal en werkelijkheid

6.2.4 Taalbeheersing

6.2.5 Taalervaring

6.2.6 Passendheid van taalgebruik

6.2.7 Communicatiestijlen

6.2.8 Impliciet taalgebruik

6.2.9 Interactionele regels

6.2.10 Verbaal luistergedrag

6.2.11 Taal en tolken

6.3 Non-verbale taal

6.3.1 Contextuele aanwijzingen

6.3.2 Stilten en pauzes

6.3.3 Non-verbaal aandacht geven

6.3.4 Persoonlijke ruimte

6.3.5 Expressie van gevoelens en bedoelingen

6.3.6 Oogcontact

6.3.7 Begroetingen

6.3.8 Stemvolume

6.3.9 Prosodie: intonatie, ritme en klemtoon van de stem

6.3.10 Lachen

6.3.11 Kleding en opmaak

6.3.12 Lopen en bewegen

6.3.13 Inrichting van de ruimte

6.3.14 Non-verbale taal en somatiseren

6.4 Sociale representaties en taal

6

INLEIDING

Taal verwijst naar de verbale en non-verbale taal waarmee mensen zich uitdrukken. Taal is het voertuig van de communicatie, waarmee personen en groepen uitdrukking geven aan hun identiteit: aan hun betekenisgeving van de hen omringende werkelijkheid. Vandaar dat de taal van een persoon of een groep de kennis en waarden van die persoon of die groep weerspiegelen.

Taal ordent en structureert de werkelijkheid. Van jongs af aan leert een kind via de taal zijn omgeving kennen, ordenen en waarderen. De zo aangeleerde kennis, ordening en waardering zijn cultureel bepaald en bijgevolg ook de taal. In de gespreksvoering kunnen zich misverstanden voordoen naar aanleiding van culturele verschillen in het taalgebruik.

Professionals noemen vaak de taalbarrière het grootste knelpunt in hun communicatie met mensen met een andere etnische achtergrond. De eerste communicatieproblemen doen zich immers voor op het niveau van de taal. Hierdoor vormt de taalbarrière inderdaad een belangrijk obstakel in de communicatie. Tegelijkertijd leert de praktijk dat het ontbreken van een vertrouwensbasis in veel gevallen de belemmerende factor is en *niet* de taal. In een instelling voor de geestelijke gezondheidszorg kwam de begeleiding er pas na een jaar achter dat een Marokkaanse bewoonster redelijk Nederlands kon praten. Toen pas voelde ze zich voldoende vertrouwd en veilig om zich ook in het Nederlands te uiten tegenover haar begeleiders.

Het delen van dezelfde moedertaal suggereert gemeenschappelijkheid en een vlotte begripvolle communicatie. Het kan echter zijn dat je meer deelt en beter communiceert met mensen die een andere moedertaal hebben.

> August Willemsen verbleef enige tijd in Brazilië als student. In zijn boek *Braziliaanse brieven* schrijft hij: 'En zo betreed ik af en toe cafés, tot verbijstering van onze Hollandse vrienden over deze zo aardige, intelligente Nederlandse student, die zich encanailleert met negers, werklozen, daklozen, alcoholici – en het nog leuk schijnt te vinden ook. Ja, ik vind het leuk. (..) Ik praat soms liever Portugees met negers, werklozen, daklozen en alcoholici dan Nederlands met mensen die niet begrijpen dat ik dat leuk vind. Het hebben van eenzelfde moedertaal schept de illusie van communicatie, terwijl die taal de mensen alleen maar scheidt'. (1)

In dit hoofdstuk komen uitgebreid de verschillen aan de orde die zich op het gebied van de verbale en non-verbale taal kunnen voordoen. Tegelijk met de uitleg van de mogelijke verschillen worden handreikingen gegeven hoe je eventuele misverstanden als gevolg van deze verschillen kunt aanpakken. Aan het eind van het hoofdstuk volgt samenvattend het TOPOI-analyse- en interventiekader voor het gebied Taal.

6.1 Verbale taal en non-verbale taal

Het taalgebruik van deelnemers aan een gesprek valt uiteen in verbale en non-verbale taal. De verbale taal is de taal die min of meer overeengekomen is en in zekere zin door afspraken is vastgesteld: bijvoorbeeld de afspraak dat een tafel 'tafel' heet. De betrekking tussen de naam en de benoemde zaak is vrij willekeurig. Er is niet speciaal iets tafel-achtigs aan het woord tafel. (2) Verbale taal is de taal van de woorden (verbum = woord). De betekenis van de verbale taal is grotendeels te controleren, bijvoorbeeld in een woordenboek. De afspraken over de betekenissen van de verbale taal gelden binnen een bepaald sociaal systeem. Binnen andere sociale systemen kunnen andere afspraken gelden, dus andere verbale talen gebruikt worden. Zo zijn er de verschillende volks- en nationale talen, streektalen, dialecten, religieuze talen, vaktalen en bedrijfstalen.

Bij non-verbale taal bestaat er wel een zeker direct verband tussen het teken en het ding waarnaar het teken verwijst. Er is bij non-verbale taal een bepaalde logische overeenkomst tussen teken en ding. Non-verbale taal is directer in verband te brengen met de zaak die ze aanduidt: bijvoorbeeld lachen van vreugde. Non-verbale taal is praktisch alle niet-gesproken communicatie, zoals gebaren, gelaatsuitdrukking, lichaamstaal, stemgebruik, maar ook kleding, make-up en sieraden.

Hoewel er een zekere overeenkomst bestaat tussen teken en ding, heeft non-verbale taal altijd verschillende, soms zelfs tegenstrijdige betekenissen. In de lichaamstaal zijn er tranen van verdriet en tranen van vreugde, een gebalde vuist van agressie of van zelfcontrole, stilzwijgendheid als tact of als onverschilligheid en een glimlach van medeleven of van minachting. Door zijn uiteenlopende betekenissen schept non-verbale taal al snel misverstanden en houdt zij deze ook gemakkelijk in stand.

Wat betreft de eenduidigheid in betekenis is er geen scherp onderscheid te maken tussen verbale en non-verbale taal. Zo is ondanks alle afspraken de betekenis van veel verbale taal eveneens meerduidig. Een voorbeeld is de zin: *Ik heb zin in koffie.* Afhankelijk van de situatie en de manier waarop het gezegd wordt zijn verschillende betekenissen mogelijk, zoals: *Wil jij koffie voor mij zetten; Ik ga koffie halen; Heb jij ook zin in koffie* en *Laten we stoppen met de vergadering.*

Door deze meerduidigheid van de verbale en non-verbale taal heb je nooit helemaal de controle over de betekenis van de dingen die je zegt en hoe de ander deze hoort. Taal kan betekenissen die jij wilt overdragen, dus nooit volledig uitdrukken.

Verbale taal is rijk aan grammatica. De zinsbouw laat toe te nuanceren, verschillende betekenissen weer te geven en tijdsbegrip in te bouwen. Maar verbale taal is niet voldoende voor interpersoonlijke betrekkingen. Daarvoor is de non-verbale taal belangrijk. Non-verbale taal is de taal bij uitstek om de relationele betekenis van een boodschap te laten overkomen of te ontvangen. Met alleen de woorden *ik hou van jou,* komt in een persoonlijk gesprek de boodschap dat je van de ander houdt, niet over. De non-verbale taal (gelaatsuitdrukking, stem, lichaamshouding) is nodig om de boodschap overtuigend over te brengen.

Iemand drukt voortdurend non-verbale taal uit, omdat zijn lichaam altijd iets uitdrukt. Uitdrukkingen als *er beteuterd bij staan*, een *veelzeggend gezicht*, een *uitnodigende glimlach*, *sprekende ogen* en een *dodelijke blik* verwijzen naar de communicatieve betekenis van de non-verbale taal van het menselijk lichaam. In die zin communiceert eenieder permanent, ook al zegt hij niets. *Je kunt niet niet-communiceren*, is de bekende uitspraak van Watzlawick. (4)

6.2 Verbale taal

Bij de bespreking van de verbale taal wordt nader ingegaan op de diverse aspecten die van belang zijn in de interculturele gespreksvoering. Als eerste de betekenis van de eigen taal.

6.2.1 BETEKENIS VAN DE EIGEN TAAL

De eigen taal of moedertaal is een uiting van de eigen persoonlijke identiteit. De eigen taal is daarom diep verbonden met eigenwaarde en met emoties. Ook tussen de taal en de verschillende sociale identiteiten (rollen) van een persoon bestaat een sterke samenhang. Denk maar aan de vaktaal van de professional, de turbotaal van de jongere en de opvoedende taal van een ouder tegen zijn kind. Vooral voor de identiteit van de leden van een etnische groep is taal een belangrijk element. (5) De eigen taal markeert namelijk het lidmaatschap van een etnische groep, bakent de grenzen af met andere etnische gemeenschappen en versterkt de etniciteit ofwel het saamhorigheidsgevoel. (6)

Het belang van de eigen taal wordt onderschat in de gespreksvoering met mensen met een andere etnische achtergrond. In de eigen taal geven mensen het beste uiting aan wat ze voelen en wat hen bezighoudt. Wanneer migranten emotioneel zijn of ziek of oud worden, spreken ze meestal alleen nog de eigen taal en niet meer de aangeleerde vreemde taal van het gastland.

Schrijnend is het fragment in de film *Oud worden ver van huis* (7) over ouder wordende Nederlanders in Australië en Nieuw-Zeeland. Het fragment verhaalt van een Nederlandse vrouw in Australië die in een diepe crisis raakte, omdat ze haar moeder niet meer kon verstaan. De vrouw had als tweedegeneratie migrant in Australië geen Nederlands meer willen leren en ze kon daarom alleen Engels spreken. Haar moeder, oud en ziek aan het eind van haar leven, sprak alleen nog maar Nederlands en geen Engels meer. De vrouw kon daardoor niet meer in contact komen met haar moeder.

In verband met het voorgaande dienen hulp- en dienstverleners ermee rekening te houden dat migrantencliënten in veel situaties niet de kans hebben hun moedertaal te spreken. Professionals die in hun moedertaal kunnen spreken, zijn in het voordeel ten opzichte van deze cliënten.

'Wat er precies in mij gebeurt, kan ik eigenlijk alleen in mijn moedertaal uitleggen', zegt een cliënt. Aan de hand van deze uitspraak legt Astrid Roemer (8) uit dat het niet zozeer gaat om de taalbarrière, als wel om het gemis van je moedertaal als de enige taal waarin je precies kunt vertellen hoe het met je is, wat je beroert en wat je bezighoudt. Vertalen is namelijk veranderen en in dit veranderingsproces gaat nu net de informatie verloren die je alleen in je moedertaal kunt uitdrukken.

6.2.2 PRATEN IN DE EIGEN TAAL

Gezien het belang van de eigen taal is het niet verwonderlijk dat mensen in een vreemde omgeving graag land- of taalgenoten opzoeken om zich in de eigen taal met elkaar te onderhouden. Het stuit nogal eens op problemen wanneer migranten met dezelfde taalachtergrond elkaar in een organisatie opzoeken en in de eigen taal spreken, bijvoorbeeld in de pauzes. Vooral collega's die de betreffende taal niet beheersen voelen zich in zo'n situatie buitengesloten, omdat ze niet weten waar hun collega's het over hebben.

Het is goed te beseffen dat het een algemeen menselijke behoefte is dat mensen het liefst met 'eigen' mensen omgaan. Zo zoeken collega's van dezelfde afdelingen elkaar in de pauzes op. Hetzelfde doen streek- of stadgenoten; zij praten ook graag in de eigen taal.

Een Marokkaanse jongen sprak vrij goed Nederlands. Hij had zeer gemotiveerd allerlei Nederlandse taalcursussen gevolgd, omdat hij graag contact wilde met Nederlanders. Toen hij werk vond in een bedrijf en aansluiting zocht bij zijn collega's, accepteerden ze hem niet. De jongen sprak hun dialect niet en hij praatte volgens hen academisch Nederlands.

Uit de eerder in hoofdstuk 4 genoemde pluralistische uitgangspunten van *niet-uitsluiting* en *bevordering van de interactie*, valt af te leiden dat iedereen het recht heeft zich in de eigen taal met anderen uit te spreken. Tegelijkertijd dient voorkomen te worden dat anderen zich buitengesloten voelen. Daarom is het van belang in multi-etnische organisaties heldere afspraken te maken hoe eenieder met het praten in de eigen taal omgaat. In het algemeen kan gelden dat iedereen Nederlands spreekt in formele situaties, zoals werk, les en overleg. Wanneer het nodig is, kun je iets in de eigen taal aan een taalgenoot uitleggen. In informele situaties – bijvoorbeeld in pauzes – heeft iedereen de gelegenheid in de eigen taal te spreken. In deze situaties moeten mensen met dezelfde taalachtergrond zich wel bewust zijn van het effect, namelijk het gevoel dat anderen kunnen krijgen wanneer ze de taal niet verstaan. In gezelschap van mensen met een andere taalachtergrond spreken de gesprekspartners een gemeenschappelijke taal, of wordt er voor de anderstaligen in het gezelschap vertaald. Indien nodig attendeer je de anderen erop wanneer en waarom je in de eigen taal met iemand wilt spreken. Ook leg je uit waarover het gaat, wanneer anderen er last van hebben dat ze de taal niet kunnen volgen. Vooral wanneer mensen lachen geeft dit anderstalige buitenstaanders een onprettig gevoel, omdat ze niet weten waarom er gelachen wordt. Buitenstaanders kunnen zelf ook, op het moment dat dat gebeurt, aangeven dat ze en waarom ze er last van hebben dat anderen in de eigen taal met elkaar praten. Hierover kan dan een gesprek ontstaan met als uitkomst dat recht gedaan wordt aan het mogen spreken in de eigen taal.

Met betrekking tot het voorgaande is het belangrijk op te merken dat 'de eigen taal' niet alleen een vreemde taal hoeft te zijn, zoals het Marokkaans-Arabisch of het Turks, maar het kan net zo goed om een Nederlandse of Vlaamse streektaal of om vakjargon gaan.

Hoe je het als buitenstaander beleeft in de eigen taal te praten, is mede afhankelijk van de houding die je hebt tegenover deze taal. Als je de 'vreemde' taal mooi vindt en interessant en als je er positieve, leuke associaties bij krijgt, zul je waarschijnlijk positiever tegenover die taal staan dan wanneer je de taal lelijk en oninteressant vindt en er ook nog eens negatieve beelden bij hebt.

Wat betreft het praten in de eigen taal is het in de hulpverlening en bij de begeleiding van mensen (9) van belang te kunnen luisteren naar de emotionele taal of de gevoelstaal van iemand. In zijn gevoelstaal geeft een persoon uiting aan zijn diepste gevoelens. De hulpverlener zal de gevoelstaal van de ander moeten leren verstaan binnen diens eigen referentiekader. In de gevoelstaal van de ander vindt de hulpverlener de essentiële sleutels om de ander te begrijpen. Welke thema's benoemt de hulpvrager? Hoe noemt de persoon zichzelf?

In de Engelstalige instructiefilm *Crosstalk* (10) zien we hoe een Indiase man bij een maatschappelijk werker komt om hulp te vragen. De man is ontslagen en heeft geen inkomen. In het gesprek met de maatschappelijk werker komt duidelijk naar voren dat de man zich schaamt financiële hulp te moeten vragen. Regelmatig zegt de man 'I feel so ashamed'. De maatschappelijk werker merkt deze uitspraken van de man niet op, omdat hij alleen maar gericht is op de feiten die hij wil achterhalen om te weten of de man nu wel of niet een uitkering krijgt.
In deze scène wordt duidelijk dat de maatschappelijk werker de gevoelstaal van zijn cliënt niet oppikt en verstaat.

In de alledaagse communicatie is er in het algemeen weinig aandacht voor de *doe*taal. (11) Praten en woorden worden in een praatcultuur sterk gewaardeerd. Daardoor kan het zijn dat je geen oog hebt voor een taal die minstens zo belangrijk is: de doetaal. Er zijn doeners en praters. Praters vertellen graag waarmee ze bezig zijn, leggen uit wat ze doen, vragen door op zaken en willen dingen graag bespreekbaar maken. Doeners gebruiken niet veel woorden, maar doen. In verbaal ingestelde sociale systemen (onder andere organisaties) worden doeners soms letterlijk niet gezien, omdat ze door hun doetaal niet gehoord worden.

Een medewerker vond dat hij te weinig erkenning kreeg voor zijn werk. De man vertelde aan collega's en leidinggevenden niet veel over zijn werk. Hij zei ervan uit te gaan dat iedereen toch kon zíen hoe hij zijn werk deed.

Anderstalige professionals hebben een absolute meerwaarde: ze kunnen professioneel en functioneel de eigen taal inzetten om een cliënt met dezelfde taalachtergrond toe te spreken. Aangesproken worden in de eigen taal kan vertrouwen wekken, zaken verduidelijken en overtuigend werken.

Een Marokkaanse politieagent gaf aan dat hij Marokkaanse jongeren en ouderen soms in de eigen taal toespreekt. Hij kan naar de jongeren zaken overtuigender en duidelijker overbrengen en hij stelt de Marokkaanse ouderen in het Marokkaans-Arabisch sneller gerust dan wanneer hij Nederlands zou spreken.

In deze situaties is het van belang dat de collega's professioneel en collegiaal vertrouwen hebben in hun collega. De Marokkaanse collega dient professioneel en collegiaal open te zijn over wat hij in de genoemde situaties bespreekt.

6.2.3 WOORDENSCHAT: TAAL EN WERKELIJKHEID

Taal is géén reproductie of directe afspiegeling van de buitenwereld, maar een reconstructie van de wereld. Deze reconstructie is altijd onvolledig en niet-identiek. Alfred Korzybski, een Poolse taalwetenschapper, zegt dat je taal kunt vergelijken met een landkaart. Hierbij moet je voor ogen houden, aldus Korzybski, dat de voorstellingen van de werkelijkheid die de mens zich maakt met behulp van taal, net als bij een landkaart nooit de volledige werkelijkheid kunnen weergeven. Met andere woorden 'de kaart is niet het gebied'. (12)

Taal weerspiegelt de werkelijkheid dus niet, maar reconstrueert de werkelijkheid in woorden; anders gezegd taal ver*woordt* de werkelijkheid. De verwoording van de werkelijkheid kan regionaal verschillen en zo ontstaan verschillende talen. Je zou kunnen zeggen dat de diverse taalgemeenschappen de buitenwereld met hun talen op verschillende manieren omvatten. In dit verband past de metafoor van taal als een net dat over de werkelijkheid wordt uitgeworpen. (13) De mazen van dit net zijn niet in alle taalgemeenschappen (en ook niet voor alle deelgebieden van de werkelijkheid) even groot en lopen ook niet overal gelijk. De consequentie van dit gegeven vind je in de woordenschat van verschillende talen. De woordenschat in elke taal verschilt in de mate waarin ze de werkelijkheid dekt. Dit is de dekkingsdichtheid van een taal.

- Een voorbeeld is het grote aantal woorden dat het Inuit, een eskimotaal, heeft voor verschillende soorten zeehonden in verschillende omstandigheden, zoals jonge gevlekte zeehond of mannelijke, zwemmende zeehond. De dekkingsdichtheid van het Inuit voor zeehond is dus tamelijk groot.
- Vergelijkbaar kent de Nederlandse taal een grote dekkingsdichtheid voor molen. Het Nederlands kent een groot aantal namen voor molens en er zijn veel spreekwoorden en uitdrukkingen waar het woord molen in voorkomt.

Verschillen in de woordenschat van een taal ontstaan door de uiteenlopende eisen die fysieke en sociale omstandigheden aan de mensen stellen. Anders gezegd, de taal die binnen een bepaalde gemeenschap is ontwikkeld, stelt de woorden en daarmee de mogelijkheid tot differentiëring van de werkelijkheid beschikbaar die voor de heersende sociale en fysieke levensomstandigheden in die gemeenschap van belang zijn. De voorbeelden van de dekkingsdichtheid voor *zeehond* en *molen* zijn voorbeelden die samenhangen met fysieke leefomstandigheden. Een ander voorbeeld van de invloed van het klimaat op de taal is het volgende:

Een Molukse organisatie organiseerde een studiedag onder de titel 'Sombar dalam hidup'. De betekenis van deze titel gaf aanleiding tot misverstanden. *Sombar dalam hidup* betekent in het Maleis de schaduwzijden in het leven. De meeste deelnemers aan de studiedag bleken deze schaduwzijden anders op te vatten dan de organisatie had bedoeld. Met de schaduwzijden in het leven bedoelde de organisatie – vanuit een tropische achtergrond – de koele rustplaatsen in het leven, waar het goed toeven is. In Nederland met een zeeklimaat met relatief weinig zon, zijn de schaduwzijden van het leven juist de droevige gebeurtenissen en zijn de zonnige kanten de prettige en goede momenten. Een verschil in natuurlijke omgeving maakt dat er een verschil is in de betekenis van de uitdrukking 'de schaduwzijden in het leven'.

Vergelijk in dit verband de mogelijke verwarring over betekenisgeving aan een uitspraak als 'We zullen moeder eens flink in het zonnetje zetten'.

Het volgende voorbeeld laat zien hoe een verschil in sociale omstandigheden – in dit geval omgangsvormen – andere eisen stelt aan de woordenschat van een taal.

Het voorbeeld betreft een conflict dat in 2001 speelde tussen China en Amerika, toen een Amerikaans spionagetoestel in botsing kwam met een Chinees gevechtsvliegtuig. Hierbij kwam de Chinese piloot om het leven. Amerika had zijn leedwezen over het verlies van de piloot al uitgedrukt en de toenmalige minister van Buitenlandse Zaken Colin Powell had zelfs een 'sorry' uitgesproken. Maar in het Chinees komt het nogal aan op de nuances. Het eerder door Amerika uitgesproken 'regret' of leedwezen werd door het officiële persbureau Xinhua vertaald met 'yihan' (spreek uit: jiechan). Maar dat is voor Chinezen een uitdrukking van leedwezen zonder dat je je eigen fout toegeeft. Peking noemde dit leedwezen daarom 'een stap in de goede richting', maar onderstreepte dat er een volledig excuus met erkenning van de verantwoordelijkheid voor het ongeluk moest komen. In dat geval is een eenvoudig 'duibuqi' (spreek uit: doejboetsjie) ook onvoldoende. Dat lijkt op het 'sorry' als je per ongeluk op iemands tenen staat. Nee, Peking was uit op 'daoqian' (spreek uit: dauwtsjèn). 'Daoqian' betekent letterlijk 'Ik spreek over mijn fout'. Het is de meest plechtstatige manier om toe te geven dat men een grove fout heeft gemaakt. Om aan te geven hoe fijn de grenzen kunnen liggen: de vergelijkbare term 'baoqia' (spreek uit: bauwtsjèn) is net te zwak. Het verschil is nauwelijks waarneembaar. 'Baoqian' betekent meer 'ik koester het gevoel van feilen'. (14)

Nog even terug naar de molen: weinig mensen zullen nog veel spreekwoorden met 'molen' kennen. Het woord molen is grotendeels uit het alledaags taalgebruik verdwenen, omdat de molen een minder centrale plaats inneemt dan vroeger. Na de invoering van de euro in 2002 zijn woorden als gulden, dubbeltje en kwartje langzamerhand aan het verdwijnen uit de Nederlandse taal; dit geldt ook voor gezegden als *Wie als een dubbeltje geboren is, wordt nooit een kwartje* of *Het kwartje valt eindelijk*. Zo zie je dat taal een levend en dynamisch gegeven is en dat elke taal zich verder ontwikkelt, verandert en zich uitbreidt. Interessant is bijvoorbeeld hoe begrippen rond internet zoals e-mail, website, mailbox, surf(en), downloaden, twitter, weblog en chat(ten) wereldwijd in allerlei talen worden opgenomen.

De verschillen in woordenschat van talen blijken ook bij vertaalwerk. Soms is het bijna onmogelijk bepaalde taaluitingen te vertalen in een andere taal. Bijvoorbeeld een typisch Nederlandse uitdrukking als *het miezert*. Een ander voorbeeld is een vraag naar eetlust uit een westerse vragenlijst, die in Ethiopië is gebruikt om psychische stoornissen op te sporen. De vraag naar eetlust luidde: 'Is your appetite poor?' en werd vertaald in het Amhaars (de taal in Ethiopië) 'Is uw verlangen naar voedsel gering?' Mensen uit de rurale gebieden, van wie het leven wordt beheerst door de dagelijkse zorg om voedsel, begrepen deze vraag niet. In hun denkwereld past het begrip *verlangen naar voedsel* in de betekenis van *eetlust* slecht. (15)

Hoewel een taal niet over een apart woord voor iets beschikt, kan er toch over gedacht worden. Het Nederlands kent het woord *onweer*. Het Turks kent zo'n woord niet. Natuurlijk kunnen Turken toch denken over onweer. Ze moeten alleen bij het praten erover gebruikmaken van een omschrijving als weer met donder en regen. Turken kennen, anders gezegd, wel het begrip onweer, maar niet één woord voor dat begrip. Steeds blijkt dat alles in elke taal kan worden verwoord.

De woordenschat van een taal weerspiegelt, naast kennis van de werkelijkheid, nog andere culturele elementen die ook verschillend van inhoud kunnen zijn. (16)

- De waardering van de werkelijkheid: sommige talen kennen geen woorden voor te laat en op tijd komen. Uitdrukkingen als *de tijd doden* en *tijd is geld* geven blijk van een bepaalde waardering van het begrip tijd. Sommige talen hebben voor de uitdrukking 'Tijd is geld' de vergelijkbare uitdrukking 'Tijd is goud'. De gelijkenis is er echter alleen in woorden. De gangbare betekenis van 'Tijd is geld' luidt: verspil geen tijd, dus doe je werk. 'Tijd is goud' betekent echter: geniet van de heerlijkheid van de tijd die je gegeven is. In het Nederlands komt deze betekenis overeen met 'Ik heb een gouden tijd gehad tijdens mijn vakantie in Zuid-Frankrijk'.
- De opvattingen over taal en taalgebruik: woorden die verwijzen naar manieren van spreken vertellen iets over opvattingen over taal en taalgebruik. Denk bijvoorbeeld aan uitdrukkingen als geklets, ouwehoeren en bijkletsen.
- De verwantschapssystemen: het verwantschapssysteem van een sociaal systeem heeft een zekere invloed op de taal. Het Engels, Frans en Duits maakt onderscheid tussen kinderen van ooms en tantes en van broers en zusters: *neef* bijvoorbeeld is in de respectievelijke talen *cousin*, *cousin* en *Vetter* wanneer het de zoon is van een oom of tante en respectievelijk *nephew*, *neveu* en *Neffe*, wanneer het de zoon betreft van een broer of zus. Het Nederlands kent dit onderscheid niet en spreekt alleen van neef in beide betekenissen.

- De sociale structuur: de aanspreekvormen in een taal weerspiegelen de sociale structuur van een taalgemeenschap. De Japanse aanspreekvormen kennen het toevoegsel -san of -kun. De keuze van het achtervoegsel is afhankelijk van het verschil in leeftijd, status en sekse tussen spreker en aangesprokene. Een man met de naam Yamamoto Jiroo (waarbij Yamamoto de familienaam is) kan aangesproken worden met het niet zo vertrouwelijke *Yamamoto-san*, met het meer vertrouwelijke *Jiroo-san* en met het zeer vertrouwelijke *Jiroo-kun*. Het vertrouwelijke achtervoegsel *-kun*, kun je niet voor vrouwen gebruiken. Overigens is het Japanse systeem nog veel gedifferentieerder dan het voorgaande suggereert. De aanspreekvormen 'u' en 'jij' in het Nederlands laten eveneens zien dat sociale verhoudingen de woordenschat beïnvloeden.

Cultuur komt niet volledig tot uitdrukking in een taal. Evenmin weerspiegelt taal direct een cultuur. Het Engels lijkt geen verschil te maken tussen *jij* en *u* en kent alleen *you*. Toch kennen Engelstalige gemeenschappen wel sociale verschillen. Deze komen echter op een andere manier tot uitdrukking, bijvoorbeeld door het verschil in de directe aanspreekvormen met de voornaam of met de achternaam en met de toevoeging Mr. of Mrs.

6.2.4 TAALBEHEERSING

Iedereen heeft zijn eigen begripsvermogen, taalgebruik en taalbereik. De taalbeheersing van iemand hangt af van factoren als intelligentie, opleiding, ervaring, sociaal-culturele achtergrond, migratiegeschiedenis, taalattitude en maatschappelijke positie. Vooral voor de oudere eerstegeneratiemigranten is het beheersen van de Nederlandse taal een grote opgave. Zij kwamen naar Nederland om te werken, geld te verdienen en terug te keren. Noch zij noch de Nederlandse samenleving vonden het van belang dat zij Nederlands leerden. Vooral oudere migranten brengen de motivatie en energie niet meer op om alsnog de Nederlandse taal te leren. Veel oudere Turken en Marokkanen zijn analfabeet en hebben dus geen inzicht in de systematische structuur van hun eigen taal. Dit bemoeilijkt het leren van een andere taal.

Het leren van de Nederlandse taal stuit voor veel andere alfabete migranten op grote problemen door de grote verschillen met de eigen taal. Het Arabisch bijvoorbeeld kent een ander schrift, leest van rechts naar links en kent een andere zinsbouw. Het Turks kent geen lidwoorden en een ander gebruik van het werkwoord *zijn*.

Door deze verschillen tussen het Nederlands en de eigen taal kunnen migranten die de Nederlandse taal leren, *taaloverdrachtsfouten* maken. Dit betekent dat de moedertaal hun taalgebruik beïnvloedt. Bij de verwerving van een vreemde taal vindt dan overdracht plaats: de overdracht van structuren en elementen uit de eerste taal op de tweede. Regels en principes uit de moedertaal worden via generalisaties overgezet naar de tweede taal: in dit geval het Nederlands. Taaloverdracht kan een positieve en een negatieve vorm aannemen. Bij positieve overdracht is er een overeenkomst tussen de eerste en tweede taal. Het gebruik van een bepaalde constructie uit de eerste taal levert geen fout op in de tweede taal. Wanneer je bijvoorbeeld de Nederlandse volgorde bijvoeglijk naamwoord – zelfstandig naamwoord overdraagt naar het Engels: *een intelligente man – an intelligent man*, heeft het hier een positief resultaat. Negatieve overdracht leidt tot een fout in de tweede taal op het niveau van de uitspraak, de woordvorming, of de zinsconstructies. Het Turks kent bijvoorbeeld geen voorzetsels als aparte woorden. Het kan dus voorkomen dat Turken onder invloed van de eigen taal voorzetsels weglaten of de verkeerde voorzetsels gebruiken. Bijvoorbeeld: *Ik woon in de Grote Markt.* (17)

Eveneens onder invloed van hun moedertaal kunnen mensen soms een dwingende manier van praten hebben. Zo kan iemand gebiedend overkomen wanneer hij zijn uitspraken of verzoeken direct vanuit het Koerdisch of het Surinaams-Nederlands vertaalt in het Nederlands. Het gebiedend overkomen kan overigens ook bij een Nederlander gebeuren wanneer hij direct vanuit het Nederlands (ik wil koffie) in het Engels zegt I *want* coffee in plaats van I *would like to have* a cup of coffee.

Vanuit de eigen taal kennen anderstaligen soms niet de afzwakkers van het Nederlands taalgebruik. Vergelijk bijvoorbeeld '*Ach, wil* je mij *misschien* dat boek *even* geven' met '*Geef mij dat boek!*'. De laatste zin kan even respectvol bedoeld zijn als de eerste zin. In zo'n situatie helpt het op een rustige manier meteen feedback te geven op dit soort uitspraken. Feedback geven betekent hier het benoemen van het gedrag, de interpretatie die je aan dit gedrag geeft en de veranderwens. Bijvoorbeeld: 'Als je dat zo zegt: 'Geef mij dat boek', dan komt dat op mij over als commanderen. Ik zou het prettig vinden als je dat op een andere manier aan mij vraagt.' Afhankelijk van de reactie van de ander, kun je dan eventueel aangeven hoe de ander het anders zou kunnen zeggen.

Ook het snelle en schijnbaar gemakkelijke verwijt van 'discriminatie' dat migranten kunnen uiten, kan te maken hebben met een onvoldoende taalbeheersing. Waar Nederlandse moedertaalsprekers op velerlei manieren zich uitdrukken dat ze zich gekwetst of buitengesloten voelen, beschikken wellicht niet alle migranten over dat repertoire en spreken ze eenvoudig van 'discriminatie' of van 'racisme' wanneer ze zich onheus behandeld voelen.

Een Turkse medewerkster die nieuw was in een kinderdagverblijf vertelde haar Vlaamse collega dat collega's op haar vorige werkplek racistisch waren. Op de vraag van de Vlaamse collega waarom ze dat vond, zei de Turkse medewerkster dat de collega's in haar vorige werkkring haar zelfgebakken koekjes niet wilden en hier in haar nieuwe werkkring wel. De Vlaamse collega legde rustig uit dat sommige van de huidige collega's haar koekjes ook te zoet vinden maar dat ze dat nog niet durfden te zeggen om haar als nieuwe collega niet tegen het hoofd te stoten.

Een andere reden om het verwijt van discriminatie of racisme te maken kan zijn dat migranten weten dat zo'n verwijt autochtonen echt raakt. Het ligt dan voor de hand zo'n verwijt te gebruiken op het moment dat je kwaad bent.

Voor de Nederlandse taalbeheersing van Antillianen, Arubanen en Surinamers is het van belang je te realiseren dat het Nederlands in hun eigen land vaak een *vreemde* taal is. In de leefwereld van de kinderen op de Antillen en Aruba bijvoorbeeld speelt het Nederlands buiten de school nauwelijks een rol. Thuis, in de sociale omgang en in de massamedia wordt hoofdzakelijk Papiamento, Engels of Venezolaans Spaans gesproken. Soms is er een negatieve houding, een emotionele weerstand tegenover het Nederlands vanwege de koloniale geschiedenis.

Een Surinaamse migrant vertelt hierover: 'Mijn eigen opvoeding was zo: je moest je altijd spiegelen aan de beter gesitueerden. Je mocht alleen omgaan met de kinderen van die paar respectabele families in de buurt, niet met kinderen uit de volksklasse. Je mocht geen Surinaams praten, thuis niet maar ook niet op straat'. (18)

Met Antillianen, Arubanen en Surinamers kunnen misverstanden in de communicatie ontstaan vanwege betekenisverschillen in het Nederlandse taalgebruik. Enkele voorbeelden zijn: het Surinaamse *gelijk praten* betekent *iets uitpraten; pliesde em niet* wil zeggen *beviel hem niet; ze is klaar met hem* betekent *ze wil geen relatie meer met hem* (19) en een *peer* kan *lamp* betekenen.

Voorbeelden van taalverschillen in het Nederlands van Antillianen en Arubanen zijn *kabritu* voor *geit, fornu* voor *fornuis, trankeer* voor *omheining* (20) en *siroop* voor *limonade.*

6.2.5 TAALERVARING

Woorden en uitdrukkingen hebben voor iedereen een eigen betekenis. De betekenisgeving is beïnvloed door iemands socialisatie; door de taalervaringen die iemand heeft opgedaan in een bepaalde culturele context. Misverstanden treden op wanneer de gesprekspartners weliswaar min of meer over dezelfde woorden beschikken, maar hieraan verschillende betekenissen verbinden. De gesprekspartners zijn dan gewoonweg niet in staat elkaars woorden te begrijpen vanuit de specifieke situatie van de spreker.

Het begrip vrijheid kan voor de één een meer individuele betekenis hebben: doen waar je zin in hebt, en voor een ander een meer sociale betekenis: je goed voelen in de groep. Eerlijkheid is nog zo'n begrip dat voor ieder mens een eigen betekenis heeft. Voor de één is het eerlijkheid in alle situaties. Voor een ander kan eerlijkheid soms onvoorzichtig zijn of onwenselijk, wanneer hij daardoor zichzelf of de eigen groep benadeelt.
In het Amerikaans-Engels betekent *friend* een persoon die je vrij oppervlakkig kent. Hiervoor gebruikt het Nederlands het begrip een bekende. *A close friend* of *a good friend* benadert het begrip vriend zoals dat meestal in het Nederlands wordt gehanteerd: iemand met wie je intimiteit en wederzijdse (vriendschappelijke) verplichtingen deelt. Daarnaast kent het Nederlands ook nog een goede bekende die geen vriend hoeft te zijn. Hieruit blijkt hoe subtiel culturele verschillen in taal zijn.

Ook bij begrippen als familie, thuis, emancipatie, assertiviteit, gelukkig, respectvol, tevredenheid en behoorlijk gedrag, is het steeds van belang te verkennen wat woorden werkelijk betekenen voor de ander: wanneer je dezelfde woorden gebruikt in de communicatie denk je namelijk al snel te weten wat de ander bedoelt.

In de presentatie van lichamelijke en psychische klachten manifesteert zich eveneens het verschil in taalachtergrond en taalsocialisatie en daarmee in ziektebeleving.

De psychiater Frank Kortmann werkte lang in Ethiopië. Hij vertelt hoe Ethiopische patiënten (ook in Nederland of België) hun klachten kunnen presenteren: 'In Ethiopië noemt men psychische aandoeningen vaak ziekten boven de nek. Klachten van onwelbevinden in het hoofd kunnen wijzen op psychoneurotische conflicten en zijn volledig geaccepteerd als reden om de ziekenrol aan te nemen en hulp te zoeken. Een Amhaars sprekende persoon met een psychisch probleem komt vaak de spreekkamer binnen met een gezichtsuitdrukking die getuigt van pijn en ongemak. Het eerste wat hem veelal over de lippen komt, is de uitroep RASIEN, 'Oh mijn hoofd'. De Amhaarse taal biedt hem veel termen om dat onwelbevinden te specificeren. Sommige patiënten voelen iets knagen in hun hoofd, alsof mieren of andere kleine beestjes hun hersenen opeten. Anderen hebben het gevoel alsof er wormen in hun hoofd krioelen of het gevoel alsof er iets heen en weer rolt in het hoofd. Het kan ook koken in iemands hoofd'. (21)

Hoe een verschil in taalachtergrond in een belangrijk gesprek tot ernstige misverstanden kan leiden, laat het volgende voorval zien.

Een Somalische asielzoeker kon tijdens het verhoor geen antwoord geven op de vraag wat de namen waren van de mensen die bij hem thuis onderdak hadden gekregen. Dit pleitte volgens de contactambtenaar niet voor de waarheid van zijn vluchtverhaal. Tijdens het verhoor kreeg de asielzoeker geen gelegenheid dit nader toe te lichten. Hij deed dat daarom achteraf in een brief waarin hij tevens andere zaken uit het verhoor corrigeerde of toelichtte. Hij schreef dat in zijn nomadencultuur een onderscheid wordt gemaakt tussen gasten en bezoekers. Bezoekers zijn vrienden of bekenden die uitgenodigd zijn om een avond door te komen brengen; dus mensen als Yusuf en Ahmed. Gasten zijn nomaden die bij andere nomadenfamilies aankloppen om voedsel en onderdak voor één nacht. De mannen van wie hij de namen niet kende waren gasten; daarom was het logisch dat hij hun namen niet wist. (22)

6.2.6 PASSENDHEID VAN TAALGEBRUIK

Taal heeft behalve een letterlijke betekenis ook een sociale betekenis. (23) Dit is de betekenis die iets zegt over de sociale waarde van woorden en zinnen, de omstandigheden waarin ze gebruikt worden, door wie ze gebruikt worden en hoe ze gewaardeerd worden. Voor passend taalgebruik moet je op de hoogte zijn van deze sociale betekenis van woorden en zinnen. Degenen die Nederlands leren, kunnen nog moeite hebben met passend taalgebruik, bijvoorbeeld met het gebruik van de juiste groetformules, spreekwoorden en uitdrukkingen als *Dat kun je niet maken!*, *Zou ik niet weten* en *Zo kan ie wel weer*. Het duurt even voordat degene die Nederlands leert, de variaties kent van bijvoorbeeld groetformules als *hallo, goedendag, tot ziens, tot kijk, houdoe, hoi, doei, doeg, hou je, hoie waor, de mazzel* en *de groete*. Vervolgens is het nog een hele kunst om te ontdekken welke formule gebruikt wordt bij het begroeten en welke bij het weggaan én in welke situaties.

Vooral de subtiele omgangswijzen binnen een sociaal systeem brengen nieuwkomers in verwarring, omdat sommige ervan tegenstrijdige boodschappen lijken te bevatten, bijvoorbeeld *Je bent een mooie!* en *Dat moet je vooral doen.* Het komt nogal eens voor dat nieuwkomers het advies krijgen dat ze moeten aanvoelen welk gedrag in welke situaties passend is. Helaas is dit aanvoelen geleerd tijdens een lang socialisatieproces en kan een nieuwkomer weinig met zo'n advies. De verwarring van nieuwkomers blijkt ook uit de volgende voorbeelden.

In de Nederlandse samenleving heerst in het algemeen een informele omgangswijze. Jong en oud, hoog en laag spreken elkaar met jij en jou aan en begroeten elkaar met hallo en hoi. Deze informele omgangswijze geldt binnen veel bedrijven en instellingen. Een student merkte op dat hij het vreemd vindt dat docenten heel gemakkelijk, informeel en persoonlijk met hen omgaan. Willen ze echter een keer iets regelen, vanwege persoonlijke omstandigheden dan stellen diezelfde docenten zich heel formeel op.

Een mannelijke asielzoeker vertelde dat hij Nederlandse vrouwen heel verwarrend vindt in hun omgang met mannen. De vrouwen begroeten veel mannen met drie zoenen en ze lachen heel vriendelijk naar mannen. Tegelijkertijd kunnen ze heel afstandelijk zijn wanneer je meer toenadering zoekt.

Nederlandse functionarissen klagen wel eens over de gebiedende taal van sommige buitenlanders. 'U *moet* mij helpen', is zo'n veelgehoorde uitspraak die irritatie oproept. De reactie is dan meestal: 'Hij heeft niet te moeten'. (24) Het kan zijn dat de betreffende persoon niet alle Nederlandse uitdrukkingen kent waarmee men een verzoek doet, zoals *Ik wil graag, Ik zou het op prijs stellen als, Ik vraag u dringend, Wilt u zo vriendelijk zijn* en *Mag ik u verzoeken.* Overigens vertellen migranten dat 'moeten' het eerste Nederlandse woordje is dat ze onthouden, omdat zij in hun contacten met Nederlanders veelvuldig 'moeten' te horen krijgen: u moet naar de taalles, u moet zich aanpassen, u moet naar de vreemdelingenpolitie, u moet zich melden, moet u ook koffie?

6.2.7 COMMUNICATIESTIJLEN

De communicatiestijl of vertelstijl van iemand is een metaboodschap: een boodschap-over-de-boodschap die aangeeft hoe de ontvanger een verbale boodschap dient te accepteren en te interpreteren. Het is de inkleuring, de verpakking van een boodschap.

Hierna volgen enkele typen communicatiestijlen zoals mensen die kunnen hanteren. Het gaat er nadrukkelijk *niet* om deze stijlen uit het hoofd te leren. Het gaat er alleen om dat je weet dat er verschillen in stijlen van communiceren zijn. Zodoende kun je hiermee in de gespreksvoering rekening houden. Dit voorkomt irritaties en een negatieve beoordeling van je gesprekspartner, wanneer deze een voor jou afwijkende communicatiestijl hanteert.

Grofweg zijn de verschillende communicatiestijlen te onderscheiden in twee hoofdcategorieën: een *directe* en een *indirecte* communicatiestijl. De directe communicatiestijl is kenmerkend voor individualistische culturen (onder meer de Nederlandse cultuur) met

Tabel 6.1 De directe en indirecte communicatiestijl.

1 Directe communicatiestijl	**2 Indirecte communicatiestijl**
– directe verbale boodschappen die de werkelijke bedoelingen van de spreker weergeven in termen van wensen, behoeften en verlangens	– verbale boodschappen die de werkelijke bedoelingen van de spreker camoufleren en verbergen
– gebruik van precieze en trefzekere woorden als ik, absoluut, met zekerheid en zeer zeker	– gebruik van niet-precieze woorden als misschien, waarschijnlijk en ietsje
De nauwkeurige stijl	*De 'beperkte' stijl*
– verschaft precies de hoeveelheid informatie die van belang is; niet meer en niet minder	– zwakke, vage aanduidingen, pauzes en stilten in de communicatie
	De uitgebreide stijl
	– expressief en rijk aan metaforen, overdrijvingen, uitweidingen en bijvoeglijke naamwoorden
	– vertelcultuur, vooral gericht op het laten meebeleven, laten ervaren van het verhaal; de verhalen zijn beeldend (metaforen, vergelijkingen), uitvoerig (meer thema's in hetzelfde verhaal) en soms impliciet verwijzend; gaat meer om de ervaring, niet zozeer om de woorden: zoals Surinamers kunnen zeggen: 'Mi graboe, na tori – Ik snap én voel het verhaal helemaal!' (27)
De persoonsgerichte stijl	*De contextuele stijl*
– stelt de individualiteit centraal: het ik – gebruik van persoonlijke voornaamwoorden en gebruik van tijd- en plaatsaanduidingen zoals toen en daar (26)	– richt zich meer op de sociale rollen van een persoon. Het Koreaans kent bijvoorbeeld speciale vocabulaires gebaseerd op de verschillen in sekse, sociale status, de mate van intimiteit en formele situaties (28.)
– benadrukt meer informaliteit en gelijkwaardige relaties	– meer georiënteerd op status, formaliteit en hiërarchische machts- of gezagsrelaties
– richt zich eerst op de hoofdzaken en dan op de bijzaken	– begint eerst met ondergeschikte contextuele gegevens alvorens tot de kern van het verhaal te komen
De zwakke context-communicatiestijl	*De sterke context-communicatiestijl*
– het grootste deel van de informatie wordt expliciet uitgedrukt in woorden – sterke behoefte aan directe, heldere verbale communicatie	– de meeste informatie is al aanwezig in de omgeving ofwel in de veronderstelde voorkennis van de persoon, slechts een klein gedeelte van de boodschap hoeft te worden verwoord en zodoende expliciet gemaakt
De instrumentele stijl	*De affectieve stijl*
– taalgebruik dat op de zender van de boodschap is afgestemd	– oriënteert zich op de ontvanger van de boodschap
– doelgericht	– proces- en relatiegerichtheid
– vooral verbale boodschappen	– vooral non-verbale taal
	– zeer expressieve non-verbale taal in de vorm van sterke en emotionele intonatie en een hoge stemtoon
	– de spreker verwacht van de luisteraar een intuïtieve gevoeligheid voor de betekenissen die verder reiken dan de letterlijke betekenis van de woorden
	– gesproken woorden dienen slechts opgevat te worden als aanwijzingen voor de werkelijkheid en nooit als accurate feiten (29)

waarden als assertiviteit, eerlijkheid en openheid, individualisme en relaties op basis van gelijken. De indirecte communicatiestijl komt vooral voor in collectivistische culturen zoals in het algemeen Aziatische, Arabische en Afrikaanse culturen. Hier gelden waarden als groepsconformisme, empathie, het voorkomen van gezichtsverlies, groepsharmonie en groepsbelang.

In elke categorie zijn nog andere communicatiestijlen te onderscheiden. De twee hoofdcategorieën van communicatiestijlen met daaronder nog enkele varianten van elke stijl staan in tabel 6.1 schematisch weergegeven. (25) Daarna volgt nog een ander soort indeling van communicatiestijlen: die van mannen en van vrouwen.

Nederlanders kennen in het algemeen een zwakke context-communicatiestijl: dit is de directe manier van communiceren. De praatprogramma's op de Nederlandse televisie laten zien hoe expliciet en direct zaken gevraagd en besproken worden, ook als ze persoonlijk zijn en gevoelig liggen, zoals seksualiteit. In de dienst- en hulpverlening is deze directe communicatiestijl eveneens herkenbaar. In het algemeen is de verwachting dat een cliënt direct en helder ter zake komt. De eerste vragen die een cliënt te horen kan krijgen, zijn: *Wat kan ik voor u doen* of *Wat is uw vraag of probleem.* Ook uitspraken als *Draai er niet omheen, Zeg nou wat je werkelijk bedoelt* en *Kom ter zake* duiden op een directe communicatiestijl.

Afwijkend van deze directe communicatiestijl is een indirecte manier van communiceren en dan vooral de vertelstijl waarbij verbale boodschappen de bedoelingen van de spreker camoufleren. Een verbale en non-verbale verpakking van boodschappen van een moeder en haar zoon naar elkaar vind je in het volgende verhaaltje:

Mevrouw Fatima komt haar zoon die in Amsterdam studeert drie dagen bezoeken. Ze komt er achter dat haar zoon samenwoont met Najat, een vrouwelijke kamergenoot. Mevrouw Fatima ziet hoe mooi Mohameds kamergenoot is. Ze denkt dat ze samen een relatie hebben en dit maakt haar nog nieuwsgieriger. Mohamed kan de gedachten van zijn moeder lezen en zegt: 'Ik weet wat je denkt, maar ik verzeker je, Najat en ik zijn gewoon huisgenoten.'
Ongeveer een week later zegt Najat tegen Mohamed, 'Sinds je moeder hier weg is, vind ik met geen mogelijkheid de zilveren suikerpot. Denk jij dat ze die heeft meegenomen?' 'Ik betwijfel het, maar ik zal haar e-mailen, om zeker te zijn.'
Dus ging hij zitten en schreef : 'Liefste moeder, ik zeg niet dat je de suikerpot uit mijn huis hebt meegenomen en ik zeg niet dat je de suikerpot niet hebt meegenomen. Maar het blijft een feit dat de suikerpot weg is, sinds jij vertrokken bent. Liefs, Mohamed'
Een paar dagen later ontvangt Mohamed een mail van zijn moeder: 'Liefste zoon, ik zeg niet dat je met Najat slaapt, en ik zeg niet dat je niet met haar slaapt. Maar het blijft een feit dat als zij in haar EIGEN BED sliep, ze de suikerpot nu al wel gevonden zou moeten hebben. Liefs van je moeder'

De vertelstijl is de manier waarop mensen hun verhaal, informatie, betoog of argumentatie opbouwen. Voor sommige mensen is het gebruikelijk in gesprekken een langere aanloop te nemen, meer woorden te hanteren en te werken met herhalingen. Dit betekent dat later in een gesprek het feitelijke antwoord wordt gegeven op een vraag die in het begin is gesteld. Of dat aan het eind belangrijke informatie wordt verstrekt die betrekking heeft op vragen die eerder in het gesprek zijn gesteld. Alvorens tot het werkelijke onderwerp te komen wordt de context aangegeven, of wordt voorzichtig afgetast hoe de ander reageert op opmerkingen die zijdelings met het onderwerp te maken hebben. In de indirecte vertelstijl kan het beklemtonen van zaken in een verhaal gebeuren door intonatie, door deze een klemtoon te geven ofwel door ze een paar keer te herhalen.

Vaak worden de verschillen in vertelstijl niet direct beseft. Dit leidt tot miscommunicatie en het resultaat kan zijn een negatieve beoordeling van betrokkene: degene met een directe communicatiestijl beoordeelt de ander met een indirecte vertelstijl als vaag, niet gemotiveerd, niet meewerkend, iets te verbergen hebbend, te algemeen, niet ter zake, niet deskundig, te emotioneel en zelfs vijandig. (30) Omgekeerd beoordeelt de persoon met de indirecte vertelstijl de ander als te direct, nieuwsgierig, onbeleefd, zakelijk en koud.

Een ander kenmerk van de zwakke context-communicatiestijl is de sterke behoefte aan verbale communicatie, zoals blijkt uit de cultuur van het 'alles uitpraten', de angst voor stilten en daarmee samenhangend het bijna moeten praten wanneer je bijvoorbeeld op familiebezoek komt. In groepen met een sterke context-communicatie is die noodzaak tot praten veel minder aanwezig.

Geert Hofstede schetst een voorbeeld van sterke context-communicatie aan de hand van een familiebezoek. 'Raden Mas Hadjiwibowo, een Indonesisch zakenman uit een adellijke familie, herinnert zich familiebezoeken uit zijn jeugd als volgt: Als op Java familieleden elkaar wilden bezoeken, hoefde je niet van tevoren een afspraak te maken. Hoewel de telefoon in die tijd nog niet overal was ingeburgerd, had je makkelijk een bediende kunnen sturen met een briefje. Maar dat deed je niet. De mogelijkheid dat een bezoek de andere partij niet schikte, kwam niet in je op. Het schikte altijd. De deur was (en is nog steeds) altijd open.

De gasten werden opgewekt en hoffelijk ontvangen. Je vroeg ze te gaan zitten. De gastheer en gastvrouw trokken zich snel even terug om hun alledaagse kleding te verwisselen voor meer gepaste kledij. Ongevraagd serveerde een bediende koffie of thee met koekjes en tegen die tijd hadden de gastheer en de gastvrouw zich weer bij het gezelschap gevoegd.

Daar zaten we dan, maar niemand zei een woord. Wij voelden ons niet ongemakkelijk bij deze stilte; niemand werd er zenuwachtig van. Af en toe werd er iets uitgewisseld of vertelde je nieuwtjes, maar dat was niet echt noodzakelijk. We genoten ervan bij elkaar te zijn, elkaar weer te zien. Na de eerste uitwisseling van nieuwtjes was iedere verdere communicatie volkomen overbodig. Wie niets te zeggen had, hoefde niet zijn toevlucht te nemen tot gemeenplaatsen. Na ongeveer een uur vroegen de gasten toestemming om te vertrekken. Met een wederzijds gevoel van voldoening gingen we daarna uiteen. In kleinere steden op Java gaat het nog steeds zo'. (31)

Communicatiestijlen van vrouwen en mannen

Deborah Tannen deed onderzoek naar de verschillen in communicatiestijl van mannen en vrouwen. (32) Mannen en vrouwen praten over verschillende onderwerpen, op verschillende momenten en met heel verschillende doelen. Volgens Tannen gebruiken mannen de taal om hun positie in de maatschappelijke hiërarchie te bevestigen en praten ze liever over politiek dan over persoonlijke verhoudingen. Als zij al persoonlijke onderwerpen aanroeren, dan doen mannen dat om een probleem tot een oplossing te brengen. Deze stijl van mannen noemt Tannen *report talk*.

Vrouwen daarentegen, zegt Tannen, praten om de relaties met hun gesprekspartners te bevestigen. Ze praten het liefst over persoonlijke aangelegenheden. Als zij onderwerpen van meer algemene aard aanroeren, maken ze veelvuldig gebruik van voorbeelden uit eigen of andermans leven om hun betoog kracht bij te zetten. Vrouwen praten meestal niet om een probleem tot een oplossing te brengen, maar om het te benoemen en steun te geven of te krijgen. Om die steun aan de gesprekspartner goed duidelijk te maken, begeleiden vrouwen het luisteren veelvuldig met 'hmm, hmm', 'ja, ja' en maken ze nog niet uitgesproken zinnen af. Deze stijl van vrouwen noemt Tannen *rapport talk*. Verder willen vrouwen thuis het liefst zo gedetailleerd mogelijk horen en vertellen hoe de dag is verlopen. Mannen hebben echter het gevoel dat ze pas echt thuis zijn als ze niets hoeven en daar hoort niets hoeven zeggen ook bij.

Terwijl in gemengde gezelschappen vrouwen zitten te wachten tot ze het woord krijgen of zelfs expliciet gevraagd worden hun mening te geven, strijden mannen om het hoogste woord en om de aandacht. Voor hen hoort het erbij elkaar in de rede te vallen om hun visie kenbaar te maken. Van hun vrouwelijke gesprekspartners verwachten ze hetzelfde. Als mannen in discussies met vrouwen de boventoon proberen te voeren, bedoelen ze niet: jij hebt hier niets interessants over te vertellen. Integendeel, dan bedoelen ze: ik praat met jou als een gelijke en verwacht dan ook het nodige weerwoord. Vrouwen begrijpen deze houding helemaal verkeerd, zegt Tannen. Vrouwen denken: ik luister nu naar jou dan luister jij straks naar mij en raken behoorlijk gefrustreerd als 'straks' nooit komt.

Ook het taalgebruik van mannen en vrouwen verschilt. (33) Mannelijk taalgebruik wordt gekarakteriseerd als competitief en is erop gericht de afstand met de gesprekspartners te vergroten. Zij gebruiken vaker moeilijke woorden en zijn in hun communicatie afstandelijker.

Vrouwelijk taalgebruik is coöperatief en erop gericht de afstand met de gesprekspartner te verkleinen. Vrouwen gebruiken meer vragen, kwalificerende en intensiverende woorden (erg, heel, prachtig, geweldig) beleefdheidsvormen en meer persoonlijk en uitvoerig taalgebruik dan mannen.

Vrouwen houden meer van roddelen dan mannen. Tannen ziet roddelen als een sterk ondergewaardeerde bezigheid die ten onrechte een negatief stempel heeft gekregen. Roddelen is niet om kwaad te spreken over een ander, maar juist om de relatie die ze met de besproken persoon hebben te benadrukken.

Verder zijn vrouwelijke managers meer dan hun mannelijke collega's bereid tot overleg; dat wekt soms de indruk dat vrouwen onzeker zijn. Maar daar gaat het volgens Tannen helemaal niet om. Vrouwen weten precies wat ze willen, maar ze willen erover praten, ook om een plezierige werksfeer te creëren. Een laatste opvallend kenmerk is dat vrouwen hun voorstellen nogal eens in een vraag verpakken. Zo van: *Is het hier niet koud?* Dan kan het gebeuren dat het totaal niet opgepakt wordt, maar dat een man datzelfde idee later in een voorstel verpakt *Ik zet de verwarming hoger, okee?* en met de eer gaat strijken.

6.2.8 IMPLICIET TAALGEBRUIK

De wijze waarop mensen zich uiten is veelal impliciet: dat wat iemand zegt, moet niet altijd letterlijk worden genomen, maar kan een andere betekenis hebben. Metaforen, uitdrukkingen, beeldspraak en spreekwoorden zijn duidelijke voorbeelden van impliciet taalgebruik. Iemand kan het hebben over *wij* en *ons* terwijl hij impliciet eigenlijk *ik* en *mijn* bedoelt. Een Brabander die het over *ons moeder* of *ons vrouw* heeft, kan zijn partner bedoelen.

Redenen voor iemands impliciete taalgebruik kunnen zijn: minder gewend zijn het 'ik' te benadrukken, voorzichtigheid en veiligheid (is de ander te vertrouwen), niet openlijk over zijn gevoelens willen praten en een goede relatie willen behouden met betrokken gesprekspartner. Een voorbeeld is de boodschap *Ik bel je zeker binnenkort.* Om precies te weten wat de spreker hiermee bedoelt, dient de ontvanger van de boodschap attent te zijn op meer aspecten dan alleen de inhoudelijke mededeling. De intonatie, de woordkeus, de lichaamstaal van de spreker, de relationele betrekking en de context als geheel vertellen iets over de geloofwaardigheid van zo'n boodschap.

Veel alledaagse impliciete communicatie is sociaal wenselijk gedrag, gericht op het onderhouden en bevestigen van relaties met anderen. Bekend zijn de praatjes over het weer in Nederland die in veel gevallen bedoeld zijn om de relatie met de ander te bevestigen. Dit geldt ook voor de veelgestelde vraag 'Hoe is het ermee?' In de meeste gevallen is deze vraag niet bedoeld als *Vertel me nu eens hoe het werkelijk met je gaat.* Dit bleek bijvoorbeeld uit de reactie van iemand die het antwoord op zijn vraag hoe het ermee was, niet eens afwachtte of niet hoorde en meteen reageerde met: 'Fijn, met mij ook'!

Een veelgehoorde opmerking over migranten is dat ze 'ja' zeggen terwijl ze 'nee' bedoelen. Het 'ja' zeggen van migranten kan net als bij andere Nederlanders uiteenlopende betekenissen hebben. Het kan betekenen *Ik zal erover nadenken, Ik hoor wat je zegt, Ga verder met je verhaal,* misschien of het kan zelfs *nee* betekenen. 'Ja' is dan wellicht een beleefdheidsformule om gezichtsverlies van zichzelf of van de ander te voorkomen.

- In het Japans wordt veelvuldig hai (= ja) gezegd ten teken dat je actief naar iemand luistert. (34)
- Op Java, Indonesië, kan het gebeuren dat wanneer je 'nee' antwoordt op een aanbod om mee te eten, je als tegenvraag krijgt: Is dat een Javaans 'neen' of een Europees 'neen'? Het Europese 'neen' staat voor een echt welgemeend 'neen'. Het Javaanse 'neen' betekent 'Ja, maar dan moet je nog even langer aandringen'. Voor de vorm willen mensen een paar keer 'nee' kunnen zeggen, wanneer hun iets wordt aangeboden. Ze vinden het onbeleefd een geschenk of een aanbod als vanzelfsprekend aan te nemen. Hetzelfde geldt voor de Vlaamse vrouw die vertelde dat na haar verhuizing naar Nederland ze geregeld consumpties aan haar neus voorbij zag gaan, Op vragen als 'Wil je iets drinken?' antwoordde ze naar gewoonte beleefd 'Ach nee, doe geen moeite'. In Vlaanderen zou volgens haar daarop een nieuw rondje aandringen en afslaan zijn gevolgd, waarna ze voor haar fatsoen het aanbod kon accepteren. Maar in Nederland werd haar rituele weigering letterlijk genomen. Ze kreeg niets meer aangeboden. (35)

Het onvoldoende begrepen hebben van een vraag, misschien vanwege taalproblemen of het niet voor dom aangezien willen worden, is ook reden voor iemand een sociaalwenselijk antwoord te geven in plaats van een feitelijk antwoord. Van belang is hier het veelgenoemde advies om te vragen 'Wát heeft u begrepen?' in plaats van 'Heeft u het begrepen?'

In verband met het mogelijk impliciete taalgebruik en de betekenisgeving vanuit de eigen taalachtergrond, kun je er niet van uitgaan dat je de ander meteen (taalkundig) begrepen hebt. Concretiserende vragen of doorvragen naar persoonlijke gevoelens en opvattingen geeft helderheid over wat iemand werkelijk bedoelt.

Een maatschappelijk werkster in een asielzoekerscentrum begon meteen over de mogelijkheden van abortus tegenover een zwangere asielzoekster toen deze zei, dat ze haar zwangerschap niet wenste. In de communicatie traden allerlei misverstanden op, totdat bij doorvragen bleek dat de vrouw wel degelijk haar kind wenste, maar niet meer op kon tegen de levensomstandigheden in het centrum.

Professionals zijn soms weinig attent op het eigen vakjargon dat ook een vorm is van impliciet taalgebruik. Wanneer je met mensen praat die de Nederlandse taal nog niet zo goed beheersen, is het raadzaam erbij stil te staan dat gezegden als *je bent gek, de deur staat altijd voor u open, achter het net vissen, op hetzelfde spoor zitten, de hamvraag is...* en *stappen ondernemen* misverstanden kunnen opleveren. Afgaande op de al dan niet begrijpende reactie van de ander, kun je uitleggen wat je feitelijk bedoelt.

Nog enkele anekdotes ter illustratie van misverstanden als gevolg van beeldspraak en vakjargon.

- Een campagne van een uitzendbureau om talentvol personeel te werven, sloeg bij veel anderstaligen niet aan onder andere door de lead-tekst: *Keien gevraagd!*
- Een baas op de bouw vroeg een medewerker: 'Gooi je die laatste kruiwagen nog even in de container?' Uiteraard bedoelde hij de inhoud, maar de medewerker probeerde ook de kruiwagen in de container te gooien.
- Toen een vrijwilliger een asielzoeker wilde voorbereiden op het verhoor en hem vertelde dat hij de advocaat van de duivel zou spelen, reageerde de asielzoeker ontzet.
- Een sollicitant reageerde verbaasd, toen hij aan het eind van het sollicitatiegesprek te horen kreeg dat de commissie hem de volgende week zou laten weten of ze met hem in zee zouden gaan.
- Toen de docent tijdens de kookles zei: 'Fruit de uitjes lichtjes aan,' keken sommige cursisten zoekend rond (waar is het fruit?) en niet-begrijpend naar de verlichting in het lokaal.
- Tijdens een gesprek over de studievoortgang van zijn dochter die een commerciële opleiding volgde, werd de vader kwaad toen de docent opmerkte dat zijn dochter weliswaar goede studieresultaten behaalde, maar dat ze zich beter moest verkopen.
- Ongewild kwetsend was de kwalificatie 'U bent een nul-de cursist' die een geëmigreerde vrouw (via haar Nederlandse vriend) te horen kreeg toen zij zich inschreef voor de Neder-

landse taallessen. Ze zat weliswaar inderdaad op het beginnersniveau van de Nederlandse taal (vandaar het nul-de niveau), maar ze was in haar eigen land wel gepromoveerd in de Sociale Pedagogiek en beheerste de Duitse, Franse en Engelse taal!

- De forsgebouwde Turkse vader keek ongelovig naar zijn zoontje van zes jaar toen de onderwijzer hem zei: 'Probeert u zich eens in uw kind te verplaatsen.'

Minder opvallend maar evenmin effectief is het versluierende verzachtende impliciete taalgebruik. Een docent schrijft onder een reflectieverslag van een student dat hij een bepaald punt wat concreter *mag* beschrijven. Bij navraag blijkt dat de docent bedoelt dat hij nog minstens drie concrete voorbeelden van de student wil hebben. Hetzelfde geldt voor een bibliotheekmedewerkster die tegen een vervelende jonge bezoeker zegt dat het in de bibliotheek geen speeltuin is. In feite is de medewerkster kwaad en wil ze dat de jongen meteen de bibliotheek verlaat. Expliciet taalgebruik en daarmee congruent non-verbaal gedrag kunnen zeker ook tegenover anderstaligen onnodige misverstanden en irritaties voorkomen.

Grappen zijn eveneens een vorm van impliciet taalgebruik. Voor buitenstaanders, die de situatie niet kennen of de taal onvoldoende beheersen, kunnen grappen soms ongewild kwetsend zijn. De opmerking *Het was maar een grapje*, kan dan irritant overkomen wanneer om uitleg wordt gevraagd. De maatschappelijke context waarin buitenlanders een minderheidspositie innemen en de daarmee samenhangende negatieve maatschappelijke stereotyperingen jegens buitenlanders, hebben veel invloed op de ontvangst van grappen over buitenlanders. Niettemin is humor belangrijk in de multiculturele samenleving, omdat het ontspannend kan werken. Met aandacht voor de betrokken personen en voor de concrete context, werken grappen en zelfspot zeker ontspannend en versterken ze de onderlinge band. De volgende anekdote is een voorbeeld van zelfspot en humor die op een gelijkwaardige manier speelt met de maatschappelijke realiteit.

Een Nederlander en een Turk kennen elkaar al jaren. Zij hebben dezelfde opleiding gevolgd, doen hetzelfde werk – beiden zijn notaris – en ze zijn goede vrienden van elkaar geworden. Hun vriendschap gaat zo ver dat ze besluiten twee huizen te laten bouwen en naast elkaar te gaan wonen. Ze laten twee volledig identieke woningen bouwen. Nadat ze beiden verhuisd zijn, zitten ze op een namiddag in de tuin gezellig met elkaar een biertje te drinken. De Nederlander verzucht genietend dat ze toch wel een prachtig huis hebben laten bouwen. De Turk merkt op dat zijn huis toch meer waard is dan dat van zijn buurman. De buurman reageert verbaasd en zegt: 'Hoezo, we hadden dezelfde aannemer, de bouwmaterialen zijn hetzelfde en de afmetingen van onze huizen met de tuinen zijn gelijk. Vertel eens waarom jouw huis meer waard is dan het mijne?' 'Wel', zegt de Turk, 'Jij woont naast een buitenlander en ik naast een notaris.'

Impliciet taalgebruik is in sommige situaties heel bruikbaar. Zo kun je iemand iets uitleggen door middel van een verhaal, een gezegde of metafoor. Een migrantenwerker die op een nieuwjaarsreceptie een wethouder een hand gaf, zei dat deze een vieze hand had. De wethouder schrok zichtbaar. De migrantenwerker wilde de wethouder duidelijk maken dat hij ondanks herhaalde toezeggingen nog steeds niet formeel een subsidieverzoek had toegekend. (36)

Impliciet taalgebruik is ook een manier om iemand niet direct en openlijk te confronteren met iets lastigs. Een hulpverlener kan over andere mensen praten die bepaalde vergelijkbare problemen hebben om zo een cliënt aan de praat te krijgen over zijn problemen of om zaken uit te leggen. Dezelfde functie hebben verhalen, parabels en metaforen, waarbij het de ander uiteraard wel duidelijk moet zijn hoe de boodschap bedoeld is.

Een maatschappelijk werker legt een asielzoeker met psychosomatische klachten aan de hand van een tekeningetje uit, wat er aan de hand is: 'Midden in je lijf zit een soort tonnetje waarin spanningen, frustraties, angsten opgeborgen zitten, afgesloten door een deksel die de druk erop houdt. Op de een of andere manier handelen wij mensen allemaal zo; we moeten immers verder kunnen. Hier in Nederland, waar het redelijk rustig is, beginnen de opgepropte spanningen tegen het deksel aan te drukken. Ze willen eruit. Het is dus niet zo vreemd dat vaak gehoord wordt: Ik heb hier meer last van die klachten dan ik in mijn eigen land had'. (37)

Een andere vorm van impliciet taalgebruik in organisaties zijn *institutionele sleutelwoorden.* (38) Dit zijn woorden die in organisaties en instellingen een specifieke betekenis hebben die alleen insiders van deze organisaties en instellingen kennen. Deze sleutelwoorden maken dat de communicatie in organisaties een sterk impliciet karakter heeft. Nieuwkomers hebben daarom moeite de communicatie op het werk te begrijpen. Daar komt bij dat werkprocedures zo vanzelfsprekend zijn, dat ervaren collega's er niet bij stilstaan deze aan nieuwkomers uit te leggen. Een andere reden is dat er institutionele kernbegrippen of sleutelwoorden worden gebruikt: woorden met betekenissen die specifiek zijn voor een bepaalde organisatie. Institutionele sleutelwoorden kunnen bekend en nieuw zijn. Een voorbeeld is een gespreksfragment uit een vergadering van een landelijk opleidingsinstituut over de ontwikkeling van nieuw lesmateriaal. Lia: 'Dan moet dat gewoon de productiefase in. Daar hebben we niet zoveel mee te maken. Dat gaat naar het P-team en wordt daar in de planning meegenomen'. (39) Het begrip *P-team* is hier een voorbeeld van een nieuw institutioneel sleutelwoord. Het begrip *Jaarverslag* is in dit opleidingsinstituut een voorbeeld van een bekend woord dat een specifieke institutionele sleutelbetekenis heeft. Het blijkt dat de kennis van institutionele sleutelwoorden in organisaties niet gelijkelijk is verdeeld over de medewerkers. Dit leidt ertoe dat sommige medewerkers beter in staat zijn bepaalde taken uit te voeren. Een ander belangrijk verschijnsel is dat sommige medewerkers ten onrechte denken dat anderen niet over deze kennis beschikken. De laatstgenoemden krijgen daardoor niet de gelegenheid bepaalde taken uit te voeren. Nieuwkomers en ervaren medewerkers hebben er dus belang bij dat ze zich bewust zijn van deze mogelijke verschillen in institutionele kennis en dat ze deze bespreekbaar maken.

Deze institutionele kennis maakt deel uit van de meer algemene kennis van de wereld van een bepaald sociaal systeem. Een taalgebruiker heeft deze kennis van de wereld nodig om uitingen adequaat te kunnen interpreteren. Anders gezegd, het is noodzakelijk dat taalgebruikers beschikken over de vereiste kennis hoe zaken verlopen in relevante situaties. (40)

Op basis van kennis en verwachtingen in bepaalde situaties vullen taalgebruikers informatie in. In de hiervoor genoemde tekst 'Dan moet dat gewoon de productiefase in. Daar hebben we niet zoveel mee te maken. Dat gaat naar het P-team en wordt daar in de planning meegenomen', zegt Lia er niets over waarom ze daar niet zoveel mee te maken hebben. Maar de ervaren medewerkers beschikken over een zogenoemd scenario of script over de gang van zaken in deze instelling en begrijpen wat Lia zegt. Sommige medewerkers zijn niet op de hoogte van de vereiste scenario's of scripts. Hierdoor treedt miscommunicatie op en worden medewerkers beperkt in hun deelname aan de communicatie.

Institutionele sleutelwoorden hebben veel te maken met vakjargon. In verband met dit vakjargon waarschuwt Astrid Roemer de hulpverlening dat het opplakken van, wat zij noemt 'pathologische etiketten' (41), voorkomen moet worden; vooral etiketten die de cliënt totaal niet verstaat.

'Wat moet een Senegalese moeder met het etiket 'depressief' beginnen, als ze eigenlijk naar haar ouderlijk huis, haar land en haar familie verlangt? Wie noemt een Antilliaanse vader 'paranoïde' als hij klaagt over het feit dat alles en iedereen het op hem gemunt schijnt te hebben?' vraagt Roemer zich af.

6.2.9 INTERACTIONELE REGELS

Hoe een gesprek zal verlopen, staat van tevoren niet vast. Gesprekspartners construeren samen een gesprek. Daarbij gaan ze uit van het samenwerkingsbeginsel. Dit principe houdt in dat de gesprekspartners hun bijdrage aan het gesprek en de interpretaties van elkaars bijdrage, afstemmen op wat er in de betreffende gespreksfase wordt vereist en dat ze rekening houden met het overeengekomen doel of de richting van het gesprek. (42) Dit betekent niet dat gesprekspartners zich altijd houden aan dit beginsel. Meestal wijken ze er min of meer bewust van af. Wel gaan gesprekspartners veelal onbewust uit van dit samenwerkingsbeginsel, bijvoorbeeld dat ze op een vraag een antwoord verwachten. Een aardige illustratie hiervan is de volgende jiddische grap.

Er zit een jonge man naast een oudere man in de trein. Op de vraag van de jongeman of de ander weet hoe laat het is, antwoordt deze met een nee. De jongen vraagt opheldering: 'Wat bedoelt u?' De man antwoordt: 'Als ik je vertel hoe laat het is, beginnen we een gesprek. Je zult me vragen waar ik heen ga. Dan blijkt dat we dezelfde bestemming hebben. Ik moet je dan wel uitnodigen om bij me te eten. Ik heb thuis een jonge ongetrouwde dochter; en ik wil niet dat ze trouwt met iemand die geen horloge heeft'. (43)

Om een gesprek gezamenlijk te kunnen construeren zijn behalve het samenwerkingsbeginsel interactionele regels van belang. Veelvoorkomend zijn onder andere de volgende interactionele regels:

- De afwisseling in spreekbeurten.
- Hoe een gesprek begint en afgesloten wordt.
- Actief meesturen van een gesprek door voorstellen te doen, door in te stemmen en tegenargumenten in te brengen. Dit is onder meer van belang in sollicitatie- en functioneringsgesprekken.
- Spreekhandelingen zoals het uiten van lof, kritiek, vragen, antwoorden, vaststellingen, eisen, het aanbieden van iets en het uitdrukken van beleefdheid. Zo is het voor veel mensen gebruikelijk dat op elke vraag een antwoord volgt. Voor andere mensen is dit niet vanzelfsprekend: niet elke vraag hoeft (meteen) beantwoord te worden. Japanners zouden zich verontschuldigen voor een ontvangen gunst in plaats van te bedanken. (44) De verontschuldiging betreft de moeite die de ander zich heeft moeten getroosten. Vergelijk de reactie op het ontvangen van een geschenk: 'Dat had je nou niet moeten doen' of 'Het spijt me echt dat je zo lang hebt moeten zoeken om juist dit cadeau voor mij te vinden'. Als reactie op een compliment kunnen Japanners (en evengoed Vlamingen en Nederlanders) in plaats van te bedanken beleefd afwijzend reageren.
- Diverse vormen van aansluiting als:
  - de ander verbeteren, onderbreken, in de rede vallen of uit laten praten;
  - te kennen geven dat het verhaal gevolgd wordt en afgewacht wordt wat er komen gaat;
  - op inhoudsniveau aansluiten: een verzoek bijvoorbeeld om informatie wordt gevolgd door een mededeling;
  - aandacht geven en luisteren.

De inhoud en vorm die gesprekspartners aan deze interactionele regels geven, kunnen verschillen. Dit kan weer aanleiding geven tot misverstanden, wat duidelijk wordt in de bespreking van verbaal luistergedrag.

6.2.10 VERBAAL LUISTERGEDRAG

Verbaal luistergedrag is het blijk geven dat je luistert en aandacht geeft, dat je empathisch en betrokken bent en dat je contact probeert te maken. Verbaal Nederlands luistergedrag kan onder andere gebeuren door uitingen als 'Mm mm', 'Ja, ja', 'Oh ja', 'Echt?', 'Ja' en 'Nee'.

Het blijk geven van echt luisteren moet op het juiste moment gebeuren. Er dient een juiste coördinatie te zijn tussen spreker en luisteraar, waarbij de luisteraar op het juiste moment laat blijken te luisteren. Er kunnen verschillen zijn in timing en wijze van aandacht geven. Dit kan leiden tot misverstanden. De spreker kan het gevoel krijgen dat de ander geen echte aandacht voor hem heeft of geen echt contact maakt.

- In de Duits-Turkse context (45) komt het voor dat Turkse luisteraars hun aandacht voor de Duitse spreker veel minder duidelijk uitdrukken door verbale signalen van bevestiging zoals 'mhm' enzovoort. Dit levert tijdens de interactie problemen op, omdat Duitse sprekers deze signalen verwachten. Daarnaast zouden de Duitse gesprekspartners hierdoor hun stereotypen van Turken bevestigd kunnen zien en op den duur hun bevooroordeelde houding tegenover hen kunnen versterken.

- Japanners gaan in vergelijking met anderen bewuster om met het blijk geven dat men luistert. Ze gebruiken hiervoor het begrip *aizuchi*. Een goede luisteraar moet '*hai*' (= ja) en andere aizuchi tijdens het luisteren invoegen. Dat is als olie voor de as van een wiel – het zorgt dat het wiel van de conversatie soepel loopt. Buitenlanders in Japan wordt verteld dat Japanners zich ongemakkelijk voelen, wanneer de luisteraar stil blijft zonder aizuchi te geven. Onderzoek laat zien dat Japanse studenten die in tweetallen met elkaar praatten er 227 keer blijk van gaven dat ze luisterden, terwijl de Amerikaanse tweetallen in dezelfde tijd dit maar 73 keer deden. (46)

6.2.11 TAAL EN TOLKEN

Professionals zouden wel meer stil mogen staan bij de vanzelfsprekendheid waarmee ze in hun contacten met migranten de eigen taal hanteren. Deze vanzelfsprekendheid creeert een ongelijkwaardige relatie voor de anderstalige die zich gedwongen voelt zich in een voor hem vreemde taal te uiten.

Wanneer in de hulp- en dienstverlening het taalverschil te groot blijkt te zijn of wanneer de cliënt zelf om een tolk vraagt, dan kan een beroep worden gedaan op de officiële tolkencentra. De tolkencentra hebben mannelijke en vrouwelijke tolken in dienst voor de meest voorkomende talen; ook bijvoorbeeld het Tamazight, een Berbertaal. Youssef Azghari (47) wijst in dit verband op het belang attent te zijn op het gebruik van de hoge of lage variant van het Arabisch door een tolk in gesprekssituaties tussen hulpverleners en hulpvragers met een Arabische achtergrond. Het gebruik van bijvoorbeeld formeel gesproken Arabisch (de hoge variant) kan macht en afstand uitstralen en belemmerend werken in de communicatie. Gebruik van het informele Arabisch (lage variant) kan een meer ontspannen, vertrouwelijke sfeer scheppen.

Soms wil de cliënt zelf geen tolk, omdat hij bang is voor roddel in eigen kring. De cliënt verkiest dan een gesprek, hoe gebrekkig ook, onder vier ogen. Soms helpt het de cliënt uit te leggen dat de tolk van een officieel Tolkencentrum komt en een volstrekte, professionele geheimhouding kent.

Het komt voor dat de cliënt zelf een tolk meeneemt in de persoon van kinderen, familie, vrienden of bekenden. Soms vormt het een probleem van de diensten van kinderen gebruik te maken. Allereerst is het de vraag of kinderen nog goed genoeg de taal van hun ouders spreken om te kunnen tolken. Verder komen kinderen in hun functie als tolk klem te zitten tussen hulpverlener en ouder. Het risico bestaat dat kinderen informatie selectief doorgeven en zich psychisch belast voelen door de problemen van hun ouders. Ook kunnen ouders zich geremd voelen openhartig te praten over intieme zaken. Hetzelfde geldt bij de inschakeling van andere niet-officiële tolken, zoals familie en kennissen. Functionarissen kunnen van hen gebruikmaken, tenzij zij twijfelen aan de kwaliteit van het tolken.

Je dient als professional met een tolk vooraf goed door te praten wat het doel is van het gesprek, wat je van de tolk verwacht en wat de belangrijke aandachtspunten zijn in het gesprek. Ook vraag je de tolk naar zijn werkwijze, zijn wijze van vertalen.

Tolken kunnen voor een korte vraag een lange vertaling nodig hebben. Het kan zijn dat de vraag uitgelegd of ingeleid moet worden. Ook komt het voor dat de taalcodes van de taal waarnaar vertaald wordt, meer woorden vragen dan in het Nederlands. De samenwerking met een tolk gebeurt op basis van vertrouwen. Wantrouwen dat de tolk niet alles vertaalt of de antwoorden voorzegt, vormt een belemmering in de samenwerking.

Het Bureau Voorlichting Gezondheidszorg Buitenlanders geeft de volgende adviezen met betrekking tot de inschakeling van tolken.

- Vraag naar tolken van dezelfde sekse als de cliënt. Bij echtparen gaat de voorkeur meestal uit naar een man. Bij telefonisch tolken speelt dit probleem veel minder.
- Maak indien mogelijk in het bijzijn van de cliënt een afspraak met een tolk, zodat u de goede tolk krijgt en u er zeker van bent, dat de cliënt de afspraak begrijpt. Zeker bij Marokkanen is het mogelijk dat de cliënt een Berbertaal spreekt en geen Marokkaans.
- Als u voor meer cliënten met dezelfde taalachtergrond de hulp van een tolk nodig hebt, probeer deze cliënten dan op hetzelfde tijdstip te laten komen (concentratiespreekuur).
- Vraag de tolk nooit om zijn persoonlijke mening bij een geschil. Hij dient zich neutraal op te stellen. Dus nooit: 'Hebt u de indruk dat deze man echt ziek is?' De tolk vertaalt alles wat u zegt zo letterlijk mogelijk, ook wanneer u verzoekt iets niet te vertalen. U kunt dergelijke verzoeken dus beter achterwege laten.
- Wanneer de tolk ook min of meer een hulpverlenerfunctie heeft, kan zijn inbreng groter zijn dan alleen het letterlijk vertalen van wat hulpverlener en cliënt bespreken. Maak wel goede afspraken over ieders inbreng.
- Stel voldoende tijd beschikbaar. Het haasten van de tolk kan een zeer nadelige invloed hebben op de vragen en antwoorden.
- Blijf tijdens het tolken contact houden met de cliënt ofwel kijk tijdens het tolken de tolk zo min mogelijk aan. De cliënt mag niet het gevoel krijgen dat het gesprek buiten hem om gaat. (48)

Van een andere orde is de situatie waarin een vrouwelijke cliënt in gezelschap van een man komt. Man én vrouw hebben dan blijkbaar een bepaald belang bij de aanwezigheid van de man bij de gesprekken. De functionaris gaat dan gewoon in gesprek met man en vrouw. Eventueel verloopt het contact met de vrouw via de man, afhankelijk van de loop van het gesprek. Wanneer de man het gesprek alleen voert, houd je net als bij de aanwezigheid van tolken, ook contact met de vrouw tijdens het gesprek. In deze situatie moet je misschien als functionaris je emancipatorische norm (de vrouw kan zelf wel haar mondje roeren) in het belang van het gesprek even loslaten. Zolang de aanwezigheid van de man het hulp- of dienstverleningsproces niet belemmert, is er geen echte reden de vrouw alleen te spreken wanneer een man haar vergezelt.

Is het van belang om de vrouw alleen te spreken zonder de man, en beheerst de vrouw voldoende Nederlands, dan kun je dit aan de man en de vrouw voorleggen.

> Soms zijn functionarissen bang om de man te vragen of zij de vrouw alleen kunnen spreken. Een functionaris vertelde dat hij zo'n situatie had meegemaakt met een Turks stel. Hij wilde de vrouw alleen spreken en eindelijk had hij al zijn moed verzameld en de man heel voorzichtig gevraagd of het *misschien* goed was dat hij diens vrouw *eventjes* alleen sprak. De functionaris vertelde dat de man meteen was opgesprongen en opgelucht zei: 'Jazeker, meteen! Ik ben blij dat u dat zegt. Ik moet altijd van mijn vrouw meekomen terwijl ze goed zelf kan praten!'

Overigens herken je misschien jezelf in de positie van de vrouw, als je bedenkt dat je wellicht ook graag iemand meeneemt wanneer je in het buitenland je woordje moet doen in een voor jou vreemde instelling; ook al spreek je de taal redelijk goed.

6.3 Non-verbale taal

De non-verbale taal van de gespreksdeelnemers omvat nagenoeg al hun niet-gesproken taal. Er is veel onderzoek gedaan naar de vele vormen van non-verbale taal. (49) Samengevat zijn de belangrijkste vormen van non-verbale taal:

1 lichaamsbewegingen, zoals gezichtsuitdrukking, gebaren, lopen en lichaamshouding;
2 gebruik van ruimte;
3 taalkenmerken als stemhoogte, ritme, luidheid, tempo of spreeksnelheid, spraakmelodie, continuïteit of gebruik van pauzes en stilten, intonatie, tussenwerpsels, snuiven en zuchten;
4 uiterlijk: fysieke kenmerken (zien, voelen en ruiken), kleding en make-up;
5 aanraken van de ander;
6 objecten van de persoon, zoals sieraden, een wandelstok of een gebedskrans;
7 andere non-verbale communicatieve aanwijzingen, zoals de concrete situatie (de inrichting van de ruimte) en de doetaal: de dingen die mensen doen, hun handelingen die ook een communicatieve betekenis hebben, bijvoorbeeld eten koken of de verzorging van de tuin.

Mensen zijn zich meestal niet bewust van hun non-verbale gedrag, terwijl het non-verbale gedrag toch een belangrijke expressieve functie heeft: het geeft aan hoe mensen in de wereld staan en hoe daarmee hun werkelijkheid eruitziet. Binnen een bepaalde situatie drukt het non-verbale gedrag van iemand uit hoe hij de situatie definieert. Een onbeweeglijke houding, een fixatie van de blik op een neutraal punt en een neutrale tot chagrijnige gelaatsuitdrukking van een treinreiziger, zijn waarschijnlijk de expressie van met rust gelaten te willen worden.

De expressieve functie van het non-verbale gedrag kan onderscheiden worden in vijf deelfuncties (50):

1 De bijdrage aan de situationele werkelijkheid en de eigen rol daarin. Door bij een bushalte in de rij aan te sluiten, draag je bij en bevestig je dat het past in de rij te staan in

deze situatie. Tegelijkertijd vul je deze rol van wachtende-in-een-rij-voor-de-bus op een persoonlijke manier in.

2 De regulering van de totstandkoming, voortgang en beëindiging van de interactie. Dit is al het non-verbaal gedrag voorafgaand aan en tijdens de interactie met een ander, zoals begroeten, aankijken, aanraken, de afstand ten opzichte van elkaar en de lichaamshouding.

3 Verduidelijken en becommentariëren van gesproken tekst. Het non-verbaal gedrag van de spreker geeft hier aan, hoe de verbale boodschap dient te worden opgepakt. Hierbij is het van groot belang te beseffen dat de non-verbale taal ten opzichte van de verbale taal het krachtigste is en de grootste invloed heeft. Wanneer het non-verbale gedrag niet overeenstemt met het verbale, is er sprake van incongruentie ofwel discrepantie tussen wat iemand zegt en wat diezelfde persoon uitdrukt. In geval van incongruentie tussen verbaal en non-verbaal gedrag, zal de ander vooral de non-verbale boodschappen oppakken. Een arts die met een ernstig gezicht zegt: 'Er is niets aan de hand, maakt u zich geen zorgen', heeft grote kans niet geloofd te worden. Voor mensen die de taal van de ander niet spreken, is de non-verbale uitdrukking in de communicatie zeer essentieel; vooral als het gaat om het wekken van vertrouwen en het tonen van respect en betrokkenheid. In een gesprek met een persoon die de taal nog niet helemaal machtig is, is het belangrijk *hoe* je iets zegt: dus hoe praat je, hoe kijk je, wat straal je uit? Vandaar dat er in een gesprek altijd aandacht moet zijn voor de eigen lichaamstaal.

4 Uiten van emoties, zoals blijdschap, verdriet en boosheid.

5 Overbrengen van vrij precieze, min of meer afgesproken betekenissen met behulp van gebaren, zoals langs de weg staan met opgestoken duim als teken dat je wilt meerijden, 'ja' knikken, 'neen' schudden en naar je voorhoofd wijzen als teken dat iemand niet goed bij zijn hoofd is. (51)

De vijf genoemde deelfuncties van non-verbaal gedrag zijn sterk cultureel beïnvloed. Dit maakt dat er zich op het non-verbale taalgebied gemakkelijk misverstanden voordoen tussen mensen met verschillende culturele achtergronden. Interpretatie van het non-verbale gedrag van een ander volgens de eigen culturele normen, terwijl de gesprekspartner andere normen hanteert, leidt tot misverstanden. Het is van belang zich bewust te zijn van de eigen culturele bepaaldheid bij het waarnemen en interpreteren van de non-verbale taal van de gesprekspartner. Eerder is gezegd dat cultuur werkt als een culturele bril: een model voor en van de werkelijkheid. Iemand krijgt vanaf zijn geboorte in een bepaald sociaal systeem door zijn socialisatie een culturele bril aangeboden om naar de werkelijkheid te kijken. Dit besef van de cultureel gevormde waarneming is temeer van belang, omdat de betekenisgeving van wat is waargenomen gekoppeld is aan waarden en normen en aan de daarmee verbonden emoties. Gevoelens van afkeuring, angst en gekwetstheid treden daardoor snel op als afwijkend non-verbaal gedrag negatief wordt geïnterpreteerd. Bij de bespreking van de verschillende aspecten van de non-verbale taal volgen hiervan nog verscheidene voorbeelden.

Wanneer je je bewust bent van mogelijke verschillen in non-verbaal gedrag – en van de daaruit voortvloeiende misverstanden – kan dit in de gespreksvoering verwijten over en weer voorkómen. Daarom staan in de volgende paragrafen verschillende vormen van non-verbaal gedrag en hun mogelijke betekenisgeving beschreven. Maar eerst iets over non-verbale taal als contextuele aanwijzingen. (52)

6.3.1 CONTEXTUELE AANWIJZINGEN

Context en *contextuele aanwijzingen* zijn sleutelbegrippen in het werk van John Gumperz. (53) Hij deed onderzoek naar de gespreksvoering tussen personen met verschillende etnische achtergronden. Contextuele aanwijzingen omvatten alle verbale en non-verbale taalhandelingen tijdens de gespreksvoering, waarmee de betekenis van de context ofwel de situatie kan worden vastgesteld en geïnterpreteerd. Die context wordt bepaald door factoren als: wat de sprekers met het communicatieve gebeuren willen bereiken, welke rol de sprekers vervullen en waar het zich afspeelt. Een voorbeeld van een non-verbale taalhandeling is een hand geven, waarmee de situatie als begroeting of kennismaking kan worden vastgesteld.

Miscommunicatie is volgens Gumperz terug te voeren op uiteenlopende cultuurgebonden gevolgtrekkingen, aannames en interpretaties van de gesprekspartners over de lopende communicatie. Deze komen tot stand op basis van de hiervoor genoemde taalhandelingen. De taalhandelingen van de gespreksdeelnemers maken de achterliggende contexten voor elkaar toegankelijk, waardoor ze een gemeenschappelijk interpretatiekader scheppen. Anders gezegd: de gesprekspartners staan voor de opgave taalhandelingen op zo'n manier uit te voeren en tegelijk interpreteerbaar te maken, dat ze een situatie construeren waarin zij hun communicatie kunnen inbedden.

Nu zijn de taalhandelingen van iemand verworven in de eigen culturele socialisatie. In de loop van de eigen socialisatiegeschiedenis zijn de taalhandelingen tot onbewuste, vanzelfsprekende conventies geworden. Daardoor onttrekken deze cultureel gebonden conventies zich aan de bewuste sturing van de communicatie. In de communicatie vormen ze zo ongemerkt een bron van misverstanden.

Een nieuwe benzinepompbediende begroette een voor hem onbekende klant met de woorden: '*Dag mevrouw, hoe gaat het met u?*' Ernstiger was het misverstand toen een buitenlandse werkzoekende een werkgever bij wie hij kwam solliciteren, begroette met de woorden: '*Hoi vriend*'. De werkgever maakte de sollicitant duidelijk dat hij zijn vriend niet was en dat hij geen prijs stelde op deze amicale omgang.

De communicatieproblemen worden nog vergroot doordat de gesprekspartners hun verschillende taalhandelingen in de interactie op een specifieke wijze met elkaar combineren. Een begroeting omvat verscheidene communicatieve handelingen die tezamen een complexe alledaagse rituele conventie zijn geworden. Het ontbreken of anders zijn van ook maar één element in dit begroetingsritueel kan als afwijkend ervaren worden; bijvoorbeeld niet een hand geven.

Ook de vertrouwde en vanzelfsprekende middelen om de communicatie te beheersen en zo nodig te herstellen kunnen een averechts effect hebben. In plaats van de misverstanden te verhelpen, verergeren ze de miscommunicatie.

Een maatschappelijk werkster nam afscheid bij het afsluiten van een langdurig hulpverleningstraject met een gezin. Ze gaf iedereen een hand maar bij de vader aangekomen, deinsde deze achteruit waarop ze de man vriendschappelijk op de schouder sloeg en zei: 'Oh ja, u mag vrouwen niet aanraken hè.' De man schrok van deze aanraking en trok zich nog verder terug.

6.3.2 STILTEN EN PAUZES

Veel mensen zijn zich niet zo bewust van de betekenis en de invloed van stilte in de communicatie. Stilten hebben een belangrijke functie om de spreekbeurten te regelen.

Een (Nederlandse) leerkracht wachtte bij elf vragen in totaal 10,4 seconden voor ze naar een andere leerling toeging wanneer de eerst aangesproken leerling het antwoord op een vraag niet wist. Een (Molukse) leerkracht wachtte bij negen vragen in totaal 16 seconden.

Het is duidelijk dat anders omgaan met stilten en pauzes in lessituaties, overleggen of sollicitatiegesprekken tot misverstanden kan leiden.

Stilte heeft invloed op mensen. Stilte heeft een communicatieve betekenis.

Françoise Giroud vertelt in haar boek *Si je mens* over de communicatieve kracht van de stilte: 'Toen Chamberlain begreep dat hij niet de meest capabele eerste minister voor Engeland-in-oorlog was, koos hij zelf een opvolger volgens de traditie in de Engelse conservatieve partij. En hij wees Lord Halifax aan. Om het maximale uit de regering te halen besloot Chamberlain om Churchill van het kabinet deel uit te laten maken. Hij ontbood hem en zei: 'Halifax is de beste, maar wij hebben u nodig. Accepteert u het nummer twee te zijn?'
Uit vaderlandsliefde, uit plichtsbesef, uit persoonlijke grootheid besloot Churchill het algemeen belang voor zijn persoonlijk belang te laten gaan en zei 'ja'. Een paar uur later vroeg Lord Beaverbrook, een hoogstaand man, de magnaat van de Engelse pers, Churchill hem onmiddellijk te ontvangen. Beaverbrook zei tegen Churchill: 'Is het zo dat u hebt geaccepteerd dat Halifax eerste minister wordt? Dat is onmogelijk!' Churchill antwoordde, dat hij uit landsbelang had gehandeld en dat hij er verder niet over wilde discussiëren. Beaverbrook hield echter aan. Churchill merkte ten slotte op, dat hij niet anders kon. Beaverbrook zei: 'Het is een misdaad tegen de natie. Slechts u kunt Groot-Brittannië mobiliseren.' Hij hield vol, hij discussieerde; Churchill ging in principe akkoord met wat Beaverbrook zei, maar weigerde: 'Ik heb mijn woord gegeven, ik zal het niet terugnemen!'

Toen zei Beaverbrook: 'Ik vraag u een kleinigheid. Als u door Chamberlain met Halifax wordt ontboden en als hij u vraagt de benoeming te bevestigen, zeg dan gedurende drie minuten niets. Drie hele minuten. Honderdtachtig seconden. Alvorens 'ja' te zeggen. In naam van Engeland vraag ik u dat!'
Churchill vond het vreemd en zag niet in wat dat aan de situatie zou veranderen, maar uit vriendschap en waardering voor Beaverbrook, beloofde hij het te doen.
De volgende dag waren Churchill en Halifax in het kantoor van Chamberlain, Downingstreet 9. En Chamberlain vroeg: 'Wilt u aan Lord Halifax bevestigen, dat u accepteert lid te worden van zijn kabinet?' En Churchill zweeg. Eén minuut. Hij zweeg. Anderhalve minuut, hij zweeg. Voordat de drie minuten waren verstreken, zei Lord Halifax: 'Ik geloof, dat Winston Churchill eerste minister moet worden.'
Op z'n minst kun je zeggen dat deze drie minuten een zeer belangrijke rol in de Tweede Wereldoorlog hebben gespeeld'. (54)

6.3.3 NON-VERBAAL AANDACHT GEVEN

Het luistergedrag omvat een heel scala van verbaal en non-verbaal gedrag, dat sturing geeft aan het gesprek. Voorbeelden van non-verbaal gedrag zijn bewegingen met het hoofd, oogbewegingen, gebaren en gezichtsuitdrukking. Mensen uit Sri Lanka kunnen tijdens een gesprek met hun hoofd schommelen ten teken dat ze het gesprek volgen, Indo's maken een tweetonig m-m- en Somaliërs een soort tsjikkend geluid. In de gespreksvoering zorgen de verschillende, onbewuste codes voor misverstanden. De spreker heeft dan het gevoel dat de luisteraar hem helemaal niet volgt.

In Amerika is onderzoek gedaan naar de communicatie tussen blanke counselors en zwarte studenten. (55) De counselors hadden het gevoel dat ze tijdens gesprekken met de studenten geen werkelijk contact met hen kregen. Het was volgens de counselors net of de studenten de gegeven informatie niet oppakten. De studenten klaagden op hun beurt erover dat ze zich door sommige counselors als dom behandeld voelden. De counselors herhaalden steeds dingen en bleven maar vragen stellen. Uit het onderzoek bleek dat de counselors ander non-verbaal luistergedrag verwachtten dan de studenten lieten zien.

De sturing van een gesprek gebeurt vooral onbewust en non-verbaal. Vooral tijdens een tweegesprek geeft de spreker op bepaalde momenten onbewust niet-verbale signalen aan de luisteraar. Door middel van deze signalen laat de spreker weten dat hij van de luisteraar een teken verwacht dat deze het uitgelegde punt begrepen heeft. De luisteraar geeft dan, eveneens onbewust, bepaalde niet-verbale tekens dat hij het punt heeft begrepen. Deze niet-verbale codes – bijvoorbeeld het al dan niet de ander in de ogen kijken, knikken, hummen of veranderingen van de stem in toonhoogte en ritme – sturen onbewust het gesprek. Deze niet-besefte codes zijn cultureel gevormd en kunnen uiteenlopen. Dit was dus het geval in het voorbeeld van de zwarte studenten wier non-verbale luistergedrag afweek van wat hun counselors gewend waren.

> Een bijzonder voorbeeld van luistergedrag is het volgende waargebeurde verhaal.
> Een groep vertegenwoordigers van een vluchtelingengemeenschap volgt een les. Tijdens de les valt het de docent op dat twee personen in een aparte discussie zijn geraakt en dat de andere studenten meeluisteren. De docent roept de twee tot de orde.
> Eén van hen is een Somaliër. Hij antwoordt de docent dat hij naar de docent kan luisteren en tegelijkertijd een gesprek kan voeren met zijn buurman. De docent zegt dat dit onmogelijk is. De Somaliër stelt daarop voor dat de docent en hijzelf tegelijkertijd ieder hun weg beschrijven om naar school te komen. Daarna moeten ze de route van de ander kunnen navertellen. De docent stemt in. Beiden vertellen ongeveer drie minuten over de weg naar de school. De docent probeert daarna te vertellen wat hij opgevangen heeft van het verhaal van de Somaliër. Dit blijft echter beperkt tot enkele sleutelwoorden. De Somaliër echter, kan bijna woordelijk herhalen wat de docent eerder vertelde.
> De docent geeft toe dat zijn oordeel helemaal onjuist was en vraagt uitleg over deze vaardigheid. De Somaliër vertelt dat de cultuur en traditie van zijn volk voornamelijk gebaseerd zijn op mondelinge overlevering. Daardoor zijn de luisterfuncties goed ontwikkeld. Aangezien de Somaliër altijd met een kudde onderweg was, moest hij zeer snel informatie kunnen ontvangen van mensen die hij ontmoette. Hierdoor ontwikkelde hij, zoals vele anderen, de kunst om te praten en te luisteren tegelijkertijd. (56)

6.3.4 PERSOONLIJKE RUIMTE

De persoonlijke ruimte die mensen prettig vinden, kan verschillen. De persoonlijke ruimte is de minimale afstand ten opzichte van een of meer anderen, waarbij een individu zich nog aangenaam voelt. Wanneer vreemden deze comfortabele afstand overschrijden, zal de betrokkene reageren met afweergedrag om de opgewekte spanning te reduceren. Dit afweergedrag bestaat uit meer afstand nemen, wegdraaien van de romp of verplaatsen van de armen naar de ruimte tussen de gesprekspartners.

Er is onderzoek gedaan naar de verschillen in de persoonlijke ruimte van Nederlanders en Surinamers en naar de consequenties van deze verschillen, vooral voor het politieoptreden. (57) Het onderzoek laat zien dat Surinamers in het algemeen een kleinere persoonlijke ruimte prefereren ten opzichte van de gemiddelde Nederlander. Dit kan vervelende effecten hebben: een politiefunctionaris kan zich bedreigd voelen en de persoon sneller als verdacht beschouwen. Omgekeerd kan een burger zich onprettig voelen, omdat een Surinaamse politiefunctionaris hem naar zijn gevoel te dicht nadert. Vervolgens bestaat de kans dat nu de Surinaamse politiefunctionaris het afweergedrag van de burger als verdacht interpreteert.

Uit dit onderzoek blijkt dat wanneer je niet op de hoogte bent van de verschillen in persoonlijke ruimte, het tot ernstige misverstanden kan leiden. Niet alleen tussen Surinamers en Nederlanders zijn er verschillen in persoonlijke ruimte. Uiteraard komen deze verschillen evengoed voor binnen de Nederlandse en Surinaamse groep. Het gaat er eerder om dat je beseft dat deze verschillen in persoonlijke ruimte bestaan. Verder is het dan van belang deze verschillen niet meteen negatief te interpreteren. Wat voor de één afstandelijk is, kan voor de ander een prettige afstand zijn. Wat de één als opdringerig of plakkerig ervaart, is voor de ander vertrouwelijke nabijheid.

> Een medewerker van een asielzoekerscentrum vertelde dat hij zich erg opgelaten had gevoeld tijdens een informeel, gemoedelijk praatje met twee Vietnamese volwassenen. De twee mannen zaten aan weerskanten dicht tegen hem aan en lieten als vanzelfsprekend ieder een arm op zijn bovenbenen rusten.

6.3.5 EXPRESSIE VAN GEVOELENS EN BEDOELINGEN

Sommige mensen drukken hun gevoelens en bedoelingen vooral non-verbaal uit. Begroetingen zijn uitbundig met veel vastpakken, zoenen en omhelzen.

> Een politiefunctionaris voelde zich een keer op straat en in gezelschap van een collega van de zedenpolitie erg in verlegenheid gebracht door de begroeting van een jonge (Turkse) collega. Deze laatste was zo blij de ander weer te zien na een lange tijd, dat hij hem om de hals vloog en stevig omarmde.

Uiting geven aan gevoelens als blijdschap, verdriet, pijn en boosheid kan expressief en ongeremd gebeuren. Ten onrechte wordt dit wel eens geïnterpreteerd als gauw kwaad, snel geëmotioneerd of overdreven gedrag.

Er zijn mensen die elkaar gemakkelijk aanraken en vastpakken met de bedoeling nabijheid en warmte uit te drukken.

Ook het gebruik van gebarentaal – wenken en op de tafel of de balie tikken – om iets gedaan te krijgen, is in sommige samenlevingen heel gangbaar en respectvol. In een andere omgeving zullen mensen dit als arrogant, gebiedend en beledigend ervaren.

6.3.6 OOGCONTACT

In het algemeen getuigt het in Nederland van respect wanneer je oogcontact houdt met de ander tijdens een gesprek. En gezien de uitdrukking *iemand recht in de ogen kunnen kijken* betekent dit oogcontact ook eerlijkheid en openheid. Binnen andere sociale systemen is mensen geleerd respectvol weg te kijken of de ogen neer te slaan, wanneer ze in gesprek zijn met een oudere of hogergeplaatste. Voor hen getuigt het juist van brutaliteit, van bedreiging en weinig respect wanneer je iemand recht in de ogen kijkt. Het niet-aankijken tijdens een gesprek hoeft dus niets te maken te hebben met desinteresse, onbeleefdheid, liegen of bekennen van schuld. Omgekeerd hoeft het oogcontact houden met iemand dus geen brutaliteit of bedreiging te betekenen.

Het niet-aankijken is een regelmatig terugkerend thema dat in trainingen interculturele communicatie vaak op een culturaliserende manier wordt behandeld. Zo is al het voorbeeld gegeven dat – in het kader van de bestrijding van racisme op en rond voetbalvelden – scheidsrechters een cursus kregen waarin ze verteld werd dat wanneer ze een donkere, buitenlandse speler bij zich roepen voor een waarschuwing en de speler kijkt hen niet aan, dat de voetballer dit dan respectvol bedoelt. Het risico van zo'n benadering is de suggestie dat voor een migrant alle andere mogelijke betekenissen van niet-aankijken, zoals negeren, iets te verbergen hebben en verlegenheid, ineens niet meer zouden gelden.

Waar het om gaat is dat je als professional weet dat mensen respect of aandacht kunnen tonen door tijdens een gesprek weg te kijken. Oftewel niet-aankijken heeft naast alle andere gangbare betekenissen ook de betekenis van respect of aandacht. Op deze wijze vermijd je een tweevoudige valkuil: enerzijds de valkuil om het niet-aankijken meteen en alleen negatief te interpreteren en anderzijds de culturaliserende valkuil om het niet-aankijken uitsluitend positief als respectvol te interpreteren en andere mogelijke betekenissen uit te sluiten.

Wanneer je onzeker bent over de betekenis van het wegkijken, kun je feedback geven door bijvoorbeeld te zeggen: 'Ik zie je steeds van me wegkijken, terwijl ik iets aan het vertellen ben. Ik krijg daardoor de indruk dat je niet luistert. Klopt mijn indruk dat je niet luistert? (zie ook paragraaf 6.5).

6.3.7 BEGROETINGEN

Mensen begroeten elkaar op verschillende manieren. Elkaar een hand geven is slechts een van de vele mogelijke begroetingswijzen. Soms begroeten mensen elkaar met een hoofdknikje, een hand op het hart, een buiginkje of een omhelzing. Het zijn allemaal begroetingen die dezelfde waarde kunnen hebben als handen schudden.

Het al dan niet handen geven van islamitische mannen aan vrouwen is een steeds terugkerend probleem. Dit probleem van handen geven vraagt een heel andere benadering dan de veelvoorkomende discussie wie zich dient aan te passen aan wie. Eerst even drie voorbeelden van deze discussie.

1 Enige tijd geleden had de burgemeester van Lelystad een gesprek afgezegd met vertegenwoordigers van een islamitische groep ouders. De islamitische ouders zouden een gesprek hebben met de (vrouwelijke) wethouder van onderwijs over de oprichting van een islamitische school. De islamitische groep had vooraf in een brief aan de (vrouwelijke) wethouder laten weten dat ze haar geen hand zouden geven. De burgemeester werd hierop kwaad en liet de ouders weten dat zijn wethouder ook als vrouw even respectvol (dus met een hand) begroet diende te worden en dat het gesprek dus niet doorging. De kwestie werd een rel en kwam voor de rechter die geen duidelijke uitspraak in deze kwestie kon doen.
2 Ivo Opstelten, voormalig burgemeester van Rotterdam, vertelde in een gesprek dat zijn gemeentebestuur onlangs een management *diversity*-training heeft gekregen van een Ameri-

kaanse hoogleraar: 'Hij maakte ons bekend met de kenmerken en gevoeligheden van allochtone groepen. Dat de vrouwelijke wethouder niet beledigd moet zijn als ze geen hand krijgt van de imam.' De gespreksleider vraagt: 'Moet de imam niet juist een cursus krijgen hoe hij een vrouw de hand moet schudden?' Opstelten: 'Ik respecteer het omdat ik de achtergrond begrijp'. (58)

3 Een grote overheidsinstelling was van plan een handleiding uit te geven voor haar medewerkers met aanwijzingen hoe ze met cliënten met een andere etnische achtergrond kunnen omgaan. Een van de aanwijzingen zou worden: 'Houd er rekening mee dat islamitische mannen een vrouw geen hand geven.'

Eigenlijk gaat het helemaal niet om het al dan niet handen geven en om de vraag wie zich aan wie moet aanpassen. Essentie is dat je je ervan bewust bent dat mensen *op verschillende manieren kunnen groeten*. De onderliggende betekenis van het handen geven is *de begroeting* en *het respect betonen*: deze kunnen op verschillende wijzen gebeuren; handen geven is er slechts één van. In het eerste voorbeeld draait het erom dat de vrouwelijke wethouder, terecht, evenals haar mannelijke collega's begroet wilde worden. De islamitische groep had dan kunnen schrijven dat zij de wethouder op een andere wijze dan door een hand te geven, zouden begroeten; bijvoorbeeld met een knikje, een uitgesproken groet, een lachje of een hand op het hart. De wethouder en burgemeester hadden van hun kant kunnen waarderen dat de islamitische groep hen vooraf had willen waarschuwen, zodat de wethouder zich niet verrast en gekwetst zou voelen. Zij hadden kunnen weten en kunnen leren (zie het tweede en derde voorbeeld) dat *ook* migranten – net als ieder ander – op een andere wijze kunnen groeten dan handen geven en dat deze begroetingswijzen even respectvol zijn.

Al eerder in dit boek is aangegeven dat migranten en hun communicatiewijzen niet buitengewoon anders gemaakt moeten worden. Willen professionals zich voorbereiden op de communicatie met migranten dan dienen ze communicatieve aanwijzingen te ontvangen die *algemeen* de omgang met cliënten betreffen. Dus géén aparte handleiding voor cliënten uit etnische minderheidsgroepen zoals in het derde voorbeeld hiervoor, maar inclusieve, algemene aanwijzingen voor een effectieve en respectvolle omgang met cliënten. Wat het handen geven betreft kan dan in een algemene handleiding *Effectief omgaan met klanten* een paragraaf 'Begroetingen' worden opgenomen. Hierin staat dat cliënten op verschillende wijzen kunnen groeten met als voorbeelden: een knikje, een uitgesproken groet, een lachje of een hand op het hart. Functionarissen kunnen hiermee vervolgens rekening houden door onbevangen, bijvoorbeeld met een uitgestoken hand klanten tegemoet te treden en te begroeten. Daarbij is het van belang niet te gefixeerd te zijn op het handen geven en krijgen, maar attent te zijn op mogelijke andere wijzen van begroeten en respect betonen en altijd uit te gaan van een positieve inzet van de anderen.

Uiteraard houdt de functionaris dan bij dezelfde klant een volgende keer rekening met zijn of haar wijze van groeten. Ditzelfde geldt overigens voor de klant, die zijn wijze van begroeten kan uitbreiden en misschien de volgende keer een hand geeft! Voorgaande hangt samen met het dynamisch karakter van culturen.

Uit de volgende voorbeelden blijkt dat het soms erg lastig is te zien dat iemand vanuit goede bedoelingen groet of respect betoont:

- Tijdens een workshop vertelde de trainer dat mensen in plaats van een hand te geven soms groeten door een hand op hun hart te leggen. Een deelneemster schrok daarvan en vertelde dat ze dat een keer meegemaakt had en dacht dat de man bij voorbaat zijn hand aan zijn hemd afveegde omdat ze een vrouw was...
- Een ambtenaar zei dat ze zich eens hevig gekwetst heeft gevoeld omdat een man haar, zo zei ze: '... begroette alsof ze melaats was'. De man had haar met zijn hand in zijn colbertzak de hand gegeven.
- Een vrouw vertelde dat ze zich door een Turkse vriend van haar (Turkse) man totaal genegeerd voelde toen de vriend wel haar man hartelijk met een hand begroette maar haar zonder aan te kijken, laat staan te begroeten, 'straal' voorbijliep. Toen ze de vriend op straat een keer alleen ontmoette, groette hij haar wel.

Het eerste voorbeeld spreekt voor zich. In het tweede voorbeeld groette de man de ambtenaar zo, omdat hij haar graag tegemoet wilde komen met het geven van een hand maar het vanwege religieuze redenen (nog) niet kon opbrengen om dat met de 'blote' hand te doen.

In het derde voorbeeld vertelde de man later dat zijn vriend uit respect voor hem als haar man, in zijn bijzijn haar als zijn vrouw niet aanspreekt. Vandaar dat de vriend de vrouw wel groet als hij haar alleen ontmoet.

Afhankelijk van de context kan het van belang zijn om als professional een persoon te wijzen op de mogelijke effecten op anderen van zijn wijze van begroeten. Vooral in het onderwijs en bij het vinden van werk kan het tot vervelende situaties leiden wanneer mensen een hand verwachten en die niet krijgen. Het is dan aan de persoon hierop voorbereid te zijn en daar adequaat mee om te gaan. Van de andere kant is het in dit verband begrijpelijk en aanvaardbaar dat, zoals opgenomen in paragraaf 4.8, een school van al haar medewerkers mag verlangen dat ze handen geven als begroeting. Dit vanuit het argument dat de leerlingen van de school op de (Nederlandse) arbeidsmarkt moeten worden voorbereid, waarbij handen geven de gewoonte is.

6.3.8 STEMVOLUME

Hard en zacht praten en een lage en hoge stem roepen allemaal verschillende betekenissen op. Voor mensen met een andere culturele achtergrond duidt een groot stemvolume op ruzie, boosheid en agressie. Luid praten vindt in het algemeen weinig waardering. Het zou getuigen van arrogantie of ongemanierdheid. Niettemin menen sommigen goedbedoeld dat migranten hen beter begrijpen als ze luid tegen hen spreken. Ook Aziaten ervaren in het algemeen hard praten als onbeleefd en afschrikwekkend. Bij Aziaten geldt veelal dat hoe belangrijker het onderwerp, hoe rustiger de stem.

6.3.9 PROSODIE: INTONATIE, RITME EN KLEMTOON VAN DE STEM

Mensen zijn gewend aan een bepaalde intonatie. De intonatie van een stem geeft de bedoelingen en gevoelens van de spreker weer. Intonatie roept een zeker gevoel op. In sommige talen bepaalt de intonatie ook de betekenis van het woord. In het Chinees bijvoorbeeld hangt de betekenis af van de toonhoogte waarop een woord wordt uitgesproken. De waardering en betekenis voor een intonatie zijn cultureel gevormd en kunnen dus verschillen. De intonatie in het Nederlands taalgebruik van Hindoestanen, Antillianen en Arubanen kan afwijken van de algemeen gangbare intonatie van Nederlanders. Dit leidt wel eens tot misverstanden, bijvoorbeeld omdat sommige Nederlanders deze intonatie lachwekkend of dominant vinden klinken.

In de film *Crosstalk* geeft John Gumperz (59) een voorbeeld van verschillen in toonhoogte en luidheid van stem die leiden tot miscommunicatie en die ook de pogingen tot herstel doen stranden.

Een Indiase klant bezoekt een bank waar de volgende conversatie ontstaat met de (autochtone) Engelse bankbediende. De Indiase klant beklemtoont de (cursieve) woorden en spreekt op een toonhoogte die voor hem passend en vanzelfsprekend is binnen de eigen culturele communicatieve context:

Klant: Excuse me.
Bankbediende: Yes Sir?
Klant: I want to deposit some *money*.
Bankbediende: Ah I see. You need a deposit form then.
Klant: Yes. *No*, *no*, this is the wrong one.
Bankbediende: Sorry.
Klant: I got my account in *Wembley*.
Bankbediende: Oh you need a *giro*form then.
Klant: Yes. *Giro*form.
Bankbediende: Why didn't you say so first time?
Klant: Sorry, didn't *know*.
Bankbediende: *Allright*. (60)

De Engelse bankbediende vat, vanuit zijn vanzelfsprekende culturele conventies, de benadrukking van bepaalde woorden en de luidheid van de stem van de Indiase klant op als dwingend en beschuldigend. Ook de poging van de Indiase klant om aan het eind van het gesprek de communicatie te herstellen, komt door het benadrukken van het woord *know* in plaats van het woordje *sorry* eerder over als een verwijt dan als een oprecht welgemeend excuus. Het voor de klant vertrouwde en vanzelfsprekende middel om misverstanden in de communicatie te herstellen – zich excuseren – heeft een averechts effect en verergert de miscommunicatie.

Gumperz geeft in deze film *Crosstalk* aan dat het afwijken van de verwachte norm irritaties oproept. In interacties worden deze irritaties onder invloed van heersende sociale representaties, veelal gedacht en geuit in etnische stereotypen. In dit geval het stereotype dat Indiërs dominant en lastig zijn in de communicatie.

6.3.10 LACHEN

Lachen heeft vele betekenissen. Lachen geeft uiting aan emoties als blijdschap en verliefdheid, maar lachen verbergt soms ook emoties als verdriet, spanning, angst en nervositeit.

Vooral het lachen van Aziaten – onder anderen Vietnamezen en Chinezen – roept vraagtekens op. Aziaten lachen op momenten dat er volgens anderen helemaal niets te lachen valt. De eindeloze blijmoedigheid en glimlachende ontkenning van hun problemen brengen sommige hulpverleners tot wanhoop. 'Ze blijven maar glimlachen, terwijl ze over de vreselijkste dingen praten! Je weet nooit of ze iets wel of niet menen'. (61) Het volgende citaat verklaart wellicht iets van het lachen van Aziaten:

Vijfde broer lachte terwijl hij over een enorme brand sprak, zoals wij gewoon zijn over een ramp te lachen. Die kleinerende ironische zelfspot, zodra we alle tranen die we bezitten, hebben vergoten. Een lach die alle Chinezen te pakken krijgt, zodra een tragedie komisch en belachelijk wordt, wat vaak gebeurt. Branden en overstromingen, ongelukken, sterfgevallen en revoluties. Al is het volkomen waar, dat wij bedroefd zijn om een ramp die ons persoonlijk treft en dat ook wij een tijdlang de uiterlijke tekenen van ons verdriet dragen, dat wij even oprecht als ieder ander huilen en even intens rouwen, toch kunnen wij een poosje later over dezelfde dingen en om ons eigen verdriet lachen. Want wij kennen de conventie niet van het ongestoord alleen willen zijn en van het benauwde zwijgen, zoals de Europeanen. Wij zonderen ons niet af om te kniezen en onze vrienden sparen ons niet; want wij moeten alles zoveel mogelijk in het levenspatroon doen passen en om alles moet je kunnen lachen, immers alleen de lach zal ons de grootte van ons verdriet doen kennen. Wij nemen een gelijke houding aan ten opzichte van onze droevige en blijde ervaringen, omdat we op een goede dag over beide zullen lachen, hun nut voor ons erkennend, en omdat zij van een zelfde waarde onder de Hemel zijn, die alles gelijk maakt; wij beschouwen ze als een deel van onze levensschat en als het aandeel ons door het Lot toegemeten. Alle mensen leren dit aanvaarden, maar in het algemeen aanvaarden wij dit een beetje beter dan de meeste andere volken. Ook ik lach om dingen die me moesten schokken, zelfs om ongelukken. Wanneer de chauffeurs van de ziekenauto na een inspannende dag iemand, die door een auto is overreden, glimlachend binnen brengen, giechel ik nerveus, wat je voor ongevoeligheid of wreedheid zou kunnen houden. Dit is het echter niet maar veeleer een gelukkige bescherming, die mij in evenwicht houdt. En later leerde ik Mark om vele dingen te lachen die ons hadden moeten bezeren, zodat we nooit lang ergens door bezeerd, verbitterd of geërgerd bleven. (62)

6.3.11 KLEDING EN OPMAAK

De wijze waarop iemand gekleed gaat en zich opmaakt, draagt informatie over. Elk sociaal systeem vraagt zo zijn kleding en opmaak. Een bedrijfscultuur kenmerkt zich onder andere door de kledingstijl van de medewerkers. Een bedrijf nam eens een vrouw niet aan, omdat ze keurig gekleed op een sollicitatiegesprek verscheen. Ze zou niet passen binnen het team, omdat de teamleden vooral informeel in jeans gekleed gingen.

Veel mensen kiezen bewust voor een eigen stijl van kleding en opmaak om op een bepaalde manier over te komen. Tegelijkertijd speelt de sociale norm bij de keuze van de kleding een grote rol. Mensen kunnen lang twijfelen over wat ze zullen aantrekken voor een feestje, de schouwburg, een sollicitatiegesprek, een congres, het werk of een eerste ontmoeting. Kleding heeft dus een bepaalde betekenis en kan verschillende communicatieve reacties oproepen.

De communicatieve invloed van kleding wordt scherp geïllustreerd in het verhaal van een arbeidsbemiddelaar.
'Zij vertelde van een werkzoekende bij wie ze vaak op huisbezoek ging. Wanneer ze op bezoek kwam had ze wel eens een andere jas aan, afhankelijk van weer, stemming en kledingcombinatie. De vrouw van de werkzoekende reageerde steeds enthousiast op de jassen en de kleding van de arbeidsbemiddelaar. Tegelijkertijd zei ze echter ook dat zij zich geen nieuwe kleding kon permitteren. De arbeidsbemiddelaar vertelde dat ze de laatste tijd zoveel mogelijk dezelfde jas aantrok. Ze wilde de vrouw van de werkzoekende niet confronteren met haar geldgebrek om nieuwe jassen en kleding voor het gezin te kopen.'

Een ander voorbeeld van misverstanden die optreden naar aanleiding van kleding en nonverbaal gedrag, komt van een Irakese Koerd die met een vriend, eveneens uit Irak, naar een huisarts in Amsterdam wilde gaan.

De vriend had zware psychische problemen. Na lang aandringen van zijn vriend, wilde hij eindelijk hulp vragen bij een huisarts. In de wachtkamer zag de vriend dat de huisarts, die zijn patiënten persoonlijk kwam ophalen, een T-shirt droeg. De vriend was geschokt en wilde de wachtkamer verlaten. Een arts die zo gekleed was kon geen goede huisarts zijn. Volgens zijn beeld en verwachting was een huisarts netjes gekleed in een kostuum. Zijn vriend wist hem ervan te overtuigen dat in Amsterdam huisartsen informeel gekleed zijn en dat dit een heel goede huisarts was. Uiteindelijk ging de vriend met de huisarts mee naar de spreekkamer en vertelde zijn probleem, dat tamelijk zwaar was. De huisarts was erg onder de indruk van zijn verhaal en reageerde hierop met de verzuchting: 'Puh, puh...' Hierop sprong de vriend op en verliet de spreekkamer. Zijn vriend ging hem achterna en vroeg wat er nu weer aan de hand was. De vriend zei dat hij er nu helemaal van overtuigd was dat de man geen goede huisarts was. De huisarts spotte met hem, want hij had na zijn verhaal met 'scheetjes' (poeh, poeh...) gereageerd.

6.3.12 LOPEN EN BEWEGEN

Door de manier waarop mensen lopen en bewegen, zenden ze al dan niet bedoeld allerlei boodschappen uit. Mensen lopen en bewegen verschillend, afhankelijk van hun culturele socialisatie.

Een bezoek aan de stranden van Ipanema of Copacabana in Rio de Janeiro maakt duidelijk hoe de meeste mannen en vrouwen hun eigen seksespecifieke gedragsregels kennen. De alternatieve toeristengids voor Rio de Janeiro maakt dit duidelijk door aan te geven wat de 'correcte manier is om een duik in zee te nemen'.
Voor vrouwen geldt het volgende:
- Loop langzaam naar het water, waarbij je voortdurend je tanga goed trekt.
- Probeer met je tenen de watertemperatuur.
- Loop tussen de golven door het water in tot het aan je knieën komt en hurk dan zodat je zitvlak net nat wordt; trek je tanga goed.
- Als de volgende golf eraan komt, druk je je neus dicht en duik je er onderdoor. Loop vervolgens zo snel mogelijk naar het droge; trek je tanga goed.
- Buig diep voorover en gooi drie keer je haar achterover en naar voren om het water kwijt te raken.
- Trek je tanga goed terwijl je langzaam naar je plek terugloopt.

Voor mannen:
- Ren naar het water en duik of koprol de zee in zonder de temperatuur op te nemen.
- Surf of zwem minstens twintig minuten.
- Stop bij de waterlijn om je uitrusting goed te trekken. Schud naar voren en naar achteren om je haren te drogen.
- Ren terug naar je plek.
- Ook al ben je nat, laat je niet verleiden op een stoel te gaan zitten. Een mannelijke carioca zit altijd op het zand. (63)

De waardering van het lopen en bewegen is ook cultureel gevormd. Een verkeerde interpretatie van deze vorm van lichaamstaal kan ernstige gevolgen hebben.

Een (Antilliaanse) student kreeg een onvoldoende voor zijn stage. Hij zou te weinig initiatief tonen en een onverschillige en nonchalante houding hebben ten opzichte van zijn stage. Deze nonchalante houding leidde de stagebegeleider onder andere af uit de manier waarop de student binnen de instelling rondliep. 'Hij loopt net alsof hij in de disco is,' was de mening van de stagebegeleider.

Dit voorbeeld laat tevens de invloed zien van sociale representaties. Onder invloed van heersende sociale representaties over Antillianen: gemakkelijk aangelegd, afwachtend en weinig initiatiefrijk, brengt 'slechts' een verschil in loopstijl de docent al tot een negatieve beoordeling van de student. Vervolgens leidt deze beoordeling op haar beurt weer tot een versterking van de genoemde sociale representaties.

6.3.13 INRICHTING VAN DE RUIMTE

De ruimte, waarin het gesprek plaatsvindt, het meubilair en de verdere inrichting hebben invloed op de communicatie. Staande aan een balie of een loket praat anders dan wanneer je in een kamer je verhaal mag doen. Mensen richten ook heel bewust met bepaalde communicatieve bedoelingen een ruimte in. Denk aan huiskamers, kantoren, ontvangstruimten, kathedralen, spreekkamers en directiekamers. Het is van belang zich bewust te zijn van het effect van de ruimte en de inrichting op de communicatie. Een deftige of plechtstatige ruimte dwingt, behalve netjes en zachtjes te praten, zich ook netjes te gedragen. Ruimte en inrichting dienen congruent te zijn met de bedoelingen die een persoon heeft met het gesprek en met de gesprekspartner. Wanneer iemand zegt dat hij alle tijd en rust voor de cliënt wil nemen en in zijn kamer bevinden zich een grote klok en een telefoon die steeds overgaat, dan is het de vraag of beiden ook echt rustig zitten.

6.3.14 NON-VERBALE TAAL EN SOMATISEREN

Vooral huisartsen noemen als probleem dat veel migranten somatiseren. Migranten hebben veel lichamelijke klachten zonder aanwijsbare lichamelijke oorzaak. Deze psychosomatische klachten zijn lichamelijke klachten die een psychische achtergrond hebben. Bij somatiseren zegt een cliënt lichamelijke klachten te hebben, terwijl hij eigenlijk psychische problemen heeft. Migranten zouden volgens artsen moeilijk aan te spreken zijn op deze feitelijke psychische problemen. Somatiseren komt naar hun idee meer voor in niet-westerse culturen. Ze vergeten echter dat in het westen somatiseren ook veel voorkomt.

Westerse artsen beschouwen somatiseren soms als primitief en infantiel. (64) Deze negatieve beoordeling van somatiseren valt te betreuren, omdat de gevoelsmatige ervaring van het lichaam (de somatische component) zeer belangrijke informatie geeft. Zijn leven lang biedt het lichaam de mens de eerste en belangrijkste informatie over hoe hij zich voelt en zichzelf beleeft in de omgang met andere mensen en met de fysieke omgeving. In de westerse wereld is lichamelijkheid of de band met het eigen lichaam echter problematisch geworden. Vanuit dit oogpunt is somatiseren negatief, omdat het lastig is het somatisch (= lichamelijk) reageren de plaats te geven die het toekomt. Daardoor kijken vooral artsen negatief naar het somatiseren van migranten. Hun somatische klachten worden niet op hun waarde geschat, mede omdat er in de westerse cultuur geen gelijkwaardige beoordeling is van lichaam en geest, van lichaamsbeleving en psychische functies. (65)

Somatiseren heeft ermee te maken dat het lichaam in de communicatie met anderen voortdurend allerlei invloeden ondergaat. Het lichaam kan zich niet onttrekken aan deze invloed en reageert dan ook met blozen, buikpijn, koud zweet, hoofdpijn, de slappe lach of tranen van ontroering, blijdschap of verdriet. Meestal weten mensen wel waar de lichaamstaal vandaan komt en waarmee hij te maken heeft. Ze zeggen dan bijvoorbeeld:

Ik bloos van al die mooie complimenten.
Ik krijg hoofdpijn van deze discussie.
Ik zit erg in mijn maag met die vervelende geschiedenis.
Ik krijg hartkloppingen van het tentamen.

Ik krijg het koud of kippenvel van die afschuwelijke gebeurtenissen.
Ik kan wel in de lucht springen van blijdschap.
Mijn bloed kookte.

In het voorgaande kan iemand vertellen wat hem bezighoudt en wat zijn lichaam zo beïnvloedt. Maar in veel gevallen is dit niet het geval. Er treden buik- of rugklachten op en de persoon weet niet waarmee hij te maken heeft. Er is sprake van psychosomatische klachten of van somatiseren: het uiten van lichamelijke klachten zonder dat er een aanwijsbare lichamelijke oorzaak voor te vinden is. Het zijn lichaamsklachten die mensen niet meer in verband kunnen brengen met de invloed die ze hebben ondergaan in hun relaties met anderen. Somatiseren is dan *zeggen wat niet zegbaar is.* (66) Een bekend voorbeeld zijn buikklachten van schoolgaande kinderen. Ze voelen een pijnlijke spanning in de buik, maar ze kunnen niet zeggen waar deze vandaan komt of waarmee hij te maken heeft. Mensen met psychosomatische klachten beseffen veelal niet dat mensen en gebeurtenissen hen onwillekeurig beïnvloeden. Ze ondergaan wel veel invloed en voelen deze invloed ook, maar ze kunnen deze niet onderkennen. Wat er met hen gebeurt of gebeurd is, realiseren ze zich niet.

Voor mensen met psychosomatische klachten is het heel moeilijk om te zeggen dat ze met iets zitten, dat ze het niet aankunnen of dingen niet meer in de hand hebben. De omgeving is gemakkelijk geneigd zulke opmerkingen te relativeren door te zeggen dat het wel meevalt, dat ze het niet zo somber moeten inzien of door allerlei concrete tips te geven hoe betrokkene zaken kan aanpakken. Ergens over inzitten, niet meer alles aankunnen of dingen niet meer in de hand hebben, kan eigenlijk niet en krijgt daardoor al snel de betekenis van *zich niet inzetten*. Dit alles maakt dat mensen het zicht op de eigen inzet kunnen verliezen. Ze ontvangen van hun omgeving te weinig terugkoppeling, te weinig toetsing, waardoor ze niet meer weten of ze zich inzetten. Of ze zien deze terugkoppeling niet (meer). Want iemand weet pas dat hij zich inzet, wanneer hij ziet (kan zien) dat zijn invloed effect heeft. Veel mensen staan er echter niet bij stil dat ze niet alléén het effect en de betekenis van hun inzet kunnen bepalen. En dat wanneer ze niet het gewenste resultaat krijgen, het *niet* betekent dat ze geen invloed hebben. Een ingebracht voorstel kan niet worden aangenomen, maar wel een relevante discussie opgeleverd hebben. Dat laatste is dan wel het effect van de inzet van degene die het voorstel inbracht.

Samengevat kunnen mensen met psychosomatische klachten niet meer onder woorden brengen wat ze scheelt, waarmee ze zitten. Ze zijn het zicht kwijtgeraakt op de eigen invloed en de invloed die ze ondergaan van anderen. In de hulpverlening aan mensen die somatiseren, is het van belang een proces op gang te brengen, zodat zij zich weer gezien voelen in hun inzet en dat hun inzet gezien wordt. In hoofdstuk 10 over inzet staan aanwijzingen voor een dergelijke aanpak.

6.4 Sociale representaties en taal

Hiervoor is al met vele voorbeelden aangegeven dat de verbale en non-verbale taal van iemand cultureel gevormd zijn. Communicatief gezien staat deze culturele vorming onder invloed van sociale presentaties: de heersende beelden, waarden, normen, opvattingen en betekenissen in ieders omgeving. De woorden die je kiest, de zinnen die je uitspreekt, de lichaamstaal die je gebruikt én de betekenissen van deze verbale en non-verbale taal, ontstaan onder invloed van de ruimere sociale omgeving. Je taal en taalgebruik zijn geen unieke individuele creatie, maar het resultaat van de dialoog met de sociale omgeving. In die zin ben je niet zo vrij in de keus van wat je zegt en doet. En evenmin ben je zo vrij in het bepalen van de betekenis ervan. Hierna volgen enkele voorbeelden om deze invloed te illustreren.

- Door de heersende sociale dialoog denken de meeste mensen bij het woord *buitenlander* in eerste instantie aan Turken, Marokkanen, Surinamers, Antillianen enzovoort, en niet aan buitenlanders in het algemeen, onder wie dus bijvoorbeeld ook West-Europeanen en Amerikanen. Dat het begrip buitenlander in de sociale dialoog vaak een negatieve klank heeft, is af te leiden uit de verzachtende toevoeging 'mensen': mensen spreken dan van buitenlandse mensen en bijvoorbeeld van Turkse mensen in plaats van eenvoudigweg van buitenlanders en Turken.
- Sommige studenten zijn gewend om vanuit de heersende sociale representaties in het land van herkomst, docenten uit respect met u aan te spreken. Hoewel langzamerhand gewend aan de meer informele omgangsstijl tussen docenten en studenten in het Nederlandse hoger beroepsonderwijs, spreken ze zo nu en dan – bijvoorbeeld tijdens tentamens of in mentorgesprekken – docenten toch weer met u aan. Hetzelfde geldt voor veel asielzoekers die Nederlandse werkers, ondanks de informele omgang van de Nederlanders met hen, met Sir blijven aanspreken.
- De invloed van heersende sociale representaties op het interpreteren van non-verbaal gedrag werd al duidelijk bij de voorbeelden van het niet-aankijken, het anders lopen en bewegen dan in het algemeen gangbaar is in Nederland en de voorbeelden van begroetingen.

In de communicatie dien je je bewust te zijn van deze permanente invloed van de sociale representaties: de betekenissen, beelden en opvattingen binnen de ruimere sociale omgeving. Deze sociale representaties kunnen ongewild en onbewust een negatieve invloed hebben op het verloop van een gesprek onder andere door misinterpretatie van wat mensen zeggen en doen.

6.5 Het TOPOI-model: het analyse- en interventiekader Taal

Aan de basis van het analyse- en interventiekader Taal staan de *kernvragen*:

1 Wat is mijn aandeel:
   a Wat zeg ik en wat doe ik non-verbaal?
   b Wat is mijn interpretatie van wat de ander zegt en non-verbaal doet?

2 Wat is het aandeel van de ander:
   a Wat zegt de ander en wat doet de ander non-verbaal?

  b Wat is de interpretatie van de ander van wat ik zeg en non-verbaal doe?
3 Welke invloed heeft de ruime sociale omgeving:
  a Wat is de invloed van de heersende sociale representaties – beelden, waarden, normen, opvattingen en betekenissen – op wat ieder zegt en non-verbaal doet?
  b Wat is de invloed van de heersende sociale representaties – beelden, waarden, normen, opvattingen en betekenissen – op ieders betekenisgeving van wat hij zegt en non-verbaal doet?

Het *analysekader Taal* bevat de volgende hulpvragen waarmee je hypothesen kunt opstellen ten aanzien van mogelijke misverstanden rond Taal:
- In wiens taal spreekt ieder? (Besef van de machtspositie van *de eigen* of een *dominante variant* van taal!)
- Wat is de betekenis van wat ieder zegt?
- Wat betekenen ieders lichaamstaal en andere non-verbale taal?
- Welke betekenis geeft ieder aan de woorden en het gedrag van de ander?
- Wat is de invloed van de heersende sociale representaties – de beelden, waarden, opvattingen en betekenissen – in ieders omgeving op wat ieder zegt, doet en van de ander begrijpt?

Het *interventiekader Taal* geeft de volgende suggesties voor interventies:
- Rekening houden met de taalpositie van de ander. Bijvoorbeeld langzamer praten in korte zinnen, een tolk inschakelen of meer tijd nemen voor het gesprek.
- Respecteren en toelaten van 'acceptabele' verschillen in (non-)verbale taal. Bijvoorbeeld de wijze van groeten en het al dan niet aankijken tijdens een gesprek.
- Toestaan van het praten in de eigen taal. Tegelijk uitsluiting voorkomen van anderen die de gebruikte taal niet spreken of begrijpen. Dit betekent zelf vragen wat er besproken is dan wel dat de ander uitlegt waarom hij in de eigen taal praat en wat er besproken is of wordt.
- Invoegen in de taal van de ander. Welke formulering kiest iemand om zijn vraag of probleem naar voren te brengen? Spreekt iemand een afstandelijke meer zakelijke taal, een gevoelstaal of een doetaal?
- De woorden en de non-verbale taal (onder andere de lichaamstaal) waarnemen met alle zintuigen: niet alleen luisteren, maar ook kijken, luisteren (naar de stem) en gevoelens registreren.
- Betekenissen onderzoeken: open vragen. Dat kan door verhelderende vragen te stellen over bepaalde taaluitingen. Bijvoorbeeld, wat verstaat iemand onder *discriminatie*; *ik wil weg van thuis*; *een beetje ziek*.
- Betekenissen uitleggen. De eigen bedoelingen en taal (woorden, begrippen, impliciete boodschappen) verhelderen.
- Om verduidelijking vragen.
- Zaken herhalen of in andere woorden zeggen.
- Herhalen of samenvatten wat de ander zei om te toetsen of je de ander goed hebt begrepen.
- Feedback geven; feedback vragen. Het navragen van de juistheid van de eigen interpre-

tatie respectievelijk de betekenisgeving van het non-verbale gedrag van de ander. Het is essentieel hier de regels voor effectieve feedback te hanteren. In het kort komen deze regels neer op het volgende:

- Benoem het concrete gedrag van iemand. Praat dus niet in termen van *Jij dit* of *dat*, maar vertel wat je waarneemt van het gedrag van de ander. Dus: *Ik zie...* of *Ik hoor...*
- Geef dan pas de interpretatie van het gedrag van de ander. *Ik vermoed...* of *Ik krijg daardoor de indruk...*
- Toets de interpretatie bij de ander. *Klopt het dat...*
- (Eventueel) Geef aan wat het gedrag van de ander vanuit deze interpretatie betekent. Ofwel geef aan in *ik*-taal welk effect het gedrag van de ander op jou heeft.
- (Eventueel) Benoem het gewenst gedrag in *ik*-taal. *Ik vind het gemakkelijker als...*

– Onderzoeken welke invloed de heersende sociale representaties hebben – de beelden, waarden, normen, opvattingen en betekenissen – in ieders omgeving op wat ieder zegt, doet en van de ander begrijpt.
– Erbij stilstaan en navragen welke invloed ieders omgeving heeft op de betekenisgeving. Bijvoorbeeld open (door)vragen. Wat betekent 'uithuwelijken' voor je ouders?
– Inzet van een tolk of de tolkentelefoon als echt een gemeenschappelijke taal ontbreekt

Het Nederlands Centrum Buitenlanders (67) en het Bureau Voorlichting Gezondheidszorg Buitenlanders (68) geven nog de volgende aanwijzingen voor gesprekken met mensen die de Nederlandse taal nog niet goed beheersen.

– Stel vragen zo, dat er niet slechts met 'ja' of 'nee' geantwoord kan worden. Bijvoorbeeld in plaats van 'Hebt u het begrepen?' 'Wat hebt u begrepen?' of 'Wat moet u nu doen?'. Uiteraard dient dit op respectvolle wijze te gebeuren en niet op een bevoogdende en controlerende manier.
– Check de verstrekte informatie door bijvoorbeeld een samenvatting te geven of door enkele gegevens na te vragen. Dit geldt bijvoorbeeld voor afspraken die gemaakt zijn. Vraag na of de cliënt analfabeet is. Ook al is de cliënt analfabeet, geef toch een afspraakkaart mee. Er is misschien iemand in zijn omgeving die hem kan lezen.
– Toets na de beantwoording van een vraag van de cliënt of de cliënt inderdaad antwoord heeft gekregen op zijn vraag.
– Verstrek niet te veel informatie in één keer. Dit houdt in dat er beperkte informatie in een zin wordt gegeven, maar ook dat er niet te veel informatie achter elkaar wordt gegeven zonder te checken of eerdere informatie is overgekomen.
– Vermijd moeilijke woorden en zinsconstructies en zorg van tevoren duidelijke omschrijvingen te hebben voor begrippen die niet te vertalen zijn. Check of bepaalde begrippen dezelfde betekenis voor de cliënt hebben als voor de hulpverlener.
– Maak geen gebruik van grammaticaal onjuiste aanpassingen (foreigner talk als '*Jij niet getrouwd?*'). Pas het eigen taalgebruik niet aan, aan het mogelijk niet-correcte taalgebruik van iemand die de Nederlandse taal onvoldoende beheerst. Vermijd krom praten, overdreven simplisme en neerbuigend taalgebruik zoals in de, niettemin goedbedoelde, mededeling van een functionaris van de vreemdelingenpolitie aan een buitenlan-

der: 'Paspoort dood, jij langer maken.' De politiefunctionaris bedoelde te zeggen én had kunnen zeggen: 'Uw paspoort is verlopen. U moet hem verlengen.'

- Gebruik korte zinnen, zonder bijzinnen.
- Articuleer duidelijk en spreek langzaam. Overdrijf dit niet, de cliënt hoeft zich niet in de maling genomen te voelen.
- Spreek niet luider tegen een buitenlander dan je gewoon bent te doen tegen iemand van de eigen groep.
- Als er informatie wordt verstrekt, zorg dan dat deze logisch consistent gepresenteerd wordt en zonder overbodige franje.
- Maak gebruik van visuele middelen. Zorg voor voorbeeldexemplaren van benodigde formulieren – urgentiebewijs, uittreksel uit het bevolkingsregister, jaaroverzicht van inkomsten, enzovoort. Vertalingen die het gebruik van bepaalde formulieren uitleggen, kunnen nuttig zijn.
- Teken dingen uit wanneer je iets moet uitleggen.
- Doe, indien mogelijk, dingen voor en laat dingen nadoen.
- Probeer de omgeving zo rustig mogelijk te laten zijn zonder al te veel afleidende omstandigheden.
- Probeer kalm te blijven, ook als de cliënt na verschillende pogingen de uitleg of de vraag nog niet begrijpt. Let hierbij ook op de non-verbale aspecten. Snel of geïrriteerd gaan spreken, met bijpassende gezichtsuitdrukking bevordert de communicatie niet.
- Consulteer indien mogelijk een landgenootfunctionaris als hetgeen de cliënt vertelt ondanks alle goedbedoelde pogingen, een raadsel blijft. De landgenootfunctionaris is dan niet slechts een tolk of cultuurvertaler, maar een professionele functionaris die je als collega misschien verder kan helpen.
- Stel gerichte vragen en probeer ze af te stemmen op het verwachtingspatroon van de cliënt. Een arts die vraagt wat de patiënt zelf denkt dat de oorzaken van zijn klachten zijn, kan zich in de ogen van een patiënt diskwalificeren.
- Leer een aantal basisbegrippen in de taal van de cliënt, hiermee kun je sneller het vertrouwen winnen en het kan de communicatie bevorderen.

Wanneer de gesprekspartners geen gemeenschappelijke taal hebben, is het *doen* van dingen een uitkomst om een vertrouwensband op te bouwen en om iemand beter te leren kennen. De context dient dan wel zodanig te zijn dat er ook legitimering, gelegenheid en tijd is om zo met de cliënt om te gaan. Werkers in een asielzoekerscentrum kwamen tijdens een training *Intercultureel werken* met de volgende suggesties:

- Samen foto's van de familie of het herkomstland bekijken.
- Werken met landkaarten; (laten) tonen waar de ander vandaan komt of familie heeft wonen.
- Videofilm draaien over het herkomstland.
- Creatieve activiteiten: schilderen, collages.
- Samen sporten.
- Samen eten en feesten.
- Samen naar de hammam.

Verwerkingsopdrachten

Maak deze opdrachten samen met collega's. Vergelijk de uitwerking van elke opdracht met die van je collega's:
- Wat komt overeen?
- Wat verschilt?
- Wat valt op?

Opdracht 1 bij paragraaf 6.1 Verbale taal en non-verbale taal

Naar aanleiding van het voorbeeld van het woord 'lekker' en de zin 'Ik heb zin in koffie': geef nog drie voorbeelden waaruit blijkt dat hetzelfde woord of dezelfde zin verschillende betekenissen kan hebben.

Opdracht 2 bij paragraaf 6.1 Verbale taal en non-verbale taal

Let eens een tijdje op de non-verbale taal van mensen die praten of spreken. Noem dan drie voorbeelden waaruit duidelijk blijkt dat de lichaamstaal belangrijk is om de verbale boodschap over te brengen.

Opdracht 3 bij paragraaf 6.2.1 Betekenis van de eigen taal

Sta eens stil bij je eigen moedertaal (van huis uit geleerd). Praat er met je collega's over hoe belangrijk de eigen taal voor ieder van jullie is.

Opdracht 4 bij paragraaf 6.2.2 Praten in de eigen taal

Stel je voor dat je werkt in een multi-etnisch team. Welke gedragsregels zou je dan willen opstellen voor het praten in de eigen taal? Denk ook aan de communicatie met klanten in de eigen taal en aan het telefoneren met iemand in de eigen taal.

Opdracht 5 bij paragraaf 6.2.2 Praten in de eigen taal

Let eens op de doetaal van mensen en geef vijf voorbeelden van doetaal. Vertel ook wat mensen daarmee willen uitdrukken volgens jou.

Opdracht 6 bij paragraaf 6.2.3 Woordenschat: taal en werkelijkheid

Taal is een levend en dynamisch gegeven. Verzamel in je omgeving een aantal nieuwe woorden die je zo'n vijf jaar geleden niet of nauwelijks hoorde. Bijvoorbeeld de verandering in woorden om aan te duiden dat iets (kleren, muziek, gebeurtenissen) 'te gek' is. Denk ook aan veranderingen in benamingen als 'single' in plaats van vrijgezel of ongetrouwde juffrouw en 'senior' voor mensen van middelbare leeftijd. Geef aan in welk opzicht de betekenis van deze woorden is veranderd.

Opdracht 7 bij paragraaf 6.2.4 Taalbeheersing

Wissel met elkaar ervaringen uit over situaties waarin onvoldoende beheersing van een vreemde taal voor jou tot misverstanden leidde.

Opdracht 8 bij paragraaf 6.2.5 Taalervaring

Doe deze opdracht met één of meer collega's.
Schrijf eerst ieder voor jezelf de betekenis op van de woorden: *vriendschap*, *familie*, *beleefdheid*, *vrijheid* en *een goede les*.
Wissel vervolgens overeenkomsten en verschillen in betekenissen uit.

Opdracht 9 bij paragraaf 6.2.6 Passendheid van taalgebruik

Verzamel een aantal verschillende begroetingen die jij en je collega's in jullie omgeving meemaken. Noteer ook de verschillende situaties waarin de begroetingen gebruikt worden.

Opdracht 10 bij paragraaf 6.2.7 Communicatiestijlen

Interview een aantal mensen van verschillende sekse, leeftijd en afkomst over een persoonlijk onderwerp. Bijvoorbeeld over hun ideale weekend, de beste/mooiste vakantie die ze ooit hadden, euthanasie, abortus, wel of niet trouwen. Vraag dus niet iets zakelijks zoals een beschrijving van hun woning.
Let tijdens het interview op de stijl van vertellen. Gebruik bij het beschrijven de kenmerken van de communicatiestijlen waarover je in dit hoofdstuk gelezen hebt.
Merk je een onderscheid tussen mannen en vrouwen, tussen mensen van verschillende afkomst of leeftijd?

Opdracht 11 bij paragraaf 6.2.8 Impliciet taalgebruik

- Probeer het volgende eens. Wanneer iemand je begroet met het standaard *Hoe is het?*, vertel dan eens hoe het werkelijk met je gaat. Neem daar ook de tijd voor. Kijk wat de reactie van de ander is.
- Verzamel vaktaal en institutionele sleutelwoorden (vakjargon: uitdrukkingen en begrippen) uit je eigen vak of werk.

Opdracht 12 bij paragraaf 6.2.9 Interactionele regels, 6.2.10 Verbaal luistergedrag

Observeer enkele gesprekken – het kan ook een eigen gesprek met iemand zijn – en noteer welke interactionele regels je opvallen en welke vormen van verbaal luistergedrag je ziet.

Opdracht 13 bij paragraaf 6.2.11 Taal en tolken

Verzamel informatie over het Tolkencentrum bij jou in de regio en ga na wat de betekenis is of kan zijn van het Tolkencentrum voor jouw (aanstaande) werk.

Opdracht 14 bij paragraaf 6.3.1 Contextuele aanwijzingen

Beschrijf de contextuele aanwijzingen van een lessituatie, een zeer vertrouwelijk gesprek en een eerste afspraak in een restaurant met een vrouw of man op wie je verliefd bent.

Opdracht 15 bij paragraaf 6.3.2 Stilten en pauzes

- Probeer eens in gesprekken met anderen ongeveer vijf seconden langer te wachten dan je gewoon bent, alvorens je reageert: je wacht bijvoorbeeld vijf seconden voor je antwoord geeft op een vraag. Wat is het effect hiervan op de ander?

- Lees het stukje nog eens over Churchill die drie minuten wachtte voordat hij antwoord gaf. Wat zou er in die drie minuten zijn gebeurd met Lord Halifax?

Opdracht 16 bij paragraaf 6.3.3 t/m paragraaf 6.3.13

In deze paragrafen staan allemaal verschillende vormen van non-verbale taal beschreven. Noteer al deze vormen van non-verbale taal en observeer een tijdje hoe je deze vormen van non-verbale taal terugziet in het gedrag van mensen.
Je kunt bijvoorbeeld een tijdje op een station of in een café gaan zitten en deze non-verbale taal noteren. Schrijf de verschillende vormen op en de diverse betekenissen die dit gedrag oproept.
Je zou ook een video kunnen maken waarin je een aantal vormen van non-verbale taal verzamelt: bijvoorbeeld verschillende wijzen van (be)groeten, non-verbaal aangeven dat je naar iemand luistert, expressie van gevoelens en lopen en bewegen.

Opdracht 17 bij paragraaf 6.3.14 Non-verbale taal en somatiseren

- Herken je bij jezelf dat je lichaam in de communicatie met anderen voortdurend allerlei invloeden ondergaat?
- Let er eens op welke reacties je van je lichaam voelt, wanneer je in het gezelschap van mensen bent.
- Beschrijf enkele van deze lichamelijke gewaarwordingen en in welke situaties ze zich voordoen.

Opdracht 18 bij paragraaf 6.4 Sociale representaties en taal

'Je taal en taalgebruik zijn geen unieke individuele creatie, maar het resultaat van de dialoog met je sociale omgeving. In die zin ben je niet zo vrij in de keuze van wat je zegt en doet. Evenmin ben je zo vrij in het bepalen van de betekenis ervan.'
Geef vijf voorbeelden van jezelf of van anderen waaruit blijkt dat je niet zo vrij bent in wat je zegt en doet en in wat je verstaat en begrijpt van elkaar.

Literatuurverwijzingen

1 Willemsen, 1985, p. 81.
2 Bateson en Jackson in Watzlawick, 1974, p. 54.
3 Watzlawick e.a., 1974, p. 87.
4 Watzlawick, 1974, p. 42.
5 Knops, 1987.
6 Knops, 1987.
7 KRO, 1978.
8 Roemer, 1999, p. 269.
9 Brown, 1990, p. 253.
10 Gumperz, 1979.
11 Steens, 1993, p. 49.
12 Korzybski in Burkart, 1983, p. 67.

13 Pelz in Burkart, 1983, p. 7.
14 NRC Handelsblad 14/04/2001
15 De Bie, 1990.
16 Appel e.a., 1992.
17 De Bie, 1990, p. 46.
18 Vermeulen, 1984, p. 42.
19 Budike, 1984.
20 Severing, 1993.
21 Kortmann, 1986, p. 22.
22 Twint, 1992.
23 Appel e.a., 1992, p. 47.
24 NHG en NVGB, 1987, p. 28.
25 Gudykunst en Ting-Toomey, 1988.
26 Gumperz, Aulakh en Kaltman, 1982.
27 Budike, 1984.
28 Yum, 1987
29 Park, 1979; Morris, 1981; Okabe, 1983; Ramsey, 1984.
30 Gumperz, 1979.
31 Hofstede 1991, p. 81/82.
32 Tannen, 1992a en b; Vuijsje, 1991.
33 Stoker en Van Gils, 1994.
34 Yoshida in Miller, 1991, p. 115.
35 Burger, 1994.
36 Banning, 1986.
37 Olthof in Hoffman en Arts, 1994, p. 114.
38 Koole en Ten Thije, 1994 en 1995.
39 Koole en Ten Thije, 1995, p. 47.
40 Appel e.a., 1992, p. 31.
41 Roemer, 1999, p. 269.
42 Appel e.a., 1992, p. 23.
43 Vink, 2000, p. 35.
44 Loveday in Knapp, 1995, p. 13.
45 Hinnenkamp, 1989, p. 12.
46 Maynard in Miller, 1991.
47 Azghari 2005, p. 92
48 NHG en BVGB, 1987.
49 Hall, 1959, 1966, 1976, 1984; Knapp, 1978; Argyle, 1979; Gudykunst en Ting-Toomey, 1988; Hecht Andersen en Ribeau, 1989; Vrugt en Schabracq, 1991.
50 Vrugt en Schabracq, 1991, p. 49.
51 Morris, 1979.
52 Gumperz, 1982a en b, 1989a en b en 1991.
53 Gumperz, 1982a en b, 1989a en b en 1991.
54 Giroud, 1972.
55 Welten, 1988.

56 Agten, 2001, p. 178.
57 Vrij, Winkel en Koppelaar, 1991.
58 NRC Handelsblad 03/04/2000.
59 Gumperz, 1979
60 Gumperz, 1979
61 Jessurun, 1989, p. 53.
62 Suyin, 1955.
63 Vink, 2001, p. 50-1.
64 Meurs en Gailly, 1999.
65 Meurs en Gailly, 1999.
66 Mattheeuws, 1985.
67 Bureau Voorlichting Gezondheidszorg Buitenlanders, 1988.
68 Nederlands Centrum Buitenlanders, 1988.

7

HET TOPOI-MODEL: ORDENING

7.1 Interpunctie als ordeningsproces

7.2 Collectieve verschillen in ordening

7.2.1 Dimensies van culturen

7.2.2 Landenprofiel

7.3 Subjectieve verschillen in ordening

7.4 Sociale representaties: de hoogste invalshoek van betekenisgeving

7.5 Herkaderen

7.6 Omgaan met verschillen in subjectieve betekenisgeving

7.6.1 De ander herkennen

7.6.2 De ander vragen afstand te doen van het handelingsrecht

7.6.3 Ieder verschil vertrekt vanuit iets gemeenschappelijks

7.7 Het TOPOI-model: het analyse- en interventiekader Ordening

7

INLEIDING

Het gebied Ordening van het TOPOI-model betreft de zienswijze of kijk van de gespreksdeelnemers op de kwesties die spelen in het gesprek. Het gaat hier om de visie op zaken, de logica en de opvattingen van de deelnemers. Deze kunnen – wanneer de deelnemers in culturele achtergrond van elkaar verschillen – zorgen voor misverstanden en conflicten in de gespreksvoering. Zo noemen professionals als knelpunt in de gespreksvoering met migranten dat deze soms een 'vreemde' kijk op zaken hebben. Volgens deze professionals stellen migranten ongewone vragen en hebben ze afwijkende verwachtingen en opvattingen. Omgekeerd vinden migranten dat van hun autochtone gesprekspartners.

Het betreft hier een verschil in *ordening* van de werkelijkheid. Bij ordening gaat het om de waarneming van de werkelijkheid: hoe kijken mensen naar concrete situaties en kwesties en welke betekenis geven ze er aan. Ieder mens ordent de werkelijkheid op zijn eigen manier. Niemand kan de totale werkelijkheid bevatten. Noodgedwongen selecteer je voortdurend uit de veelheid van indrukken die je elke seconde ontvangt. Deskundigen op het gebied van communicatie schatten dat iemand per seconde tienduizend zintuiglijke indrukken ontvangt. Het ligt dus voor de hand dat een drastisch selectieproces noodzakelijk is om te voorkomen dat de hersens overspoeld raken. (1) Iedereen moet voortdurend een bepaald standpunt of gezichtspunt innemen ten opzichte van de werkelijkheid. Dit betekent dat iedere zienswijze afhankelijk is van het gezichtspunt, de invalshoek die je kiest om naar de werkelijkheid te kijken.

De beroemde detective Sherlock Holmes en zijn vriend dokter John Watson gingen samen kamperen. Na een goede maaltijd en een heerlijke fles wijn gingen ze hun tent in om te slapen. Enkele uren later werd Holmes wakker en schudde zijn trouwe vriend wakker. 'Watson, kijk naar de hemel en vertel me wat je ziet.' Watson antwoordde: 'Ik zie miljoenen en miljoenen sterren.'
'Wat wil dat voor jou zeggen?' informeerde Holmes. Watson dacht even na: 'Astronomisch gezien, vertelt het me dat er miljoenen melkwegen en waarschijnlijk biljoenen planeten zijn. Astrologisch zie ik dat Saturnus in Leeuw zit. Horologisch leid ik af dat de tijd ongeveer kwart over drie is. Theologisch zie ik dat God almachtig is en dat wij nietig en onbetekenend zijn. Meteorologisch veronderstel ik dat we morgen een mooie dag zullen hebben. En wat zegt het jou?' Holmes zweeg een minuutlang verbijsterd en riep toen uit: 'Watson, jij idioot! Iemand heeft onze tent gestolen!'. (2)

De anekdote laat zien dat de ordening van de werkelijkheid kan verschillen per persoon. Het verschil kan zitten in wat mensen op de voorgrond zetten en wat op de achtergrond;

welk onderscheid ze maken tussen hoofd- en bijzaken. Daarbij kan de betekenis van de geselecteerde informatie ook nog erg verschillen.

In dit hoofdstuk komen collectieve en individuele verschillen aan de orde die zich kunnen voordoen op het gebied Ordening in het TOPOI-model. Het hoofdstuk begint met een nadere uitleg van het ordeningsproces als *interpunctie*. Na de bespreking van collectieve en individuele verschillen in zienswijzen volgt een beschrijving van het analyse- en interventiekader op het gebied Ordening van het TOPOI-model. Deze kaders geven aanwijzingen hoe misverstanden in de communicatie naar aanleiding van verschillen in ordening, op te sporen en aan te pakken zijn.

7.1 Interpunctie als ordeningsproces

Interpunctie is het ordeningsproces van selectie en betekenisgeving. (3) Interpunctie is afgeleid van het Latijnse *interpungere,* dat *door punten scheiden* betekent. Interpunctie is dus eigenlijk het ordenen door het zetten van leestekens en is daarom synoniem voor ordening (4) in de betekenis van zienswijze, visie of logica.

De werking van interpunctie kan geïllustreerd worden aan de hand van het volgende voorbeeld. Wanneer je een reeks woorden ziet, kun je niet anders dan een ordening aanbrengen en er zo betekenis aan geven:

Nederlanders zeggen de buitenlanders houden de integratie tegen

Afhankelijk van waar je de punten en komma's zet (interpunctie), breng je een bepaalde ordening aan in deze reeks woorden. De volgende twee interpuncties zijn daarbij mogelijk:

1 Nederlanders zeggen: 'De buitenlanders houden de integratie tegen.'
2 'Nederlanders', zeggen de buitenlanders, 'houden de integratie tegen.'

Zo ontstaan twee lezingen en twee manieren van betekenisgeving van hetzelfde woordencomplex, die je beide als waarheid kunt beschouwen. Nog een voorbeeld van interpunctie:

> Een deelnemer aan een interculturele communicatietraining vertelde in verband met het voorgaande over interpunctie, dat een boodschapper van het leger een keer in Suriname het leven van een ter dood veroordeelde had gered. De boodschapper moest aan de legercommandant in wiens handen de ter dood veroordeelde was, een briefje overhandigen met het bevel: *Wacht niet, doden!* Door de komma weg te werken en achter het woordje wacht te plaatsen, luidde het bevel nu: *Wacht, niet doden!*

Interpunctie speelt een belangrijke rol in het communicatieproces. Op subjectieve wijze ordenen ofwel 'lezen' mensen de werkelijkheid. Afhankelijk van zijn lezing van de werkelijkheid zal een persoon handelen: uitspraken doen en zich op een bepaalde manier opstellen en gedragen. Interpunctie organiseert zodoende het gedrag en is daarom van vitaal belang voor de menselijke interactie. In verband hiermee formuleerde Watzlawick het axioma: 'het karakter van een betrekking is afhankelijk van de interpunctie van de loop der gebeurtenissen'. (5) Watzlawick noemt als voorbeeld de rat die over de betrekking met zijn experimentator zei: 'Ik heb mijn experimentator getraind. Elke keer als ik op het hefboompje druk geeft hij me wat te eten.' Deze rat, zegt Watzlawick, weigerde de interpunctie ofwel de ordening te aanvaarden die de experimentator hem trachtte op te dringen. (6)

Hoezeer een echtpaar kan verschillen over de interpunctie van de loop van de gebeurtenissen in hun leven en hoe deze verschillende interpunctie de kijk van de partners op hun relatie bepaalt, laat het volgende grapje zien:

> De voormalige Amerikaanse president Bill Clinton en zijn vrouw Hillary Clinton maakten tijdens zijn ambtsperiode een autotochtje.
> Op een gegeven moment stopten ze bij een benzinepomp om te tanken. Hillary stapte uit de auto en Bill Clinton zag hoe zij de pompbediende allerhartelijkst begroette en een praatje met hem maakte. Weer onderweg, vroeg Bill aan Hillary wie die pompbediende was. Dat was een oud vriendje van me, vertelde Hillary. Nou, zei Bill niet zonder trots, dan heb je met mij toch wel geluk gehad. Ach Bill, zei Hillary, als ik met hem was doorgegaan dan was hij toch president van Amerika geworden?!

Verschillen in ordening van de werkelijkheid ofwel interpretatieverschillen kunnen aanleiding zijn tot misverstanden en tot onenigheid.

Napoleon zei al dat '... oorlogen niet gevoerd worden op basis van feiten, maar op basis van interpretaties van feiten'. (7) Anders gezegd, de werkelijkheid bestaat dan ook niet uit feiten maar uit mogelijkheden. (8) Door zodoende tijdens een verschil van mening ieders kijk op de kwestie als een mogelijkheid te bezien (en dus niet als een feit), kun je een waarheidsgevecht voorkomen.

'Dit maakt dat je verschil niet als een strijd om de waarheid hoeft op te vatten, maar als verschillen in visie, kennis en context; verschillen die we los kunnen zien van onwil of deskundigheid'. (9)

Vanwege de subjectieve betekenisgeving van ieder mens kan gesteld worden: wat de één als waar ziet, is niet per se waar voor een ander. Hieruit volgen nog andere omschrijvingen als:
- Mijn waarheid is niet dé waarheid.
- Dé waarheid bestaat niet.
- Dé waarheid is relatief.
- We kunnen op verschillende manieren naar de werkelijkheid kijken.

Wil je een waarheidsgevecht voorkómen, dan is het zaak eventuele verschillen te laten voor wat ze zijn en op zoek te gaan naar het gemeenschappelijke. In het voorbeeld hiervoor, met de twee verschillende lezingen van wie het integratieproces zouden belemmeren, is integratie in ieder geval iets wat beide partijen blijkbaar willen. In plaats van een waarheidsgevecht is de vraag dan veel meer: hoe kunnen beiden bijdragen tot het welslagen van het integratieproces? (Zie verder paragraaf 7.6.)

Verschillen in ordening van de werkelijkheid maakt iedereen dagelijks mee in gesprekken, overleggen, besprekingen en in discussies. Het is tevens ieders ervaring dat tussen mensen een zekere consensus mogelijk is. *Waar* is dan datgene waarover mensen in de uitwisseling en onderhandeling met elkaar tot een (relatieve) overeenstemming komen. Wat iemand bijvoorbeeld als waar beschouwt over de participatie van migranten aan de Nederlandse samenleving, kan hij met een ander bespreken. Hij wisselt zijn betekenisgeving uit en onderhandelt (discussieert) met de ander over mogelijke betekenisgeving c.q. de waarheid ervan. In zo'n gesprek kunnen betekenissen veranderen of (opnieuw) bevestigd worden. Daarbij vindt elk gesprek plaats in een circulair beïnvloedingsproces. Dat wil zeggen dat de individuele meningsvorming van de gesprekspartners bijdraagt aan de brede sociale dialoog in de gemeenschap en dat tegelijkertijd dezelfde sociale dialoog invloed heeft op hun meningsvorming. Het betreft hier weer de eerdergenoemde sociale representaties ofwel de *collectieve* culturele verschillen hoe mensen de werkelijkheid interpreteren (zie ook paragraaf 1.6 over Sociale representaties).

7.2 Collectieve verschillen in ordening

In het kader van interculturele communicatie is veel onderzoek gedaan naar de verschillende wijzen waarop vooral etnische en nationale *groepen* de werkelijkheid waarnemen en interpreteren, ofwel ordenen.

Kennisnemen van deze onderzoeken is van belang om je bewust te worden dat (nationale en etnische) groepen de werkelijkheid op uiteenlopende wijze kunnen ordenen. Het betekent een uitbreiding van het eigen referentiekader, waardoor je uitingen en opvattingen van andersdenkenden beter kunt plaatsen. En het decentreert je referentiekader: je wordt je bewust dat jouw referentiekader niet het enig mogelijke is; dat jouw kijk maar een is onder vele andere.

In de volgende paragraaf kun je kennisnemen van een uitgebreid onderzoek naar collectieve culturele modellen: *The Globe Study*. (10) Deze collectieve culturele modellen zeggen echter *niets* over het referentiekader van een individuele persoon. Al eerder is betoogd dat het *niet culturen* zijn die elkaar ontmoeten, maar *unieke mensen* in *unieke situaties*. Vanwege deze uniciteit van personen en de situationele contexten bieden de collectieve culturele modellen géén handleiding voor de interpersoonlijke gespreksvoering. Je kunt de kenmerken van een groep niet overdragen op een uniek persoon en er vervolgens uit afleiden hoe je je dient te gedragen tegenover die persoon. Dit zou een culturaliserende benadering zijn van een individu. Het groepslidmaatschap van een persoon voorspelt weinig van diens persoonlijk referentiekader van waarden, normen en opvattingen. Systeemtheoretisch gezien kent iedereen vele lidmaatschappen van uiteenlopende 'groepen' en daarmee verbonden sociale identiteiten. Deze kunnen alle van grote invloed zijn op zijn referentiekader.

Hoe iemand in een concrete situatie de werkelijkheid zal ordenen, hangt zodoende af van vele factoren. Deze factoren komen verderop in dit hoofdstuk aan de orde.

Maar eerst, zoals beloofd, *The Globe study*. Deze studie (verder afgekort als GLOBE) brengt de belangrijkste internationale onderzoeken (waaronder dat van Geert Hofstede(II)) met betrekking tot intercultureel management samen en doet daarnaast – nog steeds – wereldwijd onderzoek naar de relatie tussen cultuur en leiderschap. In totaal 62 landen nemen deel aan dit onderzoek. Op basis van onderzoek onder 17.000 middenmanagers van 951 organisaties in drie bedrijfstakken (telecommunicatie, voedselproductie en financiële ondernemingen) is van 61[13] nationale culturen een profiel gemaakt van de nationale culturele praktijken (zoals de zaken zijn), de waarden (zoals het zou moeten zijn), de organisatiecultuur en de favoriete leiderschapsstijl.

7.2.1 DIMENSIES VAN CULTUREN

Om de verschillende culturen te kunnen beschrijven en te vergelijken onderscheidt GLOBE acht dimensies van samenlevingsculturen. Het betreft hier acht karakteristieken die de cultuur van een samenleving kenmerken. De acht culturele dimensies zijn:

1 *prestatiegerichtheid*: de mate waarin een gemeenschap (samenleving, organisatie of groep) de verbetering van succesvol en excellent presteren aanmoedigt en beloont;
2 *toekomstoriëntatie*: de mate waarin individuen zich verbinden aan gedrag dat toekomstgericht is, zoals uitstel van gratificaties, planning en investeren in de toekomst;
3 *gelijke behandeling van man/vrouw*: de mate waarin een gemeenschap verschillen in posities tussen mannen en vrouwen probeert te verkleinen;
4 *assertiviteit*: de mate waarin individuen assertief, confronterend en agressief zijn in hun relaties met anderen;
5 *collectivisme*: hierbij maakt GLOBE een onderscheid tussen *institutioneel* en *'in-group'* collectivisme. *Institutioneel* collectivisme is de mate waarin maatschappelijke instituties en organisaties de collectieve verdeling van hulpbronnen en gezamenlijke actie aanmoedigt en beloont. *'In-group'* collectivisme is de mate waarin individuen trots, loyaliteit en verbondenheid met hun organisatie of families tot uiting brengen;
6 *machtsafstand*: de mate waarin leden van een gemeenschap verwachten dat de macht gelijk verdeeld wordt;
7 *oriëntatie op het humane*: de mate waarin een gemeenschap haar leden aanmoedigt en beloont om eerlijk, onzelfzuchtig, ruimhartig, zorgend en vriendelijk te zijn voor anderen;
8 *onzekerheidsvermijding*: de mate waarin een gemeenschap vertrouwt op sociale normen, regels en procedures om de onvoorspelbaarheid van toekomstige gebeurtenissen te verlichten.

Zes van acht dimensies vinden hun oorsprong in de dimensies van Geert Hofstede. Hofstede onderscheidde de dimensies individualisme/collectivisme, masculien/feminien, machtsafstand, onzekerheidsvermijding en lange- en kortetermijngerichtheid. Zijn dimensies *masculien/feminien* en *langetermijngerichtheid/kortetermijngerichtheid* (in de GLOBE-studie onder andere opgenomen in de dimensies *gelijke behandeling van man en vrouw* en *toekomstoriëntatie*) komen als zodanig niet terug in de GLOBE-studie. Vandaar een korte beschrijving van deze twee dimensies van Geert Hofstede: 'Een samenleving is *masculien*

13 Van Tsjechië zijn de onderzoeksresultaten niet verwerkt vanwege een overheersende bias in de antwoorden.

als sociale sekserollen duidelijk gescheiden zijn: mannen worden geacht assertief en hard te zijn en gericht op materieel succes; vrouwen horen bescheiden en teder te zijn en vooral gericht op de kwaliteit van het bestaan. Een samenleving is *feminien* als sociale sekserollen elkaar overlappen; zowel mannen als vrouwen worden geacht bescheiden en teder te zijn en gericht op de kwaliteit van het bestaan.'

Masculiene culturen kennen als dominante waarden geld, materieel succes en materiele zaken. Vooruitgang is van belang. Mannen worden geacht assertief, ambitieus en hard te zijn; vrouwen zacht en zorgzaam. Er is sympathie voor de sterke en voor de winnaar. Conflicten lost men op door ze uit te vechten. Een prestatiemaatschappij is het ideaal. De samenleving is repressief en de man neemt een dominante positie in. *Feminiene* culturen kenmerken zich door zorg voor de anderen en voor de omgeving. Mensen en persoonlijke verhoudingen zijn belangrijk. Vrouwen én mannen worden geacht bescheiden en zacht te zijn en aandacht te hebben voor intermenselijke verhoudingen. Er is sympathie voor de zwakke en voor de verliezer. Conflicten worden opgelost door onderhandeling en compromissen. Er heerst het ideaal van een welvaartsmaatschappij. De samenleving is tolerant en man en vrouw zijn gelijk.

Langetermijn- en *kortetermijngerichtheid* heten ook wel samen confuciaans dynamisme, omdat bijna alle waarden van deze dimensie rechtstreeks ontleend lijken te zijn aan de leer van Confucius. *Langetermijngerichtheid* kent de waarden: volharding, gevoel voor status (relaties en bijbehorend respect zijn hiërarchisch geordend naar status), spaarzaamheid, zuinigheid, schaamtegevoel en doorzettingsvermogen om resultaten op de lange termijn te behalen. *Kortetermijngerichtheid* is verbonden met kalmte, evenwichtigheid, het voorkomen van gezichtsverlies, overbesteding, het behalen van snelle resultaten, respect voor de traditie en voor verplichtingen die moeten worden nagekomen.

Achtereenvolgens volgt nu een samenvattende beschrijving van de acht culturele GLOBE-dimensies, waarna een landprofiel wordt gegeven van de herkomstlanden van enkele grote migrantengroepen en van Nederland en België.

Bij het lezen van de kenmerken van de verschillende culturele dimensies is het van belang voor ogen te houden dat het gaat om algemeenheden. In elke cultuur bestaat er een grote verscheidenheid, niet alleen op grond van etnische subculturen maar ook op grond van sekse, religie, opleiding, geografische afkomst, sociaaleconomische status enzovoort. In verband hiermee zijn veel kanttekeningen te plaatsen bij het onderzoek van GLOBE; bijvoorbeeld in hoeverre de antwoorden van respondenten van slechts een paar organisaties grote landen als China en India kunnen vertegenwoordigen met al hun verscheidenheid aan etnische groepen en talen. De GLOBE-onderzoekers zijn zich hiervan bewust, maar hun gedegen studie en onderzoeksopzet leveren een schat aan goed onderbouwde informatie op over de kenmerken van verschillende nationale culturen.

De acht culturele dimensies van GLOBE:

Prestatiegerichtheid

Prestatiegerichtheid verwijst naar de mate waarin een gemeenschap innovatie, hoge standaards en verbetering van prestaties aanmoedigt en beloont.

Deze dimensie is volgens GLOBE onder andere terug te leiden tot leidende waarden in het *protestantisme* (betrouwbaarheid en hard werken) en het confucianisme. De grondlegger van het confucianisme was *Kong Fu Zu*, door de Jezuïeten 'omgedoopt' in de naam *Confucius*. Confucius was een invloedrijke ambtenaar en sociaal filosoof rond 500 voor Christus. Hij predikte veel regels en procedures voor het dagelijkse leven. Een van zijn kernleerpunten was de nadruk op hard werken, het verwerven van nieuwe vaardigheden, scholing/onderwijs, geduld, doorzettingsvermogen en spaarzaamheid. Deze confucianistische principes zouden het economische succes verklaren van de landen in Zuid-Oost Azië in de jaren tachtig. Hoe samenlevingen die een sterke of zwakke prestatiegerichtheid hebben zich verder kenmerken is genoemd in tabel 7.1.[14]

Tabel 7.1 Kenmerken prestatiegerichtheid.

Samenlevingen met een sterke prestatiegerichtheid:	**Samenlevingen met een zwakke prestatiegerichtheid:**
– waarderen training en ontwikkeling	– waarderen maatschappelijke en familiebetrekkingen
– hebben meer oog voor resultaten dan voor mensen	– benadrukken loyaliteit en ergens toe behoren
– belonen prestatiegerichtheid	– hebben veel respect voor de kwaliteit van het leven
– waarderen assertiviteit, competitie en materialisme	– benadrukken senioriteit en ervaring
– verwachten veeleisende doelen	– waarderen harmonie met de omgeving meer dan het te controleren
– geloven dat individuen de zaak onder controle hebben	– hebben beloningssystemen die integriteit, loyaliteit en samenwerking benadrukken
– hebben een 'ik-kan-het' ('can do') houding	– zien feedback en beloning als oordelend en ongemakkelijk
– waarderen en belonen individuele resultaten	– zien assertiviteit als sociaal onacceptabel
– hebben een beloningssysteem dat het behalen van resultaten benadrukt	– beschouwen motivatie vanwege geld, als ongepast
– zien feedback als noodzakelijk voor verbeteringen	– zien betalen naar verdienste als potentieel destructief voor de harmonie
– waarderen het nemen van initiatief	– waarderen het bezoeken van de juiste school als een belangrijk criterium voor succes
– waarderen bonussen en financiële beloningen	– benadrukken traditie
– geloven dat iedereen iets kan bereiken als hij of zij er maar hard genoeg voor werkt	– waarderen vriendelijkheid hoog
– geloven dat scholing en educatie kritisch zijn voor succes	– associëren competitie met mislukking en straf
– waarderen meer wat je doet dan wat je bent	– waarderen meer hoe je bent dan wat je doet
– hechten weinig waarde aan leeftijd in beslissingen aangaande promoties	– besteden bijzondere aandacht aan leeftijd bij beslissingen aangaande promoties
– waarderen in de communicatie het direct- en expliciet-zijn en het ter zake komen	– waarderen ambiguïteit en subtiliteit in taal en communicatie
– hebben een monochrone[15] tijdsopvatting	– hebben een polychrone benadering van tijd
– hebben een gevoel van noodzaak	– hebben weinig gevoel van noodzaak

14 GLOBE legt er de nadruk op dat de tegengestelde kenmerken die horen bij de hoge en lage scores op een bepaalde dimensie, *extremen* zijn; binnen een cultuur is er eerder sprake van een continuüm.

(15 Zie pagina 238)

Toekomstoriëntatie

Toekomstgerichtheid is de mate waarin een samenleving toekomstgericht gedrag, zoals planning, aanmoedigt en beloont. Kenmerken van samenlevingen die al dan niet hoog scoren op de dimensie toekomstgerichtheid zijn samengevat in tabel 7.2.

Tabel 7.2 Kenmerken toekomstoriëntatie.

Samenlevingen die hoog scoren op toekomstgerichtheid, neigen ertoe:	**Samenlevingen die laag scoren op toekomstgerichtheid, neigen ertoe:**
– economisch succes te behalen	– een lager niveau van succes te behalen
– bereidheid te hebben om voor de toekomst te sparen	– liever nu te spenderen in plaats van voor de toekomst te sparen
– individuen te hebben die psychologisch gezond zijn en sociaal goed aangepast	– individuen te hebben die psychologisch niet gezond zijn en sociaal slecht aangepast
– organisaties te hebben met een langere strategische oriëntatie	– individuen te hebben die minder intrinsiek gemotiveerd zijn
– flexibele en zich gemakkelijk aanpassende organisaties en managers te hebben	– organisaties te hebben met een kortere strategische oriëntatie
– materieel succes en spirituele vervulling als een integraal geheel te zien	– niet-flexibele en slecht aangepaste organisaties en managers te hebben
– het uitstel van gratificaties te waarderen, omdat ze hogere prioriteit leggen bij succes op langere termijn	– materieel succes en spirituele vervulling als dualiteiten te zien, die compromissen vereisen
– visionair leiderschap te benadrukken dat in staat is patronen te zien met het oog op chaos en onzekerheid	– leiderschap te benadrukken dat zich richt op herhaling van reproduceerbare en routinematige handelings-eenheden

Gelijke behandeling van man/vrouw

Gelijke behandeling van man/vrouw betreft de opvattingen en praktijken of het man of vrouw zijn de rolverdeling bepaalt in 'huis', in ondernemingen en in de gemeenschap. Samenlevingen met meer gelijke behandeling van man/vrouw nemen minder het biologisch man of vrouw zijn als uitgangspunt om rollen toe te wijzen thuis, in organisaties en in de gemeenschap. De karakteristieken van samenlevingen met hogere en lagere scores op deze culturele dimensie van gelijke behandeling van man/vrouw staan in tabel 7.3.

(Noot van pagina 237)

15 Een *monochrone* tijdsopvatting in prestatiegerichte samenlevingen staat tegenover een *polychrone* benadering van tijd in minder prestatiegerichte culturen. Kort gezegd is in een monochrone tijdsopvatting de tijd lineair (volgens de klok) en in stukjes opgedeeld, zoals in een agenda. Tijd mag je niet verspillen, tijd is geld en kostbaar en dingen mogen niet te veel tijd kosten. Mensen met een monochrone tijdsopvatting concentreren zich op één ding en werken planmatig, met deadlines. In een polychrone tijdsopvatting beweegt tijd zich ruimtelijk in alle richtingen: het is rekbaar (vergelijk het Bahasa Indonesia 'jam karet': de rubberen tijd): de tijd past zich aan naar je behoeften. Een ontmoeting of gesprek met iemand laat je natuurlijk verlopen en rond je goed af, zonder haast of abrupt einde omdat je een afspraak hebt. Mensen kunnen meerdere dingen tegelijk doen. Mensen, sociale contacten zijn belangrijker dan plannen. Zie verder paragraaf 9.2.

Tabel 7.3 Karakteristieken gelijke behandeling van man/vrouw.

Samenlevingen die hoger scoren op gelijke behandeling van man/vrouw:	**Samenlevingen die lager scoren op gelijke behandeling van man/vrouw:**
- hebben meer vrouwen in gezaghebbende posities	- hebben minder vrouwen in gezaghebbende posities
- dichten vrouwen een hogere status toe in de samenleving	- dichten vrouwen een lagere status toe in de samenleving
- staan vrouwen een grotere rol toe in de besluitvorming binnen de gemeenschap	- staan vrouwen geen of een kleine rol toe in de besluitvorming binnen de gemeenschap
- hebben een hoger percentage werkende vrouwen	- hebben een lager percentage werkende vrouwen
- hebben minder aparte bezigheden voor mannen en vrouwen	- hebben meer gescheiden bezigheden voor vrouwen en mannen
- hebben grotere aantallen geletterde vrouwen	- hebben lagere alfabetiseringscijfers voor vrouwen
- hebben vrouwen en mannen een even hoog opleidingsniveau	- hebben vrouwen een lager opleidingsniveau in verhouding tot mannen

Assertiviteit

De culturele dimensie assertiviteit verwijst naar de opvattingen in een samenleving of mensen aangemoedigd dienen te worden om assertief, agressief en hard te zijn of anderzijds non-assertief, niet-agressief en zacht. De bekende slagzin van het Amerikaanse Nike '*Just do it*' bijvoorbeeld of Barack Obama's '*Yes, we can*' suggereren een dergelijke assertieve houding.

GLOBE ziet assertiviteit als een belangrijke dimensie van cultuur. Cultuur kan volgens GLOBE opgevat worden als een set van relatief stabiele, basale en gedeelde praktijken en waarden die groepen mensen of samenlevingen helpt om twee fundamentele problemen op te lossen. Het eerste is hoe te overleven, zich te ontwikkelen en aan te passen aan de omgeving (externe aanpassing). Het tweede is het probleem van de interne integratie of samenhang, dat het dagelijks functioneren mogelijk maakt en het vermogen garandeert zich aan te passen en te overleven.

Assertiviteit nu is een belangrijke dimensie van de cultuur van een gemeenschap die verband houdt met de externe aanpassing en de interne integratie.

Wat betreft de externe aanpassing zien assertieve samenlevingen bijvoorbeeld de natuur als te onderwerpen en te beheersen. Deze samenlevingen hebben meer een oriëntatie van '*doen*' (denk aan de hierboven genoemde Nike-slogan): centraal staan het handelen en het actief controleren van de omgeving. Niet-assertieve samenlevingen daarentegen hebben een *zijns*oriëntatie en zien de natuur als eigenmachtig en de mensheid als ondergeschikt daaraan. Tegenover de eerdergenoemde 'assertieve' slogan van Nike '*Just do it*' kan de non-assertieve *zijns*georiënteerde slogan van het Finse Nokia geplaatst worden met '*How are you?*'.

Ten aanzien van de interne integratie, kenmerken assertieve samenlevingen zich door competitie als een belangrijke voorwaarde om economische welvaart te bereiken en om succesvol te zijn in onder andere sport, wetenschap en kunst: iedereen wil een '*winner*' zijn en geen '*loser*'. Daartegenover zijn niet-assertieve samenlevingen meer gericht op samenwerking en vreedzaam samenleven en is er sympathie voor de zwakkere.

Ook de taal onderscheidt zich in assertieve en non-assertieve samenlevingen: assertieve samenlevingen zijn direct, expliciet en duidelijk ('dit is wat ik wil') in hun taalgebruik. De taal in non-assertieve samenlevingen is meer indirect, impliciet, subtiel en ambigue. Vergelijk in dit verband in het Bahasa Indonesia – de officiële taal van Indonesië dat laag scoort op assertiviteit – het onderscheid tussen *'kasar'* voor grof ongewenst assertief gedrag in taal en de (gewenste) houding en *'halus'* voor een verfijnde houding en verfijnd taalgebruik. Verdere kenmerken van assertieve en minder assertieve samenlevingen staan in tabel 7.4.

Tabel 7.4 Kenmerken assertiviteit.

Samenlevingen die hoger scoren op assertiviteit	**Samenlevingen die lager scoren op assertiviteit**
– waarderen assertiviteit, dominant en hard gedrag voor iedereen in de samenleving	– zien assertiviteit als sociaal onaanvaardbaar en waarderen bescheidenheid en zachtheid
– hebben sympathie voor de sterke	– hebben sympathie voor de zwakkere
– waarderen competitie	– waarderen samenwerking
– geloven dat iedereen succesvol kan zijn als hij of zij maar hard genoeg zijn of haar best doet	– associëren competitie met nederlaag en straf
– waarderen succes en vooruitgang	– waarderen mensen en warme betrekkingen
– waarderen directe en heldere communicatie	– spreken indirect en benadrukken het tegengaan van gezichtsverlies
– waarderen het expliciet zijn en het ter zake komen in de communicatie	– waarderen ambiguïteit en subtiliteit in taal en communicatie
– waarderen expressiviteit en het uiten van gedachten en gevoelens	– waarderen afstandelijk en zelfbeheerst gedrag
– hebben een relatief positieve betekenisgeving voor het begrip agressie (het helpt je bijvoorbeeld te winnen)	– hebben veel meer negatieve connotaties met betrekking tot het begrip agressiviteit (agressiviteit heeft alleen maar negatieve gevolgen)
– hebben een geloof in een rechtvaardige wereld in de betekenis van: ieder krijgt wat hij verdient.	– geloven dat de wereld onrechtvaardig is
– proberen de omgeving te controleren	– waarderen harmonie met de omgeving meer dan deze te beheersen
– benadrukken gelijkheid, competitie en prestatiegerichtheid	– benadrukken gelijkheid, solidariteit en kwaliteit van leven
– hebben een houding van 'dat is te doen'	– benadrukken traditie, ouderdom en ervaring
– benadrukken resultaten boven relaties	– benadrukken integriteit, loyaliteit en een coöperatieve geest
– waarderen het nemen van initiatief	– zien betaling naar verdiensten als potentieel destructief voor de harmonie
– belonen prestatiegerichtheid	– waarderen wie je bent meer dan wat je doet
– verwachten veeleisende en uitdagende doelen	– bouwen vertrouwen op, op basis van voorspelbaarheid
– geloven dat mensen zichzelf in de hand hebben	– zien anderen als inherent de moeite waard om te vertrouwen
– waarderen meer wat je doet dan wie je bent	–
– bouwen vertrouwen op, op basis van kwaliteiten en berekening	–
– handelen opportunistisch en denken dat anderen dat ook zo doen	–

Individualisme en collectivisme

Er is een lange traditie in de studie naar de twee tegenpolen *collectivisme* en *individualisme*. In de GLOBE-studie betekent dus een lage score op collectivisme dat er sprake is van een meer individualistisch ingestelde cultuur.

De GLOBE-studie onderscheidt collectivisme in institutioneel collectivisme en 'in-group' collectivisme. Bij beide vormen van collectivisme is gekeken naar het niveau van een samenleving en naar die van een organisatie.

Institutioneel collectivisme betreft de vraag in hoeverre een samenleving of een organisatie gezamenlijke actie aanmoedigt en beloont. Op het niveau van een samenleving betreft het vragen als: gaat groepsloyaliteit ten koste van individuele doelen en benadrukt het economische systeem individuele of gemeenschappelijke belangen? Op het niveau van een organisatie gaat het om onderzoeksvragen als: moedigen in deze organisatie managers groepsloyaliteit aan ook al gaat dit ten koste van individuele doelen en is het beloningssysteem in deze organisatie erop gericht om zoveel mogelijk de individuele belangen of de groepsbelangen te maximaliseren?

Nederland is met plaats 23 relatief minder institutioneel collectivistisch en daarmee vrij individualistisch.

'In-group' collectivisme betreft de mate waarin in een samenleving individuen uiting geven aan de trots, loyaliteit en onderlinge afhankelijkheid binnen hun families. Voorbeelden van kwesties die in het GLOBE-onderzoek gevraagd werden, zijn: of kinderen trots zijn op de persoonlijke prestaties van hun ouders en omgekeerd, of ouder wordende ouders bij hun kinderen wonen en of kinderen thuis blijven wonen totdat ze getrouwd zijn.

Met betrekking tot een organisatie gaat 'in-group' collectivisme om de vraag: in welke mate geven individuele medewerkers uiting aan hun trots, loyaliteit en verbondenheid met hun organisatie?

Zoals gezegd is er al eeuwenlang nagedacht over het thema individualisme/collectivisme. *Confucius* bijvoorbeeld wees op het belang van de verplichtingen die het individu heeft ten opzichte van zijn familie, zijn natie en de wereld als geheel. Heel specifiek werd van een persoon verwacht respect te hebben voor de vader en de oudere broers om de harmonie in de familie te behouden. Dit respect bereidde individuen erop voor respect te hebben voor de structuur van de staat, die nodig is om de nationale harmonie te bewaren. Nationale harmonie op haar beurt creëert een wereld in harmonie en vrede. In zijn geschriften kritiseerde Confucius ook de behoefte van mensen individu te willen zijn. Hij benadrukte het belang om de eigen persoonlijke verlangens en wensen ondergeschikt te maken aan het grotere goed van de groep. Deze filosofie is nog steeds sterk aanwezig in Oost-Aziatische landen.

Een ander voorbeeld van een sterk 'in-group' collectivisme is het Sub-Sahara Afrikaanse filosofische concept van *Ubuntu*, dat de basis vormt voor waarden als wederkerigheid, onderdrukking van eigenbelang en onderlinge afhankelijkheid, die tot uiting komen in de houding die Afrikanen hebben ten opzichte van elkaar en iedereen die ze ontmoeten. *Ubuntu* is samengevat in de frase '*umntu ngumntu ngabanye*': '*een persoon is een persoon door anderen*' ofwel '*ik ben omdat wij zijn*'. Dit betekent dat de betrekkingen met en de erkenning door anderen de kern vormt van de identiteit van een persoon.

Verdere kenmerken van collectivistische en individualistische samenlevingen en organisaties staan in tabel 7.5.

Tabel 7.5 Kenmerken individualisme en collectivisme.

Collectivistische samenlevingen	**Individualistische samenlevingen**
– individuen zijn geïntegreerd in groepen met een sterke sociale samenhang	– individuen zorgen voor zichzelf of voor hun directe familie
– het zelf wordt gezien als afhankelijk van anderen binnen groepen	– het zelf wordt gezien als autonoom en onafhankelijk van groepen
– collectieve doelen gaan voor individuele doelen	– individuele doelen gaan voor groepsdoelen
– plichten en verplichtingen zijn belangrijke determinanten voor sociaal gedrag	– attitudes en persoonlijke behoeften zijn belangrijke determinanten voor gedrag
– mensen benadrukken de verbondenheid met groepen	– rationaliteit wordt benadrukt
– leefgemeenschappen zijn agrarisch en landen vaak in ontwikkeling	– leefgemeenschappen zijn jagers of verzamelaars, of industrieel en welvarend
– er is een langzamer levensritme	– er is een sneller levenstempo
– men heeft minder hartaanvallen	– er zijn meer hartaanvallen
– er is minder een gevoel van welzijn	– er is een groter gevoel van welzijn
– er zijn meer uitgebreide familiestructuren	– er zijn meer kerngezinnen
– aan liefde wordt bij huwelijken minder gewicht toegekend	– liefde speelt een belangrijke rol in huwelijksbeslissingen
– het aantal echtscheidingen is lager	– er zijn meer echtscheidingen
– de communicatie verloopt indirect	– communicatie verloopt direct
– individuen doen meer mee aan groepsactiviteiten	– individuen doen meer dingen alleen
– individuen hebben minder sociale interacties, maar de interacties zelf duren langer en zijn intiemer	– individuen hebben meer sociale interacties, maar deze duren kort en zijn minder intiem
– individuen maken meer onderscheid tussen 'in-groups' en 'out-groups'.	– individuen maken minder onderscheid tussen 'in-groups' en 'out-groups'.

Machtsafstand

Machtsafstand is de culturele dimensie die aangeeft in hoeverre een gemeenschap autoriteit, machtsverschillen en statusprivileges accepteert en billijkt. Macht is een belangrijk thema in elke cultuur en is al eeuwenlang een intrigerend thema voor onderzoekers en wetenschappers. Het denken over macht en machtsverschillen beperkt zich zeker niet alleen tot het westen. In China bijvoorbeeld sprak Confucius van vijf hiërarchische relatievormen, elk met eigen normen en plichten. Deze relaties waren heerser en dienaar, vader en zoon, oudere broer en jongere broer, echtgenoot en echtgenote, en oudere vriend en jongere vriend. In deze relaties – die een hiërarchie op basis van leeftijd en levenswijsheid impliceren – is de juniorpartner respect en gehoorzaamheid verschuldigd en geeft de seniorpartner op zijn beurt aandacht, bescherming, hulp en ondersteuning in persoonlijke en spirituele zaken. Deze wederkerigheid, waarin traditioneel de minder machtige wordt beschermd in een relatie, laat zien dat de afkeer van machtsverschillen vanwege machtsmisbruik, niet altijd relevant is in culturen met een hoge machtsafstand. Anders gezegd in sommige culturen is een grote machtsafstand vanzelfsprekend, positief en een fundamenteel kenmerk van een ordelijke samenleving.

In tabel 7.6 staat een vergelijkend overzicht van de kenmerken van samenlevingen met een grote en een kleine machtsafstand volgens een aantal parameters.

Tabel 7.6 Machtsafstand volgens een aantal parameters.

Parameters	Grote machtsafstand	Kleine machtsafstand
1 Sociale ongelijkheid	De samenleving is onderverdeeld in klassen op grond van verschillende criteria.	De samenleving kent een grote middenklasse.
2 Machtsbases	De bases voor macht zijn stabiel en schaars (bijvoorbeeld landeigenaarschap).	De bases voor macht zijn veranderlijk en te delen (bijvoorbeeld vaardigheden en kennis).
3 Rol van macht	Macht zorgt voor sociale orde, relationele harmonie en stabiliteit in rollen.	Macht wordt gezien als een bron voor corruptie, dwang en dominantie.
4 Sociale mobiliteit	Er is beperkte sociale mobiliteit naar boven.	Hoge opwaartse sociale mobiliteit.
5 Controle over informatie	Informatie is in bepaalde handen.	Informatie is gedeeld.
6 Bestuur	De bestuurlijke deelname van verschillende groepen (bijvoorbeeld vrouwen) is verschillend en democratie is geen verzekering van gelijke kansen.	Alle groepen genieten dezelfde bestuurlijke deelname en democratie verzekert gelijkheid van kansen en ontwikkeling voor allen.
7 Inheemse oriëntatie en onafhankelijkheid	Er is een sterke niet-inheemse historische invloed en de samenleving is pas recent onafhankelijk.	Sterke inheemse historische invloed en langdurige onafhankelijkheid van de samenleving.
8 Burgerlijke vrijheid	Burgerlijke vrijheden zijn zwak en de politieke corruptie hoog.	Burgerlijke vrijheden zijn krachtig en publieke corruptie laag.
9 Hulpbronnen en vermogens	Slechts een paar mensen hebben toegang tot de hulpbronnen, vaardigheden en vermogens. Dit draagt bij tot een geringe menselijke ontwikkeling en tot lage levensverwachtingen.	Massale beschikbaarheid van hulpmiddelen, hulpbronnen en vermogens voor onafhankelijke en ondernemende initiatieven, zoals blijkt uit de brede deelname aan opleidingen.
10 Consumptie	De groei van de consumptie is hoog en er is grote behoefte aan coördinatie van de hulpbronnen.	Gestage groei van de consumptie en per hoofd van de bevolking verworven macht.
11 Technologie	Massagebruik van technologie, dat bijdraagt in het verkleinen van de algemene machtsafstand.	Behoefte aan specialistische technologie, aangepast aan elke gebruiker.

Oriëntatie op het humane

GLOBE's concept van de culturele dimensie oriëntatie op het humane is de mate waarin een organisatie of gemeenschap individuen aanmoedigt en beloont om eerlijk te zijn, onzelfzuchtig, vriendelijk, ruimhartig, zorgzaam en vriendelijk voor anderen. Deze dimensie wordt zichtbaar in de wijze waarop mensen met elkaar omgaan en in de sociale programma's van de instituties.

Verdere kenmerken van samenlevingen die meer of minder gericht zijn op het humane staan in tabel 7.7.

Tabel 7.7 Kenmerken oriëntatie op het humane.

Sterke oriëntatie op het humane	**Zwakke oriëntatie op het humane**
- anderen zijn belangrijk (familie, vrienden, de gemeenschap, vreemdelingen)	- eigenbelang is belangrijk
- minder psychologische en pathologische problemen	- meer psychologische en pathologische problemen
- waarden als onbaatzuchtigheid, goedwillendheid, vriendelijkheid, liefde en ruimhartigheid hebben hoge prioriteit	- waarden als plezier, comfort en eigen plezier hebben een hoge prioriteit
- behoefte om erbij te horen en zich te verbinden, motiveert mensen	- macht en materieel bezit motiveert mensen
- persoonlijke en familiaire betrekkingen leveren bescherming op voor de individuen	- de staat garandeert individuen sociale en economische bescherming
- de kleinere kring van naasten ontvangt materiële, financiële en sociale ondersteuning; verder is er aandacht voor alle mensen en voor de natuur	- ondersteuning van anderen ontbreekt, de eigen groei staat voorop
- leden van de samenleving zijn verantwoordelijk om het welzijn van anderen te bevorderen; de staat is niet actief betrokken	- de staat voorziet in sociale en economische ondersteuning voor het welzijn van individuen
- de staat ondersteunt de private sector en behoudt een balans tussen publieke en private domeinen	- de staat sponsort publieke voorzieningen en sectoren
- beleidsmakers ontwikkelen sancties tegen kinderarbeid	- beleidsmakers beschouwen kinderarbeid als een minder belangrijke kwestie
- leden van de samenleving worden dringend verzocht attent te zijn op alle vormen van raciale discriminatie	- leden van de samenleving zijn niet gevoelig voor alle vormen van raciale discriminatie
- van mensen wordt verwacht om betrekkingen op grond van paternalisme en patronage te bevorderen	- formele welzijnsinstituten vervangen betrekkingen op grond van paternalisme en patronage
- mensen wordt dringend onder de aandacht gebracht elkaar sociale ondersteuning te geven	- van mensen wordt verwacht zelf hun persoonlijke problemen op te lossen
- de kinderen in minder ontwikkelde samenlevingen dienen materiële ondersteuning te geven aan hun ouders als ze oud worden	- kinderen in meer ontwikkelde landen hoeven geen materiële ondersteuning te geven aan hun ouders als ze oud worden
- de kinderen in minder ontwikkelde samenlevingen kunnen deelnemen in het arbeidsproces om hun families te ondersteunen	- de kinderen in meer ontwikkelde samenlevingen hoeven niet deel te nemen in het arbeidsproces om hun families te ondersteunen
- kinderen dienen gehoorzaam te zijn	- kinderen moeten autonoom zijn
- ouders dienen hun kinderen nauwgezet te controleren	- familieleden zijn onafhankelijk

Onzekerheidsvermijding

De culturele dimensie onzekerheidsvermijding betreft de vraag in hoeverre onduidelijke situaties voor individuen bedreigend zijn, of in zulke situaties orde en regels de voorkeur hebben en of onzekerheid in een samenleving wordt getolereerd.

Vandaar dat de GLOBE-studie onzekerheidsvermijding definieert als de mate waarin leden van een samenleving ordentelijkheid, consistentie, structuur, formele procedures en wetgeving wensen om in hun dagelijks leven zekerheid en duidelijkheid te hebben.

Kenmerken van samenlevingen met grotere of kleinere onzekerheidsvermijding zijn samengevat in tabel 7.8.

Tabel 7.8 Kenmerken onzekerheidsvermijding.

Samenlevingen met grote onzekerheidsvermijding	**Samenlevingen met kleinere onzekerheidsvermijding**
- neigen ertoe de interacties met anderen te formaliseren	- neigen ertoe meer informeel te zijn in de interacties met anderen
- leggen afspraken vast in legale contracten	- vertrouwen eerder iemand op zijn woord dan op contractuele afspraken
- zijn ordentelijk, houden nauwgezet gegevens bij en leggen conclusies uit vergaderingen vast in documenten	- houden zich minder bezig met ordentelijkheid en het bijhouden van gegevens en leggen dikwijls de conclusies die getrokken zijn in een vergadering niet vast
- vertrouwen op geformaliseerd beleid en procedures, leggen regels vast en volgen deze en verifiëren communicatie op schrift	- vertrouwen meer op informele interacties en informele normen dan op geformaliseerd beleid, procedures en regels
- nemen meer bescheiden, berekende risico's	- zijn minder berekenend wanneer ze risico's nemen
- ontmoedigen de ontwikkeling van nieuwe producten, maar faciliteren de implementatiefase door risico's te vermijden en nauwgezette controles	- faciliteren de ontwikkeling van een nieuw product, vooral in de initiatieffase, door het nemen van grotere risico's en minimale planning of controle
- laten grotere weerstand tegen verandering zien	laten minder weerstand tegen verandering zien
- tonen een sterkere wens om regels vast te leggen, zodat gedrag voorspelbaar wordt	- geringer verlangen regels vast te leggen om gedrag te bepalen
- laten minder tolerantie zien ingeval regels worden overtreden	- staan toleranter tegenover de overtreding van regels

7.2.2 LANDENPROFIEL

Op grond van voorgaande acht GLOBE-dimensies, volgt een profiel van de praktijk (zoals het is) van Nederland en van enkele herkomstlanden van migranten: China, Indonesië, Marokko en Turkije.

Van België en Suriname – die niet deelnemen aan GLOBE – is een profiel samengesteld op grond van de dimensies van Geert Hofstedes onderzoek. Bij Suriname gaat het dan nog om geschatte waarden. (12)

China is erg collectivistisch – zowel institutioneel als 'in-group' – en sterk gericht op prestaties, waarschijnlijk onder invloed van het confucianisme. Ook is China sterk georiënteerd op het humane. Benedengemiddeld scoort China op toekomstoriëntatie en machtsafstand, waarbij de machtsafstand in China ten opzichte van andere landen nog relatief laag is. Wat betreft gelijke behandeling van man/vrouw en assertiviteit scoort China erg laag.

Indonesië kenmerkt zich cultureel vooral door een oriëntatie op het humane, waarop ze opvallend hoog scoort. Verder is ze gericht op prestaties en is de samenleving collectivistisch ingesteld, zowel maatschappelijk institutioneel als wat betreft de 'in-group' oriëntatie. Indonesië kent een bovengemiddelde toekomstoriëntatie en onzekerheidsvermijding en een wat lagergemiddelde machtsafstand en gelijke behandeling van man/vrouw. Op de culturele dimensie assertiviteit scoort Indonesië vrij laag.

Marokko kenmerkt zich vooral door een zeer grote machtsafstand (hoogste score van de 61 deelnemende landen). Verder is het een zeer collectieve en assertieve samenleving en gemiddeld op de oriëntatie op het humane. Onder het gemiddelde zit Marokko wat betreft onzekerheidsvermijding, prestatiegerichtheid, toekomstgerichtheid en de gelijke behandeling van vrouwen en mannen (zeer laag).

Turkije kent met een tiende plaats eveneens een grote machtsafstand en grote mate van collectiviteit en assertiviteit. Turkije zit onder het gemiddelde met betrekking tot de oriëntatie op het humane, onzekerheidsvermijding, prestatiegerichtheid, toekomstgerichtheid en de gelijke behandeling van vrouwen en mannen (zeer laag).

Nederland scoort erg hoog op toekomstoriëntatie en op individualisme (= erg laag op 'in-group' collectivisme). Opvallend laag is de machtsafstand in Nederland. Verrassend hoog ten opzichte van andere landen is de dimensie onzekerheidsvermijding. Verder scoort Nederland bovengemiddeld op de dimensies prestatiegerichtheid, assertiviteit, institutioneel collectivisme en gelijke behandeling van man/vrouw.

Voor *Suriname* zijn de geschatte waarden op de dimensies van Geert Hofstede: hoog op machtsafstand en onzekerheidsvermijding; gemiddeld op collectivisme/individualisme en iets benedengemiddeld op masculiniteit/femininiteit.

België kenmerkt zich volgens Geert Hofstedes analyse opvallend door een erg hoge onzekerheidsvermijding (94 op een schaal van 100). Dit wijst er volgens hem op dat de samenleving een lage tolerantiegrens kent voor onzekerheid. Het invoeren van stricte regels, wetten, beleid en regelingen moet helpen om de kans op onzekerheid te verminderen. Het ultieme doel van de bevolking is alles onder controle te krijgen om zodoende het onverwachte te elimineren en te vermijden. Als gevolg hiervan accepteert de samenleving niet gemakkelijk verandering en is ze erg afkerig van risico's, aldus Geert Hofstede. (13)

Na deze voorbeelden van collectieve verschillen volgt een uitwerking van de subjectieve verschillen in ordening die van belang zijn in de interculturele gespreksvoering.

7.3 Subjectieve verschillen in ordening

Ieder mens is *uniek*. Ieder mens heeft een eigen persoonlijkheid, een eigen socialisatiegeschiedenis, een eigen plek in ruimte en tijd en een eigen unieke leefomgeving die niet vergelijkbaar is met die van anderen. De uniciteit van de mens maakt dat iedereen een *subjectieve* kijk heeft. Dat betekent dat de kijk van iemand per definitie iets verschilt van die van alle anderen.

Naast de bovengenoemde uniciteit van een persoon spelen nog andere factoren een rol bij het ontstaan van subjectieve betekenisgeving;

- maatschappelijke machtsverschillen;
- positieverschillen;
- loyaliteitsverschillen;
- verschillen in protoprofessionalisering.

Maatschappelijke machtsverschillen

Hoe mensen naar de werkelijkheid kijken wordt mede bepaald door maatschappelijke machtsverschillen die samenhangen met meerderheids- en minderheidsposities en met posities van nieuwkomers en gevestigden. De visie of zienswijze van de meerderheid en van de gevestigden is vaak zo vanzelfsprekend en niet-bewust dominant aanwezig, dat de zienswijze van de minderheid geen kans krijgt of gediskwalificeerd wordt. Daarom is het zo belangrijk dat functionarissen van organisaties en instellingen zich in hun dienst- en hulpverlening bewust zijn van hun machtspositie en van hun vanzelfsprekendheden. Zodoende creëren ze werkelijk ruimte voor andersdenkenden en hun zienswijzen.

Positieverschillen

Verschillen in positie op grond van functie, verantwoordelijkheid, bevoegdheid, rechten, plichten, taakinhoud, opleiding en ervaring brengen een andere kijk op de werkelijkheid met zich mee. Een asielzoeker beziet de juridische procedures waaraan hij zich moet onderwerpen waarschijnlijk heel anders dan een functionaris van justitie die is belast met de uitzettingsprocedures.

Verschillen in visies uit hoofde van een functie of een opleiding kunnen een meerwaarde opleveren. Zo worden bijvoorbeeld in interdisciplinaire samenwerking de verschillende visies van de aanwezige disciplines benut om een beter resultaat te verkrijgen dan wanneer monodisciplinair wordt gewerkt.

Verschillen in loyaliteit

Loyaliteit is inhoudelijke trouw van mensen aan relaties met anderen en trouw aan omgangsvormen die mensen in de geschiedenis met anderen gewoon zijn geworden. (14) Loyaliteit is de band van in de geschiedenis opgebouwde wederzijdse rechten en verplichtingen, verdiensten en schulden die in relaties met anderen vorm krijgt. Loyaliteit betekent rekening houden met de relaties en omgangsvormen die je (nog steeds) van belang acht en waaraan je daarom trouw bent. (15)

De Interactie-Academie (16) wijst op de betekenis die het begrip loyaliteit heeft om de hier-en-nu zienswijze van mensen in *tijd* te verbreden. Dat betekent dat de huidige betekenisgeving ofwel ordening van iemand kan verwijzen naar een loyaliteitsgeschiedenis. Deze loyaliteitsgeschiedenis heeft betrekking op verschillende zaken, zoals het gezin waaruit iemand komt, de gemeenschap in het land van herkomst, iemands sociaaleconomische status, religieuze overtuiging en opleiding.

Loyaliteit kent drie niveaus (17): de interpersoonlijke loyaliteit (tussen gelijken, zoals partners en vrienden), de familiale loyaliteit en de sociale loyaliteit (op grond van het lidmaatschap van een bepaalde sociale categorie zoals een etnische groep en een beroepsgroep). Daarnaast zijn nog verticale en horizontale loyaliteiten te onderscheiden. (18) Verticale loyaliteiten verwijzen naar loyaliteiten met relaties en omgangsvormen die je elders en vroeger als belangrijk hebt ervaren, zoals in het land van herkomst. Horizontale loyaliteiten verwijzen naar relaties die hier en nu nog bestaan: bijvoorbeeld de partner, de vrienden, de etnische gemeenschap, de geloofsgemeenschap en de collega's.

Loyaliteitsconflicten ontstaan wanneer iemand knel komt te zitten tussen twee op het eerste gezicht onverzoenbare loyaliteiten en daarmee verbonden visies. Bijvoorbeeld bij een gelijktijdige verjaardag van moeder en partner: aan welke van de twee geef ik voorrang? Analoog aan de verticale en horizontale loyaliteiten komen verticale en horizontale loyaliteitsconflicten voor. Verticale loyaliteitsconflicten zijn tegenstrijdigheden tussen loyaliteiten en zienswijzen van vroeger en vragen van nu. Horizontale loyaliteitsconflicten treden op wanneer loyaliteiten in het hier en nu onverenigbaar zijn. In het volgende voorbeeld is sprake van zowel een verticaal als een horizontaal loyaliteitsconflict:

> Vanuit zijn geloofsovertuiging verbiedt een vader zijn dochter op school mee te doen met de zwemlessen. Het meisje zelf vindt dit heel erg. Ze doet graag aan sport en wil dolgraag meezwemmen. De onderwijzeres staat volledig aan de kant van het meisje, maar gesprekken met vader lopen op niets uit. Op een gegeven moment komt de moeder van het meisje op school en drukt de onderwijzeres een zwempak in de hand. De moeder zegt tegen de onderwijzeres dat ze er niet tegen kan haar dochter ongelukkig te zien en of de onderwijzeres haar dochter toch wil laten meezwemmen. De vader van het meisje mag echter absoluut niets te weten komen. Het meisje gaat nu heimelijk mee met de zwemlessen van de school. De onderwijzeres zorgt ervoor dat het meisje een badpak en een handdoek heeft.

De vader lijkt in een verticaal loyaliteitsconflict te zitten. Vanuit zijn geschiedenis van loyaliteit met de gedragsethiek van zijn geloof, zijn geloofsgemeenschap en mogelijk de regio in zijn land van herkomst, komt de vader in conflict met de vragen van de nieuwe samenleving hier en nu met betrekking tot het zwemmen van zijn dochter. De moeder zit in een horizontaal loyaliteitsconflict hier en nu tussen haar man en haar dochter. Ze kiest op haar manier een uitweg die volgens haar zowel haar man als haar dochter ten goede komt.

Verschillen in protoprofessionalisering

Protoprofessionalisering is 'de mate waarin leken zich het ideeëngoed van een bepaalde beroepskring eigen gemaakt hebben en hun alledaagse leven volgens deze ideeën ordenen, beleven en verwoorden'. (19) Vertaald naar bijvoorbeeld de geestelijke gezondheidszorg betekent dit dat de geestelijke gezondheidszorg mensen ordeningsschema's (zienswijzen) en taal (woorden en uitdrukkingen) biedt om bepaalde ervaringen als psychische moeilijkheden te beleven, te benoemen en te laten behandelen door de geestelijke gezondheidszorg. De mate van protoprofessionalisering is afhankelijk van schoolse vorming, kennis van literatuur en mediaberichten en kan van invloed zijn op de communicatie tussen een professional en een cliënt. Zo is bijvoorbeeld een veelgehoord knelpunt in de geestelijke gezondheidszorg dat veel cliënten zouden somatiseren en dat ze hun psychische gesteldheid niet (willen/kunnen) benoemen. (20) Hierbij kunnen twee zaken aan de orde zijn: als eerste kan de mate van protoprofessionalisering van de cliënten een rol spelen. Hierdoor zijn in de leefwereld of socialisatie van de cliënt bepaalde termen als depressie, stress, gespannen, somberheid, apathisch en down wellicht niet gangbaar en gelden er andere uitingsvormen, zoals lichamelijke klachten, zich lichamelijk zwak voelen, niet in staat zijn dingen te doen en een vermoeide geest hebben.

Het tweede aspect zijn de vele vanzelfsprekendheden binnen de Nederlandse en Vlaamse gezondheidszorg (met andere woorden: de professionele ordening) die sterk gevormd zijn door westerse denkbeelden, westerse idealen en westerse beroepsopleidingen. Niet voor niets wil de zorgverlening in het algemeen uitgaan van een rationeel denkend en onafhankelijk wezen. Dit kan op moeilijkheden stuiten, wanneer blijkt dat de cliënt het gevoel boven het verstand stelt, de relatie met anderen boven zelfstandigheid en zijn lichaam boven de psyche. Dit vraagt dan ook van de hulpverlener een open houding: bereidheid te luisteren en vooral vragen te stellen naar andere opvattingen, gewoonten, waarden en normen. Het vereist tevens dat je je als professional bewust bent dat de eigen kijk op het leven, op mensen, op de beroepsgroep; op gezondheid, ziekte en herstel slechts één van de vele visies is. Kortom, een besef dat er meer mogelijkheden zijn om naar de werkelijkheid te kijken. Vanuit dit besef durven professionals zich te laten uitdagen door andere opvattingen, gewoonten en waarden. Professionals roepen niet alleen de ander ter verantwoording, maar laten zichzelf ook door de ander ter verantwoording roepen ten aanzien van hun waarden, normen en opvattingen. Ze zijn bereid stil te staan bij het eigen referentiekader: bij het eigen mens- en wereldbeeld, bij het eigen stelsel van waarden en normen waaruit ze als professionals denken, voelen en handelen.

7.4 Sociale representaties: de hoogste invalshoek van betekenisgeving

Iedere subjectieve kijk of betekenisgeving is niet alleen een creatie van één individu. Elke unieke betekenisgeving van een persoon is het resultaat van een voortdurend afstemmen en afgestemd zijn op wat anderen in de samenleving daarover denken (de sociale representaties). In de betekenisgeving van een persoon klinkt altijd iets mee van de meningsvorming binnen groepen in de samenleving. De persoonlijke betekenisverlening van een individu wordt dus fundamenteel beïnvloed door de sociale dialoog in zijn directe omgeving en in ruimer verband door de sociale dialoog in de samenleving.

Hoe iemand bijvoorbeeld als man denkt en naar de werkelijkheid kijkt, staat onder invloed van de manbeelden die er bestaan binnen zijn sociale systemen en in de ruimere samenleving.

Sociale representaties zijn dus in veel gevallen de hoogste invalshoek van betekenisgeving in iemands communicatie. Met betrekking tot de interetnische verhoudingen in de samenleving zijn deze sociale representaties de dominante opvattingen (beeldvorming, generalisaties, vooroordelen en stereotypen) ten aanzien van de verhoudingen tussen personen en groepen met verschillende etnische achtergronden. Onder invloed van deze sociale representaties hebben mensen bijvoorbeeld de neiging om de kwesties die in interetnische interacties spelen, meteen en uitsluitend te ordenen als cultureel, etnisch, religieus of racistisch. Zo hebben enerzijds autochtonen de neiging de etnische cultuur van de ander als oorzaak te zien van een interetnisch misverstand. De ander (de migrant) doet dan zus of zo vanuit zijn etnisch-culturele achtergrond. Anderzijds hebben migranten – eveneens onder invloed van sociale representaties – de neiging in eerste instantie racisme of discriminatie als aanleiding te zien voor het interetnisch misverstand. De ander handelt dan onrechtmatig, omdat hij racistisch is of omdat hij discrimineert (zie het eerdergenoemde voorbeeld van de koekjes in paragraaf 6.2.4). Dit verschijnsel heet het '*fundamenteel interetnisch misverstand*'. (21) Het zich bewust zijn van de invloedrijke sociale representaties kan voorkómen dat het fundamenteel interetnisch misverstand optreedt.

Overigens gebeurt het vaak dat vooral werkers in de sociale sector, negatieve uitlatingen van autochtonen over migranten ook snel ervaren of benoemen als discriminatie of racisme. Dit gebeurt onder invloed van heersende sociale representaties, zoals de norm: je mag niet discrimineren. Belangrijk is ook tegenover mensen met (schijnbaar) discriminerende uitlatingen het radicale[16] uitgangspunt te hebben dat *elk gedrag een positieve intentie heeft*. Het is dan van belang door het verhaal heen te luisteren en verder te vragen naar onderliggende gevoelens en motieven: wat voor de persoon belangrijk is, van waarde is, waar hij bang voor is, zich zorgen over maakt of wat hij wensen zou. Dat geeft dan aanknopingspunten voor een verder gesprek over waar het voor de persoon eigenlijk om gaat. Ga er hierbij van uit dat achter elk ('discriminerend') verwijt en achter elke ('discriminerende') klacht een verlangen, een wens of zorg schuiltgaat, en dat daaronder weer een waarde of een waardevol 'goed' voor iemand zit. Probeer deze verlangens, wensen, zorgen, waarden of het waardevolle 'goed' van de persoon op het spoor te komen en te (laten) benoemen. Deze bieden dan een goed aanknopingspunt voor een constructief gesprek.

Een (autochtone) ouder merkte op dat ze vond dat er te veel allochtone kinderen op de school van haar kind zaten, bij doorvragen bleek dat ze zich zorgen maakte of haar kind wel voldoende aandacht en goed onderwijs kreeg.

Over het algemeen heb je geen besef van de sociale representaties als de hoogste invalshoek, van waaruit je de werkelijkheid bekijkt en interpreteert. In dat opzicht ben je absoluut niet vrij om willekeurig welke keuze te maken vanuit welk gezichtspunt je kijkt. Mannen zijn niet absoluut vrij vanuit een vrouwelijke invalshoek te kijken, en ook een docent kan niet absoluut vrij als student naar een situatie op school kijken.

Kijken vanuit een bepaalde invalshoek is dus géén kwestie van *willen* kijken maar eerder van *kunnen* willen. Voor de gespreksvoering betekent dit dat mensen – onder invloed van de heersende sociale representaties – niet zo vrij zijn in wat ze zeggen, doen en begrijpen van elkaar.

Een eerder gegeven voorbeeld uit de praktijk illustreert de werking van de invloed van de sociale representaties op de ordening van mensen.

Op een Nederlandse hbo-instelling overtraden studenten regelmatig op bepaalde plaatsen het rookverbod. De conciërge was gevraagd strenger op te treden tegen overtreders. Op een gegeven moment zag de conciërge dat een (Surinaamse) student in een rookvrij gedeelte van de school een sigaret opstak. Hij stapte op de student af en vroeg hem of hij nog niet wist, dat er in dat gedeelte niet gerookt mag worden. De student sputterde wat tegen. De conciërge zei hem daarop, dat ook hij zich net als de rest diende aan te passen. De student reageerde hierop furieus en een handgemeen dreigde.

16 Zie radicaal respect in paragraaf 4.11.2. De radicaliteit betreft hier respect dat verder gaat dan alleen tolerantie. Het bevat een belangrijk empathisch element: 'Ik accepteer niet alleen wie je bent. Ik probeer ook de wereld vanuit jouw perspectief te bezien.'

In de nabespreking van het incident vertelde de student dat hij door het woord 'aanpassen' opeens de sociale druk hoorde en voelde van de Nederlandse samenleving, waarin bepaalde bevolkingsgroepen van mening zijn dat migranten zich dienen aan te passen. Vanuit dit standpunt interpreteerde hij de opmerking van de conciërge over aanpassen en dat maakte hem zo kwaad. De druk die de student voelde is de krachtige invloed van de heersende sociale representatie binnen de samenleving: *Buitenlanders moeten zich aanpassen.* Daarom speelde de invalshoek van de heersende sociale representaties een doorslaggevende rol in de manier waarop de student het woord aanpassen van de conciërge oppakte.

7.5 Herkaderen

Herkaderen – ook wel herordenen genoemd – is het (doen) beseffen van het bestaan van andere invalshoeken. Hierdoor kun je een ander standpunt of gezichtspunt innemen en kom je tot een andere ordening van de werkelijkheid. (22) Herkaderen is in de begeleidings- en hulpverleningspraktijk een zeer belangrijk instrument. Het biedt mogelijkheden mensen te leren hoe ze tot een andere betekenisverlening van kwesties en situaties kunnen komen.

Herkaderen kun je bij een ander bewerkstelligen door het wijzigen van de interpunctie en door het toevoegen van informatie waarvan de ander zich eerder niet bewust was. Het wijzigen van de interpunctie is het wijzigen van iemands kijk op de werkelijkheid, zoals in het bekende voorbeeld van de pessimist die de fles halfleeg ziet en de optimist die vindt dat dezelfde fles halfvol is. Een ander voorbeeld van herkaderen is het doen inzien van een werkzoekende die zich te oud vindt om nog werk te vinden, dat 'oud' ook kan betekenen het hebben van zeer veel ervaring. In grappen wordt veel gebruikgemaakt van herkaderen.

Deborah Tannen – auteur van onder andere *Je begrijpt me gewoon niet* (hoe vrouwen en mannen met elkaar praten) – vertelt een oud grapje van haar vader: 'Een vrouw wil van haar man scheiden. Als de rechter haar vraagt waarom ze dat wil, zegt ze dat haar man twee jaar niet tegen haar heeft gesproken. De rechter vraagt de echtgenoot: waarom heb je twee jaar lang niet tegen je vrouw gepraat? Zijn antwoord: ik wilde haar niet in de rede vallen'. (23)

Herkaderen leidt tot een andere betekenisgeving en tot het zien van een andere realiteit. Hierbij gaat het vaak om het positief benaderen van zaken die algemeen als negatief worden ervaren. Twee voorbeelden van zo'n positieve herkadering zijn te vinden in de uitspraken van twee sleutelfiguren diversiteitsbeleid van de gemeenten Amsterdam en Utrecht.

Jacqueline Jansen van de gemeente Amsterdam zegt:

Een manier om wensen van burgers te lokaliseren is voor mij het klachtenmanagement. (...) De Nederlandse cultuur focust op kritiek: wat gaat niet goed, wat kan beter? De slogan van de kwaliteitszorg Een klacht is een gratis advies *past in deze sfeer. In de filosofie van diversiteit is de focus niet het probleem, maar de kans'. (24)*

De tweede uitspraak is van Kate Kervezee van de gemeente Utrecht. Naar aanleiding van de herverdeling van de accommodaties over de Utrechtse wijken zegt ze:

'Dat geeft ook veel ruzie, maar zonder frictie geen glans'. (25)

Belangrijk in het proces van herkaderen is *enting*. 'Iets nieuws laten groeien op iets al langer bestaands. Het oude is voedingsbodem voor het nieuwe'. (26) Betekenissen of standpunten kun je nóch direct toevoegen nóch direct veranderen. Elke nieuwe betekenis of opvatting moet aansluiten bij een vertrouwde betekenis of opvatting wil deze kunnen beklijven.

Terugkomend op het voorbeeld van de overtreding van het rookverbod: de student is zich er in het nagesprek van bewust geworden vanuit welk standpunt (de sociale representaties) hij op het woord aanpassen reageerde. Tijdens het gesprek is de student erop gewezen dat de conciërge hem als student aansprak binnen de situatie van de school. De student zag in dat deze invalshoek ook mogelijk is om betekenis te geven aan de woorden van de conciërge. Nu kon de student zijn standpunt herkaderen en de 'nieuwe' invalshoek nemen dat hij als student werd aangesproken op het overtreden van het rookverbod op school. Door de herkadering van zijn standpunt begreep de student nu dat de conciërge de uitspraak *aanpassen net als de rest* gebruikte binnen het kader van de school en binnen het kader van de relatie conciërge-student. De uitspraak *aanpassen net als de rest* kreeg nu de betekenis van aanpassen aan de huisregels op school, net als alle andere studenten.

De subjectieve betekenisgeving (ordening) van de student heeft zich kunnen wijzigen onder invloed van een wijziging in invalshoek.

Herkaderen is, zoals in de voorbeelden hiervoor naar voren komt, vaak ook een kwestie van 'hertalen': andere woorden geven aan een bepaalde kijk of logica. Dit hertalen gebeurde nadrukkelijk in een arbeidsbemiddelingssituatie waarin een werkgever aangaf aan de bemiddelaar dat hij voor een vacature geen buitenlanders wilde. Op de vraag wat hij had meegemaakt dat hij dat zei, antwoordde de werkgever dat hij een keer een slechte ervaring had met twee buitenlandse medewerkers: ze waren niet representatief, kwamen vaak te laat en toonden geen initiatief. De arbeidsbemiddelaar zei toen: 'Dus u zoekt *kandidaten* die representatief zijn, op tijd komen en initiatiefrijk zijn.' Hierop antwoordde de werkgever beamend. 'Dus als ik zo'n *kandidaat* heb, mag ik die langssturen voor een kennismakingsgesprek'. 'Prima', zei de werkgever en de bemiddelaar stuurde een kandidaat die al deze eigenschappen bezat. Dat dat een migrant bleek te zijn maakte na het kennismakingsgesprek niet (meer) uit voor de werkgever.

7.6 Omgaan met verschillen in subjectieve betekenisgeving

In veel gesprekssituaties steken mensen veel energie in pogingen om verschillen in ordening op te lossen. Dit zijn vergeefse pogingen. Flor Peeters van de Interactie-Academie te Antwerpen zegt:

Verschillen kun je helder krijgen, zien, beseffen. Ze zijn per definitie onoplosbaar, anders waren het geen verschillen. Men kan een vrouw bijvoorbeeld niet vragen te stoppen met denken als vrouw. Men kan wel vragen om stil te staan bij hoe je als man denkt. (...) Opgeloste verschillen zijn geen verschillen, het zijn overeenkomsten die je niet als overeenkomst onderkende. Pogen verschillen op te lossen is (...) uitzichtloos. (27)

De mogelijkheden om wel effectief met verschillen om te gaan, liggen op een ander vlak en wel die van de ander erkennen; de ander vragen afstand te doen van het handelingsrecht en het besef dat ieder verschil vertrekt vanuit iets gemeenschappelijks. (28)

7.6.1 DE ANDER ERKENNEN

Over wat waar of niet waar is, bestaan in het dagelijks leven de nodige misverstanden en conflicten. In tal van situaties probeer je de eigen visie over te brengen op anderen. En aangezien dit tegelijkertijd van alle kanten gebeurt, bestaat het gevaar dat iedereen alleen maar aandacht heeft voor de eigen visie. Dat betekent dat er niet kan worden stilgestaan bij de visie van de ander. Dit kan aanleiding geven tot misverstanden in de zin dat iemand zich niet erkend, dus niet waardevol voelt. Een meningsverschil dat uitloopt op een waarheidsgevecht, leidt ertoe dat de visie van iemand zodanig wordt aangevochten dat negatieve emoties de overhand krijgen. Heftige emoties belemmeren de mogelijkheid om onderscheid te maken en stil te staan bij wat er gebeurt. Op het moment dat iemand het gevoel krijgt dat zijn visie niet mag bestaan, werkt dat vernietigend. Eenmaal in een waarheidsgevecht gewikkeld, is het moeilijk de stijl van communiceren te wijzigen. Dit is pas mogelijk als de emoties wat gezakt zijn en je (weer) in staat bent de mening van de ander te horen.

In de gespreksvoering is het zaak niet in een waarheidsgevecht met de ander te komen. Een waarheidsgevecht kun je voorkómen door de ander te erkennen. Erkennen is níet hetzelfde als iemand gelijk geven. Erkennen is het notitie nemen van de visie van de ander. De ander mag er zijn met zijn of haar mening of visie. Erkenning is voor ieder mens van levensbelang. 'Mensen taxeren namelijk hun waarde in verhouding tot de mate waarin ze gehoord worden in hun kijk op de dingen. Niemand kan leven zonder antwoord op de vraag of hij waardevol is'. (29)

Je kunt iemand erkennen door op een ondersteunende manier vragen te stellen naar de achtergrond van waaruit hij praat. Dit geeft hem het gevoel dat hij belangrijk is als persoon met een mening. Op een ondersteunende manier vragen stellen, werkt normaliserend: het geeft de ander het gevoel dat het normaal is en dus niet zo gek dat hij zo denkt. Bovendien schept het ruimte stil te staan bij de visie van de ander. De eigen visie komt meestal het snelst aan bod, wanneer je je visie even opzijzet en (oprechte) belangstelling toont voor hoe de ander kijkt. Dit lijkt een lange weg, maar: 'De praktijk leert dat de langste weg op dit vlak vaak de kortste weg is'. (30)

7.6.2 DE ANDER VRAGEN AFSTAND TE DOEN VAN HET HANDELINGSRECHT

Een eerder gegeven voorbeeld om toe te lichten wat het betekent wanneer je de ander vraagt afstand te doen van het handelingsrecht dat voortvloeit uit zijn kijk op de dingen:

> Een islamitische vader was op grond van zijn geloof van mening dat zijn dochter niet aan de zwemlessen mocht deelnemen, omdat deze gemengd waren. De schoolleiding ging hierover met de vader in discussie en probeerde tevergeefs de man ervan te overtuigen dat gemengd zwemmen niet in strijd is met de islam. Ook een imam, die door de school om advies was gevraagd, kon de vader niet van mening doen veranderen. Het conflict escaleerde zo dat de vader zijn dochter thuishield. Hiermee ontdook de vader de leerplicht en er kwam een rechtszaak. Tijdens de rechtszitting werd een video vertoond die opgenomen was in het land van herkomst van de vader. Op deze video was te zien hoe meisjes en jongens in de leeftijd van het meisje in korte gymkleding met elkaar sportten. Naar aanleiding van deze videobeelden vroeg de rechter aan de vader wat zijn bezwaren nog konden inhouden wanneer ook in zijn eigen land jongeren gemengd met elkaar sportten. 'Dat zijn geen goede moslims', antwoordde de vader en bleef bij zijn standpunt.

Een andere aanpak van de schoolleiding, waarbij de vader gevraagd wordt afstand te doen van het handelingsrecht dat voortvloeit uit zijn kijk op de dingen, zou misschien meer succesvol geweest zijn. Zo'n aanpak kan er als volgt uitzien.

De schoolleiding voert verschillende gesprekken met de vader waarin ze elkaars standpunten verhelderen en *niet* betwisten. Wanneer de verschillen helder zijn kan de schoolleiding deze naast elkaar laten bestaan en een gevecht om de waarheid voorkómen. De school kan namelijk onmogelijk van de vader verlangen op te houden als een islamitische vader naar zijn schoolgaande dochter te kijken. Het is ook onmogelijk dat de vader van de school vraagt haar eigen educatieve opvattingen en organisatorische (on)mogelijkheden achterwege te laten. Wanneer de gesprekken op een respectvolle wijze verlopen, zal dit bij de vader een gevoel van erkenning opleveren: Ik ben een goede islamitische vader. De school kan dit bereiken door de visie van de vader en zijn zorgen over zijn dochter te erkennen. De schoolleiding kan aangeven dat ze op verscheidene punten ook in de praktijk blijk geeft van deze erkenning. Bijvoorbeeld door het interculturele onderwijs op school, de aandacht voor de islam en haar bijzondere feestdagen, de lange broek die zijn dochter tijdens de gym mag dragen en door leerlingen toe te staan hoofddoekjes te dragen. De schoolleiding geeft de vader ook duidelijk aan dat ze heeft nagedacht of en hoe ze tegemoet kan komen aan het verzoek van de vader om zijn dochter niet mee te laten zwemmen. Op voorgaande wijze kan de vader zich erkend voelen. Wanneer nu blijkt dat de school onmogelijk tegemoet kan komen aan de wens van de vader, kan de school de vader vragen – ofschoon ze zijn visie erkennen – voorlopig (gedurende haar verblijf op deze school) afstand te doen van zijn recht op handelen volgens de eigen visie. Dit betekent concreet dat de vader gevraagd wordt erover na te denken zijn dochter voorlopig toch met de gemengde zwemlessen mee te laten doen.

NB Uiteraard is een andere reële uitkomst van voorgaande kwestie dat het meisje ontheffing krijgt van het schoolzwemmen, omdat de school de zwemlessen (maar dan voor alle leerlingen) facultatief verklaart. Of dat de school in samenwerking met andere scholen aparte zwemlessen voor meisjes organiseert.

Zo'n vraag van de school aan de vader om af te zien van zijn handelingsrecht, is meer dan alleen een vraag. Het is het onderkennen van de sociale representatie: gelijk hebben betekent dat ieder ander zich ernaar dient te schikken. De invloed van deze sociale representatie is dat mensen vinden dat ze er recht op hebben hun visie terug te zien in het handelen van anderen. Gelijk hebben wil dan zeggen: zichtbaar in het handelen van anderen gelijk krijgen. In het voorbeeld van het zwemmen zou dit betekenen dat vader in het handelen van de schooldirecteur terugziet dat hij zijn visie erkent dat zijn dochter niet gemengd hoeft te zwemmen. De directeur zou dan zijn dochter ontheffing moeten geven van de zwemlessen, ofwel voor jongens en meisjes aparte zwemlessen moeten organiseren. De invloed van deze sociale representatie van het gelijk hebben bevestigd zien in het handelen van de ander is zeer dwingend en misleidend. Besluitvorming kan niet altijd rekening houden met de uitvoering van ieders visie. Dit sluit niet uit dat een besluitvormingsproces zo kan verlopen, dat ook de visie waarmee geen rekening wordt gehouden bestaansrecht krijgt. Op zichtbare wijze wordt rekenschap gegeven, dat de ander gevraagd wordt afstand te doen van zijn recht op handelen volgens de eigen visie. In een vergadering kan bijvoorbeeld gezegd worden: 'We hebben uw mening gehoord en respecteren die. Gezien het resultaat van de besluitvorming vragen wij u mee te gaan in het genomen besluit.' Het mag duidelijk zijn dat zo'n proces van afstand doen van het handelingsrecht, de uiterste inspanning van alle betrokken partijen vraagt.

7.6.3 IEDER VERSCHIL VERTREKT VANUIT IETS GEMEENSCHAPPELIJKS

Het is van belang het besef te expliciteren dat ieder verschil vertrekt vanuit iets gemeenschappelijks. In ieder verschil zit ook iets gemeenschappelijks van beoogde doelen, overwegingen, waarden en visies. De school en de vader in het voorbeeld hiervoor kunnen het eens zijn over het feit dat het belang van het kind vooropstaat; dat beiden hun best doen elkaar zoveel mogelijk tegemoet te komen. Dit kan al door naar elkaar te luisteren; elkaar te erkennen in elkaars visie. En de school en vader kunnen het zelfs eens worden over het feit dat ze last hebben van het ontstane conflict.

Deze gemeenschappelijkheden worden meestal niet expliciet besproken. Ze zijn tussen de regels te lezen. De intensiteit waarmee gesprekken soms verlopen, brengt mee dat het besef van deze *gemeenschappelijkheid* verdwijnt. Dit kan ertoe leiden dat betrokken partijen de verschillen opvatten als persoonlijke kritiek. Betrokkenen hebben dan het gevoel dat ze als persoon niet erkend worden en kunnen zich persoonlijk aangevallen voelen. Wanneer mensen zich (weer) gemeenschappelijkheden realiseren, zoals in het voorbeeld hiervoor, kunnen ze zich erkend voelen, terwijl dan de verschillen in visies mogen blijven bestaan.

7.7 Het TOPOI-model: het analyse- en interventiekader Ordening

Aan de basis van het analyse- en interventiekader Ordening staan de *kernvragen*:

1 Wat is mijn aandeel: wat zijn mijn zienswijze en logica ten aanzien van de kwesties die aan de orde zijn?
2 Wat is het aandeel van de ander: wat zijn de zienswijze en logica van de ander ten aanzien van de kwesties die aan de orde zijn?
3 Wat is de invloed van de ruime sociale omgeving: welke invloed gaat er uit van de heersende sociale representaties – beelden, waarden, normen, opvattingen en betekenissen – op ieders kijk en logica?

Het *analysekader Ordening* bevat de volgende hulpvragen waarmee je hypothesen kunt opstellen ten aanzien van mogelijke misverstanden rond Ordening:

- Wat is ieders zienswijze en logica?
- Wat is ieders invalshoek, belang of loyaliteit?
- Wat is ieders referentiekader: waarden, normen en opvattingen?
- Wat zijn ieders vanzelfsprekendheden?
- Wat is er voor gemeenschappelijks? Welke verschillen zijn er?
- Wat is de invloed van de heersende sociale representaties – beelden, waarden, normen, opvattingen en betekenissen – op ieders zienswijze en logica?

Het *interventiekader Ordening* geeft de volgende suggesties voor interventies:

- Open vragen stellen naar de zienswijze en logica van de ander. Dit kan door luisteren en concretiserende vragen te stellen over wat de ander inbrengt. Notitie nemen, het erkennen van de zienswijze van de ander door vragen te stellen, dient zo te gebeuren dat de achtergronden op een ondersteunende en erkennende manier verkend worden. De vragen richten zich behalve op de inhoud van de zienswijze van de ander ook op zijn logica. Wat is de achterliggende gedachtegang van betrokken persoon?
- Actief luisteren (= erkennen): inleven en invoelen.
- Herkaderen of herordenen: een andere betekenis geven aan de kwestie of situatie ofwel de kijk wijzigen van de ander én/of van zichzelf.
- De eigen zienswijze/logica toelichten.
- (Zich) bewust worden/maken van de eigen vanzelfsprekendheden.
- Positie innemen van de 'neutrale getuige': een onbevooroordeelde, neutrale onpartijdige positie zonder waardeoordeel. Zich bewust worden en loslaten van vooringenomen opvattingen en beelden van de ander. Tevens *tijdelijk* eigen waarden en normen opzijzetten om zonder waardeoordeel vooraf, te kunnen luisteren.
- Het gemeenschappelijke vooropzetten. Doen beseffen en benoemen van de gemeenschappelijke visie op de situatie, met de gedachte dat in ieder verschil ook iets gemeenschappelijks zit van beoogde doelen, bedoelingen en visies. Wanneer je deze gemeenschappelijke visie beseft en deze benoemt, versterkt dit tevens de vertrouwensrelatie met de ander(en).
- Verschillen verhelderen en laten voor wat ze zijn.
- Stilstaan bij en open vragen stellen wat de invloed is van de heersende sociale repre-

sentaties – de beelden, waarden, normen, opvattingen en betekenissen – op ieders zienswijze en logica.

Verwerkingsopdrachten

Maak deze opdrachten samen met collega's. Vergelijk de uitwerking van elke opdracht met die van je collega's:
- Wat komt overeen?
- Wat verschilt?
- Wat valt op?

Opdracht 1 bij paragraaf 7.1 Interpunctie als ordeningsproces

Let de komende tijd eens op waarheidsgevechten in discussies (bijvoorbeeld tijdens vergaderingen of lessen en op de televisie).
Werk twee voorbeelden uit en beschrijf hoe een waarheidsgevecht voorkómen had kunnen worden.

Opdracht 2 bij paragraaf 7.3 Subjectieve verschillen in ordening

Sta eens stil bij je vak, bij het werk dat je doet. Van welke min of meer vanzelfsprekende denkbeelden of visies ga je uit als professional; bijvoorbeeld ten aanzien van wie of wat de mens is, hoe met problemen om te gaan, wat gezondheid en ziekte is en hoe hiermee om te gaan?

Opdracht 3 bij paragraaf 7.3 Subjectieve verschillen in ordening

- Geef uit je eigen leven voorbeelden van horizontale en verticale loyaliteiten die je voelt.
- Geef voorbeelden van loyaliteitsconflicten die je hebt meegemaakt.

Opdracht 4 bij paragraaf 7.4 Sociale representaties: de hoogste invalshoek van betekenisgeving

Een kantoor van de belastingen is verhuisd naar een ander gebouw. Zoals gewoonlijk bij dit soort verhuizingen werd er veel papier opgeruimd en weggegooid. De papiercontainer raakte overvol en kon niet meer dicht. De conciërge van het nieuwe gebouw wilde de collega's hiervoor waarschuwen en plakte een brief op de papiercontainer met het verzoek deze niet zo vol te maken dat hij niet meer dicht kon. Onderaan de brief schreef de conciërge nog met grote letters *VOL IS VOL*. Naar aanleiding hiervan kreeg de conciërge commentaar van collega's, die deze laatste zin kwetsend vonden.
- Leg uit wat maakte dat sommige collega's de zin 'vol is vol' kwetsend vonden.
- Hoe spelen sociale representaties in deze situatie een rol?

Opdracht 5 bij paragraaf 7.5 Herkaderen

- Inventariseer een aantal kritiekpunten van collega's op de instelling waar je werkt of studeert. Probeer deze nu positief te herkaderen. Iemand zegt bijvoorbeeld: *Het is wel een ongeregeld zootje op school*. Positief herkaderen kan zijn: *Dat houdt het spannend, want elke lesdag gebeurt er wel iets onverwachts*.

- Je kunt ook negatieve uitspraken van klanten in je werk verzamelen en proberen deze positief te herkaderen, voor jezelf of voor de klant. Een klant zegt bijvoorbeeld verwijtend: *Je kunt toch niets voor me doen.* Positief herkaderen voor jezelf en voor de klant kan zijn: *Dat klinkt alsof je veel van me verwacht. Vertel eens.*

Het werkt inspirerend wanneer je met collega's deze oefeningen doet. Eerst verzamel je negatieve uitspraken en dan probeer je samen deze positief te herkaderen.

Opdracht 6 bij paragraaf 7.6 Omgaan met verschillen in subjectieve betekenisgeving

- Speel het gesprek van de schoolleiding met de vader uit. Doe deze opdracht met een vijftal collega's. Een of twee collega's vormen de schoolleiding en een collega is de vader die de school verzoekt om zijn dochter niet mee te laten zwemmen met de gemengde zwemlessen. Een collega helpt de collega die de vaderrol speelt om in zijn rol te komen. De collega's die niet meespelen zijn tijdens het spel observator. De schoolleiding maakt zoveel mogelijk gebruik van de genoemde mogelijkheden in deze paragraaf, om met verschillen om te gaan. De collega's die observeren geven feedback op het gebruik van de in deze paragraaf genoemde mogelijkheden.
- Je kunt ook uit de eigen praktijk een andere situatie nemen. Het gaat erom dat je oefent met de in deze paragraaf genoemde mogelijkheden om met verschillen in ordening om te gaan.

Literatuurverwijzingen

1 Watzlawick e.a., 1974, p. 82.
2 Met dank aan Paul Taylor.
3 Whorf in Watzlawick e.a., 1974, p. 47.
4 Steens, 1993, p. 67.
5 Watzlawick e.a., 1974, p 52.
6 Watzlawick e.a., 1974, p. 48.
7 Peeters, 1990, p. 7.
8 Cornelis, 1995.
9 De Preter, 1995, p. 79.
10 House, Hanges, Javidan, Dorfman en Gupta, 2004; Chokar, Brodbeck en House, 2007.
11 Hofstede, 1991.
12 http://www.geert-hofstede.com/hofstede_dimensions.php?culture1=85&culture2=62: 22/05/2009.
13 http://www.geert-hofstede.com/hofstede_belgium.shtml. 22/05/2009.
14 Steens, 1993.
15 Boszormenyi-Nagy en Spark, 1973.
16 Steens, 1993, p. 132.
17 Baert, 1984, p. 7-10.
18 Steens, 1993, p. 137.
19 De Preter, 1994, p.78
20 Hoffman en Ögûnç-Serap, 1996.
21 Hoogsteder, 1994, p. 31.

22 Baert, 1987, p. 107-120.
23 Vuijsje, 1991.
24 Essed en De Graaff, 2002, p. 55-6.
25 Essed en De Graaff, 2002, p. 78.
26 Zeegers, 1988, p. 112.
27 Peeters, 1989, p. 37.
28 Peeters, 1989, p. 31-43.
29 Peeters, 1989, p. 34.
30 Peeters, 1989, p. 35.
31 Peeters, 1989, p. 37.

8

HET TOPOI-MODEL: PERSONEN

8.1 Recursiviteit van de communicatie

8.2 Recursiviteit binnen groepen

8.3 Persoonlijke en interpersoonlijke perspectieven

8.4 Zelfpresentatie

8.5 Invloed van interpersoonlijke perspectieven

8.5.1 Belang van het toetsen van interpersoonlijke perspectieven

8.6 Invloed van sociale representaties op interpersoonlijke perspectieven

8.7 Symmetrische of complementaire relatie?

8.8 Het TOPOI-model: het analyse- en interventiekader Personen

8

INLEIDING

Het gebied Personen is het betrekkingsaspect in de communicatie: wie zijn de gespreksdeelnemers voor elkaar en hoe is hun onderlinge betrekking?

Paul Watzlawick (1) gaf de aanzet tot een communicatietheorie waarin een van de basisprincipes is dat elke communicatie een inhouds- en een *betrekkings*niveau kent. Gelijktijdig met de inhoudelijke informatieve boodschappen op inhoudsniveau, wisselen de gesprekspartners op betrekkingsniveau relationele boodschappen over elkaar uit. Meestal zonder het te beseffen of te willen, zeggen de gesprekspartners ook altijd iets over elkaar als persoon. Denk aan de uitgewerkte gesprekssituatie tussen Charyn en haar docent Frits in paragraaf 1.4.

De relationele boodschappen die de gespreksdeelnemers over en weer uitwisselen worden in de systeemtheorie *interpersoonlijke perspectieven* genoemd. De interpersoonlijke perspectieven zijn de spiegels die de gesprekspartners elkaar in de communicatie voortdurend voorhouden, namelijk hoe ze zichzelf en de ander zien. Verder kan de relatie tussen de gesprekspartners berusten op gelijkheid of verschil. Bij een betrekking gebaseerd op gelijkheid is het gedrag van de gespreksdeelnemers symmetrisch ofwel hetzelfde. Een eerder gegeven voorbeeld is het concurrerend gedrag van twee personen die in een gesprek allebei streven naar de leiding. Bij een betrekking gebaseerd op verschil gedragen de gesprekspartners zich complementair ofwel aanvullend, bijvoorbeeld een relatie waarin de een zich dominant opstelt en de ander onderdanig.

Nadat in het vorige hoofdstuk 'Ordening' de mededelende, informatieve kant ofwel het *inhoudsniveau* van de communicatie is besproken, staat nu in het gebied Personen de persoonlijke beïnvloedingskant – het betrekkingsniveau – van de communicatie centraal.

In figuur 8.1 is een schema opgenomen om het onderscheid duidelijk te maken tussen het inhoudsniveau en het betrekkingsniveau in de communicatie.

Figuur 8.1

				TOPOI
		Inhoudsniveau	= mededelend: informatief	= Ordening
Communicatie	=			
		Betrekkingsniveau	= persoonlijke beïnvloeding (interpersoonlijke perspectieven) en symmetrische of complementaire relatie	= Personen

8.1 Recursiviteit van de communicatie

Zoals al uitvoerig werd geïllustreerd in het voorbeeld in paragraaf 1.4 van het gesprekje tussen Charyn en haar docent Frits die zegt 'Je spreekt al goed Nederlands', gebeurt in de communicatie met iemand altijd meer dan alleen het overbrengen van informatie verpakt in taal. Elke inhoud, elke mededeling die je aan een ander overbrengt, is tegelijk ook een uitspraak over die ander. Wat je ook zegt, onvermijdelijk stuur je een boodschap die aangeeft wat je over de ander denkt. Of je dit nu denkt of niet, zo bedoelt of niet, in je communicatie kun je *niet*-niet je mening uiten over de ander.

Je kunt je nooit onttrekken aan het wederzijds uitzenden en ontvangen van zienswijzen over elkaar. Hoe je ook kijkt – glimlachend of stuurs – en hoe je ook praat – vriendelijk of bits – het is telkens informatie over ieders zienswijze en over ieders beeld van de ander. Deze voortdurende wederzijdse persoonlijke beïnvloeding binnen de communicatie is de *recursiviteit* van de communicatie.

Recursiviteit is afgeleid van het Latijnse woord *recurrere*, dat 'wederkeren' betekent. Vergelijk ook met het Engelse woord *to recur* dat 'terugkeren' betekent. Recursiviteit in de communicatie betekent het volgende: wanneer ik communiceer, zeg ik tussen de regels iets over de waarde van de kijk van de ander en over hem als persoon. En wanneer de ander iets zegt, krijg ik tussen de regels eveneens iets te horen over de waarde van mijn kijk en over mij als persoon. Met andere woorden: alles wat de ander communiceert, pak ik impliciet op als een uitspraak over mezelf en alles wat ik communiceer, is impliciet een uitspraak over de ander. In de wijze waarop de ander het effect van mijn communicatie ondergaat, krijg ik mijn visie becommentarieerd terug van de ander. Omgekeerd geef ik de ander zijn visie terug in de wijze waarop ik het effect van zijn communicatie onderga.

Het is van belang te beseffen dat recursiviteit *gelijktijdig* aan beide kanten aanwezig is. De non-verbale taal van degene die luistert (onder andere de wijze van kijken, houding, beweging, gebaren) drukt gelijktijdig met de spreker een uitspraak uit over de visie van degene die spreekt.

De recursieve werking van het elkaar voortdurend en gelijktijdig persoonlijk commentaar geven in een gesprek (tussen A en B), is als volgt voor te stellen (figuur 8.2):

Figuur 8.2 Recursieve werking van de communicatie: voortdurend en gelijktijdig.

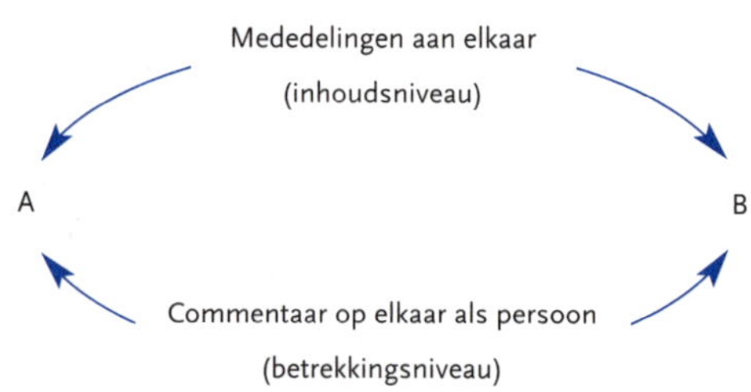

In de communicatie houden mensen elkaar zodoende voortdurend ongevraagd en gelijktijdig spiegels voor waarin ze elkaar laten zien hoe ieders visie ontvangen is. Het komt vaak voor dat de recursiviteit voor betrokkenen ongunstig werkt. De terugkeer van de eigen visie becommentarieerd door de ander, voelt dan als een onverwachte, onaangename klap van de boemerang die je zelf geworpen hebt, zoals blijkt uit het volgende voorbeeld.

Een vrouw vroeg belangstellend in een etnisch-gemengde groep aan de enige migrant waar hij vandaan kwam. Zij kreeg een geïrriteerde reactie terug met de vraag waarom zij die vraag alleen aan hem stelde. De man voelde zich onaangenaam verrast. Hij voelde zich door de vraag van de vrouw als migrant aangesproken – en niet als gelijkwaardig lid van de groep – en daardoor weer als buitenstaander die er niet echt bij hoorde. Maar ook de vrouw voelde zich gekwetst door de reactie van de man.

Je ziet in het voorbeeld duidelijk en je voelt dit wellicht ook aan, hoe de vrouw de eigen kijk ('Ik vind het interessant en van belang te weten waar migranten vandaan komen') onaangenaam terugkrijgt in de reactie van de man die niet alleen iets zegt over hoe hij de opmerking van de vrouw inhoudelijk waardeert maar ook hoe hij over de vrouw als persoon oordeelt. Met andere woorden de vrouw voelt zich persoonlijk aangesproken; zoals de man zich overigens eveneens persoonlijk aangesproken heeft gevoeld door de vraag van de vrouw.

De recursiviteit van de communicatie kan ook non-verbaal verlopen. Eerder is het voorbeeld gegeven van de arbeidsbemiddelaar. Zij vertelde van een werkzoekende bij wie ze vaak op huisbezoek ging. Wanneer ze op bezoek kwam, had ze wel eens een andere jas aan, afhankelijk van weer, stemming en kledingcombinatie. De vrouw van de werkzoekende reageerde steeds enthousiast op de jassen en de kleding van de arbeidsbemiddelaar. Tegelijkertijd zei ze echter ook dat zij zich geen nieuwe kleding kon permitteren. De arbeidsbemiddelaar vertelde dat ze de laatste tijd zoveel mogelijk dezelfde jas aantrok. Ze wilde de vrouw van de werkzoekende niet confronteren met haar geldgebrek om nieuwe jassen en kleding voor het gezin te kopen. De recursiviteit van de communicatie maakt dat de arbeidsbemiddelaar door haar kleding ongewild iets kritisch lijkt te zeggen over de vrouw van de werkzoekende. De arbeidsbemiddelaar dacht dat ze door haar kleding de vrouw een spiegel voorhield van 'Jij bent niet eens in staat om nieuwe kleding voor je gezin te kopen'. De arbeidsbemiddelaar kreeg door de reactie van de vrouw weer de eigen non-verbale uitspraak van haar kleding als gevoelde kritiek terug.

8.2 Recursiviteit binnen groepen

Wanneer verschillende mensen met elkaar in gesprek zijn, heeft elke communicatie invloed op iedereen. De communicatie met één persoon in een groep heeft zijdelings ook effect op de anderen. En dit zijdelingse effect op anderen heeft weer invloed op de aangesprokene. Deze effecten zijn de werking van de recursiviteit van de communicatie in een groep. In een groep is de uitspraak over de één impliciet een uitspraak over een ander. Ter illustratie volgt de beschrijving van een voorval bij de vreemdelingenpolitie.

> Een Nederlander en zijn buitenlandse partner besluiten te gaan samenwonen in Nederland. Zijn partner vraagt een verblijfsvergunning aan op grond van haar relatie met de Nederlandse vriend. De Nederlandse vriend moet financieel garant staan voor zijn partner omdat zij geen werk en geen inkomen heeft. Zij voelt zich hier niet gelukkig mee. In het gesprek met de vreemdelingenpolitie zegt de functionaris tegen haar Nederlandse vriend op nadrukkelijke toon: 'U staat nu dus garant voor uw partner! U moet daarvoor deze garantverklaring ondertekenen.' De vriend wil het formulier snel ondertekenen omdat hij ziet hoe ongelukkig zijn partner zich voelt met deze situatie. De functionaris zegt echter: 'Lees het formulier goed door. U moet wel weten wat u ondertekent.' De vriend trekt zich hier niets van aan en tekent snel.

Wat hier gebeurt is dat door de (weliswaar goedbedoelde) uitspraken van de functionaris van de vreemdelingenpolitie, de partner tussen de regels door een spiegel voorgehouden krijgt van *U telt niet mee; u bent afhankelijk van de welwillendheid van uw vriend.*

De functionaris van de vreemdelingenpolitie had ervan uit mogen gaan dat de twee partners de zaak goed overwogen hebben en weten waaraan ze beginnen. De ondertekening van de garantverklaring had dan met minder ophef en meer vanzelfsprekend kunnen gebeuren.

Een laatste voorbeeld van de werking van recursiviteit in een groep is het persoonlijk complimenteren van iemand in een groep: de anderen kunnen dit ervaren óf als een aanmoediging óf als kritiek want ook zij hebben zich ingezet. Hier zie je weer dat de uitspraak over de een ook een uitspraak is over de ander(en). Dit mogelijke effect op anderen en de invloed die daarvan weer uitgaat op de betrokken persoon, kunnen reden zijn dat iemand niet gecomplimenteerd wil worden waar anderen bij zijn. Hetzelfde geldt voor kritiek op een persoon waar anderen bij zijn. Kritiek ontvangen in een groep kan de betrokken persoon het gevoel geven dat hij nu 'afgaat' voor de anderen. Hij denkt dan dat de anderen nu ook negatief zullen denken over hem.

8.3 Persoonlijke en interpersoonlijke perspectieven

In de communicatie- en systeemtheorie wordt de persoonlijke beïnvloeding in de communicatie *interpersoonlijk perspectief* (2) genoemd. Interpersoonlijke perspectieven zijn de zienswijzen op zichzelf en de ander, die de gesprekspartners met elkaar uitwisselen.

NB De definitie van perspectieven wijkt hier af van perspectieven in de betekenis van vooruitzichten: bijvoorbeeld in 'een baan met perspectief'. Anderzijds sluit de hier gebruikte betekenis *zienswijze* aan bij een andere gangbare betekenis van perspectief, namelijk *kijk-* of *zienswijze* zoals in de zin: vanuit welk perspectief bezie je dat?

Interpersoonlijke perspectieven zijn te onderscheiden in rechtstreekse persoonlijke en niet-rechtstreekse interpersoonlijke perspectieven.

Rechtstreekse persoonlijke perspectieven omvatten persoonlijke en directe uitspraken over hoe de persoon:
- zichzelf ziet: de kijk op zichzelf;
- de ander ziet: de kijk op de ander.

Deze persoonlijke perspectieven zijn rechtstreeks, omdat ze de enige twee persoonlijke perspectieven zijn die rechtstreeks te kennen zijn: je kunt bij jezelf te rade gaan om ze te weten te komen.

Er zijn vele *niet-rechtstreekse interpersoonlijke perspectieven.* Om ze te weten te komen moet je bij de ander(en) zijn. Je vormt je daarover in de communicatie wel een mening, maar om te weten of je mening ook overeenstemt met de mening van de ander(en) moet je de ander(en) horen. Vandaar dat deze perspectieven niet-rechtstreeks te kennen zijn.

Niet-rechtstreekse interpersoonlijke perspectieven omvatten interpersoonlijke uitspraken over wat de persoon denkt hoe:
- de ander over hem denkt;
- de ander over zichzelf denkt;
- de ander denkt dat hij denkt over zichzelf;
- de ander denkt over hoe hij de ander ziet;
- anderen over hem denken;
- de ander denkt wat anderen over hem denken;
- anderen denken wat de ander denkt over hem, enzovoort.

Voorgaande uitgeschreven interpersoonlijke perspectieven lijken niet realistisch. Als je ze zo leest, lijkt het enorm complex. Het volgende concrete voorbeeld geeft verduidelijking.

Een vader zoekt contact met de politie, omdat zijn dochter is weggelopen na een ruzie. Hij snapt er niets van en vertelt vóórdat de dienstdoende politiefunctionaris iets had gezegd, dat hij zijn dochter nooit heeft geslagen en dat hij ze altijd vrij heeft gelaten.
Tegelijk met zijn verhaal over zijn dochter doet de vader (veelal zonder het te beseffen) uitspraken over zichzelf, over de politiefunctionaris en over hun onderlinge relatie.
De volgende perspectieven brengt de vader mogelijk in communicatie:

De rechtstreekse persoonlijke perspectieven:
- Hoe de persoon zichzelf ziet; de kijk op zichzelf: Ik zie mezelf als een goede vader.
- Hoe de persoon de ander ziet; de kijk op de ander: Ik zie u als een begripvolle en hulpvaardige functionaris. Of ongunstig: Ik zie u als weer zo'n autochtone Nederlander die op buitenlanders neerkijkt.

De eerste twee niet-rechtstreekse interpersoonlijke perspectieven:
- Wat de vader denkt hoe de politiefunctionaris over hem denkt: Ik denk dat u mij als een goede vader ziet, die hier in Nederland moeite heeft met de opvoeding van zijn kinderen. Of ongunstig: u zult wel denken dat ik altijd sla.
- Wat de vader denkt hoe de politiefunctionaris over zichzelf denkt: Ik denk dat u zichzelf ziet

als een begripvolle en hulpvaardige politiefunctionaris. Of ongunstig: Ik denk dat u zichzelf ziet als iemand die buitenlandse vaders er goed op moet wijzen dat ze nu in Nederland zijn en hun kinderen Nederlands – dus zonder slaan – moeten opvoeden.

Met de persoonlijke en interpersoonlijke perspectieven in de communicatie drukt de vader tevens uit hoe hij de relatie met de ander wil zien. De vader wil bijvoorbeeld een zodanige relatie met de politiefunctionaris dat ze begripvol en respectvol met hem als vader omgaat.

Het volgende is een voorbeeld van het zesde interpersoonlijke perspectief van wat een persoon denkt hoe de ander denkt wat anderen over hem denken.

Een student – migrant – aan een instelling voor hoger beroepsonderwijs krijgt een onvoldoende van een docent. De docent is ook migrant. De student gelooft dat de docent zo streng is tegenover hem, omdat de docent waarschijnlijk denkt dat anders andere studenten zullen denken, dat hij omdat hij ook migrant is hem als student bevoordeelt.

8.4 Zelfpresentatie

Meermalen is al aangegeven dat migranten in de gespreksvoering nogal eens gereduceerd worden tot hun religie, etniciteit of nationaliteit en benaderd worden als representant van hun religieuze, etnische of nationale groep. Hierbij wordt vergeten dat migranten net zo goed meer sociale identiteiten hebben: man of vrouw, ouderschap, een bepaalde leeftijd, opleiding, beroep, politieke voorkeur, liefhebberij of sociaaleconomische status. Al deze sociale identiteiten hebben ook invloed op het gedrag of de communicatie van een persoon. Sommige van deze sociale identiteiten zijn, afhankelijk van levensloop en situatie, zelfs méér bepalend dan iemands kleur en iemands etnische of nationale sociale identiteit.

Een opmerkelijk voorbeeld van deze verschillende sociale identiteiten, is het verhaal dat tijdens de Olympische Spelen van Barcelona enkele leden van het voormalig verboden Zuid-Afrikaanse ANC niet op de maandelijkse vergadering verschenen. Ook ten tijde van hun gevangenschap op Robbeneiland kwamen de kaderleden van het ANC regelmatig bij elkaar onder voorzitterschap van Nelson Mandela. Toen Mandela op onderzoek uitging om te kijken waar de afwezigen waren, bleek dat zij vol enthousiasme de blanke Zuid-Afrikaanse Zola Budd aanmoedigden die op de televisie een atletiekwedstrijd liep. (3)
In dit voorbeeld bleken sommige welbewuste zwarte, anti-apartheid, ANC-kaderleden ook nog Zuid-Afrikaan en sportliefhebbers te zijn en deze laatste sociale identiteiten waren op dat moment even de belangrijkste.

Het gebied Personen van het TOPOI-model is bedoeld om de eerdergenoemde reductie van iemands identiteit te voorkomen. Het vraagt van je in de communicatie stil te staan bij de vraag wie de ander op dat moment in die situatie vooral is, hoe hij zichzelf ziet en hoe jij de ander ziet. Hierdoor ontstaat de mogelijkheid de ander te zien en te benaderen in de sociale identiteit die voor hem op de voorgrond staat; zoals hij zichzelf wil presenteren.

In hoofdstuk 7 staat het voorbeeld van de vader die weigerde zijn dochter met de gemengde zwemlessen mee te laten doen. Aanvankelijk benaderde de school de man alleen als moslim en alleen als Marokkaan. Zo probeerde de schooldirectie eerst met de hulp van een imam en vervolgens met een video over sportende jeugdigen in Marokko de man te overtuigen van zijn ongelijk. De schooldirectie werd zich er later van bewust dat hier vooral een bezorgde *vader* sprak. Dit leverde voor de schooldirectie herkenning als ouder op: sommigen van hen waren ook religieus (katholiek) en hadden kinderen, voor wie ze eveneens vanuit hun geloof het beste wilden. Vanuit deze herkenning als ouders kon de directie de vader erkennen in zijn bezorgdheid. De directie liet de verschillen in zienswijze (het gebied Ordening) rusten en ging met de vader op zoek naar het gemeenschappelijke: het beste voor het kind.

De wederzijdse verwachtingen die mensen ten opzichte van elkaar hebben, behoren ook tot het gebied Personen.

In de hulpverlening en begeleiding van mensen kunnen cliënten zich afhankelijk, onderdanig, meegaand en afwachtend opstellen (zie ook hierna in paragraaf 8.7 de Roos van Leary). Dit kan te maken hebben met andere rolverwachtingen (de hulpverlener als expert) of met onzekerheid over wat mensen te wachten staat. Weinig zelfvertrouwen, een zekere angst of een onveilig gevoel kunnen eveneens redenen zijn dat de cliënt zich zo meegaand en afwachtend opstelt. De cliënt ziet zichzelf misschien als machteloos en verwacht alles van de hulpverlener. Het eigen aandeel en de eigen verantwoordelijkheid kun je of wil je niet (meer) onder ogen zien.

Als hulpverlener of begeleider kun je dit gedrag bespreekbaar maken. Eventueel verhelder je nog eens de wederzijdse verwachtingen en rollen en kom je indien nodig hierop regelmatig terug. Tevens kan het de vertrouwensrelatie bevorderen wanneer een hulpverlener in de eerste contacten extra investeert in het opbouwen van een goede verstandhouding met de cliënt. Het kan betekenen dat de hulpverlener of begeleider zelf eerst voor de cliënt wat dingen regelt. Gaandeweg voert de cliënt dan meer zelfstandig taken uit.

Een (Indonesische) vader: 'Wij als ouders hebben al het mogelijke gedaan om onze zoon goed op te voeden. Toch is het met hem fout gegaan. Wij kunnen het dus niet. Wij verwachten nu dat de hulpverlener de jongen corrigeert en ervoor zorgt dat hij weer naar ons luistert.'
De betrokken hulpverlener heeft de ouders gevraagd wat zij voor hun zoon als de eerste belangrijke verbeterpunten zien. De ouders wilden graag dat hij zorgzamer met zijn fiets omging en afspraken nakwam over het naar huis komen. De hulpverlener heeft samen met de ouders succesvol afspraken gemaakt met de zoon. Hierbij heeft in de gesprekken met de zoon vooral

de hulpverlener het woord gedaan. Daarna heeft de hulpverlener met de ouders het gesprek met hun zoon nabesproken en vervolgens zorgvuldig en erkennend gesproken over hun wijze van opvoeden en de relatie met hun zoon. Langzaam kon zo ook het eigen aandeel en de eigen verantwoordelijkheid van de ouders ter sprake komen.

Valkuil is ervan uit te gaan dat iedereen vanzelfsprekend zelfredzaam en zelfverantwoordelijk is. Als hulpverlener en als begeleider ben je erop voorbereid dat de cliënt tijd nodig heeft om zich de gewenste rol eigen te maken van centrale actor in het eigen hulpverleningsproces. Tegelijk waak je er als hulpverlener en begeleider voor te lang en te veel taken over te nemen van de cliënt.

8.5 Invloed van interpersoonlijke perspectieven

Interpersoonlijke perspectieven hebben invloed op het zelfbeeld van een persoon:

> *(...) ik ben nooit ik voor de ander; voor de ander ben ik een ander. Elk van ons is constant begaan met het gegeven: wie ben ik voor de ander?' en 'de eigen identiteit is een synthese van mijn kijken naar mezelf en mijn kijk op de kijk van anderen op mij. (4)*

De interpersoonlijke perspectieven kunnen voor een persoon de betekenis hebben van belangstelling en van kritiek om twee uitersten te noemen. Dit heeft ermee te maken dat mensen een bepaalde kijk op zichzelf hebben. Zo kan iemand zichzelf deskundig, mooi, slim, sportief en aardig vinden. Anderen hebben ook een kijk op deze persoon die meer of minder overeenkomt met de kijk op henzelf. In de gespreksvoering wisselen de gespreksdeelnemers voortdurend deze kijk op zichzelf, de kijk op de ander en de kijk op de onderlinge relatie met elkaar uit.

Door hun communicatie met anderen komen mensen zodoende iets over zichzelf te weten. Iemands identiteit staat zo voortdurend onder invloed van zijn communicatie met anderen. Wat een moslim in zijn communicatie met anderen te horen krijgt over de islam en zijn moslim-zijn, beïnvloedt sterk zijn identiteit als moslim.

Denken over zichzelf en de ander leidt tot invullingen bij betrokkenen die vaak niet getoetst worden. Deze invullingen zijn voor de persoon in kwestie echter wel realiteit. Wanneer iemand de vraag gesteld krijgt *Waar hij zo goed Nederlands heeft geleerd*, dan roept dat bij de betrokken persoon allerlei beelden op hoe de ander hem ziet. De persoon zal daar allerlei invullingen aan kunnen geven die hij meestal niet navraagt bij de ander. Deze eigen invullingen hebben wel invloed op zijn gedrag. Vanuit een invulling dat de ander hem oprecht wil complimenteren met zijn goede Nederlands zal zo iemand waarschijnlijk met trots reageren. Vanuit een invulling dat de ander hem als een goed aangepaste migrant beschouwt, bestaat de kans dat hij geïrriteerd reageert.

Onder invloed van de interpersoonlijke perspectieven die iemand krijgt voorgespiegeld in zijn communicatie met anderen, gaat hij dus denken en voelen wat hij denkt dat anderen over hem denken. Het effect van het voorgaande kan zijn dat mensen vanuit de communicatie niet alleen elkaar allerlei persoonlijke kenmerken gaan toeschrijven, maar dat een persoon daardoor zichzelf ook deze persoonlijke kenmerken gaat toedichten. Iemand kan bijvoorbeeld van zichzelf zeggen dat hij overgevoelig is voor discriminatie. Dit lijkt een rechtstreeks persoonlijk perspectief. Maar feitelijk kan deze persoonlijke uitspraak een effect zijn van een interpersoonlijk perspectief, waarin anderen hem dat laten denken. Wanneer iemand denkt of ervaart dat het beeld dat de omgeving van hem heeft, niet overeenkomt met zijn zelfbeeld, dan heeft hij daar onvrede mee. De kans is groot dat hij alsmaar pogingen onderneemt om dat beeld ongedaan te maken. De persoon is het bijvoorbeeld niet eens met het beeld dat anderen van hem hebben, dat hij overgevoelig zou zijn voor discriminatie. In allerlei situaties zal hij zijn best doen te laten zien dat hij niet overgevoelig is voor discriminatie. In zijn communicatie kan deze persoon dan steeds het beeld naar anderen spiegelen: 'Ik ben niet overgevoelig voor discriminatie' en 'Jij denkt dat ik overgevoelig ben voor discriminatie'. Het is vervolgens voorstelbaar dat zijn gedrag, zijn communicatie eens temeer bevestigt wat anderen al over hem denken.

8.5.1 BELANG VAN HET TOETSEN VAN INTERPERSOONLIJKE PERSPECTIEVEN

Interpersoonlijke perspectieven worden in de communicatie vaak niet beseft, maar wel gevoeld. Komen de interpersoonlijke perspectieven bijvoorbeeld niet overeen met het zelfbeeld dan kun je dit fysiek voelen als pijn in de buik, druk op de borst, hartkloppingen, een hoge ademhaling of een benauwd, warm gevoel. Om een gezond zelfbeeld en gezonde relaties met anderen in stand te houden, is het noodzakelijk zich ervan bewust te zijn dat al die interpersoonlijke perspectieven gedachten zijn, producten van het denken. Het zijn veronderstellingen die getoetst moeten worden.

'Een man wil een schilderij ophangen. Hij heeft wel spijkers, maar geen hamer. Zijn buurman heeft er wel een. Dus besluit de man naar hem toe te gaan en die te lenen. Op dat moment begint hij echter te twijfelen: stel je voor dat de buurman zijn hamer niet wil lenen? Gisteren groette hij me ook al zo vluchtig. Misschien had hij haast. Of misschien deed hij maar alsof en heeft hij iets tegen mij. Wat dan? Ik heb hem nooit iets gedaan; wat denkt hij wel. Als iemand gereedschap van mij zou willen lenen, zou *ik* het hem meteen geven. Waarom hij dan niet?
Waarom zou iemand zijn medemens niet zo'n eenvoudige dienst bewijzen? Mensen als die vent maken je het leven zuur. En dan verbeeldt hij zich nog wel dat ik afhankelijk van hem ben. Alleen omdat hij een hamer heeft. Nu is de maat echt vol.
En dus stormt hij naar de buren, belt aan, de buurman doet open, maar nog voor deze 'Goeiemorgen' heeft kunnen zeggen, schreeuwt de man hem toe: 'Je mag je hamer houden, pummel!' (5)

De interpersoonlijke perspectieven zijn dus veronderstellingen en géén waarheid. Behalve de eerdergenoemde noodzaak van toetsing betekent dit dat ongunstige interpersoonlijke perspectieven van een persoon gewijzigd kunnen worden door bijvoorbeeld de context – de invalshoek – te wijzigen. In hoofdstuk 7 'Ordening' vind je het voorbeeld van de Surinaamse student die een rookverbod overtreedt en de conciërge die hem vervolgens zegt dat hij zich net als de rest moet aanpassen. De conciërge zegt hem dit vanuit de invalshoek van de school waar regels gelden, waaraan iedereen zich moet houden. Onder invloed van de in de samenleving heersende sociale representatie *Buitenlanders moeten zich aanpassen* reageert de student echter furieus op de uitspraak van de conciërge door diens gebruik van het woord 'aanpassen'. Opeens voelt hij zich geen student meer, maar voelt hij zich aangesproken als zwarte en als Surinamer en ziet hij de conciërge als een dominante witte, die hem als een onaangepaste zwarte Surinamer beschouwt. Deze interpersoonlijke perspectieven zijn ongunstig, omdat ze niet overeenkomen met het zelfbeeld van de student, waarin hij zichzelf allereerst als een student en als een trotse Surinamer beschouwt. De interpersoonlijke perspectieven zijn ook ongunstig, omdat ze niet overeenkomen met het (zelf)beeld van de conciërge die zijn werk uitstekend doet en respectvol met alle studenten omgaat. In een nagesprek met de student en de conciërge komt de student tot een wijziging van zijn maatschappelijke invalshoek in die van de school. Dit is herkaderen genoemd: het aanbieden van een invalshoek die hiërarchisch bovenaan komt te staan en zo de kijk op de dingen bepaalt. In dit geval komt voor de student de invalshoek school bovenaan en wordt die van de samenleving minder relevant. Op deze manier kunnen de ongunstige perspectieven van de student veranderen in gunstige. De student kan de conciërge weer als een prima medewerker van de school zien, die hem terecht als student wijst op het rookverbod. De conciërge krijgt inzicht in de invalshoek van de student en heeft begrip voor de reactie van de student. Hiermee snapt de conciërge ook welke ongunstige perspectieven door migranten ontvangen kunnen worden, wanneer hij juist tegenover hen het woord aanpassen gebruikt.

8.6 Invloed van sociale representaties op interpersoonlijke perspectieven

Het voorbeeld van de Surinaamse student laat duidelijk zien dat mensen niet alleen naar elkaar kijken door *hun eigen* ogen; ze kijken ook naar elkaar door andermans ogen in de ruime sociale omgeving. Deze 'andermans' ogen verwijzen naar de invloed van de sociale dialoog op de samenleving. Anders gezegd hoe mensen naar elkaar kijken, staat onder invloed van de sociale representaties. Wat 'men' vindt, de beeldvorming, de generalisaties en de mogelijke vooroordelen en stereotypen die mensen jegens elkaar hebben, vertekenen het beeld van de ander en hebben een nadelige invloed op de communicatie.

Wanneer je je de invloed van sociale representaties niet realiseert, leidt dit gemakkelijk tot interpersoonlijke verwijten. De sterke invloed van bijvoorbeeld de sociale representatie dat racisme taboe is, is merkbaar in de heftige en emotionele reactie op het verwijt van discriminatie. Dit kan als effect hebben dat wanneer een migrant iemand van discriminatie beschuldigt, deze laatste buitensporig kwaad reageert. Het kan zijn dat de betreffende persoon niet in de gaten heeft dat het persoonlijke verwijt van discriminatie een extra lading krijgt door de sociale representatie 'Je mag niet discrimineren'.

Het besef van de werking van sociale representaties voorkomt irritatie en persoonlijke verwijten. Het kan ertoe bijdragen dat je rustig blijft en doorvraagt wat de ander precies met zijn verwijt bedoelt.

Een leidinggevende van een bedrijf vertelde dat wanneer zijn medewerkers met verwijten van discriminatie komen hij altijd heel rustig blijft. Hij geeft dan duidelijk aan dat hij het woord discriminatie niet wil horen, maar wel wil weten wat er precies aan de hand is.

De niet-bewuste invloed van sociale representaties is ook merkbaar in de klacht van sommige vrouwelijke professionals die zeggen dat (niet-westerse) mannen hen als vrouw niet serieus nemen. Dikwijls blijkt bij doorvragen dat ze zich onder invloed van de heersende sociale representaties c.q. stereotiepe beelden van niet-westerse mannen, bij voorbaat al onzeker laten maken door de gedachte dat deze mannen hen als vrouw wel niet serieus zullen nemen. Deze onzekerheid stralen ze dan vervolgens vooral non-verbaal uit.

NB Het komt in de dienst- en hulpverlening voor dat een mannelijke cliënt alleen door een man geholpen wil worden. De wens van een cliënt door een man geholpen te willen worden kan verband houden met een culturele context in zijn herkomstland waarin mannen- en vrouwenrollen gescheiden zijn. Een andere onderliggende reden kan zijn dat de interactie tussen de (vrouwelijke) functionaris en de cliënt is verstoord. Doorvragen en verheldering kunnen hier uitkomst bieden. Blijkt voor de cliënt inderdaad het vrouw zijn een belemmering te zijn, dan kan de (vrouwelijke) functionaris bedenken dat ze binnen de setting van haar werk in de eerste plaats een functionaris is. Ze kan zichzelf als zodanig op een vanzelfsprekende wijze presenteren. Indien nodig maakt ze de cliënt duidelijk dat ze als functionaris de cliënt te woord staat en prima in staat is hem van dienst te zijn. In die zin heeft de cliënt dan ook de keus wel of niet geholpen te worden. Het is van belang dat de mannelijke collega's hun vrouwelijke collega ondersteunen en deze boodschap eveneens consequent uitdragen. Ze nemen de hulp- of dienstverlening dan dus niet over van hun vrouwelijke collega.

Het is uiteraard een ander verhaal wanneer een man of een vrouw het moeilijk vindt door een verpleegkundige of arts van het andere geslacht lichamelijk onderzocht te worden. Dan kan eventueel wel bekeken worden of een mannelijke of vrouwelijke collega het onderzoek overneemt al naargelang de wens van de patiënt.

De artsenvereniging Koninklijke Nederlandsche Maatschappij ter Bevordering van de Geneeskunst (KNMG), heeft de richtlijn dat het recht van de patiënt een arts te kiezen vooropstaat. Binnen redelijke grenzen moet de arts aan die wens tegemoetkomen. Maar hoe urgenter de situatie, hoe minder mogelijkheden daarvoor zijn. En in alle gevallen wordt van de patiënt inschikkelijkheid verwacht. Ziekenhuizen hoeven er geen dienstroosters voor te veranderen. Het moet wel een beetje praktisch blijven, het recht is niet afdwingbaar. Als de patiënt toch voet bij stuk houdt, dan kan die uiteindelijk behandeling weigeren. Behalve als het om een bevalling gaat. Dan gaat het leven van het ongeboren kind voor en kan hulp van een mannelijke arts worden afgedwongen. (6)

Mensen zijn op verschillende manieren gevoelig voor sociale representaties. Deze gevoeligheid heeft vooral te maken met een gevoel van 'erbij te (willen) horen'. Hoe minder mensen die invloed beseffen des te gevoeliger ze ervoor zijn. Mensen met voldoende eigenwaarde en voldoende gevoel 'erbij te horen' kunnen afwijken van wat 'gewoon' is. In dat geval is het van belang dat ze beseffen dat ze van sociale representaties afwijken. Ze dienen erop voorbereid te zijn dat hun 'afwijking' persoonlijk opgevat kan worden en commentaar kan krijgen. Verschillen kunnen dan niet als verschillen ervaren worden, maar als oordeel, als persoonlijk commentaar.

In een straat met keurige voortuintjes bevindt zich één 'slordige' tuin. De mensen in deze straat zijn erg gevoelig voor de sociale representatie van orde en netheid. De mensen met de 'nette' voortuintjes ervaren de 'slordige' tuin als persoonlijk commentaar; ze vatten het op als persoonlijke kritiek op hun orde en netheid. De mensen van de 'slordige' tuin kunnen van de 'nette' mensen eveneens al dan niet uitgesproken commentaar verwachten.
Interessant in dit verband is dat uit onderzoek (7) is gebleken dat er voor de acceptatie van nieuwkomers in de buurt een zekere fysieke 'presentatie' nodig is. De tuin bijvoorbeeld moet onderhouden zijn, want die heeft een belangrijke symbolische waarde. Dat geldt ook voor de stoep, de gordijnen en liefst de auto voor de deur. In het sociaal-fysieke landschap van de buurt zijn deze 'markers' het visitekaartje van de nieuwkomers. Het niet-nakomen van deze normatieve eisen leidt tot gevit en uitsluiting, terwijl beantwoording eraan sociaal krediet genereert en gemakkelijk(er) leidt tot sociale acceptatie.

Het vraagt vaardigheid en creativiteit om met het commentaar om te gaan dat je krijgt wanneer je afwijkt van de norm (de heersende sociale representaties). Mensen kunnen uitleggen dat ze zien dat ze afwijken en hierover met de ander in gesprek gaan. Vooral migranten en andere minderheidsgroepen zien zich geconfronteerd met de noodzaak zich bewust te zijn van de dominante sociale representaties en te leren omgaan met commentaar op hun 'afwijkende' gedrag. Voor betrokkenen zelf is het eigen gedrag 'normaal' en vanzelfsprekend: het wordt onder andere gedragen door de sociale representaties in de eigen gemeenschap.

8.6.1 VOOROORDELEN

Niemand kan aan de invloed van sociale representaties ontsnappen. Hiërarchisch gezien is het individuele namelijk niet boven het sociale te plaatsen. Elke poging zich te onttrekken aan de lopende dialoog is op zichzelf een bijdrage (een commentaar) aan die dialoog. Hoe onontkoombaar heersende sociale representaties zijn, hoe ze onbewust eigen gemaakt worden of geïnternaliseerd en welk negatief effect dit kan hebben op intermenselijke betrekkingen, laat het volgende voorbeeld zien.

In een artikel (8) over de South African Airways staat geschreven, hoe vliegen binnen en naar Zuid-Afrika lange tijd een vrijwel exclusief blanke aangelegenheid was, zowel wat personeel als passagiers betreft. Dat beeld verandert snel. Voor blanke Zuid-Afrikanen is het even wennen.

Zwarte stewardessen zijn nog daaraan toe, maar een zwarte piloot? De gewenning geldt echter niet alleen voor blanken.
'Toen ik instapte zag ik dat de piloot zwart was. Ik had nog nooit een zwarte piloot gezien en ik moest even een gevoel van paniek onderdrukken. Hoe kon een zwarte man een vliegtuig besturen?' schreef een passagier in een boek getiteld *De lange weg naar vrijheid*. Die passagier was Nelson Mandela die toentertijd als leider van het ANC rondreisde met Ethiopian Airways.

De bekentenis van Nelson Mandela laat zien hoe ook hij als vooraanstaand, intelligent, overtuigd en zeer bewust antiracistisch strijder tegen de apartheid, gevoelig blijkt te zijn (geweest) voor de invloed van de maatschappelijke beeldvorming waarin 'men' zich 'zwarten' niet als piloot kan voorstellen.

Door de niet te ontlopen krachtige werking van sociale representaties, ontkomt niemand aan het hebben van vooroordelen. Als je dit beseft kun je een zekere mildheid opbrengen jegens jezelf en anderen als het gaat om vooroordelen en schijnbaar racisme.

Over deze mildheid en de betekenis ervan voor het verzoeningsproces na het einde van het apartheidsregime in Zuid-Afrika, vertelt de Vredes-Nobelprijsdrager en aartsbisschop Desmond Tutu. Desmond Tutu was voorzitter van de Waarheids- en Verzoeningscommissie die in heel Zuid-Afrika een proces van verzoening moest inzetten om een gemeenschappelijke toekomst voor zwart en wit mogelijk te maken. Dit succesvolle verzoeningsproces heeft een burgeroorlog van wraak en vergelding kunnen voorkomen na de schendingen van de Rechten van de Mens onder het apartheidsregime.

Desmond Tutu: 'Het racisme was in Zuid-Afrika al diep verankerd, voordat de apartheid formeel ingevoerd werd. Met de machtsovername van de Nationalisten in 1948 werd het alleen geperfectioneerd. Alle instituties, alle levensterreinen werden door deze ideologie doordrongen. Alsof er volgens een verborgen leerplan werd gewerkt, conditioneerde het de blanken op een specifieke manier te denken en te handelen. Je zou kunnen zeggen, ze waren perfect geprogrammeerd.
Bij mijn eerste bezoek aan Nigeria zat ik tijdens een vlucht in het noorden van het land toevallig in een vliegtuig, dat door Nigeriaanse piloten werd gevlogen. Omdat ik in Zuid-Afrika het nooit heb meegemaakt dat zwarten zoiets deden, groeide ik enige centimeters van trots. De machine startte rustig, maar plotseling geraakten we in turbulentie. Het vliegtuig viel van het ene in het andere luchtgat, en onze magen speelden verschrikkelijk op.
Ik was geschokt van hetgeen ik nu ontdekte – ik hoorde me tegen mezelf zeggen: 'ik maak me toch zorgen dat er geen blanke in de cockpit zit. Lukt het deze zwarten wel ons heelhuids uit zo'n moeilijke situatie te halen?'
Dit gebeurde geheel onwillekeurig en spontaan. Ik zou nooit geloofd hebben dat ik inderdaad reeds zo gehersenspoeld was. Ik zou natuurlijk heftig bestreden hebben, zoiets te denken, omdat ik er trots op was mezelf te zien als vertegenwoordiger van het zwarte zelfbewustzijn. Maar in deze crisissituatie was me iets diepers duidelijk geworden. Ik had een fundamentele witte aanname verinnerlijkt: dat blanken op een of andere manier superieur en competenter zijn dan zwarten. Natuurlijk waren de zwarte piloten in staat het vliegtuig vakbekwaam aan de grond te zetten.

We moeten de macht van de conditionering niet onderschatten. Vandaar dat ik ook van mening ben, dat we in de beoordeling van de schenders van Rechten van de Mens een beetje ruimhartiger, een beetje begripvoller kunnen zijn. Dat betekent geenszins, dat we wegkijken van de misdaden die ze begaan hebben of die in naam van de witte samenleving in Zuid-Afrika geoorloofd waren'. (9)

In het leven van alledag gebeurt hetzelfde als Desmond Tutu beschrijft. Een herkenbaar voorbeeld daarvan geeft de columnist Frits Abrahams (10):

Een vooroordeel om je voor te schamen?

Ik sprak een vrouwelijke kennis bij wie mij nog nooit enig racistisch vooroordeel was opgevallen. Zij vertelde me over de volgende ervaring.

Aan het begin van de avond keerde zij met de trein naar Amsterdam terug. In een van de kleine coupés zaten twee jonge mannen druk te praten. De een was vermoedelijk een Marokkaan, de ander een zwarte Afrikaan. Zij spraken in een mengelmoes van Nederlands en Engels met elkaar. Spraken? Het was eerder een soort roepen. Het ging er zo uitbundig aan toe dat mijn kennis haastig doorliep naar het grotere compartiment.

Op het balkon was ze een man gepasseerd die op een klapstoeltje zat. Hij had een ingeklapte rolstoel naast zich.

Hoe moest hij er straks weer uit? Mijn kennis vroeg het zich af. (Vooroordeel: vrouwen zijn socialer dan mannen.)

De trein liep Amsterdam binnen.

Mijn kennis stelde zich de vraag of de twee allochtone mannen bereid zouden zijn de invalide te helpen. Wat haar bij dergelijke jongeren vaak was opgevallen (vooroordeel?), was dat zij weinig oog voor hun omgeving hadden. Zij hadden haar nooit bedreigd of mishandeld, maar zij hadden zich ook nooit erg hulpvaardig getoond.

Zij maakte zich enigszins bezorgd over de situatie, omdat de trein in dit gedeelte vrijwel leeg was en de invalide dus op haar hulp aangewezen was als de mannen het lieten afweten.

Goed, de trein stopt. Mijn kennis houdt zich een beetje achteraf in afwachting van de daden van de mannen. Helpen ze de invalide of doen ze alsof hun neus bloedt?

Ik wilde haar op dit punt van haar verhaal in de rede vallen met de opmerking dat ook bij autochtone jongeren (en ouderen) de neuzen behoorlijk kunnen bloeden.

Druk pratend en gesticulerend komen de twee allochtone mannen uit hun coupé. Ze lopen op de geopende treindeuren af en het lijkt er even op alsof ze de invalide man niet eens zien zitten, maar dan draait de Marokkaanse man zich zwijgend om, tilt de rolstoel op en zet hem op het perron neer. De invalide hijst zich via een stang naar buiten, bedankt hartelijk en rolt zich naar de lift.

Wat ik mezelf een beetje kwalijk neem, zei mijn kennis, is dat ik er ernstig rekening mee hield dat deze mannen geen hulp zouden bieden. Was dat een vooroordeel?

Ja, zei ik, maar zo'n herkenbaar vooroordeel dat ik er een stukje over zal schrijven.

Frits Abrahams

De onontkoombaarheid van sociale representaties maakt duidelijk dat het *niet* gaat om het niet mogen hebben van (foute) vooroordelen, maar dat het vooral van belang is zich bewust te zijn van de werking van maatschappelijk beeldvorming en de invloed daarvan op je denken en doen.

8.7 Symmetrische of complementaire relatie?

De betrekking tussen mensen die met elkaar in interactie zijn, berust op gelijkheid (symmetrie) of op verschil (complementariteit), afhankelijk van de interactiewijze waarvoor betrokkenen kiezen. De Amerikaanse psycholoog Timothy Leary (11) ontwikkelde een model waarin de interactie tussen mensen in kaart is gebracht. Omdat Leary zich hierbij liet inspireren door een windroos, wordt zijn model de *Roos van Leary* genoemd.

Het hart van de Roos van Leary wordt gevormd door twee assen: een horizontale en een verticale as (zie figuur 8.3). Op deze twee assen met elk twee polen staan de verschillende wijzen waarop mensen met elkaar in interactie treden:

- de horizontale as met de polen Tegen – Samen stelt voor in hoeverre mensen uit zijn op wederzijdse acceptatie in een betrekking tot elkaar;
- de verticale as met de polen Boven – Onder geeft aan in hoeverre mensen invloed willen uitoefenen in een betrekking.

Figuur 8.3 Roos van Leary.

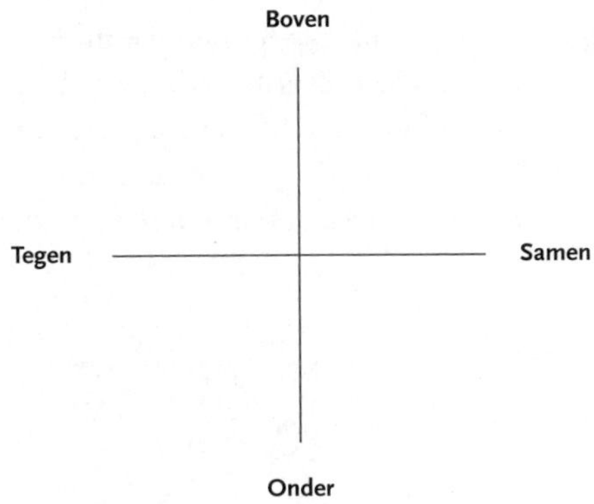

Op de as Tegen – Samen is *Samen* een interactiewijze gericht op acceptatie. *Tegen* is een interactiewijze die gericht is op andere belangen dan acceptatie. Binnen een betrekking kan de *Tegen*-interactiewijze zelfs de acceptatie tegenwerken.

Op de as Boven – Onder is *Boven* een interactiewijze die gericht is op veel invloed. In een betrekking is *Onder* een interactiewijze die niet of nauwelijks gericht is op invloed.

Combinaties van de polen op deze twee assen leveren de volgende vier interactiewijzen op:

1 De combinatie Tegen – Boven is een *aanvallende* interactiewijze die zich niet richt op acceptatie maar wel op invloed.
2 De combinatie Boven – Samen is *leidend*, gericht op invloed en op acceptatie.
3 De combinatie Samen – Onder is *volgend*, gericht op acceptatie maar niet op invloed.
4 De combinatie Onder – Tegen is *verdedigend*, niet gericht op invloed en evenmin op acceptatie.

De vier interactiewijzen, ook wel *posities* genoemd, zijn als volgt in de Roos van Leary onder te brengen (figuur 8.4).

Figuur 8.4 Roos van Leary.

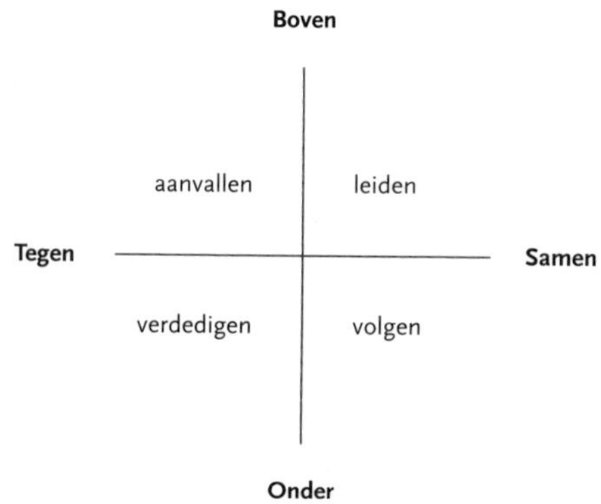

Het is van groot belang aan de verschillende termen die in de Roos van Leary gebruikt worden, *niet* zonder meer een waardeoordeel te verbinden. Een aanvallende interactie wijze is niet bij voorbaat en per definitie slecht, net zomin als een teruggetrokken interactiewijze. De betekenis en de waarde van de verschillende interactiemogelijkheden staan niet van tevoren vast, maar komen pas naar voren in hun onderlinge relatie en in de con-

Figuur 8.5 Roos van Leary.

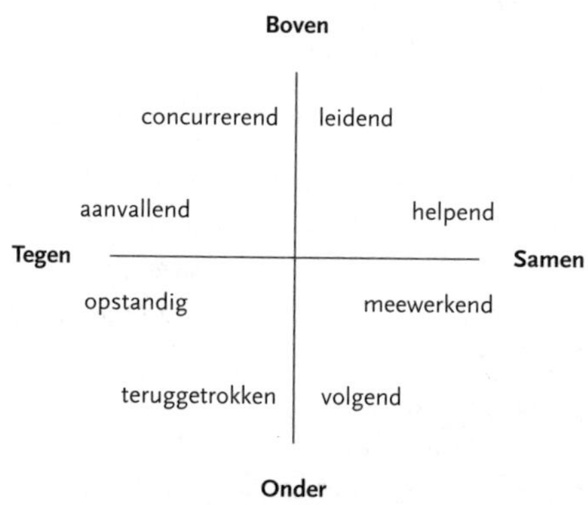

crete situatie. Het kan bijvoorbeeld in een hulpverleningsrelatie heel werkzaam zijn dat de hulpverlener zich meer volgend opstelt en de cliënt meer leidend is. In de beoordeling van de interactiewijzen binnen een bepaalde betrekking is het dan ook beter te spreken van *effectief* en *niet-effectief*.

De vier genoemde interactiewijzen in de Roos van Leary, kunnen nog verder onderscheiden worden (figuur 8.5).

In het overzicht in tabel 8.1 worden de verschillende posities c.q. interactiewijzen beschreven met daarachter in trefwoorden enkele gedragingen die elke positie kenmerken. Het geeft je een idee welke gedragingen bij welke positie horen. Uiteraard heeft iedereen de verschillende interactiewijzen en gedragingen in meer of mindere mate in zich. Je ziet ook dat elke interactiewijze zekere kwaliteiten kent, maar ook valkuilen.

Tabel 8.1 Roos van Leary – interactiewijzen en bijbehorend gedrag.

Interactiewijzen	**Gedragingen**
Leidend	Het gesprek structureren. Uitleggen. Regelen. Opdrachten geven. Keuzes maken. Beslissingen nemen. Raad geven. Overtuigen. Problemen oplossen. Domineren.
Helpend	Op eigen initiatief helpen. Anderen stimuleren. Zorgen voor de ander en het proces. Geruststellen. Bemoedigen. Problemen oplossen. Uitnodigen tot samenwerken. Toegeeflijk. Fouten door de vingers zien.
Meewerkend	Zich geïnteresseerd tonen. Actief luisteren. Meedoen. Hulp aanbieden. Waardering laten blijken. Aandacht hebben voor persoonlijke relaties en groepsprocessen. Uitnodigen tot samenwerken.
Volgend	Vragen om raad, leiding, uitleg, goedkeuring. Respectvol naar anderen. Met iedereen instemmen. Iedereen bewonderen. Anderen laten beslissen. Alles direct aannemen.
Teruggetrokken	Afwachten. Zich erbij neerleggen. Zich in zichzelf terugtrekken. Niets zeggen. In stilte mokken. Onverschillig zijn. Zichzelf dingen verwijten: kritiek, boosheid en het falen van de interactie op zichzelf betrekken. Anderen ontmoedigen iets met haar of hem te doen.
Opstandig	Demonstratief zwijgen. Kritiek uitoefenen. Anderen wantrouwen. Sceptisch tot cynisch. Conflict uitlokken. Niet geloven wat anderen zeggen. Ontkennen of negeren van positieve gevoelens.
Aanvallend	Vastberaden. Open. Eerlijk. Direct. Streng optreden. Negatief beoordelen. Afkeuren. Eisen. Boosheid uiten. Aantonen dat anderen tekortschieten. Anderen veelvuldig onderbreken.
Concurrerend	Constructief afkeuren. Tegenvoorstellen doen. Controleren. Beslist optreden. Duidelijke (tegen)eisen stellen. Positieve alternatieven opleggen. Zakelijk. Eigen kwaliteiten naar voren brengen. Kritiek negeren. Indruk proberen te maken. Geen interesse in anderen.

Met behulp van de Roos van Leary kun je je bewust worden van je eigen voorkeurspositie: de wijze waarop je je meestal en bij voorkeur opstelt in je betrekkingen tot andere mensen. Verder biedt de Roos je de mogelijkheid bewust te kiezen voor een andere interactiewijze; vooral voor die gevallen waarin je niet tevreden bent over de manier waarop de onderlinge betrekking zich ontwikkelt. Je kunt je dan even afvragen welke positie jij en je gesprekspartner(s) innemen op de Roos van Leary. Het kan bijvoorbeeld in een gesprek gebeuren dat zich een betrekking ontwikkelt waarin jij heel leidend bent – met veel voorstellen en initiatieven – en de ander alleen volgend. Het kan dan wel eens effectief werken van positie te wisselen en je volgend op te stellen. De kans is dan groot dat de ander meer leidend wordt en zelf meer het voortouw neemt.

Het is uiteraard niet nodig bij elke interactie meteen na te gaan waar op de Roos ieder zich in de relatie met elkaar bevindt. De positie die mensen innemen op de Roos is immers vaak afhankelijk van bijvoorbeeld de situatie en het onderwerp van gesprek. Als je de normale communicatie tussen twee personen zou analyseren, verspringen de posities van beiden vaak grillig van de ene positie op de Roos naar de andere. Soms kan de interactie tussen personen echter verstarren en nemen mensen steeds dezelfde posities tegenover elkaar in. Als je dit als hinderlijk ervaart of als niet-effectief, kan de Roos van Leary een krachtig hulpmiddel zijn om hierin verandering aan te brengen.

Een ander belangrijk inzicht dat de Roos van Leary oplevert, is dat de interactiewijze van jezelf en die van de ander niet willekeurig zijn. De eigen interactiewijze lokt de interactiewijze van de ander uit en omgekeerd roept de wijze waarop de ander zich opstelt de eigen interactiewijze op. Dit inzicht biedt de mogelijkheid om in gesprekken de interactiewijze van mensen – en daarmee de betrekking – te beïnvloeden. Door bewust je eigen interactiewijze te kiezen, kun je de interactiewijze van de ander beïnvloeden.

In het volgende voorbeeld geeft een cliënte terugkoppeling over de *volgende* interactiewijze die haar maatschappelijk werkster bewust heeft gekozen in haar hulpverleningsrelatie met de cliënte:

> Een cliënte: 'Ik vond de maatschappelijk werkster niet te veel en niet te weinig sturend. Ze liet me eigenlijk zelf sturen. Ja, ze liet mij ook zelf beslissingen nemen. En dat vind ik dan ook zelf sturen. Ik had niet het gevoel door haar gestuurd te worden. Het is dus voor mij 'ertussenin'. Je leerde jezelf sturen. Door dat praten en de gesprekken die we hadden, leerde ik zelf inzien wat er eigenlijk niet goed en wel goed was. En dan kon ik zélf bepalen, welke richting ik inging. Ze stúúrde me daar niet in, maar ze steunde me daar in.' (12)

Hoe mensen met anderen in interactie gaan, is cultureel beïnvloed ofwel staat onder invloed van heersende sociale representaties. Het kan zijn dat mensen van huis uit hebben meegekregen dat ze zich volgend en meewerkend dienen op te stellen tegenover meerderen; bijvoorbeeld docenten, leidinggevenden en andere functionarissen. Anderen hebben geleerd vooral leidend op te treden. In de gespreksvoering kun je hiermee rekening houden door je erop in te stellen. Indien nodig kun je door bewuste en langzame positiewisseling de ander tot een andere interactiewijze brengen of je kunt de interactiewijze bespreekbaar maken.

8.8 Het TOPOI-model: het analyse- en interventiekader Personen

Aan de basis van het analyse- en interventiekader Personen staan de *kernvragen*

1 Wat is mijn aandeel?
   a Als wie (in welke rol/sociale identiteit) presenteer ik mij aan de ander?
   b Welk beeld van mezelf, van de ander en van onze relatie communiceer ik naar de ander?

   c Wat is mijn interactiewijze in de betrekking?
   d Hoe stel ik me op in de betrekking: complementair of symmetrisch?
2 Wat is het aandeel van de ander?
   a Als wie (in welke rol/sociale identiteit) presenteert de ander zichzelf?
   b Welk beeld van zichzelf, van 'mij' en van de relatie communiceert de ander?
   c Wat is de interactiewijze van de ander in de betrekking?
   d Hoe stelt de ander zich op in de betrekking: complementair of symmetrisch?
3 Wat is de invloed vanuit de ruime sociale omgeving?
   a Wat is de invloed van de heersende sociale representaties – beelden, waarden, normen, opvattingen en betekenissen – op hoe eenieder zichzelf presenteert en de ander en de onderlinge relatie ziet c.q. ervaart?
   b Wat is de invloed van de heersende sociale representaties – beelden, waarden, normen, opvattingen en betekenissen – op ieders interactiewijze en opstelling in de betrekking?

Het *analysekader Personen* bevat de volgende hulpvragen waarmee je hypothesen kunt opstellen ten aanzien van mogelijke misverstanden rond Personen:
- Is er besef van de uitwisseling van visies die elkaar persoonlijk raken?
- Hoe (in welke rollen of 'als wie') presenteert eenieder zichzelf?
- Wie (in welke rollen) is eenieder voor de ander?
- Welke beelden heeft eenieder van de ander?
- Hoe zijn in dit opzicht de wederzijdse verwachtingen?
- Hoe ziet eenieder de onderlinge relatie?
- Welke interactiewijze neemt eenieder in ten opzichte van elkaar? (Roos van Leary)
- Hoe stelt eenieder zich op in de betrekking: symmetrisch of complementair? (Roos van Leary)
- Wat is de invloed van de heersende sociale representaties – beelden, waarden, normen, opvattingen en betekenissen – op hoe eenieder zichzelf presenteert en de ander en de onderlinge relatie ziet?
- Wat is de invloed van de heersende sociale representaties – beelden, waarden, normen, opvattingen en betekenissen – op ieders interactiewijze en opstelling in de betrekking?

Het *interventiekader Personen* geeft de volgende suggesties voor interventies:
- Bewustwording/bewustmaking van de uitwisseling van visies die elkaar persoonlijk raken.
- Stilstaan bij en open vragen stellen vanuit welke rollen en verwachtingen de ander spreekt. Niet alleen luisteren naar de inhoud van wat iemand zegt, maar vooral ook naar wat de ander over zichzelf en de ander als mens zegt. Hulpvragen hierbij zijn: hoe ziet de persoon zichzelf; hoe spreekt hij over zichzelf; wat vertelt hij over hoe anderen naar hem kijken; hoe ziet hij de ander; en welke relationele verwachtingen heeft hij?
- Stilstaan bij en open vragen stellen welke beelden eenieder van de ander heeft.
- Positie innemen van de 'neutrale getuige'.
- Actief luisteren (= erkennen).

- Jezelf afvragen en/of uitleggen vanuit welke rollen en verwachtingen je zelf spreekt.
- Stilstaan bij en open vragen stellen hoe eenieder de onderlinge relatie ziet.
- Bewust kiezen van de eigen interactiewijze en de opstelling binnen de betrekking (Roos van Leary).
- De interactiewijze en de opstelling binnen de betrekking bespreekbaar maken (Roos van Leary).
- Het relatiekader aangeven: 'Zo wil ik dat we met elkaar omgaan.' Expliciteren of laten expliciteren hoe je jezelf en de ander ziet. Dit kan onder andere door te vertellen hoe je de ander en de onderlinge relatie ziet of ervaart; vragen hoe de ander de onderlinge relatie ziet of ervaart; vertellen wat de ander kan verwachten en vragen hoe anderen over de persoon denken.
- Stilstaan bij en open vragen stellen wat de invloed is van de heersende sociale representaties – beelden, waarden, normen, opvattingen en betekenissen – op hoe eenieder zichzelf presenteert en de ander en de onderlinge relatie ziet en ervaart.

Verwerkingsopdrachten

Maak deze opdrachten samen met collega's. Vergelijk de uitwerking van elke opdracht met die van je collega's:
- Wat komt overeen?
- Wat verschilt?
- Wat valt op?

Opdracht 1 bij paragraaf 8.1 Recursiviteit van de communicatie

Doe deze opdracht met een collega.
Je hebt zin in koffie en je zegt op verschillende manieren tegen je collega: *Haal voor mij koffie*. Je mag in de manier waarop je het zegt de volgorde van de woorden veranderen en je mag één of twee woorden toevoegen, maar altijd moeten de woorden *haal*, *voor mij* en *koffie* voorkomen in wat je zegt.
Na elke uitspraak van jou bespreek je met je collega, hoe jouw uitspraak is overgekomen aan de hand van de volgende vragen:
- Hoe denkt/voelt je collega dat jij jezelf ziet?
- Hoe denkt/voelt je collega dat jij haar/hem ziet?
- Hoe denkt/voelt je collega dat jij jullie betrekking ziet?

Komen deze interpersoonlijke perspectieven van je collega overeen met die van jou?

Opdracht 2 bij paragraaf 8.2 Recursiviteit binnen groepen

De voorzitter zegt in een vergadering tegen een deelnemer, nadat zij tijdens de discussie een opmerking heeft geplaatst: 'Dat is nog eens een originele bijdrage aan de discussie.'
Welke uitspraken kunnen de overige deelnemers over zichzelf horen in deze ene uitspraak van de voorzitter?

Opdracht 3 bij paragraaf 8.3 Persoonlijke en interpersoonlijke perspectieven

Haal een conflict in herinnering dat je met iemand hebt gehad.
Beschrijf welke niet-rechtstreekse interpersoonlijke perspectieven jij in dit conflict hebt gedacht of gevoeld.

Opdracht 4 bij paragraaf 8.4 Zelfpresentatie

Ga eens een gesprekje aan met een aantal jongeren (van verschillende sekse en etniciteit). Praat met hen over school, vrije tijd, thuis of iets anders waar ze gemakkelijk en graag over vertellen. Probeer zo uit te vinden hoe (in welke rol of sociale identiteit) deze jongeren zichzelf het liefst presenteren. Geef ook aan in welke situaties.

Opdracht 5 bij paragraaf 8.5 Invloed van interpersoonlijke perspectieven; 8.5.1 Belang van het toetsen van interpersoonlijke perspectieven

Jij hebt voor je werk of voor je opleiding een uitstekend projectplan ingediend. Een collega complimenteert je en vraagt: 'Heb jij dat projectplan in je eentje geschreven?'
Welke positieve en welke negatieve interpersoonlijke perspectieven zou je in deze vraag kunnen horen? Stel je hierbij voor dat de vraag op verschillende manieren wordt uitgesproken.

Opdracht 6 bij paragraaf 8.6 Invloed van sociale representaties op interpersoonlijke perspectieven

Ga eens na welke heersende sociale representaties – beelden, opvattingen en kennis – er zijn in jouw ruime omgeving over onder meer alleenstaande moeders, carrièrevrouwen, docenten, jonge Marokkanen, vrouwen met een hoofddoek, moslims, vijftigplussers en migranten.
Heb je wel eens meegemaakt – denkend ook aan het voorbeeld van Nelson Mandela – dat je mensen verkeerd hebt beoordeeld, anders hebt ingeschat onder invloed van deze heersende sociale representaties?
Wissel met collega's deze ervaringen uit.

Opdracht 7 bij 8.7 Symmetrische of complementaire relatie?

- Observeer met behulp van de Roos van Leary enkele gesprekken van anderen. Probeer vast te stellen welke posities mensen innemen op de Roos van Leary. Begin eerst met de basisroos met de vier posities van aanvallen, verdedigen, leiden en volgen. Stel ook vast of de betrekking tussen de betrokkenen symmetrisch of complementair is.
- Als het je goed lukt met de vier posities, probeer dan ook met behulp van de acht posities gesprekken te observeren.
- Probeer te experimenteren met de verschillende posities in je gesprekken met anderen. Wees attent op de effecten van je interactiewijze: Wat verandert er in de betrekking? Welke posities zijn effectief? In welke situaties?

Deze opdracht doe je met minstens twee andere collega's. Zet de interactiewijzen met het bijbehorend gedrag op kaartjes: elke interactiewijze plus gedrag op een apart kaartje. Leg het stapeltje van acht kaarten met de tekst naar beneden op de tafel. Je stelt met elkaar een gespreksonderwerp vast dat zeker een discussie zal opleveren. Ieder trekt dan een kaartje met een inter-

actiewijze. Je laat je kaartje uiteraard niet aan de anderen zien. Start nu de discussie over het vastgestelde onderwerp. Ieder reageert vanuit haar of zijn reactiewijze. Na een tijdje stop je en je bespreekt met elkaar het proces. Hoe was het voor eenieder om die rol te spelen? Wat was het effect op elkaar?
De voorgaande oefening doe je nog een keer. Alleen nu verander je van positie wanneer de discussie voor jou niet prettig of succesvol verloopt. Je kunt zelf de nieuwe positie kiezen.

Literatuurverwijzingen

1 Watzlawick, 1974.
2 Mattheeuws, 1990; 1986; 1983.
3 Wildemeersch, 1992.
4 Laing, 1966, p. 3.
5 Watzlawick, 1987, flaptekst.
6 Trouw 21/12/2007
7 Gowricharn, 2001.
8 NRC Handelsblad 07/08/1997.
9 Vertaling EH uit Desmond Tutu in Hartkemeyer, 2005 p. 305/306
10 NRC Handelsblad Weekblad 30/05/2009.
11 Van Dijk, 2000; Boydens, 1998; Beltman e.a., 2001.
12 Donkers, 1999, p. 20.

9

HET TOPOI-MODEL: ORGANISATIE

9.1 Organisatie op interpersoonlijk niveau

9.2 Tijdsoriëntatie

9.3 Organisatie op beleidsniveau

9.4 Management van diversiteit

9.4.1 Inclusief denken en handelen

9.4.2 Inclusief denken en handelen in de praktijk

9.5 Het TOPOI-model: het analyse- en interventiekader Organisatie

9

INLEIDING

Het TOPOI-gebied Organisatie staat voor de organisatorische context en voor de structurele machtsverhoudingen waarbinnen het gesprek plaatsvindt. Veel misverstanden en conflicten in de communicatie hangen samen met organisatorische factoren en hebben weinig tot niets te maken met culturele verschillen. Vaak worden ze wel in eerste instantie als zodanig benoemd. Een voorbeeld is het zogenaamde 'shoppen' dat sommige dienst- en hulpverleners kenmerkend vinden voor migranten. Shoppen is het gedrag van cliënten om van de ene functionaris naar de andere te stappen om zaken gedaan te krijgen. Volgens deze functionarissen komt dit shopgedrag voort uit de etnisch-culturele achtergrond van de cliënten. In 'hun cultuur' zouden onderhandelen en vriendjespolitiek heel gewoon zijn. In Indonesië bijvoorbeeld is het '*tawarren*'– het onderhandelen over zaken – de gewoonste zaak van de wereld en kunnen verkopers soms erg teleurgesteld zijn als je het meteen eens bent over de prijs die gevraagd wordt. Je onthoudt de verkoper immers dan een sociaal genoegen. Het komt dus inderdaad voor dat cliënten zich zo gedragen, omdat ze dit onderhandelen en vriendjespolitiek bedrijven in hun herkomstland zo gewend waren vanwege de organisatie van de instellingen aldaar. Behalve dat autochtonen hetzelfde gedrag vertonen (maar dan heet het *afdingen, afpingelen, netwerken* en *gebruikmaken van kruiwagens*) is vaak eerder de eigen organisatie van de functionarissen debet aan het gedrag van hun cliënten. In het volgende praktijkvoorbeeld noemde de maatschappelijk werker die de casus inbracht, de Somalische 'shop'cultuur van de jongen als de belangrijkste verklaring voor het incident dat zich voordeed. Bij nadere beschouwing blijkt vooral de eigen interne organisatie het probleem te zijn.

'Persoon P. in de casus is een Somalische jongen van zeventien jaar zonder ouders. Hij heeft al vijf maanden een C-status. Karakterschets: vlotte babbel, lefgozertje, doorzetter, initiatiefrijk en rusteloos. Persoon X. in de casus is onze directeur.

P. komt helemaal gestrest het kantoor binnen van mijn collega en mij: zitten, weer opstaan, met zijn armen zwaaien en wel tien keer gebruikt hij half Engels, half Nederlands de woorden: shit man, problem, mooie meissie en room. Zijn gedrag werkte op onze lachspieren. We hebben een beetje zitten dollen met hem en binnen de kortste keren lagen we alle drie in een deuk. We konden dit ook maken omdat hij tot onze dagelijkse fanclub behoorde. Elke dag kwam hij na school even bij ons vertellen wat er allemaal gebeurd was: hoe zijn huiswerkpunt was, over een mooie lerares die soms in zijn klas was enzovoort.

Wat was er gebeurd:

Wij hadden hem enkele dagen ervoor het adres gegeven van een grote organisatie voor studentenhuisvesting. Hier was hij naartoe geweest en met zijn vlotte babbel had hij een adres

meegekregen. P. is daar op afgestapt en is diezelfde avond nog met een van de bewoonsters op stap geweest. P. was helemaal verkocht, die kamer moest hij koste wat kost hebben. Het enige wat zijn prille geluk nog in de weg stond was het bedrag van € 65 inschrijfgeld en € 160 huur en natuurlijk de openbaarvervoerkaartjes om daar te komen.
Maar dat was ook het probleem voor ons, want X. heeft de tickets en de pieken, dus hoe moesten wij dat met z'n drieën aanpakken?
Over de banken rollend van het lachen hadden we tactieken en strategieën besproken zoals: gewoon met X. praten, X. ontvoeren en losgeld vragen, elke dag X's schoenen poetsen, de hele week HAGO helpen met het schoonmaken van het Centrum enzovoort. Maar op een gegeven moment werd P. bloedserieus en vertelde dat hij het op de Somalische manier zou gaan doen.
De volgende ochtend kwam X. onze kamer binnen met de mededeling dat hij naast directeur, soms ook maatschappelijk werker is. Wij moesten maar even weten dat hij zojuist een minderjarige met C-status had opgevangen die huilend in een hoekje van zijn kamer op de grond was gaan zitten en zichtbaar aan het doordraaien was. De jongen was een weeskind die verschrikkelijk zijn vader miste en die alleen maar tegenslagen in zijn leven had gekend. Nu zou hij vlakbij een nieuwe toekomst zijn, een kamer in het huis van zijn vriendin en vlak bij zijn school. Op school zou hij het heel goed doen. Wij moesten maar eens meer aandacht aan de stille onopvallende mensen geven, want dat was onze taak en niet de zijne!
Toen X. weg was hebben we het in complete stilte uitgegierd van het lachen, maar we wisten nog steeds niet of X. nu wel of niet het geld had gegeven.
Fluitend liet P. ons 's middags € 225,- en twee openbaarvervoertickets zien. Hij zei alleen: '*In Somalia you have to respect an old man. I called him Pappa.*'

Het gebied Organisatie als het organisatorische raamwerk van de communicatie kun je op verschillende niveaus bezien. Ze hebben allemaal invloed op de concrete gespreksvoering.

Op macroniveau is er de samenleving en de macro-organisatie van verschillende maatschappelijke terreinen, zoals onderwijs, arbeid, wonen, gezondheidszorg en welzijn; op mesoniveau de organisatie van concrete bedrijven en instellingen, elk met zijn eigen procedures, functies en bevoegdheden en op microniveau de organisatorische aspecten van een gesprek, zoals de agenda en de beschikbare tijd. Gezien het interpersoonlijke karakter van communicatie is de invalshoek voor de uitwerking van het gebied Organisatie vooral de organisatie op meso- en microniveau. De macro-organisatorische aspecten worden echter niet uit het oog verloren. De macro-organisatorische aspecten zoals de wet- en regelgeving, het overheidsbeleid, de instituties en het politieke en juridische bestel van een samenleving beïnvloeden de organisatie van bedrijven en instellingen en zodoende ook de concrete gespreksvoering.

Dit hoofdstuk begint met het gebied Organisatie op interpersoonlijk niveau. Daarna komt het beleidsniveau van arbeidsorganisaties aan bod voor zover dit een rol speelt in de gespreksvoering.

9.1 Organisatie op interpersoonlijk niveau

De zeer specialistische en gedifferentieerde organisatie van veel instellingen in Nederland (bijvoorbeeld de gezondheidszorg en de maatschappelijke hulp- en dienstverlening) stellen veel mensen voor communicatieproblemen. Cliënten vragen zich regelmatig af: bij wie moet ik waarvoor zijn en hoe moet ik mijn hulpvraag formuleren? Vooral veel migranten zijn vanuit andere ervaringen in hun herkomstland onbekend met de organisatorische aspecten van gesprekken met functionarissen van instellingen. Deze aspecten zijn onder andere:

- soort instelling waarmee het gesprek is;
- aanmeldings- en inschrijvingsprocedure;
- functie, bevoegdheden en verantwoordelijkheden van de verschillende functionarissen van de instelling;
- wat je mag/kunt verwachten van de instelling, in casu de functionaris;
- betekenis van doorverwijzing, wanneer hiervan sprake is;
- betekenis van de verschillende soorten gesprekken die je met de instelling kunt hebben, zoals een aanmeldingsgesprek, intakegesprek en voortgangsgesprek;
- besluitvormings- en andere procedures, regels en afspraken die gelden met betrekking tot de kwestie die speelt;
- agenda, doel, verloop en beschikbare tijd voor het gesprek;
- formulieren en papieren die van belang zijn;
- beschikbare voorzieningen (bijvoorbeeld een tolk) waarvan je gebruik kunt maken.

Deze organisatorische aspecten hebben voor een functionaris vaak een vanzelfsprekend karakter en hij verwacht min of meer dat de cliënt van deze zaken op de hoogte is. Zeker voor eerste generatie migranten en nieuwkomers die waarschijnlijk in eigen land andere instellingen en een andere organisatie gewend zijn, kunnen deze organisatorische aspecten onbekend, ongewoon of onduidelijk zijn. De moeilijkheden in de communicatie die hierdoor ontstaan, dient de functionaris niet direct op te vatten als onwil. In de volgende praktijksituatie, ingebracht door een maatschappelijk werkster, leidt de onduidelijke organisatie van haar spreekuur tot een moeizame start van de communicatie:

'Ik zat met een mevrouw te praten met de hulp van een telefonische tolk. Mevrouw had het moeilijk en verdiende mijns inziens op dat moment al mijn aandacht. Er werd aan de deur geklopt (naar later bleek een Iraaks-Koerdische bewoner, die nog niet zo lang in ons asielzoekerscentrum zat). Het was nog geen spreekuur, dat pas over vijftien minuten begon. Normaal gesproken laat ik doorkloppen; dat houdt na drie keer meestal wel op. Ook verwijs ik wel eens naar het spreekuur of – als de mogelijkheid er is – ga ik naar de deur en zeg ik dat ik bezig ben en dat ze eventjes moeten wachten.
De man bleef doorkloppen, steeds harder. Daarna bonzen en met zijn ring op het glas tikken. Mijn irritatie werd groter doordat ik werd afgeleid en uit mijn concentratie werd gehaald. Ook omdat ik het vervelend vond voor de cliënt die net haar verhaal verteld had en ik vond het onfatsoenlijk tegenover de mevrouw en tegenover mij. Ik liep dus uiteindelijk naar de deur en zei tegen

hem dat hij even moest wachten omdat ik bezig was. Hij sputterde tegen en zei dat hij heel dringend met me moest praten. Ik zei dat er meer mensen zijn die dringend iets moesten en dat hij op zijn beurt moest wachten. Ik deed de deur dicht. Ik rondde het gesprek af met mevrouw en liet meneer binnen. Hij zei tegen mij voordat ik begon: 'Ik vond dat je onvriendelijk was daarnet.' Ik ging er even op in en vertelde hem dat ik het onnodig vond van hem om zo hard te kloppen. Maar ik bemerkte dat het alleen maar erger werd. Ik zei: 'Maar laten we deze discussie stoppen. Wat kan ik voor je doen?'

Voor een effectieve communicatie is het van belang dat een functionaris de tijd neemt om na te gaan of de cliënt op de hoogte is van de organisatorische aspecten en de tijd neemt om deze zo nodig (verschillende keren) uit te leggen en te verduidelijken.

Verder komt het vaak voor dat functionarissen een gesprek met een cliënt ingaan zonder helder het organisatorische kader aan te geven waarbinnen het gesprek plaatsvindt. Een voorbeeld is een bedrijfsmaatschappelijk werker die een cliënt er niet op wijst waar in het traject de vrouw zich nu bevindt (doorverwezen door de consulent), dat het gesprek bedoeld is om te werken aan de belemmeringen voor de cliënt om (weer) aan het werk te gaan en dat het weigeren van medewerking sancties tot gevolg kan hebben.

9.2 Tijdsoriëntatie

Het omgaan met tijd is een knelpunt dat deelnemers aan interculturele communicatietrainingen regelmatig noemen met betrekking tot migranten.

De tijd en het omgaan daarmee is een zeer belangrijke organisatiefactor in de Vlaamse en Nederlandse samenleving. Het te laat komen van migranten is dan ook een veelgehoord organisatorisch vraagstuk. In hoofdstuk 6 over taal is al vermeld dat uit het taalgebruik van een sociaal systeem de waardering voor tijd blijkt. Zo is in de Nederlandse en Vlaamse samenleving tijd in het algemeen een kostbaar gegeven. Tijd is geld. Een karwei kan tijdrovend zijn. Mensen kunnen tijdgebrek hebben, in tijdnood komen, deadlines hebben, tijd verspillen en te laat komen. Wachten, niets te doen hebben, kortom, het verdragen van de tijd is voor velen een kwelling die bekort moet worden. Hiervoor bestaat de uitdrukking: de tijd doden. Zo'n tijdsoriëntatie wordt ook wel *monochroon* genoemd. (1) Een monochrone tijdsoriëntatie gaat uit van de kloktijd. Sociale systemen met een monochrone tijd, zoals arbeidsorganisaties en instellingen, benadrukken afspraken, indelen van de tijd en op tijd komen. Mensen met een monochrone tijdsopvatting in hun werk zijn meer taakgericht dan betrekkingsgericht. Verder zijn activiteiten en de daaraan te besteden tijd vrij precies gestructureerd.

Een buitenlandse vrouw kreeg bericht dat ze op een bepaalde dag om 11.35 uur op het bureau van de vreemdelingenpolitie werd verwacht. In het land van herkomst was ze gewend zonder afspraak naar een instelling te gaan en af te wachten wanneer ze geholpen werd.

Overigens was het zo dat de vrouw nog twintig minuten moest wachten, voordat ze geholpen werd.

Naast monochrone tijd is er *polychrone tijd*. (2) Mensen die een polychrone tijd hanteren, doen verschillende activiteiten tegelijkertijd. Zij gaan soepeler om met tijd en voor hen is tijd zelden iets wat je kunt verspillen, maar iets kostbaars waarvan je moet genieten (Tijd is goud). Sociaal-emotionele behoeften zijn ook meer geïntegreerd in de taakopvatting. Deze mensen zijn meer relatiegericht dan taakgericht. Met andere woorden, het onderhouden van goede sociale betrekkingen is van belang bij het uitvoeren van de taak.

Een polychrone tijdsoriëntatie neemt de geschikte tijd als uitgangspunt. De tijd wordt hierbij gerespecteerd. Mensen zijn van mening dat je de tijd niet moet verstoren door hem op te jagen. Dingen gebeuren en komen, wanneer de tijd er rijp voor is en als iedereen zover is. Komt tijd komt raad. Sommige talen, zoals de taal van de Sioux indianen, kennen geen woorden voor te laat en voor wachten. (3) Het Bahasa Indonesia kent het begrip *yam karet*: *yam* betekent uur of tijd en *karet* betekent rubber of elastiekje: de rekbare tijd. Vergelijk het Brabants of academisch kwartiertje. Collectivistische culturen gaan meer uit van een polychrone tijdsopvatting en individualistische culturen van een monochrone tijdsopvatting (zie de dimensie collectivisme-individualisme in paragraaf 7.2.1).

Het verschil in omgaan met het tijdsbegrip komt tot uiting in de volgende twee anekdotes.

Een Afrikaan merkte op dat Europeanen weliswaar horloges hebben maar geen tijd. 'In Afrika', zei hij, 'hebben de mensen geen horloges, maar wel tijd.'

Een Amerikaan en een Aziaat staan in een lift die pijlsnel omhoog gaat. Met trots zegt de Amerikaan tegen de Aziaat dat het een supersnelle lift is, die zojuist is geïnstalleerd. 'Deze lift', zegt hij, 'is wel zestig seconden eerder boven dan de vorige!' 'Oh ja?', zegt de Aziaat beleefd, 'en als u dan boven bent, wat gaat u dan met die minuut doen?'(4)

De betekenis die mensen geven aan het begrip tijd, hangt samen met de omgeving waarin ze verkeren of verkeerd hebben. Verschillen in klimatologische omstandigheden en beschikbare voedselbronnen zijn een mogelijke verklaring voor het feit dat mensen in verschillende samenlevingen anders met tijd omgaan. Of je bijvoorbeeld het hele jaar door kunt vissen, jagen, zaaien en oogsten of dat je voor je voedselvoorziening afhankelijk bent van bepaalde seizoenen, heeft wellicht invloed op hoe je met tijd omgaat. In het laatste geval moet je je activiteiten voor de verwerving van voedsel goed plannen. Verder kunnen sociaaleconomische omstandigheden van dien aard zijn, dat mensen sterk op elkaar aangewezen zijn en dat ze daardoor groot belang hechten aan betrekkingen met anderen. Hoge prioriteit geven aan sociale relaties is weer van invloed op het omgaan met tijd. Iemand komt bijvoorbeeld ergens te laat, omdat iemand anders onverwacht een beroep op hem doet.

Het belang van sociale relaties en de alledaagse praktijk van een polychroon tijdsbegrip schetst Duco van Weerlee aan de hand van de dienst- en hulpverlening op Bali.

Het verzenden van een poststuk vindt plaats in het iets grotere dorp G. dat over een filiaal met loketten beschikt. Vier zelfs. Eerst begeef ik me naar het loket 'Verzenden', waar een functionaris het voorwerp weegt en zijn bevinding met potlood noteert in de rechterbovenhoek. Vervolgens posteer ik me zo breed mogelijk voor het veel drukkere loket 'Frankeren'. Nu is het zaak de sympathieke beheerder van de kleine kas ertoe te bewegen mij zegels tot de juiste waarde te verkopen. Als dat gelukt is, begeef ik me naar een lessenaar waar zich een potje met inferieure lijm bevindt, die ik met een houten spateltje achterop de zegels moet wrijven. Tenslotte keer ik terug naar het eerste loket waar ik erop toezie dat mijn zegels metterdaad gestempeld worden. Het schokkendst is de episode aan het tweede loket. Daar zul je net geleerd hebben dat Indonesiërs tot de zachtmoedigste en wellevendste mensen van de hele wereld behoren en dan zul je dit mee maken! Niemand voegt zich geduldig in een rij om zijn beurt af te wachten, iedereen verdringt zich aan de balie en steekt naast, boven en zo nodig onder me door een arm – met daaraan een envelop – zo diep mogelijk het loket in. De ambtenaar aan gene zijde maakt een ingekeerde, haast dromerige indruk. Hij lijkt ingespannen bezig de urgentie van de hem toegestoken tentakels te wegen. Zoiets banaals als 'ieder op zijn beurt' is niet doorslaggevend. Belangrijker is het oogcontact, de historisch gegroeide vertrouwelijkheid met de cliënt, of diens publieke status. Vaak komt hij niet tot duidelijke beslissingen en pakt hij met een hoofs gebaar mijn brief aan, terwijl hij postzegels uitscheurt voor mijn voorganger en geld aanneemt van wie na mij komt. Mijn geleerde vriend Antoine, door een Europese universiteit uitgeleend aan een Indonesische inrichting voor hoger onderwijs, meent dat Indonesiërs een andere Tijd hanteren dan wij westerlingen. Hij nodigt mij uit om – bij wijze van gedachte-experiment – een kijkje te nemen in het kantoortje van een dorpshoofd. De lurah in kwestie ontvangt bijvoorbeeld een dorpsgenoot die aarzelingen toont om toe te treden tot de nieuwe dorpscoöperatie van maïsverbouwers. Halverwege hun gedachtewisseling meldt zich een andere dorpsgenoot die met veel excuses aankondigt dat zijn oudste zoon wegens een klein ongeval verhinderd is zijn verplichte bijdrage te leveren aan het onderhoud van de hoofdstraat. 'Wacht even', zei de lurah en het gesprek over de coöperatie wordt voortgezet – zij het nu in aanwezigheid van de vader. Als kwestie nummer 1 min of meer is afgehandeld, krijgt nummer 2 alle aandacht. Echter niet voor lang, want daar komt nummer 3 naar binnen gestormd. Het blijkt dat twintig dorpelingen weigeren zich in te zetten voor de voorbereiding van de festiviteiten ter gelegenheid van de naderende onafhankelijkheidsdag. Dat is zo'n verontrustend bericht dat de lurah zijn gesprek met nummer 2 even verdaagt om nummer 3 een aantal instructies te geven. Daarna keert hij terug tot de bedrukte vader. Heel wat gecompliceerder taferelen zijn denkbaar, maar het principe zal duidelijk zijn. Westerlingen hebben de neiging hun tijd op te delen in partjes die exclusief aan dit of dat worden besteed. Oosterlingen hanteren een meer inclusief tijdsmanagement. Men kan het een doen zonder het andere te laten. Westerlingen vinden het niet erg om op hun beurt te moeten wachten, als ze maar een stem horen die hun exact vertelt hoeveel wachtenden er nog voor hen zijn. De polychrone tijdsindeling vinden zij een inefficiënt en lichtelijk verontrustend fenomeen. Omgekeerd vindt de oosterling de monochrone organisatie van het moderne Westen te grof, te asociaal en te onverbiddelijk. Hoe kun je nu in alle rust een kilo suiker afwegen voor een vaste klant, als juist de gouverneur komt voorrijden en een pakje sigaretten blieft? Wat zich in eerste instantie laat aanzien als een wat rommelig gedrag in het postkantoor, gaat terug op een diepliggend cultureel verschil. De behoefte bestaat bij de oosterling om naar bevinding van zaken, van geval tot geval en in een klimaat van sociaal overleg tot beslissingen te komen. Het is deze neiging die ten grondslag ligt aan de weerzin van de oosterling jegens ons sociaal systeem van vaste prijzen. Wat mijn koopwaar u waard is en tegen welke prijs ik er wel vanaf wil, hangt toch van onze specifieke situatie af op het moment dat wij onze koop sluiten? En de Indonesiër heeft bepaald een minachting voor het westerse sociaal systeem van 'meeste stemmen gelden' om tot een beslissing te komen. Neuzen tellen waar argumenten zouden moeten worden afgewogen, vindt men maar een pover democratisch gebruik. (5)

Een ander verschil in tijdsoriëntatie ligt op taalkundig vlak. Het komt wel eens voor dat migranten precies een uur later komen dan de afspraak is. Dit heeft er waarschijnlijk mee te maken dat zij een bepaalde afgesproken tijd, bijvoorbeeld half drie, begrijpen als een half uur na drie uur en dus om half vier komen opdagen. Het verdient aanbeveling om, wanneer je onzeker bent over het tijdsbegrip van de ander, de tijd aan te duiden (op te schrijven) met bijvoorbeeld 14.30 uur en eventueel uit te leggen dat je dit aanduidt met half drie.

De genoemde verschillen in tijdsoriëntatie en het gewend zijn aan een andere organisatie van de dienst- en hulpverlening in het land van herkomst, kunnen reden zijn waarom mensen te laat komen op een afspraak en zich soms verontschuldigen met de opmerking *Hoezo te laat? Ik ben er toch!* Enerzijds kun je de achtergronden waarom iemand te laat komt, navragen en erkennen en zo nodig uitleg geven over de functie van afspraken en het belang van op tijd komen. Anderzijds dien je volstrekt duidelijk te zijn dat je verwacht dat de ander op tijd komt en dat hij nu niet en een volgende keer eveneens niet geholpen kan worden als hij te laat komt.

9.3 Organisatie op beleidsniveau

De organisatorische aspecten van de interculturele communicatie, zoals beschikbare tijd, tolkvoorzieningen, bekendheid met de instelling en met de functie van de gesprekspartner, vloeien rechtstreeks voort uit het beleid dat het management binnen de organisatie vaststelt. Voor het organisatorische raamwerk van interculturele communicatie is op beleidsniveau management van diversiteit van belang. De laatste tijd verschijnt er veel onderzoeksliteratuur over management van diversiteit. (6)

Management van diversiteit is als volgt te omschrijven:

(...) een persoonlijke en strategische communicatie en management methode die recht doet aan de diversiteit van normen, waarden, denk- en gedragscodes, om de arbeidsorganisatie zodanig te veranderen dat voordeel kan worden behaald uit een cultureel pluriforme personeelssamenstelling. Het resultaat hiervan is een kwalitatieve en kwantitatieve verbetering van de product- en dienstverlening en een verhoogde efficiëntie bij het inspelen op veranderingen in de samenleving'. (7)

In werkorganisaties is management van diversiteit gericht op het scheppen van een werkomgeving waarin alle medewerkers hun capaciteiten kunnen inzetten. (8) Vanuit de optiek van management van diversiteit zijn het problematiseren van verschillen, denken in deficiënties of achterstanden, in achterstelling (discriminatie) en in cultuurverschillen gepasseerde stations. Management van diversiteit richt zich op het benutten van het culturele kapitaal van mensen: hun competenties en kwaliteiten.

Diversiteitsdenken creëert synergie, dat is de meerwaarde ofwel de winst die de samenwerking oplevert tussen een aantal mensen met een verschillende achtergrond: 1 + 1 = 3.

Een voorbeeld uit de praktijk

Marjolein Becking, personeelschef bij de Nederlandse Spoorwegen, rayon Alkmaar zegt in een interview: 'Ik vind het belangrijk dat de mensen die het visitekaartje van het bedrijf vormen een afspiegeling zijn van de samenleving. Ik vind het eigenlijk absurd dat op een station en in de trein mensen van allerlei nationaliteiten lopen, terwijl er voornamelijk blanke Nederlanders in uniform rondlopen. Ik denk bovendien dat andere normen en waarden ook voor het bedrijf zelf verrijkend kunnen zijn. Voor collega's kan het contact met mensen uit andere culturen een eye-opener zijn. Ik heb gezien hoe vormend het gewerkt heeft toen hier twee jaar geleden een Marokkaanse conducteur via de normale procedure is binnengekomen. Het is een leuke en sympathieke kerel. Hij haalt heel wat vooroordelen weg. Daar komt bij dat conducteurs met behoorlijk veel agressie te maken hebben van zowel witte als zwarte mensen. Als zij zien hoe bijvoorbeeld een zwarte collega in zo'n situatie optreedt, kan het wellicht hun blik verruimen en hun vaardigheden vergroten'. (9)

De definitie van diversiteit is bij management van diversiteit breder dan bij cross- of intercultureel management dat zich hoofdzakelijk richt op de etnische diversiteit in een organisatie. Management van diversiteit richt zich op de ontwikkeling van een omgeving, waarin de culturele verscheidenheid van *alle* medewerkers in de organisatie tot haar recht komt. (10) Dit sluit aan bij de systeemtheoretische benadering van interculturele communicatie die eveneens élk relevant cultureel onderscheid kan betreffen en niet alleen de etnische verscheidenheid.

Bedrijven en instellingen besteden steeds meer aandacht aan management van diversiteit. Deze belangstelling hangt onder andere samen met de demografische ontwikkeling, waardoor in het arbeidspotentieel en de cliëntenpopulatie steeds meer migranten voorkomen. Een andere aanleiding is de hoge werkloosheid onder bepaalde groepen migranten en in verband hiermee de wettelijke maatregelen om deze onevenredig hoge werkloosheid onder hen aan te pakken. Maar uiteindelijk zien steeds meer bedrijven en instellingen in dat, willen ze overleven in een multi-etnische en globaliserende samenleving, het aantrekken van divers personeel duidelijk in het eigen belang is.

9.4 Management van diversiteit

9.4.1 INCLUSIEF DENKEN EN HANDELEN

Het voert buiten het bestek van dit boek uitgebreid in te gaan op de verschillende aspecten van management van diversiteit. Hier wordt volstaan met een beschrijving van het inclusief denken en handelen als centraal uitgangspunt voor het managen van diversiteit. In paragraaf 1.2 is uiteengezet wat de oorsprong is van inclusief denken en handelen en wat het inhoudt. Hier wordt kort uitgewerkt wat inclusief denken en handelen betekent op het niveau van organisatiebeleid.

Zoals eerder aangegeven zijn voor het realiseren van inclusief denken en handelen twee principes van belang:

1 het principe van de erkende gelijkheid;
2 het principe van de erkende diversiteit.

Ad 1 Het principe van de erkende gelijkheid

Het principe van de erkende gelijkheid op organisatieniveau verwijst naar wat mensen met elkaar in een bepaalde context gemeenschappelijk hebben: zoals het mens zijn en meer specifiek binnen het kader van organisaties: het medewerker en het collega zijn. Erkende gelijkheid betekent dat in een organisatie alle medewerkers en cliënten even waardevol zijn, ongeacht hun etnische, religieuze of sociale afkomst, sekse, lichamelijke of geestelijke validiteit, seksuele voorkeur enzovoort. Er wordt geen positief of negatief onderscheid gemaakt vanwege deze karakteristieken.

Op grond van de erkende gelijkheid is iedereen in de eerste plaats een medewerker, collega of cliënt en *niet* bijvoorbeeld een migrant. Organisaties zien medewerkers of cliënten met een andere etnische achtergrond soms allereerst als migrant. Daarbij associëren ze hen – onder invloed van heersende beeldvorming – met minder capabel en problematisch. Een voorbeeld is de 'goedbedoelde' opmerking: 'Onze Turkse collega is wel een goeie.'

Uitgangspunt in een organisatie dient te zijn dat iedereen in de eerste plaats een medewerker of collega is, die voldoende gemotiveerd en gekwalificeerd is om mee te werken in de organisatie.

Medewerkers, collega's of cliënten hebben soms zelf de neiging in een organisatie hun religieuze of etnische afkomst op de voorgrond te zetten. Ze voelen zich dan snel als zodanig aangesproken en niet als medewerker of collega. Dit kan belemmerend werken als deze medewerkers bijvoorbeeld kritiek op hun functioneren meteen uitleggen als antipathie tegen migranten of tegen bepaalde etnische groepen. Dit heeft weer tot gevolg dat bijvoorbeeld leidinggevenden en collega's geen kritiek durven te uiten op deze medewerkers of cliënten, omdat ze bang zijn beticht te worden van discriminatie. Collega's en leidinggevenden die zelf migrant zijn, onthouden zich soms van kritiek op medewerkers of cliënten die eveneens migrant zijn of dezelfde etniciteit hebben als hun leidinggevenden en collega's, omdat ze loyaliteitsconflicten willen voorkomen.

In het team van een Surinaamse leidinggevende in de jeugdhulp werkt een nieuwe medewerker, eveneens van Surinaamse afkomst. Genoemde medewerker functioneert niet naar behoren. Eigenlijk is het hele team het erover eens: aardige man, maar niet geschikt voor dit vak. Een negatieve eindevaluatie behoort te volgen en dus geen vaste aanstelling. De leidinggevende besluit echter deze medewerker wél een positieve evaluatie te geven met bijbehorende aanstelling, tegen advies van zijn directie in, met de volgende motivatie: 'Ik ben beter op de hoogte van de cultuur van mijn eigen mensen en zal er, met die meerwaarde, voor zorgen dat ik deze man in de komende periode tot het zelfinzicht zal brengen, waardoor hij zelf, zonder gezichtsverlies, ontslag zal nemen. De instelling komt op die manier op een nette wijze van hem af en we hebben geen boze en/of verdrietige gezichten.' Collega-leidinggevenden zijn het volstrekt oneens met deze werkwijze en vinden het een gevaarlijke ontwikkeling als deze praktijken algemeen geaccepteerd zouden worden in de instelling.

Door zo'n culturaliserende opstelling van leidinggevenden, collega's en medewerkers worden zaken versluierd. Er kan dan bijvoorbeeld groot onbegrip bij een medewerker zijn wanneer hij onverwacht te horen krijgt dat hij wegens disfunctioneren uit zijn functie ontheven wordt. Tot dan toe had hij immers van zijn leidinggevende niet of nauwelijks iets gehoord over zijn disfunctioneren.

Een consequentie van het principe van de erkende gelijkheid is verder dat sekse, etniciteit, sociale en religieuze achtergrond en dergelijke, géén reden zijn tot verlaging van de gestelde kwaliteitscriteria of van de professionele functie-eisen (positieve discriminatie). Verlaging van bijvoorbeeld de kwaliteitscriteria en functie-eisen van de organisatie ten gunste van medewerkers of cliënten die migrant zijn, is een vorm van discriminatie: het niet-serieus nemen van de capaciteiten van deze medewerkers of cliënten. (11) Het gebeurt wel dat een organisatie medewerkers aantrekt omdat ze migrant zijn. Het migrant zijn wordt dan gelijkgesteld met deskundigheid. Een Afghaan wordt bijvoorbeeld aangenomen om te werken met migranten, omdat hij vanuit zijn etnische achtergrond deskundig zou zijn in het werken met migranten. Verder komt het voor dat een migrant in dienst wordt genomen, omdat de organisatie zo wil laten zien dat er bij hen migranten werkzaam zijn. De aangestelde migrant fungeert dan als de zogenoemde 'alibi-Ali'. In zo'n situatie kan het draaideureffect optreden: een medewerker wordt aangenomen omdat hij migrant is en na korte tijd kan hij de organisatie weer verlaten, wanneer zijn kwaliteiten in de praktijk onvoldoende worden beoordeeld. Aangenomen op etniciteit wordt hij afgerekend op kwaliteit.

Migranten ervaren zo'n houding van werkgevers als een miskenning van hun kwaliteiten. Ze willen dat arbeidsorganisaties hen in de eerste plaats aannemen op grond van hun kwaliteit.

Het komt ook voor dat migranten zelf hun etniciteit inzetten als een garantie voor hun deskundigheid: 'Ik ben migrant, dus deskundig op intercultureel gebied'. Professioneel gezien heeft iemands etniciteit weliswaar absoluut een meerwaarde, maar etniciteit is op zichzelf géén waarborg voor kwaliteit. Migranten zullen – en willen dat zelf ook – net als ieder ander aan de functionele eisen moeten voldoen. Dus géén beroep op etniciteit maar op functionele kwaliteit. De meerwaarde van migranten als medewerker zit in de volgende functionele *etnische* kwaliteiten: beheersing van een vreemde taal die een of meer doelgroepen van de organisatie kunnen spreken; fysieke herkenbaarheid voor de doelgroep; een voorbeeld, rolmodel of mogelijkheid tot identificatie voor de doelgroep en ervaringsdeskundigheid als migrant mede opgedaan in eigen land, bijvoorbeeld in een vrouwenorganisatie. Verder is een punt van overweging in hoeverre een bepaalde zeer gewenste competentie (bijvoorbeeld het kunnen onderhouden van een belangrijk sociaal netwerk in een migrantengemeenschap) een andere mindere vaardigheid (bijvoorbeeld rapporteren) kan compenseren. Van belang is dan wel dat afspraken gemaakt worden hoe het minder competent zijn in rapporteren opgevangen kan worden in de organisatie zonder dat dit onverwacht een extra belasting betekent voor collega's.

De eerdergenoemde vorm van positieve discriminatie (verlaging van kwaliteitseisen) mag niet verward worden met positieve actie. Positieve actie betekent dat bij gebleken geschiktheid voorrang gegeven wordt aan kandidaten uit kansarme groepen, bijvoorbeeld migranten. In het kader van het wegwerken van de achterstand op de arbeidsmarkt van bijvoorbeeld migranten, is het voorstelbaar dat een werkzoekende geplaatst wordt in een organisatie terwijl hij nog niet over alle capaciteiten beschikt. Uitgangspunt is wel dat de werkzoekende de potentie heeft op het vereiste niveau te presteren. Met de nieuwe medewerker worden dan heldere afspraken gemaakt over begeleiding en bijscholing tot het gewenste prestatieniveau bereikt is. Belangrijk in deze is ook na te gaan wat de eventuele consequenties zijn van de positieve actie voor zittende collega's en wat zij nodig hebben om de positieve actie tot een succes te maken.

Voor cliënten betekent het principe van de erkende gelijkheid dat alle cliënten (ongeacht etniciteit enzovoort) recht hebben op een kwalitatief goede hulp- en dienstverlening. Van de andere kant mag van alle cliënten (ongeacht etniciteit enzovoort) uiteindelijk hetzelfde verwacht worden wat betreft bijvoorbeeld het naleven van regels, voorschriften en afspraken.

Bij het principe van de erkende gelijkheid gaat het *niet* om de schijnbaar eerlijke benadering van gelijke monniken, gelijke kappen. Het is niet de bedoeling alle medewerkers en cliënten op dezelfde wijze te behandelen zonder acht te slaan op onderling individuele of groepsverschillen als gevolg van etniciteit, religie, sociaaleconomische status, sekse en dergelijke. Deze benadering van migranten 'Iedereen is voor mij gelijk, ik maak geen onderscheid, ik behandel iedereen hetzelfde' wordt *kleurenblindheid* genoemd. Mensen hetzelfde behandelen zou de menselijke waardigheid tekortdoen. De menselijke waardigheid bestaat immers hierin dat elke mens uniek, dus verschillend is. Vandaar het tweede principe.

Ad 2 Het principe van de erkende diversiteit

Het principe van de erkende diversiteit betekent het erkennen van verschillen. Het erkent de verscheidenheid van groepen en die van individuele personen: iedere medewerker, collega en cliënt is verschillend en er zijn verschillen tussen groepen medewerkers, collega's en cliënten. Iedere individuele medewerker of cliënt vraagt een eigen benadering. Wasif Shadid (12) spreekt over 'een geïndividualiseerde benadering van de groepscultuur'. Dit is een benadering waarin enerzijds iedereen als een uniek individu wordt beschouwd en anderzijds de gemeenschappelijke kenmerken van de groep waartoe hij behoort niet worden verwaarloosd. Vanuit een systeemtheoretische benadering verdient het de voorkeur in plaats van groep van groepen te spreken. Iedereen maakt immers deel uit van een aantal verschillende sociale systemen. De etnische groep is er daarvan slechts één.

Op grond van de erkende diversiteit kan een organisatie met betrekking tot migranten haar wervingsprocedures voor nieuw personeel verruimen door ook af te stemmen op specifieke communicatiekanalen van migranten, door samenwerking met migrantennetwerken en door de inzet van mogelijk specifieke wervingsbureaus voor migranten. Verder kan een organisatie rekening houden met de culturele, religieuze diversiteit van haar medewerkers door aandacht te hebben voor ook andere belangrijke religieuze feestdagen en verplichtingen dan alleen de algemeen christelijke, door de aankleding van de gebouwen en door een multiculinair kantineaanbod.

9.4.2 INCLUSIEF DENKEN EN HANDELEN IN DE PRAKTIJK

De twee uitgangspunten van de erkende gelijkheid en de erkende diversiteit zijn *onlosmakelijk* met elkaar verbonden. Erkenning van de gelijkheid kan niet zonder de erkenning van de diversiteit of omgekeerd. De beide uitgangspunten veronderstellen en corrigeren elkaar en dienen altijd gelijktijdig gehanteerd te worden. Het hanteren van alléén het gelijkheidsbeginsel zou de ontkenning betekenen van verschillen en daarmee leiden tot de uitsluiting van degene die 'anders' is. Het hanteren van uitsluitend het diversiteitsbeginsel leidt tot generalisering en stigmatisering van het anders zijn van mensen. Voor bepaalde cliënten zou dit als consequentie hebben dat een aparte methodiek gehanteerd wordt alleen op grond van etniciteit of migrant zijn. Een cliënt wordt zo gereduceerd tot zijn etnische achtergrond. Verder zou het gevolg een wij/zij-denken zijn door het uitsluitend focussen op verschillen.

Het gelijktijdig hanteren van de uitgangspunten van erkende gelijkheid en diversiteit leidt tot inclusief denken en handelen en vormt zo een effectieve leidraad om het personeelsmanagement en het product af te stemmen op de culturele diversiteit van personeel en cliënten.

Om het inclusief denken en handelen in de praktijk te brengen, dient een organisatie haar doelen, structuur, cultuur en werkprocessen door te lichten, te toetsen en zo nodig bij te stellen op effectiviteit, kwaliteit en rendement voor zoveel mogelijk groepen medewerkers en cliënten van de organisatie. Deze toetsing dient plaats te vinden in het algemene kader van de kwaliteitszorg van de organisatie.

Een organisatie kan bijvoorbeeld de volgende criteria hanteren om haar effectiviteit, kwaliteit en rendement voor migrantengroepen te toetsen op inclusief denken en handelen:

- Hoe groot is de bereidheid in evenredigheid migrantenmedewerkers (mannen én vrouwen) in de organisatie op te nemen?
- In hoeverre zijn migranten in de verschillende functies van de organisatie vertegenwoordigd?
- Hoe verloopt de doorstroom (loopbaanontwikkeling) van migrantenmedewerkers (mannen én vrouwen)?

- Hoe groot is de bereidheid, eventueel in evenredigheid, cliënten van verschillende etnische afkomst te bereiken en te bedienen?
- Hoe zit het met de kennis, houding en vaardigheden van medewerkers en management voor het omgaan met collega's en cliënten met een andere etnische achtergrond?
- Hoe liggen de mogelijkheden voor de verscheidenheid aan medewerkers en cliënten zich welkom en betrokken te voelen bij de organisatie, bijvoorbeeld met betrekking tot etnische samenstelling personeelsbestand, de organisatiecultuur, medezeggenschap, aankleding van de gebouwen, personeelsactiviteiten?
- Hoe goed is de toegankelijkheid en bereikbaarheid van de communicatie-/informatievoorziening voor de diverse medewerkers en cliënten?

Het tweede criterium vraagt even extra aandacht. Bij een sterke ondervertegenwoordiging van medewerkers uit etnische minderheden kan het zogenoemde tokeneffect optreden. (13) Token staat voor enkeling. Is een migrant een enkeling in een groep, dan kan zij extra aandacht krijgen, er wordt extra op haar gelet. Zij valt op door haar uiterlijke en culturele kenmerken. Zij wordt gezien als een vertegenwoordiger van haar etnische of zelfs van de hele groep migranten. Deze zichtbaarheid oefent een zekere druk uit op de migrant. Zij heeft het gevoel dat zij zich extra moet waarmaken. Soms wordt dit token-effect – meestal onopzettelijk – opgelegd aan migranten. Bijvoorbeeld door een arbeidsbemiddelaar of werkgever die een migrant op het hart drukt goed haar best te doen in haar nieuwe werkkring. Is zij succesvol dan kunnen meer migranten geplaatst worden: 'Jij kunt de deur openmaken voor nog meer migranten', krijgt de nieuwe medewerker dan te horen. Faalt zij, dan neemt dat bedrijf nooit meer migranten aan. Verder kan de migrant als 'positieve' beoordeling te horen krijgen dat zij niet zoals de anderen (migranten) is. Collega's kunnen opmerken dat zij zich in vergelijking met 'die' andere migranten tenminste heeft aangepast, dat zij geen migrant meer is... of de collega's verzuchten: 'Als alle migranten waren zoals jij...' (14) Medewerkers uit etnische minderheden reageren op dit token-effect verschillend: onder andere met loochenen, conformeren, terugtrekken, ontvluchten en verzetten. (15)

Inclusief denken en handelen betekent dat er géén aparte behandeling komt alleen op grond van de etniciteit, het 'buitenlander' zijn. Extra voorzieningen en maatregelen kunnen ontstaan op grond van behoeften en belangen van een aantal individuele medewerkers of cliënten. Ze dienen echter *in principe* open te staan voor *alle* medewerkers en cliënten met die behoefte. Ze gaan integraal deel uitmaken van het algemene systeem van maatregelen en voorzieningen. Gemaakte uitzonderingen worden als algemene maatregel gepresenteerd. Behoeften of functionele tekorten van individuele medewerkers werken zo tevens als eye-opener voor behoeften en tekorten van andere medewerkers. Blijkt bijvoorbeeld in een organisatie dat een aantal medewerkers behoefte heeft aan een gebedsruimte en een organisatie heeft hiervoor de mogelijkheden, dan kan een algemene gebedsruimte of stiltecentrum worden ingericht voor alle medewerkers die zich even terug willen trekken voor gebed, meditatie of een moment rust. Vervolgens wordt deze mogelijkheid aangeboden aan alle medewerkers, waarbij zal blijken dat niet alle islamitische medewerkers hiervan gebruik zullen maken en sommige niet-islamitische collega's dit weer wel zullen doen. Nog een voorbeeld zijn de algemene bepalingen in vele cao's, die inhouden dat de werknemer vakantiedagen, snipperdagen of onbetaald verlof kan opnemen op de voor hem geldende religieuze feestdagen (zonder verdere aanduiding van de godsdienst). (16) In het algemeen betaalt de werkgever de opgenomen vrije dagen niet door, maar brengt deze in mindering op het aantal vakantie- of snipperdagen of personeelsleden nemen ze op als onbetaald verlof. Medewerkers met een islamitische, joodse of een andere religieuze achtergrond dan de christelijke, hebben zo de gelegenheid de eigen feestdagen te vieren.

NB Bij dit laatste nog de opmerking dat werkelijke erkenning van diversiteit betekent dat er ook expliciete aandacht en erkenning is voor deze feestdagen (inclusief de christelijke) door bijvoorbeeld geen belangrijke zaken te plannen op deze dagen, door ze aandacht te geven bijvoorbeeld in de algemene agenda/kalender van belangrijke activiteiten en gebeurtenissen voor de medewerkers of door het expliciet te vieren zoals studenten die op een hogeschool het Suikerfeest vierden met heerlijke zoetigheden en hapjes voor alle studenten en medewerkers.

Essentieel kenmerk van een inclusieve benadering is het benoemen van eventueel extra maatregelen en voorzieningen naar de behoefte, het functionele tekort of het belang waarvoor ze bedoeld zijn. Extra lessen Nederlandse vak- of bedrijfstaal zijn er voor de medewerkers die de Nederlandse vak- of bedrijfstaal nog onvoldoende beheersen. Dat kunnen namelijk ook medewerkers zijn die het Nederlands als moedertaal hebben. De lessen zijn er niet eenvoudigweg voor buitenlanders. Hetzelfde geldt bijvoorbeeld voor tolkvoorzieningen en een verlengd spreekuur die beschikbaar zijn voor cliënten voor wie het Nederlands een vreemde taal is.

In deze aanpak wordt het gelijktijdig hanteren van de erkende gelijkheid en de erkende diversiteit duidelijk zichtbaar. Vanuit de erkende gelijkheid noem je eerst wat gemeenschappelijk is: *cliënten* of *medewerkers*. En vervolgens geef je aan vanuit de erkende diversiteit wat de behoefte, het belang of het functionele tekort is van die cliënten of medewerkers – *die het Nederlands onvoldoende beheersen*. Door zaken zo te benoemen is meteen ook voor buitenstaanders de noodzaak duidelijk van zo'n extra voorziening (in dit geval tolken en verlengd spreekuur). Op deze manier voorkom je dat er een wij/zij-denken ontstaat, waarbij mensen het gevoel krijgen dat wanneer je maar migrant bent, je de beschikking krijgt over alle aandacht en voorzieningen. Verder bereik je met deze inclusieve benadering ook niet-migranten die dezelfde behoeften, belangen of functionele tekorten hebben. En ten slotte krijgen migranten niet het etiket opgeplakt van per definitie problematisch en hulpbehoevend.

De inclusieve benadering sluit specifieke maatregelen voor bepaalde doelgroepen geenszins uit. In het geval van de gebedsruimte is het mogelijk dat de voorzieningen zo ruim zijn dat de islamitische medewerkers een aparte gebedsruimte voor moslims kunnen krijgen; alleen moet dan andere medewerkers die ook eigen specifieke wensen kenbaar maken, dezelfde mogelijkheid aangeboden worden en komt er bijvoorbeeld een apart stiltecentrum.

Wanneer blijkt dat de etniciteit en daarmee samenhangend de cultuur, een belangrijke functionele insteek is om een activiteit op te zetten, dan is het zeker legitiem dat te doen en het ook zo te benoemen. Goede voorbeelden zijn de bekende Marokkaanse vaderprojecten, Antilliaanse jongerenprojecten en een gespreksgroep van Hindoestaanse meisjes op een mbo-school nadat uit onderzoek was gebleken dat onder deze groep relatief veel zelfdoding voorkwam, die samenhing met een aantal specifiek-culturele aspecten. In al deze activiteiten spelen etnisch-culturele elementen een belangrijke rol; zowel in de analyse als in de interventie. Te denken valt aan zaken als de taal, de migratiegeschiedenis, de heersende tradities, waarden, normen, gebruiken en dergelijke.

Waar het om gaat is de culturaliserende vanzelfsprekendheid om eenvoudigweg etniciteit te koppelen aan een maatregel, project of activiteit weg te laten en in plaats daarvan *functioneel* te doordenken wat precies het probleem of de behoefte is, om wie het gaat (de doelgroep) en welke interventies passend zijn.

Verder laat het volgende voorbeeld zien hoe een inclusieve aanpak eveneens een specifieke benadering kan omvatten.

Een voorbeeld uit het buurtwerk. Wanneer blijkt dat een groot aantal buitenlandse vrouwen niet kan zwemmen en het buurtwerk wil bevorderen dat ze het leren, dan is het een exclusieve aanpak wanneer gratis zwemlessen alleen voor buitenlandse vrouwen zouden worden aangeboden. Dit creëert het genoemde wij- en zij-gevoel in de wijk en gevoelens dat je als buitenlander wordt voorgetrokken.

Een inclusieve aanpak neemt de behoefte of het belang (zwemmen) als vertrekpunt en niet de etniciteit. Het buurtwerk werft de vrouwen dan door een aanbod: gratis zwemlessen voor vrouwen (bijvoorbeeld vanaf 20 jaar) in de wijk, die niet kunnen zwemmen. De werving van de deelnemers kan, zoals altijd methodisch van belang is, specifiek zijn voor de doelgroepen; bijvoorbeeld huisbezoek en werving in de eigen taal van de beoogde doelgroepen. In de praktijk zullen dan behalve buitenlandse vrouwen ook enkele van origine Vlaamse of Nederlandse vrouwen willen deelnemen. Zo voorkomt een inclusieve aanpak een gevoel van uitsluiting bij de Vlaamse en Nederlandse vrouwen en bereikt het buurtwerk tegelijkertijd de doelgroep buitenlandse vrouwen. Op deze wijze creëer je tevens een mogelijkheid voor ontmoeting.

Een ander voordeel van het inclusief denken en handelen is het *functioneel* hanteerbaar maken van culturele en religieuze uitingen, opvattingen of wensen van migranten. Mensen reageren nogal eens persoonlijk getroffen en heftig op deze wensen, opvattingen en uitingen alsof het iets buitengewoon anders betreft of iets typisch voor migranten. Hierbij kun je denken aan zaken als het dragen van een hoofddoek en aan bepaalde opvattingen over de man-vrouwverhouding. In arbeidsvoorziening bijvoorbeeld betekent een normale en functionele benadering van deze kwesties, dat de functionaris met betrokken werkzoekende en/of werkgever overlegt in hoeverre het dragen van een hoofddoek of een bepaalde opvatting over de man-vrouwverhouding een functionele belemmering is voor het vinden van werk of voor het uitvoeren van bepaalde taken. De hoofddoek is hierbij functioneel te vergelijken met andere gangbare uiterlijkheden als petjes, oorringen, piercings en tatoeages.

Nadrukkelijk is het niet de bedoeling met de uitdrukking 'functioneel' enig afbreuk te doen aan de betekenis die een hoofddoek voor iemand heeft. Die persoonlijke betekenis staat buiten beschouwing en buiten discussie, omdat iedereen dat voor zichzelf bepaalt. En dit geldt evenzeer voor petjes, oorringen, piercings en tatoeages. Een argument zou natuurlijk zijn dat de hoofddoek een religieuze betekenis heeft, geworteld is in een religieuze traditie en in dat opzicht niet zomaar een vrije keus is van een persoon. Op zich klopt dit, maar het komt veelvuldig voor dat de hoofddoek wel degelijk een vrije keus is en dat jongeren soms zelfs tegen de wens van hun ouders in voor een hoofddoek kiezen. Verder kan iemand een petje evengoed beschouwen als onverbrekelijk verbonden met zijn identiteit. Vandaar dat het meer uitzicht biedt algemeen geldende *functionele* criteria te hanteren (en niet religie bijvoorbeeld). De *Commissie Gelijke Behandeling* denkt hier anders over getuige haar uitspraak in de volgende zaak:

'Een hoofddoek is een geloofsuiting, een baseballpetje niet'

DEN BOSCH – En weer is er gerommel rond hoofddoekjes. Na discussies over de hoofddoek in het verkeer, op scholen, achter gemeentebalies, in supermarkten en bij de politie, leidt het al dan niet dragen ervan nu tot discussies bij sportscholen. De 24 filialen van de keten Fit for Free verbieden het sporten met hoofdbedekking: petjes, bandana's, maar dus ook hoofddoeken.

Directielid Robert Schampers van Fit for Free: 'Bij ons kun je voor een lage prijs fitnessen, omdat we veel vloeroppervlakte en relatief minder personeel hebben. Dat trekt ook hangjeugd, jongens met petjes op. We verwelkomen iedereen, maar willen wel dat iedereen zich veilig voelt.' En zo'n groep jongeren met petjes kan behoorlijk intimiderend overkomen. Neem het petje weg, en ze krijgen hun individuele identiteit weer terug. 'Dat werkt, het scheelt gedonder.'

Schampers is de eerste om toe te geven dat door de huisregel ook moslima's die met hoofddoek willen sporten, geraakt worden. 'We zien dat negatieve bijeffect en de commotie om ons heen. Het gaat ons niet om het geloof, in die discussie willen we ons helemaal niet mengen.'

Maar enkele moslima's pikten het verbod niet en klaagden bij de Commissie Gelijke Behandeling. Die stelde dat Fit for Free wel degelijk indirect een verboden onderscheid heeft gemaakt op grond van godsdienst, en dat niet alles geprobeerd is om dat onderscheid te voorkomen. Woordvoerder Marcel Scholten: 'Gelijke behandeling houdt in dat je gelijke gevallen gelijk behandelt. Maar een hoofddoek is niet hetzelfde als een baseballcap. Een hoofddoek is een geloofsuiting, een petje niet. Dat onderscheid is er nou eenmaal. Soms moet je mensen ongelijk behandelen, om ze gelijk te kunnen behandelen. Zo voorkom je uitsluiting van zwakkere groepen.' (17)

Een kritisch punt – eveneens op functionele gronden en *niet* op religieuze gronden – is wel dat de directie de maatregel nauwkeuriger had kunnen aansluiten op het probleem en op de groep waar die daadwerkelijk voor is bedoeld. Het probleem zijn groepen hangjongeren die met petjes in de sportzalen verschijnen. Directielid Robert Schampers:

> *Met die maatregel wil de directie vooral hangjongeren met petjes uit de sportzalen kunnen weren. Door petjes te verbieden, kun je het gezicht zien van de hangjongeren en vormen ze minder een afgeschermde groep. Maar we zien nu het onbedoelde bijeffect. We raken een doelgroep die we helemaal niet wilden raken. (18)*

De maatregel van de directie zou preciezer gericht moeten zijn op het tegengaan van groepsvorming, van intimiderend gedrag en van de belemmering van een open communicatie omdat het gezicht niet zichtbaar is. Dit zou kunnen door welomschreven inschrijfvoorwaarden en huisregels en door een heldere instructie en adequate toerusting van de medewerkers die moeten toezien op de naleving ervan. Deelnemers met hoofddeksels (waaronder hoofddoek én petjes) die genoemde problemen niet veroorzaken, hoeven dan niet de dupe te worden van zo'n maatregel.

Hieronder nog een voorbeeld hoe je met een functionele inclusieve benadering hetzelfde doel kunt bereiken zonder ongewild en onnodig anderen uit te sluiten.

In 2003 stelde de voetbalvereniging S.V. Blerick uit Venlo een ledenstop in voor allochtone jeugd. (19) De club werd van racisme beticht en kreeg veel negatieve reacties over zich heen. Dat was ongelooflijk spijtig voor deze club, want ze zette zich juist enorm in voor de allochtone jeugd. Zo had ze nota bene eerder de Fair Play Award van de gemeente Venlo ontvangen als waardering voor hun beleid op het gebied van integratie van allochtonen in hun vereniging. Wat was er nu aan de hand: er zat veel allochtone jeugd op de club, maar het waren vooral de autochtone ouders die het vrijwilligerswerk deden. De club had alle ellende kunnen voorkomen en toch haar doel – lidmaatschap alleen in combinatie met vrijwilligerswerk – kunnen bereiken door een inclusieve functionele benadering: *inclusief* en *functioneel* door niet alleen de allochtone jeugd te noemen, maar door de ledenstop uit te roepen voor *alle* jeugd (het gemeenschappelijke) van wie de ouders of opvoeders niet bereid zijn vrijwilligerswerk te doen (dat is de functionele kern van de kwestie). Ofwel vanuit een positieve insteek, door per direct contractueel de regel in te voeren: als jeugd kun je lid worden van onze vereniging op voorwaarde dat je ouders of opvoeders bereid zijn vrijwilligerswerk te doen.

Inclusief denken en handelen zal op geen enkele wijze afbreuk doen aan de kwaliteit van de organisatie. Integendeel, een goede uitwerking van de inclusieve benadering zal ongetwijfeld een verhoging van de kwaliteit betekenen. Immers, de effectiviteit, kwaliteit en het rendement van de organisatie zullen voor *alle* medewerkers en cliënten toenemen. In organisaties is allang gebleken dat de aanwezigheid van migranten een uitbreiding en vernieuwing van zienswijzen, gewoonten en werkwijzen betekent die vruchtbaar en verrijkend is voor alle collega's en cliënten.

Soefoen Tjong Tjin Tai-Lee Van On, personeelsconsulent bij Telecom zegt over de meerwaarde van migranten als medewerker: 'En het aardige hiervan is dat geleidelijk aan duidelijk wordt dat het hele personeelsbeleid kwalitatief beter wordt. Het kritisch bekijken van alle personeelsinstrumenten op belemmeringen voor migranten heeft een positief effect voor alle medewerkers. Managers die diversiteit in hun afdeling goed kunnen managen zijn enthousiast over de allochtone medewerkers in hun afdeling, vooral door hun motivatie, andere kijk op de zaken, verrijkende invloed en andere wijzen van omgaan met elkaar'. (20)

Het is dus goed, oog te hebben voor de kansen, de voordelen die specifieke behoeften en wensen kunnen opleveren. Bijvoorbeeld de herkenbaarheid voor bepaalde doelgroepen in geval van de hoofddoek en het werken op christelijke feest- en zondagen door iemand die bijvoorbeeld vanuit zijn religieuze achtergrond de voorkeur geeft aan andere dagen om vrij te krijgen. Creativiteit en herkadering kunnen eveneens uitkomst brengen: creativiteit bijvoorbeeld bij een grote levensmiddelenketen die een kledinglijn heeft, inclusief een bedrijfshoofddoekje. Herkadering is die van de hoofddoek van een 'traditioneel', 'conservatief', 'vrouwonvriendelijk' kledingstuk naar een stijlvol kledingstuk met mondaine uitstraling.

In 2007 verscheen het bericht dat hoofddoek en tulband een nieuwe trend zijn bij celebrities en dat van Prada tot Marc Jacobs, van Ralph Lauren tot confectieketens als H&M, ze allemaal de komende lente hoofddoekjes en tulbanden in hun collectie hebben opgenomen. (21)

Extra voorzieningen en maatregelen staan op deze inclusieve wijze steeds in het perspectief van het optimaliseren van de algemene kwaliteitszorg voor een goed product, een goede dienst of zorg voor elke cliënt, en voor een optimale werkomgeving voor iedere medewerker.

Anders gezegd, het uiteindelijke doel van inclusief denken en handelen is het realiseren van een optimale kwaliteit van het product, de dienst of de zorg; een hoog gekwalificeerde professionalisering en een optimalisering van de werkprocessen en van de werkomgeving. Management van diversiteit is dan ook eigenlijk voortdurende *kwaliteitszorg*.

De inclusieve benadering en haar principes van de erkende gelijkheid en de erkende diversiteit zijn samen te vatten in de piramide in figuur 9.1. In de basis van de piramide komen de beginselen van erkende gelijkheid en diversiteit samen in het inclusief denken en handelen, dat zodoende een kwalitatieve gelijkwaardigheid waarborgt voor al het personeel en voor alle cliëntgroepen. Tevens maakt het beeld van de piramide duidelijk dat het gelijktijdig hanteren van de twee beginselen de basis vormt voor de hoogwaardige kwaliteit van de organisatie in al haar facetten.

Figuur 9.1 Basisprincipes voor het managen van diversiteit.

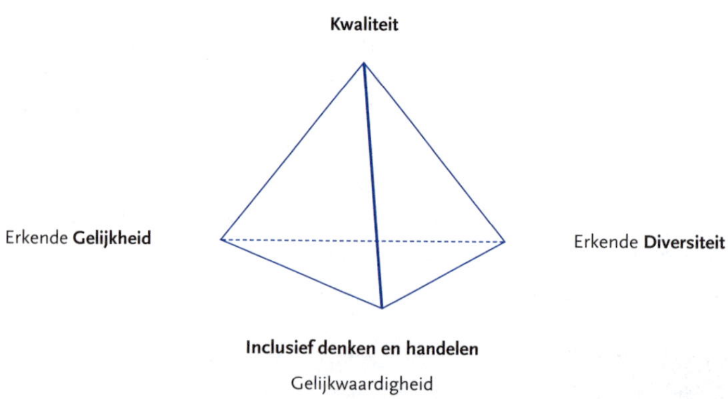

9.5 Het TOPOI-model: het analyse- en interventiekader Organisatie

Aan de basis van het analyse- en interventiekader Organisatie staan de *kernvragen*

1 Wat is mijn aandeel: wat zijn van mijn kant de organisatorische factoren die de communicatie belemmeren?
2 Wat is het aandeel van de ander: wat zijn van de kant van de ander de organisatorische factoren die de communicatie belemmeren?
3 Welke invloed hebben organisatorische zaken in de ruimere sociale context op ieders communicatie?

Het *analysekader Organisatie* bevat de volgende hulpvragen waarmee je hypothesen kunt opstellen ten aanzien van mogelijke misverstanden rond Organisatie:

- Binnen welke organisatorische *kaders* speelt het gesprek zich af: regels, procedures, trajecten, maatregelen, sancties?
- Welke invloed heeft 'de eigen organisatie': machtsposities, plaats van het gesprek, functie, verantwoordelijkheden, beschikbare tijd, de agenda en het doel, regels, afspraken, procedures?
- Is er sprake van inclusief denken en handelen: het gelijktijdig toepassen van de principes van de erkende gelijkheid en de erkende diversiteit?
- Welke invloed heeft 'de organisatie' van de ander: machtsrelaties, tijdsoriëntatie, kennis en beeld van de organisatie, procedures, regels, ...?
- Welke invloed heeft 'de organisatie' in ieders ruime omgeving op de communicatie: machtsposities, rechtsposities, procedures, beschikbare voorzieningen en middelen, omgangsvormen (organisatiecultuur), wet- en regelgeving?

Het *interventiekader Organisatie* geeft de volgende suggesties voor interventies die onderscheiden zijn naar interpersoonlijk niveau en beleidsmatig niveau:

Interpersoonlijk niveau:

- Het organisatorische *kader* aangeven waarbinnen het gesprek plaatsvindt. Bijvoorbeeld het verhelderen van regels en procedures en in samenhang hiermee de grenzen en consequenties van keuzes van de cliënt.
- Rekening houden met de machtsrelaties. Bijvoorbeeld in houding en gedrag respectvol en uitnodigend blijven. Bereidheid zich te verantwoorden.
- De eigen 'organisatie': agenda, regels, afspraken, procedures uitleggen en zo nodig opnieuw vastleggen.
- Toetsing van de eigen organisatie op de criteria van het inclusief denken en handelen: het gelijktijdig toepassen van de principes van de erkende gelijkheid en de erkende diversiteit.
- De eigen 'organisatie' anders regelen. Bijvoorbeeld meer tijd uittrekken, een tolkentelefoon en een huisbezoek in plaats van een gesprek op kantoor.
- Open vragen naar de 'organisatie' van de ander (zijn betekenisgeving daarvan). Bijvoorbeeld vragen naar verwachtingen, beelden en kennis van de ander over de instelling en/of jou als functionaris.

- De invloed onderzoeken van 'de regelingen' en de machtsrelaties in de ruimere omgeving op de communicatie. Bijvoorbeeld uitzoeken van wet- en regelgeving en stilstaan bij de maatschappelijke positie van de groep waartoe de cliënt behoort.

Beleidsmatig niveau:
- Management van diversiteit: inclusief denken en handelen op grond van de principes van de erkende gelijkheid en de erkende diversiteit.

Verwerkingsopdrachten

Maak deze opdrachten samen met collega's. Vergelijk de uitwerking van elke opdracht met die van je collega's:
- Wat komt overeen?
- Wat verschilt?
- Wat valt op?

Opdracht 1 bij Inleiding

Analyseer en beschrijf welke organisatorische factoren in feite het probleem zijn in de casus van de jonge asielzoeker.

Opdracht 2 bij paragraaf 9.1 Organisatie op interpersoonlijk niveau

Als je naar de organisatie kijkt waar je werkt of naar de opleiding die je volgt, welke organisatorische aspecten zijn dan onduidelijk of moeilijk te begrijpen voor cliënten: bijvoorbeeld cliënten die diensten komen vragen, hulpvragers en studenten.

Opdracht 3 bij paragraaf 9.4 Management van diversiteit

Doe een klein toegankelijkheidsonderzoek onder een aantal migranten die cliënt of potentiële cliënt zijn van de instelling waar je werkt of van een andere instelling. Stel een aantal vragen over:
- bekendheid van de instelling;
- beeldvorming van de instelling; en
- kwaliteit van de hulp- of dienstverlening.

Opdracht 4 bij paragraaf 9.4.1 Inclusief denken en handelen

Hoe pak je de volgende praktijksituaties aan vanuit inclusief denken en handelen?
- Een aantal buitenlandse medewerkers vraagt vijf aaneengesloten weken vakantie, omdat ze zoveel tijd kwijt zijn aan familiebezoek in hun vakantie. De organisatie heeft in principe de mogelijkheid dit te organiseren.
- Een groep Marokkaanse jongeren vraagt een eigen ontmoetingsruimte in het wijkgebouw, omdat ze 'hun' eigen Arabische muziek willen horen.

Opdracht 5 bij paragraaf 9.4.2 Inclusief denken en handelen in de praktijk
Maak een analyse van je eigen of een andere instelling (of een deel daarvan) met behulp van de criteria die een organisatie kan hanteren om haar effectiviteit, kwaliteit en rendement voor migrantengroepen te toetsen op inclusief denken en handelen.

Literatuurverwijzingen

1 Hall, 1976, p. 14.
2 Hall, 1976, p. 14.
3 Oomkes, 1986, p, 101.
4 Oomkes, 1986, p. 101.
5 Van Weerlee, 1990.
6 Roosevelt Thomas, 1991; Geert Hofstede, 1991; WVC, 1991; Cox, 1993; Kooten Mau-Asam en Van de Pieterman, 1993; Twuyver, 1995; Van Vught, 1995; Shadid, 1998.
7 WVC, 1991, p. 9.
8 Shadid, 1998.
9 Essed en Helwig, 1992, p. 51.
10 Choenni, 1992.
11 Choenni, 1992.
12 Shadid, 1998, p. 274.
13 Kanter, 1977.
14 Bovenkerk, 1979.
15 Janssen, 1992.
16 Shadid, 1998, p. 280.
17 Brabants Dagblad 20/01/2009.
18 Brabantsdagblad 20/01/2009.
19 http://feyenoord.netwerk.to/forums/HTML/forum13/398.php 08/06/2009.
20 Essed en Helwig, 1992, p. 85.
21 http://www.elsevier.nl/web/10110987/Dossiers/Bekende-vrouwen-en-mode/Hoofddoek-en-tulband-nieuwe-trend-bij-celebrities.htm. 22/05/2009.

10

HET TOPOI-MODEL: INZET

10.1 Alle gedrag is communicatie

10.2 Binnenkant en buitenkant

10.3 Bedoelingen en effecten

10.4 Besef van invloed

10.5 Positieve of negatieve inzet?

10.6 Erkenning, verwerping en miskenning

10.6.1 Erkenning

10.6.2 Verwerping

10.6.3 Miskenning

10.7 Besef van de erkenning van inzet

10.8 Sociale representaties en inzet

10.9 Het TOPOI-model: het analyse- en interventiekader Inzet

10

INLEIDING

Het gebied Inzet omvat de onderliggende motieven, beweegredenen en bedoelingen van de deelnemers aan het gesprek. De inzet van mensen komt tot uiting in de dagelijkse inspanningen die ze verrichten in hun betrokkenheid bij anderen. (1) De bedoelingen, motieven en beweegredenen – en daaronder de emoties, behoeften en belangen – van mensen zijn niet altijd zichtbaar voor de ander. Dat maakt inzet tot een interne categorie: de niet-zichtbare binnenkant van mensen. Met die binnenkant beïnvloeden mensen elkaar niet. Iemand heeft alleen invloed met wat van zijn binnenkant (zijn inzet) in communicatie komt. De intenties en inspanningen van de ander (zijn binnenkant) zijn evenmin te zien, maar je ondergaat de invloed van wat hiervan in communicatie komt. Invloed is zodoende het waarneembare effect van de intenties en inspanningen van iemand op anderen. Invloed is het effect op anderen van de inzet van mensen in hun betrokkenheid bij andere mensen.

De basis van het gebied Inzet van het TOPOI-model ligt in het axioma van Watzlawick e.a. (2) dat je *niet* niet kunt communiceren. Dit axioma kent vijf onderdelen:

1 Iedereen ondergaat invloed van anderen. Wat mensen doen of laten voel je. Het laat je niet onberoerd.
2 Eenieder heeft invloed. Het eigen doen en laten brengt iets teweeg bij een ander. Dit is niet zo eenvoudig te zien, te voelen en te beseffen.
3 Invloed ondergaan en invloed hebben lopen voor alle betrokkenen gelijktijdig en circulair en stoppen nooit (alle gedrag is communicatie).
4 Je bent geneigd de mate van invloed op de ander af te leiden uit het effect dat je krijgt. Hierbij zijn er twee mogelijkheden: ofwel je krijgt herhaaldelijk voldoende het beoogd effect en je behoudt zo het zicht op de eigen invloed; of je krijgt herhaaldelijk onvoldoende het beoogd effect waardoor je het zicht verliest op de eigen invloed.
5 Behoud je het zicht op de eigen invloed, dan voel je je erkend in je inzet. Bij verlies van het zicht op de eigen invloed zal twijfel ontstaan over de eigen inzet. (3)

Het verlies van zicht op de eigen invloed kan voortkomen uit misverstanden in de communicatie, wanneer inzet (bedoelingen) en invloed (effecten) niet met elkaar overeenkomen.

In een eerdergenoemd voorbeeld vroeg een vrouw aan de enige migrant in het gezelschap waar hij vandaan kwam. Ze deed dit vanuit de beste bedoelingen (= inzet). Dit had echter op de man het effect (= invloed) dat hij zich in een uitzonderingspositie geplaatst voelde. Daarop reageerde hij geïrriteerd met de tegenvraag waarom ze dat alleen aan hem vroeg en niet aan de anderen in de groep.

Een pijnlijk probleem in de communicatie is dat de gesprekspartners veel misverstanden – waarin bedoelingen en effecten uiteenlopen – niet beseffen. Dit kan vooral gemakkelijk gebeuren wanneer betrokkenen te weinig een relationele geschiedenis met elkaar hebben waarin ze zich overwegend begrepen voelen. Ook een levensgeschiedenis waarin iemand weinig erkenning heeft gekregen, vergroot de kans op het niet beseffen van misverstanden. Het niet beseffen van misverstanden heeft verstrekkende invloed op mensen. Mensen gaan twijfelen aan zichzelf en aan de ander. Ze krijgen het gevoel geen invloed, geen greep meer te hebben op de dingen in hun leven.

Je bewust zijn van de eigen invloed kun je alleen ontwikkelen via de ander. Het besef van invloed kun je niet rechtstreeks ontwikkelen. Het antwoord op de vraag *Ben ik van belang?* kan alleen door anderen gegeven worden. Wanneer je je door de ander erkend voelt in je inzet, kun je het besef van invloed ontwikkelen.

Voor migranten is deze erkenning van hun inzet minstens zo cruciaal, omdat ze als nieuwkomers en als vreemden hun plaats moeten zien te verwerven in een nieuwe sociale omgeving. Vandaar het grote belang stil te staan bij het gebied Inzet om de mogelijke misverstanden in de interculturele gespreksvoering op dit gebied te beseffen en te begrijpen.

Het hoofdstuk begint met een uitwerking van het axioma: je kunt *niet* niet-communiceren. Vervolgens wordt ingegaan op het onderscheid tussen bedoelingen en effecten van de communicatie, ofwel het onderscheid tussen enerzijds de niet-zichtbare binnenkant van de inzet van mensen en anderzijds de waarneembare buitenkant van hun invloed. Verder komen de verschillende manieren aan de orde waarop mensen zich inzetten, en in verband daarmee het grote belang van erkenning. Misverstanden in de communicatie ontstaan wanneer bedoelingen en effecten in de communicatie uiteenlopen en mensen zich zodoende niet erkend voelen in hun bedoelingen. Aan de hand van het TOPOI-model volgen aanwijzingen hoe je deze misverstanden kunt opsporen en aanpakken.

10.1 Alle gedrag is communicatie

Doorgaans beseffen mensen niet dat ze voortdurend en onwillekeurig invloed uitoefenen en invloed ondervinden. Al het doen en laten van mensen heeft invloed. Deze gelijktijdige en voortdurende beïnvloeding van elkaar is al eerder het circulaire proces van de communicatie genoemd. Je kunt in de nabijheid van anderen *niet* niet-communiceren. Alle gedrag is communicatie, volgens Watzlawick. Iemand die zich voorneemt de hele vergadering niets te zeggen, oefent toch invloed uit. Zwijgen, niets doen, er alleen zijn, heeft invloed. Alles wat er aan de buitenkant te zien, te horen, te ruiken, te voelen, kortom, waar te nemen is, is gedrag en dus communicatie. Alleen al het letterlijk lijfelijk aanwezig zijn, maakt dat je ongewild en onbewust betekenissen uitdrukt met je lichaamstaal.

De moeilijkheid is nu dat je allerlei invullingen, betekenissen geeft aan het gedrag van een ander. Deze hoeven niet overeen te komen met de bedoelde betekenisgeving van betrokkene. Het eigen gedrag roept eveneens ongewild en onbewust allerlei betekenissen op bij anderen, die niet overeen hoeven te komen met de eigen bedoelingen. Dit verschil in betekenisgeving kan misverstanden oproepen.

Het gedrag van een functionaris in een organisatie is gehaast en snel; zijn agenda is overvol. Op zijn collega's heeft zijn gedrag het effect dat ze van hem de indruk hebben dat hij collegialiteit en teamgeest onbelangrijk vindt en dat hij vooral wil laten zien hoe succesvol hij in zijn werk is. Sommige collega's krijgen hierdoor het gevoel dat ze minder goed werk leveren en dat hij hun inzet niet ziet. Wanneer dit in een teamvergadering aan de orde komt, schrikt de betrokken collega en vertelt dat het absoluut niet zijn bedoeling is collega's het idee te geven dat zij minder presteren. Hij vertelt ook dat hij collegialiteit en een goede teamgeest wel degelijk belangrijke zaken vindt.

Het voorbeeld laat zien hoe belangrijk het is onderscheid te leren maken tussen bedoelingen en effecten, tussen binnenkant en buitenkant van een persoon. Tevens illustreert het voorbeeld de recursiviteit van de communicatie: elke uitspraak of bepaald gedrag betekent onwillekeurig altijd een uitspraak over wat de ander is, vindt of doet. In de reactie van de ander krijg je tevens de eigen visie voorzien van commentaar terug.

10.2 Binnenkant en buitenkant

Een docente vraagt voor de zoveelste keer aan een student hoe zij zijn naam moet uitspreken. Zij vindt het belangrijk en zij heeft er erg haar best op gedaan de enkele 'buitenlandse' namen in haar lesgroepen goed uit te spreken. Maar met sommige namen blijft zij moeite houden. De student reageert echter geïrriteerd op de vraag van de docente. Voor de student lijkt het erop alsof hij als persoon nog steeds niet belangrijk is voor de docente. Anders zou zij zijn naam wel weten uit te spreken.

De student ziet alleen het gedrag van de docente en niet – dat kán hij ook niet zien – de goede bedoelingen: haar inzet. De student kan de goede bedoeling van de docente slechts vermoeden. De docente ziet niet – en zij kan dat evenmin zien – de gevoelens van de student (zijn inzet), maar alleen zijn geïrriteerde reactie. De docente heeft overigens wel een vermoeden, waarom de student geïrriteerd reageert. Zij verontschuldigt zich dan ook en legt een en ander uit.

Gedrag is de buitenkant van iemand, alles wat hij doet of niet doet, met woorden en zonder woorden. De binnenkant is wat iemand wenst, verwacht, voelt, denkt, bedoelt, nastreeft, waar hij zich voor inzet. Dat alles zit aan de binnenkant en is verborgen voor de ander. Het niet beseffen en niet zien van de binnenkant van iemand zorgt voor misverstanden. Pas wanneer iemand zijn wensen, gevoelens, verwachtingen, gedachten, bedoelingen en inzet in communicatie brengt, kan de ander er iets van zien en hierop reageren. De docente brengt haar binnenkant van bedoelingen in communicatie door zich tegenover de student te verontschuldigen en te zeggen dat zij het erg belangrijk vindt zijn naam correct uit te spreken. De docente kan tegelijk aangeven dat zij erg veel moeite heeft om de uitspraak ervan goed te onthouden.

Het onderscheid tussen binnenkant en buitenkant is aan de hand van het voorbeeld als volgt in schema weer te geven (tabel 10.1).

Tabel 10.1 Onderscheid binnenkant en buitenkant in communicatie.

Docente		**Student**	
Binnenkant Inzet: ik wil ook de namen van mijn buitenlandse studenten correct uitspreken	*Buitenkant* Vraagt aan de student hoe je zijn naam uitspreekt	*Buitenkant* Geïrriteerde reactie	*Binnenkant* Gekwetst en gevoel van niet erkend worden door de docente
Begrip en betrokkenheid	Verontschuldigt zich en legt uit	Spreekt zijn naam nog eens langzaam uit. Herhaalt hem zo nodig.	Begrip

10.3 Bedoelingen en effecten

Uit het onderscheid tussen binnenkant en buitenkant blijkt dat de bedoelingen van iemand en in het verlengde daarvan de effecten van zijn gedrag *niet* met elkaar overeen hoeven te komen. De hardwerkende functionaris is snel en gehaast en hij krijgt ongewild en onbedoeld het effect dat collega's hem verwijten niet collegiaal te zijn. De docente wil vanuit haar beste bedoeling nog eens weten hoe zij de naam van de student moet uitspreken en zij krijgt als effect van haar vraag – haar gedrag – een geïrriteerde reactie van de student. Zoals gezegd zijn de bedoelingen van iemand niet zichtbaar; die bevinden zich binnenin hem. De ander kan de bedoeling niet waarnemen, wel het gedrag. En daarop reageert hij.

Je weet nooit zeker hoe je bedoelingen via je gedrag bij een ander overkomen. Je weet nooit van tevoren welk effect je gedrag op de ander zal hebben. En het is uitsluitend de ander die bepaalt wat het effect is van het door hem waargenomen gedrag. Een belangrijke conclusie is dan ook dat de reactie van de ander de betekenis is van de boodschap die je communiceert. (4) Dit heeft als consequentie dat het van belang is te werken met de *effecten* van je communicatie en niet met je bedoelingen. De docente is niet klaar door alleen te zeggen dat het haar bedoeling niet was. Zij werkt verder met het effect van haar communicatie en neemt daarmee de reactie van de student serieus.

Als professional heb je vanuit je functie en positie een extra verantwoordelijkheid voor een goed verloop van de communicatie. Allereerst dien je te beseffen dat bedoelingen en effecten kunnen verschillen en dat daardoor misverstanden kunnen optreden. Dit besef voorkomt dat misverstanden in de communicatie tot persoonlijke verwijten gaan leiden. Ten tweede dien je het beoogd resultaat los te koppelen van je inzet. Dit hangt met het volgende samen. Of je het gevoel hebt dat je inzet gezien wordt, of je ziet dat je invloed hebt, meet je meestal af aan een van tevoren beoogd resultaat; bijvoorbeeld antwoord krijgen op de vragen die je stelt.

Een contactambtenaar moest het exacte vluchtverhaal van een asielzoeker achterhalen. Daarvoor had hij een aantal vragen voorbereid die hij de asielzoeker voorlegde. Het gesprek verliep zeer moeizaam. De asielzoeker gaf geen directe antwoorden en vertelde zaken die voor de contactambtenaar niet van belang waren. Beide partijen raakten geïrriteerd, totdat de asielzoeker op zijn knieën viel en geëmotioneerd uitriep: 'Please Lord, make this man listen to me!'

De contactambtenaar staat als resultaat voor ogen dat hij feiten wil horen van de asielzoeker, zodat hij deze op een rijtje kan zetten. De inzet, de bedoelingen van de functionaris zijn volledig gericht op het behalen van dit resultaat. Zolang de asielzoeker niet met voor hem belangrijke feiten komt, heeft de functionaris het gevoel dat hij geen invloed heeft, dat zijn inzet niet gezien wordt. De asielzoeker bewandelt omwegen in de ogen van de functionaris: hij vertelt zijn emoties en andere ervaringen. De functionaris raakt geïrriteerd. Hij voelt zich niet erkend in zijn inzet, want zijn toets voor erkenning is alleen het beoogde resultaat. De functionaris kan leren het beoogde resultaat los te koppelen van zijn inzet. Hij kan leren werken met de effecten van zijn communicatie en niet met zijn bedoelingen. Dit betekent dat hij goed waarneemt hoe de ander reageert op zijn gedrag. Wat communiceert de ander verbaal en non-verbaal als effect van zijn gedrag? De beleving, het gevoel dat hij bij de ander oproept – het effect – is het vertrekpunt voor vervolggedrag. Door aan te sluiten bij – in te voegen in – het verhaal van de ander kan hij uiteindelijk ook hetzelfde resultaat bereiken. Hiermee krijgt de functionaris ook weer zicht op zijn invloed, wat hem weer een gevoel van erkenning kan opleveren.

Voorgaande is niet bedoeld als manipulatie van de asielzoeker. Het doel, het beoogde resultaat van het gesprek, blijft hetzelfde. Maar door het beoogde resultaat los te laten en door te letten op de effecten van het eigen gedrag, zijn andere interventies mogelijk. Bijvoorbeeld invoegen in de wijze van communiceren van de ander. Door aan te sluiten en in te voegen geeft de functionaris juist erkenning aan de asielzoeker. Deze mag er zijn met zijn verhaal, met zijn ervaringen en emoties. Communicatief dient de functionaris wel helder te blijven in zijn bedoeling. Het gaat er niet om het doel van het gesprek los te laten, maar de weg waarlangs (de kortste weg blijkt immers vaak de omweg te zijn). De functionaris blijft dan ook sturing geven aan het gesprek en behoudt zo de regie.

10.4 Besef van invloed

Meestal beseffen gesprekspartners tijdens een gesprek niet of nauwelijks wat de eigen invloed is op de ander. Gaat er iets mis in de communicatie, dan krijgt de ander algauw de schuld. Dit gebeurt nogal eens, omdat de wijze waarop iemand iets zegt niet herkend of begrepen wordt. Als mensen een bepaalde manier van doen niet (her)kennen ontstaan interpersoonlijke invullingen. De asielzoeker in het gegeven voorbeeld kent en snapt de wijze van vragenstellen van de functionaris niet. Mogelijk geeft hij er een persoonlijke invulling aan dat hem een verhoor wordt afgenomen. De functionaris op zijn beurt herkent de vertelwijze van de asielzoeker niet en denkt wellicht dat de asielzoeker hem wil tegenwerken. Beide partijen raken zo geïrriteerd.

Het besef dat beïnvloedingsprocessen circulair verlopen, voorkomt persoonlijke verwijten (zie ook paragraaf 1.5). De kern van een circulair proces van beïnvloeding is als volgt: Persoon A heeft een bedoeling, die zit aan de binnenkant. Via zijn gedrag geeft A uiting aan zijn bedoeling. Het gedrag van A heeft effect op persoon B. Wat persoon B laat zien van het effect via zijn gedrag, heeft invloed op persoon A (zie figuur 10.1).

Figuur 10.1 Schema van de circulaire beïnvloeding. (5)

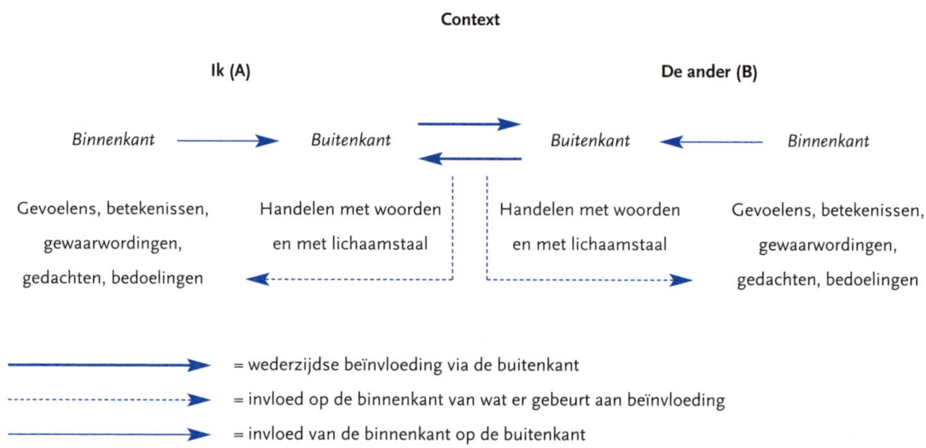

(Bron: Bewerking van een schema van Rita Steens) (5)

Deze circulaire beïnvloeding verloopt gelijktijdig en gaat steeds maar door. Daarbij komt dat ook 'derden' – de sociale dialoog ofwel de sociale representaties – in de ruimere sociale omgeving betrokken zijn in dit circulaire beïnvloedingsproces. Door de snelheid waarmee communicatie verloopt, is het risico van misverstanden groot. Bovendien maakt de eigen betrokkenheid blind voor wat er in de directe communicatie gebeurt. Het is eigenlijk een wonder dat het in de meeste gevallen goed gaat.

Je kunt pas zicht krijgen op de eigen invloed door buiten het communicatieveld te treden en over een schouder meekijkend het communicatieproces te bezien. Soms is er een ander nodig die je wakker schudt om stil te staan bij wat je eigen gedrag bij de ander oproept. Om jezelf de vraag te stellen: Wat doe ik, dat de ander zo doet? In het voorbeeld van de contactambtenaar ging deze pas beseffen wat zijn aandeel was in het slechte verloop van het gesprek, op het moment dat de asielzoeker op zijn knieën viel en God bad om de ander naar hem te laten luisteren.

Naast het praktische belang van een effectieve gespreksvoering, is er een fundamenteel belang voor ieder mens de eigen invloed te kunnen beseffen. In de inleiding van dit hoofdstuk is al gezegd dat het verlies van het besef van de eigen invloed kan leiden tot het gevoel geen greep meer te hebben op de dingen in het leven. In het uiterste geval kunnen mensen het gevoel krijgen dat ze de zinvolheid van het eigen zijn (hier de eigen invloed) letterlijk niet meer kunnen zien.

Het besef van invloed is niet rechtstreeks te ontwikkelen. (6) Het besef invloed te hebben kan slechts ontstaan via het besef van andere meer concrete vormen van besef. Mensen beseffen alleen dan hun invloed als ze in hun communicatie onder andere kunnen beseffen dat:

- ze erbij horen;
- hun inzet zin en betekenis heeft;
- ze door iemand begrepen worden; en
- ze toekomst hebben.

Er zijn wel meer vormen van besef te bedenken. De genoemde vormen zijn echter gekozen, omdat ze nauw aansluiten bij wat mensen in het dagelijks leven het meest bezighoudt. Verder zijn deze vormen van besef goed hanteerbaar. Het besef van invloed is de algemene noemer voor deze vormen van besef invloed te hebben.

Om het belang van deze vormen van besef te verhelderen, vooral voor migranten, volgt nog een beknopte uitwerking van het besef erbij te horen en het besef toekomst te hebben.

Besef erbij te horen

Het besef erbij te horen is zeker voor migranten vanuit een maatschappelijke minderheidspositie, van levensbelang. Het gaat hier om de vraag of in dit geval migranten antwoord krijgen op de vraag bij wie ze horen en bij wie niet. Krijgen zij voldoende ondersteunende feedback vanuit de samenleving en in hun directe communicatie, waardoor ze het gevoel hebben bij de samenleving te horen? Er kan een tegenstelling bestaan tussen het objectieve feitelijke weten bij wie te horen en het subjectieve weten dat ontstaat binnen de context van de directe gespreksvoering met anderen. Een jongen geboren en getogen in Nederland kan voor zichzelf vaststellen dat hij zich allereerst Rotterdammer voelt en formeel de Nederlandse nationaliteit heeft. In de directe communicatie met de omgeving echter, komt hij te weten dat hij voor veel mensen een Marokkaan is die er niet bij hoort. Dit kan tot een beangstigende vaststelling leiden. Zo kan de jongen het besef verliezen dat hij een plaats heeft in de vele sociale systemen waarin hij zich beweegt en die voor hem een levensnoodzaak zijn.

Mensen die het gevoel of besef verloren hebben erbij te horen, kun je weer op weg helpen door de gave gebieden op te sporen in hun communicatie met de omgeving. De gave gebieden zijn die gebieden in het leven, waar iemand nog wel eerdergenoemd besef van invloed ervaart. Je kunt zo iemand helpen door hem te laten zien dat hij *iets* bereikt heeft, of dat iemand in zijn leefomgeving hem nog begrijpt. Verder kun je hem helpen ontdekken wat hij gemeenschappelijk heeft met anderen en helpen de verschillen te laten zijn en ze niet meer als oordeel te voelen. Je kunt mensen helpen te laten inzien dat er een onderscheid is tussen iets weten over de eigen situatie en iets denken daaromtrent. Denken is te wijzigen, te nuanceren: bijvoorbeeld door de hiervoor genoemde jongen te vragen:

- Wat denk je dat de mensen bedoelen, wanneer ze jou Marokkaan noemen?
- Wat geeft jou de indruk dat jij er in die situatie niet bij hoort?

Besef toekomst te hebben

Het besef toekomst te hebben is een levensvraag die eveneens veel migranten bezighoudt. Gezien hun migratieverleden stellen veel migranten, vooral oudere migranten, zich de vraag óf en waar ze toekomst hebben: in België/Nederland en/of in eigen land? Zij kunnen toekomst zien wanneer zij in hun actuele communicatie feedback ontvangen dat hun verleden enige zin heeft gehad. Veel oudere migranten vragen zich af of het slopende werk dat ze in de beginjaren van de gastarbeid verricht hebben voor de samenleving enig belang heeft gehad, zodat ze nu op een toekomst in België/Nederland en/of het eigen land mogen rekenen. Anderen kunnen deze oudere migranten behulpzaam zijn (weer) toekomst te zien door te wijzen op terugkoppelingen die zij (de oudere migranten) hebben ontvangen, waaruit blijkt dat hun verleden betekenis heeft gehad. Bijvoorbeeld terugkoppelingen van hun kinderen die dankzij het werk van hun vaders en de inzet van hun moeders maatschappelijk succesvol konden worden. Ook kan de kritiek die mensen uiten op de gang van zaken in het verleden zo beluisterd ofwel herkaderd worden dat de nadruk komt te liggen op de veranderingswensen voor de toekomst.

10.5 Positieve of negatieve inzet?

De vraag die vaak gesteld wordt is of de inzet van mensen per definitie goed of slecht is. Het positieve antwoord op deze vraag levert Arnold Cornelis' filosofie van de stabiliteitslagen in de cultuur als nesteling van de emoties. (7) Cornelis stelt dat er drie fundamentele emoties zijn waarmee de mens geboren wordt: angst, boosheid en verdriet. Volgens Cornelis zijn deze drie fundamentele emoties in hun vertrekpunt negatief, in de betekenis van nog niet tot rust gekomen: de mens kent deze gevoelens als *angst, boosheid* en *verdriet*. Uiteraard zijn er veel meer emoties. Maar de grote verscheidenheid aan emoties is volgens Cornelis afgeleid van deze drie basisemoties.

Angst, boosheid en verdriet vormen de bron van de drie menselijke sociaal-emotionele basisbehoeften. Deze basisbehoeften van de mens zijn allereerst het verlangen naar *fysieke, sociale geborgenheid* en naar *basisveiligheid*; ten tweede het verlangen naar *erkenning van zijn competenties* ofwel *bekwaamheden* en ten derde het verlangen naar *communicatieve zelfsturing*. Communicatieve zelfsturing is het verlangen van de mens zélf vorm te geven aan zijn leven in communicatie met zijn omgeving. Het is zijn verlangen naar zelfexpressie en naar zelfverwerkelijking. Daarmee vormen de basisemoties tevens de drijfveer van het menselijk verlangen. Ze zijn de wil om als mens – menswaardig – te leven.

Uit het voorgaande volgt dat de mens dus *niet* ter wereld komt met positieve emoties; deze moet hij verwerven in een *cultureel* leerproces. De bedoeling van dit leerproces is een omgeving te vinden dan wel te creëren waarin de angst, de boosheid en het verdriet zich kunnen stabiliseren: zich kunnen nestelen en tot rust kunnen komen. Deze stabilisatie komt dan tot uiting in de omzetting van de negatieve emoties in positieve: angst wordt een gevoel van geborgenheid, veiligheid en liefde. Boosheid maakt plaats voor een gevoel van erkenning van zijn bekwaamheden. En verdriet wordt een gevoel van schoonheid in de betekenis van het zichzelf kunnen herkennen in de wereld. Dit laatste is het resultaat van het zelf sturing kunnen geven aan het leven in communicatie met anderen.

NB De *fysieke* bronnen van motivatie, de basisbehoeften zoals eten, drinken, fysieke bescherming en seksualiteit zijn hier buiten beschouwing gelaten. Het is echter van belang erbij stil te staan dat de vervulling van de fysieke basisbehoeften van eten, drinken en onderdak prioriteit hebben voor grote bevolkingsgroepen van de Nederlandse en Vlaamse samenleving en onder anderen voor (minderjarige) asielzoekers.

Vanuit zijn basisemoties van angst, boosheid en verdriet heeft de mens dus behoefte aan een cultuur die zijn emoties stabiliseert. Als de sociaal-culturele leefomgeving van de mens deze emoties niet stabiliseert dan vallen mensen terug op angst, boosheid of verdriet. Angst is dan een bestaansangst zonder reden, boosheid neemt de gestalte aan van agressiviteit en verdriet manifesteert zich als zelfontkenning, miskenning, neerslachtigheid of depressiviteit. De problemen van bijvoorbeeld veel maatschappelijk kwetsbare jongeren vinden hun oorsprong in een samenleving die onvoldoende tegemoetkomt aan de hiervoor genoemde basisemoties en basisbehoeften. De samenleving kenmerkt zich door een cultuur die de basisemoties van deze jongeren niet stabiliseert, niet tot rust brengt. De angst, boosheid en het verdriet van de maatschappelijk kwetsbare jongeren zijn de symptomen, ofwel de foutmeldingen, van een sociale omgeving, van een cultuur die ten opzichte van hen tekortschiet. Zo'n foutmelding is het toenemend maatschappelijk geweld (het zogenoemde 'zinloos geweld') in Nederland. De Nederlandse psychiater Willem van Tilburg zegt hierover: '... zinloos geweld (is) één van de slechtste termen die de laatste jaren is geïntroduceerd. Dat geweld is niet zinloos. Het komt voort uit een enorme rancune tegenover de maatschappij. Het komt van mensen die chronisch gekleineerd zijn, van jongeren die zich tekort gedaan voelen en dan onder invloed van drank ontsporen'. (8)

Deze uitspraak van de psychiater maakt duidelijk dat het voor jeugdhulpverleners van belang is de fundamentele bronnen van motivatie te kennen en zich hier voortdurend van bewust te zijn, wanneer ze kijken naar het gedrag van jongeren en hun naaste omgeving. Het besef van deze bronnen van motivatie helpt om de achterliggende positieve intenties (= emoties en behoeften) te zien van op het eerste gezicht soms negatief en afwijkend gedrag van jongeren of hun naaste omgeving. Erkenning van deze positieve intenties schept ruimte bij jongeren en hun naaste omgeving om te komen tot effectieve jeugdhulpverlening.

De voortdurende inspanningen en bedoelingen van mensen komen dus voort uit de behoefte hun angst, boosheid en verdriet te stabiliseren. Anders gezegd: inzet is het verlangen, het menselijk zoeken naar geborgenheid, erkenning en zelfherkenning. De drie fundamentele emoties van angst, boosheid en verdriet en het verlangen deze te stabiliseren vormen de drijfveer voor het dagelijks doen en laten van mensen; de drijfveer voor hun dagelijkse inzet. In het dagelijks leven van mensen is dit streven naar stabilisering van de emoties onder andere herkenbaar in de ontwikkeling van de genoemde vormen van besef van invloed: het besef erbij te horen, het besef dat de inzet zin heeft, het besef door iemand begrepen te worden en het besef toekomst te hebben.

Zo bezien is alle inzet van mensen in wezen positief: het gaat immers altijd om de vervulling van de fysieke behoeften en om het stabiliseren van de basisemoties van angst, boosheid en verdriet. Dat maakt het zo belangrijk steeds op een erkennende manier de inzet van mensen trachten te begrijpen; dit in het perspectief van hun verlangen naar geborgenheid, erkenning en zelfherkenning.

Het gedrag van mensen is niet altijd gemakkelijk te herkennen als positieve inzet. Soms is inzet zo ingewikkeld verpakt, dat een ander dit gedrag niet als inzet kan herkennen. Lastig te herkennen gedragsvormen van inzet zijn bijvoorbeeld: weerstand tonen tegen veranderingen, kritische vragen stellen, zwijgen, eisend gedrag, stilvallen. Nog lastiger zijn vormen als het slaan van kinderen en liegen.

Aangezien het van levensbelang is voor mensen dat hun inzet erkend wordt, is het in de begeleiding van mensen en in de hulpverlening noodzaak ook bij lastig gedrag eerst op zoek te gaan naar de onderliggende behoeften, motieven, drijfveren en emoties om vervolgens deze inzet te erkennen.

Een voorbeeld is het omgaan met weerstand. Het beeld van de ijsberg is bruikbaar om deze weerstand inzichtelijk te maken. De weerstand kan zich in het gedrag van iemand op verschillende manieren uiten. Dit weerstandsgedrag is het zichtbare deel van de ijsberg (figuur 10.2). Het niet-zichtbare deel onder water, omvat de basisbehoeften en basisemoties die zoals gezegd eerst onderzocht en erkend dienen te worden, alvorens gedragsverandering mogelijk is.

Figuur 10.2 Schematische voorstelling van weerstand.

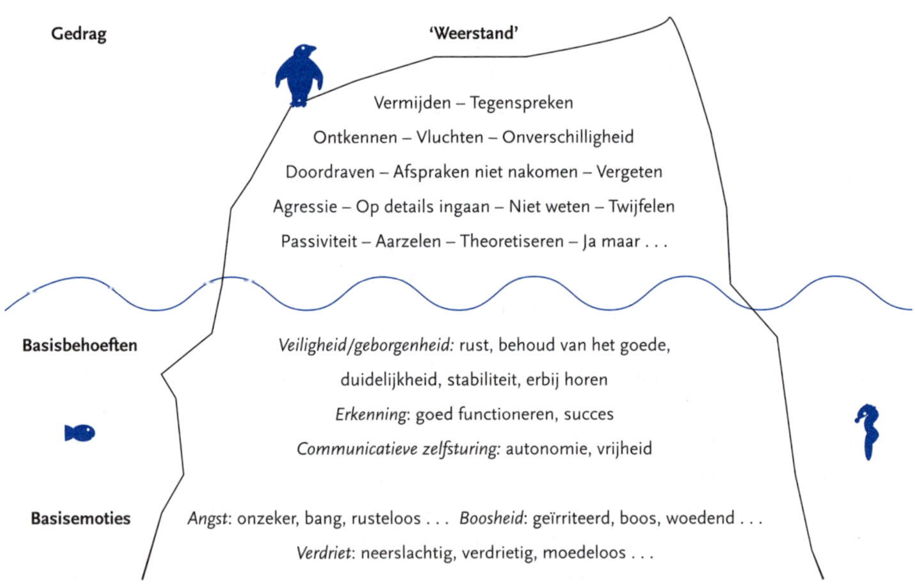

10.6 Erkenning, verwerping en miskenning

Globaal genomen kunnen mensen het effect van iemands gedrag op drie manieren ervaren: als erkenning van hun inzet, als verwerping en als negatie of miskenning. (9)

10.6.1 ERKENNING

Erkenning is dat de ander het gevoel heeft dat er notitie wordt genomen van zijn inzet, dat hij ergens zijn best voor doet. De ander voelt zich in zijn inzet gezien en in zijn verhaal gehoord. Erkenning van inzet is voor mensen een fundamentele behoefte. In de hiërarchie van behoeften in het schema van Abraham Maslow (10), komt de behoefte aan erkenning op de derde plaats, na de fysiologische behoeften (honger en dorst) en de behoefte aan veiligheid. Voor ieder mens zijn de fundamentele levensvragen *Mag ik er zijn zoals ik ben? Ben ik waardevol? Word ik geaccepteerd en hoor ik erbij?* Francis Fukuyama (11) ziet de hele menselijke geschiedenis als een strijd om erkenning. De mens onderscheidt zich van het dier in *zijn verlangen naar het verlangen van andere mensen.* Anders gezegd, de mens wil door anderen gewenst of erkend worden. De mens is van meet af aan een sociaal wezen: zijn gevoel van eigenwaarde en identiteit zijn nauw verbonden met de waarde die anderen aan hem toekennen.

Communicatief gezien is erkennen de ander in zijn waarde laten, respect tonen. Wanneer iemand zich erkend voelt, kan hij zich gemakkelijker openstellen voor andere ideeën en zienswijzen. Als je de zienswijze van iemand wilt verruimen, dan is het allereerst van groot belang dat hij zich erkend voelt in zijn zienswijze. Hij moet eerst het gevoel hebben dat *zijn* ordening van de werkelijkheid, *zijn* zienswijze, *zijn* intenties, behoeften, motieven en *zijn* verwoording (articulatie) van dit alles, bestaansrecht hebben. Aan de hand van figuur 10.3 een verduidelijking van het proces van erkenning.

Figuur 10.3 Proces van erkenning.

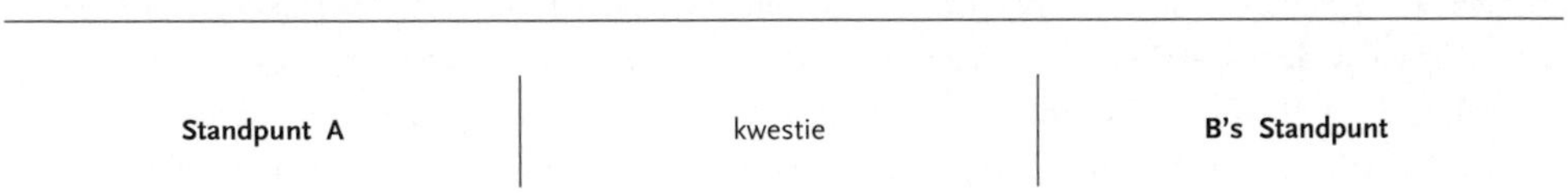

Als persoon A de zienswijze van persoon B op een kwestie wil verruimen met zijn kijk, dan zal het in de meeste gevallen niet werken wanneer A alleen tegen B zegt: Kom naar mij en kijk vanuit mijn standpunt naar de kwestie.

Meer succes heeft A waarschijnlijk wanneer A eerst B erkenning geeft. Dit doet A door naar B's 'standpunt' toe te gaan, in B's leefwereld te stappen om vervolgens zijn zienswijze, gevoelens en logica te erkennen ten aanzien van de kwestie die aan de orde is. A geeft zo bestaansrecht aan B's visie, gevoelens en logica. Wanneer B zich voldoende erkend voelt, zal B bereid zijn met A mee te gaan naar diens 'standpunt'. Wanneer A vervolgens zijn zienswijze zorgvuldig ent op die van B, zal B ook openstaan om zijn zienswijze te verruimen met die van A. Zie ook verderop het voorbeeld in het kader waarin Dennis Ross vertelt over empathie.

Erkennen is uitdrukkelijk niet hetzelfde als bevestigen, het ermee eens zijn. Veel mensen vinden het bijzonder lastig een ander te erkennen. Ze hebben het gevoel dat ze de ander dan gelijk geven, dat ze het met de ander eens zijn. Je kunt iemands gedrag erkennen *zonder* het ermee eens te zijn.

Er zijn globaal genomen drie manieren om te *proberen* de inzet van iemand te erkennen. Nadrukkelijk staat hier *proberen*, omdat bedoelingen en effecten niet overeen hoeven te komen.

Of de bedoeling om een ander te erkennen ook zo begrepen en gevoeld wordt, maakt uitsluitend die ander uit. Herinner je in dit verband de uitspraak: de ander bepaalt het effect van mijn communicatie.

Uitermate belangrijk bij erkenning is dat het gebeurt vanuit de presentie: de aandachtige betrokkenheid vanuit het hart. Wanneer erkenning niet oprecht en integer van binnenuit gebeurt, dan wordt het een technisch, koud kunstje, dat niet blijft werken.

De drie vormen van erkenning zijn:

- Inleven in het referentiekader van de ander.
- Invoegen van een eigen zienswijze.
- Inleven in de kijk van de ander.

Inleven in het referentiekader van de ander

Het tonen van empathie is hiervoor een sleutelwoord.

Dennis Ross was Amerikaans vredesgezant in het Midden-Oosten. Hij werkte achtereenvolgens voor vier presidenten als vredesbemiddelaar in het Midden-Oosten. Op de vraag: 'Wat is het sleutelwoord van uw stijl', antwoordt hij: 'Empathie. Ik moet me compleet in een ander verplaatsen, me helemaal inleven. Ik moet begrijpen wat de partijen beweegt, motiveert, beperkt en wat hun behoefte is. En zij moeten ook elkaars behoeften begrijpen, zich met elkaar identificeren. Ik besteed er veel aandacht aan dat onderhandelaars elkaar leren kennen en elkaar oprecht gaan zien als partners. En het is belangrijk dat ik problemen verhelder. Door de erfenis, het conflict, de achterdocht, de pijn en het gecumuleerde gevoel van treurnis kan een partij 'X' zeggen, terwijl de andere partij denkt dat 'Y' wordt bedoeld. Ik kan dan onmiddellijk zeggen: men hoort iets anders dan hij bedoelt... Als de partijen eenmaal van elkaar weten wat hun beperkingen en behoeften zijn, zien ze vanzelf waar de kloven liggen. Als ze zover zijn, gaan ze kijken naar manieren om de verschillen te overbruggen. Dan worden ze creatief.' (12)

Het inleven in iemands leef- en denkwereld kan door op aandachtige, betrokken wijze vragen te stellen naar de leefwereld en de ervaringen van de ander. Een illustratie hiervan kan gegeven worden aan de hand van opnieuw het voorbeeld in paragraaf 7.3 van de islamitische vader die problemen had met de zwemlessen van zijn dochter.

Een islamitische vader was op grond van zijn geloof van mening dat zijn dochter niet aan de zwemlessen mocht deelnemen, omdat zijn dochter tegelijk met jongens les kreeg. De schoolleiding ging hierover met de vader in discussie en probeerde tevergeefs de man ervan te overtuigen dat gemengd zwemmen niet in strijd is met de islam. Ook een imam, die de school om advies had gevraagd, kon de vader niet van mening doen veranderen. Het conflict escaleerde zo dat de vader zijn dochter thuishield van school. Hiermee ontdook de vader de leerplicht en er kwam een rechtszaak. Tijdens de rechtszitting werd een video vertoond die opgenomen was in het land van herkomst van de vader. Op deze video was te zien hoe meisjes en jongens in de leeftijd van de dochter van de vader in korte gymkleding met elkaar sportten. Naar aanleiding van deze videobeelden vroeg de rechter aan de vader wat zijn bezwaren nog konden inhouden, wanneer in zijn eigen land jongeren zo gemengd met elkaar sportten. 'Dat zijn geen goede moslims', antwoordde de vader en bleef bij zijn standpunt.

In een ander scenario (zie paragraaf 8.4) is het voorstel dat de schoolleiding de man in zijn inzet *als vader* erkent door op een ondersteunende manier te vragen naar zijn opvattingen en waarden ten aanzien van het gemengd zwemmen van zijn dochter. Systeemtheoretisch uitgangspunt hierbij is, dat elk gedrag een vorm van inzet is. Zoals gezegd kunnen vormen van inzet lastig te herkennen zijn, ook omdat het kan gaan om inzet op een ander gebied dan wenselijk is. De weigering van de vader om zijn dochter mee te laten zwemmen, is voor de schoolleiding zo'n lastig herkenbare vorm van inzet. Door vragen te stellen naar zijn achterliggende beweegredenen en motieven gaat de schoolleiding mee in de kijk van de vader op zichzelf en in zijn kijk op de situatie. Tevens benoemt de schoolleiding wat ze van de ander ervaart. De schoolleiding zou op de vader kunnen reageren met: 'We begrijpen dat u probeert als een goede islamitische vader uw dochter op te voeden. Daarom bent u het er niet mee eens dat uw dochter zwemlessen krijgt samen met de jongens. Klopt dit?'

De schoolleiding kan vervolgens aangeven dat ze op verschillende punten, ook in de praktijk, blijk geeft van deze erkenning. Bijvoorbeeld door het interculturele onderwijs op school, de aandacht voor de islam en haar bijzondere feestdagen, de lange broek die zijn dochter tijdens de gym mag dragen en het feit dat de school toestaat dat leerlingen hoofddoekjes dragen. De schoolleiding geeft de vader ook duidelijk aan dat ze heeft nagedacht of en hoe ze tegemoet kan komen aan het verzoek van de vader om zijn dochter niet met jongens te laten zwemmen.

In het voorgaande is ook het proces zichtbaar van elkaar wederzijds ter verantwoording (laten) roepen en in het verlengde hiervan aanspraak maken op de geldigheid van ieders waarheid, juistheid, en waarachtigheid: de geldigheidsaanspraken van het communicatief handelen. Zie hiervoor paragraaf 4.11.

Invoegen van een eigen zienswijze

Een tweede manier van erkenning geven is het invoegen van een eigen zienswijze die dezelfde is als die van de ander. De schoolleiding kan zeggen: 'Wij zijn ook ouders met opvattingen over wat belangrijk is voor ons kind en zodoende kunnen wij ons uw standpunt als vader goed voorstellen.' In dit opzicht helpt het bij verschillen in standpunten op zoek te gaan naar gemeenschappelijkheden. Dit is onder meer te bereiken door bij zichzelf en bij de ander gemeenschappelijke sociale identiteiten te onderkennen, zoals in het gegeven voorbeeld de sociale identiteiten van het ouderschap en het gelovig zijn die de schoolleiding en de man met elkaar delen. Vanuit deze gemeenschappelijke sociale identiteiten kan de schoolleiding de ander beter begrijpen en kunnen beide partijen bepaalde opvattingen en waarden met elkaar delen. Dit levert voor de vader erkenning op én bijgevolg ook voor de schoolleiding zelf: ze merkt dat ze invloed heeft op de vader.

Inleven in de kijk van de ander

De derde mogelijkheid om erkenning te geven is inleven in de kijk van de ander, en vervolgens de eigen kijk die verschillend is van de ander invoegen.

Wanneer de vader in het voorbeeld zich voldoende erkend voelt in zijn inzet als vader, kan de schoolleiding de eigen zienswijze, die verschilt van die van de vader, invoegen. Dit invoegen kan direct en indirect gebeuren. Direct invoegen is de eigen zienswijze meedelen aan de ander. In het geval dat de school geen enkele mogelijkheid heeft tegemoet te komen aan de wens van de vader, kan de school de vader vragen, ofschoon ze zijn zienswijze erkennen, voorlopig (gedurende haar schooltijd) afstand te doen van zijn recht op handelen volgens de eigen zienswijze. Dit betekent concreet dat de vader gevraagd wordt erover na te denken zijn dochter alsnog toestemming te geven met de gemengde zwemlessen mee te doen.

Indirect invoegen is op erkennende wijze zodanig vragen stellen dat de ander zelf tot andere inzichten, tot een andere zienswijze komt. De schoolleiding kan de vader bijvoorbeeld op een erkennende manier vragen hoe hij vindt dat het met zijn dochter op school gaat, hoe hij vindt dat de school met zijn dochter en met hem als ouder omgaat, hoe de vader ziet dat de school rekening houdt met de verschillende religieuze en etnische achtergronden van de kinderen en zo ook met zijn kind, hoe hij de toekomst ziet voor zijn kind en of de vader weet, dan wel wil horen, waarom de zwemlessen op school gemengd zijn?

Deze laatste vorm van erkenning geven, indirect invoegen, laat nog eens zien dat erkennen niet hetzelfde is als bevestigen, als het ermee eens zijn.

10.6.2 VERWERPING

Verwerpen betekent notitie nemen van de boodschap van de ander, maar vervolgens zonder enige erkenning aangeven dat je het niet eens bent met die boodschap. Bij verwerpen ga je voorbij aan de inzet van de ander. De schoolleiding uit het voorbeeld hiervoor verwerpt in eerste instantie de inzet van de vader, doordat ze de hulp van een imam inriep om de argumenten van de vader te weerleggen. Bij verwerpen wordt niet of onvoldoende stilgestaan bij de inzet van de ander en wordt meteen actie ondernomen, of een mening gegeven, die ingaat tegen de inzet van de ander.

Negeren is ook een vorm van verwerping. Er is wel notitie genomen van de boodschap van de ander, maar er wordt niet op ingegaan. Je negeert wat de ander doet of zegt.

Verwerping kan verwerping oproepen. Gesprekspartners kunnen in een verwerpingspiraal terechtkomen. Verwerping kan als effect hebben dat mensen zich in hun eigenwaarde en in hun zelfrespect aangetast voelen. Dit kan de vertrouwensrelatie tussen de betrokkenen ernstige schade berokkenen. Je kunt op je eigen gevoel afgaan en bij de ander waarnemen of deze effecten van verwerping optreden.

Verwerpen hoeft niet per definitie slecht te zijn. Soms is het nodig een boodschap van een ander direct en rechtstreeks te verwerpen. Denk bijvoorbeeld aan een discriminerende opmerking van iemand. Ook kan het bewust negeren van bepaald ongewenst gedrag een positieve uitwerking hebben. Wel is hier nogmaals de waarschuwing op zijn plaats, dat verwerping vooral in de gespreksvoering verwerping kan oproepen en betrokkenen in een neerwaartse verwerpingspiraal kunnen geraken.

10.6.3 MISKENNING

Miskennen is het niet horen en niet zien van de boodschap van de ander. Miskennen is niet hetzelfde als negeren. Negeren is een vorm van verwerpen. Bij negeren merk je de boodschap van de ander wel op, maar je gaat er niet op in. Je laat de ander niet merken dat je er notitie van hebt genomen. Negeren kan bewust gebeuren. Miskennen gebeurt onopzettelijk. Mensen kunnen letterlijk en figuurlijk zo'n andere kijk op zaken hebben, zo'n andere kennis van zaken dat ze wederzijds niet kunnen weten, dus niet kunnen zien wat de ander bedoelt of wil zeggen. Iemand wil bijvoorbeeld een hand geven ter begroeting en de ander reageert niet op de uitgestoken hand, maar groet op een andere wijze. Beiden kunnen miskenning voelen in hun inzet de ander te willen begroeten. Ze zien/kennen elkaars begroetingswijze niet (kúnnen deze ook in veel gevallen niet zien/kennen). Hierdoor treedt ongewild de miskenning op van elkaars inzet de ander te willen begroeten.

Wanneer iemand miskenning op miskenning ervaart, kan dit als effect hebben dat de ander zich verward of vervreemd voelt. Een effect is ook dat mensen onzeker worden en zich terugtrekken of zich steeds extremer gaan gedragen, omdat zij niet meer weten wat hun gedrag teweegbrengt. Mensen kunnen zich gaan afvragen of ze wel voor de ander bestaan. Zo kunnen gevoelens van miskenning ziekmakend zijn.

Ten aanzien van erkennen en verwerpen volgt nog een tweetal opmerkingen, die van belang zijn voor de gespreksvoering.

1 Alleen de ander bepaalt of hij zich erkend of verworpen voelt. Bedoelingen en effecten van de communicatie kunnen namelijk uiteenlopen. Je kunt nog zulke goede bedoelingen hebben, uiteindelijk is het de ander die het effect van je communicatie bepaalt. Eerder is al gezegd dat een erkennend bedoelde opmerking als: 'U spreekt al goed Nederlands', door de ander ervaren kan worden als verwerping. Aan de andere kant is het mogelijk dat verwerping ervaren wordt als erkenning. Protesten tegen het dragen van hoofddoekjes door moslimleerlingen op school, ervaren sommige islamitische leerlingen en hun ouders als erkenning – het notitie nemen – van het belang van hun islamitische achtergrond. Ook hier is het weer raadzaam te werken met de effecten van de communicatie op de ander en niet te werken met de bedoelingen.
2 Erkennen en verwerpen gebeuren niet alleen verbaal, maar ook non-verbaal. Een schouderklopje, een knipoog en een opgestoken duim kunnen erkenning uitdrukken. Een vernietigende blik, de ander de rug toekeren, net doen of je neus bloedt of weglopen kan de ander als verwerping opvatten.

10.7 Besef van de erkenning van inzet

Net als bij het besef van invloed, ben je van de ander afhankelijk om te kunnen ervaren of je inzet zinnig is. Dit is echter een lastig punt, aangezien je de erkenning van je inzet alleen kunt afleiden uit het gedrag van de ander. En omdat elk gedrag meerduidig is en je niet altijd in staat bent bij de ander na te vragen, ben je vaak aangewezen op het eigen referentiekader om erachter te komen wat de ander bedoelt te zeggen over de waarde van je inzet. Daarbij is ieders referentiekader niet alleen het product van de eigen individuele geschiedenis, maar ook van de vele actuele interpersoonlijke en ruimere sociale invloeden (13); met andere woorden de al vaak genoemde heersende sociale representaties. Voorgaande betekent dat wat iemand als erkenning van zijn inzet ziet, mede bepaald is/wordt door wat de omgeving – 'men' – als erkenning van inzet ziet. Een eenvoudig voorbeeld is dat een docente zich erkend voelt, wanneer zij ziet dat haar studenten luisteren en aantekeningen maken. Zitten studenten uit het raam te kijken en schrijven ze niets op, dan zal de docente zich waarschijnlijk niet erkend voelen in haar inzet. Uit het raam kijken en niets opschrijven tijdens een les ziet 'men' niet – en daardoor ook de docente niet – als vormen van erkenning van inzet, terwijl de studenten toch aandachtig kunnen opnemen wat de docente vertelt.

Het besef van de zin van de eigen inzet kan verdwijnen, wanneer mensen geen zicht meer hebben op signalen uit hun omgeving dat hun inzet zin heeft of wanneer ze veel miskenning van inzet ervaren.

Voor veel migranten bijvoorbeeld, met name oudere mannen, geldt dat zij de zin van hun inzet niet meer kunnen zien die ze hebben gehad op voor hen belangrijke levensterreinen, zoals de opvoeding van hun kinderen, de etnische gemeenschap, hun werk en gezin. Deze oudere mannen stijgen in hun eigen land doorgaans in aanzien: ze krijgen respect door andere verantwoordelijkheden. Hier in Vlaanderen en in Nederland ervaren velen van hen het tegendeel. Zo komen ze psychisch in moeilijkheden. Zij hebben hun greep op de werkelijkheid verloren en verliezen hiermee hun gevoel van eigenwaarde en zelfredzaamheid. Veel migranten voelen zich niet gezien in hun grote inzet een bijdrage te leveren en geleverd te hebben aan de Nederlandse en Vlaamse samenleving. Sommige bevolkingsgroepen blijven roepen dat de migranten zich moeten aanpassen. Dit ondanks de voortdurende inzet van migranten op velerlei gebied, ondanks hun veranderende opvattingen, waarden, normen en levensstrategieën en ondanks de soms jarenlange en slopende arbeid als hún bijdrage aan de samenleving. Vanuit deze kijk op zaken van veel migranten komen opmerkingen als *Ze moeten zich aanpassen* en *Ze worden bevoordeeld* hard aan. Veel migranten voelen zich hierdoor niet gezien in hun inzet voor de samenleving.

10.8 Sociale representaties en inzet

Hoe en waarvoor mensen zich inzetten, wat als positieve inzet wordt gezien en wat mensen als erkenning van hun inzet ervaren, is allemaal, zoals hiervoor betoogd, niet louter een individuele zaak. Het staat onder invloed van de sociale representaties in de ruime sociale omgeving.

Een bekend voorbeeld
Tijdens een sollicitatiegesprek wacht de sollicitant de vragen van de werkgever rustig af en beantwoordt deze dan vervolgens zo goed mogelijk. De inzet van de sollicitant is beleefd en bescheiden te blijven en zichzelf niet nadrukkelijk op de voorgrond te zetten. Zijn bekwaamheid blijkt wel uit zijn diploma's en werkervaring. Deze inzet en de manifestatie ervan is mede gevormd onder invloed van sociale representaties waarin bescheidenheid, respect en eenvoud op de voorgrond staan.
De werkgever echter participeert in een andere sociale dialoog, met vooral sociale representaties van assertiviteit, presentatie, dynamiek en enthousiasme als de kritische factoren voor de selectie van goed personeel. Daardoor ziet (kan) hij niet (zien) wat de inzet is van de sollicitant. Zowel de werkgever als de sollicitant voelen zich daardoor niet erkend in hun inzet.

Ook ten aanzien van het gebied Inzet is het daarom goed stil te staan bij de aanwezige sociale representaties in de ruimere sociale omgeving. Deze zijn mogelijk van invloed op de inzet van jezelf en die van de ander én op het kunnen herkennen en erkennen van deze inzet.

10.9 Het TOPOI-model: het analyse- en interventiekader Inzet

Aan de basis van het analyse- en interventiekader Inzet staan de *kernvragen*:

1 Wat is mijn aandeel:
   a Wat is mijn inzet?
   b Wat zie en erken ik aan inzet bij de ander?
2 Wat is het aandeel van de ander:
   a Wat is de inzet van de ander?
   b Wat ziet en erkent de ander aan inzet bij mij?
3 Wat is de invloed van de ruime sociale omgeving:
   a Wat is de invloed van de heersende sociale representaties – beelden, waarden, normen, opvattingen en betekenissen – op de wijze waarop ik me inzet en de ander zich inzet?
   b Wat is de invloed van deze sociale representaties op wat eenieder van de ander als inzet ziet en kan erkennen?

Het *analysekader Inzet* bevat de volgende hulpvragen waarmee je hypothesen kunt opstellen ten aanzien van mogelijke misverstanden rond Inzet:

- Wat is het effect van ieders communicatie op elkaar?
- Wat zijn ieders motieven: beweegredenen, behoeften, emoties en wensen?
- Waar doet ieder zijn/haar best voor?
- Wat ziet ieder van onderliggende motieven van de ander?
- Wat ziet ieder van de ander waar hij/zij zijn/haar best voor doet?

- Wat is de invloed van de heersende sociale representaties – de beelden, waarden, normen, opvattingen en betekenissen – op wat ieder als inzet ziet en kan erkennen?
- Hoe laat eenieder de ander merken dat hij/zij ziet dat deze zijn/haar best doet?
- Voelt ieder zich gezien/erkend in zijn/haar motieven of beweegredenen?
- Voelt ieder zich gezien/erkend in hoe hij/zij zijn/haar best doet?
- Ziet ieder het onderscheid tussen bedoelingen en effecten van hoe hij/zij zijn/ haar best doet?

Het *interventiekader Inzet* geeft de volgende suggesties voor interventies:
- Met alle zintuigen de effecten waarnemen van de eigen communicatie op de ander.
- Gevoelsreacties bij de ander waarnemen en benoemen.
- Je eigen gevoelens, die het gedrag van de ander bij je oproept, benoemen en naar voren brengen.
- Werken met de effecten van je communicatie (niet met je bedoelingen)
- Stilstaan bij en/of open vragen stellen wat de onderliggende motieven, emoties, behoeften en belangen zijn van de ander. Spiegelen: benoemen van het gedrag dat je bij de ander ziet en de motieven die je onder dit gedrag vermoedt.
- Erkennen van de onderliggende motieven, emoties, behoeften en belangen van de ander.
- Benoemen welk effect het gedrag van de ander op jou heeft. Stilstaan bij en/of open vragen stellen waar de ander zijn best voor doet.
- Inleven en invoelen in (= erkennen) waar de ander zijn best voor doet.
- Laten merken, zeggen (= erkennen) dat je de inzet van de ander ziet.
- Open vragen stellen wat de ander als erkenning ervaart.
- Open vragen stellen waar en van wie de ander erkenning voelt (gave gebieden opsporen).
- Uitleggen waar je zelf je best voor doet: jouw onderliggende bedoelingen, motieven, belangen en gevoelens.
- (Laten) kijken naar de effecten van ieders inzet: waarvoor en hoe ieder zijn best doet.
- (Laten) beseffen van het onderscheid tussen bedoelingen en effecten en (laten) werken met de effecten van de communicatie.
- Zelf werken met de effecten van je communicatie en zonodig ook de ander laten werken met de effecten van zijn communicatie.
- Stilstaan bij en open vragen stellen wat de invloed is van de heersende sociale representaties – de beelden, waarden, normen, opvattingen en betekenissen – op wat ieder als inzet van de ander kan zien en erkennen en op wat ieder zelf als erkenning ervaart.
- Bijvoorbeeld vragen: Wat betekent voor jouw ouders een goede dochter? Hoe laten jouw ouders aan jou merken dat jij een goede dochter bent?

Verwerkingsopdrachten

Maak deze opdrachten samen met collega's. Vergelijk de uitwerking van elke opdracht met die van je collega's:
- Wat komt overeen?
- Wat verschilt?
- Wat valt op?

Opdracht 1 bij paragraaf 10.1 Alle gedrag is communicatie

Zoek situaties waarin blijkt dat het gedrag van iemand communicatie is, ook al wil die persoon niet communiceren of is hij zich er niet van bewust. Beschrijf ook wat hij ongewild of onbewust communiceert.

Opdracht 2 bij paragraaf 10.2 Binnenkant en buitenkant; 10.3 Bedoelingen en effecten

Een leidinggevende vraagt aan een medewerker die net terug is van ziekteverlof: 'En gaat het weer met je?' De medewerker reageert verschrikt en antwoordt lichtelijk geïrriteerd: 'Hoezo, moet je weer iets van me?'
- Maak gebruik van het schema van binnenkant en buitenkant en beschrijf wat er in deze situatie mogelijk gebeurt. 'Mogelijk', omdat je natuurlijk moet raden naar de mogelijke binnenkant van beide personen.
- Werk nu verder in hetzelfde schema en schrijf a) een reactie van de leidinggevende op waarin zij werkt met de effecten van haar communicatie en b) een reactie waarin zij niet werkt met de effecten van haar communicatie.

Opdracht 3 bij paragraaf 10.2 Binnenkant en buitenkant; 10.3 Bedoelingen en effecten

Haal een vergelijkbaar misverstand/conflictje in herinnering als in de opdracht hiervoor en werk dit op dezelfde manier uit als in opdracht 2.

Opdracht 4 bij paragraaf 10.4 Besef van invloed

In deze paragraaf staan vier concrete vormen van besef beschreven waardoor een persoon zich bewust kan worden van zijn invloed.
- Welke vier vormen van besef zijn dit?
- Praat met een collega over deze vier vormen van besef en wissel met elkaar uit hoe je deze vormen van besef in je leven ervaart/ervaren hebt.
- Wissel ook uit welk belang deze vormen van besef voor jullie beiden hebben.

Opdracht 5 bij paragraaf 10.5 Positieve of negatieve inzet?

Schrijf aan de linkerkant van een blaadje tien vormen op van lastig gedrag dat je ziet bij cliënten of collega's.

Schrijf nu aan de rechterkant naast elke 'negatieve' gedragsvorm de mogelijke positieve inzet die achter of onder dit lastige gedrag zit.

Opdracht 6 bij paragraaf 10.6 Erkenning, verwerping en miskenning?

Een paar ouders die voor de school op hun kind staan te wachten, praten met elkaar erover dat er veel buitenlandse kinderen op de school zitten. Een onderwijzer hoort een van de ouders zeggen: 'Ik vind dat de school verder geen migranten meer moet aannemen.'

Op welke twee manieren kan de onderwijzer verwerpend reageren?

Opdracht 7 bij paragraaf 10.6 Erkenning, verwerping en miskenning

Doe deze opdracht met twee andere collega's.

Speel een situatie met een collega na waarin je als onderwijzer erkennend reageert op je collega die de ouder speelt die de opmerking heeft gemaakt 'Ik vind dat de school verder geen migranten meer moet aannemen'.

De derde collega observeert hoe het erkennen gebeurt en wat het effect ervan is.

Opdracht 8 bij paragraaf 10.7 Besef van de erkenning van inzet;
10.8 Sociale representaties en inzet

Bespreek met collega's of jullie je erkend voelen in je inzet in het werk of de opleiding.

- Wissel met elkaar uit wat maakt dat je je erkend voelt in je inzet; waaruit kun je afleiden dat waar jij je best voor doet gezien wordt; erkend wordt.
- Wissel ook met elkaar uit wat maakt dat je je niet erkend voelt in je inzet; dat je geen besef hebt van de erkenning van je inzet. Onderzoek met elkaar of de erkenning van inzet misschien op een manier gebeurt die je niet ziet of niet kunt zien als erkenning. Denk hierbij aan het voorbeeld van de docente en de studenten die uit het raam kijken.
- Vat met elkaar samen wat ieder van jullie als erkenning van inzet ervaart.

Literatuurverwijzingen

1 Peeters, 1989, p. 17.
2 Watzlawick, 1974, p. 44.
3 Mattheeuws, 1986, p. 145.
4 O'Connor en McDermott, 1997, p. 32.
5 Steens, 1993, p. 29.
6 Mattheeuws, 1990, p. 10 e.v.
7 Cornelis, 1995.
8 NRC Handelsblad 19/06/2001.
9 Mattheeuws, 1988.
10 Atkinsons en Atkinson, 1979, p. 316.
11 Fukuyama, 1992, p. 172.
12 de Volkskrant 1991.
13 NRC Handelsblad 4/12/1999.
14 Peeters, 1990, p. 18.

11

TOEPASSINGEN VAN HET TOPOI-MODEL OP PRAKTIJKSITUATIES

11.1 Slaan?

11.2 Basiscommunicatie van een moeder met haar kind: niet de manier van doen binnen haar cultuur?

11.3 Racisme?

11.4 Een hand geven of niet?

11.5 Humor

11.6 Participatie

11.7 Identiteit

11.8 Over identiteit

11.9 Aandacht geven

11.10 Op tijd komen?

11.11 Als vrouw serieus genomen worden

11.12 Discriminatie?

11.13 Ongemotiveerd iets te veranderen in de relatie?

11.14 Aanpassen in kleding, sieraden, enzovoort?

11.15 Assertief?

11

INLEIDING

In dit hoofdstuk staan concrete toepassingen van het TOPOI-model beschreven op een aantal praktijksituaties. De opbouw is als volgt. Eerst wordt de praktijksituatie kort van commentaar voorzien. Dan volgt een aantal hypothesen over mogelijke misverstanden. Ten slotte wordt een aantal suggesties voor interventies gegeven om de communicatie weer vlot te trekken.

Bij elke praktijksituatie zijn een of meer gebieden van het TOPOI-model de invalshoek om hypothesen op te stellen en om interventies voor te stellen. Het is beslist *niet* zo (en evenmin noodzakelijk) dat op elke praktijksituatie alle vijf de gebieden van toepassing zijn. Soms volstaat de toepassing van één gebied al om de communicatie weer vlot te trekken. Zoals gezegd hangen de vijf gebieden van het TOPOI-model nauw met elkaar samen en zijn ze in de praktijk niet van elkaar te scheiden. Het onderscheid in de verschillende gebieden is alleen aangebracht om de communicatie inzichtelijk en werkbaar te maken en om zoveel mogelijk openingen te kunnen vinden.

De analyse van de praktijksituatie volgens het TOPOI-model gebeurt ook niet steeds in de volgorde van de TOPOI-gebieden. Soms wordt bijvoorbeeld met het gebied Personen begonnen omdat daar juist de misverstanden het meest in het oog springen.

Bij de uitgevoerde toepassingen van het TOPOI-model gaat het steeds om *subjectieve* hypothesen en interventies. Ook de auteur van dit boek neemt een subjectief bepaalde invalshoek in om naar de praktijksituaties te kijken. Andere hypothesen en interventies zijn evengoed mogelijk, waarbij steeds wel een systeemtheoretische benadering het criterium is met ruimte voor de *unieke persoon* met zijn meervoudige identiteit, ruimte voor het anders zijn, ruimte voor de eigen betekenisgeving van de persoon en besef van de gelaagdheid van het *communicatieproces*.

Het initiatief in de analyse en de interventie ligt vooral aan de kant van de professional; dit vanuit de professionele opdracht en verantwoordelijkheid die professionals hebben en vanuit de circulaire gedachte dat eenieder aandeel heeft in hoe de communicatie verloopt. Voor de professional betekent dat dan reflectie op de vraag: wat doe *ik* dat de ander zo doet.

De hypothesen en interventies die met behulp van het TOPOI-model opgesteld kunnen worden, leveren een scala aan mogelijkheden op om de verschillen en misverstanden binnen de gespreksvoering aan te pakken.

De praktijksituaties zijn ingebracht door professionals tijdens trainingen Interculturele communicatie. De beschrijvingen zijn zoveel mogelijk intact gehouden. De kern van elke ingebrachte praktijksituatie is het cultureel of religieus geladen misverstand of conflict dat speelt; niet zozeer de professionele context. Je kunt zodoende zelf de vertaalslag maken naar de eigen praktijk.

Alvorens de praktijksituaties te beschrijven, volgt eerst nog het uitgebreide TOPOI-model in tabel 11.1.

In tabel 11.1 is het analyse- en interventiekader van het TOPOI-model samengevat in een schema met de grondhouding van Presentie als metaniveau. Met metaniveau wordt hier bedoeld dat de grondhouding van Presentie inhoud en betekenis geeft aan de inzet van het TOPOI-model. Het inzetten van het TOPOI-model vertrekt altijd vanuit een grondhouding van Presentie. In die zin legitimeert en beoordeelt Presentie als grondhouding het gebruik van het TOPOI-model.

Tabel 11.1 Schematische samenvatting van het analyse- en interventiekader van het TOPOI-model.

Grondhouding van Presentie	
Het TOPOI-model	
Analysekader: Wat kun je je afvragen?	*Interventiekader:* Wat kun je doen?
TAAL	TAAL
Betekenissen van de verbale en non-verbale taal	Betekenissen van de verbale en non-verbale taal
- In wiens taal spreekt ieder? (Besef van de machtspositie van *de eigen* taal!) - Wat is de betekenis van wat ieder zegt? - Wat betekenen ieders lichaamstaal en andere non-verbale taal? - Wat zijn de interpretaties van elkaars woorden en gedrag? - Wat is de invloed van de heersende beelden, waarden, normen, opvattingen en betekenissen in de sociale omgeving op wat ieder zegt, doet en van elkaar begrijpt?	- Rekening houden met de taalpositie van de ander. - Toestaan van het praten in de eigen taal; tegelijk uitsluiting voorkomen van anderen die de gebruikte taal niet spreken of begrijpen. - Voorbereid zijn op verschillen in de verbale taal en in het non-verbale gedrag (*positief* interpreteren). - Respecteren en toelaten van acceptabele verschillen in (non-)verbale taal. - Invoegen in de taal van de ander. - De woorden en de non-verbale taal (o.a. de lichaamstaal) waarnemen met alle zintuigen. - Open vragen stellen om betekenissen te verhelderen. - Betekenissen uitleggen. - Feedback geven; feedback vragen. - Stilstaan bij en open vragen stellen wat de invloed is/ wat de effecten zijn van de heersende beelden, waarden, normen, opvattingen en betekenissen op wat ieder zegt, doet en van elkaar begrijpt. - Inzet van tolken.
ORDENING	ORDENING
Zienswijze en Logica	Zienswijze en Logica
- Wat is ieders zienswijze en logica? - Wat is ieders invalshoek, belang of loyaliteit? - Wat is ieders referentiekader: waarden en normen? - Wat zijn ieders vanzelfsprekendheden? - Wat is gemeenschappelijk? Wat zijn de verschillen? - Wat is de invloed van de heersende beelden, waarden, normen, opvattingen en betekenissen in de sociale omgeving op ieders zienswijze en logica?	- Vragen naar de zienswijze en logica van de ander. - Inleven in de wijze van kijken van de ander. - Actief luisteren (= erkennen). - Herkaderen ofwel herordenen. - De eigen zienswijze/logica verhelderen. - De eigen aannames en vanzelfsprekendheden bewust worden/verhelderen. - Positie van de 'neutrale getuige' innemen (zonder oordeel). - Het gemeenschappelijke voorop zetten. - Verschillen verhelderen en laten rusten. - Stilstaan bij en open vragen stellen wat de invloed is van de heersende sociale representaties – beelden, waarden, normen, opvattingen en betekenissen – op ieders zienswijze en logica.

Grondhouding van Presentie	
Het TOPOI-model	
PERSONEN	PERSONEN
Identiteit en Betrekking	Identiteit en Betrekking
- Is er besef van de (onbewuste) uitwisseling van beelden van elkaar die de ander persoonlijk raken? - Hoe (in welke rollen of 'als wie') ziet eenieder zichzelf? - Wie (in welke rollen) is eenieder voor de ander? - Welke beelden heeft eenieder van elkaar? - Hoe zijn in dit opzicht de wederzijdse verwachtingen? - Hoe ziet eenieder de onderlinge relatie? - Welke interactiewijzen en welke opstelling neemt eenieder in ten opzichte van elkaar? (Roos van Leary) - Wat is de invloed van de heersende beelden, waarden, normen, opvattingen en betekenissen in de sociale omgeving op hoe eenieder zichzelf, de ander en de onderlinge relatie ziet? - Wat is de invloed van de heersende beelden, waarden, normen, opvattingen en betekenissen in de sociale omgeving op ieders interactiewijze en opstelling in de betrekking?	- Bewustwording/bewustmaking van de uitwisseling van visies die elkaar persoonlijk raken. - Stilstaan bij en/of open vragen stellen vanuit welke rollen en verwachtingen de ander spreekt. - Stilstaan bij en open vragen stellen welke beelden eenieder van elkaar heeft. - Positie van de 'neutrale getuige' innemen (zonder oordeel). - Actief luisteren (= erkennen). - Inleven in de positie van de ander. - Jezelf bewust zijn en/of uitleggen vanuit welke rollen en verwachtingen je zelf spreekt. - Stilstaan bij en open vragen stellen hoe ieder de onderlinge relatie ziet. - Bewust kiezen van de eigen interactiewijze en opstelling in de betrekking (Roos van Leary). - De interactiewijze en de opstelling in de betrekking bespreekbaar maken. - Het relatiekader aangeven: 'Zo wil ik dat we met elkaar omgaan'. - Stilstaan bij en open vragen stellen wat de invloed is van de heersende beelden, waarden, normen, opvattingen en betekenissen op hoe eenieder zichzelf, de ander en de onderlinge relatie ziet. - Stilstaan bij en open vragen stellen wat de invloed is van de heersende beelden, waarden, normen, opvattingen en betekenissen op ieders interactiewijze en opstelling binnen de relatie.
ORGANISATIE	ORGANISATIE
Functionele kader en machtsrelaties	Functionele kader en machtsrelaties
- Wat is het functionele kader waarbinnen het gesprek plaatsvindt: de opdracht, de taak, de functie, het doel, de regels, procedures, trajecten, maatregelen, sancties, ... - Wat is de invloed van 'de eigen organisatie' op hoe de communicatie verloopt: machtsposities, plaats van het gesprek, functie, verantwoordelijkheden, beschikbare tijd, de agenda en het doel, regels, afspraken, procedures...? - Is er sprake van Inclusief denken en handelen: de erkende Gelijkheid en gelijktijdig de erkende Diversiteit? - Wat is de invloed van 'de organisatie' van de ander op hoe de communicatie verloopt: machtsrelaties, tijdoriëntatie, kennis en beeld van de organisatie, procedures, regels...? - Wat is de invloed op de communicatie van 'de organisatie' in ieders ruime omgeving: machtsposities, rechtsposities, procedures, beschikbare voorzieningen en middelen, omgangsvormen (organisatiecultuur), wet- en regelgeving...?	- Het functionele kader aangeven waarbinnen het gesprek plaatsvindt: de opdracht, de taak, de functie, het doel. - Rekening houden met de machtsrelaties. - De eigen 'organisatie' uitleggen (eventueel visueel) en zo nodig (opnieuw) vastleggen. - Toetsing van de eigen organisatie op het Inclusief denken en handelen: het gelijktijdig toepassen van de principes van de erkende Gelijkheid en de erkende Diversiteit. - De eigen 'organisatie' anders regelen. - De 'organisatie' van de ander (zijn betekenisgeving daaraan) navragen (= erkennen). - De invloed achterhalen van 'de regelingen' en de machtsrelaties in de ruimere omgeving op de communicatie.

<table>
<tr><td colspan="2">Grondhouding van Presentie</td></tr>
<tr><td colspan="2">Het TOPOI-model</td></tr>
<tr><td>INZET</td><td>INZET</td></tr>
<tr><td>Motieven of Beweegredenen</td><td>Motieven of Beweegredenen</td></tr>
<tr><td>- Wat is het effect van je communicatie op de ander?
- Wat zijn ieders motieven: beweegredenen, behoeften, gevoelens en wensen?
- Waar doet ieder zijn/haar best voor?
- Wat ziet ieder van elkaars onderliggende motieven?
- Wat ziet ieder van de ander waar hij/zij zijn/haar best voor doet?
- Wat is de invloed van de heersende beelden, waarden, normen, opvattingen en betekenissen in de sociale omgeving op wat ieder als inzet kan zien en erkennen bij de ander en op wat ieder zelf als erkenning ervaart?
- Hoe laat eenieder elkaar merken dat hij/zij ziet dat de ander zijn/haar best doet?
- Door wie voelt ieder zich gezien/erkend in zijn/haar motieven of beweegredenen (gave gebieden)?
- Door wie en waarin voelt ieder zich gezien/erkend in hoe hij/zij zijn/haar best doet (gave gebieden)?
- Ziet ieder het onderscheid tussen bedoelingen en effecten van hoe hij/zij zijn/haar best doet?</td><td>- Met alle zintuigen de effecten waarnemen van je communicatie. (De ander laten) Werken met de effecten van je (zijn) communicatie.
- Gevoelsreacties bij de ander waarnemen en benoemen.
- Je eigen gevoelens benoemen en naar voren brengen.
- Stilstaan bij en open vragen stellen wat de onderliggende motieven, emoties, behoeften en belangen zijn van de ander. Spiegelen: benoemen van het gedrag dat je bij de ander ziet en de motieven die je onder dit gedrag vermoedt.
- Erkennen van de onderliggende motieven, emoties, behoeften en belangen van de ander.
- Stilstaan bij en/of open vragen stellen waar de ander zijn best voor doet. Benoemen welk effect het gedrag van de ander op jou heeft.
- Inleven en invoelen in (= erkennen) waar de ander zijn best voor doet.
- Laten merken, zeggen (= erkennen) dat je de inzet van de ander ziet.
- Open vragen stellen wat de ander als erkenning ervaart.
- Open vragen stellen waar en van wie de ander erkenning voelt (gave gebieden opsporen).
- Uitleggen wat jouw inzet is: jouw onderliggende bedoelingen, motieven, belangen, gevoelens.
- (De ander laten) Kijken naar de effecten van hoe ieder zijn best doet.
- (De ander laten) Beseffen van het onderscheid tussen bedoelingen en effecten.
- Zelf werken met de effecten van je communicatie en zonodig ook de ander laten werken met de effecten van zijn communicatie.
- Stilstaan bij en open vragen stellen wat de invloed is van de heersende sociale representaties – de beelden, waarden, normen, opvattingen en betekenissen – op wat ieder als inzet van de ander kan zien en erkennen en op wat ieder zelf als erkenning ervaart.</td></tr>
</table>

11.1 Slaan?

Een schoolmaatschappelijk werker heeft een gesprek met een Surinaamse moeder die gewend is om haar dochter te straffen door middel van slaan. Het kind maakt een angstige indruk op school. In het verleden is de moeder zelf geslagen door haar ouders. Zij heeft hier goed door leren luisteren. De werker heeft een goed contact met de moeder, maar geeft aan dat slaan niet een methode is om een kind te doen luisteren. De moeder is het hier niet mee eens. Het kind luistert nu eenmaal goed naar haar. Ze zegt: 'Wij Surinamers doen dat nu eenmaal zo; dat is onze cultuur; jullie Nederlanders zijn veel te soft; daarom is er zoveel brutaliteit en criminaliteit.'

Commentaar

Heel jammer dat dit gesprek ontaardt in een wij/zij-tegenstelling tussen 'wij Surinamers' en 'jullie Nederlanders'. De moeder zet het cultuurargument in om haar gelijk te halen en zich af te schermen tegen het betoog van de werker dat slaan niet mag.

Analyse: waar liggen mogelijke misverstanden?

De gebieden *Personen* en *Inzet* zijn waarschijnlijk de eerste en belangrijkste gebieden waarop zich de misverstanden voordoen. Door de uitspraak dat slaan niet een methode is om een kind te doen luisteren (*Taal* en *Ordening*) voelt de moeder zich als moeder aangevallen als zou ze geen goede moeder (*Personen*) zijn. Wat er ook mogelijk gebeurt is dat moeder zich ineens als 'Surinaamse' voelt aangesproken door een 'Hollandse' die beter meent te weten hoe je opvoedt. Dit gezien haar uitspraak 'Wij Surinamers ...' en 'Jullie Nederlanders'. Hierbij kan 'oud zeer' vanuit een ver koloniaal verleden mee naar boven zijn gekomen wat de toon van moeder feller maakt. Verder heeft moeder door de uitspraak van de werker wellicht het gevoel dat ze niet gezien wordt in haar inzet (*Inzet*) om een goede moeder te zijn.

Interventie: wat kan de schoolmaatschappelijk werker doen?

De schoolmaatschappelijk werker heeft een goed contact en kan op zeker moment tegen de moeder zeggen dat ze zich zorgen maakt over haar kind vanwege de angstige indruk die ze op school maakt. Ondersteunend verkennend kan ze de moeder vragen of ze dat thuis kent van haar dochter dat ze angstig is en waar dat mee te maken heeft/zou kunnen hebben. Zo kan de werker mogelijk komen op het thema slaan en anders dit thema inbrengen als de moeder dat niet zelf doet. Dit alles vanuit een oprecht gemeende houding naar de moeder toe dat ze een goede moeder is die het beste voor heeft met haar dochter en goede redenen heeft waarom ze haar kind slaat. Met de moeder kan de werker dan coachend bespreken – invoegend in het verhaal van de moeder en aansluitend in haar tempo – waarom de moeder slaat, hoe zij slaat, wat ze daarmee wil bereiken, of dat dan ook lukt, of ze ziet wat het effect is op haar dochter, of de angst van haar dochter ook iets is wat ze wil en zo (hopelijk) niet, welke andere manieren er zijn om datgene te bereiken wat ze nu met slaan probeert.

NB Wanneer het zo zou zijn dat een kind echt mishandeld wordt door een ouder, dan dient onmiddellijk en duidelijk een grens gesteld te worden (het niet-onderhandelbare kader van menswaardigheid zie paragraaf 4.5. en 4.6): 'Dit slaan gebeurt niet meer, anders zal ik melding moeten maken'. Tegelijk dient dialogisch de hand gereikt te worden vanuit een positieve grondhouding: 'wat maakt dat u slaat' en verder zoals boven aangegeven.

11.2 Basiscommunicatie van een moeder met haar kind: niet de manier van doen binnen haar cultuur?

Een trainer vertelt: één van mijn trainingen is de video-interactiebegeleiding. Hulpverleners leren hierbij de basiscommunicatie aan op een zodanige manier dat zij deze weer aan ouders kunnen

overbrengen. Een Turkse medewerkster heeft het deel van de training wat vooral haar manier van communiceren betrof, prima doorlopen. Het tweede deel van de training, waarbij ze een ouder moet begeleiden en de basiscommunicatie (op een toegankelijke manier) moet overdragen verloopt stroef. Ze geeft aan het heel moeilijk te vinden om met een (Turkse) ouder te praten over het gevoel van het kind en de ouder te laten oefenen met het benoemen hiervan. Ze vindt dit 'onecht', want ze weet zeker dat de ouder dit alleen voor haar zou doen, omdat ze haar ter wille zou zijn, maar het nooit echt zou toepassen omdat dit nu eenmaal binnen haar cultuur niet de manier van doen is.
De trainer weet niet wat hierop te zeggen.

Commentaar

Een opmerkelijk verhaal van de Turkse medewerkster die de cultuur – haar cultuur – aanhaalt om aan te geven dat een Turkse ouder niet op een bepaalde manier met haar kind kan communiceren.

Analyse: waar liggen mogelijke misverstanden?

De medewerkster lijkt niet als professional te reageren, maar als Turkse (*Personen*) met een bepaald beeld van Turkse ouders en de Turkse cultuur ten aanzien van communicatie. Daarbij lijkt ze een opvatting te hebben over cultuur, de Turkse cultuur in dit geval, dat deze statisch en eenvormig is en het handelen van mensen volledig en onontkoombaar bepaalt (*Ordening*).

Onduidelijk is wat haar onderliggende motieven (*Inzet*) zijn om dit zo naar voren te brengen: vindt ze het moeilijk dit met ouders bespreekbaar te maken, vindt ze het lastig als Turkse dit onderwerp met Turkse ouders bespreekbaar te maken (*Personen*) of is ze werkelijk van mening dat het niet past binnen de Turkse cultuur om als ouder met je kind over gevoelens te praten (*Ordening*)?

Interventie: wat kan de trainer doen?

De trainer kan de medewerkster vragen wat ze precies bedoelt met haar uitspraak dat 'dit nu eenmaal binnen haar cultuur niet de manier van doen is'. Wat betekent deze uitspraak voor de medewerkster zelf als Turkse: is het voor haar als Turkse wel een manier van doen? Kent zij misschien Turkse ouders die met hun kinderen over gevoelens praten? Wat zouden de consequenties kunnen zijn van zo'n opvatting voor haar professioneel handelen richting ouders met een andere dan Nederlandse of Belgische achtergrond? Hoe kijkt de medewerkster naar cultuur en de invloed ervan op het doen en laten van mensen?

Welke ervaring heeft ze met migrantenouders met wie ze heeft gesproken over onderwerpen die eigenlijk niet passen (of zelfs taboe zijn) binnen hun culturele achtergrond?

In hoeverre vindt ze het als Turkse lastig om Turkse ouders over dit onderwerp te spreken? Anders gezegd wat is het precies in haar wat het voor haar moeilijk maakt deze vorm van basiscommunicatie met Turkse ouders te bespreken en te oefenen?

Indien nodig kan de trainer de medewerkster wijzen op haar professionaliteit en haar eigen professionele en persoonlijke ontwikkeling die de medewerkster (ook als Turkse) heeft doorgemaakt. En of ze beseft dat zo'n opvatting over cultuur, en in het bijzonder de Turkse cultuur in dit geval, ouders en kinderen een kans op verdere ontwikkeling onthoudt. Verder kan de trainer aangeven dat ze in de eerste plaats ouders aanspreekt en niet de Turkse cultuur (inclusief denken versus culturaliserend denken).

11.3 Racisme?

Een opbouwwerker gaat op huisbezoek bij bewoners in het kader van een project om de interetnische contacten in een wijk te verbeteren. Hij komt bij een oudere bewoner die klaagt over haar 'zwarte buurvrouw' en diens niet onderhouden achtertuin. Ze zegt over de buurvrouw '*Die komt uit de bush en weet dat niet*'. De werker schrikt van deze uitspraak en schakelt over op een ander onderwerp.

Commentaar
De schrikreactie van de werker is begrijpelijk. Jammer is dat hij vervolgens een kans mist op iets in te gaan wat juist kan bijdragen aan de doelstelling van het project. Het taalgebruik van de bewoner komt in eerste instantie racistisch over, maar herkaderen vanuit een grondhouding van radicaal respect (zie paragraaf 4.11.2) kan uitweg bieden.

Analyse: waar liggen mogelijke misverstanden?
De woordkeuze (*Taal*) van de bewoner – 'zwarte' en 'bush' – maakt het erg lastig de positieve intenties van de vrouw te zien (*Inzet*).

Interventie: wat kan de werker doen?
Uitgaande van de positieve intenties van deze vrouw (achter elk verwijt zit een verlangen: *Inzet*) kan de werker de bewoner vragen of het klopt dat hij uit haar verhaal kan opmaken dat ze hecht aan een tuin die netjes onderhouden is, en of het zou kunnen dat de buurvrouw wellicht niet weet hoe ze een tuin moet onderhouden misschien omdat ze ergens vandaan komt waar ze dat niet gewoon is. De werker kan de bewoner ook vragen of het mogelijk is dat de buurvouw een heel ander beeld, een andere opvatting heeft over hoe een tuin eruit moet zien of gewoon niet toekomt aan het verzorgen van haar tuin. En vervolgens vragen of de bewoner daar eens met de buurvrouw over zou kunnen/willen praten en/of de werker hierin bemiddelt. Door steeds te blijven praten over buurvrouw, buren en neutraal (zonder oordeel) over datgene wat mevrouw stoort: in dit geval waarschijnlijk de onverzorgde achtertuin van de buurvrouw, reikt de werker de bewoner andere taal aan om over de kwestie te praten en er anders naar te kijken.

11.4 Een hand geven of niet?

Een docente vertelt: 'Ik weet nog dat ik een keer een mannelijke cursist een hand gaf. Ik schrok ontzettend toen hij zijn hand terugtrok alsof hij zich gebrand had en meteen zijn handen ging wassen. Van een collega hoorde ik dat hij orthodox islamiet was, of zoiets, want precies wist ze het ook niet, maar er was wel iets mee. In ieder geval zei ze, mocht hij geen vrouw aanraken naast de vrouwen uit zijn meest naaste familie. Dat kwam me wel vaag bekend voor in een boek dat ik had gelezen. Wat stom dat ik daar geen rekening mee heb gehouden. Ik heb de cursist mijn excuses aangeboden en hij reageerde er ook heel vriendelijk op. Met alle begrip. Maar voor mij was het daar niet mee afgelopen. Want ik werd heel voorzichtig. Als ik bijvoorbeeld nieuwe Marokkaanse of Iraanse cursisten in mijn groep kreeg, gaf ik ze maar geen hand. En zo kreeg je belachelijke situaties, want zodra er een Duitse of Amerikaanse cursist binnenkwam, had ik mijn hand al uitgestoken voor ze de drempel over waren. En terwijl ik dat deed voelde ik de ogen van de andere cursisten al in mijn rug prikken. Nu zouden ze misschien wel denken dat ik hen discrimineerde.'

Commentaar

Dit is een goed voorbeeld hoe cultuurinformatie en de werking van sociale representaties 'mannelijke moslims geven een vrouw geen hand' en 'je mag niet discrimineren' mensen in verwarring kunnen brengen en zich schuldig kunnen laten voelen. Tevens illustreert het voorbeeld hoe mensen hierdoor verkrampen in hun contacten met anderen: Marokkaanse en Iraanse mannen krijgen geen hand meer. Wat kan het TOPOI-model in deze aanreiken?

Analyse: waar liggen mogelijke misverstanden?

Taal. Duidelijk is dat het misverstand ligt op het gebied van de non-verbale taal: een verschil in begroetingswijze. Er zijn verschillende begroetingswijzen mogelijk tussen mannen en vrouwen. Soms geven ze elkaar een hand, in andere gevallen begroeten man en vrouw elkaar met een knikje of met een ander gebaar. Elke begroetingswijze is in principe respectvol bedoeld. De non-verbale reactie van de man – hand terugtrekken en handen wassen – kan de vrouw opvatten als afwijzing en als verwijt.

Personen. Het tweede misverstand ligt op het gebied Personen. De docente staat blijkbaar zo sterk onder invloed van de sociale representaties: 'Je mag niet discrimineren' en 'Je dient respect te hebben voor de cultuur van een ander', dat ze ontzettend schrikt, zichzelf stom vindt en haar excuses aanbiedt. (Waarom zou de cursist zijn excuses niet aanbieden?) De docente wordt ook zo voorzichtig dat nieuwe Marokkaanse en Iraanse cursisten geen hand meer krijgen. En dit laatste maakt weer dat ze bang is dat andere cursisten gaan denken dat ze discrimineert (= *interpersoonlijke perspectieven*) en haar als raciste zien (*Personen*). Het niet beseffen van de werking van sociale representaties leidt hier tot zelfverwijt en interpersoonlijke misverstanden.

Interventie: wat kan de docente doen?

De docente kan inzicht krijgen in de mogelijke verschillen in begroetingswijzen. Het zou goed zijn als ze in haar lesgroep de mogelijke verschillen in begroetingswijzen aan de orde stelt. Zij kan de deelnemers vragen naar de manier waarop zij gewend zijn anderen te begroeten als ze bijvoorbeeld nieuw op school komen. Verder kan ze vragen naar de omgangsregels die volgens de cursisten gelden in dit soort situaties: wat hoort en wat hoort niet?

Belangrijk is dat de docente de cursisten als individu aanspreekt en niet als representant van hun cultuur; bijvoorbeeld *niet* vraagt: Hoe is het bij *jullie*...?

De docente kan vertellen wat haar ervaring is geweest, hoe ze zich voelde. Ze kan de cursisten informeren over de verschillende begroetingswijzen (en de daarbij passende situaties) in België of Nederland. Insteek is dat elke begroeting plaatsvindt vanuit een goede intentie van beleefdheid en respect.

De docente kan zichzelf én de cursisten voorbereiden op mogelijke misverstanden in elke communicatie. Het voorbereid zijn op verschillen en mogelijke misverstanden voorkomt dat je jezelf of anderen verwijten gaat maken. Daarbij dient de docente de cursisten ook bewust te maken van het mogelijke effect wanneer je mensen op een andere manier groet dan ze gewend zijn. De cursisten krijgen hiermee te maken als ze naar vervolgopleidingen gaan en werk zoeken. Zij dienen dan te leren werken met de mogelijke effecten van hun andere manieren van communicatie. Op deze wijze legt de docente de verantwoordelijkheid voor hun communicatie bij de cursisten zelf. Ze voorkomt zodoende een discussie over wie zich aan wie moet aanpassen met mogelijke uitspraken: 'Je bent nu in Nederland en dan moet je je aanpassen en een hand geven.'

De docente kan met collega's tijdens een collegiale intervisie nagaan hoe sterk de invloed is op haar houding van de sociale representaties 'Je mag niet discrimineren' en 'Je moet respect hebben voor de cultuur van een ander'.

Vervolgens kan de docente leren zichzelf te blijven en elke cursist (ook de mannelijke) blijven begroeten door een hand te geven. Door voorbereid te zijn op mogelijke verschillen in begroetingswijze kan ze hiermee wat luchtiger omgaan. Zo kan ze haar hand blijven uitsteken naar mannelijke cursisten en erop voorbereid zijn dat een cursist haar op een andere wijze groet. Groet een cursist haar op een andere wijze, dan kan zij hem met een glimlach of op een andere wijze, bijvoorbeeld met een knikje begroeten. De glimlach helpt haar op een ontspannen manier haar uitgestoken hand te relativeren en dit kan een zekere (h)erkenning geven voor de ander: 'Ik zie dat u mij op een andere wijze dan met een hand begroet.' Zo'n benadering voorkomt dat zij zich afgewezen of schuldig voelt en de ander ervaart dat er ook andere begroetingswijzen zijn.

11.5 Humor

Een Surinaamse docente: 'De eerste keer dat er in Sinterklaastijd een grapje werd gemaakt over zwarte cursisten die het wel druk zouden hebben, schrok ik. Mijn collega's die zoiets zeiden. Maar ik vond ze aardig en we werkten goed samen, dus ik dacht: 'Ze bedoelen het niet zo.' Ik reageerde niet, maar het gebeurde vaker en ik begon toch steeds meer verantwoordelijkheid te voelen voor mijn cursisten. Ik had het gevoel hen te moeten beschermen. Toen ik er een paar keer wel iets van gezegd had, ontstond er iets merkwaardigs. Mijn collega's schrokken wel, maar zij deden ook een beroep op mijn solidariteit met hen: 'Ja, maar we hebben het toch niet over jou.

En af en toe moet je toch kunnen ontladen. En over Nederlandse cursisten maken we toch ook wel eens grapjes. En je weet toch wel dat wij het niet zo bedoelen?' Nog steeds vind ik het ontzettend moeilijk. Ik vraag me af of ik niet toen meteen al de eerste keer had moeten reageren. Maar ik wil ook weer niet op alle slakken zout leggen, dat werkt alleen maar averechts.'

Commentaar

Humor is sterk cultuurbepaald en verder speelt humor zich af binnen een maatschappelijke context. De ongelijke machtsverhoudingen binnen deze context hebben invloed op de manier waarop personen en groepen die in een minderheidspositie zitten, op humor reageren.

Analyse: waar liggen mogelijke misverstanden?

De mogelijke misverstanden treden hier op een aantal gebieden op. Allereerst op het gebied van *Ordening*. Grapjes over zwarte cursisten worden door de docente anders geordend dan door haar collega's. De collega's ordenen deze grapjes als: goedbedoelde ontlading, niet anders dan grapjes over cursisten. De context (invalshoek) van haar collega's is de context van de opleiding waarin iedereen gelijkwaardig met elkaar omgaat. De docente ordent de grapjes als kwetsend voor de zwarte studenten. Zij neemt de samenleving als context. Binnen deze context nemen 'zwarten' maatschappelijk een minderheidspositie in (*Organisatie*, machtsverhoudingen). Grapjes over migranten geven vaak uiting aan de gevoelens van bepaalde groepen in de samenleving die migranten als ongewenst en minderwaardig zien. De grappen betreffen ook de kleur van de cursisten die in een minderwaardig of lachwekkend daglicht worden gesteld. Vergelijkbaar zijn grappen van mannen over het vrouw zijn van de cursisten.

Vraag is ook hoe het zou zijn als de migranten onder de cursisten grapjes over de autochtone docenten zouden maken.

Verder liggen er mogelijke misverstanden op het gebied *Personen*. De docente zit in een loyaliteitsconflict tussen enerzijds de groep 'zwarte' migranten en anderzijds haar collega's met wie ze goed kan opschieten. Haar collega's spreken haar aan als collega en als docente en miskennen daarbij haar sociale identiteiten 'zwarte' en migrant. Vraag is dan ook of de docente zich als 'zwarte' migrant niet aangesproken voelt door de grapjes over de zwarte cursisten. Verder speelt op dit gebied van de interpersoonlijke perspectieven dat de docente door haar collega's niet gezien wil worden als iemand die overgevoelig is voor discriminatie. Ze zegt: 'Ik wil ook weer niet op alle slakken zout leggen.' Het is denkbaar dat de docente dit voelt onder invloed van de heersende sociale representatie in de samenleving dat 'zwarten' overgevoelig zijn voor discriminatie.

Ten slotte speelt op het gebied *Inzet* een mogelijk misverstand in de zin dat bedoelingen (grappen als ontlading) en effecten (kwetsend voor de docente met het oog op de zwarte cursisten) niet overeenkomen.

Interventie: wat kan de docente doen?

De docente heeft een goede relatie met haar collega's. Dit kan ze als invalshoek (hoogste context) nemen voor haar verdere interventies op het gebied van ordening en interpersoonlijke perspectieven. Zij kan tijdens een teambespreking, een intervisiebijeenkomst en/of in een gesprek met haar coördinator haar probleem voorleggen. Zij kan uitleggen dat ze de samenwerking met haar collega's en hun inzet voor de cursisten (ook de migranten) geweldig vindt. Dat ze humor ook belangrijk vindt binnen het werk, maar dat ze de grapjes over de zwarte cursisten niet prettig vindt vanwege de maatschappelijke context waarbinnen ze die grappen hoort. Vervolgens kan ze haar collega's vragen wat hun mening is over grapjes over zwarte cursisten gezien de maatschappelijke context. De docente kan aangeven dat wanneer de grappen over zwarte cursisten gaan, zij zich als 'zwarte' ook persoonlijk aangesproken voelt. Met haar collega's kan de docente verkennen welke grappen, welk soort humor en op welke momenten grappen met betrekking tot de zwarte cursisten wel kunnen en wanneer niet. Verschillen in ordening en in interpersoonlijke perspectieven worden zodoende verhelderd. Eveneens wordt de gemeenschappelijkheid binnen het docententeam versterkt op het punt van een respectvolle houding jegens de cursisten en het belang van humor op het werk. Expliciet kan ook het maatschappelijke taboe op discriminatie (sociale representatie) en de effecten ervan op de docenten aan de orde gesteld worden. Hoe werkt de invloed van deze sociale representatie door op de houding van alle docenten (inclusief die van de zwarte docent)?

Ten slotte zou de docente op het gebied *Personen* haar positie als zwarte docente kunnen verduidelijken. Dat ze het van belang vindt niet altijd degene te hoeven zijn die de interculturele aspecten van het werk met etnisch-gemengde groepen naar voren brengt. Dat ze net als haar collega's allereerst docente is en niet een zwarte migrant. En dat ze van haar collega's en van haar coördinator/directrice verwacht dat ze *samen* attent zijn op het respectvol omgaan met alle cursisten.

Een dergelijke discussie is een belangrijke stap in de ontwikkeling van een monoculturele organisatie naar een pluriforme organisatie op basis van de principes van de erkende gelijkheid en de erkende diversiteit.

11.6 Participatie

Een (Antilliaanse) student op de lerarenopleiding volgt een werkcollege Nederlands, waarbij elke keer een tekst of gedicht besproken wordt. Hij bereidt elke bijeenkomst goed voor, maar zegt tijdens het werkcollege minder dan de andere studenten. Aan het einde van het werkcollege krijgt hij een onvoldoende. Bij navraag zegt de docent dat hij die krijgt, omdat hij onvoldoende geparticipeerd heeft.

Commentaar

Ook in deze casus zit het risico van een culturaliserende benadering, waarbij het 'minder zeggen' van de student mogelijk 'verklaard' wordt vanuit zijn Antilliaans zijn. Met zo'n culturele verklaring kun je weinig beginnen: zij verklaart niets, benoemt alleen een kenmerk – voor zover dat al klopt – van de etnische groep Antillianen. Daarbij komt nog dat de groep Antillianen een grote diversiteit aan etnische groepen kent.

Analyse: waar liggen mogelijke misverstanden?

Taal en *Inzet*. De docent geeft aan de non-verbale taal – niet veel zeggen – van de student tijdens het werkcollege de betekenis van onvoldoende inzet. Voor de docent is er blijkbaar voldoende inzet wanneer de studenten actief in discussie gaan en vragen stellen. De student vertoont dus een voor de docent lastig te herkennen vorm van inzet. Vraag is waarom de student zo weinig zegt, terwijl hij zich wel goed voorbereidt op het werkcollege.

Mogelijke hypothesen zijn dat hij de Nederlandse taal onvoldoende beheerst; dat hij andere interactionele regels heeft verworven in zijn (onderwijs)socialisatiegeschiedenis: bijvoorbeeld, iemand eerst helemaal uit laten praten voordat je je mening geeft.

Personen. De student kan zich niet veilig genoeg voelen tegenover zijn medestudenten om zich in de discussie te mengen. Misschien voelt hij zich vanwege een onvoldoende beheersing van het Nederlands onzeker om in een groep zijn mening te geven. Ook zijn minderheidspositie als migrant kan een rol spelen. Verder is het mogelijk dat de jongen een verlegen karakter heeft.

Organisatie. De student kan onvoldoende op de hoogte zijn van de betekenis, werkwijze en wijze van beoordeling van een werkcollege. Het ontbreken van groepswerkvaardigheden bij de werkcollegestudenten kan reden zijn dat een aantal medestudenten zo dominant optreedt in het werkcollege dat hij – en mogelijk andere studenten – niet aan bod komen.

Interventie: wat kan de docent doen?

De docent kan in een eerder stadium de onvoldoende participatie van de student signaleren en hem uitnodigen voor een begeleidingsgesprek. In dit gesprek kan de docent de hypothesen, zoals hiervoor genoemd, toetsen door bij de student op een ondersteunende manier te vragen naar zijn ervaringen met het werkcollege. Daarbij kan hij de student op ondersteunende wijze feedback geven op zijn gedrag tijdens het werkcollege.

Afhankelijk van wat er aan de hand is, kan de docent de volgende maatregelen nemen: nog eens de bedoeling, de werkwijze en beoordeling van het werkcollege uitleggen; extra lessen Nederlands en/of vaardigheidstraining communicatie voor de student organiseren – en mogelijk ook voor de andere studenten – en werkafspraken, bijvoorbeeld communicatieregels, in de deelnemersgroep van het werkcollege vaststellen. Een andere mogelijkheid is de studenten in kleinere groepen te laten discussiëren.

11.7 Identiteit

Een (Marokkaanse) student volgt de lerarenopleiding. Een van de docenten wil iets doen in verband met intercultureel onderwijs. Hij wil speciale bijeenkomsten organiseren over andere culturen en benadert de buitenlandse studenten om een bijdrage te leveren over hun eigen etnische groep. De student weigert in eerste instantie. Dit wekt grote verbazing: het is toch ook in het belang van zijn doelgroep!

Commentaar
Hier lijkt de culturaliserende benadering weer de valkuil. De docent benadert de student als vertegenwoordiger van zijn cultuur en niet als een individuele student.

Analyse: waar liggen mogelijke misverstanden?
Personen. De misverstanden liggen mogelijk op het gebied van interpersoonlijke perspectieven. De student ziet zichzelf waarschijnlijk in de eerste plaats als student en niet als Marokkaan. De docent spreekt hem in de eerste plaats aan als Marokkaan, als 'vertegenwoordiger' van zijn cultuur. Dat geeft mogelijk misverstanden.

Wat ook kan meespelen is de etnische identiteitsontwikkeling van de student. In hoeverre voelt de student zich verbonden met zijn etnische groep en ontleent hij daaraan een etnische identiteit? Zowel vanuit een zwak als vanuit een sterk identiteitsbesef kan de student weigeren een bijdrage te leveren over de eigen etnische groep. Een zwak etnisch identiteitsbesef kan meebrengen dat hij zich niet wil identificeren met de Marokkaanse etnische groep. Een sterk etnisch identiteitsbesef kan leiden tot een kritische opstelling tegenover de wijze waarop zijn etnische groep gepresenteerd wordt.

Ordening. De ordening van de student wat betreft speciale bijeenkomsten over andere culturen, kan verschillen van die van de docent. De student kan uit ervaring weten dat dit soort bijeenkomsten kan ontaarden in een folkloristische voorstelling van culturen. Hierbij krijgen vooral de verschillen en de buitenkant van een cultuur (eten, muziek, traditionele kleding en gebruiksvoorwerpen) aandacht. Het kan daarom in het belang zijn van de student juist niet dit soort bijeenkomsten te organiseren.

Interventie: wat kan de docent doen?
De docent hoeft de buitenlandse studenten niet apart aan te spreken op een bijdrage over hun etnische groep. Hij dient de buitenlandse studenten vanuit een inclusieve benadering net als alle andere studenten *als student* aan te spreken. Bij de bespreking van de opzet van deze bijeenkomsten kan hij de studenten om hun inbreng vragen. Ook nu weer dienen de buitenlandse studenten niet apart aangesproken te worden, noch als buitenlander noch als 'vertegenwoordiger' van een bepaalde etnische groep. Hij kan de studenten (óók de buitenlandse studenten) vrijlaten aan welke bijeenkomst ze een bijdrage willen leveren. Wellicht dat de (Marokkaanse) student het interessant vindt om een bijdrage te leveren aan de 'Hollandse' bijeenkomst. Verder is het voor de docent van belang te beseffen dat het migrant zijn, of in dit voorbeeld het Marokkaan zijn, niet identiek is met de deskundigheid die gevraagd wordt om een speciale bijeenkomst – in dit geval over Marokkanen – te organiseren. Deze deskundigheid kunnen anderen (niet-Marokkanen) ook hebben of verwerven.

11.8 Over identiteit

In mijn opleiding mbo-sd kregen we voor de lessen agogiek een andere docent, en zoals gebruikelijk begon ook hij met het bekende 'voorstellingsrondje'. In willekeurige volgorde kreeg ieder de gelegenheid zijn verhaal te doen. Zo ook mijn enige medestudente van buitenlandse afkomst.

'Ik ben Z., ik ben migrant en ik ben Turkse van geboorte', begon ze en ze maakte vervolgens haar verhaal af.
Toen ze zich voorgesteld had, draaide de docent zich naar de andere kant en vroeg aan een andere leerling te herhalen wat deze bij aanvang van het voorstellen van Z. had gezegd.
'Dat zegt ze nou altijd', zei mijn medestudente.
'Wat bedoel je hiermee?', vroeg mijn docent.
'Nou, ze begint altijd met te vertellen dat ze migrant is en van Turkse komaf, en ik vind dat ze zich met deze opmerking buiten de groep plaatst.'
'En ik vind dat jij met deze opmerking behoorlijk discriminerend bent', was het directe antwoord van een andere student, zonder dat Z. of de docent enige opmerkingen had kunnen maken. En al spoedig ontspon zich tussen deze twee studenten een discussie over discriminatie en alles daaromheen.
Nadat de discussie wat geluwd was nam de docent weer de leiding en vroeg Z. of ze wilde vertellen waarom ze het belangrijk vond om wanneer ze zich voorstelde, eerst te vertellen dat ze migrant is en Turkse van geboorte. 'Ik vind dit belangrijk', zei Z., 'omdat ik vind dat mijn Nederlands niet zo goed is en misschien kunt u daar in de les wat rekening mee houden.'
'Ik zal proberen dat niet te doen', zei de docent met een lach en ging over tot de orde van de dag.
Na de les is door verschillende studenten in een verhitte discussie nog nagepraat over het voorval, en de verhoudingen waren danig verstoord.

Commentaar

In deze casus gebeurt heel veel tegelijkertijd en het lijkt erop alsof er geen open sfeer is om te praten over de vragen en irritaties die er bij de studenten leven.

Onder invloed van de sociale representaties 'Je mag niet discrimineren' en 'Je moet respect hebben voor de cultuur van de ander' reageert een studente direct veroordelend. Dit verhindert een open gesprek van student tot student (inclusief denken en handelen) en leidt tot een gesprek langs de scheidslijnen van etniciteit en van migrant/autochtoon.

Analyse: waar liggen mogelijke misverstanden?

Vooral op het gebied *Personen* lijken zich ernstige misverstanden voor te doen. De enige studente ziet zichzelf in de eerste plaats als 'migrant' en als Turkse. Daardoor vindt een andere studente dat ze zichzelf buiten de groep plaatst. Vraag is of het misschien eerder zo is dat deze studente zichzelf buitengesloten voelt door de opmerking van studente Z. Want studente Z. zelf voelt zich misschien wel deel van de groep.

Jammer is dat de docent hier niet op ingaat en vraagt wat de studente bedoelt met 'de groep': studenten, Nederlanders?

Door de uitspraak van de leerling meteen discriminatie te noemen (*Ordening*) ontstaat er een conflict. Wellicht dat dit gebeurt onder invloed van de sterke sociale representatie 'Je mag niet discrimineren'.

Verder gebeurt er op het gebied *Taal* ook iets vreemds. De studente legt uit dat haar Nederlands niet zo goed is en vraagt serieus of de docent daarmee rekening kan houden.

De docent reageert hierop met een grapje (Ik zal proberen dat niet te doen) waarvan het de vraag is of de studente dit grapje begrijpt.

Wat *Organisatie* betreft, is niet duidelijk wat de docent van het voorstellingsrondje verwacht.

Op het gebied *Inzet* treedt een aantal keren een onderscheid tussen bedoelingen en effecten op. Studente Z. vraagt aandacht voor haar taal en ze krijgt een grapje terug. Een studente wil eigenlijk (= bedoeling) dat studente Z. deel van de groep is ('plaats je niet buiten de groep') en het effect is dat ze met die opmerking studente Z. juist uitsluit. Een andere studente protesteert tegen uitsluiting en sluit zelf met haar verwijt van discriminatie ook iemand uit.

Interventie: wat kunnen de docent en de studenten doen?

De docent kan aangeven wat hij in het voorstellingsrondje graag wil horen van de studenten.

Bij de studente die de opmerking maakt over Z., kan de docent doorvragen wat zij met 'de groep' bedoelt, wat maakt dat Z. zichzelf buitensluit en wat de studente relevant vindt om in een presentatierondje te vertellen.

De docent had ook kunnen ingaan op het verwijt van discriminatie: wat maakt dat de opmerking over Z. discriminerend is? Verder kan hij stilstaan bij zijn eigen gedrag jegens Z., door te kijken naar het effect van zijn grapje op Z.

Door de studenten bewust te maken van het onderscheid tussen bedoelingen en effecten in hun communicatie, kan de docent enkele gemeenschappelijkheden benoemen. De studenten bestrijden elkaar, maar eigenlijk willen ze allemaal hetzelfde: géén uitsluiting, noch van zichzelf noch van anderen.

Op basis van deze gemeenschappelijkheid kan de docent bespreken hoe ze dit kunnen bereiken. Het zou bijvoorbeeld kunnen betekenen dat studente Z. in plaats van haar 'buitenlandse'/etnische afkomst, haar behoefte of belang als *studente* concreet benoemt. Bijvoorbeeld: 'Ik heb nog wat moeite met de Nederlandse taal, dus wilt u niet te snel praten en geen ingewikkelde woorden gebruiken.' In verband hiermee kan de docent benadrukken dat iedereen hier allereerst als student zit en niet als autochtoon of migrant. Het elkaar aanspreken en zich presenteren gebeurt dan ook altijd in eerste instantie als student.

Verder kan de afspraak gemaakt worden dat niet direct geoordeeld wordt, maar dat studenten eerst vragen wat achterliggende bedoelingen van iemand zijn.

11.9 Aandacht geven

Een (Antilliaanse) studente volgt een practicum gespreksvoering. Tijdens een van de sessies is zij de hulpverlener in een rollenspel. Ze neemt veel tijd en aandacht voor het begroeten en op haar gemak stellen van de cliënte met wie ze spreekt. De docent geeft hier later commentaar op: hier in Nederland dien je efficiënter met elkaar om te gaan. Het duurde veel te lang voor de studente ter zake kwam en als hulpverlener moet je sowieso meer afstand houden. Bovendien is de caseload in de hulpverlening in veel gevallen veel te hoog om zoveel tijd in iemand te stoppen.

Commentaar

Ook hier weer de waarschuwing voor de culturele valkuil het gedrag van de studente toe te schrijven aan haar Antilliaanse achtergrond. Alsof andere Nederlandse studenten niet op dezelfde wijze kunnen handelen als de (Antilliaanse) studente in het voorbeeld. En alsof er geen Antilliaanse hulpverleners zijn die snel en zakelijk hun cliënten afhandelen.

Analyse: waar liggen mogelijke misverstanden?

De mogelijke misverstanden liggen op het gebied van Ordening, Inzet en Organisatie.

Op het gebied *Ordening*, waar de studente een bepaalde opvatting heeft over hulpverlening en over de relatie hulpverlener-cliënt die niet overeenkomt met die van de docent. De docent lijkt geen oog te hebben voor de *Inzet* van de studente de cliënte op een goede wijze hulp te verlenen. Het misverstand op het gebied *Organisatie* ligt er mogelijk aan dat de studente onvoldoende geïnformeerd is over de randvoorwaarden van een hulpverleningsgesprek, zoals de duur van een gesprek en de betekenis van een caseload. Eveneens op het gebied *Organisatie* is de vraag aan de opleiding (wederzijdse verantwoording) of er ruimte mag zijn voor diversiteit, voor verschillen in aanpak.

Interventie: wat kan de docent doen?

Allereerst is het van belang dat de docent de inzet van de studente erkent. Dat hij zijn waardering uitspreekt voor de betrokkenheid en de aandacht die de studente heeft voor de cliënt. De docent kan aangeven dat de studente deze persoonlijke kwaliteiten van betrokkenheid en aandacht moet behouden in haar hulpverlening. Dit komt over als erkenning. Vervolgens kan hij (wellicht nogmaals) het begrip professionele houding en de concrete kenmerken ervan aan de orde stellen. In dit verband kan de docent de opmerking 'Hier in Nederland ...' beter weglaten, omdat deze niet functioneel is. Het gaat immers om een professionele houding waarin het opbouwen van een goed contact om efficiënt hulp te kunnen verlenen het criterium is. Vertrekkend vanuit dit criterium kan de docent adequate en gerichte feedback geven op het handelen van de studente. Tevens kan hij zich afvragen of de manier waarop de studente contact legde een efficiënte hulpverlening verhindert of juist bevordert.

11.10 Op tijd komen?

Een Turkse vrouw heeft zich telefonisch aangemeld voor een cursus Nederlandse taal. Als docente Nederlands heb ik een afspraak met haar gemaakt voor een intakegesprek.
Een uur na de afgesproken tijd verschijnt ze met haar zoon als tolk. Bij de administratie wordt haar verteld dat ze wel even zal moeten wachten, omdat ze een uur te laat is.
Haar zoon reageert boos: 'Hoezo wachten, we hebben toch een afspraak, we willen nu praten.'

De spanning loopt op en ik word uit een gesprek gehaald om de zaak op te helderen. Ik leg zo rustig mogelijk uit dat ik met meer mensen een afspraak heb gemaakt die dag, en dat die mensen allemaal op tijd gekomen waren. Die mensen gaan dus voor.
De vrouw antwoordt via haar zoon dat ze eerst nog de kinderen naar school moest brengen en eten moest koken. Ik raak geïrriteerd en vertel dat ze nog minstens drie kwartier moet wachten, of een nieuwe afspraak kan maken.
De vrouw en haar zoon blijven zeer verontwaardigd, maar blijven uiteindelijk toch wachten.
Als na drie kwartier het intakegesprek plaatsvindt, vind ik het moeilijk om mijn irritatie niet te tonen. Aan de moeder en de zoon is echter niets te merken. Ze zijn uiterst behulpzaam en buitengewoon vriendelijk en beleefd. Ze stellen zich zelfs nogmaals aan mij voor.

Commentaar, analyse en interventie

Een duidelijk voorbeeld hoe een verschil in tijdsaanduiding (*Taal*) meteen negatief opgepakt wordt als 'ze zijn te laat' (*Ordening*), zodoende irritatie oproept en het feitelijk op tijd komen van de vrouw en de zoon (*Inzet*) wordt miskend.

Aangezien de vrouw en haar zoon precies een uur na de afgesproken tijd verschijnen en boos reageren met 'We hebben toch een afspraak', is het goed denkbaar dat ze bijvoorbeeld half drie begrepen hebben als half *na* drie, wat dan dus half vier is.

Een eenvoudige interventie van de docent kan zijn dat ze bij de vrouw en haar zoon meteen navraagt, hoe laat ze denken dat ze de afspraak hebben.

Een volgende keer kan de docent – vanuit een houding van *de hypothese van het Beste*: mensen hebben uiteindelijk altijd een positieve inzet – voorbereid zijn op mogelijke verschillen en niet meteen geïrriteerd raken.

11.11 Als vrouw serieus genomen worden

Het verhaal van een consulent voor voorlichters in het werk met asielzoekers: vrouwelijke voorlichters hebben het gevoel dat sommige mannen (vooral mannen uit Arabische landen) er moeite mee hebben dat een vrouw voorlicht. Ze dragen dat niet uit, volgens die voorlichters, omdat ze zich in een afhankelijke positie bevinden. Een voorlichtster zegt hiermee rekening te houden door bij een voorlichting de Arabische man vaker aan te spreken dan de vrouw.

Commentaar

Dit is een veelgehoord probleem: vrouwelijke functionarissen hebben het gevoel dat ze niet serieus genomen worden door (buitenlandse) mannen. Het is in dit verband van belang te weten dat in alle landen, ook de Arabische en de Afrikaanse, vrouwen in allerlei maatschappelijke posities van hoog tot laag functies bekleden. Verder is het goed erbij stil te staan dat ook in België en in Nederland mannen moeite hebben met vrouwen in leidinggevende posities.

Analyse: waar liggen mogelijke misverstanden?

Mogelijke misverstanden liggen waarschijnlijk op het gebied *Taal* en op het gebied *Personen*.

Op het gebied van de non-verbale *Taal* kunnen twee soorten misverstanden liggen. Allereerst de mogelijke misverstanden in de betekenissen die de voorlichters geven aan de non-verbale taal van de (buitenlandse) mannelijke deelnemers. Welke betekenissen verlenen de voorlichters bijvoorbeeld aan de verschillende manieren van kijken van de mannen, hoe interpreteren ze hun taalgebruik en de rest van hun lichaamstaal? Uit welk gedrag leiden de voorlichters af dat de mannen hen als vrouw niet serieus nemen? Zou het kunnen zijn dat hun gedrag eerder een soort flirtgedrag is, wat duidelijk iets anders is dan vrouwonvriendelijk gedrag?

De tweede soort misverstanden betreft mogelijk het non-verbale gedrag van de voorlichters zelf. Voorlichters kunnen zonder het te beseffen in hun gedrag onzekerheid over hun eigenwaarde uitstralen.

Personen. Opnieuw onder druk van de sociale representatie: buitenlandse mannen vinden vrouwen minderwaardig, kunnen vrouwelijke voorlichters tot de volgende interpersoonlijke perspectieven komen: ze kunnen denken dat de buitenlandse mannelijke deelnemers aan de voorlichtingsbijeenkomst, hen als vrouw niet serieus nemen. Het is voorstelbaar dat wanneer ze deze gedachte geforceerd willen weerleggen, de vrouwen in hun gedrag juist het tegenovergestelde uitstralen en bereiken.

Het niet-beseffen van de genoemde sociale representatie kan leiden tot interpersoonlijke verwijten. Sommige voorlichters verwoorden dit interpersoonlijke verwijt aan de buitenlandse mannen door te zeggen dat ze het gevoel hebben dat 'buitenlandse' mannen er moeite mee hebben dat zij door een vrouw voorgelicht worden. Ze dragen dat niet uit, volgens die voorlichters, omdat de mannen zich in een afhankelijke positie bevinden. Het zou kunnen zijn dat de mannen hen als voorlichter wel degelijk heel serieus nemen. Het gevoel van de voorlichters kan dan eerder voortkomen uit de gevoelde druk van de eerdergenoemde sociale representatie.

Interventie: wat kunnen de vrouwelijke voorlichters doen?

Allereerst kunnen vrouwelijke voorlichters, onder andere door collegiale intervisie of werkbegeleiding, besef krijgen van de sterk levende sociale representatie: buitenlandse mannen vinden vrouwen minderwaardig. Ze kunnen inzicht krijgen hoe deze sociale representatie doorwerkt in hun omgang met buitenlandse mannen.

Tevens kan in persoonlijke gesprekken met de mannelijke deelnemers bij gelegenheid achterhaald worden wat de betekenis is van hun non-verbale gedrag: hun manier van kijken en andere lichaamstaal. Mocht er werkelijk sprake zijn van vrouwonvriendelijk gedrag dan dienen ze hier duidelijk op aangesproken te worden.

In oefenpresentaties kunnen de voorlichters vervolgens gerichte en adequate feedback krijgen op hun non-verbale taal. Wat willen ze uitstralen en wat stralen ze uit? Een vanzelfsprekende, krachtige, positieve en congruente houding is in deze belangrijk.

11.12 Discriminatie?

Een man van Surinaamse afkomst komt op Personeelszaken met de mededeling dat hij gediscrimineerd wordt. De personeelsfunctionaris vraagt hem waaraan hij dat merkt. Mijnheer vertelt het volgende relaas: 'Ik ben ploegleider van de montageafdeling. Een halfjaar geleden zijn er afspraken gemaakt over de invoering van een nieuwe werkwijze. Mijn directe werkmeester voert tegen de afspraken in, buiten mij om allerlei veranderingen door en die blijken ook nog niet goed te werken.
Ik was het niet eens met deze werkwijze van hem en ik heb daar met de chef van de werkmeester en de bedrijfsleider over gepraat. Sindsdien heb ik problemen. Ze denken dat ik van alles tegenwerk en dat ik niet genoeg ondersteuning bied aan de werkmeester.
Vanaf die tijd heb ik maandelijks een functioneringsgesprek. De beoordelingen zijn steeds prima en als ik aan de werkmeester vraag waarom ik steeds geëvalueerd word, komt het antwoord: 'We willen jou in de gaten houden.'
Ik krijg hoe langer hoe meer het gevoel dat ik me steeds opnieuw moet bewijzen en dat ze me eruit willen werken.
Toen ik de werkmeester vroeg of die functioneringsgesprekken iets met mijn huidkleur te maken hebben, antwoordde deze: 'Jullie zijn toch anders, jullie hebben een ander karakter dan Nederlanders of Belgen. Ik denk dat je daarom steeds naar boven wordt geroepen.'
Ze blijven me expres irriteren en ik ben bang dat ik eerdaags ontplof. Ik slaap slecht en ook mijn gezin lijdt onder de situatie. Ik weet niet meer wat ik moet doen en daarom ben ik nu hier!'

Commentaar

Deze casus is een voorbeeld hoe onder invloed van de heersende sociale representaties van beelden, opvattingen en kennis over interetnische verhoudingen, interpersoonlijke conflicten ontstaan. Het is ook een voorbeeld van het fundamenteel interetnisch misverstand. De werkmeester benadrukt het anderszijn van de ploegleider op grond van zijn kleur en Surinaamse afkomst en de ploegleider maakt hierop meteen het verwijt van discriminatie.

Analyse: waar liggen mogelijke misverstanden?

Taal. Het woord discriminatie is een groot woord met vele betekenissen en het is goed dat de personeelsfunctionaris rustig doorvraagt, wat hij daarmee bedoelt.

De uitspraak: '*Jullie* zijn toch anders...' Door het woord 'jullie' lijkt de werkmeester te generaliseren en lijkt hij uit te gaan van stereotyperingen en vooroordelen ten aanzien van Surinamers.

Ordening. De werkmeester en de chef ordenen de actie van de ploegleider – de chef waarschuwen dat afspraken niet nagekomen worden (= *Inzet*) – als tegenwerking van de werkmeester. De ploegleider ordent de functioneringsgesprekken als diskwalificatie. Hij voelt zich niet erkend in zijn opvattingen over het werk.

Personen. De werkmeester voelt zich door het gesprek van de ploegleider met zijn chef gepasseerd. Dit gebeurt misschien mede onder invloed van de sociale representatie 'Je moet het altijd eerst uitpraten met degene die het betreft.' Aan de andere kant heeft de werkmeester de ploegleider ook gepasseerd door zonder overleg allerlei veranderingen door te voeren.

De werkmeester benadert de ploegleider niet functioneel als ploegleider en als collega, maar als Surinamer ('*Jullie* zijn toch anders, ...'). Mogelijk dat de ploegleider deze uitspraak uitlokt door de werkmeester te vragen of de functioneringsgesprekken iets met zijn huidkleur te maken hebben. Niet bewust trekt hij zo het conflict in een 'zwart'-'wit' strijd.

De uitspraak van de werkmeester dat de ploegleider anders is dan Nederlanders en Belgen lijkt de ploegleider te interpreteren als: 'Zie je wel, hij vindt mij anders, hij vindt me niet te vertrouwen. Hij discrimineert me.'

Duidelijk is dat de directe relatie tussen de werkmeester en de ploegleider is verstoord. Ze communiceren blijkbaar niet meer open met elkaar.

Organisatie. De formele bevoegdheden van ploegleider en werkmeester worden blijkbaar verschillend beoordeeld. Voor de ploegleider is bijvoorbeeld onduidelijk wie over de invoering van een nieuwe werkwijze beslist. En misschien vindt hij het vanzelfsprekend dat hij met de chef van zijn baas deze moeilijkheden bespreekt.

Daarnaast snapt de ploegleider de functioneringsgesprekken niet. Waarom moet hij elke maand een functioneringsgesprek hebben, als de beoordelingen goed zijn?

Inzet/invloed. De ploegleider voelt zich niet erkend door de werkmeester in zijn visie op de werkwijze. Hij krijgt ook tegenstrijdige terugkoppeling over zijn inzet: enerzijds wordt deze goed beoordeeld; anderzijds moet hij wel elke maand op functioneringsgesprek komen.

De werkmeester voelt zich door de ploegleider in zijn positie gepasseerd en daardoor evenmin erkend. Het is logisch dat beiden het gevoel hebben dat ze door de ander worden tegengewerkt.

Interventie: wat kan de personeelschef hier doen?

De personeelsfunctionaris kan een gesprek met de werkmeester en de ploegleider voeren, waarin hij hen allebei hun verhaal laat doen. De personeelsfunctionaris zorgt ervoor dat de verschillen gelaten worden voor wat ze zijn en dat hij met de ploegleider en de werkmeester op zoek gaat naar het gemeenschappelijke in hun verhaal. Achter de verwijten kan de personeelsfunctionaris de verlangens van beiden horen en benoemen: een goede samenwerking, erkenning, goed werk afleveren en open communicatie. Hij kan de ploegleider en de werkmeester vragen wat ze concreet in gedrag van elkaar verwachten ten aanzien van deze gemeenschappelijke zaken. Bevoegdheden, taken en werkafspraken kunnen dan opnieuw vastgesteld en verhelderd worden. Belangrijke inzet van het gesprek is dat het vertrouwen tussen de werkmeester en de ploegbaas hersteld wordt.

11.13 Ongemotiveerd iets te veranderen in de relatie?

Mevrouw B. is sinds twee jaar werkzaam als administratief medewerker bij de vreemdelingendienst.

Zij verzuimt regelmatig een paar dagen per maand. Om deze reden is zij ter controle opgeroepen

door de bedrijfsarts. Ze geeft in dat gesprek aan dat zij vage klachten heeft, maar kan ze niet duidelijk omschrijven. De bedrijfsarts weet eigenlijk niet goed wat hij met haar aan moet en verwijst haar naar mij als bedrijfsmaatschappelijk werker. Mevrouw B. is van Marokkaanse afkomst en is tien jaar getrouwd met een Marokkaanse man. Zij zijn uitgehuwelijkt. Er zijn drie kinderen van drie, vijf en zeven jaar. Mevrouw B. werkt fulltime, haar man is kelner in een restaurant en werkt voornamelijk in de avonduren. Ze zegt dat ze zich ongelukkig voelt, maar geeft geen oorzaak aan. Na veel open vragen vertelt mevrouw B. dat zij en haar man volledig langs elkaar heen leven. Door de tegengestelde werktijden zien ze elkaar nauwelijks. Ze gaan nooit samen weg en met het hele gezin ondernemen zij niets.
Zij gaan een keer per jaar met het hele gezin op vakantie naar Marokko. Deze situatie duurt inmiddels al twee jaar. Mevrouw B. heeft een aantal keren geprobeerd met haar man te praten, maar dat wil hij niet. Zij heeft de moed om te praten opgegeven. Als ik haar vraag of ze zelf een oplossing weet om het probleem op te lossen, haalt ze haar schouders op. Op mijn vraag of ze van haar man wil scheiden, antwoordt ze bevestigend, maar ze ontkracht dit meteen door te zeggen dat haar man een scheiding nooit zal accepteren.
Na drie gesprekken kom ik tot de conclusie dat ze niets wil: ze wil niet voor zichzelf opkomen, ze wil niet met haar man praten, ze wil geen vriendinnen in vertrouwen nemen en ze wil haar familie niet in vertrouwen nemen. Mijn methodieken laten mij in de steek.

Commentaar

De maatschappelijk werker werkt hard in deze praktijksituatie, helaas echter vergeefs. Vraag is hoe de bedrijfsmaatschappelijk werker de cliënte meer aan het werk kan zetten.

Analyse: waar liggen mogelijke misverstanden?

Organisatie. In de praktijksituatie staat niets over het organisatorisch kader waarbinnen het gesprek plaatsvindt. In welk traject zit de vrouw en wat zijn de regels en procedures? Zijn er sancties verbonden aan het weigeren van werk?

Ordening. Het lijkt erop dat de bedrijfsmaatschappelijk werker de casus vooral ordent als een relatieprobleem en dat het haar niet lukt van cliënte zelf te horen hoe zij de kwestie ziet. De sociale representatie dat vrouwen voor zichzelf moeten opkomen, lijkt ook grote invloed te hebben op de bedrijfsmaatschappelijk werker, gezien het relatief snelle voorstel aan cliënte of ze wil scheiden.

Taal. Een mogelijk probleem lijkt ook de interactie tussen de maatschappelijk werker en cliënte: als na een vraag de cliënte het niet meteen weet ('de schouders ophaalt'), komt de maatschappelijk werker zelf met een voorstel ('wilt u scheiden'). De vragen die de maatschappelijk werker stelt wanneer het om de aanpak van de problemen gaat, lijken ook gesloten vragen; het zijn eerder voorstellen verpakt in een vraag die de maatschappelijk werker doet.

Inzet. Het gesprek lijkt vooral te gaan over de problemen van de cliënte, over de inzet van de cliënte die niet erkend wordt en over het zicht dat cliënte is kwijtgeraakt op de invloed die ze nog thuis heeft. De 'gave gebieden' van de cliënte komen niet aan bod: de gebieden in het leven van de cliënte waar het goed gaat en waar ze nog wel erkenning van inzet ervaart en haar invloed kan zien.

Interventie: wat kan de maatschappelijk werker doen?
Allereerst lijkt het van belang dat de maatschappelijk werker aan het begin van het gesprek het organisatorisch kader neerzet. Wat is de functie van de bedrijfsmaatschappelijk werker? Binnen welk kader vindt het gesprek plaats? Wat zijn de regels, procedures en eventuele sancties wanneer de cliënte niet aan het werk gaat? Dit alles kan de maatschappelijk werker op een vriendelijke, erkennende en vooral heldere manier uitleggen, waarbij ze aansluit bij wat de cliënte al weet en wat haar verwachtingen zijn. De bedrijfsmaatschappelijk werker kan dus beginnen de cliënte te vragen of ze weet waarom ze bij haar zit en wat haar verwachtingen zijn. Vervolgens kan de bedrijfsmaatschappelijk werker aanvullende informatie geven en het organisatorische kader van het gesprek goed neerzetten.

Het lijkt dan ook raadzaam de kwestie te ordenen binnen het organisatorische kader van ziekteverzuim van het werk. De ordening wordt dan dat mevrouw in haar thuissituatie problemen heeft die haar verhinderen haar werk goed te doen. Zo wordt voor de cliënte ook het kader en het perspectief van de gesprekken helder.

Wat betreft *Ordening* kan de maatschappelijk werker mevrouw B. verder vragen hoe zij de kwestie ziet. Mevrouw B. heeft weliswaar de situatie beschreven, maar nog niet hoe zij tegen de kwestie aankijkt. Een belangrijke vraag kan ook zijn op welke dagen mevrouw B. ziek wordt. Wat betekent 'regelmatig'? Is er een speciale terugkerende aanleiding dat mevrouw B. ziek wordt?

Vanuit het gebied *Personen* – de *Roos van Leary* – kan de maatschappelijk werker een meer volgende interactiewijze proberen. Dit betekent meer open vragen stellen. Door een meer volgende houding kan de maatschappelijk werker misschien bereiken dat mevrouw B. in een bovenpositie van leiden uitkomt en meer vertelt hoe zij de zaken beziet. De maatschappelijk werker kan hier volgend op aansluiten en haar ondersteunen in haar verhaal. Ook op het gebied *Personen* ligt de vraag hoe mevrouw B. de maatschappelijk werker ziet, welke verwachtingen heeft ze; voelt ze zich veilig en prettig bij haar om over haar situatie te vertellen.

Wat de interactie (*Taal*) betreft kan de bedrijfsmaatschappelijk werker zoals gezegd, zodanig open vragen stellen dat de cliënte aan het denken wordt gezet. Zodoende is niet de bedrijfsmaatschappelijk werker vooral aan het werk om allerlei oplossingen te bedenken en aan te dragen. Het betekent dat zij misschien langer moet wachten na elke vraag, stilten durft te laten vallen en vooral niet met eigen voorstellen komt. Verder kan het de bedrijfsmaatschappelijk werker (zelf ook vrouw) helpen even de norm (sterke sociale representatie) los te laten van 'vrouwen moeten ondersteund worden voor zichzelf op te komen'.

Wanneer de cliënte haar problemen heeft verteld, kan de bedrijfsmaatschappelijk werker op zoek gaan naar de gave gebieden in het leven van mevrouw B.: wat gaat nog wel goed thuis en op haar werk, wat zijn de goede momenten die ze met haar man en kinderen heeft en wie in haar omgeving vertrouwt ze? Dit betekent ook de competenties van de cliënte zoeken en erkennen. Zodoende kan cliënte ook weer zelf bij haar eigen kracht komen.

De bedrijfsmaatschappelijk werker kan de cliënte ook huiswerkopdrachten geven; bijvoorbeeld dat zij er eens over nadenkt en praat met mensen in haar omgeving die ze vertrouwt, wat ze zou willen veranderen thuis en/of in haar werk.

11.14 Aanpassen in kleding, sieraden, enzovoort?

Een leerling, afkomstig uit een Afrikaans land, draagt onder andere kraaltjes in z'n haar, diverse ringen aan z'n vingers enzovoort. Deze jongen gaat stage lopen bij een installatiebedrijf voor gas, water en licht; werkplek de bouw.
Het gesprek gaat over uiterlijk, kleding en houding passend bij een dergelijk beroep in Nederland. Wat is nu wel en niet wenselijk in mijn ogen (als stagebegeleider) en hoe kijkt de leerling daar tegenaan?
Hoe zullen de andere werknemers (collega's) op de werkvloer reageren op zijn 'opvallende uiterlijk' en houding? Bouwvakkers kennende zullen ze... (vul maar in).
De leerling: 'Waarom moet ik me aanpassen?' 'Ik kom toch om te werken en als ik dat goed doe dan is het toch goed, of niet soms?'

Commentaar, analyse en interventie

Jammer dat het gesprek uitloopt op de steeds weer terugkerende, maar onwerkbare vraag wie zich aan wie moet aanpassen.

De stagebegeleider met zijn goede bedoelingen (*Inzet*) wil de jongen beschermen door hem alvast voor te bereiden op de reacties van de bouwvakkers. Hierbij spelen sociale representaties (heersende beelden) over bouwvakkers een belangrijke rol. Vraag is ook of het niet eerder de stagebegeleider zelf is die afwijzend staat tegenover het opvallende uiterlijk van de jongen.

De stagebegeleider kan allereerst de jongen erkennen in zijn prachtige outfit en in zijn inzet om goed zijn best te gaan doen op het werk ('Ik kom toch om te werken en als ik dat goed doe...'). Vervolgens kan hij met de jongen een gesprek beginnen over uiterlijk, kleding en houding passend bij een dergelijk beroep in België of Nederland én indien van toepassing, in het herkomstland van de jongen. Zonder in te vullen wat de reacties van bouwvakkers zullen zijn, kan de stagebegeleider de jongen vragen of hij wel eens reacties heeft gehad op zijn uiterlijk en hoe hij daarmee is omgegaan. Als de jongen geen ervaring heeft met reacties, kan de stagebegeleider hem zeggen dat hij dat bedrijf kent en dat de jongen mogelijk reacties krijgt. Samen met de jongen kan de stagebegeleider dan onderzoeken hoe de jongen daarmee kan omgaan. Uitgangspunt is hem te ondersteunen en zijn competenties aan te spreken om met eventuele reacties om te gaan. Dit kan een luchtig, speels en creatief gesprek worden, zonder zwaar en moeilijk te doen over wie zich aan wie aanpast.

11.15 Assertief?

Een Surinaams-Chinese studente zit in het tweede jaar van de opleiding Personeel en Arbeid van een hbo-instelling. Ze heeft een lichte lichamelijke handicap. De studente is stilletjes en wat teruggetrokken in de klas. Ze heeft tijdens discussies in de lesgroep moeite voor haar mening uit

te komen en anderen kritische vragen te stellen. Ze heeft er zelf ook last van dat haar dit moeilijk afgaat.
Haar mentor heeft hierover een gesprek met haar. Hij vraagt haar of haar moeite met assertiviteit te maken zou kunnen hebben met haar culturele achtergrond. De studente beaamt dit opgelucht en zegt dat ze zich thuis onmogelijke assertief kan opstellen tegenover haar ouders. De mentor voelt zich nu voor een dilemma geplaatst: enerzijds vindt hij het van belang dat zijn studenten zich kritisch en assertief opstellen. Anderzijds past assertiviteit blijkbaar niet in de cultuur van deze Surinaams-Chinese studente en wellicht ook niet in die van andere studenten van buitenlandse afkomst.

Commentaar

Deze casus komt uit de praktijk en is in deze vorm schriftelijk ingebracht door een deelnemer aan een training *Interculturele communicatie*. Uit deze casus blijkt duidelijk de valkuil van de culturaliserende benadering. Het hele gedrag van de studente verklaart de mentor bij voorbaat vanuit haar etnisch-culturele achtergrond. Vervolgens biedt hij haar, vanuit heel begrijpelijke redenen en vanuit de beste bedoelingen om respectvol te handelen, haar cultuur aan als legitimatie, als een excuus voor haar gedrag. Hiermee zet de mentor de studente én zichzelf vast. Hij lijkt cultuur te beschouwen als een statisch gegeven, waarvoor je uitsluitend en alleen respect dient te hebben en die je niet ter discussie stelt.

Analyse en interventie

Op het gebied *Taal* kan de mentor de volgende hypothesen (in vraagvorm) aan de orde stellen: wat zijn de mogelijke misverstanden tussen de mentor en de studente over de betekenis van het begrip assertiviteit? Welke betekenissen heeft assertiviteit in de leefomgeving van de studente; bijvoorbeeld haar studiegenoten, vrienden, gezin of familie? Hoe komt de studente voor zichzelf op of geeft ze haar mening ook als die afwijkt van die van de ander (medestudenten, docenten, thuis, familie, vrienden)? Wat betekent de opluchting (non-verbale taal) van de studente? Welke betekenis heeft de lichte lichamelijke handicap (lichaamstaal) voor de studente? En wat uit het verbale en non-verbale gedrag van de studente blijkt dat ze niet assertief zou zijn?

Wat interventies betreft kan de mentor op een ondersteunende manier doorvragen wat de studente bedoelt met 'assertiviteit', 'opgelucht' en 'mijn cultuur', wat haar ouders en directe leefomgeving bedoelen met en denken over assertiviteit. De mentor kan verhelderen welke betekenis assertiviteit heeft voor hemzelf, binnen de opleiding en binnen het beroepsprofiel Personeel en Arbeid. En hij kan binnen het kader van de vereiste assertiviteit de studente feedback geven op haar verbale (non-verbale) gedrag in de lesgroep en tijdens het mentorgesprek.

Op het gebied *Ordening* lijkt de mentor en later ook de studente het vraagstuk meteen als een etnisch-cultureel probleem (culturaliserende ordening) te ordenen en niet bijvoorbeeld als een opleidingsprobleem. Daardoor generaliseert de docent wellicht te snel dat alle studenten met een niet-Nederlandse achtergrond problemen met assertiviteit hebben. Andere mogelijke kwesties die te onderzoeken zijn in dit verband: de invloed van de loyaliteit van de studente met haar ouders op haar zienswijze; de etnische minderheidspositie, het vrouw zijn of het gehandicapt zijn van de studente en de houding van medestudenten in de lesgroep die een rol kunnen spelen. Verder het besef bij de mentor en de studente van de mogelijk onoplosbare verschillen tussen enerzijds de gewenste assertiviteit op haar opleiding en anderzijds haar respectvol gedrag thuis, maar ook de gemeenschappelijkheid dat zowel mentor als studente willen dat zij haar opleiding succesvol doorloopt en afrondt.

Als interventie kan de mentor zijn culturaliserende benadering loslaten en meer systeemtheoretisch naar de kwestie kijken. Dit betekent dat hij de verschillende sociale systemen van de studente (haar lesgroep, haar thuissituatie, haar vriendenkring) onderzoekt door open vragen te stellen. De mentor kan de studente erkennen in haar loyaliteit met haar ouders en de kijk van hem, van de studente en van haar directe omgeving (thuis, vrienden, medestudenten) op assertief en respectvol gedrag door vragen en uitleg verhelderen. De mentor kan verhelderen wat hij en de beroepsopleiding verstaan onder assertiviteit en met de studente onderzoeken hoe ze onderscheid kan maken tussen assertiviteit op de opleiding en assertiviteit thuis. Hierbij is het geen kwestie van of-of, maar van en-en vanuit de verschillende sociale rollen (sociale identiteiten) als studente en dochter van.

De mentor kan de gemeenschappelijkheid benoemen: zowel hij als de studente willen dat zij haar opleiding succesvol doorloopt en afrondt. Dit kan hij als vertrekpunt nemen voor een verdere verkenning met de studente van mogelijkheden om de vereiste competentie van assertiviteit binnen de opleiding te bereiken.

Op het gebied *Personen* lijkt de mentor als een respectvol, begrijpend persoon te willen overkomen bij de studente, vooral ten aanzien van haar culturele achtergrond. Dit gebeurt mogelijk onder invloed van de in Nederland sterk levende sociale representaties: *Je moet andere culturen respecteren* en *Je mag niet discrimineren.* Ook de sociale representatie *Migranten zijn niet assertief* heeft wellicht invloed op de beeldvorming van de docent, gezien zijn generalisatie van het probleem van assertiviteit naar alle migrantenstudenten. Waarschijnlijk ziet de mentor daardoor de studente alleen als Surinaams-Chinese en niet bijvoorbeeld als studente, vrouw, migrant, Nederlandse, dochter van haar ouders of licht gehandicapte, met als mogelijk effect dat de studente zich door de mentor alleen voelt aangesproken als Surinaams-Chinese en niet in de andere hiervoor genoemde hoedanigheden.

Wat positie in de communicatie betreft wekt de mentor de indruk vooral een leidende positie in te nemen waardoor hij vooraf veel invult voor de studente.

De mentor kan reflecteren hoe hij zichzelf als mentor ziet, hoe hij zich presenteert en hoe hij als mentor bij de studenten wil overkomen en wat hierbij de mogelijke valkuilen zijn. Hij kan een volgende interactiewijze (Roos van Leary) kiezen en door open vragen de studente meer aan het denken en vertellen zetten in plaats van veel voor haar in te vullen. Met de studente kan hij verkennen wat haar zelfbeeld is, hoe zij zichzelf ziet in de lesgroep en tegenover docenten, hoe zij denkt over haar lesgroep, hoe zij denkt dat haar medestudenten over haar denken, en in welke rol (bijvoorbeeld studente, medestudente, dochter, lichamelijk gehandicapte, vrouw) zij moeite heeft met assertiviteit.

De mentor kan zich bewust worden van de invloed, die uitgaat van de sociale representaties die in de samenleving leven: *Heb respect voor de cultuur van een migrant* en *Je mag niet discrimineren* op zijn communicatie met studenten van buitenlandse afkomst. Is hij zich deze sociale representatie eenmaal bewust, dan kan hij deze loslaten en meer onbevangen het gesprek aangaan met haar als studente en met andere studenten van buitenlandse afkomst.

Ten aanzien van het gebied *Organisatie* komt de vraag op wat de opleiding verstaat onder assertiviteit, wat precies de relevantie ervan is voor het aanstaande beroep en hoe de opleiding deze competentie toetst? In hoeverre is de studente op de hoogte van wat de eindtermen en/of het beroepsprofiel zeggen over assertiviteit?

Tevens is een vraag wat in de organisatie heeft gemaakt dat niet eerder bij de studente een gebrek aan assertiviteit is opgemerkt? Ze zit nu immers al in het tweede jaar.

De mentor kan voor de studente verhelderen wat de opleiding verstaat onder assertiviteit, wat het belang ervan is voor het latere beroep en hoe deze getoetst wordt. Hij kan de studente ook vragen of ze in haar gedrag (assertiviteit) onderscheid kan maken tussen opleiding en werk enerzijds en haar thuissituatie anderzijds.

Na met de studente verhelderd te hebben wat zij nodig heeft om de vereiste assertiviteit te bereiken kan de mentor – indien passend – begeleidingsafspraken maken met de studente specifiek gericht op haar assertiviteit of haar een assertiviteitstraining laten volgen.

Beleidsmatig kan de mentor binnen de opleiding met collega's bespreken (en overeenstemming proberen te krijgen over) wat ze daar verstaan onder assertiviteit, welke professionele relevantie deze heeft, hoe deze in de eindtermen expliciet naar voren komt en hoe deze getoetst wordt.

Als laatste het gebied *Inzet*. Hier kan de mentor de volgende vragen onderzoeken: wat bedoelt de studente met de uitspraak dat ze er zelf ook last van heeft dat ze moeite heeft met assertiviteit? Is dit een teken van haar inzet om te willen veranderen? Wordt de inzet van de studente binnen haar lesgroep gezien en erkend? Hoe wordt er binnen de lesgroep met inzet omgegaan? Wat ziet de studente van haar invloed binnen de lesgroep? Wat ziet de studente van haar invloed binnen haar familie en specifiek ten aanzien van haar ouders?

Beseft de mentor dat het effect van zijn opmerking over de culturele achtergrond van de studente anders uitpakt dan wat hij bedoelt te bereiken? Zijn bedoeling is een verandering in het gedrag van de studente bewerkstelligen. Het effect lijkt geruststelling (een excuus?) waar de studente zich bij neerlegt.

De mentor kan erkennend doorvragen wat de studente bedoelt met de last die ze heeft van haar moeite met assertiviteit. Invoegend in haar verhaal kan hij de mogelijkheden tot verandering verkennen. Verder kan hij erkennend onderzoeken of de studente haar invloed ziet binnen de lesgroep en tegenover haar ouders. Bijvoorbeeld: wat gaat goed binnen de lesgroep en in welke situaties (ook mogelijk tegenover haar ouders) kan ze zich wel assertief opstellen? Met de studente kan hij bespreken hoe deze invloed versterkt kan worden op een voor de studente passende en respectvolle wijze.

Werkend met de effecten van zijn communicatie kan de mentor de studente vragen waarom zij opgelucht is met zijn opmerking over haar culturele achtergrond. Welke consequenties heeft dit voor haar opstelling in de opleiding en haar latere professionele rol?

Literatuurverwijzing

1 De Bie, 1992.
2 De Bie, 1992.
3 Met dank aan Marloes de Bie.
4 Met dank aan Marloes de Bie.
5 Met dank aan Marloes de Bie.
6 Met dank aan Philip van den Elshout.
7 Met dank aan Willem Arts.

Zakenregister

A

aandachtigheid 15
aankijken, niet 210
aanpassing 67
acculturatie 67
acculturatiestrategie
    assimilatie 67
    integratie 67
    marginalisatie 67
    separatie 67
alibi-Ali 296
alledaagse culturisme 25
analoge taal 162
analysekader
    Inzet 327
    Ordening 256
    Organisatie 305
    Personen 281
    Taal 221
    TOPOI 167
anderstalige professional 184
as van verschil 113
assertiviteit 235, 239
assimilatie 67, 68
autobiografie 101

B

basis-
    behoeften 74
    emoties 74
    vermogens 74
bedoeling 314
begroetingswijze 211
beïnvloedingsproces, circulair 234
benadering
    communicatietheoretisch 32
    culturaliserend 6, 23, 24, 27-29, 32,
    inclusief 30, 32

beschaving 57
besef erbij te horen 317
besef toekomst te hebben 318
besef van gemeenschappelijkheid 255
betekenisgeving 108
betrekkingsaspect 163
betrekkingsniveau 263
bevoogding 30
bewegen 216
binnenkant 313
buitengewoon anders 32
buitenkant 313

C

caleidoscopisch denken 112
circulair beïnvloedingsproces 234, 316
circulaire beïnvloeding 316
circulaire beïnvloeding
    systeemdenken 40
circulaire denken 35
collectief cultureel model 234
collectief, sociale representatie 43
collectieve identiteit 97
collectivisme 235, 241
    in-group 241
    institutioneel 241
communicatie
    betrekkingsaspect 163
    inhoudsaspect 163
    intercultureel 12
    interetnisch 11, 146
    interpersoonlijk 40
    lineair proces 40

migrant 11
ontvanger 40
systeemtheorie 37
zender 40
communicatief handelen 145, 146, 150, 153, 156, 157, 163, 164, 172, 323
communicatiestijl 191
directe 191
indirecte 191
mannen 194
vrouwen 194
communicatietheoretische benadering 32
communicatieve zelfsturing 318
complementariteit 163, 277
confrontatie 143
Confuciaans dynamisme 236
constructieve identiteit 109
contextuele aanwijzing 206
culturaliseren 23, 76
culturaliserende benadering, risico 24
culturalisme 126
culturalistisch 23, 66
culturaliserende benadering 23, 24, 27-29, 352, 356
bevoogding 30
culturele exotisering 28
exclusief denken en handelen 32
generalisatie 29
haalt je uit je kracht 31
reductie van een persoon 27
stereotypering 29
wij/zij-denken 29
cultureel
absolutisme 133
model 45, 71, 72
model, collectief 234
verweer 75, 132
culturele
bepaaldheid 75
betekenis 71
dimensie 236
dominantie 130
socialisatie 206
exotisering 28
modellen 66, 67, 69, 70, 71, 73
culturisme 23
alledaags 25
cultuur 57, 239
als conversatie 65
collectivistisch 193
delict 77
duurzaamheid 71
dynamiek 70
feitelijke kennis 63
feminien 236
gelijkwaardigheid 140
individualistisch 191
kernwaarden 61
macht 78
masculien 236
mensbeeld 61
model van de werkelijkheid 63
model voor de werkelijkheid 64
normatieve kennis 64
sociale representatie 45
verwerven 66
wereldbeeld 61
zingevend kader 65
cultuurbehoud 67
cultuurelement
helden 60
kennis 60
normen 60
rituelen 60
symbolen 60
taal 60
waarden 60
cultuurrelativisme 131, 143
extreme vorm 131
cultuuruiting 61

D

debat 149
decentreren 24
dekkingsdichtheid van taal 184
demping verschillen 114

denken, inclusief 10, 33, 295
dialogische gespreksvoering 148
dialoog
  kernvaardigheid 150
digitale taal 162
discussie 149
diversiteitsdenken 294
*doe*taal 183
dominant 215
draaideureffect 296

E

eenheid, sociale 11
effect 314
eigen cultuur 68
eigen taal 181
emotie, fundamenteel 318
empathie 321, 322
enculturatie 66
enkelvoudig kijken 15
enting 252
equifinaliteit 36
erkende diversiteit 34
erkende gelijkheid 33, 34
erkenning 253, 320
  sociaal 93
  vormen van 322
essentialisme 95
essentie toepassing TOPOI-model 165
etniciteit 93
etnische
  groepering 95
  identiteit 93
  zelfwaardering 99
etnocentrisme 24, 128, 130
exclusief denken 33
exit-optie 97
exotisering, culturele 28
expressieve functie 204

F

familiale loyaliteit 247
feedbackkring 40
feitelijke kennis 63
feminien 236
fundamenteel interetnisch misverstand 249
fundamentele emotie 318

G

gave gebieden 317
geldigheidsaanspraak 145-147, 155, 163, 164, 172
gelijke behandeling man/vrouw 235, 238
gelijkwaardigheid culturen 140
gelijkwaardige poging 141
gender 111, 112
genderdiscriminatie 111
gevoelstaal 183
GLOBE 234
Globe Study 234
groep, sociale 11

H

handelingsrecht 254, 255
handelingsverlegen 28
helden 61
herkaderen 251, 272
herordenen 251
hertalen 252
horizontale loyaliteit 247
hybride (gemengde) vormen 112
hybride identiteiten 115

I

identiteit
  collectief 97
  constructief 109
  essentialisme 97
  etnisch 93
  meervoudig multiculturele 13
  meervoudig sociaal 100
  objectieve 92
  open 100
  oppositioneel 99
  politisering 110
  primair 97
  reactief 99

secundair 97
sociaal 12, 13, 16, 92
subjectief 92
identiteitsbeleving 92
identiteitsconflict 108
identiteitsconstructies 114
identiteitstheorie
intersectionaliteit 114
impliciet taalgebruik 196
beeldspraak 197
gezegde 198
grappen 198
institutionele sleutelwoorden 199
metafoor 198
parabel 198
vakjargon 197
verhaal 198
inclusief denken 10, 33, 295
inclusief handelen 295
inclusieve aanwijzing 212
inclusieve benadering 30, 32, 345
individualisme 241
in-group collectivisme 241
inhoudsaspect 163
inhoudsniveau 259
inrichting ruimte 218
institutioneel collectivisme 241
integratie 67
interactiesysteem 36
interactieve verscheidenheid 134
interactionele regel 201
interculturele communicatie 12
interetnische communicatie 11, 144
interetnische ontmoetingen 32
internalisatie 79
internalisatie sociale representatie 274
internationale sociale beweging 58
interpersoonlijk perspectief 263, 266, 270
interpersoonlijk verband 58
interpersoonlijke communicatie 40
interpersoonlijke loyaliteit 247
interpunctie 163
intersectionaliteit 111
identiteitstheorie 114
interventiekader
Inzet 328
Ordening 256
Organisatie 305
Personen 281
Taal 221
TOPOI 167
intonatie 214
invloed 311, 315
invloed sociale dialoog 272
inzet 311

K

kernvaardigheid dialoog 150
kernvragen
Inzet 327
Ordening 256
Organisatie 305
Personen 280
Taal 220
kernwaarden 61
kijken, enkelvoudig 15
kijken, meervoudig 15
kleding 215
klemtoon 214
kleurenblindheid 34, 297
kortetermijngerichtheid 236
kruispunt 113
kruispuntdenken 112

L

lachen 215
langetermijngerichtheid 236
lineair proces, communicatie 40
lineraire denken 35
lopen 216
loyaliteit 103
familiaal 247
horizontaal 247
interpersoonlijk 247
sociaal 247
verticaal 247
loyaliteitverschillen 247
luistergedrag 208

M

maatschappelijke machtsverschillen 246
machtsafstand 235, 242
machtsverhouding 46
macrosociaal systeem 58
management van diversiteit 293
mannelijk taalgebruik 195
marginalisatie 67
masculien 235
meervoudig kijken 15
meervoudige multiculturele identiteit 13
meervoudige sociale identiteit 100
meningsvorming 234
mensbeeld 61
mesosociaal systeem 58
microsociaal systeem 58
migrant, communicatie 11
miskennen 325
misverstanden 189
moedertaal 181
monisme
  moreel 129
  sociaal-politiek 128
monochrone tijd 290
monochrone tijdopvatting 238
moreel monisme 129
moreel relativisme 131
morele maatstaf 138
morele ontwikkeling 135
  conventioneel 135
  postconventioneel 135
  preconventioneel 135
morele universalia 139
multiculturele identiteit, meervoudig 13

N

negeren 325
niet-aankijken 210
niet niet-communiceren 312
niet-onderhandelbare waarden 135
non-verbale taal 162
normaliserende werking 79
normaliteit 110
normatieve kennis 64
normbeeld 90, 108
normen 60
  transculturele morele 135

O

objectieve identiteit 92, 116
onderlinge beïnvloeding 36
ontmoeting 143
onzekerheidsvermijding 235, 244
oogcontact 210
open identiteit 100
opmaak 215
oppositionele identiteit 99
organisatorisch aspect 289
organisatorisch kader 290
oriëntatie op het humane 235, 243

P

particularisme 131
passend taalgebruik 190
passieve tolerantie 23, 134
persoon 75
persoonlijke ruimte 209
persoonlijke betekenisverlening 249
persoonlijkheid 75
plat diversiteitsdenken 112
pluralisme 133
policentrische gemeenschap 59
politisering identiteit 110
polychrone tijd 291
polychrone benadering 238
positieve actie 297
positieve discriminatie 297
positieverschillen 247
postmoderne denken 101
presentie 17, 165
  aandacht 166
prestatiegerichtheid 235, 236
primaire identiteit 97
protoprofessionalisering 248

R

rationaliteit 74
reactieve identiteit 99

rechtvaardigheid 78
recursiviteit 264, 313
recursiviteit in een groep 265
redelijk subject 74
reductie van een persoon 27
relativisme 131
religie 61
risico culturaliserende benadering 24
rituelen 60
Roos van Leary 277

S
samenwerkingsbeginsel 200
schaamtecultuur 29
schijntolerantie 148
schuldcultuur 29
secundaire identiteit 97
separatie 67
sociaal
 groep 89
 identiteit 15, 16, 35, 89, 95
 rol 89
 systeem 89
sociaal perspectief 47, 48
 sociale druk 48
sociaal-politiek monisme 129
sociaal systeem 11, 36
 categorie 58
 equifinaliteit 36
 evenwicht 36
 groep 58
 interpersoonlijk verband 58
 onderlinge beïnvloeding 36
 transnationaal 58
 zakelijke betrekking 58
sociale betekenis taal 190
sociale constructie 98
sociale conversatie 43
sociale dialoog 38, 39, 43, 46, 169, 220, 234, 249, 316, 323
sociale druk 48, 77
sociale eenheid 11
sociale erkenning 93
sociale groep 11, 58
sociale identiteit 12, 13, 15, 16, 66, 89, 92, 93, 97, 99, 99, 101-103, 268
 cultureel 90
 hiërarchie 107
 representaties 38, 44, 47, 48, 50, 112, 165, 166, 167, 168, 213
 sociaalstructureel 90
 zijnsdefinitie 88
sociale identiteitstheorie 89
sociale loyaliteit 247
sociale perspectieven 47
sociale presentatie 220
sociale representatie 38, 44, 48, 50, 60, 65, 79, 96, 109, 114, 161, 167-170, 217, 220, 247, 249, 250, 255, 268, 234, 250-252, 273-275, 277, 277, 280-282, 316, 327, 341, 346, 351, 355, 357
 collectief 43
 cultuur 45
 machtsverhouding 46
sociale systemen 35
socialisatie 57, 63, 77, 127, 205, 217, 248
 culturele 204
socialisatiegeschiedenis 206, 246
socialisatieproces 70, 114, 191
somatiseren 218
stemvolume 213
stilte 207
streektaal 183
subjectieve betekenisgeving, verschillen 252
subjectieve identiteit 92, 116
symbolen 60
symmetrie 163, 277
synergie 294
systeem, sociaal 11
systeemdenken
 circulaire beïnvloeding 40
systeemtheorie 35
 communicatie 37

T
taal
 analoog 162

dekkingsdichtheid 184
digitaal 162
non-verbale 162
sociale betekenis 190
verbaal 162
taalachtergrond 189
taalbarrière 179
taalbeheersing 187
taalervaring 189
taalgebruik, impliciet 196
taaloverdrachtsfout 187
taalsocialisatie 189
theemutscultuur 102
tijd 290
monochroon 290
polychroon 291
tijdsoriëntatie 293
toekomstoriëntatie 235, 238
token 299
tokeneffect 299
tolerantie 78, 80, 125, 128, 131, 133, 139, 140, 141, 143, 144, 151, 152, 245
tolerantie, passieve 23
tolken 202
toonhoogte 214
TOPOI
analysekader 167
interventiekader 167
Inzet 163
Ordening 162
Organisatie 163
Personen 163
Taal 162
TOPOI-model 162
essentie toepassing 165
transculturele morele normen 135
transnationaal
burger 59
netwerk 58
sociaal systeem 58
veld 58
virtueel sociaal systeem 58

U

Ubuntu 241
universalia 127
universalisme 128

V

vakjargon 183, 200
verantwoording, wederzijds 144
verbaal luistergedrag 201
verbale taal 162
verschillen
demping 114
in subjectieve betekenisgeving 252
verschilspiraal 112, 115
vertelstijl 191, 193
verticale loyaliteit 247
verwerpen 324
virtueel transnationaal sociaal systeem 58
vooroordelen 275
vormen van erkenning 322
vrouwelijk taalgebruik 195
vrijheid 78
vrije ruimte' 149

W

waarden 60
niet onderhandelbaar 135
waardigheid ieder mens 135
waarheidsgevecht 231
walkman-ego 102
wederzijdse verantwoording 134, 144, 147
wereldbeeld 61
westerse ik-cultuur 29
wij/zij-denken 29
wilsvrijheid 73, 75
woordenschat 184

Z

zakelijke betrekking 58
zelfpresentatie 269
zijnsdefinitie 96, 108, 116

Personenregister

A

Aboutaleb, Ahmed 104, 105
Abrahams, Frits 276
Agnagna, Marcellin 129
Albayrak, Nebahat 105
Appiah, Kwame Anthony 98
Azghari, Youssef 202

B

Baart, Andries 165, 166
Berry, John 67, 68, 69
Blom, Herman 31
Boerwinkel, Feitse 33
Brown, James 90

C

Chamberlain 207
Churchill 207
Confucius 236, 237, 241, 242
Cornelis, Arnold 318

D

Davis, Shani 115
De Beauvoir, Simone 114
De Jong, Jan Dirk 25, 26
De Jong, Sjoerd 133
De Swaan, Abram 134, 135

E

Elias, Norbert 78, 79

F

Fukuyama, Francis 321

G

Gal, Edward 14
Gallup 106, 107, 143
Gilligan, Carol 135, 136, 155
Ciroud, Françoise 207
Gumperz, John 206, 214
Günel, Bercan 79, 133
Gür, Halil 17

H

Habermas, Jürgen 144, 145, 163, 164, 172
Halifax 207
Hartkemeyer, Martina en Johannes 150
Hof, Rob 10
Hofstede, Geert 24, 194, 234, 235, 245, 246
Holmes, Sherlock 231

I

Interactie-Academie 35, 37, 47, 50, 162, 247, 253

J

Jansen, Jacqueline 251

K

Kant, Immanuel 135, 136
Karakus, Hamit 108
Kervezee, Kate 250
Kessels, Jos 148, 149
Kohlberg, Lawrence 135, 136, 154, 155
Kortmann, Frank 190
Korzybski, Alfred 184

L

Leary, Timothy 269, 277-283, 335, 354, 357

M

Maalouf, Amin 142, 143, 156
Mandela, Nelson 61, 268, 275, 283

Maslow, Abraham 321
Mattheeuws, Annie 47
McIntosh, Peggy 119
Mees, Heleen 44, 46, 48, 52

N

Nicis 104
Nussbaum, Martha 138, 139, 155

O

O'Hanlon, Redmond 129
O'Neill, Joseph 69
Obama, Barack 9, 10, 61, 88-91, 239
Oomkes, Frank 64

P

Peeters, Flor 253
Pinto, David 24, 27, 28, 31, 74
Plasterk, Ronald 45
Procee, Henk 125, 126, 133, 135, 136, 153

R

Ross, Dennis 321, 322

S

Schinkel, Willem 23, 25
Shadid, Wasif 297
Siesling, Mirjam 77
Sitalsing, Martin 27

T

Tajfel, Henri 89
Tannen, Deborah 194, 195, 251
Tilburg, van Willem 319
Trompenaars, Frans 24
Turner, John 89
Tutu, Desmond 275, 276

V

Van der Knaap, Cees 105
Van Mens-Verhulst, Janneke 112
Van Tilburg, Willem 319
Van Weerlee, Duco 292
Vandenbroeck, Michel 79
Veer, Guus van der 166
Veling, Wim 68
Verhoeven, Jan 169
Verkuyten, Maykel 89
Vogelaar, Ella 13
Von Bertalanffy, Ludwig 35

W

Watson, John 231
Watzlawick, Paul 35, 36, 50, 162-164, 172, 181, 232, 233, 263, 311, 312
Wilders, Geert 105, 106
Willemsen, August 179

Literatuur

Aartsma M., Hoffman E. en Reynaert W. (2008). De stille kracht van leiderschap. Een Indisch perspectief. Antwerpen/Apeldoorn: Garant.

Abell, P., Havelaar, A.E. & M.M. Dankoor (1997). The documentation and evaluation of antidiscrimination training activities in the Netherlands. Geneva: International Labour Office.

Adelman, M. & Lustig, M. (1981). Intercultural communication problems as perceived by Saudi Arabian and American managers. International Journal of Intercultural relations 5, 349-364.

Agten, J. (red.) (2001). Gender en sociaal werk. Leuven: Garant.

Anne Frank Stichting (1997). Vooroordelen vertekenen. Amsterdam: Anne Frank Stichting.

Appel, R. et al. (1992). Inleiding tot de algemene taalwetenschap. Dordrecht: ICG Publications.

Appiah, K.A. (1995). Identiteit, authenticiteit, overleving: multiculturele samenlevingen en sociale reproductie. In:

Arends-Tóth J.& van de Vijver F.J. R. (2000). Acculturatie in organisaties. Tilburg: Katholieke Universiteit Tilburg

Argyle, M. (1972). Nonverbal communication in human social interaction. In: R. Hinde (ed.), Nonverbal communication. New York: Cambridge United Press.

Argyle, M. (1988). Bodily communication. New York: Methuen & Co Ltd.

Arrondissementsrechtbank 's-Hertogenbosch (2001). elro-nummer: AA9954 Zaaknr: 01/069053-99.

Asante, M.K. & Gudykunst W.B. (1989). Handbook of international and intercultural communication. Newbury Park: Sage.

Azghari, Y. (2005). Cultuurbepaalde communicatie. Baarn: Nelissen.

Baart, A. (2000a). Ruimte om bij het vreemde te blijven. Markant 3.

Baart, A. (2000b). Raken aan het geleefde leven – inleiding in de presentie. 's-Hertogenbosch: Actioma.

Baart, A. (2001). Een theorie van de presentie. Utrecht: Lemma.

Bader, V.M. & Benschop, A. (1988). Sociale ongelijkheid en collectief handelen, deel I: Sociale ongelijkheden. Groningen: Wolters-Noordhoff.

Baehr, P.R. (1998). De rechten van de mens. Boom: Meppel.

Baert, D. (1984). Over loyaliteit. Een stukje inspiratie van Ivan Boszormenyi-Nagy, gekaderd in de algemene systeemtheorie. Systeemtheoretisch Bulletin III(1), 3-19.

Baert, D. (1987). De persoon in een systeemtheoretisch ontwerp. In: A. Mattheeuws & D. Baert,
Psychotherapie, psychologische theorieën, systeemtheorie (p. 83-122). Antwerpen: V.St.P.

Baert, D. (1991). Identiteit en identiteitsontwikkeling: een poging tot systeemtheoretische benadering. I Theoretisch zoekwerk. Systeemtheoretisch Bulletin IX(2), 64-91.

Baert, D. (1993). Identiteit en identiteitsontwikkeling: een poging tot systeemtheoretische benadering. II De ontwikkeling van identiteit. Systeemtheoretisch Bulletin XI(4), 277-300.

Baert, D. (1996). Boekbesprekingen. Systeemtheoretisch Bulletin XIV(2), 96-97.

Ban, A.W. van den (1985). Inleiding tot de voorlichtingskunde. Meppel: Boom.

Banning, H. (1986). Welzijnswerk ten dienste van migranten. Baarn: Nelissen.

Barker, M. (1981). The new racism. London: Junction Books.

Bateson, G. (1984). Het verbindend patroon. Amsterdam: Bert Bakker.

Beltman, A., Kemenade, E. van & Reekers M. (2001). Bewegen naar werk. Interne notitie. Eindhoven: Fontys Hogeschool Sociaal Werk.

Berenst, J. (1994). Relationeel taalgebruik. Conversationele strategieën in interpersonele en interculturele communicatie. Dissertatie. Amsterdam: Thesis Publishers.

Berg, H. van den (1992). Racisme onderzoek en discours-analyse. Migrantenstudies 8, 38-60.

Berk, T. van den (1987). De wijsheid van de hersenstam. Kapellen/Kampen: Pelckmans/Kok Agora.

Beus, J. de (1998). De cultus van vermijding. Visies op migrantenpolitiek in Nederland. Utrecht: Forum.

Blom H. Interculturele samenwerking in organisaties. Bussum: Coutinho.

Bie, M. de (1992). Bekal Hidup. Utrecht: Steunpunt Edukatie Molukkers.

Blommaert, J. & Verschueren, J. (eds.) (1991). The pragmatics of intercultural and international communication. Amsterdam/Philadelphia: John Benjamins Publishing Company.

Blommaert, J. (1991). How much culture is there in intercultural communication? In: J. Blommaert & J. Verschueren (eds.), The pragmatics of international and intercultural communication (p. 13-33). Amsterdam/Philadelphia: John Benjamins Publishing Company.

Blommaert, J. (1995). Ideologies in intercultural communication. In: O. Dahl (ed.), Intercultural communication and contact (p. 9-27). Stavanger: Misjonshoskolens Forlag.

Blommaert, J. & Verschueren, J. (1991). Intercultural and international communication: Introduction. In: J. Blommaert & Verschueren J. (eds.), The pragmatics of intercultural and international communication (p. 1-13). Amsterdam/Philadelphia: John Benjamins Publishing Company.

Blommaert, J. (1996). Cultuur als ideologie. Opleiding en Ontwikkeling 6, 33-37.

Boerwinkel, F. (1966). Inclusief denken. Een andere tijd vraagt een ander denken. Hilversum/ Antwerpen: Paul Brand.

Bolten, J. (1994). Im Spiel der Lebenswelten. Zur theoretischen Grundlegung interkultureller Kommunikationstrainings. In: Th. Bungarten (Hrsg.), Kommunikationstraining und -trainingsprogramme im wirtschaftlichen Umfeld (p. 17-35). Tostedt: Attikon Verlag.

Bolten, J. (1995). Crossculture: interkulturelles Handeln in der Wirtschaft. In: J. Bolten (Hrsg.), Schriftenreihe interkulturelle Wirtschaftskommunikation (p. 25-43). Berlin: Verlag Wissenschaft & Praxis.

Borra, R. (1992). Anders dan anderen. Vrouwenhulpverlening op systeemtheoretische basis. Systeemtheoretisch Bulletin X(4), 195-209.

Boszormenyi-Nagy, I. & Spark, G. (1973). Invisible loyalties. New York: Harper & Row.

Bourdieu, P. (1988). Opstellen over smaak, habitus en het veldbegrip. Amsterdam: Van Gennep.

Bovenkerk, F. (1979). Als ze allemaal zo waren als jij. Utrecht: Landelijke Federatie van Welzijnsstichtingen voor Surinamers.

Bovenkerk, F., Bruin, K., Brunt, L. & Wouters, H. (1985). Vreemd volk, gemengde gevoelens. Etnische verhoudingen in een grote stad. Meppel: Boom.

Bovenkerk, F. & Yeilgöz, Y. (1999). Multiculturaliteit in de strafrechtpleging? B en m 26 april.

Boydens, G. (1998). De stad van axen. Het relatiemodel van F. Cuvelier of 'het omgaan met elkaar' in kaart gebracht. Eigen paper, niet gepubliceerd.

Van den Brink G. en Ruijter D. de (2003), Marginaal of modern? – Bestuurlijk advies inzake burgerschap onder migranten in Rotterdam. Kenniscentrum Grote Steden.

Brinkgreve, Ch. & Korzec, M. (1978). Margriet weet raad. Gevoel, gedrag, moraal in Nederland 1938-1978. Utrecht/Antwerpen: Spectrum.

Brislin, R.W. & Yoshida, T. (1994). Improving intercultural interactions. Thousand Oaks Ca: Sage.

Broek, L. van den (1987). Hoe zit het nou met wit? Amsterdam: An Dekker.

Brown, R. (1965). Social psychology. New York: Macmillan.

Brown, L. (1991). Multiculturele perspectieven in de opbouw van theorieën: een voorbeeld vanuit de feministische therapie. Systeemtheoretisch Bulletin IX(4), 230-268.

Budike, F. (1984). Ik kom morgen zeker langs. Amsterdam: IVABO.

Bulcaen, Ch. & Blommaert, J. (1999). De constructie van 'klassieke gevallen'. In: F. Glastra (red.), Organisaties en diversiteit. Utrecht: Lemma.

Bungarten, Th. (Hrsg.) (1994). Kommunikationstraining und -trainingsprogramme im wirtschaftlichen Umfeld. Tostedt: Attikon Verlag.

Burghgraeve, P. (1986). Epistemologie en systeemtheorie. In: D. Baert & A.A. Mattheeuws, Nieuwe aksenten in de systeemtheorie. Verslag van de Studiedag 18 april 1986. Antwerpen: V.St.P.

Burkart, R. (1983). Kommunikationswissenschaft. Wien/Köln: Böhlau Verlag.

BVGB. Bunnik: Buro Voorlichting Gezondheidszorg Buitenlanders.

Carnevale, A.P. & Stone, S.C. (1995). The American mosaic. New York: McGraw-Hill.

Chen, G-M. & Starosta, W.J. (1996). Intercultural communication competence. A synthesis. Communication yearbook (p. 353-383). London: Sage.

Choenni, Ch. (1992). pal: Positieve-actiebeleid voor migranten. In: S. van der Werf. Migranten aan het werk (p. 93-121). Muiderberg: Coutinho.

Chhokar J.S., F.C. Brodbeck, R.J. House Eds. (2007). Culture and leadership across the world. New Jersey: Lawrence Erlbaum Associates, Inc., publishers,

Clyne, M. (1994). Intercultural communication at work: Cultural values in discourse. Cambridge: Cambridge University Press.

Collier, M.J. & Thomas, M. (1988). Cultural identity: An interpretive perspective. In: Y.Y. Kim & W.B. Gudykunst (eds.), Theories in intercultural communication (p. 66-98). Beverly Hills, CA: Sage.

Condon, J.C. (1984). With respect to the Japanese. Yarmouth, Maine: Intercultural Press.

Condon, J.C. & Yousef, F. (1983). An introduction to intercultural communication. Indianapolis: Bobbs-Merrill.

Cornelis, A. (1995). Logica van het gevoel. Stabiliteitslagen in de cultuur als nesteling der emoties. Amsterdam/Brussel/Middelburg: Stichting Essence.

Coupland, N., Giles, H. & Wiemann, J. (eds.) (1991). Miscommunication and problematic talk (p. 103-120). Newbury Park: Sage.

Cox, T. jr. (1993). Cultural diversity in organisations: theory, research and practice. San Francisco: Berrett-Koehler Publishers.

Cronen, V. (1987). Het individu vanuit systeemtheoretisch perspectief. Systeemtheoretisch Bulletin V(3), 167-197.

Cronen, V.E., Chen, V. & Pearce, W.B. (1988). Coordinated management of meaning: A critical theory. In: Y.Y. Kim & W.B. Gudykunst (eds.), Theories in intercultural communication (p. 66-98). Beverly Hills, CA: Sage.

Cuvelier, F. (1998). Omgaan met zichzelf en met elkaar. Leuven/Apeldoorn: Garant.

Dagevos, J. en Gijsberts M. (red.) (2007). Jaarrapport Integratie 2007. Den Haag: Sociaal en Cultureel Planbureau.

Deen, N. (1990a). Leerlingen tellen. Rede uitgesproken bij het aanvaarden van het ambt van bijzonder hoogleraar in de theorie en praktijk van leerlingbegeleiding aan de Rijksuniversiteit te Utrecht op 12 januari 1990. Alphen aan den Rijn: Samsom H.D. Tjeenk Willink.

Deen, N. (1990b). Begeleiding van Surinaamse leerlingen. In: V.Th. Tjon-A-Ten & K. Autar (red.), Schoolloopbaanverbetering van Surinaamse leerlingen (p. 23-31). Amsterdam/Lisse: Swets & Zeitlinger.

Deen, J. (1995). Dealing with problems in intercultural communication: a study of negotiation of meaning in native – nonnative speaker interaction. Tilburg: Katholieke Universiteit Brabant.

Derks, L. & Hollander, J. (1997). Essenties van NLP. Utrecht: Servire.

Deug, F. (1993). Interne communicatie. In: J. van Kooten, F.A. van de Pieterman & P. Schouten (red.), De multiculturele organisatie en het belang van intercultureel management. Deventer: Kluwer Bedrijfswetenschappen.

Dijk, T.A. van (1987). Communicating racism: ethnic prejudice in thought and talk. Newbury Park: Sage.

Dijk, T.A. van (1993). Elite discourse and racism. Newbury Park: Sage.

Dijk, B. van (2000). Beïnvloed anderen, begin bij jezelf. Over gedrag en de roos van Leary. Zaltbommel: Schouten & Nelissen.

Dochy, F.J. & Luyk, S.J. van (1987). Handboek vaardigheidsonderwijs. Lisse: Swets & Zeitlinger.

Donald, J. & Rattansi, A. (eds.) (1992), 'Race', culture & difference. London: Sage/The Open University.

Dongen, H.J. van (1982). De invloed van nieuwe technologieën op sociale verandering. In: T. Huppes & J. Berting (red.), Op weg naar de informatiemaatschappij. Leiden: Stenfert Kroese.

Donkers, G. (1999). Zelfregulering als reflectiekader van methodiek maatschappelijk werk. Een agogische benadering. Baarn: Nelissen.

Douglas, M. (1973). Wereldbeelden. Utrecht/Antwerpen.

Dries M. en Hoffman E. (2008). Diversiteit en aandacht. Nijmegen: HAN

Dunk, H.W. von der (1994). Twee buren twee culturen. Opstellen over Nederland en Duitsland. Amsterdam: Prometheus.

Egan, G. (1985). Deskundig hulpverlenen. Nijmegen: Dekker & Van de Vegt.

Eisner, E.W. (1991). The enlightened eye. New York: Macmillan Publishing Company.

Elias, N. (1981). Wat is sociologie? Utrecht: Het Spectrum.

Engbersen, G., Schuyt, K., Timmer, J. & Waarden, F. van (1993). Cultures of unemployment; a comparative look at long term unemployment and urban poverty. Boulder/San Francisco en Oxford: Westview Press.

Engbersen, G. & Gabriëls, R. (red.) (1995). Sferen van integratie; naar een gedifferentieerd migranten beleid. Amsterdam/Meppel: Boom.

Endt-Meijling, M. van (1999). Met nieuwe ogen. Werkboek voor de ontwikkeling van een interculturele attitude. Bussum: Coutinho.

Eppink, A. (1981). Cultuurverschillen en communicatie. Problemen bij hulpverlening aan migranten in Nederland. Alphen aan den Rijn: Samsom.

Essed, P.J.M. (1991). Inzicht in alledaags racisme. Utrecht: Het Spectrum.

Essed, P.J.M. & Helwig, L. (1992). Bijvoorbeeld. Amsterdam: Stichting FNV Pers.
Essed Ph. & M. de Graaff (2002). De actualiteit van diversiteit. Utrecht: Forum en E-Quality
Fishbein, M. & Ajzen, I. (1975). Belief, attitude, intention and behavior: an introduction to theory and research. Reading (Mass.): Addison-Wesley.
Focus Consultancy Ltd. (1991). Modellen voor intercultureel management: Een verkenning van managementmethodieken. Amsterdam: Focus Consultancy Ltd.
Frijda, N.H. & Mesquita, B. (1992). Emoties: natuur of cultuur. Nederlands Tijdschrift voor de Psychologie 47(1), 3-14.
Fukuyama, F. (1992). Het einde van de geschiedenis en de laatste mens. Amsterdam: Contact.
Fung, R.J. (1995). Organisational strategies for cross-cultural cooperation. Delft: Eburon Publishers.
Galenkamp, M. (1998). Minderheden en hun praktijken. Filosofie & Praktijk 19 januari.
Galenkamp, M. (2000). De rol van cultuur in het strafrecht. Een filosofisch probleem. Filosofie 10(5).
Gardenswartz, L. & Rowe, A. (1994). Managing diversity. Burr Ridge/New York: Irwin.
Geertsen, H. (1974). Ondubbelzinnig. Deventer: Van Loghum Slaterus.
Geertz, C. (1973). The interpretation of cultures. New York: Basic Books.
Giles, H. & St. Clair, R.N. (eds.) (1979). Language and social psychology (p. 45-65). Oxford: Basil Blackwell.
Gilligan, C. (1982). In a different voice: Psychological theory and women's development. Cambridge Mass.: Harvard University Press.
Giroud, F. (1972). Si je mens. Conversations avec Claude Clayman. Paris: Stock.
Glastra, F.J. (1994). De begrensde verbeelding. Leiden: DSWO Press.
Glastra, F.J. (1996). Intercultureel management en de calculatie van verschil. Opleiding en Ontwikkeling 6(13-21).
Goffman, E. (1967). Interaction ritual. Essays on face-to-face behaviour. Garden City: Doubleday Anchor.
Goffman, E. (1983). The interaction order. American sociological Review 48, 1-17.
Gowricharn, R. (2001). In- en uitsluiting in Nederland. Een overzicht van empirische bevindingen, WRR Werkdocumenten nr. W122. Den Haag.
Gruppelaar, J. & Wils, J.P. (red.) (1998). Multiculturalisme. Best: Damon.
Gudykunst, W.B. & Kim, Y.Y. (eds.) (1984). Methods for intercultural communication research. Beverly Hills: Sage.
Gudykunst, W.B. & Nishida, T. (1989). Studying intercultural communication. In: M.K. Asante & W.B. Gudykunst (eds.), Handbook of international and intercultural communication (p. 17-47). Newbury Park: Sage.
Gudykunst, W.B. (ed.) (1983). Intercultural communication theory. Beverly Hills, CA: Sage.
Gumperz, J.J. (1979). Crosstalk-video. London: BBC.
Gumperz, J.J. (1982a). Discourse strategies. Cambridge: Cambridge University Press.
Gumperz, J.J. (ed.) (1982b). Language and social identity. Cambridge: Cambridge University Press.
Gumperz, J.J. & Roberts, C. (1991). Understanding in intercultural encounters. In: J. Blommaert & J. Verschueren (eds.), The pragmatics of intercultural and international communication (p. 51-91). Amsterdam/Philadelphia: John Benjamins Publishing Company.
Haan, J. de (2000). Vrouwenbesnijdenis, Relativisme en Nussbaum. Filosofie en praktijk 21(4).
Habermas, J. (1995). Strijd om erkenning in de democratische rechtsstaat. In: Ch. Taylor, Multiculturalisme. Meppel: Boom.

Habermas, J. (1971). Theorie der Gesellschaft oder Sozialtechnologie? Eine Auseinandersetzung mit Niklas Luhmann. In: J. Habermas & N. Luhmann. Theorie der Gesellschaft oder Sozialtechnologie – Was leistet die Systemforschung? (p. 142-290). Frankfurt/Main: Suhrkamp.

Hagendoorn, A.J.M.W. (1991). Indelen en uitsluiten. Rede uitgesproken bij de aanvaarding van het ambt van gewoon hoogleraar in de Algemene Sociale Wetenschappen aan de Rijksuniversiteit te Utrecht op 24 mei 1991. Utrecht: ISOR.

Hall, E.T. (1959). The silent language. New York: Doubleday.

Hall, E.T. (1966). The hidden dimension. Garden City, New York: Doubleday.

Hall, E.T. (1976). Beyond culture. Garden City, New York: Anchor.

Hall, E.T. (1984). The dance of life: The other dimension of time. Garden City, New York: Anchor.

Hall, E.T. (1988). Context and meaning. In: L.A. Samovar & R.E. Porter, Intercultural communication: a reader (p. 44-55). Belmont: Wadsworth Publishung Company.

Hall, S. (1991). Het minimale zelf en andere opstellen. Amsterdam: SUA.

Hall, S. (1994). Rassismus und kulturelle Identität. Hamburg: Argument-Verlag.

Hall, S. & P. Du Gay (eds.) (1996). Cultural identity. London: Sage.

Hammer, M. (1989). Intercultural communication competence. In: M.K. Asante & W.B. Gudykunst (eds.), Handbook of international and intercultural communication (p. 247-260). Newbury Park: Sage.

Harman, R. & Briggs, N. (1991). Sietar survey: Perceived contributions of the social sciences to intercultural communication. International Journal of Intercultural relations 15, 19-28.

Hartkemeyer J.F. & M. (2005). Die Kunst des Dialogs. Kreative Kommunikation entdecken. Stuttgart: Klett-Cotta

Hartkemeyer M. & J.F. en L. Freeman Dhority (1998). Miteinander denken. Das Geheminis des Dialogs. Stuttgart: Klett-Cotta.

Havekes E. en W. Uunk (2008). Identificatie in context in Mens & Maatschappij.

Hecht, M.L., Andersen, P.A. & Ribeau, S.A. (1989). The cultural dimensions of nonverbal communication. In: M.K. Asante & W.B. Gudykunst (eds.), Handbook of international and intercultural communication (p. 163-186). Newbury Park: Sage.

Hilgard, E.R., Atkinson, R.J. & Atkinson, R.C. (1979). Introduction to psychology. New York: Harcourt Brace Jovanovich, Inc.

Hinnenkamp, V. (1989). Interaktionale Soziolinguistik und Interkulturelle Kommunikation. Gesprächsmanagement zwischen Deutschen und Türken. Tübingen: Niemeyer Verlag.

Hinnenkamp, V. (1991). Talking a person into interethnic distinction. A discourse-analytic case study. In: J. Blommaert & J. Verschueren (eds.), The pragmatics of intercultural and international communication (p. 91-111). Amsterdam: John Benjamins Publishing Company.

Hinnenkamp, V. (1995). Intercultural communication. In: J. Verschueren, J.-O. Östman & J. Blommaert (eds.), Handbook of pragmatics (p. 1-23). Amsterdam: John Benjamins Publishing Company.

Hoffman, E. (1993). Achtergronden van allochtone studenten in het hbo en Uitgangspunten voor onderwijs aan etnisch-heterogene groepen in het hbo. In: H. Banning, F. van Duin, E. Hoffman en E. Mathijssen (1993). Onderwijs aan etnisch-heterogene groepen in het hoger beroepsonderwijs. Culemborg: Phaedon.

Hoffman, E. en F. F. Ögünç-Serap (1993). Allochtone hulpvragers. In: G. van der Stouw (red.) Maatschappelijk werk, Doelgroepen. Groningen: Wolters-Noordhoff.

Hoffman, E. en W. Arts (1994). Interculturele gespreksvoering. 1994. Houten: Bohn Stafleu van Loghum

Hoffman, E. en R.Maduro (1995). Il progetto 'Convivenza intercultrale' a Helmond, Olanda. In: W. Lorenz and A. Pentini-Aluffi, Per Una Pedagogia Antirazzista. Bergamo: Edizioni Junior.

Hoffman, E. (1995). Management in Bezug auf kulturelle Verschiedenheit und interkulturelle Kommunikation. In R.H. Jung, H.M. Schäfer en F.W. Seibel, Vielfalt gestalten – Managing Diversity. Frankfurt: IKO-Verlag.

Hoffman, E. (1995). Interculturele communicatie. In: G.W.M. van Vught, Werken in multiculturele organisaties. Houten: Bohn Stafleu van Loghum.

Hoffman, E. en R. Maduro (1996). Article I. In: W. Lorenz and A. Pentini-Aluffi, Anti-racist youthwork. Dorset: Russell House publishing.

Hoffman, E. en F. Ögünç-Serap (1996). Interculturele communicatie. In: J. de Jong en M. van de Berg, Transculturele psychiatrie en Psychotherapie. Lisse: Swets & Zeitlinger.

Hoffman, E. (1996). Vielfalt gestalten in der multi-ethnischen Stadtquartieren. In: A. Bernhard (Hrsg.). Interkulturelle Aspekte sozialpädagogischen Handelns. Mainz: Johannes Gutenberg-Universität.

Hoffman, E. (1996). Het TOPOI-model. In: Opleiden en Ontwikkeling. Tijdschrift over Human resource Development. Themanummer Intercultureel Management, nr. 6. 's-Gravenhage: Delwel.

Hoffman, E. (1996). Het zijn mensen die elkaar ontmoeten en niet culturen. In: J.E. Neef, J. Tenwolde en K.A.A. Mouthaan (Red.). Handboek Interculturele Zorg. Maarssen: Elsevier/De Tijdstroom.

Hoffman, E. (1997). Handvatten voor interculturele gespreksvoering. In: Pedagogiek in Praktijk jaargang 3:1. Best: Damon.

Hoffman, E. & Hoogsteder, J. (1997). Management van interculturele dienstverlening. In: J. Hoogsteder & J. Verhoeven (red.). Van migrantenbeleid naar een integrale aanpak van kwaliteitsmanagement (p. 36-60). Nijmegen: Instituut voor Inter-Etnisch Management.

Hoffman, E. met E. Jaksche (1998). Cultures don't meet, people do. In: H.Eichelberger & E. Furch (Hg.). Kulturen Sprachen Welten. Die Herausforderung (Inter)-Kulturalität. Innsbrück Studien-Verlag

Hoffman, E. met R. Maduro (1999). 'Artikel Eins'- ein interkulturelles Jugendarbeitsprojekt in den Niederlanden. In: A. Aluffi-Pentini, P. Gstettner, W. Lorenz, V. Wakounig (Hg.). Antirassistische Pedagogik in Europa. Klagenfurt/Celovec: Drava.

Hoffman, E. (2001). Inclusive Thinking and Acting: Intercultural Communication and Management of Diversity in Social Work Practice. In: L. Dominelli, W. Lorenz and H. Soydan, Beyond Racial Divides. Aldershot/Burlington USA/Singapore/Sydney: Ahsgate.

Hoffman, E. (2001). The TOPOI-model. In: D.M. Hoffmann, E. Furch en M. Winge (Hrsg.) Grenzen – Borders, Kontakt und Konflikt in der Kulturbegegnung/Training for Intercultural and Antiracist Competence in Social Professions. St. Pölten: SOZAKTIV.

Hoffman, E. (2001). Koersen op eigen Kracht. Utrecht: Forum.

Hoffman, E. (2008). Das TOPOI-Modell – eine Heuristik zur Analyse interkultureller Gesprächssituationen und ihre Implikation für die pädagogische Arbeit. In: G. Auernheimer (Hrsg.). Interkulturelle kompetenz und pädagogische professionalität. 2., aktualisierte und erweiterte Auflage. Wiesbaden: VS Verlag für Sozialwissenschaften.

Hoffman, E. (2008). Aktief burgerschap voorbij de grenzen van cultuur, religie en afkomst. Eindhoven: OVAA-Eindhoven.

Hofstede, G. (1991). Allemaal andersdenkenden. Amsterdam: Contact.

Hofstede, M.J.P. (1998). Ontkiemend zaad. Etnomarketing en personeelsmanagement. Lelystad: IVIO.

Hoogsteder, J. (1994). Etnocentrisme en communicatie in de hulpverlening. Utrecht: Stichting Landelijke Federatie van Welzijnsorganisaties voor Surinamers.

House R.J., P.J. Hanges, M. Javidan, P.W. Dorfman and V. Gupta Eds. (2004). Culture, Leadership and Organizations. The GLOBE study of 62 societies. Thousand Oaks, London, New Delhi: SAGE Publications.

Huisman, P. (1996). Kennis gewogen. Assen: Van Gorcum.

Hurenkamp, M. en E. Tonkens (2008) Wat vinden burgers zelf van burgerschap? Burgers aan het woord over binding, loyaliteit en sociale cohesie. Den Haag: NICIS kenniscentrum grote steden

Janssen, M. (1992). Managementvaardigheden voor de interculturele arbeidsorganisatie. In: S. van der Werf, Migranten aan het werk (p. 156-184). Muiderberg: Coutinho.

Jayyusi, L. (1984). Categorization and the moral order. Boston: Routledge & Kegan Paul.

Jessurun, C. (1989). Werken met genogrammen. Systeem-theoretisch Bulletin VII(3), 135-152.

Jessurun, C. (1993). Interculturele vaardigheden. Utrecht: BVGB en Hogeschool van Amsterdam.

Jessurun, C., J. de Jong & M. van den Berg (red.) (1998). Interculturele psychiatrie en Psychotherapie (boekbespreking). Maandblad voor de Geestelijke Volksgezondheid 53(4), 436-438.

Jong de S. (2008). Een wereld van verschil. Amsterdam: De Bezige Bij.

Kandia, T. (1991). Extenuatory sociolinguistics: Diverting attention from issues to symptoms in cross-cultural communication studies. Multilingua 10(4), 345-379.

Kanter, R.N. (1977). Men and women of the corporation. New York: Basic Books.

Kessels J. (2006). Het poëtisch argument. Socratische gesprekken over het goede leven. Meppel: Boom.

Kessels J., E. Boers en P. Mostert (2002). Vrije ruimte. Filosoferen in organisaties. Meppel: Boom.

Kim, Y.Y. & Gudykunst, W.B. (eds.) (1988). Theory in intercultural communication. Newbury Park, CA: Sage.

Kim, Y.Y. & Gudykunst, W.B. (1990). Teaching intercultural communication. In: J.A. Daly, G.W. Friedrich & A.L. Vangelisti (eds.), Teaching communication: Theory, research, and methods (p. 145-155). Hillsday/Hove/London: Lawrence Erlbaum associates, Publishers.

Kluckhohn, F. & Strodtbeck, F.L. (1961). Variations in value orientations. Connecticut: Greenwood Press.

Klunder, S. (2000). Het multiculti boekje. Teleac NOT, Nederlands Politie Instituut.

Knapp, K., Enninger, W. & Knapp-Potthoff, A. (1987). Analyzing intercultural communication. Berlin/ New York/Amsterdam: Mouton de Gruyter.

Knapp, K. (1994). Linguistische Aspekte interkultureller Kommunikationsfähigkeit. Freiburg: JPV.

Knapp, K. (1995). Interkulturelle Kommunikationsfähigkeit als Qualifikationsmerkmal für die Wirtschaft. In: J. Bolten (Hrsg.), Crossculture: interkulturelles Handeln in der Wirtschaft (p. 9-24). Schriftenreihe interkulturelle Wirtschaftskommunikation. Berlin: Verlag Wissenschaft & Praxis.

Knapp-Potthoff, A. (1987). Strategien interkultureller Kommunikation. In: J. Albrecht, H.W. Drescher, H. Göhring & N. Salnikow (Hrsg.), Interlation und interkulturelle Kommunikation (p. 423-438). Frankfurt/Main: Suhrkamp.

Knops, U. (1987). Andermans en eigen taal. Een inleiding in de sociale psychologie van taal. Groningen: Wolters-Noordhoff.

Kohlberg, L. (1971). From is to ought. In: T. Mischel (ed.), Cognitive development and epistemology. London: Academic Press.

Koningsveld, H. & Mertens, J. (1992). Communicatief en strategisch handelen: inleiding in de handelingstheorie van Habermas. Muiderberg: Coutinho.

Koole, T. & Thije, J. ten (1994). The construction of intercultural discourse. Team discussions of educational advisers. Amsterdam, Atlanta ga: Rodopi.

Koole, T. & Thije, J. ten (1995). Een poortwachter op de werkvloer. In: L. de Vries (red.), Interculturele communicatie en Nederlands op de werkvloer. Amsterdam: ITTA.

Koot, W. (1994). Ambiguïteit en wisselende identiteiten. Mens & Onderneming 2, 113-127.

Koot, W.C.J. (1995). De complexiteit van het alledaagse. Bussum: Coutinho.

Koot, W. & Boessenkool, J. (1994). De situationele benadering van intercultureel management. Mens & Onderneming 2, 102-112.

Kooten, J. van, Pieterman, F.A. van de & Schouten, P. (red.) (1993). De multiculturele organisatie en het belang van intercultureel management. Amsterdam: Anne Frank Stichting.

Kortmann, F. (1986). Problemen in interculturele communicatie. Assen/Maastricht: Van Gorcum.

Kreps, G.L. & Kunimoto, E.N. (1994). Effective communication in multicultural health care settings. Thousand Oaks/London/New Delhi: Sage publications.

KRO (1978). Oud worden ver van huis. Hilversum.

Kuhn, Th.S. (1970). The structure of scientific revolutions. Chicago: University of Chicago Press.

Kunneman, H. (1996). Van theemutscultuur naar walkman-ego. Contouren van postmoderne individualiteit. Meppel: Boom.

Kymlicka, W. (1999). Liberal Complacencies. In: Susan Moller Okin, Is multiculturalism bad for women? Princeton: Princeton University Press.

Laing, R., Phillipson, A. & Lee, A. (1966). Interpersonal perception. Londen: Tavistock Publication.

Lang, G. & Molen, H. van der (1992). Methodiek van gesprekstraining. Baarn: Nelissen.

Lang, G., Hommes, M.A. & Smit, G.N. (1996). Practicum gespreksvoering. Baarn: Nelissen.

Leeman, Y. (1994). Samen jong. Utrecht: Jan van Arkel.

Leeman, Y. (1996). Interculturele communicatie in het onderwijs. Amsterdam: SCO-Kohnstamm Instituut, Universiteit van Amsterdam.

LeVine, R. & Campbell, D.T. (1972). Ethnocentrism: Theories of conflict, ethnic attitudes and group behaviour. New York: Wiley.

Liberman, K. (1990). An ethnomethodological agenda in the study of intercultural communication. In: D. Carbaugh (ed.), Cultural communication and intercultural contact (p. 185-192). Hillsdale: Lawrence Erlbaum.

Limburg-Okken, A. (1989). Migranten in de psychiatrie. Deventer: Van Loghum Slaterus.

Lipiansky, E.M. (1995). Communication interculturelle et modèles identitaires. In: J.P. Saez, (dir.), Identités, cultures et territoires. Paris: Desclée de Brouwer.

Manuhawa-van Wijk, D. (1985). Nederlandse leerkracht – Molukse leerling. Enschede: SLO.

Mattheeuws, A. (1986). Systeemteoretische vraagtekens bij partnerrelatieterapie, Systeemtheoretisch Bulletin IV(3), 140-162.

Mattheeuws, A. (1988). Systeembenadering en kommunikatieteorieën. In: Leren en leven met groepen A1500, p. 1-33.

Mattheeuws, A. (1990). Het spel der vanzelfsprekendheden. Systeemtheoretisch Bulletin VIII(4), 255-287.

Mattheeuws, A. (1983a). Omtrent sociale perspektieven. Systeemtheoretisch Bulletin I(3), 13-25.
Mattheeuws, A. (1983b). Somatiseren: zeggen wat niet zegbaar is. Systeemtheoretisch Bulletin, I(4), 4-14.
Mattheeuws, A. (1985). Diagnose vanuit een systeemtheoretisch referentiekader. Systeemtheoretisch Bulletin III(2), 65-79.
Mead, M. (1968). De groei naar volwassenheid. Utrecht: Spectrum.
Mees H. (2009) http://www.leestafel.info/heleen-mees (29/4/2009)
Meeuwis, M. (ed.) (1994). Critical perspectives on intercultural communication. Themanummer. Pragmatics 4(3).
Meurs, P. en A. Gailly (red.) (1998). Wortelen in andere aarde. Migrantengezinnen en jeugdhulpverleners ontmoeten cultuurverschil. Leuven: Acco.
Migchelbrink, F. (1996). Praktijkgericht onderzoek in zorg en welzijn. Utrecht: SWP.
Miles, R. (1989). Racism. London: Routledge.
Miller, L. (1991). Verbal listening behaviour in conversations between Japanese and Americans. In: J. Blommaert & J.Verschueren (eds.), The pragmatics of intercultural and international communication (p. 111-131). Amsterdam: John Benjamins Publishing Company.
Molen, H.T. van der, Kluytmans, F. & Kramer, M. (1995). Gespreksvoering. Vaardigheden en modellen. Groningen: Wolters-Noordhoff.
Morris, D. (1979). De naakte mens. Amsterdam/Brussel: Elsevier.
Morris, M. (1981). Saying and meaning in Puerto Rico: Some problems in the ethnography of discourse. Oxford: Pergamon.
Moscovici, S. (1981). On social representations. In: J.P. Forgas (ed.), Social cognition. Perspectives on everyday understanding (p. 181-209). London: Academic Press.
NCB (1988). Crossculturele hulpverlening. Utrecht: NCB.
Neefjes, C. (2001). Als ik me niet zou gedragen, zou mijn neef mij vermoorden. Rotterdams Dagblad 24 januari.
NHG & BVGB (1987). De buitenlandse patiënt. Utrecht: NHG & BVGB.
Nieuws, Nederlands op de werkvloer (2000) ... een sprekend voorbeeld... nr. 24 december.
Nijenhuis van Weert, J. & Nijenhuis, R. (1993). Professioneel helpen door gesprekken. Baarn: Nelissen.
NRC Handelsblad (1994). Respect voor rechten van de mens geldt ook in Azië. 8 december.
NRC Handelsblad (1997). Borst laat islamitische vrouwen in de steek. 25 januari.
NRC Handelsblad (1997). Afrika hecht hoe dan ook aan meer-partijenstelsel. 28 februari.
NRC Handelsblad (1997). Hoe zwart is het bloed van Tiger Woods? 27 mei.
NRC Handelsblad (1997). Een kleine zwarte revolutie in de lucht. 7 augustus.
NRC Handelsblad (1999). Hartland van Servië. 27 maart.
NRC Handelsblad (1999). Wijn op tafel? Dan komt de Iraanse president niet. 30 maart.
NRC Handelsblad (2000). Het multiculturele drama. 29 januari.
NRC Handelsblad (2000). Het witte bastion. 3april.
NRC Handelsblad (2000). Bolkesteins Verlichting is niet van iedereen. 27 mei.
NRC Handelsblad (2001). De vrije wil als westerse illusie. 31 januari.
NRC Handelsblad (2001). Carrièrevrouwen zijn net mannen. 1 maart.
NRC Handelsblad (2001). Een kowtow voor Peking. 10 april.
NRC Handelsblad (2001). Tegen een antisociale persoonlijkheid bestaat geen medicijn. 16 juni.

NRC Handelsblad (2001). Mond dicht, luisteren. 15 september.

NRC Handelsblad (2001). Niet alle culturen zijn gelijkwaardig. 16 oktober.

NRC Handelsblad (2001). Godsdienst als bridgeclub. 29 oktober.

NRC Handelsblad (2001). We moeten de rijen sluiten. 15 december.

NRC Handelsblad (2007). Meiden met ballen (en hoofddoeken). 29 april.

NRC Handelsblad (2007). Eerwraak en het strafrecht: het individu is strafbaar, niet zijn cultuur. 2 juni.

NRC Handelsblad (2007.) 'Nederlandse vrouwen zijn zo schaapachtig'. 5 juli

NRC Handelsblad (2007) Agressief gedrag komt door 'de straat'. 15 november.

NRC Handelsblad (2008). 'Dat had mij kunnen gebeuren'. 28 maart.

NRC Handelsblad (2008). Voetballen op EK met twee harten in de borst 16 juni

NRC Handelsblad (2009). Moed is voor vrouwen geen deugd. 3 januari

NRC Handelsblad (2009). 'Assimilatie vergroot kans op schizofrenie' 6 maart

NRC Handelsblad (2009). Een Marokkaan verhoren duurt wat langer. 8 april.

NRC Handelsblad (2009). Zwarte vriend (m/v) gezocht VS. 29 april

NRC Handelsblad (2009). 'Het was een jungle bij de boksbond'. 19 mei

NRC Handelsblad (2009). De uitspraak over. 19 mei

NRC Handelsblad (2009). Een vooroordeel om je voor te schamen. 30 mei.

NRC Handelsblad (2009). 'Van Grunsven is niet te evenaren'.16 juni.

NRC Handelsblad (2009). Altijd beter je best moeten doen. 29 juni.

Nussbaum, M. (2000). Human functioning and social justice. In defense of aristotelian essentialism. In: J. de Haan, Vrouwenbesnijdenis, Relativisme en Nussbaum. Filosofie en praktijk 21(4).

O'Connor. J. & I. McDermott (1997). Licht op NLP. Utrecht: Servire.

O'Hanlon, R. (1996). Congo. Amsterdam/Antwerpen: Atlas.

O'Neill, I. (2009). Laagland. Amsterdam: De Bezige Bij.

Okin, S.M. (1999). Is multiculturalism bad for women? Princeton: Princeton University Press.

Olthoff, D. (1992). Interne notitie. Driebergen: Hogeschool de Horst.

Oomkes, F. (1986). Communicatieleer. Meppel: Boom.

Palmen C. (1999). I.M. Amsterdam: Prometheus.

Park, M. (1979). Communication styles in two different cultures: Korean and American. Seoul: Han Shin Publishing Company.

Pauwels, A. (ed.) (1994). Cross-cultural communication in the professions. Themanummer, Multilingua 13(1/2).

Pearce, W.B. & Cronen, V.E. (1980). Communication, action, meaning. New York: Praeger.

Pedersen, P. (1987). Crosscultural counseling and therapy. New York: Praeger.

Peeters, F. (1989). Het besef van invloed en zijn varianten. Systeemtheoretisch Bulletin VI-II(1), 2-25.

Penninx, R. (1988). Minderheidsvorming en emancipatie; balans van kennisverwerving ten aanzien van immigranten en woonwagen bewoners 1967-1987. Alphen aan den Rijn: Samsom.

Pinto, D. (2004). Interculturele communicatie, conflicten en management. Bohn Stafleu van Loghum, Houten.

Pinxten, R. (1994). Culturen sterven langzaam. Antwerpen/Baarn: Hadewych.

Plasterk R. (2009) http://aandachtenadvies.nl/?q=content/werken-maakt-geen-ontaarde-moeder. 24-5-2009

Preter, M. de & Baert, D. (1992). Een systeemtheoretische kijk. Tijdschrift voor leerlingbegeleiding 15(1).

Preter, M. de (1995). Marchanderen in de hulpverlening. Systeemtheoretisch Bulletin XIII(2), 71-89.

Postema, G.J. (1989). In defence of 'French Nonsense' – Fundamental rights in constitutional jurisprudence. In: N. MacGormick, & Z. Bankowski (eds.), Enlightenment, rights and revolution. Aberdeen.

Procee, H. (1991). Over de grenzen van culturen. Meppel: Boom.

Procee, H. (1993). Pluralisme in (re)actie. Comenius 49, 56-69.

Rachels J. (2000). The elements of moral philosophy. In: J. de Haan, Vrouwenbesnijdenis, Relativisme en Nussbaum. Filosofie en praktijk 21(4).

Raider, E. (1995). Conflict resolution training in schools: Interlating theory into applied skills. In: B.B. Bunker & J.Z. Rubin, Conflict cooperation & justice (p. 93-123). San Francisco: Jossey-Bass Publishers.

Rattansi, A. (1992). Changing the subject? Racism, culture and education. In: J. Donald & A. Rattansi (eds.), 'Race', culture & difference (p. 11-49). London: Sage.

Reich, K. (1997). Systemisch-konstruktivistische Pädagogik. Berlin: Luchterhand.

Reinders, J. (1992). Rechten van de Mens tussen universaliteit en contextualisering. Ethiek blok 1-3. Heerlen: Open Universiteit.

Remmerswaal, J. (1982). Groepsdynamica iii, groepsontwikkeling. Baarn: Nelissen.

RMO-advies Niet langer met de ruggen naar elkaar; een advies over verbinden. 2005 RMO-advies 37. Sdu Uitgevers. De Haag.

Roemer, A. (1999). Migrantenhulpverlening in contextueel perspectief. In: Michielsen, M., M. van Mulligen en L.Hermkens (red.) (1999). Leren over leven in loyaliteit. Leuven: Acco.

Roosevelt Thomas, R.R. jr. (1991). Beyond race and gender. New York: amacom.

Roosevelt Thomas, R.R. jr. (1993). Managing diversity. Van positieve actie naar positief waarderen van diversiteit. In: Anne Frank Stichting, De multiculturele organisatie en het belang van Intercultureel management (p. 68-94). Amsterdam: Anne Frank Stichting.

Rorty, R. (1993). Hoofd, hart en Rechten van de Mens. De Groene Amsterdammer 30 juni.

Roth, Ph. (1992). De generatie die Amerika uitvond. De Morgen 23 oktober.

Saharso, S. (1992). Jan en alleman: etnische jeugd over etnische identiteit, discriminatie en vriendschap. Utrecht: Van Arkel.

Saharso, S. (2000). Feminisme versus multiculturalisme? Utrecht: Forum.

Samovar, L.A. & Porter, R.E. (1988). Intercultural communication: a reader. Belmont Ca: Wadsworth, Inc.

Schinkel W. (2009). Alledaags culturisme. http://www.waterlandstichting.nl/?p=artikelen&s=bekijken &id=1563/. 22-5-2009

Schlippe, A. von & Schweitzer, J. (1997). Lehrbuch der systemischen Therapie und Beratung. Göttingen: Van den Hoeck & Ruprecht.

Schnabel, P. (2000). De multiculturele illusie. Utrecht: Forum.

Schulz von Thun, F. (1983). Hoe bedoelt U? Groningen: Wolters-Noordhoff.

Scollon, R. & Scollon, S. (1995). Intercultural communication. A discourse approach. Oxford: Blackwell.

SCP (1992). Sociale en culturele verkenning. Rijswijk: Sociaal en Cultureel Planbureau.

Schabracq, M. (1992). Sociale representaties en sociale psychologie. Psychologie en Maatschappij 59, 123-132.

Scheurmann, E. (1990). De redevoeringen van het Zuidzee-opperhoofd Tuiavii uit Tiavea. Weesp: Heureka.

Severing, R. (1993). Wennen in een nieuwe taalomgeving. Utrecht: Inleiding Studiedag.

Shadid, W.A. (1998). Grondslagen van interculturele communicatie. Houten/Diegem: Bohn Stafleu van Loghum.

Siebers H., P. Verweel en A. de Ruijter (2002: 136). Management van diversiteit in arbeidsorganisaties. Utrecht: Lemma.

Singer, M. (1987). Intercultural communication: A perceptual approach. Englewood Cliffs NJ: Prentice-Hall.

Smith, S., Schonick, N., Crutcher, A., Simeone, M. & Smith, W. (1984). Foreigner talk revisited: limits on accommodation to nonfluent speakers. In: B.H. Spitzberg & W.R. Cupach, Interpersonal communication competence. Beverly Hills: Sage.

Souisa, A. (1993). Het smoesje van Anna (p. 17). Timbang 19.

Spitzberg, B.H. & Cupach, W.R. (1989). Handbook of interpersonal competence research. New York: Springer Verlag.

Spitzberg, B.H. (1989). Issues in the development of a theory of interpersonal competence in the intercultural context. International Journal of Intercultural relations 13, 241-268.

Steens, R. (1993). Menselijke communicatie. Een zoektocht naar haar complexiteit. Antwerpen: Interaktie Akademie.

Steiner-Khamsi, G. (1995). Universalismus vor Partikularismus? Gleichheit vor Diffferenz? In: H.R. Wicker, J-L. Alber, C. Bolzmann, R. Fibbi, K. Imhof & A. Wimmer (Hrsg.), Das Fremde in der Gesellschaft: Migration, Ethnizität und Staat (p. 353-372). Zürich: Seismo.

Steiner-Khamsi, G. & Spreen, C.A. (1996a). Oppositional and relational identity: a comparative perspective. In: Anti-racist Work with Young People (p. 26-47). Dorset: Russell House.

Steiner-Khamsi, G. (1996b). Internationalität und kulturelle Staatsbürgerschaft. In: G. Auernheimer, & P. Gestettner, Jahrbuch Pädagogik (p. 263-285). Frankfurt/Main: Peter Lang.

Steunebrink, G. (1997). Het mensbeeld achter de Rechten van de Mens: het individu. Filosofie & Onderwijs 7(6).

Stoker, Ch. & Gils, P. van (1994). Wat spreekt vrouwen aan? Taalgebruik in personeelsadvertentie. Den Haag: Bovaco.

Strauss, A. & Corbin, J. (1990). Basics of qualitive research; Grounded theory procedures and techniques. Newbury Park: Sage.

Struijs, A. & Brinkman, F. (1996). Botsende waarden. Utrecht: NIZW.

Struijs, A. (1995). Botsende waarden en normen. Tijdschrift voor de sociale sector 10.

Suyin, H. (1955). De grote schittering. Amsterdam: De Bezige Bij.

Swaan, A. de (1993). In het huis van mijn vader, televisiegesprek met Anil Ramdas, 19 april, VPRO.

Tajfel, H. (1978). Differentiations between social groups: studies in the social psychology of intergroup relations. London: Academic Press.

Tannen, D. (1992a). Dat bedoelde ik niet. Amsterdam: Prometheus.

Tannen, D. (1992b). Je begrijpt me gewoon niet. Amsterdam: Prometheus.

Taylor, Ch. (1995). Multiculturalisme. Amsterdam/Meppel. Boom.

Tennekes, J. (1985). Cultuur en cultuurverschillen. Migrantenstudies 1(1), 17-38.

Tennekes, J. (1986). Nederland een multiculturele samenleving? Migrantenstudies 1(3), 2-23.

Tennekes, J. (1986). Communicatieverschillen en communicatieproblemen. In: L. van den Berg-Eldering (red.), Van gastarbeider tot immigrant: Marokkanen en Turken in Nederland, 1965-1985. Alphen aan den Rijn: Samsom.

Tennekes, J. (1990). De onbekende dimensie: over cultuur, cultuurverschillen en macht. Leuven/Apeldoorn: Garant.

Tennekes, J. (1993). Culturele identiteit en het strategisch gebruik van cultuur. Interne paper, NSAV-studiedag Dynamiek van cultuur. Amsterdam: Universiteit van Amsterdam.

Tennekes, J. (1995). Organisatiecultuur. Een antropologische visie. Leuven: Garant.

Thompson, R. (1993). Customs in common. Harmondsworth: Penguin.

Todd, E. (1983). La troisième planète: Structures familiales et systèmes idéologiques. Paris: Éditions du Seuil.

Triandis, H.C. (1986). Collectivism vs. individualism: A reconceptualization of a basic concept in cross-cultural psychology. In: C. Bagley & G. Verma (eds.), Personality, cognition and values: Cross-cultural perspectives of childhood and adolescence. London: Macmillan.

Trompenaars, F. (1993a). Riding the waves of culture. London: The Economist Books.

Trompenaars, F. (1993b). Zaken doen over de grens. Leren omgaan met andere culturen. Amsterdam/ Antwerpen: Contact.

Trouw (2007). Patiënt mag arts kiezen, ook als de motieven daarvoor religieus zijn. 21 december.

Tuiavii uit Tiavea (1990). De Papalagi : de redevoeringen van het Zuidzee-opperhoofd. Weesp: Heureka

Twint, E. (1992). Cultuurverschillen in de asielprocedure. Amsterdam: Universiteit van Amsterdam.

Twuyver, M. van (1995). Een kansrijk perspectief. Culturele diversiteit in organisaties. Schiedam: Scriptum Books.

Valkenberg, P. (1998). Vreugde aan de verscheidenheid: een bijdrage van religies aan de multiculturele samenleving. In: J. Gruppelaar & J.P. Wils, Multiculturalisme. Best: Damon.

Van der Laan, G. (1996). De assimilatietrechter. In Tijdschrift voor de sociale sector, april nr. 4.

Van der Laan, G. (1999). Legitimatieproblemen in het maatschappelijk werk. Utrecht: SWP

Van der Laan, G. (2001). Burgerschap: een kwestie van sturen en gestuurd worden. Fontys Hogeschool Eindhoven: Nieuwsbrief Innova 2/6: 4-6.

Van Mens-Verhulst J. (2007). Het vals plat van het diversiteitsdenken. Voordracht op het symposium Hoe anders mag de ander zijn? Bij het afscheid van Obertha Holwerda, 30 maart 2007. Instituut voor Social Work/ De Horst, HU Amersfoort. Horstcahier 30, pp. 9-27).

Van Mens-Verhulst, J., & Radtke, L. (in press). Intersectionaliteit en sociale inclusie: het ei van... Troje. Journal of Social Intervention: Theory and Practice.

Veen, J. van (2001). Emancipatiebeleid krijgt onvoldoende. Contrast.

Veer, van der G. (1997). Messentrekker, wandelend kruitvat, geslagen hond, of moederziel alleen?. In Alleenstaande minderjarige asielzoeker. Verslag FICE-studiedag juni 1997: 4-11.

Verhoeven, J. & Hoogsteder, J. (1994). Etnocentrisme en communicatie in de hulpverlening. Module 3. Nijmegen: Bureau voor Inter-Etnisch Management.

Verhoeven, J. (1997). Literatuur over interculturele communicatie – een overzicht (II 1.1-1-33). Maarssen: Elsevier/De Tijdstroom.

Verkuyten, M., Jong, W. de & Masson, C.N. (1993). Gedeelde waarden in racistische en antiracistische discours. Migrantenstudies (386-407). Houten: Bohn Stafleu van Loghum.

Verkuyten M. (1999). Etnische identiteit. Amsterdam: Het Spinhuis.

Verkuyen M. (2003). Discourses about ethnic group (de-)essentialism: Oppressive and progressive aspects. British Journal of Social Psychology (2003), 42, 371–391

Vermeulen, H. (1984). Etnische groepen en grenzen: Surinamers, Chinezen en Turken. Weesp: Het Wereldvenster.

Vermeulen, H. (1992). De cultura. Een verhandeling over het cultuurbegrip in de studie van allochtone etnische groepen. Migrantenstudies 8(2), 14-30. Houten: Bohn Stafleu van Loghum.

Verschueren, J., Oostman, J. & Blommaert, J. (eds.) (1995). Handbook of pragmatics. Amsterdam: John Benjamins Publishing Company.

Vink, N. (2001).Grenzeloos communiceren. Een nieuwe benadering van interculturele communicatie. Amsterdam: KIT Publishers.

de Volkskrant (1990). 23 juni.

de Volkskrant (1991). Varkenshammen verkopen op de slippen van de hermelijnen mantel.12 mei.

de Volkskrant (1994). 25/3/1994

de Volkskrant (1994). Spreekstijl voor vrouwen werkt in hun nadeel. de Volkskrant, 3 december.

de Volkskrant (1995). Vervreemd (in de rubriek Ingezonden brieven).25 maart.

de Volkskrant (1998). 11 mei.

de Volkskrant (2001). 'Ik was best wel boos', antwoordt Ali. 31 januari.

de Volkskrant (2001). Eerwraak en bemiddeling. 3 februari.

de Volkskrant (2004). Zwart, sterk en miskend. 13 februari.

de Volkskrant (2007). Rechter: tuchtigen mag van Koran.23 maart.

de Volkskrant (2009). Bedrijven hebben vrouwelijke intuïtie nodig. 6 maart.

de Volkskrant (2009). 'Oudere moslims vrezen deportatie'. 15 juni.

de Volkskrant (2009). 'Jonge moslim voelt zich niet welkom'. 28/6

de Volkskrant (2009). *Interview Joseph O'Neill, Schrijver.* 5/9

Vries, M. de (1988). Ogen in je rug. Turkse meisjes en jonge vrouwen in Nederland. Alphen aan den Rijn/Brussel: Samsom.

Vrij, A., Winkel, F.W. & Koppelaar, L. (1991). Interactie tussen politiefunctionarissen en allochtone burgers. Nederlands Tijdschrift voor de Psychologie 46, 8-19.

Vrolijk, A. (1991). Gesprekstechnieken. Houten/Antwerpen: Bohn Stafleu Van Loghum.

VROM, Integratienota 2007-2011: 'zorg dat je erbij hoort!'. Den Haag: Ministerie van VROM

Vrugt, A. & Schabracq, M. (1991). Vanzelfsprekend gedrag. Opstellen over nonverbale communicatie. Meppel: Boom.

Vuijsje, M. (1991). Als je van me zou houden, zou je wel met me praten. Opzij april.

Watzlawick, P., Helmick Beavin, J. & Jackson, D. (1974). De pragmatische aspecten van de menselijke communicatie. Deventer: Van Loghum Slaterus.

Wekker, G. (2001). Van monocultuur naar caleidoscoop. Humanistiek 2(6).

Wekker, G. (2009). Conferentie Caleidoscopia: 'Ontmoeting over grenzen' 4 maart 2005 http://www.caleidoscopia.nl/page25.php 18/5/2009

Welten, V.J. (1988). Cultuur en lichaam. Cultuurpsychologische vragen omtrent doen en denken. Nijmegen: Katholieke Universiteit Nijmegen.

Wildemeersch, D. (1992). Vorming in de multiculturele samenleving. Antwoorden op de oproep van de vreemdeling. Vorming 7/2

Wildemeersch, D. (1995). Een verantwoorde uitleg leren. Nijmegen: ISPA.

Willemsen, A. (1985). Braziliaanse brieven. Amsterdam: Arbeiderspers.

WRR (2001). Nederland als immigratiesamenleving. Den Haag: Sdu.
WRR (2007). Identificatie met Nederland. Amsterdam: University Press.
Yum, J. (1987). Korean philosophy and communication. In: Kincaid, D. (Ed.) Communication theory from Eastern and Western perspectives. New York: Academic Press.
Zeegers W. (1988). Andere tijden, andere mensen. Amsterdam: Bakker.

Websites

http://nl.wikipedia.org/wiki/Normen_en_waarden 30/06/2009
http://www.caleidoscopia.nl/page25.php 18/5/2009
http://masrob.hyves.nl/blog/9781424/Indische_cultuur/QK1r/ 12/09/2008
http://headlines.nos.nl/forum.php/list_messages/13969 18/5/2009
http://www.elsevier.nl/web/10110987/Dossiers/Bekende-vrouwen-en-mode/Hoofddoek-en-tulband-nieuwe-trend-bij-celebrities.htm. 22/05/2009
http://www.emancipatie.nl/home/Focus/Prostitutie/Dossier_Prostitutie/ 30/5/2009
http://www.koninklijkhuis.nl/content.jsp?objectid=20871 26/06/2009
URL: http://www.tagesspiegel.de/berlin/Muslime-Staatstreue;art270,2792776 22/06/2009
http://www.elsevier.nl/web/1022732/Nieuws/Nederland/Geen-uitkering-voor-man-die-hand-weigert.htm 18/5/2009
http://www.geert-hofstede.com/hofstede_dimensions.php?culture1=85&culture2=62: 22/05/2009
http://www.geert-hofstede.com/hofstede_belgium.shtml. 22/05/2009
http://feyenoord.netwerk.to/forums/HTML/forum13/398.php 8/06/200
http://www.elsevier.nl/web/10110987/Dossiers/Bekende-vrouwen-en-mode/Hoofddoek-en-tulband-nieuwe-trend-bij-celebrities.htm. 22/05/2009
http://www.leestafel.info/heleen-mees (29/4/2009)

Over de auteur

Edwin Hoffman, geboren in 1949 te Bandoeng in het voormalig Nederland-Indië (Indonesië), is werkzaam geweest in het basis- en voortgezet onderwijs, bij een steunfunctie-instelling voor migranten, bij de Fontys hogescholen als projectleider van de projecten Mentoraat Allochtone Studenten en Divers Talent, en bij de Fontys Hogeschool Sociale Studies te Eindhoven als onderzoeker, adviseur en trainer Interculturele communicatie en Diversiteit.

In 1999 promoveerde hij op het TOPOI-model, een pluralistische systeemtheoretische benadering van interculturele communicatie.

Naast publicaties in Nederlandse vaktijdschriften en boeken, heeft hij ook in buitenlandse vakliteratuur bijdragen geleverd.

Recentelijk schreef Edwin Hoffman samen met zes andere Indo's en een Peranakan-Chinese het boek *De Stille Kracht van Leiderschap. Een Indisch perspectief* (M. Aartsma, E. Hoffman en W. Reynaert (red.), 2009, Antwerpen-Apeldoorn: Garant).

Edwin Hoffman woont in Oostenrijk en komt nog regelmatig naar Nederland voor lezingen, training, advies en onderzoek.

Zijn e-mailadres is: e.hoffman@gmx.at